한국의 과학과 문명 027

기술과 사회로 읽는 도시건축사

1863-1945

"이 저서는 2010년도 대한민국 교육부와 한국학중앙연구원(한국학진흥사업단)을 통해
한국학 특정분야 기획연구(한국과학문명사) 사업의 지원을 받아 수행된 연구임."(AKS-2010-AMZ-2101)

기술과 사회로 읽는 도시건축사 1863-1945

ⓒ 전북대학교 한국과학문명학연구소 2022

초판 1쇄	2022년 8월 29일
초판 2쇄	2023년 10월 6일

지은이   안창모

출판책임	박성규	펴낸이	이정원
편집주간	선우미정	펴낸곳	도서출판 들녘
기획이사	이지윤	등록일자	1987년 12월 12일
편집	이동하·이수연·김혜민	등록번호	10-156
디자인	하민우·고유단	주소	경기도 파주시 회동길 198
마케팅	전병우	전화	031-955-7374 (대표)
경영지원	김은주·나수정		031-955-7376 (편집)
제작관리	구법모	팩스	031-955-7393
물류관리	엄철용	이메일	dulnyouk@dulnyouk.co.kr

ISBN   979-11-5925-927-2 (94910)

        979-11-5925-113-9 (세트)

값은 뒤표지에 있습니다. 잘못된 책은 구입하신 곳에서 바꿔드립니다.

한국의 과학과 문명 027

기술과 사회로 읽는 도시건축사
1863-1945

안창모 지음

들녘

지은이 **안창모** 安昌模

서울대학교 건축학과를 졸업한 후 동대학원에서 한국 근현대 건축을 공부하고, "한국전쟁을 전후한 한국건축의 성격변화"와 "건축가 박동진에 관한 연구"로 석사·박사학위를 받았다. 1990년에 건축사 면허를 취득했다. 미국 콜롬비아대학교와 일본 동경대학에서 객원연구원을 지냈고, 건축역사학회 부회장을 지냈으며, 현재 경기대학교 건축학과 교수로 한국 근대건축의 역사와 이론을 연구하며 역사문화환경보존프로그램을 운영하고 있다. 대통령 소속국가건축정책위원회 위원, 문화재청 문화재위원, 서울시 미래유산보존위원회 위원을 역임했고, 현재 (사)근대도시건축연구와실천을위한모임 회장과 문화유산국민신탁 이사로 활동하고 있다. 저서에 『한국현대건축50년』(1996), 『덕수궁, 시대의 운명을 안고 제국의 중심에 서다』(2009), 『서울건축사』(1999, 공저), 『평양건축가이드』(2011, 공저), 『북한문화, 둘이면서 하나인 문화』(2008, 공저) 등이 있고, 국가상징거리조성종합계획, 구서울역사복원과 문화공간화사업 등에 참여했고, 역사문화도시관리기본계획 등 역사도시서울과 근대건축문화유산의보존과 활용에 관한 연구에 참여하고 있다. 2014년 베니스 건축비엔날레에서 황금사자상을 수상한 한국관의 공동큐레이터를 맡았다. 2021년 한국건축역사학회 학술상을 수상했다.

일러두기

■ 명사의 붙여쓰기는 이 책의 키워드를 이루는 단어는 붙여쓰기를 원칙으로 했지만, 경우에 따라서는 가독성을 위해 띄어쓰기를 했다.

■ 주석은 각 장별로 미주로 한다.

■ 인용 도판은 최대한 소장처와 출처를 밝히고 저작권자의 허락을 얻었으나 일부 저작권자를 찾지 못하여 게재 허가를 받지 못한 도판에 대해서는 확인되는 대로 통상 기준에 따른 허가 절차를 밟기로 한다.

〈한국의 과학과 문명〉 총서를 펴내며

우리나라는 현재 세계 최고 수준의 메모리 반도체, 스마트폰, 디스플레이, 철강, 선박, 자동차 생산국으로서 과학기술 분야의 경이적인 발전으로 세계의 주목을 받고 있다. 그것을 가능케 한 요인의 하나가 한국이 오랜 기간 견지해온 우수한 과학기술 문화와 역사 속에 있다고 우리는 생각한다.

문명이 시작된 이래 한국은 항상 높은 수준을 굳건히 지켜온 동아시아 문명권의 일원으로서 그 위치를 잃은 적이 없었다. 우리는 한국이 이룩한 과학기술 문화와 역사의 총체를 '한국의 과학문명'이라 부르려 한다. 금속활자·고려청자 등으로 대표되는 한국 과학문명의 창조성은 천문학·기상학·수학·지리학·의학·양생술·농학·박물학 등 과학 분야를 비롯하여 금속제련·방직·염색·도자·활자·인쇄·종이·기계·화약·선박·건축 등 기술 분야에서도 다양하게 분명히 드러난다.

우리는 이런 내용을 종합하는 〈한국의 과학과 문명〉 총서를 발간하고자 한다. 이 총서의 제목은 중국의 과학문명에 대한 새로운 인식의 지평을 연 조지프 니덤(Joseph Needham)의 『중국의 과학과 문명』을 염두에 두고 만들었다. 그러나 니덤이 전근대에 국한한 반면 우리는 전근대와 근현대를 망라하여 한국 과학문명의 총체적 가치와 의미를 온전히 담은 총서의 발간을 목표로 한다. 나아가 한국의 과학과 문명이 지닌 보편적 가치를 세계에 발신하고자 한다. 지금까지 한국은 세계 과학문명의 일원으로 정당한 가치를 인정받지 못한 채, 중국의 아류로 인식되어왔다. 이 총서에서는 한국 과학문명이 지닌 보편성과 독자성을 함께 추적하여 그것이 독자적인 과학문명이자 세계 과학문명의 당당한 일원임을 입증하고자 한다. 우리는 이 총서에서 근현대 한국 과학기술 발전의 역사와 구조를 밝힐 것이며, 이로써 인류의 과학기술 발전사를 새로이 해명하는 데에 기여할 것이다.

이 총서에서는 한국의 과학문명이 역사적으로 독자적인 가치와 의미를 상실하지 않았던 생명력에 주목한다. 이를 위해 전근대 시기에는 중국 중심의 세계 질서 아래서도 한국의 과학문명이 독자성을 유지하면서 발전을 지속한 동력을 탐구한다. 근현대 시기에는 강대국 중심 세계체제의 강력한 흡인력 아래서도 한국의 과학기술이 놀라운 발전과 성장을 이룩한 요인을 탐구한다.

우리는 이 총서에서 국수적인 민족주의나 근대 지상주의를 동시에 경계하며, 과거와 현재가 대화하고 내부와 외부가 부단히 교류하는 가운데 형성되고 발전되어온 열린 과학문명사를 기술하고자 한다. 이 총서를 계기로 한국 과학문명에 대한 관심과 이해가 더욱 깊어지기를 기대한다.

마지막으로 〈한국의 과학과 문명〉 총서의 발간은 교육부와 한국학중앙연구원 한국학진흥사업단의 지원에 크게 힘입었음을 밝히며 이에 감사를 표한다.

〈한국의 과학과 문명〉 총서 기획편집위원회

집 짓기는 거친 환경을 자신들이 살아갈 수 있는 안전한 장소로 만드는 기술
이다. 역사시대 이전에 동굴보다 더 나은 환경을 찾아 나선 사람들은 거친 자
연 환경으로부터 자신을 지키기 위해, 위험에 직접 노출되는 것을 막기 위해
땅을 팔 것인지 땅 위에 생활하는 공간을 만들 것인지를 선택해야 했고, 안전
한 삶의 공간을 만드는 방법은 점차 고도화되어갔다. 자신의 삶을 위협하는
것이 무엇이냐에 따라 사람들의 대처 방법은 달랐지만 자신이 구사할 수 있
는 최고의 기술을 사용했다. 그리고 그들이 선택했던 방법은 시간이 흐르면서
보다 정교해지면서 일정한 기술적 완성도에 이르렀을 때 모범 답안으로 자리
잡았다. 잘 작성된 모범답안의 틀은 위협 요소의 변화가 없는 한 유지되었지
만 기술이 정교해지면서 거주시설(건축)의 완성도는 높아졌으며, 미적 쾌감이
추구되기 시작했다. 그리고 건축은 안전을 넘어 예술의 영역을 넘나들기 시작
했다. '안전'이 기본으로 확보된 사회에서는 경제적으로 풍요로워질수록 생명
을 지켜주던 공학으로서의 건축보다 삶에 즐거움을 더해주는 예술로서의 역
할이 더 중요하게 인식되는 것이 현실이다.

　건축 역사는 건축물의 역사인 듯한 외형을 갖고 있지만, 건축 역사가 담고
있는 내용은 건축과 함께한 사람의 역사다. 사람의 삶을 보장하는 건축물을
만드는 것은 삶의 지속성을 보장하는 환경을 조절하는 기술의 역사이기도 하
다. 그러나 건축사(建築史)는 생존을 위해 개발되어 사용되고 개선되어온 기술

의 역사보다는 삶의 풍요로움에 기초한 미의 영역이라는 측면에서 다루어져 왔다.

오늘날 건축계에서 다루는 건축사는 서양에서 발전시켜온 학문 분야다. 좀 더 구체적으로 보자면 미술 분야에서 발전시켜온 분야다. 적어도 산업혁명 이전까지는 그러했다. 오랫동안 현존하는 건축물을 대상으로 하는 학문의 성격상 건축사는 존재에 유리한 조건을 갖춘 권력자를 위한 건축의 역사로 존재해왔다. 그래서 시대를 지배하는 권력자가 세속 권력이냐 아니냐의 차이에 따라 다루어지는 건축물의 종류는 달랐지만, 당대를 대표하는 권력을 위한 건축물이 건축사 연구의 대상이 되었고, 선택된 소수의 건축이 얼마나 잘 만들어졌는가가 건축 역사 서술의 대부분이었다. 대상이 제한적이었을 뿐 아니라 제한된 대상을 보는 시각은 얼마나 잘 만들어졌고 잘 생겼느냐가 중요했다. 건축이 어떻게 만들어져서 어떻게 그 역할을 해왔는지는 중요하게 다루어지지 않았다.

이러한 경향은 집짓기 방법에서 기술적 진보가 없는 시대에 더욱 두드러졌다. 유럽의 르네상스시대와 바로크시대 그리고 로코코시대의 건축이 대표적인 예다. 르네상스에서 로코코로 이어지던 시대의 건축은 집을 짓는 기술보다 집을 포장하고 가꾸는 장식에 공을 들었고, 당대는 물론 현대 역사학자들의 관심도 이 부분에 집중되었다. 이러한 관성에 변화를 가져온 것이 산업혁명이다. 산업혁명을 가능케 한 공업화는 대량생산과 대량소비 시대를 열었다. 건축의 대량생산 시대에 맞춰 산업혁명 시대 건축의 주요 자재는 공장 생산에 의존했다. 공장 생산된 자재는 건물의 공간구조는 물론 형태에도 결정적 역할을 미쳤다. 산업혁명 이후 지어진 건축 중 런던의 수정궁과 파리의 에펠탑은 산업혁명의 성과를 상징하는 건축이라고 할 수 있다. 이 두 건물은 산업혁명기에 이룩한 기술적 진보의 종합체였다. 그 결과는 엔지니어로서의 건축가가 예술로서의 건축가를 대신하는 시대가 열렸고, 자연산 재료가 아닌 공장 생산된 재료로 집이 지어지기 시작했으며, 집이 지어지는 속도 또한 빨라졌다. 그러나 기술적 진보에 대한 기대와 달리 수정궁과 에펠탑을 만들어낸 기술은 결과적으로 삶의 환경을 급격하게 황폐화시켰고, 사회의 지속가능성을 심각하게 위협했다. 이 문제를 해결한 것이 도시계획이었고, 건축가는 도시계획과 건축을 통해 삶의 환경을 개선할 수 있는 전문가로서 구세주와 같은 존재가 되었다. 기술이 초래한 생존의 위협을 도시계획이라는 새로운 비물리적 기술로 극복하고자 했고, 도시계획은 과학을 품에 안았다. 산업혁명 이전에는 개별 건축의 완성도가 중요하고 건축을 얼마나 미학적으로 완성도 높게 만드느냐가 관건이었지만, 산업혁명 이후 통제되지 않는 기술의 발전이 초래한 위협을 해결하기 위해 등장한 도시계획은 관점이 전혀 달랐다. 미학적 관점이나 기술보다 과학적 관점이 중요했다. 삶의 환경을 위협하는 시설군을 모아서 피해를 최소화하기 위해 지역지구 제도가 도입되었고, 자연 조건을 과학적으로 분석하여 채광과 통풍을 극대화할 수 있는 건축설계 지침이 마련되었다. 산업혁명이 가져온 생존의 위협 문제를 해결하기 위해 건축은 '아름다움(美)'이나 '즐거움(快)'이 아닌 '기술'이나 '과학'을 필요로 했다.

그렇다면 같은 시기 우리의 건축은 어떠한 모습이었을까? 우리의 건축은 서양과 달리 오랜 시간 양식적 변화가 거의 없었다. 이러한 특성으로 인해 한때 문화가 정체되었다고 비판받기도 했지만, 달리 보면 오래전에 자신들 삶의 환경에 최적화된 건축을 완성시킨 기술력을 가진 나라였다고 할 수 있을 것이다. 이러한 건축에 대한 변화는 내부가 아닌 외부에서 주어졌다. 그 시작이 개항이었다.

개항을 통해 우리는 서양 문화를 본격적으로 받아들였고, 그들의 산업화된 경제시스템을 수용했다. 이는 자연스럽게 우리 건축의 변화를 가져왔다. 그렇다면 우리 건축은 개항을 어떻게 맞이했고, 일제강점기에 우리 건축은 어떤 위치에 있었으며, 해방 후 우리는 우리 건축을 어떻게 다루어왔을까?

이에 대한 반성에서 이 책이 시작되었다.

근대라는 시대의 물적 토대는 산업혁명이었고, 산업혁명의 기초가 된 공업화는 근대를 도시를 무대로 펼쳐지는 세상으로 만들었다. 그렇지만 우리는 산업혁명 없이 근대사회에 진입했다. 여기에 더해 우리는 식민 지배 상황에서 근대라는 시간을 지내야 했다. 우리는 분명 서양과는 다른 시대적 환경에서 근대를 맞이했지만 오랫동안 우리의 건축사는 일본을 통해 이식된 서양 건축역사의 관점으로 해석되어왔다. 중국 중심의 동아시아의 틀을 벗어나자마자식민지로 전락한 까닭에 우리는 일본에 의해 조작된 근대의 프레임에 갇혔고, 이는 우리 눈으로 우리의 근대를 보지 못하게 만들었다. 그 결과 우리의 삶을담아왔던 우리의 건축은 현실에서 버려졌고, 버려질 수 없는 존재로 받아들여졌을 때는 이미 화석화되어 있었다. 그 자리를 채운 서양 건축은 일식 건축으로 잘못 인식되었으며, 대한제국의 도시와 건축은 우리의 건축 역사에서 사라졌다. 그 자리를 채운 일제강점기의 건축은 우리 건축을 이류 건축으로 만들었고, 우리에게 열등감을 심어놓았다.

건축은 분명 사회적 산물임에도 불구하고 전혀 다른 사회적 조건에서 형성된 우리의 건축과 도시가 우리의 시각이 아닌 서양의 시각 또는 일본의 시각에서 다루어진 결과다. 이 글은 무비판적으로 수용해온 서양 건축의 양식사적 역사관, 그리고 일본의 근대사를 우리의 근대사로 착각하면서 만들어진 20세기 건축관에 대한 반성에 기초하고 있다.

필자는 사회사로서의 건축사, 기술사로서의 건축사 관점에서 이 책을 시작했다. 근대기 우리의 도시와 건축은 서양 건축에 익숙한 눈으로 바라보면 크게 주목할 만한 명품 건축이 많지 않다. 그러나 현존하는 도시와 그 도시가 품고 있는 많은 건축물을 우리가 겪은 근대사와 함께 살펴보면 전혀 다른 모습으로 오늘의 우리에게 다가온다. 기술적인 측면에서도 마찬가지다. 지난 세기 우리가 만들어온 도시와 건축은 전통건축의 기술보다는 서양에서 산업혁명 이후 지배적인 입지를 갖춘 기술과 재료에 의존하고 있다. 따라서 서양인의 시각으로 바라보면, 우리의 도시와 건축은 정체성이 상실된 그들 건축의 아류에 불과하다고 할 수 있다. 그리고 이렇게 해석된 도시와 건축은 우리가 건축과 도시의 역사를 공부하는 이유를 설명할 수 없다.

우리가 건축의 역사를 연구하고 가르치는, 또는 관심을 갖고 알려고 하는 이유는 명확하다. 도시와 건축을 통해서 우리가 살아온 역사를 더욱더 잘 이해하기 위해서다. 그리고 그렇게 건축을 이해하는 것이 앞으로의 우리 삶을 담는 건축을 만들어내는 데 조금이라도 도움이 되기를 바라기 때문이다.

이와 같은 관점에서 필자는 우리의 도시와 건축이 어떻게 생산되고 소비되었는가를 살펴보고자 하며, 이 과정에서 이 땅의 도시와 건축이 왜 그러한 모습으로 존재했는지를 설명하려고 한다. 미학적으로 아름답고, 건축적으로 높은 완성도를 지니고 있는지는 부차적이다.

"마흔이 넘으면, 자기 얼굴에 책임을 져야 한다."는 말이 있다. 우리를 둘러싸고 있는 도시와 건축은 우리가 살아온 모습이며 우리의 책임이다. 이를 명확하게 이해할 수 있어야 우리의 삶이 우리 것이 된다.

차례

1장 고종의 즉위와 한성의 도시건축 변화

2장 개항, 도시와 산업의 재편

4장 대한제국의 도시와 건축

5장 러일전쟁과 한국통감부기 도시와 건축

6장 식민지배체제의 구축과 도시 재편

7장 식민지기 도시와 건축

8장 전쟁과 도시 그리고 건축

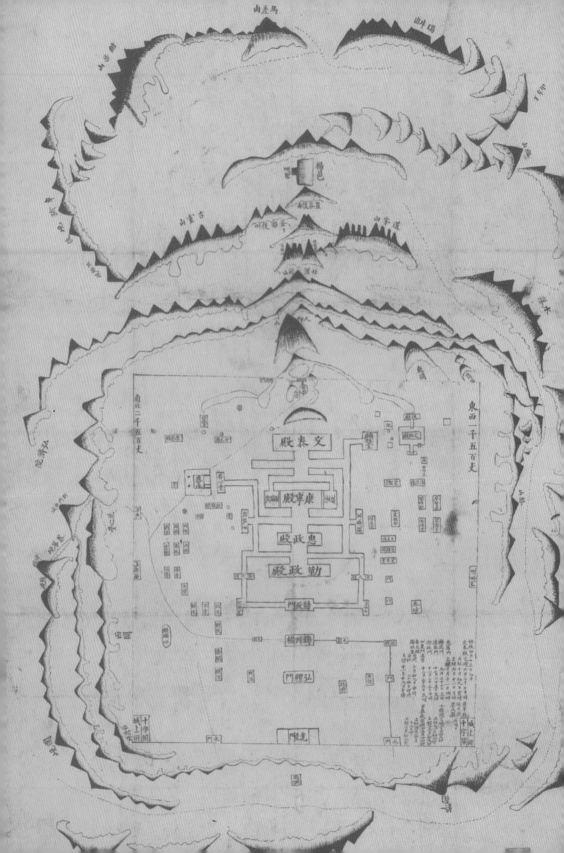

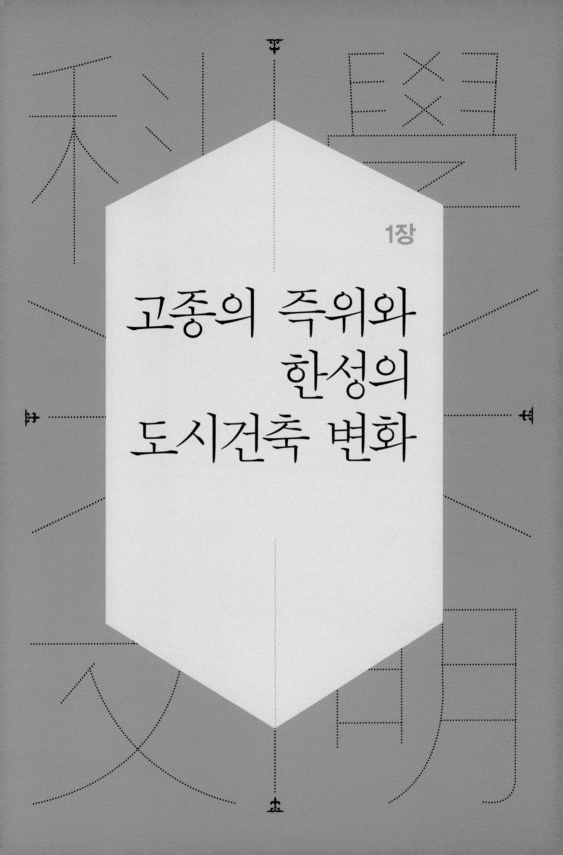

1장

고종의 즉위와
한성의
도시건축 변화

고종의 즉위와 흥선대원군의 집권

1863년 12월 고종이 조선의 26대 왕으로 즉위했다. 철종이 대를 이을 왕자를 낳지 못하고 죽자 신정왕후(대왕대비 조씨)의 지원으로 이하응(李昰應, 1820-1898)의 둘째 아들이 왕위에 오른 것이다. 당시 고종이 왕위에 오를 수 있었던 시대적 배경에 세도정치와 서양 각국의 개항 압력이 있었는데 이는 흥선대원군의 집권과 개혁 정치의 배경이기도 하다.

순조에서 헌종과 철종에 이르는 60여 년에 걸친 안동 김씨에서 풍양 조씨 다시 안동 김씨에 이르는 세도정치로 인해 왕권은 추락할 대로 추락해 있었다. 여기에 철종의 후사 없는 죽음은 당시 왕실의 최고 어른이었던 풍양 조씨 집안 출신의 신정왕후[1]에게는 세도가였던 안동 김씨의 힘을 누를 수 있는 기회이기도 했다. 이하응은 이와 같은 철종의 죽음이 가져온 정치구도의 변화 가능성을 정확하게 파악하고 있었다. 당시 종친부[2]에서 유사당상(有司堂上)[3]으로 재직하며 종친의 권한을 확대하는 데 힘썼던 이하응은 자신의 아들을 왕으로 세우기 위해 신정왕후와 연합했다. 고종이 즉위하면 신정왕후는 수렴청정이 가능했고, 안동 김씨의 세를 견제할 수 있다는 이하응의 계산이 신정왕후의 마음을 움직인 것이다. 고종의 즉위는 당시의 정치구도를 정확히 읽은 흥선대원군의 판단이 가져온 결과인 것이다. 고종의 즉위로 대원군[4]이 된 이하응은 직접 정치의 전면에 나서서 왕권을 바로 세우기 위한 개혁에 박차를 가했다.

이러한 흥선대원군의 모습은 우리에게 알려진 이미지[5]와는 전혀 다르다. 역사적 사실과 다른 흥선대원군의 모습이 일반에 널리 유포된 것은 대원군의 인간적 삶을 재조명했다는 김동인의 역사소설 「운현궁의 봄」(1933) 때문이었다. 1933년에 발표된 소설에서 김동인은 이하응을 "상갓집 개와 같이 구박받는 존재"로 묘사하고, 흥선대원군이 당시 "세도가의 모멸 속"에 살았다고 했으나 이는 역사적 사실과 다르다. 1820년생인 흥선대원군은 1841년에 흥선정(興宣正)에 봉작된 이후 비변사 당상을 거쳐 1847년에 종친부를 실질적으로 운영하는 직책인 유사당상으로 재직하면서 종친부의 권한 확대와 함께 왕실의 족보 편찬을 추진했다. 이런 일이 가능한 것은 당시 세도가였던 안동 김씨 세력과 정치적 거래를 시도할 수 있는 위치에 있었기 때문이다. 김동인에 의해 잘못 알려진 흥선대원군의 모습은 경복궁 중건과 쇄국정책 그리고 천주교 탄압으로 이어지는 일련의 부정적인 평가와 맞물리면서 마치 역사적 사실인 양 세간에 잘못 알려졌다.

역사학계에는 "흥선대원군이 조선의 마지막 개혁가"라는 평가가 있다. 흥선대원군이 60여 년에 걸친 안동 김씨와 풍양 조씨의 세에 눌려 있는 왕권의 회복을 위해 풍양 조씨 출신 신정왕후의 정치적 야망을 매개로 고종을 왕위에 올린 후 실질적인 권력을 장악하고, 이후 왕권 강화를 위한 개혁 정치를 단행했기 때문이다. 유감스럽게도 그의 개혁은 실패로 끝났다. 그러나 그의 개혁 정치가 남겨놓은 건축 유산은 이 땅에 선명하게 남아 있다.

왕권 회복과 경복궁 중건

흥선대원군의 개혁 정치는 서원 철폐와 사창제 그리고 호포법을 실시하여 재정을 튼튼히 하고, 비변사 폐지와 삼군부 복원을 통해 세도정치의 폐해를 바로잡는 동시에 임진왜란 이후 방치되었던 경복궁의 중건을 통해 한양도성의 중심 공간을 복원하는 근간이 되었다.

고종이 즉위한 지 2년째인 1865년에 시작된 경복궁 중건은 1868년에 완료되었다. 김동욱은 『한국건축의 역사』에서 경복궁의 중건은 왕이 백성을 다스리는 국민적 군주임을 상징하는 일로 보았다. 이는 세도정치를 종식시켜 실추한 왕권을 회복하고 이를 통해 조선은 격동하는 국제정세의 변화에 대처하는 국가적 역량을 갖추고자 했음을 의미한다고 평한바 있다.

흥선대원군의 개혁은 정치적 개혁을 넘어 도시구조의 복원으로 이어졌다. 경복궁의 중건과 함께 진행된 삼군부와 의정부의 중건과 역할 회복은 임진왜란 이후 창덕궁과 돈화문 옆 비변사를 중심으로 경영된 국정 체제 하에서 방치된 도시의 구조를 조선 초기의 모습으로 재건하는 의미를 갖고 있었다. 그러나 우리는 단순히 경복궁의 중건이 갖는 도시의 건축적

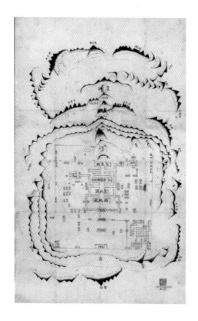

〈그림 1-1〉 〈경복궁도〉, 18세기 말–19세기 후반 추정 (서울역사박물관 소장)

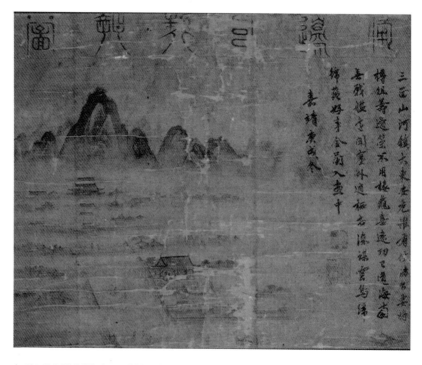

〈그림 1-2〉 〈비변사계회도〉, 1550 (서울역사박물관 소장)

의미를 외면한 채 정치적 측면에서 흥선대원군의 권력욕만을 집중적으로 조명해왔다.

흥선대원군의 집권이 조선이 처한 현실을 극복하기 위함이었고, 그러한 지향점이 건축과 도시에서 어떻게 나타나는지를 살펴보기 위해서는 경복궁의 중건뿐 아니라 삼군부와 의정부를 포함하는 큰 틀의 변화와 함께 세부적인 변화가 어떻게 정치적 사회적 상황과 연동하고 있는지에 주목할 필요가 있다.

경복궁이 임진왜란으로 소실되기 전의 모습을 정확하게 파악할 수 있는 자료는 존재하지 않는다. 18세기 말~19세기 후반에 제작된 것으로 추정되는 〈경복궁도〉와 작자를 알 수 없는 〈비변사계회도〉(1550)를 통해 전체적인 윤곽을 알 수 있을 뿐이다. 도성이 건설된 직후 육조거리의 풍경에 대해 『태조실록』[6]에 따르면, 정도전(鄭道傳, 1342-1398)이 지어 바친 새 도읍의 8가지 경치를 읊은 "신도팔경(新都八景)" 가운데 세 번째로 꼽은 열서성공(列署星拱)에서 다음과 같이 묘사되어 있다.

列署岧嶢相向, 벌려 있는 관서(官署)는 높고 우뚝하여 서로 향하니,
有如星拱北辰, 마치 여러 별들이 북신(北辰)을 둘러싼 것 같도다.
月曉官街如水, 달빛 새벽에 관가(官街)는 물과 같은데,
鳴珂不動纖塵, 말굴레 장식 소리는 울리나 티끌 하나 일지 않는도다.

육조 관아들이 마주보고 배치되어 있으며, 먼지가 일지 않을 정도로 잘 정비되어 있던 육조거리는 임진왜란 때 불타버린 경복궁과 함께 큰 피해를 입었다. 임란이 끝난 후 선조는 중건 계획을 수립했으나, 재정적 어려움으로 경복궁 대신 창덕궁을 중건하는 데 그쳤고, 이후 경복궁 중건은 조선왕조의 최대 과제가 되었다.

1. 경복궁 중건

경복궁은 조선의 법궁이라는 상징성이 있지만 실제 법궁으로 사용된 기간은 창덕궁보다 짧다. 경복궁이 임진왜란 이후 복구되지 않은 채 방치되었기 때문이다. 임진왜란으로 소실된 이후 복구하지 않은 이유로 풍수지리상 경복궁의 지세가 쇠락해 더 이상 궁궐로서 적합하지 않다는 풍수지리에 기초한 속설이 널리 퍼지기도 했으나 이는 사실과 다르다. 선조 때 궁궐영건도감을 설치해 중건을 시도했으나 전쟁으로 인한 재정 고갈로 인해 실행에 옮기지 못했다. 이후 광해군, 현종, 숙종, 영조 등도 경복궁 중건의 염원을 밝히기는 했으나, 이 역시 실행에 옮겨지지 못했다.[7] 풍수나 정치적 이유보다는 경제적 이유가 더 컸다고 할 수 있다. 동시에 유교 국가를 표방한 조선 건국 초기에는 유교의 이념을 담은 경복궁과 육조의 공간구조가 조선의 국체를 드러내는 데 중요했지만, 개국한 지 200년이 지나 유교 국가의 이념이 보편화된 상황에서 무리한 경제적 부담을 안고 이념에 초점이 맞추어져 생활에도 불편한 경복궁을 지을 이유가 없었다.

<그림 1-3> 정선, 〈경복궁도〉, 17세기 (고려대학교 박물관 소장)

270여 년간 폐허 상태로 방치되었던 경복궁의 모습은 겸재 정선(謙齋 鄭敾, 1676-1759)의 〈경복궁도〉(1754년경)에도 묘사되어 있다. 그림에서 대부분의 터가 비어 있고, 상부 전각이 소멸된 광화문의 육축과 경회루의 석주 그리고 연못만 남아 있음을 확인할 수 있다. 몇 채의 건물이 보이는데 이는 관리를 위한 최소한의 건물일 것으로 추정된다. 경복궁 터 뒤편의 우거진 수풀은 오랜 시간 방치된 결과로 보인다.

왕실의 오랜 염원이었던 경복궁 중건은 고종의 즉위 후 신정왕후의 명으로 실행되었다. 중건된 경복궁

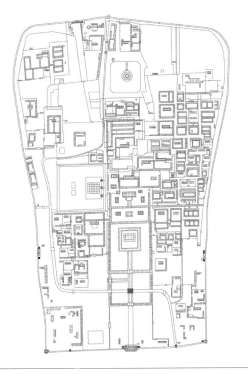

〈그림 1-4〉 〈경복궁 배치도〉, 1907년경 (출처: 「경복궁 변천사」, [문화재청, 2007])

이 조선 초의 모습과 얼마나 같고 얼마나 다른지에 대해서는 그 실체를 구체적으로 밝히는 것이 쉽지 않다. 다만 최근에 이루어진 광화문 복원 사업 과정에 진행된 발굴 작업과 완역된 『경복궁영건일기』[8]를 통해 고종 연간에 중건된 광화문이 조선 초의 광화문에 비해 규모가 더 커졌고 근 정전의 월대 역시 조선 초보다 커졌음이 확인되었으며, 경무대가 새로 조 성되었음이 알려졌다.

광화문에서 흥례문을 지나 영제교를 건너 정전인 근정전과 편전인 사 정전, 그리고 침전인 강녕전과 교태전에 이르는 직선의 축은 태조 때의 모습으로 다시 지어졌다. 이에 대해 김동욱은 조선왕조 창건 당시의 건 국 정신을 회복하고자 한 흥선대원군의 강력한 의지의 발로였다고 설명한다. 일직선을 이루고 있는 경복궁의 강한 남북 축은 창덕궁과 임진왜란 후에 조성된 경희궁이 지세를 수용하면서 생활의 편리함을 추구하는 유연한 공간구성체계를 갖춘 것과 비교된다. 그러나 복원된 경복궁에는 조선 초의 건국 정신 회복을 위한 강력한 왕권의 상징적인 체계 구축 못지않게 500여 년 동안의 구축된 유교 이념과 궁궐 운영 경험도 반영되었다.

　조선 초기의 궁궐 공간구성은 정치를 담당하는 외전과 생활 공간인 내전이 전후 관계를 가지며 궁궐 공간구성의 기본 틀을 갖추었다. 그러나 중건된 경복궁에서 왕의 공간으로 복원된 궁궐의 중심축이 더욱 강화되었을 뿐 아니라 경복궁의 얼굴인 광화문은 국초보다 더 큰 규모로 지어졌고, 근정전의 월대는 정전 앞으로 5자(약 1.5m)를 더 키워서 지어졌다. 경복궁의 모습이 더욱 당당해진 셈이다.

　『경복궁영건일기』[9]에 따르면, 월대 위에 박석을 깔고 네 귀퉁이에 쌍법수석을 각 1좌씩 놓고 상하 월대에는 난간을 두르고 12곳에 설치된 계단 좌우의 난간 기둥머리에 각종 동물 조각상을 올렸다. 마당에도 박석을 깔고 두 줄로 품계석 24개를 세웠다. 이 중에서 계단 가장자리 돌의 아래에 드리운 용두(龍頭)와 남쪽 계단 중앙의 어간석 남쪽에 새긴 쌍봉(雙鳳)과 네 귀퉁이 쌍법수(雙法首)는 옛 월대의 수법이나, 돌난간과 각종 동물상을 올린 계단 난간 기둥머리 장식은 조선 전기에는 사용되지 않았던 수법으로 경복궁 중건 시 도입되었다고 한다. 근정전 주변의 월대 공사가 마무리된 시점(10월 16일)에는 돌 공사를 마친 석수들에게 500냥을 상으로 주었고, 11월 16일에는 근정전에서 문무백관의 하례를 받는 축하 의식이 거행되었다고 한다.[10] 이와 같이 궁궐에서 가장 격이 높은 근정전 공사의 규모와 세부 공사에서 개국 초의 근정전보다 많은 공을 들였음을 보여준다.

〈그림 1-5〉 근정전과 월대

〈그림 1-6〉 근정전 천장에 설치된 용 조각

근정전의 경우 어탑(御榻)[11] 위와 어칸(御間)[12] 위에 각각 용 한 쌍이 걸렸다. 근정전에 설치된 부룡(浮龍)[13]은 나무를 깎아 쌍룡을 조각하고 철을 가늘게 뽑아 휘어진 수염을 달아놓은 모습인데, 용의 발가락이 일곱인 칠조룡이다. 같은 모습의 용은 대한제국기인 1906년에 지어진 경운궁 중화전에서도 확인된다. 근정전에 부룡이 설치되기 이전까지 조선 궁궐 정전의 천장 장식은 봉황이 기본이었으며, 천장에 채색화로 봉황을 그려 넣는 방식을 취해왔다. 이는 창경궁 명정전과 창덕궁 인정전 천장에서 그 예를 볼 수 있다. 이전까지 정전 어칸 천장에 봉황을 그려 넣던 관습을 버리고 용을 장식한 점과 천장을 그림으로 하지 않고 용을 조각해서 달아매는 방식을 취한 점 역시 중건된 경복궁 근정전의 특징적인 모습이다. 궁궐에서 이처럼 실내에 조각물을 매단 것은 근정전 이전에는 볼 수 없던 방식이었다.[14]

광화문에서 근정전, 사정전, 강녕전, 교태전을 잇는 정치의 남북축은 북측으로 연장되어 흥복전을 거쳐 궁궐의 후원까지 이어졌다. 이 축을 중심으로 동편에는 왕세자 공간과 왕대비 및 상궁들을 위한 시설이 배치되고, 서편으로는 수정전을 중심으로 내반원이나 홍문관 등 대신을 위한 궐내 각사와 경회루가 놓였다. 그 뒤로 왕실 제사를 지내는 태원전과 문경전이 배치되었다.[15] 교태전 뒤의 흥복전과 태원전 등의 제사 공간은 조선 초기에는 없었던 시설이다. 이전보다 더 커진 광화문을 전면에 내세우며 남북의 강한 축성을 유지하면서 조선 초에 없었던 제사 공간을 만든 것은 경복궁 중건이 정통성을 가진 왕권의 회복을 선언히는 프로젝트였음을 보여준다. 임진왜란을 거치며 창덕궁이 법궁으로 선택되어 오랫동안 사용되었으나 창덕궁과 돈화문로가 갖는 입지와 돈화문의 모습은 경복궁에 비해 크게 위축되었다. 경복궁의 복원이 조선 초기의 도성과 궁궐의 공간구조 회복을 넘어 규모와 축이 더욱 강화된 것은 경복궁 중건을 통해 왕실의 오랜 숙원 사업을 해결함과 동시에, 세도정치를 척결하고 왕권을 바로 세우겠다는 의지의 결과였다고 할 수 있다.

경복궁 중건 때 조성된 경무대(景武臺)는 경북궁 북측, 백악의 남사면 높은 곳에 위치한 곳으로, 경무대에서는 궁궐과 도성 전체를 너머 관악산까지 조망이 가능한 곳이다. 이곳에 융문당(隆文堂)과 융무당(隆武堂)이 지어졌다. 고종은 경무대에서 많은 시간을 보냈을 뿐 아니라, 문과 무의 견제와 균형을 통해 나라를 바로 세우고 융성하게 하겠다는 의지를 담았고, 이를 실천했다. 고종은 경무대에서 여러 차례 과거시험을 실시하여 많은 인재를 발굴했는데, 그 과거시험들을 직접 주관할 정도로 깊은 관심을 가지고 있었다. 국가적 위기에서 즉위한 고종은 경무대에서 국가 경영의 큰 그림을 그렸고, 융문당과 융무당에서 나라를 바로 세우고 이끌어나갈 젊은 인재의 발굴과 양성을 직접 주관한 것이다.

그런데 경복궁 중건을 위한 재원은 무엇이었을까? 흥선대원군의 선택은 원납전(願納錢)이었다. 흥선대원군은 공사비 마련을 위해 재상 이하 모든 관원과 백성에게 기부금을 납부하도록 했다. 그러나 많은 백성의 원성을 산 원납전을 실시했음에도 공사비를 충분히 확보하지 못하자 성문

〈그림 1-7〉 광화문을 중심으로 좌측의 삼군부와 우측의 의정부 모습. (출처: 안창모 소장 엽서)

〈그림 1-8〉 경무대 전경, 융문당과 융무당 모습. (출처: 『사진으로 보는 경복궁』 [2006])

통행세를 신설하고 당백전을 발행해 국가 재정에 문제를 일으키기도 했다. 흥선대원군은 민란의 원인이었던 환곡과 군역도 개혁했다. 환곡 개혁을 통해 세도정치기에 만연했던 탐관오리에 의한 수탈을 막고자 했다. 조선 후기에 군역을 대신해 실시된 군포제는 양반의 몫까지 백성이 부담했는데 이 문제를 해결하기 위해 흥선대원군은 양반을 포함한 모든 이에게 군역을 부과하는 호포제를 실시했다. 환곡과 군역의 개혁은 백성의 경제적 부담을 줄이고 국가 재정을 확보하는 결과를 가져왔다. 무엇보다 흥선대원군이 실행한 개혁의 핵심은 서원 철폐였다. 서원은 유교 국가인 조선을 유지하는 핵심 교육시설이자 향촌사회의 자치운영기구로 조선시대에 탄생한 새로운 시설이었다. 그러나 조선 후기에 서원이 급증하면서 서원의 군역 면제와 면세 특권이 정부 재정을 악화시키는 동시에 붕당정치의 폐해로 이어지자 47개의 서원을 제외하고 무분별하게 세워진 서원을 모두 철폐했다.

경복궁의 중건은 단순히 국내 정치의 문제만은 아니었다. 당시 동아시아가 처한 국제정세는 매우 긴박했다. 경복궁의 중건과 개혁이 이루어진 시점은 청국과 일본국이 서양에 문호를 개방해 유럽 중심으로 재편되는 세계 질서를 받아들이던 시기였다. 1840년 아편전쟁에서 중국이 패하면서 홍콩이 영국에 할양(1843)되었고, 1853년에는 일본이 미국에 의해 강제로 개항되었으며, 1860년에는 영국과 프랑스 연합군에 의해 북경이 함락되었다. 이와 같은 국제정세에서 조선 앞 바다에 빈번하게 출몰하는 서양의 이양선은 조선 정부에는 큰 압박이었다. 고종과 흥선대원군은 왕권회복과 국정 개혁뿐 아니라 문호 개방을 요구하는 서구의 요구에 답을 해야 하는 과제를 안고 있었다.

2. 육조거리, 삼군부와 의정부의 복원

경복궁 중건이 갖는 정치적, 도시적 의미는 비변사의 폐지와 함께 이뤄진 삼군부와 의정부의 중건을 통해서 명확해졌다. 삼군부는 조선 건국 당시 군권을 통괄하던 관청이었으며, 의정부는 정치와 행정을 담당하는 최고 기관이었다. 그러나 정부가 안정되면서, 세종과 세조대에 이르며 개편을 거듭하다 1466년에 오위도총부로 개칭되었다. 조선 후기 들어 세도정치가 지속되면서 비변사의 기능이 비정상적으로 확대되고 의정부는 유명무실해진 상황이었다. 비변사는 1510년 삼포왜란 등 취약한 변방의 문제에 효과적으로 대응하기 위해 설치된 임시 관청이었으나 임란과 호란을 겪으며 일반 행정은 물론 정치, 경제, 외교, 문화, 군권까지 장악하면서 의정부의 기능이 마비되었다.

비변사는 창덕궁 옆에 위치했는데, 임진왜란 이후 창덕궁이 법궁의 역할을 수행하면서 비변사의 입지적 강점은 비변사의 역할 강화로 이어지면서 폐허화된 경복궁 앞 육조거리의 퇴락으로 이어졌다. 세도정치기에 비변사는 세도가에 의해 좌우되면서 세도정치의 중심이 된 것이다. 따라서 비변사의 개혁은 왕권 강화의 핵심이었는데, 고종은 비변사를 폐지하고 삼군부를 다시 설치하며 의정부를 복원한 것이다.

1865년 5월 26일(음력) 영의정 조두순(趙斗淳, 1796-1870)은 경복궁 복원에 관한 보고와 함께 삼군부와 의정부에 관해 다음과 같이 보고했다.

경복궁의 건축 공사가 한창 이루어지고 있는 이때에 의정부 역시 새로 중건되고 있습니다. 지금 예조가 있는 곳은 바로 국초에 삼군부가 있던 자리입니다. 그때에 정부와 대치해서 삼군부를 세웠던 것은 한 나라의 정령(政令)을 내는 곳은 문사(文事)와 무비(武備)이기 때문에 그랬던 것이었습니다. 오위의 옛 제도를 갑자기 복원할 수는 없다 하더라도 훈국(訓局)의 신영(新營)과 남영(南營)과 마병소(馬兵所) 및 오영(五營)의 주사(畫仕)하는 곳 등을 지금 예조가 있는 곳에 합설하여 삼군부라 칭하고, 예조는 한성부 자리로 옮겨 설치하며, 한성부는 훈국의 신영 자리로 옮겨 설치함으로써 육부(六部)가 대궐의 좌우에 늘어서게 하여 일체 옛 규례를 따르도록 하며, 그 밖에 각사(各司)는 편리한 쪽으로 처리하도록 하는 것이 좋겠습니다.

조두순의 말에서 주목할 것은 삼군부와 함께 의정부 중건이 갖는 의미 부분이다. 의정부의 중건은 의정부의 기능 회복을 전제로 하며, 이는 외척 세력이 장악한 비변사를 폐지[16]하고, 의정부의 역할을 회복하며, 삼군부를 다시 설치함으로써 문과 무가 서로 견제하며 균형을 갖췄던 국초의 건강한 정치체제를 갖추겠다는 의지의 표현이라고 할 수 있다. 비변사의 폐지는 순조 이후 득세했던 세도정치가 끝났음을 의미했다. 국정과 군권을 분리해 문신과 무신이 서로 균형을 맞추는 사회, 그리고 그 위에 나라의 틀을 바로 세우겠다는 의지의 표현이었다. 중건된 경복궁 앞 육조거

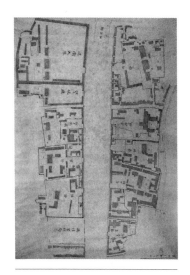

〈그림 1-9〉 광화문 밖 관아실측 평면도, 1907.
(국가기록원 소장)

리 제일 앞의 우측(서측)에 삼군부가 위치한 것은 그러한 의지의 건축적 구현이라고 할 수 있다. 〈그림 1-9〉의 "광화문 밖 관아실측 평면도"에서 제일 위쪽의 서측이 삼군부, 동측이 의정부다.

경복궁의 중건과 함께 부활된 삼군부와 원 위상을 회복한 의정부의 중건으로 광화문과 육조거리가 도시의 중심적 위상을 회복했다. 삼군부가 예조 자리에 다시 설치되고, 예조는 한성부 자리로 옮겨졌으며, 한성부는 훈련도감의 신영 자리(경희궁 동쪽 훈련도감 터)로 이전되었다. 따라서 경복궁의 중건과 함께 이루어진 삼군부와 의정부의 복원은 경복궁 복원의 정치적 지향점을 명확하게 해줄 뿐 아니라 조선이 건축되었던 초기의 공간구조 회복을 통해 새로운 시대를 준비하려는 의지의 표현이었다고 할 수 있다.

〈그림 1-10〉에는 중건된 경복궁 모습이 담겨 있다. 광화문 왼편으로 흥례문과 근정문 그리고 중층의 근정전이 보이고 모서리에는 서십자각이 보인다. 〈그림 1-11〉은 삼군부 청사가 대한제국기에 시위대(侍衛隊) 청사로 사용되었을 때 모습이다. 삼군부 청사는 청헌당, 총무당, 덕의당 세 건물로 구성되어 있는데, 일제강점기에 총무당은 성밖 현재의 삼선공원으로, 청헌당은 1960년대 말 정부종합청사를 건설하면서 육군사관학교로 이건되었다.

3. 왕실 관련 시설의 정비: 영희전, 종친부

왕실 관련 시설도 정비되었다. 임금의 초상화를 모시는 영희전이 증축되었

〈그림 1-10〉 경복궁과 주변 전경. (국사편찬위원회 소장)

〈그림 1-11〉 구 삼군부 청사 전경. (출처: 국사편찬위원회)

고, 종친부가 확장되었다. 고종의 생가는 운현궁이라는 궁호를 갖게 되었으며, 대대적으로 개축된 후 새로운 정치의 중심으로 자리잡았다. 왕실 관련 시설의 신축은 왕권 바로 세우기 및 국정 개혁과 밀접한 관련이 있다.

태조를 비롯한 선왕의 어진을 모신 영희전을 증축한 것은 왕권의 회복과 정통성을 내세우는 상징적 사업이었다. 영희전과 달리 종친부의 확장은 살아 있는 종친의 힘을 모아 왕권 강화와 국정 개혁의 동력을 확보하기 위함이었다. 《숙천제아도》의 〈종친부〉는 조선 후기 문신인 한필교(韓弼敎, 1807-1878)가 종친부에 근무하던 1865년도의 모습이다. 고종이 종친부의 증수를 명한 것은 1865년 2월 20일(음력)이었다. 한필교 근무 시절에는 경근당만 존재했으나 고종 때 확장된 종친부는 경근당을 중심으로 좌우에 옥첩당과 이승당(현재 훼철)을 갖춘 전형적인 관청의 공간구성[17]을

〈그림 1-12〉 경복궁 건춘문과 삼군부 전경. (국사편찬위원회 소장)

〈그림 1-13〉 종친부와 현대미술관. (안창모 사진)

갖고 있었다. 이러한 배치와 규모는 의정부에 버금가는 규모로 종친부의 위상을 세워 왕권 중심의 국정 개혁을 추진하고자 했던 고종의 의지를 보여준다.

4. 국가 위기 극복과 관왕묘

관우를 모시는 관왕묘인 북묘와 서묘도 새로 지어졌다. 중국의 군신인 관우를 제사지내는 관왕묘는 임진왜란 당시 조선을 도왔던 명(明)에 대해 예를 표한다는 의미를 갖고 있었다. 당시 빈번하게 출몰하는 서양의 배와 개항을 요구하는 서양의 요구에 대한 민심의 동요를 수습하는 의미도 있었을 것으로 보인다. 기존의 관왕묘로 동묘와 남묘가 있었다. 1598년 숭례문 밖에 첫 남관왕묘가 지어졌고, 1602년에는 동대문 밖에 동관왕묘가 세워졌다. 관왕묘는 강진, 안동, 성주, 남원 등 지역에도 세워졌다.

고종은 북묘와 서묘를 새로 지어 동서남북의 각 방위를 지키는 상징성을 부여했다.

관왕묘는 조선의 건축으로는 드물게 중국 건축의 구법에 따라 지어졌

〈그림 1-14〉 동묘. (안창모 사진)

〈그림 1-15〉 남묘. 남대문 밖에서 1979년 사당동으로 옮김. (안창모 사진)

다. 고종 때 새로 지어진 북묘와 서묘에 관한 건축 자료는 없으나, 현존하는 동관왕묘의 경우 공(工)자형 평면을 갖고 있으며, 외주부의 기둥 안쪽으로 전실과 본실이 벽돌 벽체로 구축되어 조선의 건축양식과는 다른 모습으로 지어졌다.

경복궁 복원과 도시구조 재편의 의미

법궁인 경복궁을 중심으로 한양도성의 공간 질서가 형성되었기에 경복궁과 육조거리가 도성의 중심 공간이었지만, 임진왜란 때 폐허가 된 경복궁을 그대로 둔 창덕궁을 법궁으로 삼고 경희궁을 이궁으로 삼으면서 행정의 중심인 육조거리의 위상이 약화되었다. 경제의 중심인 운종가(현 종로)와 남대문로는 도성 가로 체계의 뼈대 역할은 여전해서, 종로와 남대문로가 만나는 곳에는 육의전이 위치하여 경제 중심의 역할을 수행했다. 그러나 경복궁이 폐허 상태로 방치된 상황에서 비변사 중심의 국정 운영으로 육조거리도 퇴락해갔다. 광화문과 육조거리가 도성의 중심적 위상을 잃어버린 상황에서 도성 안에 크고 작은 여러 중심이 산재됨에 따라 사실상 도성의 중심은 해체된 상황이 고종 즉위까지 지속되었다. 특히 세도 정치 시절에 왕권이 땅에 떨어진 상황에서 궁궐이 갖는 상징성 역시 현저히 낮을 수밖에 없었다. 이러한 도시구조에 변화를 가져온 것이 경복궁의 중건이었다. 서원 철폐, 세제 개편 등의 정치개혁과 맞물리면서 중건된 경복궁은 다시 개혁의 주체인 왕권의 상징이 되었고, 광화문과 육조거리를 중심으로 하는 도시의 중심성이 회복되었다. 특히 경복궁 동측에 의정부를 중건하고, 서측의 예조 터(현 정부 서울청사)에 삼군부를 부활시킴으로써 왕권의 확립과 정치적 중심으로서의 입지를 확고히 했다. 1907년의 관유지를 실측한 지도 자료에서 재정비된 육조 관아의 모습을 확인할 수 있다.

연갑수에 따르면 고종과 흥선대원군은 정치개혁의 모델을 조선 건국기 왕권이 강화되었던 시기로 삼았다고 한다. 건국기 조선은 문(文)과 무(武)가 서로 견제하며 균형을 맞춘 체제를 지향했고, 광화문의 양편에서 마주보고 배치된 의정부와 삼군부는 문무가 정립해 국가를 받치는 양대 축의 상징이었다. 고종이 즉위와 함께 비변사를 폐지하고 의정부의 기능을 회복하며 삼군부를 다시 설치한 것은 세도정치의 종식과 왕권의 회복을 보여주는 상징적 조치였다.

『근세조선정감(近世朝鮮政鑑)』[18]의 저자인 박제경(朴齊絅)은 흥선대원군에 대해 "만약 이 공(公)이 아니었더라면 능히 개화를 막아서 완고함을 보존하지 못했을 것이며, 후일 또한 완고함이 변해서 개화하는 데로 진보하는 것도 또한 바라기 어려웠을 것이다."라고 평했다. 그런데 흥미로운 점은 박제경이 박영효(朴泳孝, 1861-1939), 김옥균(金玉均, 1851-1894)이 이끄는 개화당(開化黨)[19]의 일원으로 개화운동에 헌신한 인물이었다는 점이다. 개화파의 일원으로 갑신정변에도 참여했던 박제경의 흥선대원군에 대한 평은 흥선대원군에 대한 당대의 인식을 보여준다고 할 수 있다. 고종의 즉위와 함께 정치의 전면에 등장한 흥선대원군은 자주적 근대화를 지향했고, 부국강병의 필요성을 절감했던 정치가로, 그가 추진한 개혁 정치는 실패했지만 개혁의 물리적 흔적은 도시와 건축으로 남았다.

2장

개항,
도시와
산업의 재편

개항, 조선 정부의 선택

1876년 2월 27일 조선은 일본과 조일수호조규(朝日修好條規)를 체결했다. 그리고 같은 해 부산항에서 일본의 상행위가 허락되었다. 개항이 외교관계가 없고 교역이 없던 나라와 교류를 위해 문호를 개방한다는 의미를 갖는다는 점에 비춰보면, 조일수호조규 이전에도 조선은 중국과 일본은 물론 류큐국 등과 교류를 하고 있었기에 1876년의 조약을 통한 문호 개방은 서양과의 교류가 아닌 일본과의 관계를 재설정한다는 정도의 의미를 지녔다고 할 수 있다. 오랫동안 외교와 통상관계를 맺고 있던 일본이, 조선과 새로운 조약을 맺고자 했던 것은 조일수호조규 이전의 조일관계가 일본의 입장에서 동등한 관계가 아니었음을 일본이 인지하고 있었기 때문이다. 그러나 조선의 입장은 달랐다. 조선은 일본과의 조약을 통해 부산항을 개항했다는 형식을 취함으로써 조선 정부에 대해 끊임없이 문호 개방을 요구하는 서양 여러 나라의 요구를 완화하며 실질적인 개항을 위한 준비에 필요한 시간을 확보할 수 있었다. 일본의 입장에서는 이전까지 을의 입장이었던 조선과의 외교관계를 대등한 관계로 격상시키고, 부산항을 통한 교역의 확대라는 실익을 챙기는 기회였다고 할 수 있다.

오랫동안 조선의 개항은 일본의 압력에 굴복해 이루어졌다고 알려져 있었다. 그러나 조약에서 약속된 세 개 항구의 개항 순서와 각 항구가 열린 연도 그리고 국교를 새로 정립하면 당연히 따르는 공사관의 설치와 공사관의 입지는 지금까지 알려진 강제 개항론이 역사적 실체와 다름을 보여준다. 조선의 개항이 강제 개항이 아닌 조선 정부의 선택이었다는 연구와 주장[1]은 역사학계에서도 지속적으로 제기되어왔다.

이는 조약의 내용에서도 확인할 수 있다. 조약 제4조는 "조선국 부산 초량항에는 이미 오래전부터 일본 공관이 세워져 있어 양국 백성의 통상 지구로 되어왔다. 지금은 응당 종전의 관례와 세견선 등의 일은 없애버리고 새로 만든 조약에 준해 무역 사무를 처리한다."는 규정을 두어, 과거 조선과의 불평등한 관계를 재조정하고자 했다. 제5조에서는 "대조선국 개국 485년 병자년(1876) 2월부터 모두 20개월 안에 경기, 충청, 전라, 함경 5도 중에서 연해의 통상하기에 편리한 항구 두 곳을 지정한다."고 했다. 즉, 조약에 따르면 1877년 10월까지 부산항 외에 두 곳을 추가로 개항하겠다고 일본에 약속한 것이다. 그러나 조선 정부는 조약 제5조의 내용을 이행하지 않았다. 약속한 20개월을 훨씬 넘긴 1880년 4월에 원산항이 개항되었다. 조약 체결 이후 4년 1개월 만이니 약속한 20개월보다 29개월 늦은 두 번째 개항이었다. 그리고 원산을 개항한 지 20개월 후인 1983년 1월에 세 번째 항구인 인천항이 개항되었다. 결과적으로 조약에 따라 3개의 항구를 열었지만, 부산항, 원산항 그리고 인천항으로 이어지는 개항의 과정은 일본의 무력에 굴복한 나라가 취할 수 있는 과정은 아니다. 부산항 개항 후 20개월 이내에 2개 항구를 추가로 열겠다는 약속을 지키지 않았을 뿐 아니라, 세 항구의 개항 순서도 일본이 가장 원했을 인천항이 가장 늦었기 때문이다.

부산은 이미 강화도조약 이전부터 일본과의 교역을 위한 용도로 개방되어 있었으니, 개항장이라 할 수 없다. 실질적으로 새로 개항된 곳은 원산과 인천인 셈이다. 이 중에서 원산은 동해안에 개항되어 통상을 위한 개항장의 성격이 강했으나, 인천은 원산과는 성격이 달랐다. 조선의 수도인 한성의 관문 성격을 갖고 있기 때문이다.

그런데 1883년 1월에 단행된 인천 개항은 원산 개항과는 다른 상황에서 이루어졌다. 인천 개항 직전인 1882년 5월 22일(음력 4월 6일) 미국과 수교한 것이다. 이는 1876년에 일본과 새롭게 수교를 하면서 조약 체결 후 20개월 이내에 두 개 항구를 추가로 열겠다는 일본과의 약속을 지키지 않았던 것과 확실하게 구분되는 점이다.

1876년 일본과 맺은 조약은 이미 개방되어 있던 부산항을 개항의 형식을 갖춰 조선의 문호 개방을 요구하는 서양 여러 나라의 요구에 대해 조선의 개항 의지를 보여주는 메시지였으며, 서구 국가를 향한 개항 준비를 위해 시간을 확보하는 성격이 강했다고 할 수 있다.

1. 개항과 개항장

1) 1876년 부산 개항

강화도조약 제4조에 언급되어 있는 것처럼 부산의 초량항에는 이미 일본 공관에 해당하는 왜관이 있었고, 양국 간 통상 행위가 이루어지고 있었다. 1407년(태종 7) 동래의 부산포를 시작으로 웅천(현 진해)의 내이포와 울산의 염포 등에 왜관을 설치했다. 왜관은 1419년(세종 1) 대마도 정벌과 1592년(선조 25) 임진왜란을 비롯해 크고 작은 말썽이 일어 설치와 폐지를 거듭했다. 삼포에 설치된 왜관은 오랜 세월 일본과의 통상과 교류 근

거지 역할을 수행했다.

　조선시대 부산의 행정, 경제, 사회, 문화의 중심은 '동래(東萊)'였는데, 1876년 이후 용두산 인근에 위치한 초량왜관을 중심으로 부산의 성장이 두드러졌다. 일인 거류지가 전통적인 시가지 남쪽 끝에 설치된 것은 일인들이 거주와 산업 허용 구역을 벗어나지 못하게 감독하기 위함이었다.

　조일수호조규에 따라 일본과 1877년 1월 30일에 부산항 조계조약(釜山港 租界條約)을 체결하고, 일본의 거류지가 설치되었다. 이때 설치된 조계지의 면적은 약 11만 평으로 예전 초량왜관의 면적과 같았다.[2] 부산의 조계지는 위치나 규모가 실질적으로 조선시대 초량왜관의 연장선에 있다고 할 수 있다. 조선 정부가 서양 여러 나라와 통상조약을 맺은 후에는 일본조계지 동측에 각국 거류지가 조성되었고, 영국영사관과 러시아공사관 부지도 마련되었다.

　을사늑약 체결 전까지 부산 개항장은 대한제국 감리서의 감독 하에 있었는데 초기 감리 업무는 동래부사가 겸했다. 독립적인 감리서[3]가 설치된 것은 1890년이었다.

〈그림 2-1〉〈초량왜관도〉, 1783. (국립중앙박물관)

　지금의 용두산을 중심으로 용미산을 포함하는 지역에 설치된 조계지에는 1880년 4월에 용두산 남측 산록에 영사관이 건축(그림 2-3)되었고, 1905년 을사늑약 이후에 영사관은 이사청으로 바뀌어 행정을 담당했으며, 1910년 이후에는 부산부청으로 사용되었다. 부산 영사관은 서양식 목조건축으로 지어졌으며, 전면에 베란다가 설치되었다.

　용두산 일대에는 조선시대 초량왜관 시절부터 여러 신사가 건립되었는데, 1876년 이후 부산 거주 일인에 의해 1898년에 다시 지어진 후 '거류지 신사'로 불리다가 같은 해 7월에 '용두산신사'로 이름이 바뀌었다. 용두산 남측 아래에는 일본영사관과 거류지 사무실과 경찰서가 설치(그림 2-3)되고 해안가에는 해관이 설치되었다. 용두산 주변에는 일인 주거지와 상권이 형성되었다. 용두산록 아래에는 업무와 상업 지역이 형성되었으며, 용두산 북측에는 일군 주차대병영(駐箚隊兵營)과 일인 사찰이 입지했고, 주거지가 새로 조성되었다.

일본의 입장에서 한반도로 진출하는 관문이었던 부산이 빠르게 성장하면서 부산매축회사에 의한 배립과 부두 건설 계획이 수립되었음이 1903년 지도(그림 2-2)에서 확인된다.

1902년 부산 북항 매축을 위해 설립된 부산매축회사는 1902~1905년,

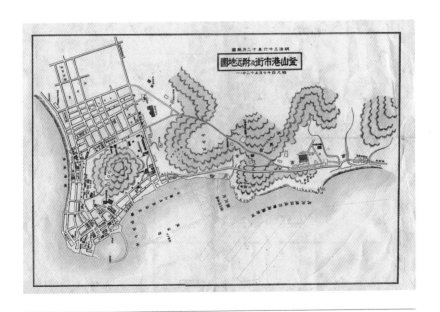

〈그림 2-2〉 부산항 시가 및 부근 지도, 1903. (안창모 소장 지도)

〈그림 2-3〉 부산 영사관과 민단 사무실. (안창모 소장 엽서)

〈그림 2-4〉 부산역과 부두. (안창모 소장 엽서)

〈그림 2-5〉 부산역과 세관. (안창모 소장 엽서)

〈그림 2-6〉 부산 상품진열관. (안창모 소장 엽서)

1907~1908년까지 2차례에 걸쳐 부산광역시 중구 중앙동 일대 13만2000 m^2를 매립했다. 매축된 부지에는 부산역과 잔교, 부산우체국, 부산세관이 지어졌다. 한반도의 관문이자, 경부철도의 시작 역인 부산역에는 숙박 기능이 함께 지어졌는데, 이는 한반도에서 중국으로 연결되는 국경도시인 신의주역이 호텔 기능을 가진 복합역사로 지어진 것과 같다.

1904년 11월 일본인 건축가 와타나베의 설계로 상품진열관이 지어졌는데, 1906년 4월 부산에서 상품박람회가 이곳에서 개최되었고, 이후 경상남도 물산공진회의 전시장, 부산 상업회의소로 사용되면서 일본 상품의 판매 증진을 위한 거점이 되었다.

부산에는 1883년11월 3일에 첫 해관(현 세관)이 설치되었으며, 탁지부

건축소에 의해 설계된 부산세관은 강점 전에 설계되었으나 준공은 1911
년 8월 4일에 이루어졌다. 부산세관 청사[4]는 철도정거장과 본관에 인접
하고 주변에 목조 2층의 세관감시부청사와 잔교 등이 입지한 번화한 거
리의 중심에 위치해 있었다. 붉은 벽돌의 2층 건물이지만 모서리에 위치
한 탑으로 인해 오랫동안 주변에서 랜드마크적인 이미지를 구축하고 있
었다.

부산세관은 탁지부 건축소에서 설계 시공한 건축물 중 유일하게 비대
칭적 구성을 갖고 있는 건축물이다. 고전주의 건축에서 건축물이 대칭적
으로 구성되는 것은 미학적인 이유 이외에도 건물의 구조적 안정성을 배
려한 때문이라는 점을 감안하면 바닷가 매립지에 세워진 부산세관 건물
이 위치한 곳이 지반이 연약하다는 점에서 매우 이례적인 평면 구성과
매스구성이라고 할 수 있다. 따라서 이와 같은 평면과 매스구성으로 인한
건물의 부동침하 문제를 해결하기 위해 부산세관에서는 다른 건물과 달
리 하중이 집중되는 모서리 탑이 위치한 곳의 하부를 철근콘크리트구조
로 만들고 벽체는 벽돌을 사용한 내력벽체를 사용했다

2) 1880년 원산 개항

원산은 동해안에 위치한 항구도시로 1876년 조약으로 개항된 세 개의
항구 중 하나다. 개항장 교섭 과정에서 일본은 함흥을 요구했으나 조선
정부가 거부했고, 일본은 대안으로 영흥만의 북쪽에 있는 문천군 송전리
를 개항지로 요구했으나 이곳 역시 왕릉의 소재지라는 이유로 조선 정부
가 거부했으며, 정부는 문천 대신에 원산진에 개항장 설치[5]를 제안했고
일본이 이를 받아들였다. 원산의 군사적 가치가 개항지 선정에 영향을 미
쳤음은 일본 정부가 개항 교섭을 담당했던 하나부사 요시모토(花房義質)
대리공사에게 "이 항구는 무역에 긴요할 뿐 아니라 인접 나라의 군사적

〈그림 2-7〉 원산진 부분. (출처: 〈조선교통전
도〉, 오사카매일신문사, 1910, 안창모 소장
지도)

〈그림 2-8〉 원산세관 전경. (안창모 소장 엽서)

준비에 대하여 양국의 이해가 걸려 있으니, 개항에 차질이 없도록 임무
를 다할 것"을 지시했다고 한다. 일본이 조선 정부의 제안을 받아들인 것
은 원산이 러시아를 견제할 수 있는 군사적 요충지로서의 전략적 가치가
있었기 때문이다.

개항과 함께 조선시대에 상권의 중심에 있던 객주[6]의 활동 무대가 개
항장으로 옮겨졌다. 1880년에 개항한 원산에는 1882년에 민족계 상인조
직의 원산상회소가 설립되었으며, 1884년에 45명의 객주가 있었다고 한
다. 개항 초기에는 통상조약에 의해 외국 상인의 활동 반경이 제한되었기
때문에 외국 상인은 한인 도매상인 객주의 중개를 거쳤다. 당시 정부의
수입 중 관세와 개항장에서 걷어들이는 수입이 상당한 비중을 차지했다.

원산은 부산에 이은 두 번째 개항도시지만, 부산이 조선시대부터 일본
과 통상을 행하던 도시로 조선시대의 도시 조직을 그대로 이어받고 있
었던 것에 반해 원산은 개항으로 인해 조계지가 새롭게 조성되었기 때문

<그림 2-9> 원산수비대 전경. (안창모 소장 엽서)

에 개항 이후 조성된 신시가지로는 원산이 첫 번째 도시라고 할 수 있다. 1881년 5월 23일에 일본영사관이 설치되고, 이어서 1881년 8월 4일 '원산 진거류지지조약서(元山津居留地地租約書)'가 체결되었다.

원산에는 일인과 청국인 거류지가 있었는데 청국인 거류지는 원산진 북측에, 일인 거류지는 기존의 한인 마을인 원산진의 서남측 약 2.5km 거리에 있었다. 서측으로는 구릉지에 접하고 동측으로 바닷가에 면한 거류지의 모습을 보여준다. 1910년에 발행된 〈조선교통전도〉의 〈원산시가도〉에서는 삼각형 시가도 제일 위쪽에 영사관이 자리하며 삼각형 밑변의 서측 끝에 일본군 병영이 있었음을 알 수 있다. 을사늑약 이후에는 거류지가 확대되면서 남측으로 격자형 신시가지가 조성되었다.

3) 1883년 인천 개항과 조미수호통상조약

인천은 세 번째로 개항된 항구지만 서울과 인접한 지리적 특성으로 인해 서울의 관문이라는 성격을 갖고 있어 중요도가 가장 높고 가장 빠르게 성장한 도시다. 1908년에 발행된 『인천개항25년사』에 따르면 인천은 "갈대만 무성히 자라고, 월미도 동쪽과 만석동 해변에 소수의 어촌만이 점재한 곳"이었다고 한다. 서울의 관문이라는 지정학적 입지의 중요성은 정부의 인천에 대한 개항 결심을 늦추는 결과를 가져왔지만 결과적으로 1883년 개항과 함께 인천은 매우 빠르게 성장했다. 1900년 경인철도 부설은 인천이 서울의 관문도시로서 성장하는 데 크게 기여했다. 그러나 1910년 강제병합 이후 인천의 위상은 크게 낮아졌다. 일본의 한반도 강점 이후 한반도의 관문이 인천에서 부산으로 바뀌었기 때문이다. 1910년 이후 인천의 인구 증가율이 크게 낮아졌고, 특히 인천 거주 일인들의 수는 정체되었다. 이는 인천이 갖고 있는 지정학적인 입지가 일본의 한반도 지배와 대륙 진출 측면에서 유리하지 않았기 때문이었다. 러일전쟁 직전에 대한제국을 강점한 일본은 '서울'과 '의주'를 연결하는 경의철도를 부설하고, 을사늑약 후에는 '서울'과 '부산'을 연결하는 경부철도 그리고 한반도를 강점한 후에는 '서울-철원-원산'을 잇는 경원철도를 부설하여 한반도 지배와 대륙 진출을 위한 철도교통의 틀을 완성했다. 이 과정에서 인천은 제외됐고, 인천의 도시 성장이 멈추었다. 인천이 다시 성장세를 타게 된 것은 1937년 일본의 중국 침략이 본격화되면서다.

• 인천 조계지의 공간구성

인천의 개항이 결정될 즈음에 조선 정부는 미국과 '조미수호통상조약'을 체결하고, 이어서 독일(1883년 11월), 영국(1883년 11월), 이탈리아(1884년 6월), 러시아(1884년 7월), 프랑스(1886년 4월)와 차례로 조약을 체결했다. 그리고 이 국가들과 '인천제물포각국 조계장정(仁川濟物浦各國租界章程)'[7]을 체결하고 조계지 도시계획을 마쳤다.

〈그림 2-10〉은 유럽 각국과 청국 그리고 일본의 조계지 영역이 표시된 지도다. 중앙의 일본조계지를 중심으로 왼편에 청국조계지 오른편에 각

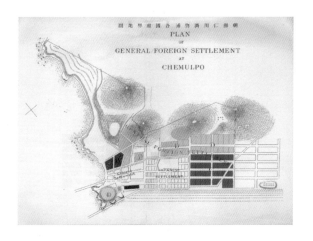

〈그림 2-10〉 조선인천제물포 각국 조계지도, 1888. (인천시립박물관 소장)

국 조계지가 있으며, 일본조계지 위쪽으로 각국 공원(현 자유공원)이 있
다. 도면에서 D(노란색)로 표시된 서양의 각국 조계지역 중 서해로 돌출
된 곳이 영국영사관이 있던 곳이다.

　일본조계지가 물리적으로 중심에 위치한 까닭에 오랫동안 일본이 인
천 조계지 안에서 가장 좋은 위치를 점하고 있고, 일본이 가장 좋은 곳
을 차지한 것은 조선을 강제 개항시킨 일본의 영향력이 컸기 때문으로
알려졌었다. 그러나 인천에서 일본의 영향력은 그동안 알려져 있던 것과
크게 다르다. 우선 조계지의 공간구성을 보면 조계지에서 물리적 전략적
측면에서 가장 좋은 곳은 일본조계지가 아닌 각국 조계다. 그중에서
영국영사관의 입지는 인천 조계지 전체를 근접 조망할 수 있을 뿐 아니
라 항구를 드나드는 모든 배를 감시할 수 있어 전략적으로 가장 중요한
곳에 위치해 있다. 거주지 측면에서 보아도 일본공사관과 그 아래에 위치
한 일본조계지보다 일본조계지 뒤에 위치하면서 좋은 전망을 확보한 각
국 조계지가 물리적으로 거주 환경이 매우 양호하다. 오히려 바닷가에 바
로 면한 일본조계지는 교통과 접근성에서 유리한 것처럼 보이지만, 쓰나

■ 일본인
■ 청국인
▨ 각국인
▨ 조선인
▨ 천주교회

〈그림 2-11〉 동인천과 조계지 사이에 위치한 필지의 토지 소유 현황, 1912. (남용협 작성)

미에 대한 경험을 갖고 있는 일본의 경우 선호할 수 있는 곳은 아니었다.

인천의 개항장을 이해하는 데 중요한 곳이 동인천 지역이다. 동인천은 개항장과 함께 한인 주거지로 형성된 곳이다. 개항장이 외인들의 교역을 위한 장소였다면, 동인천(배다리) 지역은 한인들의 거주지였다.

개항장과 동인천은 같은 시기에 형성되었지만, 두 지역의 운명은 전혀 달랐다. 개항장은 개항 이후 제도적 지원을 받아 신시가지로 조성되고 경제 중심으로 성장했지만, 동인천은 자생적으로 시가지를 형성하면서 개항장의 배후지 역할을 담당했다. 동인천과 개항장을 연결하는 싸리재길 주변에는 한인과 청국인과 일인 그리고 서양인이 함께 거주하는 잡거지가 형성되어 있었으며, 학교와 종교시설을 비롯한 도시적 삶을 위한 기반시설이 구축되었다. 〈그림 2-11〉의 필지 소유 관계가 표시된 1912년 지적도는 개항장과 동인천이 개항장 인천을 구성하는 두 축이었음을 보여준다.

〈그림 2-12〉 영국영사관. (인천시립박물관 소장) 〈그림 2-13〉 일본영사관. (안창모 소장 엽서)

〈그림 2-14〉 인천항 전경. (안창모 소장 엽서) 〈그림 2-15〉 인천 본정통, 인천제일은행, 18은행 58은행
이 나란히 있다. (안창모 소장 엽서)

〈그림 2-16〉 인천 동인천역 앞 길. (안창모 소장 엽서)

• 1910년 일제의 한반도 강점과 인천의 역할 변화

1910년 한국이 식민지로 전락한 이후 조선총독부에게 인천은 대한제국기의 인천보다 전략적 중요성이 현저하게 낮아졌다. 인천을 대신해 일본과 직접 연결되는 부산의 중요성이 매우 높아졌고, 서울을 중심으로 부산과 연결되는 경부철도와 의주와 연결되는 경의철도, 그리고 원산으로 연결되는 경원철도가 중요해졌다. 한국의 식민지화와 함께 인천의 위상이 현저히 약화된 것이다. 인천은 경기도 일원에서 생산된 쌀의 수탈항으로 역할이 바뀌면서, 일인들의 기업화된 정미소가 해안가에 집중적으로 지어졌다. 개항장으로서의 위상을 잃어버린 인천에 남은 것은 위락지로서의 인천이었다. 서울에서 가장 가까운 도시인 인천은 서울 사람들에게

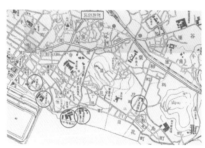

〈그림 2-17〉 정미소 위치도. (인천시가도 위 안창모 작성)

〈그림 2-18〉 가토정미소 전경. (안창모 소장 엽서)

〈그림 2-19〉 월미도 유원지 조탕 전경. (안창모 소장 엽서)

〈그림 2-20〉 월미도 유원지 해수욕장. (안창모 소장 엽서)

는 바다와 해수욕을 즐길 수 있는 최적의 위락지였다. 월미도는 당시 위락시설이 갖추어야 할 모든 것을 갖추고 있었다. 바다를 이용한 수영장과 해수욕장이 부족한 서해바다의 단점을 해결하기 위해 바닷물로 즐기는 온천이라고 할 수 있는 해수조탕도 만들었다.

"인천은 몰라도 월미도는 안다."는 말이 있을 정도로 유명한 관광지였다. 1892년에 발행된 『인천사정(仁川事情)』에 "살구나무가 많아 4월 꽃이 필 무렵 인천항에서 보면 마치 일대가 붉은 노을 같고"라고 표현될 정도로 경치가 좋았던 듯하다. 바로 이러한 장소성은 개발로 이어졌다. 1923년에 개장한 조탕(潮湯)[8]은 개장 첫해부터 흑자를 낼 정도로 인기를 누렸다. 일제강점기 원산의 송도원, 부산의 해운대와 함께 3대 위락지였던 월미도는 조탕과 해수욕장 그리고 호텔과 요정, 보트장과 간이 동물원까지 모든 위락시설을 갖춘 종합리조트였다.

2. 인천 조계지의 도시계획

1) 인천 조계지의 입지와 월미도

만국공법[9]체제에 따라 체결된 조일수호조규(1876)에 의해 1876년 부산항, 1880년 원산항에 조계지가 마련되었으나, 세종 이래 삼포에서 일본에게 교역을 허락한 후 오랜 세월 교역해왔기에 부산항의 개항과 부산의 조계지는 조선의 입장에서는 진정한 의미의 개항장이었다고 보기 어렵다. 더구나 부산항은 정치의 중심인 서울과 먼 거리에 위치해 있어, 일본 외에 서양 여러 나라가 관심을 가진 항구도 아니었다. 이는 "부산항의 개항이 진정한 의미의 개항장이냐?"라는 의심을 하는 이유다. 부산의 경우 조계지가 일본의 전관 조계지 성격을 갖게 된 것은 조선과 교역을 원하는 서

〈그림 2-21〉 조계지 설정 전 인천 지형. (출처: "인천은 왜 해양도시인가 2. 개항장의 꽃, 관세 행정기관 '인천해관'", 《인천일보》 2017년 9월 28일)

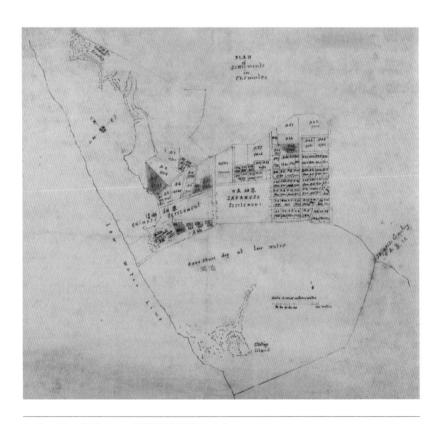

〈그림 2-22〉 조계지와 월미도. (인천시립박물관 소장 지도)

양 국가의 입장에서는 선택할 필요가 있는 항구가 아니었기 때문이다. 그러나 인천의 경우는 부산과 달랐다. 인천은 서울에서 불과 30*km*밖에 떨어져 있지 않기에, 인천은 서울의 관문이라는 입지적 특징을 가지고 있었다. 서해안에 위치한 제물포는 조수간만의 차이가 커 큰 항구가 입지하기에 불리했지만, 서울의 관문이라는 지리적 강점은 수심이 얕은 서해바다의 불리함을 극복할 만큼 중요했다. 미국과의 수교 직후 빠른 속도로 서양 여러 나라와 연속적인 수교가 이루어졌고, 조계지 협약도 빠르게 이루어지면서 인천은 명실상부한 공동조계지의 모습을 갖추었다.

〈그림 2-21〉은 조계지 도시계획이 세워지기 전 지형 조건과 마을의 분포를 보여주며, 구릉을 배경으로 조계지를 설정하되 필요한 조계지 면적을 확보하기 위해 해안을 매축하는 계획을 세웠음을 알 수 있다.

인천 조계지가 큰 조수간만의 차이에도 불구하고 현재 위치에 설정되고 항구도시로 성장할 수 있었던 것은 월미도의 존재 덕이었다. 해안가에서 바다 쪽으로 7~800미터 떨어진 곳에 위치한 월미도는 큰 배가 제물포 내해에 접안할 수 없는 상황에서 월미도에 접안할 수 있는 중간 거점의 역할을 했기 때문이다. 〈그림 2-22〉의 지도에서 월미도가 Station Island로 표기된 이유이기도 하다. 이에 따라 월미도에는 기선에 석탄을 보급하기 위한 저탄시설이 마련되었다.

제물포가 물리적으로 성장하면서 지도에서 썰물 때 갯벌이 노출되는 곳(Foreshore dry at Low Water)에는 선거(Dock)가 설치되어 큰 배가 직접 해안가에 접안할 수 있는 시설이 설치되었다.

2) 인천제물포각국 조계장정과 조계지 경영

인천제물포조계장정(仁川濟物浦各國租界章程, 이하 조계장정)은 공동 조계지를 만들어서 어떻게 조계지를 나누며 운영할 것인지에 대한 규정으로 해당 국가와 체결했다. 조계장정은 1884년(고종 21) 8월 15일 서리독판교섭통상사무(署理督辦交涉通商事務) 김홍집(金弘集)이 미국의 특명전권공사(特命全權公使) 푸트(Lucius Harwood Foote, 1826-1913), 영국 특명전권공사 파크스(Harry Smith Parkes, 1865-1883), 청국 흠명주찰조선총리교섭통상사의(欽命駐紮朝鮮總理交涉通商事宜) 위안스카이(袁世凱, 1859-1916), 일본 흠차변리공사(欽差辦理公使) 다케조에 신이치로(竹添進一郞, 1842-1917) 등과 체결한, 인천항에서 거주하며 교역을 할 외국인의 거주지 운영을 위한 규칙이다. 인천항이 개항한 지 1년 8개월 만에 조계지 설치를 위한 구체적인 작업이 시작된 것이다.

조계장정에 따르면, 조계지를 조성하기 위해 땅을 제공하는 조선 정부의 역할과 조계지를 사용하고자 하는 각국 정부와 외인들이 조선 정부로부터 경매를 통해 땅을 매입했다는 사실을 확인할 수 있다. 조계지의 땅은 4등급으로 구분되었는데, 1등급지는 청국조계지가 위치한 남측이었으며, 1등급지에는 건축에 대해서도 구체적인 규제가 마련되어 있었다. 흥미로운 부분은 2등급지도 청국조계지의 북측에 위치하였는데, 이는 야트막한 구릉을 배경으로 바닷가에 면한 조계지의 특성상 구릉지 아래 평탄한 곳은 수해를 입을 가능성이 크기 때문에 수해로부터 안전한 대지가 1등급, 수해로부터 안전하지만 야트막한 언덕에 위치한 곳이 2등급지였으며, 경사가 급한 구릉지는 4등급이었음을 알 수 있다. 한편, 해안에 면한 조계지에는 석축을 쌓았고 배가 접안할 수 있는 부두가 설치되었는데, 조계지 조성 작업은 조선 정부의 몫이었다. 길을 정비하는 것 역시 조선 정부의 몫이었다. 이에 반해 도로와 도랑의 수리나 청소 그리고 가로등의 유지 관리 등은 공동 비용을 만들어 관리하도록 규정하고 있다. 제물포가 상업도시로 성장할 경우 예상되는 시가지 확장에 대한 대비책도 조계장정에 마련되었다.

조계지의 배후에 구릉이 위치한 까닭에 구릉 너머로 시가지를 확장하기보다는 낮은 해수면을 매립하여 조계지를 확보하는 것이 타당하다고 보았던 듯하다. 그런데 초기에 조성된 조계지는 조선 정부가 조성했지만, 추후 매립을 통해 조계지를 확보하는 일은 조선 정부의 몫이 아니라, 조계지를 확장하고자 하는 나라 또는 상인의 경제적 부담으로 제방 쌓기와 매립을 하도록 규정하고 있다. 이는 조계지의 인프라 구축은 조선 정부의 몫이었고, 대지를 매각한 이후 유지 관리는 조계지를 사용하는 각국이 공동 조직을 만들어서 책임을 졌음을 알 수 있다.

〈인천제물포각국 조계장정(仁川濟物浦各國租界章程)〉[10]의 구체적인 내용과 각 항목별 내용을 살펴보면 다음과 같다.

제1조. 인천 제물포의 각국 조계에 경계 표지를 세우며 집터와 길을 닦는 것은 모두 첨부된 지도의 붉은색 표지에 근거한다. 장정을 정한 뒤 조선 정부는 반드시 대책을 세워 두 달 안에 현재 각국의 조계 내에 있는 조선 건물을 다 철거하며, 이후에도 조선 인민이 이 조계 내에 집을 건축하지 못한다.

〈해석〉 조계지가 위치한 제물포가 상선이 드나들 수 있는 항구로 성장할 가능성을 인정받았기 때문인데, 개항 이전에도 제물포에 규모는 확인되지 않았지만 마을이 형성되었음을 알 수 있다. 조계지 예정지에 거주했던 조선인들은 조계지가 설치되면서 현 신포로를 경계로 동남측과 배다리 쪽으로 이주했을 것으로 판단된다.

제2조. 각국 조계지의 땅은 4등급으로 나눈다. 제1등 구역은 중국 조

계의 남쪽인데, 조선 정부는 정지 작업을 잘 하여야 한다. 이 구역에 건축하는 자는 담장을 반드시 벽돌이나 돌, 혹은 철근벽(鐵壁)으로 하며, 지붕은 반드시 철편(鐵片)으로 하고, 벽돌·기와를 사용할 수도 있다. 일체 목조 건물이나 초가는 엄격히 금지하여 짓는 것을 허가하지 않는다. 제2등 구역은 중국 조계 북쪽 땅이다. 이 구역에 건축하는 자는 지붕은 반드시 기와를 잇고, 담장은 반드시 진흙이나 벽돌로 쌓는다. 제3등 구역은 일본 조계 동쪽이다. 제4등 구역은 산지(山地)에 속하는 땅이다. 이상의 제2등, 제3등, 제4등 구역은 조차하는 사람이 자체로 자금을 내어 정지한다.

〈해석〉 조계지의 땅을 4등급으로 구분한 것은 조계지 내 대지를 필요한 국가와 개인에게 경매 방식을 통해 불하하기 위해서는 입지에 따라 가격을 달리 책정해야 하기 때문인 것으로 판단된다. 제2조에서 주목할 것은 구역의 등급에 따라 건축에 대한 규제가 다르게 적용되었다는 점이다. 1등급지의 경우 2등급지에 비해 벽체와 지붕 등에 사용하는 재료의 구조 성능이나 내화 성능 등에서 높은 성능을 요구하고 있다. 한편, 1등급지의 대지 가격이 2등급지보다 월등하게 높은데(제5조 참조), 이는 1등급지의 입지가 조계지의 요지이고, 요지의 특성상 건축 밀도가 높기 때문에 화재 위험에 대비하고 구조 성능이 높은 건축물이 필요하다는 판단이 있었음을 알 수 있다.

제3조. 연해의 제방 및 부두는 모두 조선 정부에서 인부를 파견하여 건설하고 수리한다. 조계 내 각처의 길도 모두 조선 정부에서 정리하며, 조계 내 각 구역의 터는 경매 전에 조선 정부에서 부지를 명확히 구획하여 경계석을 세워놓아야 한다.

〈해석〉 해안에 면한 조계지는 해일에 대비한 제방의 설치가 불가피할 뿐 아니라 배의 접안을 위한 부두 설치 역시 조계지에는 필수적인 시설인데, 이들 시설은 땅을 제공하는 조선 정부의 역할임을 명확하게 한 부분이다. 동시에 조계지 내 도로 정비 역시 조선 정부의 몫인데, 이는 조계지의 설치와 시가지 인프라 건설에 조선 정부가 중심에 있었음을 보여준다.

제4조. 도로와 도랑의 수리, 인부를 파견하여 거리를 청소하고 가로등을 켜고 순사를 더 파견하는 등의 비용은 공동 존비금 내에서 지출한다. 공동 존비금이 모자랄 때에는 즉시 조계 사무를 관리하는 공사(公司)에서 각국의 조계 구역과 건물의 가치에 따라 매 구역, 매 칸수에서 돈을 더 받아내어 이 비용에 충당한다.

〈해석〉 4조의 내용은 조계지 설치 이후에 경매를 통해 조계지 내 대지를 불하받은 주체들이 조계지의 운영을 위해 공사(公司)를 설치했으며, 공사는 경비를 갹출하여 자치적으로 조계지를 경영했음을 알 수 있다. 이를 위해 설치된 자치조직이 신동공사이며, 신동공사는 당연직인 조선 정부의 감리와 선출된 각국의 위원으로 구성되었다.

제5조. 각국 조계 내에서 구역을 경매할 때에는 그것을 관장하는 관원이 어느 구역을 경매할 기일의 최소한 7일 전에 공시하여야 시행할 수 있다. 각국 조계 내 토지의 최저 가격은 100평방미터당 제1등 토지의 가격은 96원(元), 제2등급, 3등급 토지의 가격은 6원, 제4등 토지는 100평방미터당 3원으로 한다. 제1등급지는 100평방미터당 연간 20원의 세금을 납부하고, 제2등급, 3등급지는 100평방미터당 연간 6원

의 세금을 납부하며 제4등급지는 100평방미터당 연간 2원의 세금을 납부한다. 납부하는 연세(年稅) 가운데서 100평방미터당 30각(角)씩 제해서 조선 정부에 넘겨주어 지세(地稅)로 삼으며, 그 나머지 연세와 영구 조계 구역에서 받은 나머지 돈을 모두 공동 존비금(存備金, 예치금)에 포함시킨다. 각국 조계 내의 조지(租地)는 조선과 조약을 체결한 나라의 인민이 아니거나 관장하는 해당 관원의 정해진 장정에 따른 허가를 거치지 않았을 때에는 모두 조차하여 토지 매매 계약서를 받을 수 없다. 조선에서 각국 조계 내에 조선 관원을 위한 판공(辦公) 처소를 지으려고 하는 경우에도 한곳을 선택하여 남겨두었다가 건물을 지을 수 있다. 다만 선택하여 남겨둔 이 부지도 공동 존비금 장정을 따라야 하며, 각국 인민이 조차하는 자와 일체 각 등급의 토지에 따라 돈을 내서 공동 비용에 충당한다. 각국 인민이 땅을 조차하면 조선 정부에서 토지 매매 계약서를 등기하여 관장하는 관원에게 보내어 그 관원을 통해 발급하며, 그 계약서 원본은 조선 관원에게 돌려주어 보관한다. 인민이 택지를 전용하여 조차하면 수조자(受租者)와 전조자(轉租者)가 함께 해당 영사관에게 보고하여 입안하고 조회하여 조선 관원이 등록하는 데 편하게 한다. 수조자와 전조자는 반드시 첨부 문서에 서명하여 영구히 준행한다.

〈해설〉 조선 정부가 조성한 조계지의 땅이 어떻게 각국과 각국의 개인에게 불하되었는지 알 수 있는 규정이다. 조계지 내에서 땅을 불하받을 수 있는 자격은 조선과 조약을 체결한 국가나 해당 국가의 인민들에게만 주어졌음을 알 수 있다.

불하되는 대지의 가격에서 1등급지와 2, 3, 4등급지의 가격 차이가 100평방미터를 기준으로 2, 3등급지는 16배, 4등급지는 32배에 이른다. 1등급지와 다른 등급의 경매 가격에 큰 차이가 있는 것은 제2조에 규정된 바와 같이 제2등, 제3등, 제4등의 대지는 조차하는 사람이 자비를 들여 정지해야 하기 때문이다. 즉, 1등급지는 조선 정부에 의해 정지되었기 때문에 정지비용이 경매 가격에 반영되었다고 할 수 있다. 주목할 것은 불하된 대지에 지세를 부과했는데 부과된 지세는 땅의 등급에 따라 차등을 두었으며, 토지 소유자는 준비금 명목의 자치를 위한 경비를 적립했음을 알 수 있다.

제6조. 조계 사무를 관리하는 자는 한편으로 조선에서 파견한 칭직관(稱職官) 1인과 한편으로 국교 관계가 있는 나라로서 그 인민이 조계 내에 택지를 조차한 사람이 있는 나라의 각 영사관과 아울러 조계 내의 택지를 조차한 인민 가운데서 당해 관원에 관한 장정에 따라 3명을 선택하여 협동하게 한다. 당해 관원과 조선 관원이 함께 조계 사무를 관리하는 신동공사(紳董公司)는 규정을 상의하며 인부를 파견하는 등의 사무에 대해서 그 권한을 스스로 장악하며 아울러 정례화한다. 주관(酒館)을 개설할 때에는 합당한 자리를 마련해주고 영업허가증을 발급하며, 각종 사용비를 조사해서 받아낸다. 도박장·기원(妓院)·아편연관(烟館)을 금지하며 거리에 오가는 수레와 말과 사람을 통제한다. 배로 물건을 나르는 인부로부터 임대 자동차와 각종 사람들에 이르기까지 모두 각각 허가증을 발급해주어 증명서로 삼게 한다. 조계 내에 갖가지 오물과 견고하지 않은 건물 및 불이 붙기 쉬운 물건이 있으면 모조리 금지시키고 이전하게 한다. 아울러 일체 풍속을 어지럽히고 부정당한 장사 및 사람의 신체에 해를 끼치는 여러 가지 식용품을 금지하여 모두 조계 내에 들여오는 것을 허락하지 않고, 아울러 미리 장정을 정한다. 집을 짓거나 연도에 물건을 둘 때에는 모두 거리에 장애가

되게 해서는 안 된다. 당해 공사(公司)는 또한 일정한 법을 세워 누구에게나 다 편리하고 모든 사람들이 화목하며 각기 매우 좋은 경지에 이르는 데 도움이 되도록 한다. 이상에 정한 공사 장정을 위반하는 자는 해당 공사에서 벌금을 물리는데 최고 25원을 한도로 하며, 벌금은 해당 영사관에서 공사에 바쳐 공동 존비금에 편입시킨다.

〈해설〉 조계지는 조선인 관리와 조계지를 조차한 국가의 영사관에서 선임한 인민이 공동으로 관리토록 하였음을 알 수 있다. 그리고 이러한 업무를 맡은 기관이 신동공사(紳董公司)였음을 알 수 있다. 한편, 조계지 내에 이루어지는 각종 상행위 등 경제활동도 인허가 과정을 통해 관리되었음을 알 수 있다.

제7조. 총도면(總圖面) 안에 있는 제1등 토지로서 현재 물이 불어날 때면 침몰되는 해변가 일대와 이후 제방을 쌓고 땅을 정리해야 할 사미도(沙尾島) 주변은 모두 물이 붙는 곳이라는 명목으로 그 지가(地價)를 제3등지와 같이 한다. 다만 해당 지역을 매립, 정지하는 비용은 모두 조차한 사람이 자체로 내며 반드시 이후에 상정하는 도면에 근거하여 공사를 해야 한다.

제8조. 발급하는 토지 매매 계약서는 뒤에 첨부하는 양식에 따라 발행한다.

제9조. 이상의 장정에서 변경해 고칠 것이 있으면 조선 정부가 각국의 해당 관원과 회동하여 시일이 오래되어 알게 된, 따르거나 고치며 늘리거나 줄일 것을 침작하여 보충 삭제한다.

서리독판교섭통상사무(署理督辦交涉通商事務) **김홍집(金弘集)**

일본제국 흠차변리공사(日本帝國欽差辨理公使) **다케조에 신이치로(竹添**
進一郞)

아메리카 합중국 특명전권공사(特命全權公使) **누시우스 에치후드**

대영국 특명전권공사(特命全權公使) **하리에스박스**

청국 흠명주찰조선총리교섭통상사의(欽命駐紮朝鮮總理交涉通商事宜) **원**
세개(袁世凱)

3) 조계지의 공간구조

조계지는 땅을 빌린 여러 나라가 조약에 규정된 한계 안에서 자치적으로
운영하는 공간이며, 조선 정부는 감리서를 설치하여 조계지를 빌린 각국
과 사용자가 규정을 준수하는지를 감독한다. 따라서 감리서는 조계지 밖
에 위치하지만, 조계지의 활동을 감독할 수 있는 위치에 설치되며, 인천
조계지에서 감리서는 조계지 동남측 구릉에 위치해 조계지 전체를 조망
할 수 있었다.

〈그림 2-23〉 감리서 뒤편 언덕에서 촬영한 바다 쪽 방향 감리서 전경. (안창모 소장 엽서)

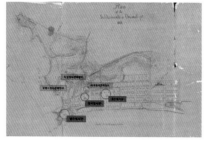

〈그림 2-24〉 조계지 내 각국 영사관 위치. (인천시 립박물관 소장)

〈그림 2-25〉 청국영사관. (출처: 인천역사문화총서13 『역주 인천개항25년사』 [2004])

〈그림 2-26〉 바다에서 바라본 조계지 전경. (안창모 소장 엽서)

한편, 조계지 안에서는 각국이 조선에 대한 관심 정도와 자국의 전략적 가치에서 인천이 차지하는 비중에 따라 차지하는 공간의 위치와 규모가 달랐다. 인천 조계지가 갖고 있는 상업적 가치에 집중한 청이나 일본이 차지한 위치와 면적은 영국을 비롯한 서양 여러 나라의 영사관 위치나 거주지와는 뚜렷한 차이를 갖고 있다.

인천 조계지 거주인 중에 지리적으로 가까운 청국과 일본국의 상인들이 절대 다수였고, 청국과 일본국은 부두에 가까운 곳에 조계지를 마련했다. 부두 가까운 곳에 위치한 청과 일본의 조계지 중 청국조계지는 수해로부터 안전한 고지대에 위치한 반면, 일본조계지는 수해에 노출된 위

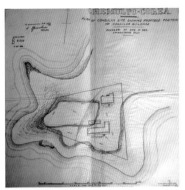

〈그림 2-27〉 제물포 조계지 해안가와 영국영사관 모습. (안창모 소장 엽서)

〈그림 2-28〉 해망대에 위치한 영국영사관 배치도. (인천 시립박물관 소장)

험도가 가장 높은 곳에 위치했다.

　이에 반해 미국을 비롯한 유럽인은 숫자는 매우 소수였지만, 주거지는 전망이 좋고 수해로부터 안전한 구릉에 위치했고, 상업 지역은 일본조계지의 동남쪽 해안가에 조계지를 확보했다. 주목할 것은 영국영사관의 입지다. 영국은 항구에서 돌출된 해망대에 영사관을 지었는데, 해망대는 부두를 오가는 모든 배를 한눈에 조망할 수 있는 곳이다. 지어지지는 않았지만, 미국과 독일은 중국과 일본의 영사관을 내려다 볼 수 있는 곳에 부지를 마련했다.(그림 2-24 참조)

　조계지에 자국의 영역을 확보한 나라들이 자국 조계를 확보한 위치와 영사관의 부지 위치를 살펴보면, 청국과 일본 그리고 유럽 여러 나라들이 인천 조계지에 자국 조계지를 확보한 목적이 드러난다. 청국과 일본의 경우 상업적으로 유리한 위치에 조계지를 마련했는데, 그중에서 청국은 일본조계지에 비해 수해로부터 안전한 야트막한 구릉에 조계지를 마련했지만, 가장 많은 거류민을 갖고 있고 청국에 비해 넓은 지역을 조계지로 확보한 일본은 해안가에 조계지를 마련했다. 일본은 해안을 매립하면

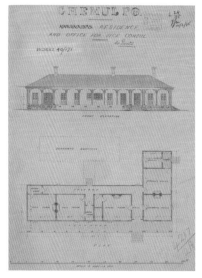

〈그림 2–29〉 인천 영국영사관. (인천시립박물관 소장)

〈그림 2–30〉 영국영사관 터에서 바라본 조계지 전경. 전면의 도로가 조계지 조성 당시 해안가이며, 왼편 언덕이 제물포구락부가 위치한 곳이다. (안창모 사진)

서 조계 지역을 확보하기는 좋은 입지를 조계지로 확보했지만, 청국에 비해 일본조계지는 수해 위험이 큰 지역에 위치했다.

한편, 영국을 비롯한 유럽 여러 나라의 조계지는 청이나 일본과는 전혀 다른 입지 특성을 갖고 있다. 영국의 경우 포구 전체를 조망하며, 배의 출입을 감시할 수 있는 돌출된 해망대에 공사관 부지를 마련했으며, 주거지는 인천 조계지 전체를 감싸는 전망 좋은 구릉지에 넓은 필지를 확보했다. 그리고 상업용 부지는 일본과 마찬가지로 해안가에 위치했다.

이와 같은 조계지 내 각국 조계지의 입지는 각국이 개항장 인천에 부여하고 있는 가치를 반영하고 있다. 지금까지 조계지의 중앙에 위치한 일본조계지가 가장 좋은 곳이라고 평가받았고, 이는 인천개항장에서 일본이 주도권을 갖고 있었기 때문이라는 잘못된 인식이 사실처럼 통용되어

왔다. 세관을 끼고 있는 야트막한 구릉지에 위치하여 일본보다 입지가 좋았다. 일본은 반듯한 필지에 평지를 확보하였지만, 수해 위험에 가장 크게 노출되어 최적의 조계지라고 할 수 없다. 이는 인천 조계지가 일반에 알려진 것처럼 일인이 주도권을 갖고 만들어진 조계지가 아니라, 영국을 비롯한 서양 여러 나라가 주도권을 가진 조계지였다는 것을 의미한다. 이는 조선 정부가 미국과 서양을 향해 열어준 개항장이었기 때문에 가능했다고 할 수 있다. 당초 영국영사관의 첫 후보지는 해망대가 아니었다. 조계지가 조성되기 전의 모습을 보여주는 지도(그림 2-28 참조)에 따르면 영국영사관 입지는 일본조계지의 동남측이었으며, 해망대에는 조선 정부의 세관이 위치할 예정이었다. 그런데 최종적으로 영국영사관의 입지가 해망대로 변경되었다. 영국영사관의 입지가 변경된 이유에 대해서는 알려진 바가 없다. 다만, 영국이 조선 정부와 통상조약을 맺은 시기가 1883년 11월 26일로 비교적 늦은 시점이라는 점을 감안하면, 영국은 영사관 입지 선정에서 유리한 위치는 아니었을 것으로 판단된다. 그럼에도 불구하고 영국이 해망대를 차지한 것은 첫 인천해관의 초대 세무사가 영국인 스트리플링(A. B Stripling, 薛必林)이었던 것과 무관하지 않은 것으로 판단된다.

영국은 인천해관의 초대 세무사를 영국인이 맡은 것을 계기로 해관이 위치한 곳에서 전망이 가장 좋은 전략적 요충지를 자국 영사관으로 확보했는데, 이는 식민지 경영에 경험이 많았던 영국이 장기적으로 전략적 입지를 선택한 것으로 판단된다. 영국영사관은 6·25전쟁 중에 파괴되었고, 1965년 10월에 올림포스호텔이 지어졌다.

• **청국조계지와 건축**

야트막한 구릉, 응봉에 자리한 청국조계지의 남쪽에는 청국영사관과

1902년에 설치된 인천화교소학교가, 서쪽에는 상업과 주거지가 있었다. 상업과 주거지는 응봉 서편을 남북으로 가로지르는 차이나타운로와 인천역으로 연결되는 차이나타운로 44번길을 중심으로 분포했는데 대부분 벽돌을 사용했다.

청국영사관은 일본 조계와 인접한 길에 있었는데 현 도로명 주소로는 신포로27번길이다. 현재 화교소학교기 위치해 있으며, 청국영사관 시절의 회의청[11]이 남아 있다. 차이나타운 북쪽에는 청국인의 종교시설인 의선당(義善堂)이 있다. 의선당은 조계지가 설정된 1893년에 지어진 것으로 전해지며, 전면에 창호가 설치된 입식 공간구조를 가진 조적조건축으로 청국식 건축양식으로 지어졌다. 청국조계지 내의 건축은 벽돌을 사용한 2층 상업시설과 주택으로 구성되었다.

· **일본조계지와 건축**

서양 조계지 아래쪽에 위치한 일본조계지는 비교적 완만한 경사에 위치하며, 장방형으로 형성되었다. 영사관에서 해안으로 이르는 직선길(제물량로 218번길)을 중심으로 해안도로(제물량로)와 나란한 가로(신포로15번길 제물량로232번 안길, 신포로23번길, 신포로27번길)가 직각으로 일본조계지의

〈그림 2–31〉 의선당. (안창모 사진)

〈그림 2–32〉 청국조계지 내 상가. (안창모 소장 엽서)

공간을 나누고 있다.

일본조계지를 구성하고 있는 장방형의 블록은 연립상가주택 형식의 일본식 나가야(長屋)로 채워졌으며, 일본조계지의 중심인 혼마치(本町, 현 신포로23번길)에는 일본계 제1은행과 18은행 그리고 58은행이 남아 있다. 개항기에 지어진 일본계 세 은행은 르네상스풍의 역사주의 양식으로 지어졌으며, 제1은행은 인천개항박물관, 18은행은 인천개항장 근대건축전시관 그리고 58은행은 인천 요식업중앙회 사무실로 사용되고 있다.

제1은행은 전면 중앙에 돔을 얹힌 르네상스양식의 1층 건물로 지어졌다. 내부의 중앙 홀은 높은 천장으로 구성되고, 천창을 두어 영업장 내부를 밝게 유지했다. 58은행은 모서리에 주출입구가 설치되었으며, 2층으로 지어졌다. 영업장은 1층과 2층이 하나의 공간으로 구성되었으며, 영업장 한편으로 업무 공간의 2개 층으로 구성되었으며, 고측창을 통해 채광되었다.

일본조계지의 동남쪽에 위치한 인천여자상업고등학교 자리에는 동공원과 인천신사가 위치했다. 일본조계 지역에는 개항장의 첫 호텔인 3층 규모의 대불호텔이 벽돌로 지어졌으나, 경인철도가 개통되면서 쇠락했다. 1919년 중국 음식점으로 바뀐 후 1978년에 철거되었으나, 2018년 같은 위치에 다시 지어졌다. 일본조계지는 해안가를 매립하여 지속적으로 영역이 확장되었으며, 1911~1918년에 조수간만의 차이를 극복하기 위해 갑문이 설치된 선거(船渠)가 설치되었다. 1935년에는 제2선거가 착공되었으나, 1945년 아시아태평양전쟁이 일본의 패배로 끝나면서 준공되지 못했다.

• 제물포구락부와 각국 조계지의 건축
각국 조계지는 해망대를 비롯하여 청국조계지와 일본조계지를 둘러싸

〈그림 2-33〉 일본제일은행 인천지점. (안창모 사진)　　〈그림 2-34〉 제일은행 인천지점 내부. (안창모 사진)

〈그림 2-35〉 대불호텔. (안창모 소장 엽서)　　〈그림 2-36〉 인천항 도크 제1선거. (안창모 소장 엽서)

는 언덕 위에 위치했다. 영국영사관이 바다로 돌출된 해망대를 차지하고 일본조계지를 아래에 둔 전망 좋은 큰 필지에 서양인의 거주지가 위치했으며, 각국 조계지 위에는 조계지의 자치적인 관리 조직인 상동공사의 사무실인 제물포구락부가 지어졌다. 제물포구락부 뒤 언덕 정상부에는 각국 공원이 조성되었다.

제물포구락부는 인천해관에 근무했던 러시아인 사바틴의 설계로 지어진 지하 1층 지상 1층 규모의 건물이다. 벽돌로 지어졌다. 신축 당시에는 정면에 주출입구가 위치했으나, 전면에 도로가 개설되면서 진입 계단이 철거되어 출입구가 경사지의 건물 측면으로 옮겨졌다.

제물포구락부는 제물포 조계지의 자치 조직인 상동공사의 사무실 겸

〈그림 2-37〉 제물포구락부와 각국 공원. (안장모 소장 엽서)

〈그림 2-38〉 존스턴 집 전경. (안창모 소장 엽서)

〈그림 2-39〉 세창양행 사택. (안창모 소장 엽서)

클럽하우스로 사용되었으며, 제물포구락부 뒤편의 테니스장도 조계지 구성원을 위한 위락시설로 사용되었다. 이 밖에 각국 조계지의 전망 좋은 곳에 서양식 저택이 지어졌다. 만국공원에는 영국 상인인 존스턴의 집이 지어졌는데, 1936년에 인천부에서 인수된 후 인천각으로 바뀌었다가 6·25전쟁 때 파괴되었다. 현재 존스터의 집 터에는 한미수교100주년 기념탑이 세워졌다. 독일 상인 마이어의 세창양행(1922년 이후 인천도서관) 집도 인천 조계지를 조망할 수 있는 응봉산 위에 지어져 인천의 랜드마크 역할을 담당했다. 테니스장이 위치했던 각국 공원은 현재 인천상륙작전을 지휘한 유엔군사령관 맥아더 장군의 동상이 설치되면서 자유공원으로 이름이 바뀌었다.

개항과 조선의 변화

개항으로 조선이 자본주의 세계경제체제에 편입되었고, 조선은 새로운 변화에 대응해야 했다. 이전 시기까지 중국에 사대하고 일본과 류큐왕국을 교린의 대상으로 삼았던 조선 정부는 중국과 일본 외에 서구 여러 나라와 새로운 관계를 설정해야 하는 과제를 안게 된 것이다. 그 첫 시작은 1876년 조일수호조규 이후 일본에 파견된 수신사(修信使)와 청국에 파견된 영선사(領選使) 그리고 미국에 파견된 보빙사(報聘使)였다. 청과 일본에 대한 파견은 오랜 이웃으로 먼저 개항해 서구의 문물을 받아들인 경험을 배우기 위함이었다면, 미국에 대한 파견은 서구화에 대한 적극적인 의지를 담은 중요한 결심이었다. 이는 조선에 대한 미국의 관심과 미국에 대한 조선의 관심이 일치한 결과이기도 했다.

1. 일본국과 수신사

조일수호조규 직후 일본이 사신을 파견하자, 조선도 신의를 표하기 위해 수신사로 명명한 사신단을 보냈다. '수신(修身)'이란 옛 우호를 닦고 신의를 두텁게 한다는 의미였고, 조선이 생각했던 '우호'는 개항 이전의 전통적인 교린(交隣) 체제를 의미했다. 즉, 조선 정부는 일본과의 강화도조약 체결을 전통적인 교린 체제의 회복 또는 연장으로 인식한 것이다. 그리고 조선의 수신사는 과거 조선통신사가 조선의 선진 문물을 일본에 전달해 주는 역할을 했던 것과 달리 1854년에 미국에 의해 개항된 일본의 변화된 모습을 살펴보고자 했다. 수신사는 1876년, 1880년, 1882년 세 차례 파견되었고, 1881년에는 조사시찰단이 파견되었다.

1876년 수신사로 일본을 다녀온 김기수는 『일동기유(日東記遊)』와 『수신사일기(修信使日記)』를 남겼고, 1880년 김홍집 역시 『수신사일기』를 남겼으며, 1882년 3차 수신사였던 박영효는 『사화기략(使和記略)』을 남겼다. 이들은 우리보다 서양에 문호를 먼저 개방했던 일본이 괄목할 만한 성취를 이룩했음을 기록으로 남기고 있고, 이는 곧 중국과 달리 성공적으로 서구와의 교류를 통해 자국의 국력을 신장시키고 있는 일본이 조선의 모델이 될 수 있다는 믿음을 갖게 하는 데 기여했다고 할 수 있다.

1881년 일본에 파견된 조사시찰단(일명 신사유람단)[12]은 약 4개월 동안 일본에 체류하면서 도쿄, 오사카 등에서 문교, 내무, 농상, 외무, 대장(大藏), 군부 등 각 성(省)의 시설과 세관, 조폐 등 각 분야 및 제사(製絲), 잠업 등에 이르기까지 다양한 분야를 시찰하고 귀국했다. 시찰단의 일원으로 파견되었던 사람들은 1882년 1월에 통리기무아문 각사의 개편 때 각각 자신이 맡았던 조사 관련 부서에 배치되어 개화정책에 적극 참여했다.

2. 청국과 영선사

청국에는 영선사가 파견되었다. 영선사는 1881년 청국
의 근대식 병기의 제조와 사용법을 배우기 위해 파견
된 유학생을 인솔하는 사신이었다. 영선사 파견은 서구
문물을 받아들이는 데 적극적이었던 고종의 강한 의지
로 실행되었는데, 김윤식을 필두로 유학생 20명, 기술
자 18명 등 모두 83명이 파견되었다. 흥미로운 점은 조
선 정부가 중국으로 유학생 파견을 추진하자 일본이

〈그림 2-40〉 번사창. (안창모 사진)

중국을 견제하기 위해 자신들의 제도 도입을 권유했다는 점이다. 중국과
일본 사이에서 조선 정부는 실리적인 중립적 입장을 취해 중국에는 영선
사, 일본에는 조사시찰단을 파견했다.

중국에 파견된 유학생들은 1882년 1월 8일부터 톈진기기국(天津機器
局) 동국·남국에 배속되어, 화약·탄약 제조법, 기계 조작법 등 근대적 군
사지식뿐 아니라 자연과학·외국어 등도 학습했으나 임오군란으로 6개월
여 만에 귀국함에 따라 무비자강(武備自强)의 목표는 완수하지 못했다. 그
러나 영선사를 이끌었던 김윤식에게 부여되었던 연미사(聯美事) 관련 사
전 교섭은 성공리에 진행되었다. 김윤식의 연미사 관련 임무는 김홍집이
황준헌으로부터 받아 온 『조선책략(朝鮮策略)』에서 언급된 중국과 친하고,
일본과 맺으며, 미국과 연계해야 한다는 친중(親中), 결일(結日), 연미(聯美)
정책의 연장선상에 있었다. 결과적으로 김윤식의 연미사는 1982년 5월
미국과의 수교 성과로 이어졌다.

한편, 영선사를 계기로 중국의 선진 문물을 받아들여 국방을 강화하
려던 계획은 목적한 바를 이루지 못했으나, 1883년 5월에 착공해 1884년
5월에 준공된 삼청동의 번사창(飜沙廠)[13]은 영선사의 성과로 남았다.

3. 미국과 보빙사

1882년에 체결된 조미수호통상조약은 조선의 입장에서는 외교와 통상에서 새로운 전기가 되었다. 1876년의 조일수호조규는 전래의 일본과의 통상에 기초했던 까닭에 근대적인 통상조약의 근간인 관세제도를 도입하지 못했으나, 미국과 맺은 통상조약에서는 관세제도를 확립했다. 조선 정부는 1882년 미국과 조약을 체결한 후 조미통상조약으로 내한한 미국 푸트(Lucius H. Foote, 1826-1913)에 대한 답례와 양국 간 친선 도모를 위해 보빙사(報聘使)를 파견했다.

보빙사는 민영익을 전권대사로, 부대신에 홍영식 그리고 서광범, 유길준, 고영철, 변수, 현흥택, 최경석 등과 중국인 우리탕(吳禮堂, 1843-1912),[14] 일본인 미야오카 츠네지로(宮岡恒次郎),[15] 미국인 퍼시벌 로웰(Percival L. Lowell, 1855-1916)[16] 등 모두 11인으로 구성되었다.

7월 26일 인천을 출발해 일본을 거쳐 9월 18일 미국 대통령 아서(Arthur C. A.)를 만났으며, 40여 일의 미국 거류 기간 중에 외국박람회, 공업

〈그림 2-41〉 보빙사 일행. 앞줄 가운데가 민영익이고, 왼편에 홍영식과 서양인 퍼시벌 로웰 그리고 오른편에 서광범과 우리탕이 앉아 있다. (국사편찬위원회 소장)

제조회관, 병원, 신문사, 조선공장, 육군사관학교 등을 방문 시찰하고, 미국 정치와 농사 개량에 대한 지식도 배웠다. 홍영식 등은 보빙사 일정을 마치고 귀국했으나 민영익, 서광범, 변수는 유럽을 거쳐 서구의 신문물을 직접 관찰하고, 유길준은 미국에 남아 갑신정변이 발발할 때까지 유학했다.

　보빙사의 미국 방문을 계기로 조선 정부는 서구식 우편제도를 도입하고, 양반 자제의 교육과 어학 요원 양성을 위한 육영공원을 설치하고, 미국인 헐버트(Helbert, H. B)와 길모어(Gilmore, G. W) 등을 교수로 초빙했다. 한편, 농무목축시험장과 경작기계의 제작, 수입 등 농업기술의 연구에도 적극 나섰다.[17]

　조선은 1894년 만국우편연합 가입을 신청하고, 1897년 연합조약에 서명하였으며, 1900년 1월 1일 '대한국' 국호로 가입이 승인되었다. 대한제국의 만국우편연합 가입은 국제적십자위원회 가입과 함께 대한제국이 국제사회의 일원으로 인정받았다는 의미를 갖는다.

1) 유길준의 유학

보빙사의 일원으로 미국에 파견된 유길준은 미국에 남아 거버너 더머 아카데미(Governor Dummer Academy)와 보스턴대학교에서 수학 중 1884년 12월 4일의 갑신정변으로 2년여의 유학을 마치고 귀국했다. 귀국한 유길준은 갑신정변 관계자와의 친분으로 인해 구금되었다. 구금 기간 동안에 서양 각국을 돌아본 경험을 바탕으로 기행문 형식의 개혁 의지를 담은 『서유견문(西遊見聞)』을 집필했다. 『서유견문』에서 유길준은 서양의 근대 문명을 국내에 소개하는 한편 조선의 실정에 맞는 자주적인 개화를 주장했다. 그는 실학의 통상개국론, 중국의 양무 및 변법론, 일본의 문명개화론, 서구의 사회계약론 등의 영향을 받았으며, 입헌군주제도의 도입, 상

<그림 2-42> 『서유견문』. (출처: 책과인쇄박물관)

공업 및 무역의 진흥, 근대적 교육제도의 실시 등을 주장했다. 특히 주목할 것은 유길준이 『서유견문』에서 조선의 '중립국화론'을 주장했다는 점이다. 유길준의 중립국화론은 대한제국의 정책으로 채택되었고, 1899년에는 궁내부 고문인 미국인 샌즈(William F. Sands, 1874-1946)도 중립국화론을 제안했으며, 1901년 중립국이었던 벨기에와 수교하고, 벨기에로부터 델크와뉴(Adhémar Delcoigne)를 초빙해 중립국화를 통한 국권 수호의 실질적인 노력이 이루어졌으나 실현되지 못했다.

2) 만국우편연합과 국제적십자연맹 가입

정부는 각국 국민 간의 통신 연락을 증진하고 문화, 사회, 경제 영역에서 국제 협력을 도모하기 위해 1874년에 창설된 만국우편연합(萬國郵便聯合) 가입을 추진했다. 정부는 1882년 12월 통리아문(統理交涉通商事務衙門) 내에 우정사를 설치하고 일본, 영국, 홍콩 등과 우편물교환협정을 체결한 후 1884년 11월 18일(음력 10월 1일)에 근대적인 우편 활동이 시작되었다. 1894년 1월 27일에 만국우편연합 가입을 신청하고, 1897년 제5차 워싱턴 총회에 참석하여 연합조약에 서명했으며, 1900년 1월 1일에 가입되었다.

1903년 1월 8일에는 국제적십자연맹의 제네바협약에 가입하고, 2년 뒤인 1905년 10월 27일에는 칙령 제47호로 대한적십자사 규칙이 제정 반포되어 대한적십자사를 설립했다.

만국우편연합은 대한제국이 가입한 첫 국제조약이며 1903년 1월 8일의 국제적십자연맹의 제네바협약에 가입한 것은 대한제국이 명실상부하게 국제사회의 일원으로 활동하며, 존재감을 국제사회에 드러내고 인정받은 일이었다고 할 수 있다.

4. 동도서기론과 근대 산업시설의 도입

조선은 개항 이후 유교적 질서[東道]를 지키며, 서양의 우수한 군사 과학 기술[西器]을 수용하겠다는 동도서기론(東道西器論)[18]을 바탕으로 새로운 질서에 대비하고자 했다. 동도서기론을 내세우면서도 서양 문물 중에서 무엇을 받아들일 것인가에 대해서는 많은 논란이 있었지만, 외국 기술자를 초빙해 근대적 산업시설인 번사창과 전환국을 건설하고 전신과 우편 제도를 도입했는데, 이는 자연스럽게 서양의 건축술을 도입하고, 우리 건축이 서구의 문물을 도입하기 위해 변화하는 계기가 되었다.

1) 번사창과 무비자강(武備自强)

번사창(飜沙廠)은 근대 무기 제조 관련 시설이다. 『윤치호일기』에 따르면 "1883년 3월 종사관 김명균이 톈진(天津)의 공장(工匠)인 원영찬(袁榮燦) 등 4명을 데리고 와서 5월 서울의 삼청동 북창(北倉)에 기기국을 설치"했다고 한다. 같은 해 8월에 김명균이 옌타이(烟臺)[19]와 상해 험취소(驗取所)에서 번사창을 위한 설비를 구해 오기도 했다. 무기 제조설비의 구체적 내용에 대해서는 알려진 바가 없으나, 무기 제조시설로 지어진 번사창은 청의 기술을 받아들였다. 번사창은 조선시대에 군기시(軍器寺)의 창고가 있었던 곳에 지어졌으며, 모래 뒤치는 곳, 쇠붙이 불리는 곳, 나무로 만든 성형틀을 만드는 곳, 동모(銅冒, 총알) 만드는 곳, 그리고 창고(庫房)로 구성되었다고 한다.

『승정원일기』 고종 20년 8월 20일의 기록에 따르면 기기국이 업무를 시작한 1883년 음력 8월 22일에 공사가 시작되었고, 고종 24년 10월 29일 기록에는 1887년 음력 10월 29일에 준공되었다고 한다. 현존하는 번사창 건물의 규모와 공법으로 보아 공사기간이 4년씩 걸릴 건축이 아니

〈그림 2-43〉 번사창 내부. (안창모 사진)　　　　〈그림 2-44〉 번사창 지붕 구조. (안창모 사진)

므로 1887년 준공되었다는 기록은 무기 제조창으로서의 전체 면모를 갖춘 시점이라고 보는 것이 타당할 것으로 판단된다.

현재 남아 있는 번사창 건물은 1개 동이며, 장대석 위에 검은 벽돌로 내력벽체를 구성하고, 출입구에는 화강석 아치와 벽돌아치가 사용되었으며, 창호에는 목재 상인방과 아치가 사용되었다. 지붕은 서양식 목조트러스로 짜였으며, 무기 제조 공정 중 실내 공기의 환기를 위한 개구부가 설치되었다. 지붕 위에는 전통 기와를 올렸다.

번사창이 무기 제조시설이라는 점을 고려하면 주위에 여러 채의 건물이 존재했을 것으로 추정되나 현재는 한 동의 건물만 남아 있다. 1984년 보수공사 시 발견된 상량문에 따르면, "엎드려 생각건대 무기를 저장코자 터전을 반석 위에 정하고 쇠를 부어 흙과 합쳐 건물을 지으니 이를 번사창"이라 했다. 그리고 이어서, 칼, 창 등 정예한 무기를 제조 수선 보관하는 건물은 기예의 으뜸가는 수준으로 지어져야 한다고 지적하고 있는데, 이는 곧 번사창의 건물이 당대 최고, 최신의 기술을 사용해[20] 지었음을 의미한다.

2) 우정총국과 근대 우편제도의 도입

1882년 12월 통리교섭통상사무아문 내에 우정사(郵政司)가 설치되고, 일본, 영국, 홍콩 등과 우편물교환협정을 체결하면서 근대적인 우편 활동이 시작되었다. 우정총국은 재래의 역전법(驛傳法)을 근대식 우편제도로 고치면서 설치한 기관으로 1884년 10월 1일 우체 업무를 시작했다. 그러나 같은 해 10월 17일 우정총국 청사의 낙성 및 개설 축하연을 이용해 개화파들이 갑신정변을 일으킴에 따라 10월 21일 폐지되었다. 근대식 우편제도를 담당했던 관청 건물이라는 역사적 가치를 인정받아 사적 제213호로 지정되었다. 근대적 우체 업무의 성격을 감안할 때 여러 동의 건물로 구성되었을 것으로 추정되지만 현재는 정면 5칸, 측면 3칸 규모의 한 채만이 남아 있다. 현재의 건물은 16~17세기에 건축되었으며, 조선시대에는 궁궐에서 사용되는 약을 제조하고 약재를 재배하던 전의감이라는 의료시설로 사용되었던 건물이었다.

현재의 우정총국은 전통건축 구법과 공간구성의 특징을 그대로 가지고 있다. 우편 업무가 각종 근대적 장비를 필요로 한다는 점을 감안하고, 우정총국이 개설되었던 1884년이라는 시점이 서양의 건축술이 본격적으로 도입되기 이전이라는 점을 감안하면, 우편 업무를 담당하는 건축은

〈그림 2-45〉 우정총국 옛 모습. (서울역사박물관 소장)

〈그림 2-46〉 현재의 우정총국. (안창모 사진)

〈그림 2-47〉 전화국. (서울역사박물관 소장)

전통건축을 변용해 사용했을 가능성이 높을 것으로 판단된다.

〈그림 2-45〉는 우정총국 옛 모습으로 추정되는 사진이다. 사진 속 건물이 지붕 중간에 두 개의 굴뚝이 설치되어 있을 뿐 아니라 외벽이 벽돌벽체와 여닫이 창문으로 구성되어 있다는 점에 주목할 필요가 있다. 이와 같은 모습은 우정총국의 내부 공간이 입식으로 사용되고 있었으며, 근대적 우편 업무 수행을 위해서는 각종 근대적인 설비가 필요해 층고가 높고 기둥 간격이 넓은 관청 건물이 선택되었을 것으로 판단된다. 현재의 우정총국 건물의 내부 천장은 우물반자와 연등천장으로 꾸며져 있다. 건물의 남쪽 양 모서리와 북쪽면의 기둥은 모두 원기둥이고, 나머지는 사각기둥이다. 정면 가운데 칸에는 두짝문을 내었고, 나머지 칸에는 모두 사분합창을 설치하고 단청을 했다. 무출목 초익공계 건물이며, 지붕은 팔작지붕이고 합각면은 전벽돌로 복원 처리해 근대 우편제도 도입기의 모습과 다르다.[21]

우정총국처럼 전통건축이 근대적 기능을 수행한 예로 전화국이 있다. 〈그림 2-47〉의 전화국은 외관상 전통건축의 모습을 유지하고 있지만 자세히 들여다보면 근대적 기능을 수용하기 위해 새롭게 건축되었으며 부분적으로 많은 변화가 있었음을 알 수 있다. 우선 건축물의 층고가 일반적인 전통건축에 비해 상당히 높다는 것을 알 수 있다. 건물 앞에 서 있는 여섯 명의 외국인의 키를 감안하더라도 전화국의 처마 밑까지의 높이는 최소 3m에 달할 것으로 보이는데, 전화국이 전면 3칸 건축이라는 점을 감안하면 매우 높은 층고로 지어졌음을 알 수 있다. 높은 층고는 전화국의 설비를 수용하기 위함이었을 것이다. 한편, 건물의 구조는 목조이지만 기둥 사이는 벽돌로 채워졌고, 주출입구는 아치로 만들고, 창호도 여 닫이 유리창으로 구성되었음을 알 수 있다. 이는 전통적인 건축의 벽체 구성이나 창호 구성과는 완전히 달라진 부분이다. 이러한 변화는 서양인 에 의해 근대적 전화국 시설이 건축되었지만, 서양 건축술을 온전하게 구 사할 수 없는 상황에서 전통적인 건축술에 의해 서구의 근대적 과학기술 을 수용하면서 일어난 전통건축의 근대적 변용이라고 할 수 있다.

3) 전환국과 근대 화폐경제

1883년(고종 20) 화폐의 주조와 발행을 통해 조세 수입을 증대시키고, 각 종 화폐의 통일을 목적으로 전환국이 건축되었다. 번사창이 자국의 안위 를 지키기 위한 근대적 국방 프로젝트였다면, 근대 화폐의 주조는 근대 적 경제시스템을 구축하는 근간이었기 때문에 전환국의 설치는 조선이 근대국가로 나아가는 첫 경제 프로젝트였던 셈이다.

1884년 원서동에 처음 설치되었던 전환국은 묄렌도르프(Paul George von Möllendorf, 1848-1901)가 전환국 총판으로 임명되면서 세창양행을 통 해 근대적 조폐 기기가 수입되었고, 1885년 당시 선혜청 별창(현 상공회의 소 위치)에 세창양행이 제시한 설계에 따라 전환국이 신축 이전되었으나, 1892년 인천시 전동 1번지로 다시 이전되었다.

대한제국 출범 이듬해인 1898년에 군자감 터(용산구 원효로 3가 1번지)에 전환국을 신축해 다시 서울로 돌아왔다. 그러나 1904년 러일전쟁에서 승 리한 일본에 의해 탁지부 재정고문으로 임명된 메가타 다네타로(目賀田種 太郎)가 1904년 11월 전환국을 폐지했다. 을사늑약으로 정치, 외교 주권 이 박탈되기 전에 경제 주권이 먼저 상실된 셈이다. 서양에서는 산업혁명 을 거치면서 형성된 자본주의 경제체제와 시민사회에 부응하는 다양한 새로운 건축 유형이 탄생했다. 그중에서도 공장 건축은 대공간 건축을 탄생시켰고, 새로운 구조의 발달을 가져온 유럽 사회 변화의 동력이었다. 전환국의 신축 역시 "새로운 사회에서 요구되는 기능을 수용하기 위한 신건축 탄생"이라는 건축사적 의미를 지니고 있다고 할 수 있다. 다만 서양의 산업혁명기 산업시설과 구별되는 것은 산업시설이 "창안된 것이 아니라 도입"된 것이라는 점이다. 물론 도입 과정에서 '전래 건축술'이 '다른 기술'과 접목될 때 나타날 수 있는 건축적 변이가 일어났을 것으로 추정되지만, 유감스럽게도 자료 부족으로 인해 구체적인 검토가 어려운 실정이다.

전환국은 22년이라는 길지 않은 기간 동안 세 번 위치가 달라졌다. 첫번째 입지는 원서동의 주택에 설치되었다. 그러나 전통주택에서 근대적 조폐시설을 운영하는 것이 부적절해, 곧이어 남대문 근처인 현 상공회의소 위치로 건물을 신축해 이전했다. 전환국의 이전은 공장 건축의 입지와 원료 조달 그리고 물류의 원활성 측면에서 검토되었다. 국가적으로 중요한 시설이었지만 궁궐과 가까운 주거지인 원서동은 공장시설인 전환국의 입지로 적절하지 않았고, 재료의 수급 등 물류 측면에서도 불리했기 때문이다.

1892년에는 원료 수급의 편이성을 이유로 전환국이 인천으로 옮겨졌다. 인천 전환국은 1,500평의 대지에 세 동의 공장과 세 동의 부속시설로 구성되었다. 인천 전환국은 모두 세 동으로 구성되었으며 60척 높이의 굴뚝을 지닌 벽돌집이었다. 세 동의 건물은 '요(凹)'형으로 구성되어 안쪽에 마당이 있고, 가운데 건물에 칭량실, 사무소, 화폐조사 및 극인실(極印室)이 있었고, 동쪽편 건물에 지금창고(地金倉庫), 기관실(機關室), 기관실(汽觀室)이 위치했으며, 서쪽편 건물에는 정화(正貨)창고, 여공실, 조각소 및 감찰소가 있었다고 한다. 그 밖에 원형마실(圓形磨室) 및 단야공실(鍛冶工室)로 사용되는 가가(假家)가 있고 순검입직소와 잡물장치소, 벽돌로 만

〈그림 2-48〉 인천 전환국 전경. (인천시립박물관 소장)

든 기와집과 목조주택, 잡창물치소, 관사 및 공장숙소가 있었다고 한다. 공장 주변으로는 나무말뚝으로 담장을 두르고 매 칸마다 세 개의 횡목을 삽입했으며 사방에 목조문을 설치했다고 한다. 이러한 내용은 현존하는 사진 속 모습이 일치한다. 〈그림 2-48〉을 살펴보면, 인천 전환국은 경사지에 건축되었으며, 주변에 인가가 없어 공장입지로는 적절한 것으로 판단되나 부지 면적은 시설에 비해 협소한 것으로 판단된다. 부지에 있는 두 개의 우물은 상하수도가 부재하던 시절에 공장에서 필요한 물을 공급하는 방편으로 사용되었는데, 서울과 달리 강이 없는 인천에서는 공장용수를 확보하기 위해 우물이나 지하수에 의존했을 것으로 보인다. 전면 출입구에 계단이 있는 것으로 보아 자재 및 생산품의 반출입을 위한 진출입로는 건물 뒤편에 마련되었을 것으로 추정된다. 공장 건물은 벽돌조 내력벽체에 목조트러스 구법에 의한 지붕구조물로 건축된 전형적인 모습을 갖추고 있다.

1898년에는 신화폐주조계획이 차질을 빚자 인천 전환국에 조폐중지령을 내리고, 용산에 전환국을 새로 신축했다. 인천에 전환국을 설치한 지 6년 만에 전환국을 용산으로 다시 옮긴 것은 1898년 용산에 개시장이 설치되고 배를 통한 물류가 직접 용산까지 가능해진 이유도 있지만, 곧 부설이 마무리될 경인철도를 이용할 경우 원료 공급 등 물류에 어려움이 없었기 때문일 것으로 판단된다. 1900년에 준공된 용산 전환국의 모습을 알 수 있는 자료는 전해지지 않지만, 전환국을 용산으로 이전하면서 탁지부 소속의 2등국이었던 전환국을 1등국으로 독립시키면서 직제가 대폭 강화되었다. 시설 규모도 800평에 이를 정도로 확장되었다. 전환국은 수공업적 공업기술 단계를 벗어나 서구의 근대 산업기술과 접촉하는 첫 산업 건축으로 평가되지만, 러일전쟁 이후 자주적 근대국가의 의지를 담은 '중앙은행' 설립 계획이 무산되고, 1910년에 대한제국이 식민지화되면서 총독부 인쇄국으로 기능이 바뀌었다. 번사창과 전환국 그리고 우정총국의 건립은 조선 사회가 서구의 근대 기술문명의 도입을 통해 새로운 사회로 나아가는 시도였다.

김옥균의 치도론과 근대도시계획의 태동

조선 정부는 1882년 미국과 수교 직후에 인천을 개항하고, 서양 각국과 연이어 수교하면서 빠르게 서양 문물을 받아들였다. 제도를 고치고 신설하며 일본과 중국 그리고 미국에 다양한 목적으로 인재를 보내 그들의 앞선 문물을 견학하고 받아들이기 시작했다. 이러한 노력은 김기수의 『일동기유』(1877)[22]와 『수신사일기』(1880), 박영효의 『사화기략』(1882),[23] 유길준의 『서유견문』(1889) 등의 기록으로 남아 있다. 그 가운데 도시와 관련해 주목할 만한 기록은 김옥균의 『치도약론』과 『치도규칙』이다.

김옥균은 일본에 머물면서 제3차 수신사로 파견된 박영효, 김만식과 일본의 근대적 도로체계에 관해 논하던 중 박영효와 김만식의 요청을 받아 『치도약론』과 『치도규칙』을 작성했다. 이 책은 박영효를 통해 고종에게 전달됐으며 1882년에 설립된 통리교섭통상사무아문(統理交涉通商事務衙門)[24]에서 간행되었다. 『치도약론』은 서론, 『치도약칙』(또는 치도규칙)이 본론에 해당된다.

〈그림 2-49〉 김옥균의 『치도규칙』. (서울대학교 규장각 한국학연구원 소장)

김옥균은 『치도약론』에서 다음과 같이 말한다.

"요즈음 세계정세는 크게 변하여 만국이 서로 통하고 있으므로 화륜선(火輪船, 증기선)이 동서해양을 누비고 다니며 전선(電線)은 온 지구를 이리저리 엮고 있습니다. 뿐만 아니라 탄광을 개척해서 금은을 캐고 석탄과 철도 캐고 있습니다. 그리고 여러 가지 기기를 만드는 등 일체가 인민 생활에 날로 쓰이는 편리한 것들로서 손꼽아 헤아릴 수 없이 많습니다. 그러나 그 선진제국의 긴절하고 중요한 정책을 찾아보면, 첫째가 위생이요, 둘째가 농상(農桑)이요, 셋째가 도로입니다."

이들 세 가지는 아시아 성현들의 정치하는 방법과 비교해봐도 또한 다를 것이 없다고 이야기한다. 그는 옛날 춘추시대에도 "남의 나라에 사절로 가게 되면 먼저 도로와 교량을 보고 그 나라 정치의 잘잘못을 알았다."고 하며, 조선을 방문했던 외국 사람들이 "조선의 산천이 아름다우나 사람의 수가 적어 부강을 도모하기 어렵"고 또 사람과 가축의 오물이 도로에 가득 차 있어서 무섭다고 한다는 말을 전하며, 위생과 도로의 중요성을 강조했다. 이와 같은 김옥균의 생각에 대해 박영효는 "우리나라의 당면한 급선무는 농상(農桑)을 일으키는 데 있으며 농상을 일으키는 요체는 실로 분전(糞田)을 권장하는 데 있다. 분전을 부지런히 하면 오예물(汚穢物)[25]이 자연 없어질 것이고, 오예물이 없어지면 전염(병)도 역시 사그라질 것이 아닌가. 그리고 가령 농사를 잘 지었다 하더라도 수송이 불편하면 하동(河東)의 곡식을 하내(河內)로 운반[26]할 수가 없을 것이다. 그러므로 도로를 잘 닦는 것이 무엇보다도 중요하다고 하겠다. 도로가 잘 정비되어 차마(車馬)를 이용하게 되면 인부 열이 하던 것을 하나가 거뜬하게 해낼 수 있으므로 그 나머지 아홉 사람의 노동력은 공작품(工作品) 제작에 종사하게 되면, 지난날 그저 먹기만 하던 사람이 결국 일정한 직업을 얻게 될 것이다. 따라서 나라에 유익하고 백성에게 편리한 것이 이보다 나을 것이 어디에 있겠는가."라며 동의했다고 한다.

본론인 『치도약칙』은 17조로 구성되었는데, 위생적인 도시 만들기와 화재로부터 안전한 도시 만들기 내용이 주를 이루었다. 도로를 체계적으로 관리하기 위해 거리의 주요 지역에 치도국을 설치하고, 한성부 부윤(현 서울시장)에 맞먹는 관청을 설치해 오물을 관리하고, 도로 정비를 관리해 도시의 위생과 미관 그리고 화재로부터 안전한 도시를 만들어야 한다고 주장했다. 위생과 방화를 중심으로 한 김옥균의 『치도약칙』은 동시대에 세계 각국이 위생을 화두로 도시를 개조하고 가꾸었던 시대적 상황과 맥을 같이한다. 차이가 있다면 서구 국가의 경우 산업혁명 이후 공장의 매연으로 인해 피폐해진 도시 환경 속에서 도시민의 건강한 삶을 확보하는 것이 사회 안전의 첫 번째 조건으로 위생과 방화를 강조한 배경이 있지만, 조선의 경우 산업혁명 없이 근대적 상황에 직면하면서 전통적인 사회 구조와 건축과 도시의 특성 그리고 생산체제 내에서 발생한 위생과 방화의 문제가 배경이었다는 점이다. 김옥균의 주장은 단순히 공중의 위생을 개선하고 안녕을 확보하는 데 필요한 수단의 나열이 아니라 실행을 위해 경찰력을 동원해 시민들의 생활에 개입하고 벌칙까지 내리는 것을 내용으로 담고 있는 실천적 제안이었다.

서구에서도 근대도시계획은 산업혁명 이후 도시 인구의 증가와 환경 악화로 인한 공중위생 문제를 해결하기 위한 방안으로 태동하기 시작했으며, 19세기 중반 나폴레옹 3세 치하의 프랑스 파리에서 도로 정비와 공원 조성을 중심으로 시행된 대대적인 도시개조사업을 거쳐, 19세기 말에는 독일을 중심으로 제도화된 도시계획을 수립하는 과정으로 발전했었다. 따라서 19세기 말에 일본을 다녀온 김옥균과 박영효의 위생적인 도시 환경 조성과 도로 정비의 필요성 강조와 실천은 조선의 근대도시 건설 노력이 세계적인 흐름과 함께하는 것이었음을 의미한다. 이후 박영효는 한성판윤이 되어 위생국을 설치하고 도로 정비 및 위생 사업에 주력했는데, 이는 우리나라 근대도시계획의 태동이었다고 할 수 있다.

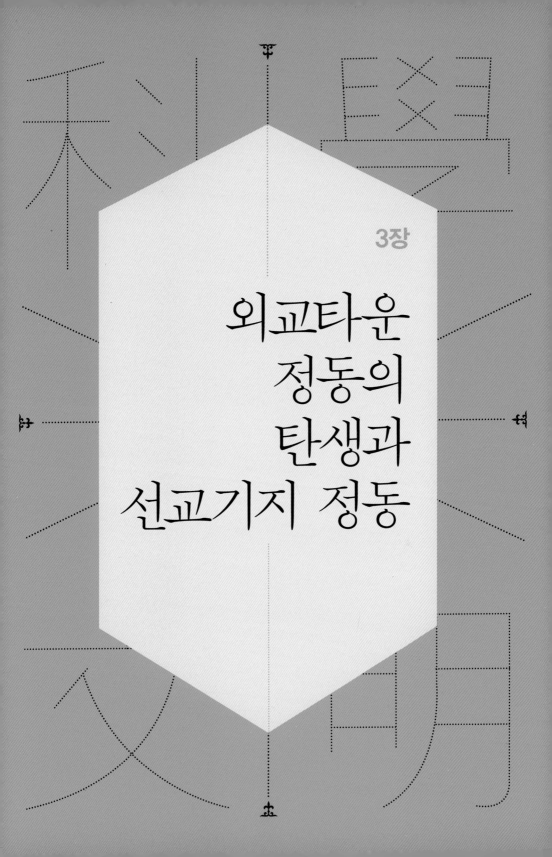

3장

외교타운
정동의
탄생과
선교기지 정동

1876년의 개항이 강제 개항이 아니라는 사실은 조약이 체결된 이후 3개 항구의 개항 순서와 과정 그리고 일본공사관의 설치 시점과 입지에서도 확인할 수 있다. 1876년 조약 체결 직후 일본공사관이 바로 한성에 설치되지 않았다. 일본공사관이 서울에 설치된 것은 1880년이고, 처음 설치된 곳도 도성 안이 아닌 서대문 밖이었다. 조선 정부가 도쿄에 공사관을 설치한 것은 조일수효조규 체결 10년 후인 1886년이었다.

일본공사관의 입지와 위치 이동

1876년에 체결된 조일수호조규로 조선과 일본과의 관계가 재설정되었다. 조선시대에는 조선이 일본에 파견한 조선통신사(朝鮮通信使), 일본이 조선에 보낸 일본국왕사(日本國王使)를 포함하여 100여 차례 가까운 교류가 있었다. 따라서 1876년에 일본과 체결한 조약은 미국을 비롯한 서양 여러 나라와 체결한 조약과는 근본적으로 다르다고 할 수 있다. 특히 일본처럼 오랫동안 외교관계를 유지해왔던 청국의 경우 조선에 새로운 외교관계를 요구하지 않았다는 사실에 비춰보면, 일본이 운요호사건을 기회로 조선 정부에 새 조약 체결을 요구한 것은 1876년 이전의 조일관계가 대등하지 않았음을 일본이 인지하고 있었다는 반증이라고 할 수 있다. 1876년 강화도조약 이후 일본이 부산에 영사관을 설치했지만, 수도가 아닌 지방 도시에 설치된 공관은 외교가 아닌 부산에 거주하는 일본 거류민을 보호하고 관리하고, 교역을 지원하기 위한 시설일 뿐이었다. 서울에 공사관이 설치[1]된 것은 1880년이었다. 그런데 공사관이 설치된 곳은 도성 안이 아닌 서대문 밖이었다. 1884년 일본공사관이 도성 안으로 옮겨오지만 갑신정변으로 공사관이 소실된 후 일본은 공사관을 남산의 북측 산록으로 옮겼다. 이와 같은 일본공사관의 첫 입지와 산속으로 이전은 개항 직후 일본이 조선을 강제로 개항시킬 만한 힘을 갖지 못했음을 보여준다.

· 서대문 밖 일본국공사관

1876년 조약 이후 일본 정부는 공사관 설치를 원했으나, 조선 정부는 일본공사관 설치 요구에 응하지 않았고, 1877년 9월 일본 정부의 공사관 개설과 공사의 서울 주재 요구도 거절했다. 일본공사관이 서울에 설치된 것은 조약 체결 후 4년이 지난 1880년 12월이었지만, 이는 공식적인 허락이 아닌 묵인 형태[2]였다. 첫 공사관이 서대문 밖 군영(경기 중영)에 설치되었고, 1880년 12월에 일본공사 하나부사 요시모토(花房義質)가 부임했다. 일명 청수관 터로 불리던 일본공사관에는 천연정이라는 정자가 있었으며, 서상헌, 청원각 등이 연못과 함께 있었다. 그러나 서대문 밖 일본공사관은 1882년 6월 임오군란 때 화재로 소실되었다. 현재 금화초등학교 위치다.

〈그림 3-1〉 일본공사관이 설치된 서대문 밖 청수관. (출처: Percival Lowell_1884_Museum of Fine Arts, Boston Photograph Library 소장)

〈그림 3-2〉 경운동 일본국공사관. (출처: 『경성부사』 [1934])

• 경운동 일본국공사관

임오군란으로 서대문 밖 일본국공사관이 불
에 탄 후, 도성 안의 금위대장 이종승의 집을
임시로 사용하다가 1884년 11월 교동의 박영
호 집을 사들여 서양 건축양식의 공사관을
새로 지었다. 15만 원의 공사비를 들여 오쿠
라구미(大倉組)[3]가 시공했다.

일본보다 먼저 정동에 자리잡았던 미국과
영국 및 러시아 등이 한옥을 공사관으로 사용하다가 자국 건축양식의
공사관을 지은 데 반해 뒤늦게 도성 안에 자리잡은 일본이 공사관 신축
을 서두른 것은 서양 여러 나라보다 늦게 도성 안에 자리잡은 것을 만회
하기 위함이었던 것으로 보인다. 그러나 1884년 12월 4일 일본이 지원했
던 갑신정변이 실패로 끝나고 목조 공사관은 소실되었으며. 다케조에 신
이치로(竹添進一郎) 일본공사는 일본으로 도망갔다.

• 남산 일본국공사관

정부는 1885년 1월 9일 갑신정변의 사후 처리를 위해 일본과 한성조약
을 체결한 후, 일본의 공사관 피해에 대한 보상 요구와 갑신정변에 개입
한 책임을 추궁하고 갑신정변의 주모자인 김옥균 등을 내놓으라는 조선
정부의 요구 사이에 절충이 이루어져 조선 정부가 일본 측에 남산의 북
측 산록에 공사관과 영사관 부지를 제공하고 2만 원을 제공하는 것으로
협상이 마무리되었다. 일본은 제공된 녹천정(鹿川亭)[4] 일원에 공사관[5]과
영사관을 지었다. 이 공사관은 1906년까지 사용되었고 영사관은 청일전
쟁 후 현 신세계백화점 자리에 건물을 새로 지어 이전했다. 이때 지어진
공사관은 서양 건축양식으로 지어졌는데, 서양의 각국 공사관이 자신들

〈그림 3-3〉 남산 일본공사관 전경. (출처: 『경성부사』 [1934])

〈그림 3-4〉 일본국공사관과 영사관 위치 변화. (안창모 작성)

의 건축양식으로 지어진 것과 달리 일본은 공사관과 영사관을 일본 건축양식이 아닌 서양 건축양식으로 지었다.

1880년 도성 밖에 공사관을 설치했던 일본이 1884년에 도성 안에 설치했던 공사관이 소실된 후, 1885년 이후 10년 동안 일본공사관이 도성의 남쪽 변두리이면서 거주에도 불리한 남산의 북측 산록에 위치한 것은 국가와 외교를 담당하는 공사관으로서는 매우 이례적인 것이었다. 녹천정 일대가 갑신정변 때 소실된 경운동 공사관에 대한 보상 차원에서 일본 측에 제공된 곳이기는 하나 입지가 매우 불리한 점을 고려하면, 일본의 갑신정변 개입에 대한 응징적 성격이 강했다고 할 수 있다. 일본공사관이 도심으로부터 먼 곳에 위치했다는 것은 일본의 영향력이 미비해졌다는 것을 의미한다. 한편, 일본국 입장에서는 자국인이 몰려 살던 지역에 공사관을 두어 자신들의 안전을 도모하는 효과가 있었을 것이다.

• 남대문로 일본국영사관

1894년 청일전쟁에서 일본이 승리하면서 조선에서 일본의 위상이 일시적으로 강화되었다. 이는 산속에 있던 공사관과 영사관이 도심으로 진출할 수 있는 기회이기도 했다. 그러나 외교의 주역인 공사관은 남산에 그대로

〈그림 3-5〉 경성 소재 일본영사관. (안창모 소장 엽서)

두고 충무로1가에 영사관 건물을 새로 지어 이사했다. 지금의 신세계백화점 자리다.

흥미로운 것은 외교를 담당하는 공사관 대신 자국민 보호가 목적인 영사관이 도심으로 진출했다는 점과 서양 건축양식으로 지어졌다는 점이다. 이는 비록 1894년 청일전쟁으로 승리한 일본이 조선에서 청보다 힘의 우위를 점하게 되었지만, 전반적으로 조선에서 일본의 영향력이 안정적으로 우위를 점하지 못했음을 의미한다. 임오군란과 갑신정변을 거치면서 두 번이나 공사관이 불에 탄 경험을 가진 일본 입장에서 외교의 주역인 공사관의 도심 진출이 일본공사관의 안전을 보장할 수 없다고 판단했기 때문이다.

한편, 남대문로의 이면에 위치한 일본영사관은 서양의 역사주의 건축양식의 2층 조적조건물로 지어졌다. 일본영사관이 자국의 건축양식이 아닌 서양의 고전주의 건축양식으로 지어진 것은 자신들이 서구 국가와 동일한 힘을 가진 존재라는 것을 한인에게 과시함과 동시에 서양 여러 나라와 어깨를 나란히 하고 싶은 욕망의 표현이었다고 할 수 있다.

일본국 공관의 서양식 역사주의 건축양식이 갖는 의미

기본적으로 외교공관 건축은 자국의 군사적, 경제적, 문화적 역량을 건축을 통해 과시하는 동시에 상대 국가에 대한 배려를 반영하는 것이 일반적이다. 따라서 외국에 지어지는 외교공관 건축은 자국의 최고 건축가에 의해 자국의 건축양식으로 짓는 것이 일반적이다. 이와 같은 외교공관 건축이 갖는 정치적 성격을 감안한다면, 일본의 공사관과 영사관이 일본 고유의 건축양식으로 지어지지 않고 서양의 역사주의 건축양식에 따라 지어진 것은 매우 이례적인 일이다. 이는 일본은 오랫동안 이웃이었던 조선과 중국으로부터 문화를 전수받아왔지만, 1853년 미국에 의해 강제로 개항을 당하면서 국제정세가 유럽 중심으로 움직이고 있음을 일본 정부가 확인했다는 점과 무관하지 않다. 오랫동안 군부 통치가 행해진 사무라이의 나라 일본은 힘의 이동에 민감했고, 이는 근대화 정책을 탈아입구(脫亞入歐)로 상징되는 서구화에 전력을 기울이게 만들었다. 탈아입구는 "아시아에서 벗어나, 구라파(유럽)에 진입하겠다."는 의미를 가진 말이다. 그렇게 키운 힘으로 조선과의 관계를 재정립한 조일수호조규를 체결한 후 조선에 대한 경제적 이권 이상을 욕심내기 시작했다. 일본은 1876년에 조선과 서양 중심의 국제질서체계에 따른 외교관계를 체결했으나, 공사관을 한성에 설치한 것은 1880년이었다. 일본이 한반도를 식민지화하면서 자신들이 무력으로 조선을 개항시켰다고 했지만, 일본공사관을 한성에 설치하기까지 조일수호조규 체결 후 4년을 기다려야 했고, 4년을 기다려 설치한 공사관의 위치도 도성 안이 아닌 서대문 밖이었다. 이는 일본이 힘으로 조선을 강제할 수 있는 상황이 아니었음을 보여준다. 첫 공사관은 서대문 밖의 군영을 그대로 사용했다. 그러나 이 공사관은 임오군란으로 불탔다. 이후 조선과 수교한 미국을 비롯한 서양 여러 나라가 도성 안에 공사관을 설치하자, 일본도 뒤늦게 도성 안에 공사관을 설치했다. 일본은 뒤늦게 도성 안에 공사관을 설치했음에도 가장 먼저 서양식 2층 목조건축의 공사관을 지을 정도로 적극적으로 행동했다. 그러나 일본이 갑신정변(1884)의 배후로 알려지면서 일본공사관이 다시 소실되었고, 일본은 남산의 북측 산록으로 공사관과 영사관을 옮겼다. 그곳에서 다시 지은 공사관 역시 서양식 건축이었다. 1910년 8월 29일 이곳에서 경술국치라 불리는 강제 조약 체결로 대한제국이 일본의 식민지가 되었고, 이 건물은 조선총독의 집으로 사용되었다.

일본은 서대문 밖 청수장을 시작으로 경운동(그림 3-2)과 남산(그림 3-3)에 서양 건축양식의 공사관을 지었고, 청일전쟁(1894) 이후에는 남대문로의 이면 도로에도 서양 건축양식의 영사관을 지어 외국 외교공관 중에서 가장 많은 건물을 지었지만, 한 번도 자국의 건축양식으로 공사관이나 영사관을 짓지 않았다. 그중에서도 도성 내 간선도로의 이면에 지어져 비교적 접근성이 좋은 영사관의 경우, 영사관보다 격이 높은 남산의 공사관보다 규모와 서양식 건축의 완성도가 더 높았다.

일본이 공사관과 영사관 건축에서 자국의 건축양식을 사용하지 않은 것은 두 가지 이유로 분석된다. 하나는 한국에 대한 문화적 콤플렉스이고 다른 하나는 일본의 유럽 국가에 대한 콤플렉스다. 일본은 1853년 미국에 의해 강제 개항된 이후 유럽을 모델로 한 탈아입구(脫亞入歐)[6] 정책을 펼쳤다. 서양을 모델로 한 정책의 건축적 성과는 일본 내외에서 서양 건축양식의 적극적인 도입이었다. 일본은 동양 3국 건축문화의 특징이 목조건축에 비해 규모도 크고 영속적으로 보이는 돌로 지어진 석조건축의 서양 건축문화에 콤플렉스를 가지고 있었다. 따라서 일본이 자신의 전통건축을 버리고 서양 건축을 받아들여 서구화에 몰입하는 '탈아입구' 정책을 펼친 것은 일본이 유럽에 가졌던 문화적, 건축적 콤플렉스 때문이었다고 할 수 있다. 한편, 1876년 이전에 오랫동안 조선으로부터 문화를 전수 받았던 일본의 입장에서 일본의 전통건축으로 자국의 공사관이나 영사관을 짓는 것으로는 한국에 대한 문화적 우월성을 드러낼 수 없기 때문에 자국의 건축양식을 공관 건축에 사용할 수 없었다. 오히려 자국의 건축양식보다는 서양의 건축양식으로 공사관과 영사관을 지음으로써 서양화된 자국의 역량을 한국에 드러냄과 동시에 자신들이 유럽 국가와 동등한 힘을 가진 실체라는 점을 부각시키는 효과를 만들어낼 수 있다고 판단한 것으로 보인다. 결국 일본이 유럽 국가와 달리 정치적 색채가 강한 외교공관 건축에서 자국 양식 대신 서양 건축양식을 채택한 것은 한국에 대한 문화적 콤플렉스와 서구 문화에 대한 콤플렉스가 내재된 결과라고 할 수 있다.

외교타운 정동의 탄생

1. 정동의 유래

정동은 태조의 부인인 신덕왕후의 능인 정릉이 위치한 데서 유래된 지명
으로, 개항 이후 대한제국이 출발한 원점이자 근대 한국의 중심 공간이
다. 『태조실록』에 따르면 정릉의 위치는 취현방 북측 언덕으로 지금의 정
동 4번지(현 영국대사관)로 추정된다. 1406년(태종 6)의 『태종실록』에 따르
면 "정릉이 도성 안에 있음에도 불구하고 능의 경계가 너무 넓으니, 능에
서 1백 보 밖에는 사람들이 집을 지을 수 있도록 허락해달라"는 의정부
의 의견을 받아들여, 세도가가 정릉에 자리잡기 시작했다. 이후 정동에
위치한 종친의 주택 일부가 임진왜란 이후 덕수궁의 일부가 되었고, 개항
이후에는 세도가의 집에 서구 여러 나라의 공사관이 자리잡게 된다.

　정동에 위치했던 '정릉(貞陵)'은 1408년(태종 8)에 태상왕이었던 태조
가 돌아가신 다음 해인 1409년 2월 23일(음력)에 도성 밖으로 옮겨졌다.
1409년 2월 23일, "옛 제왕(帝王)의 능묘가 모두 도성 밖에 있는데, 정릉

이 도성 안에 있는 것은 적절하지 않고, 중국 사신이 묵는 태평관(太平館)이 가까우니 도성 밖으로 옮기도록 하소서."라는 의정부의 의견에 따라 정릉이 동소문 밖의 사을한리(沙乙閑里, 현 정릉) 산기슭으로 옮겨졌다. 이후 정동에 위치했던 정릉의 흔적은 후속 조치를 통해 완벽하게 지워졌다. 정릉이 옮겨진 지 한 달여 후에 정릉의 정자각(丁字閣)이 태평관

〈그림 3-6〉 광통교 하부 교각에 사용된 정릉의 석물. (안창모 사진)

의 3칸 규모의 북루(北樓)를 짓는 데 사용되었고, 정릉의 돌도 공사에 사용되었으며, 봉분(封墳)은 자취를 없애 사람들이 알아볼 수 없게 만들고, 문인석, 무인석은 땅에 묻었다고 한다.[7] 1410년(태종 10) 8월에는 청계천에 건설된 광교에 정릉의 석물이 사용되었다. 1410년 8월에 청계천의 범람으로 무너진 광교를, 정릉의 석물을 사용해 새로 광교를 지은 것이다. 이때 광통교 주변 석축에 사용되었던 정릉의 석물들이 2005년에 청계천 복원 사업이 완료되면서 세상에 다시 드러났다.

한편, 태조는 신덕왕후의 명복을 빌기 위해 정동에 흥천사를 지었다. 태조가 도성 안의 정동에 절을 세운 것은 아침저녁으로 향화(香火)[8]하기 위함이었다.[9] 흥천사의 건립이 신덕왕후의 명복을 빌기 위함이었던 만큼 정릉이 도성 밖으로 옮겨진 후에는 그 역할이 다했을 것으로 추정되지만 『왕조실록』의 기록에 따르면 사찰은 오랫동안 지속되었다. 『왕조실록』에는 신덕왕후의 능이 옮겨진 후 비가 적은 해에는 흥천사에서 주로 기우제를 지냈으며, 일본의 사신들이 반드시 들르는 곳의 하나였다고 한다. 그러나 유교가 사회의 중심 이념으로 자리잡으면서 사찰의 역할에 대한 반대[10]가 이어졌다. 이에 대해 성종이 "내가 이단(異端)을 숭상해서가 아니다. 조종조(祖宗朝)부터 왜인으로 조정에 오는 자 중에 혹 보기를 요구

하는 사람이 있으므로 무너뜨릴 수가 없을 뿐이다."라고 했다. 이후 흥천사의 수리에 대한 반대 의견이 있었지만, 흥천사 보기를 바라는 왜인들을 위해 최소한의 수리가 지속되었다. 그러나 1504년(연산 10)에 흥천사에 불이 나면서 폐허가 되고 정동은 역사의 뒤안길에 묻혔다.

2. 개항 전 경운궁

정동이 조선의 역사 전면에 처음 모습을 드러낸 것은 조선이 맞이한 미증유의 국난이었던 임진왜란(1592) 이후다. 한성으로 돌아온 선조가 정동에 있는 월산대군의 구 사저를 임시 행궁으로 삼으면서 덕수궁이 정동과 함께 역사의 전면에 등장한 것이다. 왜군을 물리친 후 선조가 한성으로 다시 돌아왔을 때 도성 안에는 선조가 마땅하게 거처할 곳이 없었다. 경복궁, 창덕궁, 창경궁이 모두 불탔기 때문이다.

『선조실록』에 따르면 선조 26년 10월, "상(上)이 아침에 벽제역(碧蹄驛)을 출발하여 점심 때 미륵원(彌勒院)에 머물렀다가 저녁에 정릉동 행궁에 이어하였다."고 기록되어 있다.

한성으로 돌아오더라도 임금이 마땅히 머물 곳이 없는 처지에서 정부는 월산대군의 구 사저를 임시 거처(時御所 시어소)로 정했다. 월산대군의 옛 집이 행궁이 되면서 수리와 동시에 계림군[11]의 집을 행궁에 편입하는 등 협소한 궁역을 넓히기 시작했으나, 당시 정릉동 행궁의 구체적인 영역과 건축에 대해서는 전모가 알려지지 않았다.

1611년(광해군 3) 11월 15일, 1608년에 시작된 창덕궁의 중건이 완료되고, 광해군이 창덕궁으로 이어하면서 정릉동 행궁이 경운궁이라는 궁호를 갖게 되었다. 이후 인조반정을 통해 인조가 즉조당에서 즉위한 후 법궁을 창덕궁으로 옮기면서, 경운궁 궁역에 포함되었던 가옥 중 선조가 침전으로 사용했던 석어당과 인조가 즉위한 즉조당을 제외하고 나머지는 모두 본 주인에게 돌려주어 궁역이 해체되었다. 이때 경운궁의 궁호도 명례궁으로 바뀌어 별궁이 되었다. 궁궐의 위상이 상실되었음에도 즉조당과 석어당이 보존된 것은 이 두 건물이 국난(임진왜란) 극복의 상징적 가치를 지니고 있었기 때문이다. 조선이 건국된 지 200년 만의 전쟁으로 전 국토가 피폐해졌지만, 국난을 극복하고 다시 선 조선은 이후 300년을 더 이어갔다. 동아시아의 국제전쟁이었던 임진왜란에서 패한 일본은 정권이 바뀌었고 명은 청으로 교체되었지만, 조선은 흔들리지 않았다. 전후에 나라가 다시 반석 위에 설 수 있었던 것이 선조의 공이라고 평가를 받았기에 선조가 거처하며 조선을 바로 세운 현장인 석어당은 임진왜란의 교훈을 담고 있는 역사적 장소로 평가받은 것이다. 석어당은 궁궐 건축임에도 불구하고 단청이 칠해지지 않았는데, 이는 전쟁으로 민가에 거처할 수밖에 없었던 국난의 교훈을 잊지 않겠다는 다짐이기도 했다. 이는 역사유산이 갖는 의미에 입각해 건물을 보존한 첫 사례라고 할 수 있다. 인조 이후 경운궁은 역사의 전면에서는 사라졌지만 완전히 잊혀진 것은 아니었다. 경운궁은 영조대에 이르러 몇 차례 기록에 등장하는데, 1748년(영조 24) 경운궁에 가서 어제(御製, 임금이 몸소 지은 글) 4편을 내렸고, 1769년(영조 45)에는 『대학연의(大學衍義)』[12]를 행했고, 1770년에 이어 1771년에는 인조 이후 원종이 사용하며 명례궁이라 불리던 궁에 다시 '경운궁'이라는 궁호를 써주었다. 1773년(영조 49)에는 환도 3주갑(周甲, 180년)을 기념해 경운궁에 들러 선조가 임란 후 머물며 조선을 반석 위에 세웠던 석어당에 '석어당(昔御堂)'이라는 글씨를 써주어 걸게 했다.

경운궁은 고종에 의해서도 기억되었다. 고종황제는 1904년 경운궁 대화재로 즉조당과 석어당이 소실되자 즉조당과 석어당 보존의 뜻을 새기고 의미를 기리기 위해 서까래 하나 바꾸지 않고 소중하게 보존해왔다는 것을 강조한 바 있다. 소실된 즉조당과 석어당은 고종의 명에 의해 원 모습으로 다시 지어졌다.

3. 조미수교와 외교타운 정동의 탄생

국난 극복의 상징적 장소였던 경운궁이 다시 역사의 중심으로 등장한 것은 1882년 미국과 수교한 이후다. 1876년 이후 서울은 국내외 각 세력이 힘의 각축을 벌이면서 급박하게 움직이고 있었다. 1880년에 일본공사관이 한성에 설치되었지만, 그 위치는 서대문 밖이었다. 이는 도성 내에 외국인의 거주가 허락되지 않았기 때문이기도 하지만 조일수호조규 체결 당시만 해도 조선 정부가 일본의 요구를 제어할 수 있었음을 의미한다. 외국인의 도성 내 거주 문제는 조선이 미국과 조약을 체결하면서 달라졌다.

1882년 5월 22일 조선과 미국 사이에 통상조약이 체결되었는데, 이때 조약은 조일수호조규와 달리 관세권과 재판권에 대한 규정이 명확하게 규정되었고, 이는 이후 서양 각국과의 조약 체결의 기준이 되었다. 1882년 5월 체결된 조약에 따라 미국의 푸트(Lucius H. Foote, 1826-?) 공사가 부임했고, 미국공사관이 정동에 개설되었다.[13] 외교타운 정동의 시작이었다. 이후 영국, 러시아, 프랑스, 독일 등과 통상조약을 맺으면서 이들 국가의 공사관이 순차적으로 정동에 자리잡았고 정동은 명실상부한 외교타운이 되었다. 그러나 일본의 행보는 유럽 국가와 달랐다. 조선 정부가 일본을 유럽 국가와 동등하게 대하지 않았기 때문이다. 일본은 1876년 조

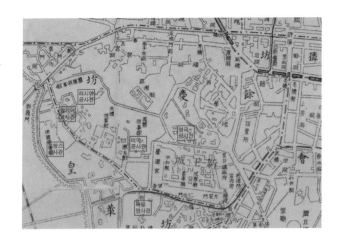

<그림 3-7> 정동 지역 서양 각국 공사관 위치도. (최신경성전도 위 안창모 작성)

선과의 관계를 재정립한 조약을 체결했지만, 조선의 입장에서 역사적으로 유지해온 이웃 국가의 연장선상에서 조약에 임했다. 일본은 자신들이 미국에 의해 강제로 개항 당한 경험을 근대적 국제 시스템을 빙자하여 조선에 적용하고자 했으나, 조선은 이전의 관성이 지속된다고 생각했다. 그 결과 조선 정부는 일본과 달리 공사관 설치를 서두르지 않았고, 뒤늦게 1880년에 일본공사관 설치를 허락받은 일본이 공사관을 설치한 곳은 서대문 밖이었다. 1882년 5월에 조선과 수교한 미국이 1883년에 도성 한복판인 정동에 공사관을 설치한 것은, 설치까지의 시간과 위치 등에서 미국이 일본과 전혀 다른 대우를 받았다는 것을 알 수 있다.

1882년 미국과 수교하면서 도성 안에 외국인 상시 거주가 허용되고 청국과 일본국공사관도 도성 안에 설치되었다. 일본은 임오군란(1882)으로 서대문 밖 공사관이 소실되자, 도성 안에 임시 거처를 마련했다가 1884년 인사동 인근에 일본공사관을 지었다. 그러나 이 공사관 역시 갑신정변(1884) 때 소실되자, 일본은 도심을 피해 남산의 북측 산록에 공사관을 지었고, 청국은 1882년 8월 조청상민수륙무역장정(朝淸商民水陸貿易章程)에 따라 영사급 외교사절이 한성에 상주하였으나, 1899년 8월에 한청통상조약(韓淸通商條約) 이후 공사관이 명례방(明禮坊)에 설치되었다.

4. 외교타운 정동의 입지와 도시적 의미

미국에 이어 같은 해 청국과 통상조약(中朝商民水陸貿易章程)[14]을 체결한 조선 정부는 1883년 영국과 독일, 1884년 이탈리아와 러시아, 그리고 1886년 6월 4일 프랑스와 통상조약을 체결했다. 중국은 1899년 이후 명례방(明禮坊, 현 명동)에 공사관을 설치했으나 서양 국가들은 예외 없이 정동에 자리를 잡았다. 서양 국가들이 정동에 자리잡은 이유를 짚어보기 위해서는 오늘의 정동이 아닌 개항 당시의 한양도성의 공간구조와 정동의 관계에 대한 이해와 서로 다른 문화의 접촉에 대한 지배층의 인식 등에 대한 종합적인 이해가 필요하다.

오늘의 정동은 서울의 중심가로인 세종대로[15]에 인접해 있어 물리적으로 서울의 중심 지역이지만, 정동에 외교타운이 형성될 19세기 말의 광화문 네거리는 육조거리와 종로가 'ㅗ'자로 만나는 곳으로 현재의 광화문 네거리에서 서울시청으로 연결되는 도로는 개설되어 있지 않았다. 〈그림 3-8〉의 왼쪽 그림에서 보는 것처럼 정동은 도성의 간선도로인 종로와 남대문로에서 벗어난 안쪽에 위치해 있다. 세종로의 광화문 네거리에서 대한문 앞 구간은 1897년에 대한제국의 출범과 함께 만들어졌으며, 남대문로와 정동을 연결하는 소공로는 환구단이 조성된 1~2년 후에 개설되었다. 〈그림 3-8〉과 같이 간선도로인 종로와 남대문로에서 떨어진 정동의 입지는 물리적인 중심과는 거리가 먼 비교적 한적한 곳이었다고 할 수

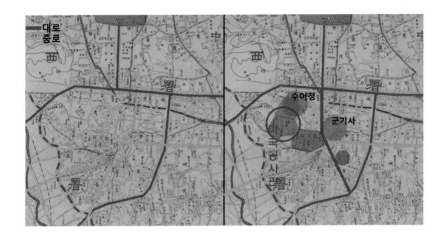

〈그림 3-8〉 왼쪽: 조선시대 한성부 중심의 간선도로망. 오른쪽: 대한제국기 외교타운 정동과 간선도로망. (최신경 성전도 위 안창모 작성)

있다. 이와 같이 간선도로에서 떨어진 정동의 입지는 조선 정부의 입장에 서는 우리와 문화적으로 전혀 다른 외국인이 도성 내에서 자유롭게 백성 들과 만나고, 그들의 낯선 풍속에 우리 사회가 쉽게 노출되는 것을 막을 수 있다고 판단했을 것으로 보인다. 특히 정동 주변에는 수어청(守禦廳, 조 선시대 군영으로 1894년에 폐지됨)과 군기시(軍器寺) 등 군 관련 정부 시설이 입지한 까닭에 정부가 정동에 위치한 외국 공관 감시에는 적합한 곳이 었다.

　동시에 정동의 입지는 외국 공사관의 이해에도 맞았다. 이역만리 낯 선 나라에서 수적으로 적은 자신들의 안위를 확보하고 편리함을 도모하 는 것이 중요했다. 이를 위해 서양 여러 나라가 모여 살 필요가 있었다. 비 록 대로에 면하지는 않았지만, 정치와 행정 중심인 경복궁, 육조거리와 가 까울 뿐 아니라 서소문과 서대문 그리고 남대문에 인접한 덕분에 유사시 에 도성 밖으로 피난하기에도 유리한 입지였다. 이와 같은 이유로 정동은 조선 정부와 서양 각국 정부의 이해가 일치하는 장소였던 것이다. 그러나 조선과 통상조약을 체결한 나라 중에서 청국과 일본국은 입장이 달랐다. 청과 일본은 지리적으로 조선과 가깝기 때문에 비교적 많은 외교 사절이 파견될 수 있었고, 통상을 위한 상인들이 거류민의 형태로 한성에 거주하고 있었을 뿐 아니라 유사시에 본국의 도움을 받기도 용이했다. 따라서 청과 일본은 독립적으로 공사관 입지를 선택했다. 일본은 인사동을 거쳐 일인들이 모여 사는 남산에 공사관을 설치했고, 청은 남대문로에 면한 도심의 요지에 공사관을 설치했다.

〈표 3-1〉 서울 거주 외국인 통계

국적	《독립신문》 1897년 4월 1일자				《대한매일신보》 1910년 7월 15일자
	남	여	합	가옥 수	
프랑스	23	5	28	7	57
러시아	56	1	57	22	12
독일	6	3	9	7	19
미국	47	48	95	40	131
영국	25	12	37	41	88
청국	1,246	37	1,273	10	2,036
벨기에					1
일본국	1,035	723	1,758		
	2,428	829	3,257	767	

국가 간에 통상조약이 체결되면 정치적인 외교관계 외에 교류와 교역이 이루어지므로, 교류와 교역을 위한 접점인 항구 그리고 외국인의 거주를 위한 공간이 도시 안에 마련되어야 했다. 그렇다고 외국인의 거주가 완전하게 보장되는 것은 아니다. 외국인의 거주는 항구도시와 수도의 경우에도 일정한 제약이 따르게 되고, 제약의 강도에 따라 조계지가 설정되거나 일정한 지역밖에는 거주가 허락되지 않기도 한다. 통상조약 체결 후에 외국인의 도성 출입은 허용되었지만, 상시 거주가 한동안 허락되지 않

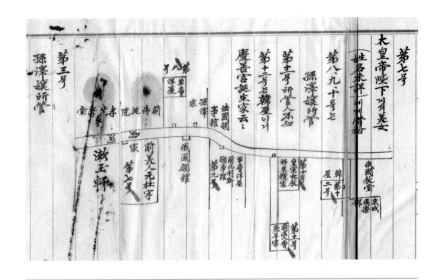

〈그림 3-9〉 정동의 외국인과 한인 소유 건축 현황. (출처: 서울대 규장각 소장 조복문서)

았던 것은 일반적인 현상이다. 1882년 미국 및 청국과 통상조약이 체결
되면서 도성 내 외국인의 거주가 허용되고 외국인 집단 거류지가 형성되
기 시작했다.

1897년 《독립신문》과 1910년 《대한매일신보》에 실린 도성 내 거주 외
국인의 통계(표 3-1)를 살펴보면 청인과 일인이 절대 다수를 차지하고 있
음을 알 수 있다. 이 두 나라를 제외한 나머지 서구 국가의 거주인은 모
두 합쳐도 청인이나 일본인의 반도 채 안 되는 작은 숫자였다. 도성 내 외
국인의 거주지 역시 크게 세 가지로 구분되었다. 일인은 남산의 북측 산
록에서 자신들의 거류지를 형성하고, 일본공사관도 1880년 서대문 밖에
서 1883년 경운동을 거쳐 남산의 일인 거류지에 위치했다. 중국인은 비
교적 도시 중심인 북창동과 서소문 그리고 수표교 근처에 집중적으로 거
주했으며, 공사관은 남대문로에서 명동으로 진입하는 입구에 위치했다.
서양인들은 정동을 중심으로 집단 거주지를 형성했다. 이 중 서양인의 집단 거주지의 형성에는 정동에 먼저 자리를 잡고 있던 각국 공사관의 존재가 큰 영향을 미쳤다.

각국 공사관의 정동 입지는 북미 선교사들이 정동에 자리잡는 계기가 되었고, 정동의 선교사는 정동을 중심으로 교육과 의료 사업을 시작했다. 이로 인해 정동은 육영공원과 배재학당 그리고 이화학당을 중심으로 한서양시 근대교육의 발원지가 되었으며, 가톨릭, 개신교, 러시아정교회, 성공회를 비롯해 구세군본영이 정동에 자리잡았다. 이로써 정동은 외교타운인 동시에 선교기지로서의 정체성을 갖게 되었다. 한편, 의료선교 차원에서 시병원과 보구여관이 세워졌으나, 보구여관이 동대문으로 이전하면서 정동에서 의료선교의 역할은 크게 약화되었다.

정동의 서양 공관과 건축

공사관은 한 나라의 국력과 문화적 역량을 가감 없이 드러내는 정치색이 짙게 배어 있는 정치적 건축이다. 공사관의 입지와 모습은 외교관계가 수립된 이후 상대 국가에 자신의 국가가 어느 정도의 군사적, 경제적 능력을 가지고 있는지, 그리고 어느 정도의 문화 수준을 지닌 국가인지를 나타내는 지표이기에 매우 중요했다. 따라서 각국의 외교공관을 살펴보면, 해당 국가의 국력과 문화적 수준은 물론 주재국이 자국에 어느 정도 중요한 가치를 가지고 있는지가 종합적으로 판단할 수 있다. 이런 측면에서 본다면 서구 국가들의 공사관이 밀집해 있던 정동은 공사관 건축의 진열장이자 대한제국에 대한 자국의 관심사와 자국의 능력을 전시하는 전시장이라고 할 수 있다.

1. 각국 공사관

정동에 제일 먼저 자리잡은 미국공사관에 이어 영국공사관, 프랑스공사관, 러시아공사관, 독일영사관, 벨기에영사관 등이 차례로 정동에 자리잡았다. 대부분의 외국 공관은 초기에는 한옥을 사용했지만, 시간이 지나면서 각자 자국의 공사관을 새로 지어 사용했다. 그리고 공사관과 영사관은 예외 없이 자국의 건축양식으로 지어졌다. 그런데 미국공사관은 달랐다. 미국을 제외한 각국 공사관(영국, 프랑스, 러시아, 독일, 벨기에 등)은 서양의 고전주의 건축양식을 바탕으로 실용적으로 지었지만, 미국의 경우 처음 공사관을 개설했을 때 사용했던 우리의 전통건축을 그대로 사용했

〈그림 3-10〉 한옥 미국공사관(1882년 수교).

〈그림 3-11〉 한옥 영국공사관(1883년 수교).

〈그림 3-12〉 한옥 러시아공사관(1884 수교).

〈그림 3-13〉 한옥 프랑스공사관(1886년 수교).

기 때문이다.

이유가 무엇일까? 미국이 정동에 자리잡으면서 한옥을 구입해 공사관으로 사용하기까지의 과정을 살펴보자.

조선과 통상조약을 체결한 미국에서 파견한 초대공사 푸트가 조선에 도착한 것은 1883년 5월 12일이었다. 당시 푸트 공사 일행은 독일인 묄렌도르프의 집에 머물다 정동 민계호와 민영교 등 민씨 일가의 집을 사들였다. 이것이 서양인의 집단 거주지로서 외교타운 정동이 탄생하는 시작이었다. 그런데 미국은 가장 빠른 시기에 상당한 규모의 가옥과 대지를 구입했음에도 여타 국가와 달리 공사관을 새로 짓지 않고 한옥을 그대로 사용했다. 이러한 상황에 대해 알렌(Horace N. Allen)은 『조선견문기(Things Korean)』(1908)에서 유럽의 다른 나라들은 자기의 대표자를 수용하기 위해 미국의 공사관보다 좋은 건물을 가지고 있었지만, "자신들은 조선 고관의 집이었던 이상한 모양의 아름다운 방갈로를 계속해서 사용하였다."고 적고 있다. 자신들의 건물이 비록 황궁에 인접해 있고 부지가 넓고 쾌적하지만, 건물 자체는 다른 나라의 공사관에 비하면 믿어지지 않을 만큼 초라했다고 한다. 이러한 알렌의 기록은 자신들이 구입 당시의 조선의 전통건축에 살고 있는 생활에 대한 불만에 기초하고 있다.

이에 반해 1900년 2월 24일부터 1904년 러일전쟁 발발 때까지 외부 고문관으로 활동했던 샌즈(William Franklin Sands, 1874-1946)는 『비망록(Undiplomatic Memories)』에서 전통건축을 그대로 사용하고 있는 미국공사관에 대해 다른 평가를 내리고 있다. 그는 "미국공사관이 서울에서 가장 편안한 곳 중 하나이며, 청국인 청부업자들이 유럽 건축을 모방해 지은 러시아, 프랑스, 일본과 영국공사관 건물은 칙칙하고 음울한 느낌을 준다."고 한다. 오히려 "조선의 전통건축은 잘 다듬어진 화강암 기초 위에 튼튼하게 세워 올린 건물이며, 벽체가 진흙이나 벽돌로 되어 있어 기후의 영향을 별로 받지 않았으며, 육중한 참나무나 밤나무 대들보로 받쳐진 지붕은 수 톤의 흙으로 채워서 높이 올리고 그 위에 기와를 씌워놓아 여름의 무더위와 겨울의 강추위가 침범하지 못한다."고 적고 있다. 샌즈가 우리 전통건축이 갖고 있는 장점을 정확하게 이해하고 있었음을 알 수 있다. 그러나 알렌은 조선이 1905년 11월 17일 을사늑약으로 외교권을 일본에 박탈당하면서 주한 미공사관의 지위가 영사관으로 변경되었다는 점을 감안하면 새 건물을 짓지 않은 것은 잘한 일이라고 기록했는데, 이는 미국 정부가 새 공사관을 짓지 않은 것이 한국의 미래에 대해 예견한 부분이 있었을 것이라는 것을 짐작케 해준다. 비록 알렌은 결과적으로 새 건물을 짓지 않은 일을 잘한 것으로 언급했지만, 새 건물을 짓지 않은 것은 미국 정부 입장에서 이미 한국이 일본의 지배 아래 들어갈 것을 전제로 자국의 이해관계를 조정했기 때문이었다고 할 수 있다. 1905년 9월 9일에 한국을 방문한 시어도어 루스벨트(Theodore Roosevelt)의 딸인 엘리스 루스벨트 일행의 아시아 순방이 미국과 일본 사이에 있었던 '가쓰라-태프트협약(Katsura-Taft協約)'[16] 이후의 일이라는 점이 이를 뒷받침한다.

당시 미국공사였던 알렌의 자국 공사관에 관한 기록은 알렌이 외교관으로서뿐 아니라 의료선교사로 입국해 이 땅에 최초의 서양식 의료기관

〈그림 3-14〉 영국공사관. (안창모 소장 엽서)

〈그림 3-15〉 러시아공사관. (안창모 소장 엽서)

인 제중원을 설립하는 등 조선과는 남다른 인연을 갖고 활동했다는 점을 감안하면, 국제사회가 얼마나 냉혹한 이해관계 속에서 움직이는지 잘 보여준다고 하겠다. 미국이 초기에 구입한 건축[17]을 그대로 사용한 것은 미국의 입장에서 판단한 대한제국에 대한 전략적 가치가 매우 낮았음을 보여준다. 이에 반해 한국을 사이에 두고 이해관계가 첨예하게 맞섰던 러시아와 영국이 각각 가장 좋은 위치에 최대한의 공사관을 지었다는 사실은 서울에 위치한 유럽 각국의 공사관 건축의 입지와 규모가 한국의 정치적 상황과 얼마나 잘 연계되어 있는지 보여준다.

1) 미국공사관

조선이 서구 국가 중에서 가장 먼저 통상조약을 체결한 나라가 미국이며, 정동을 외교타운으로 만든 선구자가 미국이다. 따라서 미국이 어떠한 경위로 정동에 자리잡게 되었는지를 살피는 것은 정동의 뿌리를 찾는 작업에 다름이 아니라고 할 수 있다.

한성부 기록에 따르면, 푸트 공사는 민영교의 기와집 141칸과 빈 대지 250칸, 민계호의 기와집 120칸과 빈 대지 300칸, 김감역의 기와집 9칸과 초가집 6칸 및 빈 대지를 사들였다.

그런데 미국은 가장 빠른 시기에 상당한 규모의 가옥과 대지를 구입하였음에도 불구하고, 여타 국가와 달리 공사관을 새로 짓지 않고 한옥을 그대로 사용하였다.

이러한 상황에 대해 알렌은 『조선견문기(*Things Korean*)』에서,

> 다른 열강들은 각기 조선에서 자기들의 대표자를 수용하기 위해 미국의 공사관보다 좋은 건물을 가지고 있었다. 우리들은 한때 조선 고관의 집이었던 이상한 모양의 아름다운 방갈로를 계속해서 사용하였다.

이 건물은 대부분의 공사들과 새 궁전이 위치하고 있는 지역에 자리 잡고 있었다. 여기에는 나무가 우거진 광활한 부지에다 넓은 잔디밭이 펼쳐져 있어서 안락하게 예술적인 거주지를 이루었지만, 공사관 건물은 다른 나라가 세운 거대한 구조물에 비교하면 도저히 믿어지지 않을 만큼 초라한 것이었다. 그러나 이제 외교적 대표권의 행사가 종지부를 찌고, 그 멋있던 공사관 선물들 중의 하나가 공사의 철수와 동시에 매각되고 보니 우리가 새 건물을 짓지 않은 것은 잘한 일로 간주될 만했다.

는 기록을 남겼다.

1901년 6월 우리나라를 찾은 독일인 기자 지그프리트 겐테(Siegfried Genthe, 1870-1904)는 "독일인 겐테가 본 신선한 나라 조선"[18]에서 미국이 외국에 설치한 자국 공관에 대해 얼마나 인색했는지 다음과 같이 언급했다.

유럽 각국의 수도에 있는 미합중국의 공사관과 영사관은 언제나 다른 외교관들의 조롱거리이자, 막강하고 부유한 정부에게는 영원한 비난 대상이 되었다. 부유한 열강인 미국 정부가 대사들에게 터무니없이 부족한 임금을 주는 데다, 대개 다른 나라의 외교관들에 비해 상대적으로 초라한 공관에서 지내야 했기 때문이다. 하지만 조선의 작은 관저에서 자신들이 돋보일 수 있는 이웃 유럽 관저들과 가까이 있다면, 미국공사들은 위로가 될 것이다. 독일제국의 외교관 역시 소박한 관저에서 고요하고 겸손하게 은닉하고 있다. 마치 백합과 장미가 하늘을 향해 자랑스럽게 머리를 쳐들고 있는데, 옆으로 남 몰래 꽃을 피우고 겸허히 고개를 숙이고 있는 제비꽃처럼 말이다. 독일 정부가 굳이 조선의 독일 외교관들을 이렇게 비참하게 만들어놓고 자부심 강한 위대한 조국의 위신을 떨어뜨릴 뿐 아니라, 영사까지 종종 아주 곤혹스럽게 하는 이유는 아무도 모를 것이다.

이에 반해, 1900년 2월 24일부터 1904년까지 외부 고문관으로 활동했던 샌즈(William Franklin Sands, 1874-1946)는 그가 남긴 『비외교적 비망록(Undiplomatic Memories)』에서 한옥 공사관이 갖고 있는 구조적·물리적 속성에 대한 해박한 지식에 근거한 긍정적 평가 외에 미공사관의 입지에 대해서도 자세히 설명하고 있다.

우리 공사관의 대문은 이중으로 되어 있고, 그 위에 탑처럼 지붕이 솟아 육중한 성의 대문을 연상시킨다. 이곳을 나서면 바로 선교사들의 정구장이 나타나고 곧이어 영국인 구역과 황제의 새 궁전이 보였다. 대문의 양편에는 과거 전통복장을 입은 보초병들이 지키는 초소가 있으며, 가마꾼과 인력거꾼과 더불어 밤낮으로 교대 근무를 하는 듯했다. 대문으로 들어가서 바로 오른편으로 안뜰을 반 가까이 차지한 단층의 창고가 있으며, 이것은 때때로 아시아 함대에서 파견된 해병대원들이 묵을 막사로 쓰였지만, 나는 실제로 해병대가 활동할 필요가 있었던 경우는 한 번도 없었다고 생각한다. 그다음에 안뜰을 둘러싼 공간에는 넓은 잔디밭과 큰 집이 산만하게 늘어져 있는데, 공사와 그 가족들이 이곳을 사용하였다.

미국공사관은 미군정기를 거치면서 영역이 더욱 확대되어 오늘에 이르고 있다. 1948년 9월 19일자《서울신문》에 실린 "한미행정이양협정"에 정동 지역에서 확장된 미국 소유 땅에 관한 내용[19]이 담겨 있다. 한편, 푸트

〈그림 3-16〉 미국공사관. (안창모 소장 자료)

공사 이래로 줄곧 사용해왔던 한옥 구조의 미국공사관 건물은 그 후 일
제강점기는 물론이고 해방 이후에도 철거되지 않고 지금까지 현존해 있
다. 특히, 대한민국 정부수립 이후 미국대사관은 정동 지역에 두지 않고
따로 을지로를 거쳐 세종로에 대사관을 설치함에 따라 원래의 미국공사
관은 미국대사관저[20]의 일부가 되었다.

2) 영국공사관

1883년 11월 조선과 영국의 조약이 체결된 이후 북경 주재 공사 파크스
(Parkes)가 특명 전권대사로 한성에 입경하여 비준을 교환(1884년 4월)함으
로써 영국 공관이 개설되었다. 당초 한성주재 공사는 주청공사(駐淸公使)
가 겸임하여 북경에 상주했고, 실제로 한성에는 주조선총영사 아스톤(W.
G. Aston)이 상주하였다. 이에 따라 영국공관은 총영사관으로 개설되었다.
1898년 2월 당시 총영사 조르단(J. N. Jordan)이 대리공사가 되면서 공사관
으로 승격되었다.

〈그림 3-17〉 영국공사관 1호관 현재 모습. (강임산 사진)

〈그림 3-18〉 영국공사관 2호관 현재 모습. (강임산 사진)

　　영국 정부는 1884년 4월 16일 한성부의 중재로 신석희[21]로부터 땅을 구입하였다. 영국공사관은 1890년에 착공하여 1892년에 준공되었다. 덕수궁 북측 경사지에 지어진, 박공을 지닌 경사지붕과 2층 베란다의 아케이드가 설치된 이 공관 건물은 정동 일대의 양관으로 규모규모가 가장 컸다. 붉은 벽돌과 회색 벽돌이 사용되었는데, 회색 벽돌을 주재료로 사용하고 붉은 벽돌이 아치에 사용되었다. 이는 중명전과 정관헌이 붉은 벽돌을 주재료로 사용하고 회색 벽돌을 코너와 아치에 사용된 것과 비교된다. 아케이드(arcade), 발코니, 베란다, 현관 포치(porch) 등의 특징적 의장 요소를 갖고 있는 이 건물은 18세기 영국과 미국에서 유행한 조지안 스타일로서 외견상 고전적 형태를 지니고 있다. 정동에 소재한 외국 공관 건물 중 가장 잘 보존되어 있으며, 현재는 영국대사관으로 쓰이고 있다.

　　코사카 사다오(小坂貞雄)의 『조선외교비화』(1934)에는 관립법어학교 교사와 경성제국대학 예과에서 프랑스어 강사를 지낸 에밀 마르텔(Emile Martel)[22]이 남긴 덕수궁 중건 당시 영국공사관 주변의 풍경에 대한 묘사가 있다.

　　임금께서는 영국공사관과 독일공사관 사이의 장소를 친히 선정하시어 이 토지야말로 신왕궁을 건립하기에 최적의 장소라고 하시자 이곳에 새로운 왕궁을 조영하게 되었다. 그런데 이 주변은 경성에서도 제일 지저분한 장소여서 이른바 슬럼지대의 모습이었다. 고옥근(藁屋根, 초가지붕)의 낡은 집들만이 연이어 있고, 영국공사관으로 통하는 가느다란 한 줄기의 도로에는 야채의 부스러기랑 먼지 쓰레기가 퇴적되어 있는 상태였다. 그럼에도 불구하고 왕궁이 세워진다는 말이 있자 별안간에 지가가 치솟아 이를 매수하는 데는 막대한 경비가 필요하게 되었다는 것이다. 이 토지의 매수에 일주간 정도를 들여 마침내 왕궁의 조영 공사가 시작되었던 것인데, 당시 토지와 가옥의 브로커를 하여 아주 돈벌이를 한 자도 있었다고 하는 것을 전해 듣고 있다.

영국에서 당시에 구입한 대지가 3,144평이었고 당시에 여섯 개의 별채로 구성된 한옥이 남아 있다. 초기에는 기존 건물을 그대로 사용하였으나 월터 힐리어(Walter Hillier, 1849-1927) 영사에 의해 현재의 공사관이 신축되었다. 영사관은 1889년 1월 18일에 상해 건설국의 책임건축가인 마샬(F. J. Marshall)이 영국외무성에 보낸 예비설계도에 기초하고 있다고 한다. 1890년 5월에 공사가 시작되면서 5월 15일에 한옥이 철거되었으며, 1890년 7월 19일에 정초석이 놓였다. 영국공사관 1호관은 외벽 구조체는 붉은 벽돌을 사용하였지만 슬라브는 철판과 콘크리트를 혼용한 구조를 사용하였다. 2호관은 1892년 5월 12일에 완공되었으며, 직원들의 숙박시설로 사용되었다.

3) 프랑스공사관

프랑스공사관은 정동길을 사이에 두고 러시아와 마주한 곳에 위치해 있다. 정동에 위치한 각국 공사관 중에서 가장 아름다운 외관을 자랑하는

〈그림 3-19〉 프랑스공사관. (안창모 소장 엽서)

〈그림 3-20〉 성 밖에서 본 프랑스공사관 전경. (안창모 소장 엽서)

프랑스공사관은 가장 높은 곳에 위치한 러시아공사관과 대척점에 있다고 할 수 있다. 조선은 1896년 병인양요와 천주교 박해의 당사자였던 프랑스와 조약을 체결했다. 여느 서구 국가에 비해 조선에 대한 관심이 많았음에도 불구하고 미국이나 러시아 등에 비해 조약 체결이 늦어진 것은 베트남의 식민지화가 우선 과제였기 때문이었다.

프랑스가 개설했던 첫 공사관은 수표교 인근인 현재의 관수동 126번지로 알려져 있다. 알렌의 『외교사연표』에 따르면 정동에 터를 마련하기 전까지 프랑스공사관은 허치슨의 주택을 사용했다고 한다. 프랑스공사관이 정동으로 옮겨온 것은 1889년 10월 1일이었다. 새 공사관 터에 대해 1892년 4월 8일 부임한 꼴랭 드 플랑시(Victor Collin de Plancy, 1853-1924)는 다음과 같이 적고 있다.

더러운 골목길을 지나 십오 분쯤 걸어가니 드디어 널찍하고 바람이 잘 통하여 깔끔하게 유지된 길이 나타났는데 그 길은 프랑스공사관까지 뻗어 있었다. 이 거리는 프랑스공사가 만든 작품이었다. 그는 자신의 사무실 주변에 있는 모든 것을 깨끗이 정돈했고 건물을 세우는 데 온 갖 열성을 다했기 때문에, 그 결과 서울에서 가장 아름다운 구역이 탄 생하게 된 것이었다. 높직한 곳에 자리잡은 공사관에서는 북쪽의 메마 른 벌판이 내려다보였다. 그곳은 황량하고 모래로 덮여 있었으며, 군데 군데 짙은 덤불과 타는 듯한 붉은 색채로 얼룩져 있었다.… 북쪽의 풍 경이 나에게 한심스럽게 느껴진 반면, 남쪽으로 펼쳐진 풍경은 감탄을 자아내기에 족했다.

플랑시 신임 공사가 묘사한 내용을 따라가면, 그가 십오 분쯤 걸었다 는 길은 남대문에서 정동에 이르는 길이거나 관수동에서 정동에 이르는 길이었을 것으로 보인다. 그가 골목길을 지나 깔끔하게 유지된 길로 표현 한 곳이 지금의 정동길이다. 공사관에서 바라본 메마른 벌판은 후에 서 대문기차역이 들어서게 되는 곳으로 만초천의 상류지역에 해당하는 지역 이라고 할 수 있다.[23]

『조선과건축(朝鮮と建築)』 1935년 4월호에 수록된 자료에 따르면, "서대 문소학교 교정 내, 건평 423.72평방미터, 연건평 1,370.95평방미터이며, 지 하층 413.35평방미터, 1층 423.35평방미터, 2층 423.35평방미터, 3층과 4 층 및 5층은 각각 36.72평방미터이고, 높이는 탑의 꼭대기까지 26.32미 터"에 달한다고 한다.

구조는 벽돌조로 치장쌓기를 하고, 장대석과 창대석, 장식기둥 등에는 화강석이 사용되었고, 지붕은 아연판으로 시공되었으며, 내부는 바닥이 티크재와 테라죠타일, 벽은 벽지로 마감하고, 천장은 회칠을 했다. 프랑스 공사관은 정동길에서 보아도 우뚝 선 존재였지만, 서대문 성곽에 바로 인 접했던 탓에 성 밖에서 성벽 너머로 보이는 공사관의 모습이 더욱 인상 적인 건물이었다.[24]

4) 러시아공사관

러시아공사 카를 베베르[25]가 한성에 도착하여 러시아영사관이 개설된
때는 1885년 10월이었다. 당시 한성부 정동의 외국인 거류 구역 일대에는
이미 각국의 공관이 위치하고 있었는데, 러시아는 1884년 7월에 체결된
양국 간 수호통상조약(通商條約)에 명시된 영사관 설치 규정에 따라 정동
일대의 고지대에 대규모 부지를 확보해두었다. 러시아공사관 건물이 세
워진 것은 1890년의 일이다. 『윤치호일기』에 따르면 1886년 7월 13일자에
"러시아공사가 4,000원을 들여 그 공관을 지었다."고 적고 있다. 그러나
호레이스 알렌의 기록에 따르면 "현 러시아공사관의 정초석을 놓은 것은
1890년 8월 30일"이다.

러시아공사관에 대한 자료는 몇 장의 사진만 남아 있는데, 전체적으로
르네상스풍의 고전주의 건축양식이다. 지하 1층에 지상 1층 건물로, 3층
높이의 탑이 함께 세워졌다. 본관 건물은 단층으로서 정면과 측면은 아
치 아케이드(arch arcade)로 둘러싸여 있고, 정면에는 페디먼트(박공)가 설

〈그림 3-21〉 러시아공사관 신축 전 공사관 부지 전경.

〈그림 3-22〉 러시아공사관 배치도. (출처: 김정신 논문)

치되었다. 도성 안에서 가장 높은 언덕에 지어진 탓에 정동의 랜드마크적인 성격을 갖고 있었다. 『한국과 그 이웃나라』의 저자인 이사벨라 버드 비숍 여사는 1894년 서울의 인상을 담은 글에서 정동의 모습을 다음과 같이 묘사했다.

> 길 폭이 차차 넓어지면서 우리는 서울의 성벽에 도착했다. 굴곡이 깊은 이중 지붕을 가진 성문이 있는 매우 높은 성벽을 통과하여 10여 분 더 추저분한 길을 걸으니 산들바람 부는 언덕이 나타났다. 그 언덕 위에 눈에 확 띄는 영국공사관의 붉은 벽돌 건물이 있었다. 다른 높은 언덕은 러시아공사관이 차지하고 있었고, 그 높은 탑과 화려한 정문은 이 도시에서 매우 이채로운 물건이 되고 있었다.

경인철도가 개설되기 전에 서울을 방문한 비숍 여사는 남대문 성문 밖에서부터의 인상을 자세하게 묘사했는데, 야트막한 구릉지에 위치한 영국공사관조차 눈에 띌 정도로 서울에는 다층 구조의 건물이 매우 적었으니, 정동 언덕에 세워진 러시아공사관이 갖는 경관이 매우 인상적일 수밖에 없었다.

지그프리트 겐테는 러시아공사관에 대해,

> 유럽 열강은 첫눈에 체면을 고려한 의도성 짙은 영사관을 세우면서 계획적으로 당당하고 대담하게 진출하고 있다. 프랑스와 러시아는 외교 대표들의 호화 저택을 세워, 도시 전체가 수치와 회한에 차 땅속으로 꺼져 들어가는 듯했다. 서울 안에 자랑할 만한 건축물이나 나머지 열강이 지금까지 보여준 그들의 우세한 상징적 힘을 과시하는 건물도, 도시 서쪽 언덕에 위치한 프랑스와 러시아의 화려한 새 공사관저

보다 강력한 인상을 주지는 못했다. 조선에서 두 국가의 관심은 실용적인 무역과 산업에서 돈이나 금전적 가치를 얻는 데 있지 않았다. 러시아는 전혀 하는 일이 없었고, 프랑스 사람들은 이제 막 철로 건설과 광산업에 자본을 투자하기 시작했다. 그들이 추구하는 것은 정치적 영향력이며, 그 영향력은 건설 사업을 통해 분명히 드러날 것이다. 아무튼 현재 조선인들에게 그들의 목적은 완벽하게 수행되었다. 마치 수도와 황제의 궁전이 러시아와 프랑스의 깃발 아래 직접 보호를 받고 있는 것처럼 보였다.

고 적고 있다.

1895년 말부터 1896년 초까지 한반도 남부지역을 탐사했던 러시아 참모본부 소속의 육군 대령 카르네프와 그의 보좌관 미하일로프 일행이 남긴 기록에는,

우리가 머물기로 한 유럽식 주택 구역은 그곳에서 멀지 않은 곳에 있었다. 우리 눈앞에 미국, 영국, 프랑스의 국기가 펄럭이고 있었는데, 그 중에서도 러시아 국기가 가장 높이 있었다. 잠시 후 우리는 붉은 돌로 된 문 앞에 멈춰 섰다. 그곳에는 러시아를 상징하는 쌍독수리가 그려져 있었고, 담 안으로 러시아제국의 웅장한 공사관 건물이 보였다. 우리는 러시아제국의 공사 A. N. 슈페이레르(Alexis de Speyer)와 그의 부인의 호의로 공사관 건물 내에 머물 수 있었다. 마침 그곳에는 해군 중위 모사토프가 '보보르'라는 소함정으로 제물포항에 정박시키고 함께 온 수병 35명으로 이루어진 상륙부대와 같이 머물고 있었다. 또는 전공사 K. I. 베베르는 멕시코공사로 임명되었는데, 서울에 남아서 인수

인계를 하는 동안 건물의 왼쪽을 사용하고 있었다. 건물의 오른쪽은 슈페이에르 공사가 사용하였다.

러시아공사관이 자리잡고 있는 곳은 터가 매우 넓었고 도읍 전체가 한눈에 들어올 정도로 전망이 좋았다. 큰 건물 이외에도 작은 건물이 네 채 있었다. K. I. 베베르는 주변의 울타리 건설과 부지 구입까지 포함해서 3만3,000루블을 들였다고 한다. 이 건물 뒤에는 헛간이 달린 작은 곁채와 정원이 있었는데, 그곳에는 토종 비둘기들을 많이 기르고 있었다. 울타리 왼편에는 독서실과 당구장이 있는 외교관 클럽이 정면에 있었다.

고 자세하게 러시아공사관과 주변의 상황을 전하고 있다.

아관파천으로 드높았던 러시아의 위세는 1904년의 러일전쟁으로 인해 꺾이고 말았다. 1904년 2월 16일에 러시아공사 파블로프(A. Pavlov, 1869-1923)가 철수했고, 일본의 압력에 의해 한러관계는 단절되었다. 러시아와의 관계가 다시 회복된 것은 1906년 2월이었다. 그러나 대한제국의 외교권이 일본에 박탈당했기에 러시아공사관은 러시아영사관으로 격이 달라졌다.

러시아공사관은 6·25전쟁으로 본관이 파괴되었고, 지금은 3층 규모의 탑과 지하층 일부가 남아 있다. 당시 러시아공사관은 높은 언덕에 위치하고 있어, 3층에 올라서면 한성부 전체를 조망할 수 있었다. 탑의 1층은 본관과 연속적으로 이어져 있다. 현존하는 탑의 2층은 창으로 단순하게 처리되었으며, 3층 개구부는 네 면이 모두 반원 아치와 박공(Pediment)으로 장식되어 있다. 아관(俄館)으로 파천(播遷)한 고종이 거처했다고 알려진 방은 커튼·벽지·바닥재 등이 화려하며, 침대·소파·의자류는 제정러시아

〈그림 3-23〉 러시아공사관의 현재 모습. (안창모 사진)

시대의 가구들로 채워져 있었다. 또한 공사관과 독립된 곳에 지하실이
설치되었다. 1981년에 실시된 공사관 유적 발굴 작업에서는 공사관 동북
쪽 120m 거리의 지하 3m 지점에서 지하 통로와 밀실이 발견되었다. 지하
실은 7m×4m의 장방형 평면으로 돌과 붉은 벽돌이 조적되어 있었다. 지
하실로 연결되는 통로의 길이는 20.3m, 통로의 하부 45㎝, 상부 1m로 완
만한 V자형의 역사다리꼴 단면을 갖고 있다. 벽은 벽돌로, 바닥은 재래식
석회다짐으로 시공되었다. 지하 시설은 공사관 신축 시 이미 구축되었던
것으로 보인다.[26]

5) 독일영사관

독일은 1884년 10월 공사관을 개설한 후 1890년 8월 정동(서소문동 38번
지)으로 이전했으나, 1902년 5월 회동으로 다시 이전하였다. 1934년에 발
행된 에밀 마르텔(1874-1949)의 『외국인이 본 조선외교비화』에는 재판소
자리에 위치했던 독일영사관은 조선 가옥이었으나 나중에 철거되었다고

〈그림 3-24〉 경운궁과 구 독일영사관 터를 연결
했던 구름다리(운교).

밝힌 바 있다. 이는 독일영사관이 궁역 확장을 위해 조선
정부가 영사관 부지 매입을 원했을 당시에는 자국의 영사
관을 신축하지 않은 상태였음을 의미한다.

지금은 서울시립미술관과 서울시청별관이 위치해 있지
만, 이곳은 육영공원을 거쳐 독일공사관이 자리잡고 있던
곳이나. 고종황제가 중화전 건설을 결심하면서 중화전 건
설을 위한 터를 확보(1900년 3월)하기 위해 독일공사관 터
를 매입하면서 독일공사관은 남창동 지역으로 이전했다. 당시 대한제국
정부는 독일공사관 터의 매입 대가로 독일 측에 5만5천 원과 상동에 소
재한 관유지를 제공하였다.[27] 이때 제공된 상동 소재 관유지로 독일공사
관이 신축 이전하였다.

1900년 3월 독일영사관 대지를 5만5천 원과 상동(尙洞)의 대지를 주고
매입한 대한제국 정부는 독일공사관 터를 매입한 후 기존의 도로를 폐쇄
하여 궁역을 하나로 통합할 계획이었다. 그러나 이러한 사실이 당시 정동
에 소재한 외국 공사관에 알려지면서 외교가에 반대 여론이 형성되어 기
존 도로를 폐쇄하겠다는 대한제국 정부는 계획을 변경하여 기존 도로를
남측으로 우회시키고, 덕수궁과 새로 구입한 부지를 연결하는 다리를 건설
했다.

1902년 7월 28일자 《황성신문》에는 "가교통로(架橋通路)"라는 제목으로
다음의 기사가 실렸다.

정동 인화문 앞에 도로 변경할 일로 각 공사가 이번 29일 회의한다는
일은 이미 보도하였거니와 다시 알아보니 우리 조정에서 기존 도로를
변경하여 아치형다리를 가설하고 그 다리 밑으로 왕래케할 계획으로
가부에 대해 각 공사의 의견을 들을 계획이라더라.

6) 벨기에영사관

대한제국은 벨기에와 1901년 3월 23일 조약을 체결하였다. 1901년 10월에는 정동 16-1번지에 공사관이 개설되었으나 1905년에 회현동 2가 78번지에 영사관[28]을 새로 지어 이전했다. 새 공사관은 1902년 10월 벨기에가 영사관 부지로 헐버트로부터 욱정2정목 78번지 대지를 구입하여 1905년에 완공되었다. 지하 1층 지상 2층의 연건평 454평 규모로 지어졌다. 설계자는 알려지지 않았으며, 일본인 고다마(小玉) 감독 하에 지어졌다. 초기 벨기에영사관이 사용했던 건물은 벨기에영사관이 회현동으로 이전한 뒤 이화여고에서 사용하다가 일반에 불하되면서 많은 사람들의 기억 속에 남아 기록이 전해지고 있다. 그레고리 헨더슨이 1959년에 쓴

〈그림 3-25〉 벨기에영사관 정동 시절 모습.

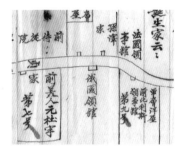

〈그림 3-26〉 정동 내 첫 벨기에영사관 위치도.

〈그림 3-27〉 벨기에영사관.

〈그림 3-28〉 벨기에영사관 1층 평면도.

「정동지역과 미국대사관저의 역사」라는 글에서는 "벨기에는 정동의 단층 벽돌건물에 자리잡았는데, 이곳은 러시아공사관의 입구 바로 서측에 붙어 있는 위치에 여전히 남아 있다."고 적고 있다. 현재의 캐나다대사관 자리다.

정동 16-1번지는 "러시아공사관의 입구 바로 서측에 붙어 있는 위치"로 오랫동안 하님호텔로 사용되었으며, 지금은 캐나다대사관이 지어졌다. 이 땅은 『구한국외교문서』 권18 아안(俄案) 2에 "부로공관좌변(附露公館左邊) 양관을 손탁 여사에게 하사하는 증서"가 수록되어 있고, 여기에 "1898년 3월 16일자로 황성 정동 러시아공사관 대문 왼쪽 편에 황실 소유의 방 5개가 딸린 벽돌 건물 한 채를 덕국규녀(德國閨女) 손탁에게 상으로 내려 이로써 그 노고를 치하한다."고 언급되어 있다. 벨기에가 대한제국과 통상조약을 체결한 직후 손탁의 건물을 빌려 영사관을 개설한 후 회현동에 새 영사관을 지어 이사한 것이다.

구 벨기에영사관 건축의 정면은 중앙의 현관을 중심으로 좌우 대칭의 구성을 갖고 있는 듯하지만, 나머지 3면은 모두 비대칭적 입면을 갖고 있다. 비교적 대칭적 모습을 갖고 있는 정면의 경우도 평면 구성은 일반적인 고전주의 건축과 달리 비대칭으로 구성되어 있다.

1층 평면도의 구성을 보면, 중앙 현관을 중심으로 좌우 폭은 같지만 측면과 후면의 폭은 다르다. 특히 중앙의 복도를 중심으로 좌우 실의 크기와 구성은 같은 부분이 전혀 없음을 알 수 있다. 내부 공간구성은 완벽한 비대칭 구성인 것이다. 이러한 완벽한 비대칭적 평면 구성은 일반적인 고전주의 건축에서는 나타나지 않는 특징이다. 각 층 평면 구성이 비대칭적인 데 반해, 1층과 2층의 평면은 벽체의 위치 등이 완전하게 일치함을 알 수 있다. 이는 벽체가 구조체인 내력벽체에서 건물의 안전성을 확보하기 위해서는 상부의 하중이 하부로 전달되어야 하기 때문이다. 비대칭의

공간구성을 갖고 있는 평면으로 고전주의 건축의 의장적 특징을 지닌 대
칭적 구성을 만들어낸 것은 매우 빼어난 건축적 해법이라고 할 수 있다.

7) 이태리공사관

1884년 6월 26일에 이태리와 수호통상조약이 체결되었으
나 공사관이 설치된 것은 1901년이었다. 공사관 설치가
늦어진 것은 조약비준서의 교환이 늦어지면서 정식으로
비준서가 1886년 7월 24일에 체결되었기 때문이다. 첫 영
사관이 설치된 것은 1891년 5월 4일이었다. 그 영사관은
현 을지로 1가 181번지 인근이었으나, 이후 서소문동 41
번지로 옮겼다.

〈그림 3-29〉 이태리공사관.(출처: Corea e
Corean: [1904])

　　이태리영사관이 공사관으로 승격된 것은 1903년 5월 6일이었다. 이태
리공사관의 모습은 여타 공사관과 다르다. 건물의 몸체는 반원형 아치에
기초한 로마풍의 건축이지만 지붕은 팔작지붕으로 건축되었기 때문이다.
서양식 고전주의 건축과 우리의 전통건축이 결합된 한양 절충형 건축이
었다. 이는 이태리가 대한제국의 전략적 가치를 높게 평가하지 않은 상황
에서 최소한의 공사관을 설치하면서 만들어진 건축적인 해법이었다고 할
수 있다.

2. 외교타운의 클럽하우스, 손탁호텔

각국 공사관이 정동에 밀집하면서 자연스럽게 각국 공사관원과 한인들
의 친교 공간이 생겨났다. 손탁호텔이다. 손탁호텔은 프랑스 태생의 독일
인이었던 앙투아네트 손탁(Antoinette Sontag, 1854-1925)이 운영했던 호텔

〈그림 3-30〉 손탁호텔 전경. (서울역사박물관 소장 자료)

로, 외교타운 정동에서 클럽하우스와 같은 역할을 수행했다. 대한제국기
인 1902년 10월에 개관한 손탁호텔은 1888년 10월 이후 미국인 선교사
다니엘 기포드(Daniel Lyman Gifford)의 집이었으나, 1896년에 손탁이 이를
매입해 새로 건물을 지은 것으로 알려졌었다. 그러나 손탁빈관(孫澤賓館)
또는 한성빈관(漢城賓館)이라고도 불린 이 호텔은 황실(Imperial Household)
의 프라이빗 호텔(Private Hotel) 형태로 운영되었다고 한다. 최근 연구에
따르면 손탁호텔은 1902년에 예정된 칭경기념예식에 참석할 외국인을 위
한 숙소로 지어졌다고 한다. 그러나 칭경예식이 콜레라의 유행으로 연기
되다가 결국 취소되면서 손탁호텔은 원 목적대로 사용될 수 없었다. 이후
대한제국 정부의 소유였던 이 호텔은 손탁 여사가 운영하는 호텔로 널리
알려지게 되었다. 1층에는 식당과 일반 객실이 위치하고, 윗 층은 객실로
사용되었다.

　1910년대 광고 문안에 따르면 손탁호텔에는 "각 방에 욕실이 딸린 25
개의 객실이 있고, 바(Bar)와 대형 당구장이 든 별관"이 갖추어져 있었다.
여기에 프랑스인 요리사가 운영하는 식당과 널찍한 정원도 자랑거리였다.
주요 정치 인물이나 서울 주재 외국인들의 교류 장소로 널리 사용되었던 손탁호텔은 손탁이 본국으로 돌아가면서 1909년 팔레호텔에게 소유권을 넘겼다. 이후 명맥만 유지되던 손탁호텔은 1917년에 부지가 이화학당으로 넘어간 후 기숙사로 사용되었으나 1922년 이화학당에서 프라이홀 신축을 위해 철거되었다. 대한제국의 목줄을 죄었던 이토 히로부미(伊藤博文)가 을사늑약 체결을 강요하기 위해 경운궁 옆에 숙소를 잡았던 곳도 바로 손탁호텔이었다. 붉은 벽돌을 주재료로 사용하고 창문 등 일부에 검은 벽돌을 사용한 손탁호텔의 디자인은 동시대의 중명전이나 정관헌과 유사한 특징을 갖고 있다. 전면에 베란다가 설치된 것도 이 시기에 지어지는 양관에서 보이는 공통적인 특징이다.

선교기지와 의료 및 교육시설

미국공사관의 입지를 시작으로 정동이 외교타운의 성격을 갖게 되지만, 정동은 외교타운 외에도 1885년 언더우드와 아펜젤러가 입국하여 정동에서 첫 예배를 시작하면서 선교기지의 역할도 갖게 되었다. 미국과 영국 등 각국에서 온 선교사들은 정동에 위치한 자국 공사관 옆에서 선교를 시작했다. 영국공사관 옆에는 성공회성당이, 미국공사관 주변에는 장로회의 새문안교회와 감리교회가 설립되었으며, 러시아공사관 옆에는 러시아정교회, 그리고 프랑스공사관 건너편에는 가톨릭수녀원이 지어졌다. 가톨릭을 제외한 조선에 전래된 외래 종교가 모두 정동에 첫 교회를 설립한 것은 선교사들이 자국 공사관 주변이 자신들의 안전과 선교의 편의성을 도모할 수 있었기 때문이었다.

외교타운의 정체성을 갖게 된 정동이 서양 문화의 중심 거리로 거듭나는 데는 선교사의 역할이 컸다. 선교사는 정동에 첫 교회를 설립했을 뿐 아니라 서양 문물 수입에 적극적이었던 고종의 지원을 받아 학교와 의료시설도 운영했다.[29] 교육과 의료는 선교의 효과를 높이는 데 중요한 수단이었다. 1896년 8월 20일자《독립신문》에는 선교사들이 정동에서 학교와 의료시설을 운영하고 있는 모습에 대한 기사가 실려 있다.

…(전략)… 외국 사름의 풍쇽과 심지와 학문이 젼혀 죠션 사름의게는 통치도 못 ᄒ고 통훈대야 알아 듯지도 못 ᄒ니 무슴 ᄌ미가 잇서 친구로 샹죵이 되리요 그러ᄒ니 이 더럽고 위틱ᄒ고 친구 업는 만리 타국에 ᄌ긔 돈 드려 의복 음식 거쳐를 쥰비 ᄒ고 학교를 비셜 ᄒ야 죠션 남녀를 공히 교휵ᄒ며 밤낫 ᄀᄅ치ᄂᆫ거시 올코 춤되고 졍직 ᄒ고 올흔 힝실과 당당흔 심법을 공부케 ᄒ며 병원을 짓고 무론 엇던 사름이던지 병이 들면 와셔 공이 치료 ᄒ게 ᄒ며 …(중략)… 어느 교에셔 이 예슈교와 ᄀᆺ치 사름을 만히 텬하 만국에 보내여 ᄌ긔의 돈을 드려 가며 온갓 고싱을 다 ᄒ며 남의 나라 사름을 이러케 간졀이 ᄀᄅ치며 도와 주리요 멧셔듸스트 교회에셔 죠션 와셔 대정동 비지 학당을 짓고 죠션 졀믄 사름들을 교휵 ᄒ고 계집 ᄋᆞ희들을 위ᄒ야 이화학당을 비셜 ᄒ고 부인 병원을 ᄆᆫ드러 죠션 병든 부녀들을 치료 ᄒ며 시병원을 시쟉ᄒ야 무론 빈부 귀쳔ᄒ고 치료를 ᄒ여 주며 례비당을 각쳐에 비셜 ᄒ야 …(후략)…

[번역] …(전략)… 외국 사람의 풍속과 심지와 학문이 전혀 조선 사람에게는 통하지도 못하고 통한다고 해야 알아듣지도 못하니 무슨 재미가 있어 친구로 상종이 되리요. 그러하니 이 더럽고 위태하고 친구 없는 만리타국에 자기 돈 들여 의복 음식 거처를 준비하고 학교를 설치하여 조선의 남녀를 교육하며 밤낮 가르치는 것이 옳고 참되고 정직하고 옳은 행실과 당당한 심법을 공부케 하며, 병원을 짓고 무릇 어떤 사람이던지 병이 들면 와서 공이 치료하게 하며, …(중략)… 어느 교에서 이 예수교와 같이 사람을 많이 연하 만국에 보내여 자기의 돈을 들

여가며 온갖 고생을 다하며 남의 나라 사람을 이렇게 간절히 가르치며 도와주리요. 메소디스트 교회에서 조선에 와서 대정동에 배재학당을 짓고 조선의 젊은 사람들을 교육하고 계집아이들을 위하여 이화학당을 설치하고 부인병원(보구병원)을 만들어 조선의 병든 부녀들을 치료하며 시병원을 시작하여 빈부귀천에 관계없이 치료를 하여 주며 예배당을 곳곳에 설립하여 …(후략)…

감리교에서 '배재학당'과 '이화학당' 외에 '부인병원'과 '시병원(施病院)'을 지어 운영했다는 사실을 알 수 있다. 스크랜튼(William B. Scranton, 1856-1922)이 운영한 시병원에 대해서는 구체적인 내용을 알 수 없으나 부인병원인 '보구여관(普救女館)'에 대해서는 후에 이화여자대학 병원으로 성장하였기에 많은 내용이 알려져 있다. 당시 교육시설로 실체가 남아 있는 배재학당의 첫 교사는 서양의 벽돌조 건물로 지어졌으나, 이화학당의 초기 교사는 전통건축의 구법을 이용해 중정을 가진 'ㅁ'자형 평면으로 지어졌다.

1. 정동의 교회 건축

1) 개신교 교회의 시작, 새문안교회

1885년 4월 5일 아펜젤러(Henry G. Appenzeller, 1858-1902)와 함께 선교사로 입국한 언더우드(Horace G. Underwood, 1859-1916)는 초기에는 제중원에서 물리와 화학을 가르치고, 조선어 문법책을 영어로 집필하는 교사로 활동을 시작했고, 1886년에 자신의 집에 고아원 형식의 학교를 창설했는데 이 학교가 경신학교[30]다. 이 땅의 첫 교회는 1887년 9월 27일 14명의

〈그림 3-31〉 첫 조직 교회가 결성된 H. G. 언더우드 주택 전경(현 예원학교). (서울역사박물관 소장)

신자가 언더우드 목사의 집에 모여 두 사람의 장로를 선임하면서 시작되었다. 이후 1887년 10월에 정동제일교회가 세워졌고, 인천의 내리교회는 1889년에 세워졌다. 교회가 시작된 곳이 언더우드의 사택이었기에 오랫동안 전통 주택건축이 교회로 사용되었으나, 1910년 신문로1가로 벽돌조 교회를 지어 이전했다.

2) 정동제일교회

감리교 교회인 정동제일교회(貞洞第一教會)는 개신교 교회 중 가장 오래된 교회 건축으로 1977년에 사적으로 지정되었다. 1885년 10월 11일에 헨리 아펜젤러 목사 집에서 시작되었으며, 1895년에 현재의 교회가 착공되어 1898년 10월에 완공되었다. 봉헌식은 1897년 12월 26일에 거행되었다.

붉은 벽돌로 지어졌으며, 하나의 큰 홀로 구성된 예배당으로 고딕 건축 창호의 트레이서리 장식이 있는 창호가 특징적이다. 주출입구 쪽 종탑은 로마네스크풍의 모습을 갖추고 있으며, 정동제일교회의 상징적 이미지를 형성하고 있다.

〈그림 3-32〉 정동제일교회와 주변 정동 모습. (출처: American_Methodist_Church, Seoul, c.1900)

3) 성공회 서울대성당

1889년 11월 초대 주교인 고요한(Charles John Corte, 1843-1921) 주교에 의해 성공회의 선교가 시작되었다. 성공회 성당 터는 1889년 11월에 조선 선교의 책임을 맡은 고요한 신부에 의해 영국공사관 옆에 선교기지로 마련되었다. 1890년 기존 교회 건물을 장림성당(將臨聖堂, The Church of Advent)로 고치면서 교회 역사가 시작되었다. 1892년 11월 27일에 한옥으로 성당이 신축되었다고 전하나 모습은 알려진 바가 없다.

현 성공회 대성당은 1911년 5월 세 번째 주교로 임명된 조마가(Mark N. Trollope, 1862-1930) 주교에 의해 아서 딕슨(Arthur Dixson, 1856-1929)의 설계로 1922년에 착공되고, 1926년 5월 2일에 1단계 일부 준공이 이루어졌다. 미완성의 상태로 1995년까지 사용되었는데, 교회의 전체 도면이 영국의 도서관에서 발견되면서 1996년 5월에 설계 당시의 모습으로 완공되었다. 성공회 서울대성당은 오랫동안 미완성의 상태였으나, 완성도 높은 로마네스크 건축양식이었던 까닭에 오래도록 서울 중심부의 랜드마크 역할을 수행했다.

경사지를 이용하여 지어졌으며, 남동측의 낮은 곳에 지하성당이 마련되었으며, 성당 아래에는 조마가 주교의 유해가 모셔졌다. 지상의 성당은

<그림 3-33> 덕수궁에서 바라본 성공회성당. (안창모 소장 엽서)

<그림 3-34> 한옥사제관과 사무실. (안창모 사진)

십자가 형상의 라틴크로스로 설계되었으나 초기에는 트란셉트(Trancept)의 양쪽 날개가 지어지지 않았고, 신도석도 절반만 지어진 채 성당으로 사용되었다. 1993년 7월 런던 교외에 위치한 렉싱턴도서관에 소장된 성공회대성당의 도면이 발견되어, 1996년 원모습대로 성당이 완공되었다. 성당 내부는 중앙의 신도석 양편으로 로마네스크 건축양식의 특징인 아케이드가 설치되었으며, 천장에는 목조트러스가 설치되었다. 제단에는 1938년 조지 잭(George Jack)의 디자인으로 제작된 모자이크 타일의 성화가 있다. 성화 속 예수가 들고 있는 책에는 "나는 세상의 빛이다(EGO SUM LUX MUNDI)"라는 글귀가 적혀 있다.

• 한옥 사제관과 사무실

성공회는 여느 서양의 종교보다 한국의 전통건축을 교회 건축으로 적극 수용해왔다. 대표적인 사례가 강화도성당과 서울의 사제관이다. 선교 초기에 전통건축이 교회로 사용된 것은 서양식 교회를 지을 기술과 전문가가 없는 상황에서 자연스러운 현상이었다. 따라서 우리와 서구 문화의 만남이 잦고 깊어지면서 이 땅에서 한옥 교회는 점차 사라졌다.

성당의 주출입구가 위치한 야트막한 언덕 위에는 사제관과 수녀원 그리고 양이재로 불리는 주교관이 모두 한옥의 모습을 갖추고 있다. 그 중심에 한옥 사제관(현 사무실)이 있다. 야트막한 경사지에 위치한 사제관은 규모는 작지만, 성당을 품에 안을 듯 성당을 향해 열려 있는 다각형의 구성은 두 건물의 규모의 차이를 소멸시킨다.

여느 한옥과 달리 신을 신고 들어가는 한옥이라는 점이 특징인데, 서양식 숙소 기능과 사무 기능이 복합된 건물로 지어졌기 때문이다. 한옥의 마루 기능을 대신해서 거실이 마련됐고, 거실에는 벽난로가 설치됐다. 전통건축의 목구조를 따르고 있지만 붉은 벽돌로 채워진 벽체는 한옥의 풍취를 그대로 유지하면서 서양인의 삶과 업무 기능을 동시에 수용하기에 전혀 손색이 없도록 만들어졌다.

· 한옥 주교관, 양이재

사제관 옆에는 대한제국의 역사를 안고 있는 양이재(養怡齋)가 있다. 경운궁의 많은 전각이 1904년 화재로 소실되었는데, 경운궁이 화재 후 중건될 때 대한제국 황실과 고위 관리의 자녀를 위한 교육기관인 수학원이

〈그림 3-35〉 양이재. (안창모 사진)

지어졌다. 수학원은 양이재와 함희당으로 구성되었는데, 1910년 일본의 대한제국 강점 이후 수학원이 폐지됐다. 수학원 건물 중 하나인 양희재는 1920년 이후부터 성공회의 소유가 되었고, 지금은 주교관으로 사용되고 있다. 사제관과 달리 목재의 크기와 나무를 다듬은 솜씨 그리고 목구조의 결구 솜씨가 궁궐 목수의 격을 갖추고 있다.

4) 구세군 중앙회관

구세군은 서양에서 전래된 종교 중 가장 늦은 1908년에 대한제국에서 선교를 시작했다. 구세군은 주로 빈민 구제를 통한 선교에 주력했다. 1926년 방한한 구세군 대장 브람웰 부스(Bramwell Booth)의 70세 생일을 기념해 미국의 사관과 구세군 신도가 모금한 의연금으로 구세군 중앙회관이 지어졌다(1928).

중앙의 4개 원형기둥으로 지지되는 삼각형의 박공으로 형성된 정면과 좌우 대칭의 모습을 갖춘 건물은 전형적인 신고전주의 건축양식의 특징을 보여준다. 주출입구 디자인은 영국 런던의 콩그레스홀(Salvation Army Congress Hall)을 모델로 만들어졌다. 다만, 같은 신고전주의 건축인 석조전과 달리 재료가 붉은 벽돌로 지어진 것이 차이점이다.

<그림 3-36> 구세군 중앙회관 전경. (안창모 소장 엽서)

<그림 3-37> 구세군 중앙회관 강당 내부 모습. (안창모 사진)

준공 후 구세군 사관을 양성하는 사관학교와 업무시설로 사용되었다. 외관은 신고전주의 양식으로 지어졌으나, 2층의 강당은 영국 고딕 건축에서 중세 목구조의 양식적 특징을 보여주는 해머빔(Hammer Beam) 구조가 노출된 아름다운 내부 공간을 갖고 있다.

2. 선교 교육시설

1) 배재학당

1885년 8월 3일 미국의 감리교 선교사인 헨리 아펜젤러(H. G. Appenzeller)가 세운 첫 서양식 중등교육기관이다. 1886년 6월 8일에 고종은 배양영재(培養英材)의 줄임인 배재(培材)학당이라는 교명과 편액(扁額)을 내렸다. 첫 서양식 교사는 1887년에 지어졌다.

아치와 박공으로 구성된 주출입구를 중앙에 두고 좌우 대칭으로 지어진 벽돌조 건축이다. 창문에는 베네치안 블라인드가 설치된 여닫이 창호가 설치되고, 건물 모서리에는 석재가 사용되었다.

〈그림 3-38〉 배재학당 초기 교사. (국사편찬위원회 소장)

〈그림 3-39〉 이화학당 한옥 교사. (출처: 배재학당역사박물관)

2) 이화학당

이화학당의 첫 교사는 전통건축의 목구조로 지어졌는데, 'ㅁ'자형으로 지어진 평면 구성은 전통건축에서는 잘 사용되지 않는 새로운 형식이었다. 마당을 중심으로 독립된 기능을 갖는 채가 둘러싸는 구성을 갖는 전통건축 배치에서는 'ㅁ'자 구성의 배치를 갖더라도, 일부 모서리가 개방된 개방형 'ㅁ'자형 평면으로 지어지는 것이 일반적이다. 이는 직각으로 교차되는 지붕의 목구조를 구조적으로 안정성 있게 해결하기가 어려웠기 때문이다.

이화학당은 내부 동선 연결의 기능적 연계를 꾀하기 위해 폐쇄적인 'ㅁ'자형 평면으로 지어졌다. 기능성 확보가 필요한 근대적 교육 공간을 전통건축 구법으로 해결한 첫 시도였다고 할 수 있다.

3. 선교 의료시설

의료선교의 시작은 정동이 아니었다. 이는 선교사로 첫 입국자였던 알렌 등에게 선교가 허락되지 않았기 때문이다. 서양식 의료시설은 정변인 갑

〈그림 3-40〉 보구여관. (출처: 『한국근대간호역사화 보집 1885~1945』[2012])

〈그림 3-41〉 세브란스병원. (동은의학박물관 소장 자료)

신정변과 함께 탄생했다. 1885년 4월 10일 알렌의 건의로 우리나라 최초의 서양식 병원인 광혜원이 서울 재동(현재 헌법재판소 자리)에 설립되었다가 1887년에는 구리개(현재 을지로 외환은행 본점 부근)로 이전했다. 초기의 광혜원은 조선 정부가 건물과 재정을 지원하고, 선교부는 의사와 간호사를 파견했다. 그런데 선교부의 지원은 비공식적으로 이뤄진 것으로 보인다.

황상익에 따르면,[31] 알렌이 1884년 10월 8일자 선교본부의 총무인 엘런우드에게 보낸 편지에서 "푸트 공사가 알렌 자신이 의사이고, 적절한 시기가 올 때까지 설교나 그 외의 사역을 하지 않을 것이라는 사실을 확인한 후 자신을 '공사관 의사'로 임명하였으며, 고종이 자신에게 선교사인지 묻는 질문에 '공사관 의사'라고 대답했다."고 한다. 여기에 더해 푸트 공사가 "내년(1885) 봄에는 기독교 학교와 의료 사업이 허락될 것 같다는 국왕의 사적인 확인을 받았다."고 적었다고 한다. 이는 서양식 의료기관인 광혜원이 결과적으로 갑신정변 때 민영익의 치료 후 설립되는 모양새가 되었으나, 갑신정변과 무관하게 설립될 예정이었음을 추정케 하는 부분이다.

광혜원의 운영이 의학교육으로 확장되어 1886년 3월 29일에 광혜원의 학교 개설로 이어졌으나, 운영의 어려움으로 인해 1893년 7월에 부임한 에비슨이 갑오개혁 이후 조선 정부로부터 운영권을 넘겨받음으로서, 광혜원은 조선 정부에서 독립한 선교의료기관으로 거듭났다. 1904년에는 세브란스(L. H. Severance)의 후원으로 남대문 밖 복숭아골(현재 서울역 맞은편 세브란스빌딩 자리)에 병원이 새로 세워졌고, 이름도 세브란스병원으로 바뀌었다.

서울역 앞에 위치했던 세브란스병원(1902. 8. 8.-1904. 11. 16.)은 캐나다 건축가인 고든(H. B. Gordon)의 설계로 지어졌다.[32] 붉은 벽돌로 지어진 세브란스병원은 박공지붕을 가진 중앙의 주출입구를 중심으로 양단에 8각형의 튜렛을 가진 2층 건물이었다.

1) 시병원

1913년 1월 21일자 시란돈(施蘭敦)병원 광고에 따르면, 시병원은 1885년에 설립되었으며 영어로 Universal Hospital이라 불렀다. The Korean Repository 1892년 8월호에 정동병원(The Chong Dong Hispital)이 언급되어 있는데, 이 병원이 시병원으로 추정된다. 1889년에는 남창동 1번지에 스크랜튼(Mary Fletcher Benton Scranton, 1832-1909) 여사가 상동병원을 설치하였는데, 스크랜튼은 1895년에 정동에서 운영하던 자신의 병원을 상동병원과 통합했다. 상동병원과 통합했던 시병원이 언제까지 운영되었는지에 대해서는 알려진 바가 없지만, 1913년 《매일신보》에 실린 시란돈병원의 광고로 보아 적어도 1913년까지는 운영된 것으로 보인다.

정동에 위치했던 선교병원인 시병원이 선교의 목적에 충실하기 위해 상업이 번화하여 사람들의 왕래가 많았던 남대문으로 옮겨지고, 이화학당 안에 세워졌던 보구여관이 동대문 쪽으로 이전하면서 정동에는 선교병원의 흔적이 남아 있지 않다. 시병원은 알렌의 제중원과 달리 순수한 선교 목적으로 세워진 병원이었고, 이에 따라 병원의 입지도 사람들의 진료에 전념할 수 있는 인구 밀집 지역으로 이전했다.

2) 보구여관(普救女館)

감리교의 의료선교를 맡았던 의사였던 스크랜튼(Scranton, William B., 1856-1922, 한국명 시란돈[施蘭敦]) 목사 주도로 1887년에 정동의 이화학당 안에 여성 환자를 치료하기 위한 병원으로 지어졌다.

1886년 동대문 인근에서 진료를 시작한 스크랜튼은 1891년 1월 14일에 동대문에 보구여관을 설립했다. 당시 보구여관의 동대문 분원 이름은 동대문 지역에서 여성 의료 사업을 위해 기부한 볼드윈 여사를 기념하여 볼드윈시약소(Baldwin, L. B.)라 불렀다. 이곳에 1909년 부인병원이 들어섰고, 1930년 정동의 보구여관과 부인병원이 통합되어 동대문부인병원이 되었다. 이 병원은 해방 후 이화여자대학교 의과대학 부속병원의 근간이 되었다.

KOREAN EMPEROR PROCEEDING FROM HIS PALACE.

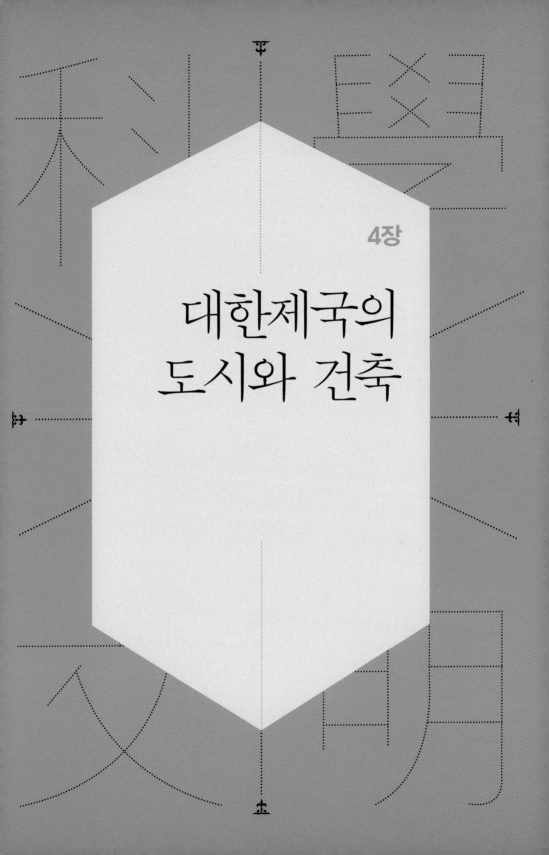

4장

대한제국의
도시와 건축

을미사변과 아관파천

1. 1895년 을미사변, 일본의 도발

1840년 아편전쟁 이후 영국과 난징조약(1842)을 맺은 청나라는 중국의 광저우에 제한되었던 무역항을 5개 항구(광저우, 샤먼, 푸저우, 닝보, 상하이)로 확대했고, 홍콩이 영국에 할양되었다. 이로써 청나라는 유럽의 열강이 주도하는 시장 질서에 편입되었다. 1854년에는 1630년 이후 쇄국정책을 폈던 일본이 미국의 해군제독 매튜 페리(Mathew C. Perry)에 의해 강제로 개항되었다. 이때 동경의 관문인 시모다항과 홋카이도의 하코다테항이 미국에 개방되었다. 중국과 일본으로 통상을 확대한 유럽 국가의 요구는 조선에도 이어졌다. 18세기 후반 이후 이양선이라 불리는 서양의 배들이 조선 해안에도 나타났고, 서구 여러 나라의 통상 요구가 계속되었다. 1866년 8월 21일에는 대동강을 거슬러 올라가 통상을 요구하며 행패를 부린 미국의 제너럴 셔먼호가 격침되기도 했다. 이후에도 계속된 통상 요구에 조선 정부가 응하지 않자 프랑스와 미국이 병인양요(1866)와 신미양요(1871)를 일으키기도 했다. 서구 여러 나라의 통상 요구에 응하지 않던 조선 정부는 1876년 일본이 도발한 운요호사건을 계기로 일본과 조일수호조규를 체결하고 부산항을 개항하는 개항 형식을 갖췄다. 그러나 유럽 국가의 군사적 도발에도 문호를 개방하지 않았던 조선 정부가 의외로 쉽게 일본의 개항 요구에 응한 것은 일본이 프랑스나 미국보다 힘이 강했기 때문이 아니었다. 조선이 개항을 결심한 근본적인 동인은 세도정치에서 벗어난 조선 정부가 동아시아 정세 변화의 현실을 파악하고 정책 변화를 시도했기 때문이라고 할 수 있다. 왕권을 바로 세워 국가체제를 정비한 조선 정부가 개항이라는 대세에 정면 대응보다는 역사적으로 오랫동안 관계를 유지해온 일본을 지렛대 삼아 개항의 틀을 갖춘 후 좀더 유연하게 개항을 준비할 수 있는 시간을 확보하기 위함이었다. 한편, 이미 청과 일본이 서양 제국의 강압에 의해 문호를 개방한 후 청과 일본이 어떠한 상황에 놓였는지를 익히 알고 있던 조선 정부에서, 기왕에 개항한다면, 중국의 실패를 반복하지 않기 위해서는 미국에 의해 강제로 개항되었지만 식민지화되지 않은 일본의 사례가 조선의 입장에서는 바람직하다는 판단이 있었을 것이다. 운요호사건은 개항을 통해 근대국가로 나아가고자 했던 조선 정부의 선택 계기가 되었던 셈이다. 결과적으로 운요호사건을 계기로 일본과 새로운 협약이 1876년에 맺어졌다. 따라서 1876년의 조일수호조규는 세계를 향한 개항이라기보다는 일본 맞춤형 조약이었다고 할 수 있다. 조약에 따라 부산에서 일본 상인의 활동 폭이 다소 넓어지기는 했지만, 조선 정부는 일본의 요구를 전면적으로 수용하지 않았다. 일본은 한성에 공사관을 즉각적으로 설치하지 못했으며, 일본의 상행위 역시 부산 지역에서 다소 행동반경이 넓어진 정도에 불과했다. 이에 반해 조선 정부는 일본에 부산항을 개항하는 형식을 갖춤으로써 문호 개방을 강하게 요구하는 서양의 압력을 완화시킬 수 있었다. 조선 정부는 개항 요구에 직접적으로 대응하기보다는 일본을 완충제 삼아 실질적인 개항 시기를 늦출 수 있었다. 부산항 개항 이후 20개월 이내에 두 개 항구를 추가로 열겠다고 일본에 약속했지만, 추가 개항 장소와 시기는 조선 정부의 의지에 의해 정해졌다. 1880년 4월에 원산이 개항되었고, 1883년 1월에는 인천이 개항되었다. 1880년에 서울에 일본공사관 설치가 허락되었지만, 일본공사관은 도성 안이 아닌 서대문 밖 청수관에 설치되었다. 『경성발달사』[1]에 따르면 일인들 스스로 서대문 밖에서 휘날리는 일본의 깃발이 위풍당당한 모습을 갖추지 못하고 외롭고 가엾어 보였다고 한다.

한성 주재 일본공사관에 숨통이 트인 것은 조선 정부가 1882년 5월에 미국과 통상조약을 체결한 후 1883년 1월에 인천항을 개항한 이후다. 1885년 5월에는 푸트 공사의 내한과 함께 미국공사관이 도성 안 정동에 설치되었다. 미국과 수교한 조선 정부의 개방 노력이 빠르게 진행되었다. 정부는 1883년에 외교사절단인 보빙사를 미국에 파견하여 서양 문물을 적극 수용하고자 했고, 유럽 여러 나라와 연이어 통상조약을 체결했다.

조선이 미국과 유럽 국가들에게 문호를 개방하면서, 조선 안에서 입지가 약화된 일본이 급진적 근대화를 꿈꿨던 개화파를 지원하였으나, 갑신정변이 실패하면서 일본의 위상은 더욱 약해졌다. 1894년 청일전쟁에서 승리한 일본이 조선에서 청에 대한 힘의 우위를 확보하였지만, 배상금 명목으로 청으로부터 받았던 요동반도를 러시아, 독일, 프랑스가 연합한 삼국간섭으로 청에 돌려주면서 일본의 조선 내 입지가 위협받게 되었다. 서양과 일본의 힘의 차이를 확인한 정부가 친일계인 어윤중, 김가진 등을 면직시키고, 민영환을 주미전권대사로 이범진, 이완용 등 친러파를 중용하는 친미, 친러 내각을 출범시켰다. 조선 정부의 친서양화가 뚜렷해지자 불안해진 일본이 조선 정부를 겁박하는 사건을 도발했다. 을미사변이다. 을미사변은 1895년 10월 8일 조선 주재 일본공사 미우라 고로(三浦梧樓)

가 기획한 조선의 왕비를 시해한 사건이었다.

　청일전쟁에서 삼국간섭 그리고 을미사변으로 이어지는 일련의 정치적 상황 즉 조선을 둘러싼 서양 각국의 일본 견제와 조선 정부의 독자적 근대화 움직임, 그리고 국면 전환을 위해 일본이 저지른 왕비의 살해는 조선을 두고 서양 각국과 일본이 각축을 벌이는 성치적 상황의 긴박성을 보여줌과 동시에 1897년 대한제국 출범의 배경이기도 하다.

　을미사변은 조선 정부가 조선을 두고 각축을 벌이는 국제정치의 역학관계를 국난 극복에 이용하는 계기가 되었다. 일본과 경쟁 관계에 있던 러시아와 연합하면서 고종은 러시아의 협조를 받아 거처를 러시아공사관으로 옮겼다. 이른바 아관파천이다. 아관파천을 계기로 조선의 정치 지형은 크게 요동쳤다. 고종이 러시아공사관에 머무는 동안 대한제국 출범을 위한 준비에 착수하면서, 조선이 자주국이니 내정에 간섭하지 말라는 대외적 선언의 메시지를 담은 독립문을 건설하고, 1897년 2월 경운궁으로 돌아와 같은 해 10월에 대한제국을 선포하고 경운궁이 대한제국의 법궁 위상을 확보하면서 도시구조가 재편되었고 서양 건축 도입이 본격화되었다.

2. 아관파천, 제국을 향한 첫걸음

아관파천은 미국대사관으로 거처를 옮기려 했으나 실패한 춘생문사건에 이어 고종이 경복궁을 벗어나고자 시도했던 두 번째 기획이다. 그동안 우리 근대사에서 아관파천은 매우 부정적 시각으로 평가되었다. 아관파천은 "일국의 왕이 자신의 안위를 위해 외국 공사관에 몸을 의탁한 굴욕적인 사건으로 묘사"되는 것이 일반적이었다. 그러나 '왕의 안위'가 곧 '국가의 안위'로 직결되던 왕조국가 시절에 자신(국왕)을 압박하는 외국의 압력에 효과적으로 대처하는 방법은 이에 대응할 힘을 갖추거나, 단기간에 힘을 갖추기 어려울 경우 자국과 정치적 이익을 함께하는 국가와 연합하는 것이다. 조선은 자신을 압박하던 일본을 견제할 수 있는 최선의 방법을 삼국간섭(러시아, 프랑스, 독일)에서 찾았다. 일본의 대륙 진출에 가장 민감하게 반응하면서도 한반도의 전략적 중요성을 가장 높이 평가하고 있던 나라가 있음을 확인했고, 그 가운데 선택된 나라가 러시아였다.

개항 이후 조선과 수교를 맺은 나라들이 자국의 이해와 관련해 조선의 전략적 중요성을 어떻게 평가했는지는 서울과 개항장에 지어진 각 국가의 공사관·영사관의 입지와 규모를 통해서도 파악된다. 인천 개항과 함께 조선과 국교를 맺고 서울에 공사관과 영사관을 개설한 나라로 미국을 비롯한 영국, 러시아, 일본, 프랑스, 독일 그리고 벨기에 등이 있었지만, 러시아와 영국의 공사관은 입지와 규모 면에서 여타 국가와 비교가 안 될 정도로 컸다. 이는 러시아가 조선의 전략적 가치를 매우 높게 평가했음을 보여주는 부분이다. 러시아의 조선에 관한 관심은 러시아를 견제하고자 했던 영국의 조선에 대한 관심으로 이어졌다. 을미사변과 아관파천을 거쳐 대한제국이 출범하던 시기에 영국이 러시아의 조선 진출을 견제하기 위해 거문도를 불법으로 점령한 사건은 한반도가 열강이 각축전을 벌이는 현장이 되었음을 의미한다.

고종이 러시아를 선택한 것은 동북아시아에서 펼쳐지고 있는 열강들의 각축전에 대한 정확한 판단 아래 이루어진 정치적 결단이었다고 할 수 있다. 러시아공사관으로 거처를 옮긴 고종은 내각을 개편하고 근대국가 건설을 위한 정지 작업을 활발하게 펼쳤다. 이때 펼친 각종 도시와 건축 사업은 근대국가 건설의 초석이 되었을 뿐 아니라 오늘에 이르는 서울의 도시구조의 근간이 되었다.

해방 이후 널리 퍼졌던 아관파천에 대한 부정적 평가는 '무능한 국왕'

을 둔 조선이 식민지가 되는 것은 당연하다는 일본의 식민사관이 비판 없이 수용된 결과일 뿐이다. 왕의 안위를 확보하는 것이 곧 국가의 안위를 지키는 기본임에도, 고종을 자신의 목숨을 구하기 위해 백성들을 버린 비겁한 왕이라는 식민사관의 틀에 가둬버렸다. 고종이 러시아공사관에 머문 1년 동안 고종이 주도한 각종 새로운 정책에 대한 정당한 평가 없이 '아관파천'이라는 문구와 나라를 빼앗긴 왕이라는 상황을 조합해 일본의 대한제국 강점을 정당화하면서 대한제국의 존재를 지워버린 식민사관은 우리가 우리의 근대를 얼마나 안이하게 보았는가를 잘 보여준다.

1896년 2월 11일 아관파천을 단행한 고종은 러시아공사관에서 러시아와 손을 잡고 일본의 압박에 대응하고자 다음과 같은 명을 내렸다.

"짐이 왕조의 500년에 한 번 변하는 때를 당하고 우내만방(宇內萬邦)의 개명하는 시운을 만나 짐이 정력을 가다듬고 정사를 도모하여 부강하게 할 대책을 강구한 지가 몇 해 되었으나 국가가 다난(多難)하여 그 효과가 없다. 이제부터 나라에 이롭고 백성들을 편하게 할 방도를 더욱더 강구하여 나의 백성들과 함께 문명(文明)한 경지에 올라 태평한 복을 누릴 것이니, 모든 나의 신료와 백성들은 짐의 뜻을 잘 본받고 짐의 사업을 도와 완성하라. 전날 며칠 안으로 대궐에 돌아갈 뜻을 선시(宣示)하였으나 경운궁(慶運宮)과 경복궁(景福宮)을 수리하도록 이미 유사(有司)에 명령하였다. 그 공사가 우선 끝나는 대로 돌아가든지 거처를 옮기든지 확정할 것이니, 너희들 백성들은 그리 알라.[2]

경운궁이 역사의 전면에 다시 등장하는 순간이다.
이처럼 아관파천 직후에 신속하게 경운궁에 대한 수리를 명한 것은 아

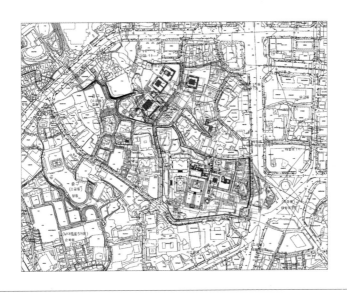

〈그림 4-1〉 정동과 덕수궁 궁역과 현재 영역의 비교. (출처: 안창모, 『덕수궁, 시대의 운명을 안고 제국의 중심에 서다』[동녘, 2009])

관파천이 즉흥적인 것이 아니라 파천 이후의 계획이 이미 준비되었음을 보여준다. 또한 러시아공사관에 무작정 의지하겠다는 것이 아니라 일시적으로 필요한 만큼 머물겠다는 의지의 표현이기도 했다. 1896년 8월 15일자 《독립신문》에는 마무리되지 못한 경운궁 수리를 독촉하는 기사가 실리기도 했다. 결과적으로 러시아를 선택한 것과 경운궁의 부활은 당시의 국제정세와 명분이라는 점에서 최선의 선택이었다. 고종이 러시아공사관으로 거처를 옮긴 것은 당시 조선의 국력과 조선을 둘러싼 러시아, 영국, 미국과 일본의 국제적인 역학관계를 고려할 때 일본을 가장 효과적으로 견제할 수 있는 정치적 선택이었다. 여기에 아관파천 이후를 대비하기 위해 준비한 경운궁은 조선 정부의 입장에서는 미증유의 국난을 극복하고, 임진왜란의 국난을 극복하고 조선을 다시 반석 위에 세워 왕조를 지켜낸 역사의 현장이라는 역사성도 가지고 있었다. 1893년 10월 경운궁에서 선조 환도 300주년을 맞이해 경운궁의 즉조당에 참배하고 대사령을 반포한 바 있는 고종의 입장에서 경운궁은 위협받는 국체를 바로 세우겠다는 의지를 다짐하는 장소이기도 했다.

3. 독립문 건설

1897년에 지어진 독립문은 '청에 대한 사대'의 상징인 중국 사신을 맞이하는 상징적 건물이었던 영은문을 철거하고 그 자리에 독립문을 세움으로써 중국에 대한 사대를 폐하는 상징적인 건축이라고 알려졌다. 그러나 1896년 6월 독립문 건설 논의가 시작되기 전인 1895년 2월에 이미 영은문은 철거되었다. 중요한 것은 영은문 철거와 독립문 건설 사이에 인과관계가 존재하지 않는다는 점이다. 영은문이 철거되고 주초만 남겨진 그림 속에는 독립문이 보이지 않는다(그림 4-2 참조). 영은문 철거와 독립문 사이에 인과관계가 있었다면, 철거와 함께 독립문 건설을 위한 현장 상황이 도판에 표현되는 것이 자연스럽다. 그러나 1886년 3월 이후에 촬영된 사진에 기초해 작성된 일러스트에는 독립문 건설을 위한 어떤 정보도 담겨 있지 않다. 이는 영은문 철거와 독립문 사이에 뚜렷한 시간 차가 존재한다는 것을 의미한다. 실제 영은문이 철거된 시점과 독립문의 건설 사이에는 1년 반 넘는 시차가 존재한다.

영은문 철거에 대해서는 황현의 『매천야록』과 이중화의 『경성기략』 그리고 알렌의 『외교사연표』 등에 기록이 남아 있다. 황현의 『매천야록』 권2에는 "을미년(1895, 고종 32) 개국 504년에 영은문을 헐고 삼전도비를 쓰러트리다."는 기록이 있고. 이중화(李重華)의 『경성기략(京城記略)』 권4 (신문관, 1918)에도 "동(소) 32년 춘정월(春正月) 서력기원 1895년 2월에 영은문(迎恩門)을 훼거(毁去)하다."고 기록되어 있으며, 호레이스 알렌(Horace

Allen)의 "*Chronological Index*(외교사연표)" (1904)도 1895년 2월 북경로(Pekin Pass, 의주로) 근처에 있는 중국의 기념 아치가 해체되었다고 기록되어 있다.

<그림 4-2> 철거된 영은문과 남겨진 주초. (출처: *La Coree independante, Russe or Japonaise* [1898], 사진: Taylo,. 명지-LG한국학자료관 소장)

영은문의 주초만 남겨진 사진은 1895년 3월에 조선에 온 라게리(Villetard de Laguerie)가 촬영한 사진이다. 정확한 촬영 시점은 알 수 없지만, 다양한 매체의 기록을 종합하면 영은문이 1895년 2월 철거된 것이 명확해 보인다. 영은문을 철거할 당시는 독립문 건설 계획이 없었기 때문에 고종이 러시아공사관에 머물던 1886년 6월부터 본격화된 독립문 건설과 영은문 철거 사이에는 인과관계가 없다고 판단된다.

1) 독립문 건설 과정

독립문 설계자에 대해서는 명확하게 알려진 바가 없다. 1948년에 김도태에 의해 출판된 『서재필박사 자서전』에 의하면, 독일영사관에 근무하는 스위스인에게 설계를 의뢰했으며 사바틴이 설계하지 않았다고 한다. 그러나 1934년 프랑스인 에밀 마르텔이 자신의 자서전에서 독립문의 설계자는 사바틴이라고 기술하고 있다. 스베틀라나 레보슈코는 〈사바틴과 한국 근대기의 건축 영향 관계 연구〉 심포지엄에서 발표한 "1800~1930년대 중국과 한국의 러시아 건축가들, 그리고 이들의 건축 유산 연구에 대한 새로운 접근 방식"이라는 글에서 독립문을 사바틴의 설계로 언급하고 있지만, 주장의 근거는 명확하지 않다.

독립문의 모습은 외견상 로마의 개선문을 닮은 것은 확실하지만, 구체적으로 어떤 의미를 담아 개선문의 모습을 담은 건물을 짓게 되었는지에 대해서는 정확하게 알려진 바가 없다. 다만 서재필[3]이 독립문을 짓는 데

〈그림 4-3〉 독립문 건설 직후 모습. (안창모 소장 엽　　〈그림 4-4〉 로마의 티투스 개선문.
서)

깊이 개입했고, 그 모델이 파리의 개선문이었다는 정도만 알려져 있다. 서
재필의 기록에 따르면, 건립 준비 조직은 의장 겸 회계장에 안경수, 위원
장에 이완용, 위원에는 김가진 외 7인, 간사원은 심의석 외 9인으로 구성
되었다. 1896년 8월에 부지 현장 답사가 이루어졌으며, 9월 16일에는 독
립문 공사가 시작되었다. 11월 21일에는 정초식을 치른다. 독립문 준공은
1년이 지난 1897년 11월경[4]으로 알려져 있으나 준공일이 명확치 않은 것
으로 보아 준공식은 거행되지 않았던 것으로 추정된다. 독립문 건립 공사
의 총공사비는 3,825원이었는데, 공사비는 왕실과 관료 및 백성들의 기부
금으로 마련되었다.

　독립문은 국가사적으로 지정될 정도로 역사유산으로 가치를 인정받고
있지만, 독립문이 문화재로 인정받은 것은 건축적 가치 때문이 아니라 독
립문이 갖고 있는 역사적 가치 때문이다. 그러나 건축문화재라면 반드시
확인하거나 밝혀내야 하는 건축가와 건축양식적 특징 그리고 구조와 재
료 등에 대한 조사가 거의 이루어지지 않았다. 서재필에 따르면 독립문의
디자인이 파리의 개선문에 기초하고 있다고 하지만, 개선문의 디자인과
독립문의 디자인이 닮았다고 볼 수 있는 근거는 하나의 아치를 가진 건
물이라는 점 외에는 없다.

2) 독립문과 러시아공사관 정문

러시아공사관은 1885년에 착공되어 1890년에 준공된 것으로 알려졌으며, 사바틴의 설계로 지어졌다. 러시아공사관 정문에는 아치가 사용되어 개선문과 유사한 모습을 갖추고 있다. 규모와 관계없이 디자인의 측면에서 보면 러시아공사관의 정문은 파리 개선문과 같이 기둥이 사용되지 않았다. 대신 구조물을 지지하는 구조체는 조적조 벽체로 구성된 것으로 판단되며, 기능적으로는 구조체 상부에 설치된 코니스 부분에서 아치가 시작되어 아치가 문 양측의 매스 위에 얹힌 모습으로 디자인되었음을 알 수 있다.

규모는 크게 차이가 나지만 입면의 구성 측면에서 러시아공사관 정문은 프랑스 파리의 개선문과 많이 닮았다. 둘은 기둥을 사용하지 않았으며, 매스가 커다란 매스에 아치가 뚫린 듯한 형상으로 만들어졌다. 독립문과 파리의 개선문 그리고 러시아공사관의 정문은 중앙에 아치가 있고, 외장재가 석재라는 점에서도 유사하지만, 이는 개선문의 구성상 일반해에 가까우므로 주목할 만한 공통점이라기보다는 단일 아치에 의한 구성이 갖는 기본적인 특징이라고 할 수 있다. 아치 하부와 아치 그리고 아치 상부의 구성도 규모에서만 차이가 있으며 유사하다. 이러한 구성은 2개의 기둥이 아치를 지지하는 모습을 갖춘 독립문과 차이가 있다.

<그림 4-5> 러시아공사관 정문. (출처: *The Burtion Holmes Lectures* Vol.x [1901])

<그림 4-6> 파리 개선문.

3) 독립문의 건축양식

독립문의 디자인은 1개의 아치만 가지고 있다는 점에서 티투스 개선문과 파리 개선문 그리고 러시아공사관의 정문과 같은 유형이라고 할 수 있다. 그러나 기둥이 아치를 지지하고 있다는 점에서 독립문은 앞에서 살펴본 세 가지 사례와 차이가 있다.

독립문은 파리의 개선문을 참고해서 만들어졌다는 것이 통설이다. 그러나 구체적인 디자인을 살펴보면, 독립문의 디자인은 파리의 개선문보다 티투스의 개선문을 더 닮았다. 독립문이 파리 개선문보다 로마의 티투스 개선문과 더 닮았다고 판단하는 근거는 아치의 구성 때문이다.

파리의 개선문과 러시아공사관의 정문은 모두 아치를 지지하는 지지 구조가 벽체다. 그러나 티투스의 개선문 역시 아치는 벽체에 의해 지지되지만 입면에서 아치는 기둥에 의해 지지되는 형상을 갖고 있다. 얼핏 보기에 이 차이는 커 보이지 않지만, 단일 아치를 기둥이 지지하느냐 아니냐는 건축의 구조적 속성과 디자인의 일관성 측면에서는 큰 차이가 있다. 기둥에 의한 아치 구성이 구조적 합리성에 부합되기 때문이다.

독립문이 파리의 개선문을 참고로 만들어졌다는 통설이 사실이라면, 독립문의 디자인이 파리 개선문의 디자인과 차이가 나는 이유가 무엇일까? 가정이지만 다음과 같은 추론이 가능하다.

서재필이 로마의 티투스 개선문은 몰랐을지라도 파리의 개선문을 알았을 가능성이 높다. 이는 두 개선문이 세상에 모습을 드러낸 시점과 유명세의 차이 때문이다. 따라서 서재필이 파리의 개선문 이미지를 가지고 설계자로 알려진 사바틴에게 독립문 설계를 맡겼을 것이고, 건축을 공부한 사바틴은 서재필의 요구를 곧바로 이해했을 것이다. 서재필이 개선문의 이미지를 전달했을 수는 있지만 구체적인 디자인을 언급할 수 없었을 것이므로 독립문의 구체적인 디자인은 온전하게 사바틴의 몫이었다고 할 수 있다. 디자인의 핵심은 가운데 아치를 위치시켜야 하는 상황에서 건축을 공부한 사바틴은 기둥 없이 아치를 벽체 위에 얹는 것보다 기둥 위에 얹는 것이 맞다고 판단했을 가능성이 크다. 기둥 위에 아치를 얹는 것은 건축 구조의 기본이기 때문이다.

기둥과 독립문 본체는 기둥의 초석에 해당하는 기단 위에 놓여 있다. 외견상 기단부가 벽체의 면이 같아 둘 사이에 구분이 되지 않기 때문에 아치를 지지하는 기둥이 벽체를 파낸 부조(relief)처럼 보이지만, 실은 기단 위에 벽체와 기둥이 위치한 디자인이라고 생각하면, 독립문의 디자인은 아치의 구조적 속성에 맞는 모습이다. 기둥에 의해 지지되는 아치는 독립문이 티투스 개선문과 닮은 점이지만, 내부 계단을 두어 개선문 상부에 올라갈 수 있는 설계는 둘 사이에도 차이가 있다. 독립문의 건축 디자인은 로마의 티투스 개선문과 닮았지만, 디자인의 출발점은 파리의 독립문이었을 것으로 추정된다.

4) '독립'의 의미와 '독립문'과 '獨立門'에 담긴 메세지

독립문이 외견상 앞에서 언급된 세 가지 사례와 명확하게 구분되는 것은 건물의 이름을 새겨넣은 것이다. 이는 외견상 우리나라에서 건물에 현판을 다는 행위에 해당한다고 할 수 있다. 그러나 현판이 진입하는 쪽에 설치하는 것이 일반적인 데 반해, 독립문에서는 앞과 뒤에 모두 설치된 것이 특징이다. 전통건축에서는 출입문 밖에 달린 현판은 집 안으로 들어오는 이들에게 메시지를 전달하는 기능을 갖고 있다. 이러한 관점에서 보면 독립문 상부에 새겨진 '獨立門'과 '독립문'이라는 글자는 전통건축의 현판에 해당되며, 작명된 이름에는 의도가 있기 마련이다. 따라서 '독립문'이라는 이름을 남측면과 북측면에 붙였다는 사실, 그리고 남측면과 북측면의 글씨가 각각 한글과 한자라는 사실은 독립문 설립자가 독립문이라는 이름을 통해 독립문을 보는 이들에게 메시지를 전달하려 했음을 짐작할 수 있다.

주목할 것은 '독립문'이라는 명칭이다. 1896년 6월 20일자 《독립신문》에는 독립문 건설의 의미를 "세계 만국에 조선이 독립국임을 보이자."는 뜻이라고 했다.

> 모화관에 이왕 연쥬문 잇든 자리에다가 새로 문을 세우되 그문 일홈은 독립문이라 ᄒ고 새로 문을 그 자리에다 세우는 쯧슨 셰계 만국에 죠션이 아쥬 독립국이라 표를 보이쟈는 쯧시오.

조선의 전통적인 외교정책인 사대교린(事大交隣)에 대한 비판으로 시작된 6월 20일자 기사는 조선이 독립국임을 보여주기 위해 독립문을 세우자고 주장하고 있다. 여기서 주목할 것은 기사에서 언급된 '독립'은 중국에 대한 사대를 폐지한다는 것이지 식민지로부터의 독립이라는 뜻은 아니라는 점이다. 동시에 독립문을 짓는 위치와 의미에 대한 설명에도 주목해야 한다. "모화관에 이왕 연주문(영은문 _필자 주)이 있던 자리에다가 새로 문을 세우되"라는 표현에서 '연주문(영은문) 있던 자리'는 글을 쓰던 시점에 이미 영은문이 철거되었음을 의미한다. 또한 "새로 문을 그 자리에다 세우는 뜻은 세계 만국에 조선이 아주 독립국이라 표를 보이자."는 의미를 갖고 있다고 말한 부분이다. 이는 독립문의 건설이 중국이나 조선 백성들만을 향한 것이 아니라 세계를 향해 던지는 메시지라는 점을 명확하게 보여준다.

영은문이 독립문을 짓기 전에 이미 철거되어 있었다는 사실은 정설처럼 알려진 "독립문을 짓기 위해 영은문을 철거했다."는 이야기가 사실이 아니라는 점이다. 여기에 더해 중요한 점은 '獨立(독립)'의 의미다. 우리는 일본에게 받은 식민 지배의 경험으로 인해 독립은 식민지로부터 벗어나는 것이라는 인식이 각인되어 있다. 그러나 조선은 중국에 사대했지만 식민지와는 달랐다는 점을 생각한다면, 이 글에서 언급된 독립은 식민 지배로부터 벗어난다는 의미가 아니다. 오히려 '독립(獨立)'은 글자 그대로 '홀로 선다'는 의미로 해석되어야 하며, 이는 조선이 자주국이니 더 이상 다른 나라의 간섭을 받지 않겠다는 의지를 표방한 것이라고 할 수 있다. 이러한 해석은 같은 날 발행된 영자신문에서 명확하게 뒷받침된다.

같은 내용을 영문 *The Independent*에서는 "This arch means independence not from China alone but from Japan from Russia and from all European powers."라고 적고 있다. 이는 "독립문은 청으로부터의 독립뿐 아니라 일본, 러시아 그리고 유럽 여러 나라로부터의 독립을 의미한다."는 의미다. 즉, 조선이 더 이상 중국의 간섭을 받지 않는 것은 물론이고, 조선에 일본과 러시아 및 유럽 여러 나라들이 조선을 두고 각축을 벌이고 있다는 사실을 충분히 인지하고 있었으며, 더 이상 조선은 외부로부터 간섭을 받지 않는 나라라는 사실을 세계에 공표하는 상징적인 행위로 독립문을 건설한 것이다. 여기서 독립의 의미는 식민지로부터 벗어난다는 의미가 아니라 '홀로 선다'는 의미를 가진 자주국의 의미로 사용되었다.

동시에 '조선 인민'들에게는 우리가 자주국이라는 자부심을 가져야 한다는 당부의 메시지이기도 하다. 따라서 고종이 러시아공사관에 머물 당시에 지어진 '독립문'은 고종이 경운궁으로 환궁한 후에 대한제국을 선포했다는 점에서 독립문은 대한제국으로 나아가겠다는 의지가 맨 처음 표출된 건축이라고 할 수 있다.

대한제국의 황궁, 경운궁과 건축

1. 고종의 환궁과 제국 건설

고종이 러시아공사관을 떠나 수리된 경운궁으로 거처를 옮긴 것은 1897
년 2월 20일이었다. 임금이 머문다는 것은 옛 경운궁이 다시 법궁으로서
의 위상을 갖게 되었음을 의미한다. 조선은 개국한 이래, 법궁과 이궁 두
개 궁궐을 운영하는 양궐 운영 체제를 가지고 있었기에, 옛 경운궁이 법
궁의 위상을 갖게 되었다는 사실은 이전의 법궁이었던 경복궁과 이궁
이었던 창덕궁 중에서 하나의 궁이 궁궐의 위상을 잃게 되었음을 의미
한다.

　러시아공사관에서 경운궁으로 돌아온 고종은 국가의 체제를 정비하
기 위한 단계를 밟아나갔다. 고종은 황제의 위에 오르라는 주위의 권유
에 대해 표면적으로는 불가하다고 했지만, 내부적으로는 이미 황제국을
위한 준비에 착수했다. 재야에서 칭제(稱帝) 요구가 빗발치던 무렵 왕실의
위상을 높이는 요청의 하나로 교전소(校典所)[5] 설치를 주장했던 내부대신

남정철(南廷哲, 1840-1916)에 의해 1897년 6월 3일 조선왕조 역대 임금의 치적을 정리하기 위한 역사편찬기관인 사례소가 내부(內部)에 설치되었고, 후에 사례소 직원이었던 장지연에 의해 대한제국의 『대한예전』과 『황례』도 편찬되었다.[6]

1897년 8월 17일에는 새로운 연호가 만들어졌다. 고종은 1896년 친일 성향의 김홍집 내각에 의해 만들어졌던 '건양(建陽)'이라는 연호를 버리고 '광무(光武)'를 새로운 연호로 제정했다. 부국강병의 의지를 담은 '광무'를 만든 후 8월 16일에는 연호 개정을 알리는 환구제(圜丘祭)를 지냈다. 이때의 환구제는 대한제국기의 환구단이 아닌 조선 개국 후에 하늘에 제사를 지냈던 제단인 남단에서 이루어졌다. 고종은 1895년 윤5월 20일에 환구단 건축을 명[7]한 바 있다. 황제만이 치를 수 있는 환구제를 대한제국 출범 이전에 지냈다는 것은 칭제 요구에 대한 공개적인 반응이었으며, 칭제에 대한 의지를 굳혔음을 의미한다.

1897년 9월 25일에는 새 환구단의 건설이 결정되었다. 장소는 도성 안 남별궁(현 소공동)이었다. 공사는 10월 2일에 시작되었다. 남별궁은 태종의 둘째 딸 경정공주와 남편 평양부원군 조대림의 집인데, 임진왜란 이후 명나라 사신들의 거처로 사용되던 곳이다. 따라서 남별궁에 환구단을 지은 것은 제국 건설에 대한 의지와 의미를 선명하게 드러내는 의지의 표명이었다고 할 수 있다.

고종이 칭제를 승낙하고 조선의 국체를 대한제국으로 새롭게 출발시키기로 한 것은 1897년 10월 3일이었다. 고종은,

> 짐이 부덕한 몸으로 34년간 임어하는 동안 어려운 때를 만나 마침내 만고에 없는 변고까지 있었다. 또, 정치가 뜻대로 되지 않아 근심과 격정이 눈에 가득 차고 부끄러운 생각에 진땀이 흘렀다.… 진신들이 편

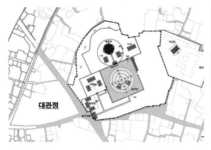

〈그림 4-7〉 환구단 배치도. (출처: 『환구단 정비기본
계획 연구 보고서』 [서울학연구소, 2007])

〈그림 4-8〉 환구단 전경. (안창모 소장 엽서)

지로써 청하고, 대신들이 연석에서 청하고, 6군 만민이 복합하여 청하
고, 상하가 서로 통하고 쉴 틈이 없이 머무르고 있으니, 대동의 정을
도저히 막을 수 없도다. 깊이 생각해보니 부득이 따를 수밖에 없다. 그
러나 이는 큰일이니만큼 그 예의를 짐작하여 행해야 할 것이다.[8]

며 칭제를 승낙했다.

각종 제도가 황제국의 위상에 맞춰 정비되었다. 궁궐의 전각 명칭을 황
제국 위상에 맞춰 즉조당이 태극전으로 바뀌었고, 사직단의 신위판을 태
사와 태직으로 격상시켰으며, 하늘에 제사를 지내는 환구단도 건설되었
다. 고종은 10월 12일 새벽, 환구단에 황제에 올랐음을 하늘에 고하는
제를 지내고 황제에 올랐다. 고종이 황제의 위에 오르던 날의 모습에 대
해서는 1897년 10월 12일자 《독립신문》에 다음과 같은 기사가 실렸다.

십일일 밤 장안의 사가와 각 전에서는 등불을 밝게 달아 길들이 낮과
같이 밝았다. 가을 달 또한 밝은 빛을 검정 구름 틈으로 내려 비추었

다. 집집마다 태극 국기를 높이 걸어 애국심을 표하였고, 각 대대 병정들과 각 처 순검들이 만일에 대비하여 절도 있게 파수하였다. 길에 다니던 사람들도 즐거운 표정이었다. 그러나 국가의 경사를 즐거워하는 마음에 젖은 옷과 추위를 개의치 않고 질서 정연히 각자의 직무를 착실히 하였다.

황제 즉위식의 모습을 살펴보자.

십일일 오후 두시 반 경운궁에서 시작하여 환구단까지 길가 좌우로 각 대대 군사들이 질서 정연하게 배치되었다. 순검들도 몇 백 명이 틈틈이 벌려 서서 황국의 위엄을 나타냈다. 좌우로 휘장을 쳐 잡인 왕래를 금하였고, 옛적에 쓰던 의장 등물을 고쳐 황색으로 만들어 호위하게 하였다. 시위대 군사들이 어가를 호위하고 지나갈 때에는 위엄이 웅장했다. 총 끝에 꽂힌 창들이 석양에 빛을 반사하여 빛났다. 육군 장관들은 금수로 장식한 모자와 복장을 하였고, 허리에는 금줄로 연결된 은빛의 군도를 찼다. 옛 풍속으로 조선 군복을 입은 관원들도 있었으며, 금관 조복한 관인들도 많이 있었다.

어가 앞에는 대황제의 태극 국기가 먼저 지나갔고, 대황제는 황룡포에 면류관을 쓰고 금으로 채색한 연을 탔다. 그 뒤에 황태자가 곤룡포를 입고 면류관을 쓴 채 붉은 연을 타고 지나갔다. 어가가 환구단에 이르자 제향에 쓸 가색 물건을 둘러보고 오후 네 시쯤에 환어하였다.

십이일 오전 두 시 다시 위의를 갖추어 황단에 가서 하느님께 제사하고 황제 위에 나아감을 고하였다. 황제는 오전 네 시 반에 환어하였다. 동일 정오 십이 시에 만조백관이 예복을 갖추고 경운궁에 나아가 대황제와 황태후, 황태자와 황태비에게 크게 하례를 올렸고, 백관들이 크게 '황제폐하 만세'를 불러 환호하였다.

'한(韓)'제국이 공식적으로 출범한 것은 1897년 10월 13일이었다. 고종은 반조문(頒詔文)에서 자신을 '봉천승운황제(奉天承運皇帝)'[9]라 칭하고,

"짐은 생각건대, 단군과 기자 이후로 강토가 분리되어 각각 한 지역을 차지하고는 서로 패권을 다투어오다가 고려 때에 이르러서 마한 진한 변한을 통합하였으니, 이것인 삼한(三韓)을 통합한 것이다. 우리 태조가 왕위에 오른 초기에 국토 밖으로 영토를 더욱 넓혀 북쪽으로는 말갈의 지경에 이르러 상아, 가죽, 비단을 얻게 되었고, 남쪽으로는 탐라국을 차지하여 귤, 유자, 해산물을 공납으로 받게 되었다. 사천 리 강토에 하나의 통일된 왕업을 세웠으니, 예악과 법도는 당뇨와 우순을 이어받았고, 국토는 공고히 다져져 우리 자손들에게 만대토록 길이 전할 반석 같은 터전을 남겨주었다. 짐이 덕이 없다 보니 어려운 시기를 만났으나, 상제가 돌봐주신 덕택으로 위기를 모면하고 안정되었으며, 독립의 터전을 세우고 자주의 권리를 행사하게 되었다. 이에 여러 신하들과 백성들, 군사들과 장사꾼들이 한목소리로 대궐에 호소하면서 수십 차례나 상소를 올려 반드시 황제의 칭호를 올리려고 하였는데, 짐이 누차 사양하다가 끝내 사양할 수 없어서 올해 9월 17일 백악산(白嶽山)의 남쪽에서 천지에 고유제를 지내고 황제의 자리에 올랐다. 국호를 '대한'으로 정하고 이해를 광무 원년으로 삼으며, 종묘와 사직의 신위판을 태사와 태직으로 고쳐 썼다. 왕후 민씨를 황후로 책봉하고 왕태자를 황태자로 책봉하였다. 이리하여 밝은 명을 높이 받들어 큰 의식을 비로소 거행하였다.

…

아! 애당초 임금이 된 것은 하늘의 도움을 받은 것이고, 황제의 칭호를 선포한 것은 온 나라 백성들의 마음에 부합한 것이다. 낡은 것을 없애고 새로운 것을 도모하며 교화를 시행하여 풍속을 아름답게 하려고 하니, 세상에 선포하여 모두 듣고 알게 하라.”

고 하였다.

드디어 '한'제국이 출범한 것이다. 미국의 호레이스 알렌 공사, 러시아의 알렉시 슈페이레르 공사, 프랑스의 콜랭 드 플랑시 공사, 독일의 크린 영사, 일본의 가토 마쓰오 공사 등이 황제 즉위를 축하하며 폐현(陛見)을 청했다. 이제 조선은 제국으로 다시 태어난 것이다.

2. 경운궁과 양관

고종이 러시아공사관으로 거처를 옮긴 직후인 2월 16일에 경운궁의 수리를 명했으나, 1년 뒤 경운궁으로 환궁했을 당시까지 경운궁에는 법궁이 되기에 충분한 전각이 준비되지 못했다. 인조가 창덕궁을 법궁으로 삼고 경희궁을 이궁으로 삼으면서, 선조 때 임시 행궁으로 시작했던 경운궁은 자연스럽게 궁궐의 위상을 상실했었다. 월산대군 사저가 선조와 광해군을 거치며 확장되었던 경운궁이 궁궐의 지위를 상실하면서, 즉조당과 석어당만 남긴 채 나머지 땅과 전각은 원 주인에게 돌려주었기에, 아관파천 후 경운궁을 수리토록 했으나 제대로 된 법궁의 면모를 갖추기에는 규모가 작고 전각이 충분하지 않았다.

1897년 2월에 고종이 경복궁이 아닌 경운궁으로 환궁했다. 고종은 즉조당을 정전으로 사용하면서 새 정전을 준비했는데, 전통적인 건축양식

〈그림 4-9〉 덕수궁 전경. (안창모 사진)

〈그림 4-10〉 대안문과 원수부 전경. (안창모 소장 엽서)

의 정전이 아닌 서양의 역사주의 건축양식으로 준비
되었다.

　덕수궁은 여느 궁궐에는 하나씩밖에 없는 것을 두
개씩 가지고 있는 것이 많다. 우선 이름이 경운궁과
덕수궁으로 두 개다. 정문도 인화문과 대한문으로 두
개였고, 정문이 둘이니 궁궐의 정문을 통과하면 만나
는 금천교도 두 개였다. 그리고 정전도 두 개다. 그러나 엄밀하게 말하면
덕수궁에서 정전은 네 개였다. 고종이 환궁했을 때 사용한 즉조당이 첫
번째 정전이었고, 대한제국을 준비하며 J. R. 하딩(John Reginald Harding,
1858-1921)의 설계로 지어진 석조전이 두 번째 정전이었으며, 고종이 즉
위 40주년을 기념하여 1902년에 지은 중층 전각이 세 번째 정전이었으나
1904년 화재로 소실되었고, 1906년에 중건된 현재의 중화전이 네 번째
정전이다.

1) 제국의 두 얼굴: 석조전과 중화전

1897년 2월 고종이 러시아공사관에서 경운궁으로 돌아오면서 사용했던

첫 번째 정전은 즉조당이었다. 그러나 즉조당은 정전으로 사용하기에는 너무 협소했던 탓에 곧 새 정전 신축을 추진했다. 이때 계획된 정전이 석조전이었지만, 석조전 건축 과정에 관한 정부의 공식 기록이 남아 있지 않아 그 전말에 대해서는 알려진 바가 많지 않다. 이로 인해 오랫동안 석조전은 외세에 의해 지어진 외세 침탈의 상징이라는 오명을 받아왔다. 그러나 대한제국에 대한 연구가 심화되고 석조전에 대한 사실도 하나둘씩 밝혀지면서, 석조전이 대한제국이 서양식 근대국가를 지향하고 서양식 근대국가를 운영할 능력이 있다는 의지를 표명하기 위해 신고전주의 건축양식으로 지어졌다는 사실이 밝혀졌다.

• 제국의 얼굴, 석조전 건설

러시아공사관에 머무는 동안 환궁에 대한 각계의 요구를 물리쳤던 고종은 해를 넘겨 경운궁으로의 이어를 단행하면서 새 나라의 청사진을 하나씩 실천에 옮기기 시작했다. 그중 하나가 석조전의 건설이었다. 1897년 4월 6일자 《독립신문》에 "영국사람 브라운 씨와 통변관 최영하 씨가 3월 15일 경운궁에 들어가서 궁 안에 지형을 실측하고 나왔다더라."는 기사가 실렸다. 무엇을 위한 실측이었는지에 대해서는 언급이 없었지만, 이후 전개되는 상황과 기록을 살펴보면 총세무사(總稅務司) 맥리비 브라운(John McLeavy Brown, 柏卓安, 1835-1926)의 실측 행위가 석조전을 짓기 위한 것이었음을 알 수 있다. 《매일신보》 기사에 따르면 석조전 건축은 브라운의 발의로 시작되었다.

대한제국 출범을 위해 『대한예전(大韓禮典)』을 발간하는 등 황제국의 면모를 갖추기 위한 준비가 이루어졌다. 1897년 10월에는 환구단이 만들어졌고, 1897년 10월 12일 환구단에서 황제 즉위 의식이 행해졌다. 환구단

〈그림 4-11〉석조전 모형 사진. (출처: 1900년 5월 26일 *American Architecture and Building News*)

〈그림 4-12〉준공 직후 석조전. (출처: 『창덕궁사진첩』)

은 전형적인 중화 문화권의 황제국을 상징하는 시설이다. 흥미로운 것은 중화 문화권의 전통적인 황제 예법에 따른 제국을 준비하면서, 황제국의 중심 시설이라고 할 수 있는 석조전이 서양의 신고전주의 건축양식으로 지어졌다는 점이다. 이 대립적인 양상은 오랜 세월 동아시아 전통의 강한 관성 속에서 새롭게 서구 제국을 모델로 하는 근대국가를 지향했던 조선이 처했던 딜레마를 보여준다고 할 수 있다.

석조전을 짓기 위한 측량이 1897년 3월에 행해졌고, 설계는 상하이에서 활동하던 영국인 건축가 하딩(J. R. Harding)에게 설계가 의뢰되었는데, 하딩은 석조전을 19세기에서 20세기 초에 걸쳐 유럽은 물론 아시아와 아메리카를 비롯한 전 세계에서 가장 보편적으로 적용했던 신고전주의 건축양식[10]으로 디자인했다. 1900년 5월 26일자 미국 저널 『아메리칸 아키텍처 앤 빌딩 뉴스』에는 석조전의 모형 사진(그림 4-11)이 게재되었으며, 같은 해에 석조전 공사가 시작되었다. 그런데 석조전은 유럽 건축에 뿌리를 둔 전형적인 신고전주의 건축양식으로 디자인되었음에도 유럽 건축에는 없는 베란다가 건물 전면은 물론 양 측면에 설치되었다. 흥미로운 것은 석조전뿐 아니라 덕수궁에 남아 있는 양관인 정관헌(靜觀軒)과 중명전

(重明殿, 구 修玉軒)에도 모두 정면과 양 측면에 서양식 베란다가 디자인되고 설치되었다는 사실이다.

세 건물은 모두 서양 건축양식으로 지어졌지만, 전혀 다른 모습을 갖고 있다. 정관헌이 벽돌과 서양식 목재 기둥을 사용한 이국적 모습으로 지어졌음에도 불구하고 곳곳에 전통건축과 장식 요소가 사용된 한양 절충식 건축으로 지어졌다. 반면에 석조전은 전형적인 신고전주의 건축으로 지어졌고, 중명전은 실용적인 벽돌조건축으로 지어졌기 때문이다. 이와 같은 디자인의 차이에도 불구하고 세 건물에 모두 베란다가 정면과 양 측면에 설치된 이유는 뭘까? 이러한 모습을 이해하기 위해서는 유럽 밖에서 신고전주의 건축양식의 건물이 어떻게 지어지기 시작했고, 유럽 밖에서 양식적 변이가 일어난 이유를 확인할 필요가 있다.

신고전주의 건축이 유럽 이외의 지역에 지어지기 시작한 것은 콜럼버스에 의한 아메리카 대륙 발견 이후 대항해시대에 개척된 식민지에서다. 대항해시대 후반에 식민지 개척에서 큰 성과를 냈던 영국과 프랑스가 식민지였던 인도와 인도차이나 지역에 지은 지배기구 건축이나 공공 건축은 예외 없이 신고전주의 양식으로 지어졌다. 그런데 신고전주의 건축의 본거지인 유럽과 인도 및 인도차이나는 기후가 전혀 달랐다. 고온다습했던 이들 식민지에서 유럽풍의 건물이 온전하게 작동될 수 없었고, 현지의 기후에 적응하기 위해 햇볕을 피하고 통풍을 도와줄 수 있는 지역의 건축적 해법이 적용되었다. 베란다가 사용된 것이다. 이렇게 베란다를 건물 전체에 두른 새로운 건축양식이 형성되었는데, 이러한 건축양식을 식민지에서 만들어진 건축양식이라는 의미를 담아 식민지건축(colonial architecture)이라 불렀다. 그러나 식민지건축이라는 용어가 일제의 식민지배를 경험한 우리에게 부정적으로 잘못 이해될 수 있는 소지가 있어 우리는 이를 베란다가 건물 외부에 둘러쳐진 건축이라는 뜻에서 '베란다 건축'이라 부르고 있다.

'돌로 지은 집'이라는 뜻을 가지고 있는 '석조전'이라는 이름에도 주목할 필요가 있다. 우리 궁궐의 주요 전각에 그 용도에 따라 의미 있는 이름을 붙임으로써 전각에 정체성을 부여했다는 점에서 보면, 일국의 정전으로 지어진 건물에 '돌로 지은 집'이라는 뜻을 가진 '석조전'은 참으로 이상한 이름이 아닐 수 없다.

우리의 건축에서는 중요한 건물에 이름을 짓는 전통이 있다. 궁궐의 정전도 예외가 아니어서, 경복궁의 근정전(勤政殿)이나 관문각(觀文閣) 그리고 덕수궁의 중화전(中和殿), 중명전(重明殿), 석어당(昔御堂) 등 전통건축양식이나 서양 건축양식에 관계없이 중요 건물은 대부분 자신의 이름을 갖고 있다. 그 이름에는 지은이의 뜻이 담겨 있다. 그런데 석조전의 경우는 누군가가 의도를 갖고 지은 이름이 아니다. 1900년에 시작된 공사가 1910년에 완료되었으나, 주권을 상실한 시기에 완공된 정전이었던 까닭에 공식적으로 이름이 지어지지 못했다. 대신 흙과 나무를 주재료로 지어지는 우리의 전통적인 건축과 달리 돌로 지어진 서양 건축양식의 집이었기에 '돌로 지어진 집'이라는 의미의 석조(石造)에 임금의 집에 사용되는 '전(殿)'이 복합되어 석조전(石造殿)이라는 이름이 붙여진 것이다. 신문에서 확인되는 첫 번째 '석조전'이라는 이름의 사용 예는 1910년 12월인데, 1910년 4월 8일자《대한매일신보》에 '石造殿 拜觀'이라는 기사 제목에 '석조전'이라는 단어가 사용되었고, 기사 내용에서는 "덕수궁 내 신축한 洋式石造 宮殿"이라는 표현이 사용되었다. 그리고 1910년 12월 3일자 기사의 '石造殿 준공기'라는 제목에도 石造殿이 사용되었다. 우리 역사에서는 돌로 집을 짓는 전통이 없었기 때문에 돌로 지어졌다는 사실 자체가 건물의 정체성을 드러내는 것이었다고 할 수 있다. 주권을 빼앗긴 시점에서 준공되었기에 정식 이름이 지어지는 절차를 갖지 못했지만, 기존 건축과 차별화되는 돌로 지어진 건축이라 자연스럽게 석조전이라는 이름을 갖게 된 것이다. 석조전은 서양에서 보편적으로 사용되었던 신고전주의 건축 양식을 택하여 서구 문물을 적극적으로 수용하겠다는 의지를 표현하고, 새롭게 출범하는 대한제국이 서구를 모델로 하는 근대국가일 뿐 아니라 서구와 같은 국가체제를 운영할 수 있음을 과시하는 상징적 건물이었다는 의미를 전달하려고 했던 의도에도 부합되는 이름이었다. 대한제국의 첫 황궁인 경운궁의 정전이 신고전주의 건축양식으로 지어진 것은 그 자체로 조선이 대한제국으로 새롭게 출발하면서 지향했던 가치와 의지를 드러내고 있다고 할 수 있다.

석조전은 단층으로 지어지는 전통건축과는 달리 지하 1층, 지상 2층 규모로 여러 기능을 복합적으로 수용할 수 있도록 지어졌다. 석조전이 1910년에 준공된 탓에 비록 황궁의 정전으로 사용되지는 못했지만 광무제(고종)가 황위에서 물러난 후 덕수궁에 머물면서 석조전을 사용한 용도를 보면 침전과 편전의 복합적인 용도로 사용했음을 알 수 있다. 석조전은 1층에 접견실 및 홀, 2층에는 중앙 홀과 황제 황후의 침실과 거실 그리고 지층에는 부속실이 있다.

• 중화전: 제국의 다른 얼굴

광무제(고종)는 당시 서양에서 가장 보편적이었던 신고전주의 건축양식의 석조전을 통해 새롭게 출범하는 대한제국이 서양의 근대국가를 모델로 하고 있으며, 대한제국은 서구식 근대국가를 운영할 능력이 있음을 만천하에 드러내고자 했지만, 여전히 오랫동안 함께했던 중국 중심 세계체제의 영향에서 완전하게 벗어나지 못했다. 고대국가체제의 상징이라고 할수 있는 전통적인 법전을 포기하지 못한 것이 그 예다. 이는 시민사회의 성장을 근간으로 하는 서구의 근대국가와 달리, 국왕이 주도하는 위로부터의 근대국가 만들기가 갖는 한계이기도 하다.

1901년 8월 25일 법전 영건을 위한 영건도감이 설치되었다. 그런데 왜 고종이 대한제국의 출범을 준비하며 의욕적으로 시작했던 석조전 건축공사가 한창이던 시기에 전통적인 형식의 법전인 중화전을 짓고자 했는지 알려진 바가 없다. 다만 고종이 일본의 압박으로부터 국체를 유지해야 하는 절체절명의 순간에 대한제국을 출범시키는 상황에서는 석조전을 통해 대한제국이 어떠한 나라를 지향하고 있는지를 드러내는 것이 중요했다. 하지만 대한제국이 성공적으로 출범한 후 서양의 여러 나라로부터 제국의 존재를 인정받고, 마지막까지 대한제국의 존재를 인정하지 않았던 청나라와 1899년에 대등한 관계 속에서 통상조약을 체결하고, 급박하게 전개되던 국제정세가 빠르게 안정되면서 석조전의 중요성은 상대적으로 줄어들고, 전통적인 법전의 건설 필요성이 제기된 것으로 추정된다. 청국과의 관계가 종속적인 관계에서 대등하게 어깨를 나란히 하는 관계로 전환되면서 고종은 고대국가의 상징인 전통건축 형식의 법전을 짓고자 했고 그 결과가 경복궁의 근정전에 해당하는 중화전이었던 셈이다.

한편, 석조전을 짓는 중에 전통건축양식의 중화전을 다시 지은 것은 1902년에 예정된 고종 즉위 40주년 행사를 위한 것이었다는 해석도 있다. 이태진의 연구에 따르면 고종은 자신의 즉위 40주년 행사를 대한제국이 추진했던 대한제국의 중립국화를 완성시키는 기회로 삼기 위해 칭경예식을 국제행사로 치르고자 했다. 이를 위해 정전이 필요했지만 석조전 공사가 오래 걸리자 칭경예식에 맞춰 지을 수 있는 전통건축양식의 정전을 지었고, 연회를 위한 돈덕전 그리고 외빈들이 묵을 수 있는 호텔인 손탁호텔도 지었다는 것이다.

〈그림 4-13〉 화재 전 중화전. (안창모 소장 엽서)　　　〈그림 4-14〉 화재 후 중건된 중화전. (안창모 소장 엽서)

　　그러나 중화전의 건설은 새로운 문제에 봉착했다. 경운궁의 궁역이 새로운 법전을 짓기에는 너무 좁았기 때문이다. 고종은 경운궁의 모태 공간이라고 할 수 있는 즉조당 남측에 새로운 법전을 짓고자 했는데, 새 법전을 짓기에는 즉조당의 남측 공간 영역이 너무 좁았다. 따라서 궁역의 협소한 문제를 풀기 위해 경운궁 주변에 공사관을 가지고 있던 나라들에 공사관 부지를 팔 것을 요청했지만, 영국과 미국을 비롯해 러시아와 프랑스 등이 이에 응하지 않아 궁역의 확장이 난관에 부닥쳤다. 궁역 확장에 물꼬를 터준 것은 독일이었다. 1883년 11월 26일 통상조약 체결을 통해 외교관계가 체결되면서 경운궁 남측에 대지를 확보했던 독일이 영사관 부지를 한국 정부에 매각한 것이다.

　　독일영사관 대지를 구입한 정부는 궁역을 남측으로 확장하고 전통적인 형식의 법전인 중화전을 지을 수 있었고, 중화전의 건설을 통해 경운궁은 대한문에서 조원문과 중화문에 이르는 3문 체제를 완성할 수 있었다. '대한문-금천교-조원문-중화문-중화전'에 이르는 축의 구성은 경운궁이 근대도시적 상황에 적응한 근대도시궁궐이지만, 전통적인 궁궐체제의 관성이 여전함을 보여준다.

2) 제국 경영의 두 축: 원수부와 궁내부

현재의 덕수궁 궁역은 1912년과 1968년에 도로가 확장되면서 동측의 궁역이 잘려 나갔다. 이때 덕수궁의 많은 전각도 철거되었다. 〈그림 4-15〉의 대안문 주변 배치도에서 동쪽 끝 삼각형 부지에 있던 궐내 각사가 모두 철거되었다. 정문인 대한문은 위치가 옮겨지면서 철거 위기를 면했지만 제국을 지탱하는 두 개의 큰 축이었던 군권의 상징인 원수부와 광무개혁을 담당하던 주체였던 궁내부 건물이 철거되어 우리의 시야에서 사라졌을 뿐 아니라 기억에서도 사라졌다.

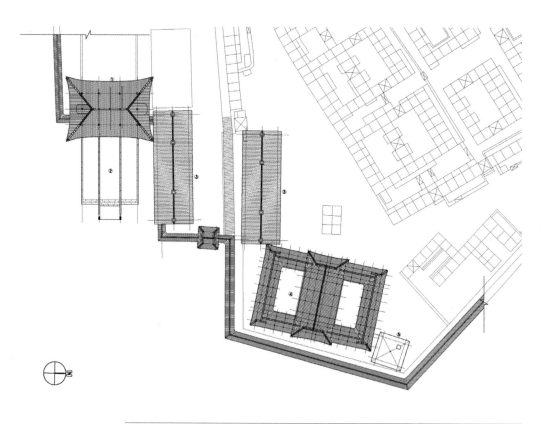

〈그림 4-15〉 대한문 옆 원수부와 궁내부청사 배치도. (양근창 작성)

• 원수부

정부는 1899년 8월 17일에 공포한 〈대한국국제(大韓國 國制)〉에 따라 군권이 황제에게 있음을 선언하고 원수부를 설치했다. 원수부는 군 통수권을 관할하는 관청으로, 황제가 대원수, 황태자가 원수의 직을 가지고 서양식 군대 편제에 따른 육해군을 통솔했다. 원수부에는 군무국, 검사국, 기록국, 회계국을 두었으며, 산하에 친위대와 시위대를 두어 도성을 방어하고, 궁궐에 있는 경호대에서 임금의 경호 임무를 맡았다. 대한문 오른편에 지어진 원수부청사는 서양식 건축물이었으나 역사주의 양식 건축이 아닌 실용적인 2층의 벽돌로 지어진 건물이었다. 원수부청사는 1912년 시구개정사업에 따라 태평로(현 세종대로) 도로 선형의 직선화 사업이 시행될 때 덕수궁의 동쪽 끝이 도로에 편입되면서 철거되었다.(자세한 내용은 "4) 사라진 덕수궁의 양관" 참조)

〈그림 4-16〉 대한문과 원수부 공사 중 전경. (출처: 코레아코레아니)

• 궁내부

1894년 갑오개혁 때 국가행정과 왕실행정이 구분되었으며, 국가행정은 의정부에서, 왕실행정은 궁내부에서 맡도록 역할을 구분되었다. 처음에는 궁내부의 업무가 국가행정으로부터 완전하게 분리되었으나 1899년 광무개혁에서 의정부가 정책 결정을 맡고 궁내부가 집행기능을 맡도록 국가

행정이 재편되면서 궁내부는 제국의 실질적인 권부가 되었다. 특히 고종의 근대국가 건설 프로젝트를 주관하는 궁내부는 원수부와 함께 대한제국기 광무개혁을 추진하는 두 축이었다. 그러나 매우 중요한 기능을 맡고 있었음에도 궁내부의 위치와 건축에 대해서는 알려진 바가 거의 없다. 1907년에 작성된 것으로 추정되는 경운궁 궁궐 도형에서는 원수부 우측에 위치한 것으로 나타나 있다. 그러나 각종 사진 자료에서 원수부의 존재는 확인되지만 궁내부의 존재는 확인되지 않는다. 1907년 궁궐 배치도에 따르면 두 개의 중정을 가진 근대기 한옥 건물이었을 것으로 추정된다. 〈그림 4-15〉는 원수부와 궁내부의 위치에 따른 예상 복원 배치도를 보여준다. 1905년 을사늑약으로 인해 궁내부의 권한이 대폭 축소되었으며, 1907년 순종황제의 즉위와 함께 창덕궁이 황궁의 위상을 갖게 되면서 궁내부도 창덕궁으로 이전했다.

3) 경운궁의 양관과 베란다 건축

경운궁에는 현존하는 석조전, 중명전, 정관헌 외에 구성헌과 돈덕전 그리고 망대 등 많은 양관이 있었다. 흥미로운 사실은 석조전, 중명전, 정관헌, 돈덕전, 구성헌 등이 각각 다른 모습과 용도로 쓰였지만, 모든 건물이 예외 없이 전면과 양 측면에 베란다를 가지고 있다는 점이다.

최초의 정전으로 건축된 석조전도 1층과 2층의 전면과 양 측면에 베란다가 설치되었으며, 1902년에 예정된 칭경예식을 위해 지어졌던 돈덕전 역시 베란다를 둘렀고, 휴게시설로 지어진 정관헌 역시 중앙의 홀을 중심으로 전면과 양 측면에 베란다가 설치되었다. 황태자가 거처했던 구성헌 역시 예외 없이 베란다가 설치되어 있었다. 현재의 덕수궁 궁역 밖에 위치한 중명전 역시 고증을 통해 1층과 2층에 걸쳐 전면과 양 측면에 베란다가 있었음이 밝혀졌고, 현재는 베란다가 있는 모습으로 복원되었다.

서양에서 식민지 확장을 주도했던 영국과 프랑스의 경우 고온다습한 인도를 비롯한 동남아시아 지역에서 오랫동안 식민지를 경영했는데, 자신들의 건축양식으로 고온다습한 기후에 적응하는 과정에서 그늘을 만들고 바람길을 만들 수 있는 베란다를 덧붙인 새로운 건축을 만들어냈다. 그러나 우리나라의 경우 동남아시아와는 기후 조건이 달라 굳이 베란다가 설치될 이유가 없었음에도 불구하고 동남아시아의 기후에 적응하기 위해 만들어진 베란다가 서울의 양관에 나타난 것은 서울의 양관이 오랫동안 동남아시아를 무대로 활동하던 서양 건축가에 의해 설계되거나 동남아시아의 풍토에 적응된 서양 건축을 모델로 지어졌기 때문이다. 서양에서는 이와 같이 베란다가 자신들의 식민지에서 형성되었기 때문에 '식민지건축(Colonial Architecture)'이라 부르지만, 우리나라에서는 식민지건축이라는 단어가 일제강점기 건축으로 널리 사용되고 있는 까닭에 혼란을 피하게 위해 '베란다 건축'이라고 부르고 있다.

• 석조전

석조전은 지하 1층, 지상 2층의 신고전주의 건축양식의 건축물이다. 외관상 3층 건축물로 보이지만, 중앙 외부 계단을 올라가야 현관이 나오는데 2층 높이에 있는 중앙 계단이 끝나는 곳이 1층이다. 이러한 층 구분은 지면에 면한 층은 창고나 하인들이 사용하는 공간이었던 유럽 건축의 공간 사용 패턴에 따라 석조전이 설계되었기 때문이다.

석조전은 우리나라에 현존하는 서양식 건축물 중에서 가장 완성도가 높은 신고전주의 건축양식의 건축물이다. 르네상스의 러스티케이션(Rustication)[11]을 연상시키는 기단 위에, 중앙의 돌출된 기둥으로 지지되는 삼각형 페디먼트(pediment)를 중심으로 좌우에 대칭적으로 기둥을 줄지어 세운 것은 전형적인 신고전주의 건축의 특징이다. 특히 석조전은 고전주의 건축의 대표적인 특징인 페디먼트를 정면 전체에 설치할 수 없을 정도로 측면보다는 전면이 넓은데, 이 문제를 해결하기 위해 중앙부를 돌출시키고 원형 기둥으로 지지되는 페디먼트를 설치함으로써 양식적 완성도와 고전주의 건축의 형식미를 완성할 수 있었다. 페디먼트에는 대한제국을 상징하는 오얏꽃 무늬가 새겨져 있다. 돌출된 정면의 현관부에는 둥근 기둥을 사용해 위계를 높이고, 좌우 회랑 부분에는 사각기둥을 사용해 변화를 주었으며, 기둥의 상부에는 그리스의 이오니아식 기둥에서 사용되는 회오리 모양의 장식을 사용했다.

현관을 들어서면 2개 층 높이 위에 천창이 설치된 로비가 나온다. 중앙 홀이 2층으로 구성된 것은 인공조명이 발달하지 않았던 시절에 큰 규

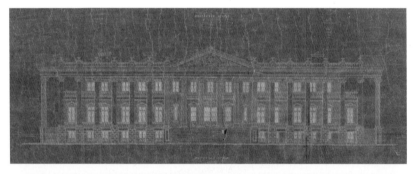

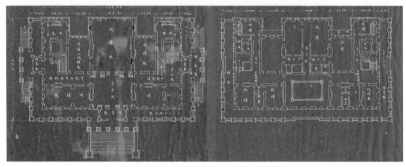

〈그림 4-17〉 석조전 정면도(위)와 배면도. (출처: 덕수궁미술관설계도 [국립문화재연구소, 2014]/ 원출처: 하딩[J. R. Harding] 설계, 일본 하마마츠시립중앙도서관 소장)

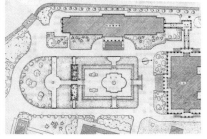

〈그림 4-18〉 석조전 앞 정원. (안창모 소장 엽서)

〈그림 4-19〉 석조전과 미술관 배치도. (출처: 『이왕가미술관요람』 [이왕직, 1938])

모의 로비를 채광하기 위함이다. 1층과 2층을 통합하는 큰 홀은 채광에도 유리하지만 건물에 여유로움과 화려함을 주는 효과를 갖고 있다. 석조전의 내부 공간구성은 비교적 단순하지만 역사주의 건축의 장식으로 채워진 각 방은 화려하지 않으면서도 황궁으로서의 품격을 갖추고 있다. 실내는 영국인 로벨(Lovell)에 의해 디자인되었다.[12] 건축 당시 1층에는 접견실과 홀이 있었다. 우리에게 익숙한 고종황제와 황족의 사진이 1층 접견실 앞에서 촬영한 것이다. 2층에는 황제, 황후의 침실과 거실 및 욕실 등이 배치되었다.

1910년에 석조전이 준공되었을 당시 전면에는 잔디가 조성되었으나, 이왕가미술관이 지어질 때 분수가 있는 정원이 이왕가미술관의 설계자인 나카무라 요시헤이(中村與資平)의 설계로 만들어졌다. 이 정원은 창경궁 온실 앞의 정원과 함께 이 땅에서는 드물게 서양식 조경 기법에 의해 만들어졌다.

• 정관헌

정관헌(靜觀軒)이 언제 누구에 의해 지어졌는지는 알려진 내용이 거의 없으나, 건물의 이름으로 추정하면 정관헌은 고종의 휴식 장소로 지어진 것

〈그림 4-20〉 정관헌 (안창모 사진)　　　　　　〈그림 4-21〉 정관헌 기둥과 난간의 장식. (안창모 사진)

으로 보인다. 한때 태조와 고종 및 순종황제의 영정이 모셔지기도 했는데, 이는 덕수궁 내 어진을 모셨던 선원전이 소실된 후 새로 지어지기 전의 일이다. 정관헌은 이국적인 풍취와 함께 우리 건축의 멋을 동시에 담고 있는 건축이다. 이는 서양식 기둥을 가진 베란다로 둘러싸인 벽돌건축이라는 점과 베란다의 난간에 사용된 박쥐와 십장생을 비롯 단청을 연상시키는 화려한 색채와 팔작지붕의 존재 때문이다. 소나무와 사슴은 십장생을, 박쥐는 복을 상징하며 잡귀를 쫓는다는 의미를 가지고 있어 우리 문화에서 즐겨 사용되는 문양이다. 비록 서양식 정자의 모습으로 지어졌지만 우리의 문화와 정서가 담겨 있는 건축이다. 정관헌의 베란다에 사용된 기둥의 비례는 그리스의 도리아, 이오니아, 코린트 기둥의 안정감 있는 비례감에 익숙한 사람들에게는 다소 어색해 보이기도 한다. 이는 정관헌의 기둥이 서양의 석조기둥을 모델로 만들어진 것이 아니라 산업혁명 이후 서양에서 보편적으로 사용되던 철제기둥을 모델로 만들어졌기 때문이다. 베란다 안쪽에는 로마네스크의 쿠션헤드 모습을 가진 인조석물씻기 마감의 기둥이 설치되었다. 출입구 바닥에는 우리나라에서 가장 오래된 타일이 깔려 있다.

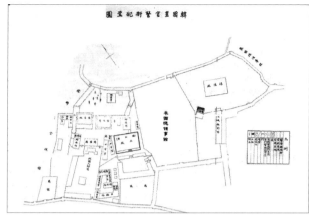

〈그림 4-22〉 수옥헌 일원 배치도. (출처: 학습원대학)　　　　　　　〈그림 4-23〉 중명전. (안창모 사진)

· 중명전

중명전(重明殿)의 원래 이름은 '옥을 닦는다'는 의미를 가진 수옥헌(修玉軒)
이다. 왕실 도서관 기능을 했기 때문에 붙인 이름으로 판단된다. 수옥헌
이라는 건물의 이름이 1904년에 일어난 경운궁 대화재 이후에 중명전으
로 변경되었다. 화재로 벽돌로 지어진 양관을 제외한 경운궁의 전각 대부
분이 소실된 이후 경복궁으로 환어해야 한다는 의견이 많았지만, 고종은
경운궁의 중건에 대한 의지가 강했고, 경운궁 중건을 진두지휘할 수 있는
수옥헌에 거처했다. 의정부 역시 수옥헌 내 새로 지은 건물로 이전[13]했다.
1905년 말 함녕전이 중건되어 고종은 함녕전으로 환어했다. 고종은 경운
궁이 중건되는 2년 동안 수옥헌에 거주했는데, 황제가 편전으로 사용하
면서 건물의 격이 높아져 수옥헌[14]의 이름이 중명전으로 바뀌었다.

　중명전의 위치는 미국공사관 서쪽의 선교사들의 주택이 있던 곳이었
다. 미국공사관이 정동에 입지한 이후 북미 선교사 주택이 정동에 자리
잡았고, 그 터의 일부에 정동여학교가 선교사에 의해 설립되고 운영되었

다. 이후 교세가 커지면서 종로구 연지동으로 이전하게 된 선교사 주택 부지와 정동여학교 부지를 대한제국 정부가 매입해 궁역에 포함시켰다. 1899년 촬영된 사진에 따르면 미국공사관 왼편에 단층의 서양식 건축물이 보이는데 이 건물이 정동여학교로 사용되던 시절의 수옥헌으로 추정된다. 그러나 이 건물이 1901년에 화재로 소실되면서 다시 2층으로 증축되었고, 1925년의 화재 후에 다시 개·보수되었다. 해방 후 이방자 여사가 잠시 사용했으나 곧 일반에게 매각된 후 방치되었다가, 2006년에 국가사적으로 지정된 후 현재 모습으로 복원되었다.

중명전은 벽돌로 지어진 2층 건물로 정관헌과 마찬가지로 정면과 측면에 베란다가 설치되었다. 벽돌로 지어진 중명전의 외관은 1층과 2층을 아치가 있는 회랑이 감싸고 있는 모습인데, 붉은 벽돌을 주로 사용하되 아치와 기둥 일부에 형태를 강조하기 위해 검은 벽돌이 부분적으로 사용되었다. 특히 중명전의 외관은 같은 시기에 정동에 존재했던 벽돌조 양관인 돈덕전, 영국공사관과 많이 닮았다. 현관으로 올라서면 바닥에는 정관헌에 사용되었던 것과 같은 패턴의 타일이 사용되었고, 실내로 들어서면 화려한 장식을 가진 타일이 중앙 복도에 깔려 있다.

4) 사라진 덕수궁의 양관

대한제국의 첫 황궁이었던 덕수궁에는 현존하는 석조전, 정관헌, 중명전 외에 순종의 즉위식이 있었던 돈덕전(惇德殿), 순종이 태자 시절에 거처했던 구성헌(九成軒)을 비롯해 환벽당(環碧堂), 원수부(元帥府), 망대 등 다수의 양관이 있었다. 이 가운데 환벽당은 현판만 전해질 뿐 그 모습이 전혀 알려지지 않았지만, 돈덕전, 구성헌, 원수부와 망대 그리고 대관정(大觀亭)은 사진을 통해 모습을 가늠해볼 수 있다.

• 원수부

덕수궁에서 사라진 양관 중에서 돈덕전과 구성헌은 비교적 잘 알려져 있지만, 원수부 건물에 대해서는 거의 알려진 바가 없다. 원수부는 대한제국을 지탱하는 군권의 상징이어서, 건축양식보다 존재 자체가 중요한 건축이다. 원수부는 1898년 6월 '육해군친총(陸海軍親摠)'에 관한 조칙에 의해 1899년 7월에 설치되었다. 황제가 육군과 해군을 거느리는 대원수, 황태자가 원수를 맡았다. 1899년 10월 17일자 《독립신문》 기

〈그림 4-24〉 원수부. (안창모 소장 자료)

사에 따르면 병정 10대대를 더 설치해 군대를 1만 명까지 확장할 계획이었다고 한다. 원수부 아래에는 두 개 연대 병력의 친위대와 시위대를 두어 도성을 방어하는 한편 황제의 경호를 담당케 했으며, 헌병, 포병, 공병 및 군악대를 창설해 신식군대 편제를 갖추었다. 1896년 11월에는 신식군 장교 양성을 위해 무관학교가 설치되었다.

대한문 북측에 자리한 원수부 청사는 같은 모습의 두 건물로 구성되었다. 벽돌로 지어진 원수부는 서양식 건축물이었으나 역사주의 양식 건축이 아닌 실용적으로 지어진 2층 건물이었다. 원수부의 정확한 해체 연도는 알려진 바가 없다. 1907년 7월 24일 한일신협약에 의해 군대가 해산되면서 원수부 건물도 철거되었을 가능성과 국권을 상실한 후 1912년 시구개정사업에 따라 태평로 도로선형의 직선화 사업이 시행되면서 덕수궁의 동쪽 끝에 위치했던 원수부가 해체되어 도로에 편입됨에 따라 철거되었을 가능성이 있다. 〈그림 4-15〉는 1907년에 제작된 것으로 추정되는 '덕수궁도'에 나타난 배치도 상의 원수부 모습이다.

• 돈덕전

돈덕전은 1907년 고종황제에 이어 두 번째 황제에 오른 순종의 즉위식
장으로 사용된 장소로 잘 알려져 있다. 경운궁 양관 중에서 석조전과 함
께 가장 중요한 건축물이었지만 알려진 내용이 많지 않다. 돈덕전은 다
른 양관과 달리 궁궐의 전각으로 지어진 것이 아니라 세관(Custom House)
건물로 지어진 것으로 알려졌지만, 이태진에 따르면 1902년 광무황제
즉위 40주년 기념행사를 위한 건물로 지어진 것이라고 한다. 1901년에 건
축된 것으로 알려져 있다. 광무황제의 즉위 40주년 기념행사가 콜레라로
열리지 못했으며, 이후 돈덕전은 외국 사신을 맞는 접견소 또는 연회장으
로 사용되었다. 1905년 1월에 일본인 재정고문이 돈덕전에서 황제를 폐현
하고 내각회의에 참석했다는 기록이 있고, 1907년 일본 황태자가 한국을
방문해 황제를 폐현한 곳도 돈덕전이었으며 오찬을 한 곳도 돈덕전이었
다. 돈덕전이 편전의 기능을 일부 수행한 것이다.

1907년 8월 27일에 순종 즉위식의 마지막 행사가 거행되었다. 맥켄지
(F. A. McKenzie)는 돈덕전의 황제 즉위식장의 모습에 대해 "현대식으로
꾸며져 있는 방으로서 한 모퉁이에 단이 마련되어 있었다. 황제의 왼편에
는 한국인이, 오른편에는 일본인이 시립했고 각료와 통감부 관리는 좌우
의 전열에 자리잡았으며 외국인들은 단의 전면에 자리잡았다."고 기록했
다. 1908년에 편찬된 『법규유편(法規類編)』에는 당시 돈
덕전의 평면도가 실려 있는데, 돈덕전은 1907년에도 경
운궁과 독립된 영역을 가지고 별도의 출입구를 가지고
있었음을 알 수 있다.

돈덕전은 중명전과 마찬가지로 벽돌로 지어졌으며, 정
면과 양 측면에 베란다가 설치된 점은 여타 양관과 같다.
그러나 건물 전체의 구성과 지붕의 모습은 많이 다르다.

〈그림 4-25〉 돈덕전 전경. (안창모 소장 엽서)

평면도에서 보는 바와 같이 필요에 따라 각 실이 돌출되어 있고, 이렇게 돌출된 실은 외관에서 원형의 매스와 다양한 모습으로 나타난다. 황제 즉위식장은 〈그림 4-26〉의 평면에서 오른쪽 아래 실이다.

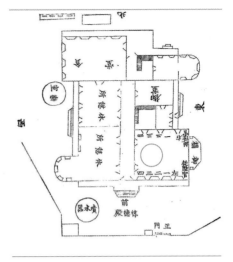

〈그림 4-26〉 돈덕전 평면도. (출처: 법규유편)

• 구성헌

구성헌에 대해서는 멀리서 촬영된 사진과 함께 황태자가 거처했다는 단편적인 사실 외에는 알려진 바가 거의 없다. 건축 연도에 대해서는 정확히 알려진 바는 없지만, 1899년 10월 20일자 《독립신문》에 궁내부에서 각국의 공사와 영사들에게 구성헌에서 폐현을 시킨 후 대관정에서 만찬을 베풀었다는 기록으로 보아 늦어도 1899년에는 구성헌이 건축되었음을 알 수 있다. 이는 경운궁 중건 초기, 전각이 완비되지 않았던 시절에 구성헌이 편전으로 사용되었음을 의미하기도 했음을 알 수 있다.

1907년 10월 2일자 《황성신문》에 따르면 황태자가 오전 11시 30분에 고등학교와 무관학교를 순람하기 위해 구성헌 정문에서 출발해 오후 4시 30분에 구성헌으로 돌아왔다고 한다. 이는 구성헌이 태자의 거처로 사용되었다는 것을 의미한다. 비록 단편적이지만 이와 같은 기록을 통해 구성헌이 돈덕전 이전에는 황제의 집무실로 사용되었으나, 돈덕전이 지어진 후 황제의 집무실로 사용되면서 구성헌은 태자의 거처로도 사용되었다는 사실을 알 수 있다. 구성헌은 석조전이 준공되면서 철거된 것으로 추정되지만 철거된 시기는 알 수 없다.

구성헌은 현 석조전 북측에 있었으며, 구성헌 역시

〈그림 4-27〉 구성헌 원경. (출처: 우에다 사진)

중명전과 마찬가지로 건물의 전면과 양 측면에 베란다가 설치되어 있었다. 구성헌의 입면에서 독특한 것은 남측 입면을 구성하는 아치의 모습이다. 모두 다섯 개의 아치가 있는데, 왼편의 세 개 아치와 오른편의 두 개 아치 사이에 유난히 좁은 간격의 작은 아치가 존재한다. 동서양을 불문하고 일반적으로 양식 건축에서 전면의 기둥 배열은 같은 폭을 유지한다는 점에 비춰보면 매우 이례적인 모습이다. 이러한 입면의 구성은 보통의 경우 증축할 때 나타나거나 내부 공간의 구성이 현저하게 다를 때 나타나는데, 구성헌의 규모와 존속 연도를 감안하면 증축이 있었다고 보기 어렵다는 점에서 입면의 비대칭적 구성은 특이하다고 할 수 있다. 다른 양관과 달리 북측에 박공을 가진 돌출부가 있는데, 이는 구성헌의 주출입구가 다른 양관과 달리 전면에 위치하지 않았을 가능성이 높다고 할 수 있다.

• 망대

망대는 경복궁의 동십자각과 서십자각의 역할에 상응하는 시설이다. 망대는 경운궁의 동쪽 끝과 북쪽 그리고 정동 안쪽에 하나씩 모두 세 개가 있었다. 경복궁과 달리 궁역이 돌출되어 도시와 만나는 곳에 망대가 설치되었다. 3층으로 지어진 망대는 당시로서는 주변에서 가장 높은 건물로 궁궐 주변을 감시하기에 적합한 높이를 가지고 있었다. 벽돌조 구조에 회로 마감되고 모서리에는 석재를 쌓아 구조적인 역할과 시각적 안정성을 강화했다.

〈그림 4-28〉 망대. (안창모 소장 엽서)

• 대관정

덕수궁 밖에 있지만 대한제국기의 중요한 건축의 하나가 대관정이다.

환구단 건너편에 위치했던 대관정은 1901년 지도에는 'Imperial Guest House', 《독립신문》에는 궁내부 대관정으로 기록되어 있다. 대관정은 호모 헐버트(Homer Bezaleel Hulbert, 1863-1949)가 지었으나, 1899년 독일의 하인리히친왕(Prince Albert Wilhelm Heinrich, 1862-1929)의 방한 때 사용하기 위해 매입한 것으로 추정된다. 내부 가구는 독일의 무역상인 마이어(E. Meyer)가 운영하던 세창양행을 통해 구입했다. 1899년 6월 10일자 《황성신문》에 따르면 독일의 친왕(親王, 하인리히)이 6월 9일 고종을 폐현했고, 6월 12일자 《독립신문》에는 6월 10일 고종이 답례로 황태자를 동반하여 대관정을 방문했다는 기사가 실렸다. 이후 대관정은 각 공사 및 영사와 연회를 하는 장소로 사용되곤 했다. 대관정은 황궁에서 직접 관리하는 시설로 외국 손님을 위해 사용된 것으로 추정할 수 있다. 실제 궁내부 고문관이었던 미국인 샌즈(William F. Sands)가 이곳에서 거처하기도 했다. 따라서 대관정은 대한제국 최초의 영빈관이라고 할 수 있다. 그러나 러일전쟁 이후에는 일본의 주둔군 사령관이었던 하세가와 요시미치(長谷川好道) 사령관에 의해 점유되었으며, 경성부립도서관으로 사용되기도 했다. 대관정 터는 발굴을 통해 지하층 유구가 온전하게 보존되어 있음이 확인되었다.

환구단과 마주한 대관정은 야트막한 언덕의 정상부에 지어졌다. 지하

〈그림 4-28〉 대관정 전경. (안창모 소장 엽서)　　〈그림 4-29〉 대관정과 경성부립도서관 지하층 발굴 유구.

층은 석조로 건축되었지만 지상층은 벽돌로 건축된 2층 건물이다. 1층 전면에는 테라스가 설치되었다.

• 구름다리(雲橋)

독일영사관 터를 매입하여 궁역을 확장하는 과정에서 경운궁에 새로운 도시 시설이 추가되었나. 구름다리다. 정부는 독일영사관 부지를 매입한 후 그 땅을 덕수궁에 통합하고자 했다. 그러나 필지를 통합할 경우 기존의 정동길 폐쇄가 불가피한데, 도심으로 연결되는 정동길 폐쇄에 대해서는 정동 안에 공사관을 가지고 있던 미국과 프랑스 및 러시아가 반대함에 따라 기존의 정동길을 폐쇄하는 대신 중화전 건축에 지장이 없을 만큼 남측으로 우회해서 개설했다. 이에 언덕을 형성하고 있던 독일영사관 부지의 절토가 불가피했고, 정동길에 야트막한 석축이 만들어졌다. 그러나 도로를 남측으로 우회시킴에 따라 새로 구입한 독일영사관 부지 모두를 궁역에 포함시키는 것이 불가능해졌고, 이 문제를 해결하기 위해 정부는 도로로 갈라진 두 부지를 기능적으로 연결하기 위해 구름다리를 건설했다. 구름다리는 우리의 전통적인 구법에 따라 벽돌과 목조로 지어졌다. 구름다리는 물리적으로 단절된 두 개의 궁역을 기능적으로 연결하기 위한 해법이었던 셈이다. 덕수궁의 궁궐 담장(宮牆)에는 구름다리의 하부구조가 남아 있다.

정동에는 두 개의 육교가 존재했다. 각각의 이름은 홍교와 운교로 달리 불렸지만 반원형 아치를 사용한 다리라는 의미를 담고 있다. 운교(雲橋, 구름다리)는 덕수궁에서 정동길을 가로질러 현 서울시청 별관을 연결하는 다리였으며, 홍교는 신문로를 가로질러 덕수궁과 경희궁을 연결하는 다리였다.

덕수궁은 임진왜란 이후 일시적으로 궁궐로 사용되었지만, 인조 때 창덕궁이 준공되어 법궁으로 사용되고 경희궁이 이궁으로 선택되면서, 덕수궁은 궁궐의 위상을 잃어버리고 궁역은 즉조당과 석어당을 중심으로 대폭 축소되었다. 을미사변과 아관파천을 거치며 덕수궁이 법궁이 되었으나, 인조 때 축소된 궁궐의 권역이 좁아 국가를 경영하기 위한 충분한 시설을 건설할 수 없었다. 이에 따라 대한제국은 궁역 확보를 위해 독일영사관 대지와 선교사 주택을 매입하여 궁역에 포함시켰을 뿐 아니라 옛 궁궐로 비어 있던 경희궁을 적극 활용하고자 했다. 신문로 건너에 위치한 유휴 부지를 궁역으로 활용하기 위해서는 다리가 필요했다. 1900년 독일로부터 구입한 영사관 터[15]에는 의정부를 건설할 예정이었고, 정동길을 사이에 두고 덕수궁과 떨어진 의정부를 기능적으로 연결하기 위해 건설된 다리가 운교다.

1900년 독일영사관 터를 구입한 후 독일영사관 터를 경운궁(덕수궁) 궁역에 합치고자 했을 때 정동 안쪽에 위치했던 미국과 프랑스 및 러시아 공사관 들이 긴밀하게 협의하며 도로 폐지를 막기 위해 노력했음을 《황성신문》에 실린 기사에서 확인할 수 있다.

인화문 앞 궁장(宮墻)을 예전 독일공관 앞으로 고쳐 지으면, 정동에 위치한 여러 공사관과 영사관의 왕래에 어려움이 있어, 각국 공사들이 모인 회의에서 도로 폐지는 불가하다는 뜻을 전했음은 이미 보도하였다. 궁내부(宮內府)에서 필요한 담장 건축으로 일전에 영국공사가 외부(外部)에 방문하여 불가함을 설명하고, 어제는 일본공사 하야시곤스케가 외부(외부)에 공문을 보냈으며, 7월 29일에는 각국 공사가 독일공관에 모여 이번 일에 대해 협의하겠다고 하였다더라.[16]

두 필지의 통합을 반대하는 각국 공사들의 입장이 한국 정부에 의해 받아들여졌음이 7월 28일자 기사에 "가교통로(架橋通路)"라는 제목의 기사에 다음과 같이 실렸다.

> 貞洞 仁化門前에 道路變通事로 各公使가 本月 卄九日 會議ᄒ다ᄂ 事ᄂ 已報ᄒ얏거니와 更聞ᄒ則 我廷에셔 該 道路를 變更ᄒ야 虹橋를 架設ᄒ고 其橋下로 往來케ᄒ홀 計劃으로 各 公使의 意見可否를 取決ᄒ홀터이라더라
>
> 〈번역〉
>
> 정동 인화문 앞에 도로를 변경하는 건으로 각국 공사가 본월 29일에 회의하는 일은 이미 보도한 바 있거니와 다시 문의한 즉 우리 조정에서 해당 도로를 변경하여 홍교를 가설하고 그 다리 아래로 왕래케 할 계획으로 각 공사의 의견 가부를 들어 결정할 터이라더라.

독일영사관 터를 매입한 후 정동길을 폐쇄하려던 계획을 변경하여, 길의 노선을 변경하여 유지하되 변경된 길로 갈라진 경운궁과 구 독일영사관 터를 기능적으로 연결하기 위해 다리를 건설했다.(그림 3-23 참조) 이 다리는 1

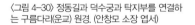

〈그림 4-30〉 정동길과 덕수궁과 탁자부를 연결하는 구름다리(운교) 원경. (안창모 소장 엽서)

〈그림 4-31〉 신문로 구름다리(운교). (우에다 사진)

개의 아치로 구성되었으며, 아치의 흔적은 덕수궁 담장에 남아 있다.

또 다른 다리는 덕수궁과 옛 경희궁을 연결하는 구름다리다. 이 다리는 신문로를 가로질러 건설되어야 했기에 정동길을 건너는 운교보다 규모가 컸다. 구름다리 아래로는 전차도 다닐 수 있었다. 홍교 건설과 관련된 첫 기사는 1898년 9월 7일자 《매일신문》[17]에 실렸다. 기사에는 "경복궁 북문 근처로부터 서궐 개양문까지 구름다리를 놓고"라는 내용이 실렸다. 개양문(開陽門)은 경희궁의 남측 문이다. 1897년에 경운궁이 대한제국의 정궁이 되었지만, 도심에 위치한 경운궁은 정궁이 되기에는 궁역이 작았다. 국가적 위기 속에서 예정치 않았던 입지에 황궁이 된 경운궁이 정궁 역할을 수행하기에 좁았던 까닭에 경복궁 중건 후 궁궐로서 용도가 사라져 비어 있던 경희궁을 보조 궁궐로 사용하기 위해 구름다리를 건설한 것이다. 벽돌에 의한 아치교로 만들어진 구름다리는 황제가 궁역을 벗어나지 않고 행차하기 위한 용도였다. 이때 덕수궁에서 경희궁을 연결했던 길이 알렌의 스케치에 나오는 왕의 길(king's road)이다. 그러나 구름다리는 바로 건설되지 않았다.

1989년 6월 11일 독일의 하인리히친왕의 국빈 방문 시에 경희궁 터에서 군인의 조련 모습을 하인리히친왕과 친림한 바 있는 고종은 1902년에 예정된 칭경예식에서 행할 관병식장으로의 이동 편의를 위해 홍교를 건설했다. 공사는 1902년 8월 23일 시작하여 11월에 완공되었다.

• 의정부청사 건축계획

매입한 독일영사관 터에는 의정부청사를 건설할 계획이었고, 이는 계획대로 지어졌으나 을사늑약 이후 탁지부 청사로 사용되었다.

의정부청사는 중정을 가진 'ㅁ'자 평면으로 구성되었으며, 정면 중앙 상부에는 돔이 설치되고 좌우가 대칭으로 구성된 역사주의 건축양식으로 지

〈그림 4-32〉 의정부청사. (출처: 탁지부건축소 사업소개요 1차)

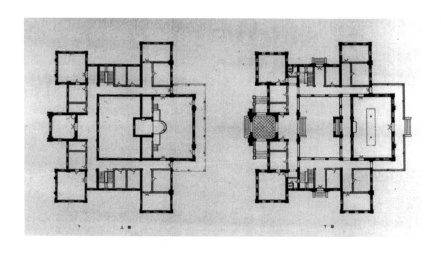

〈그림 4-33〉 의정부청사 평면도. (출처: 탁지부건축소 사업소개요 1차)

어졌다. 조적조 2층으로 지어졌으며 외관은 회벽으로 마감되어 석조건축의
의장적 효과를 연출했다. 의정부청사 1층에는 옥좌가 설치되었는데, 이는
의정부 회의를 황제가 직접 주재할 수 있도록 계획되었음을 알 수 있다.

대한제국의 도시와 건축

1. 서울의 도시구조 재편

대한제국의 출범으로 경운궁이 황궁이 되었고, 서울의 도시구조는 황궁을 중심으로 재편되었다. 조선시대의 수도 한성의 상징적 중심은 경복궁과 육조거리였지만, 도시의 기능적·경제적 중심은 종로와 남대문로가 교차하는 육의전이 위치한 운종가였다. 조선시대의 서울은 정치적 중심과 경제적, 기능적 중심의 2개 중심을 가진 도시였다. 그러나 '한'제국이 출범하고 법궁이 경복궁에서 경운궁으로 옮겨지면서 정치적 중심뿐 아니라 경제적 중심도 운종가에서 대한문 앞으로 옮겨졌다.

조선시대에는 정치적 중심과 경제적, 기능적 중심이 각기 다른 2개의 중심을 가진 도시였으나, 대한제국의 출범과 함께 수도의 상징적 중심과 경제적, 기능적 중심이 하나로 일치하는 도시구조의 재편이 이뤄진 것이다. 도시구조의 재편은 경운궁의 건설로 촉발되었다. 경운궁이 제국의 황궁으로 부활했지만, 나라의 행정을 담당하는 행정관아는 육조거리에 남

〈그림 4-34〉 조선시대 도시의 중심(좌), 대한제국기 도시의 중심(우). (최신경성전도 위 안창모 작성)

아 있었기에 황궁과 행정관아 사이의 유기적 연계를 위해 새로운 도로를 개설할 필요가 있었고, 이는 오늘날 세종로(황토현~대한문 앞)의 개설로 이어졌다. 남별궁에 환구단이 건설된 후에는 오늘의 소공로도 새로 개설되었는데, 신설된 소공로는 남촌의 중심을 대한문 앞으로 연결했을 뿐 아니라 남대문 상권을 대한문과 정동 주변으로 확산시키는 통로가 되었다. 이렇게 재편된 경운궁 중심의 도시구조는 오늘날까지 이어지면서 서울의 중심을 형성하고 있다. 대한제국의 출범과 경운궁의 건설은 조선 개국 이래 지속되었던 도시구조에 근본적인 변화를 가져왔고, 이는 현대도시 서울의 근간이 되었다. 경운궁과 대한문 앞 광장이 근대 한국의 원 공간으로 새롭게 자리매김하게 된 것이다.

1) 황토현 신작로 개설

황토현을 깎아 새길을 내는 공사는 고종이 러시아공사관에 머무를 때 시작되었다. 1896년 7월 30일과 8월 20일자 《독립신문》에 따르면, 새길을 개설한다는 소식에 길을 닦는 이유를 알 수 없는 백성들 사이에서는 기존의 길을 정비하지 않고 새길을 개설하는 데 대한 비난도 있었으나, 한성부 판윤 정낙용과 탁지부 고문관인 맥리비 브라운의 주도로 황토현 신작로가 개설되었다. 도로 개설이 완료된 시점을 확인할 수는 없지만, 1897년 대한제국이 출범한 후에 이루어진 명성황후의 국장 행렬이 경운궁의 인화문을 나와 신교를 지나 종로의 혜정교를 지난 것으로 보아 명성황후의 국장이 행해진 1897년 11월 이전에는 도로 개설이 완료되었다고 할 수 있다.

명례궁 뒷문에서 군기시 뒷문으로 야주개까지 백성의 집들을 헐고 새길을 닦는다니 서소문안 시구문인 동소문안 창의문안 같은 길은 닦지 안하고 나라와 백성에게 유익치 않은 길을 돈을 무수히 많이 들여 하니 이일은 무슨 일인지 알수 없더라.

1896년 8월 20일자《독립신문》기사에는

군기시에서 대궐 앞으로 가는 길을 새로 수리하기 위해 한성판윤 정낙용씨와 탁지부고문관 브라운씨가 그길 좌우에 있는 집들을 조사하여 칸수를 세어 갔다더라.

그런데 1901년 1월 9일자《제국신문》에는 신작로가 가로지르는 청계천 물길 위의 다리가 이전과는 다른 모습으로 지어진다는 기사가 실렸다. 1901년 1월 9일자《제국신문》에는

황토현 신작로 다리 역사는 불원간 필역이 된다하는데 그 다리를 돌로 놓는 것이 아니라 외국법을 모방하여 기둥이 없이 전수히 나무로

만 매우 견고하게 놓는다하니 우리나라에 처음 구경하는 다리가 되겠다더라.

청계천으로 합류하는 백운동천 위에 전통적인 석교가 아닌, 교각이 없는 서양식 목조 다리가 건설되어 황토현 언덕을 깎아 경운궁의 대한문에 이르는 신작로가 개설됨에 따라 경운궁의 위상이 더욱 강화되었으며, 조선조 500년 동안 지속되어온 도시구조에 근본적인 변화가 시작되었다.

2) 소공로 개설

현 소공로는 환구단 건설 당시에는 개설되지 않았다. 1897년 황제 즉위 행사의 일환으로 이뤄진 황제의 환구단 제례의식 행차가 구리개길(현 을지로)과 남대문로를 통해 이루어진 것도, 길이 개설되지 않았기 때문이다.

〈그림 4-35〉 개설 공사 중인 소공로. (엔리케 브라즈 촬영, 서울역사박물관 소장)

소공로가 개설되기 전에 이 지역에는 달성궁과 저경궁이 있었고 중국 사신이 머물던 남별궁이 위치했다. 남별궁에 하늘에 제사를 지내기 위한 환구단을 건설하여 대한제국이 출범하며 제사를 지낸 후 남대문로에서 대한문 앞을 연결하는 새 도로가 개설되었다.

소공로의 개설 시점을 가늠할 수 있는 기사가 1899년 4월 29일자 《독립신문》에 실렸다. "환구단 앞 신작로에서 영국 병정 1인이 술에 대취하여"로 시작되는 기사에서 소공로가 '신작로'로 표기되었음을 알 수 있다. 1901년에 촬영한 것으로 판단되는 엔리케 브라즈(Enrique S. Vraz)의 사진에서도 도로 개설 상황을 살펴볼 수 있다. 현 소공로는 1899년에 개설되었으나, 도로 정비가 완료되는 데는 다소 시간이 걸린 것으로 보인다.

2. 대한제국의 건축

1) 독립문

한국과 중국 그리고 일본으로 구성된 동아시아뿐 아니라 세계 질서 속에서도 중국은 중심이었지만, 유럽에서 시작된 산업혁명을 통해 유럽을 벗어난 서양 제국이 중국 중심의 세계 질서를 급격하게 소멸시켰다. 바다로 둘러싸인 일본은 유럽 국가의 대항해시대 이후 포르투갈과 네덜란드 등을 통해 제한적인 교류를 유지하다 미국에 의해 강제 개항을 당했지만, 유럽과의 사이에 중국과 바다를 두고 있던 조선은 중국이나 일본에 비해 서양 여러 나라와 직접 교류가 늦었다. 개항을 통한 서양과의 통상과 교류는 오랫동안 동아시아 질서의 근간인 '사대교린(事大交隣)'[18]의 변화를 가져왔다. 변화는 조선 내부에서도 시작되었다.

1894년 2월 15일 시작된 갑오농민전쟁에서 1894년 5월 동학농민군과 정부가 전주화약을 맺으면서 갑오개혁이 시작되었다. 황현의 기록에 따르면 영은문은 이때 철거되었다. 청일전쟁(1894년 7월 25일부터 1895년 4월)이 일본의 승리로 종료되면서 1895년 4월 17일 시모노세키조약으로 일본이 청으로부터 랴오둥반도(遼東半島)를 할양받았으나, 같은 해 4월 23일 러시아·프랑스·독일 3국의 간섭으로 할양받았던 랴오둥반도가 다시 청에 반환되었다. 이로 인해 일본은 청일전쟁에서 승리했음에도 불구하고 조선에서의 영향력이 급격히 약화되었다. 이때 1895년 7월 조선 정부는 러시아와 손을 잡고 박정양, 박영효가 주도했던 친일 세력을 몰아냈다. 이는 일본을 등에 업은 김홍집이 주도한 군국기무처의 개혁 정치가 실패했음을 의미했다. 이러한 상황을 역전시키기 위해 일본은 국모를 살해하는 을미사변을 일으켰고, 조선 정부는 1896년 2월 11일 아관파천으로 대응했다. 고종이 1896년 2월부터 1897년 2월까지 1년 동안 러시아에 머물면서 대한제국 출범을 위한 준비 작업의 일환으로 『대한예전(大韓禮典)』을 준비하며 새로운 국가 건설을 위한 준비에 착수했는데, 이때 독립문이 건설되었다. 갑오개혁으로 영은문이 철거된 지 1년 반이 지난 시점이었다.

독립문 건설 논의가 본격화된 것은 아관파천 이후 독립협회 창설과 함께였다. 독립협회는 1896년 7월에 창립했는데, 내부적으로는 "민중 스스로 인권과 참정권을 주장하게 하고, 대외적으로는 자주국을 표방하는 독립문 건립과 독립공원 조성을 목적"으로 창설된 독립협회의 초기 주요 사업은 "독립문 건설과 독립공원 조성"이었다. 독립문 건설은 독립협회가 러시아공사관에 머물던 고종의 재가를 받았다고 알려져 있다. 이는 독립문이 고종의 의지를 담은 프로젝트였음을 의미한다. 고종은 러시아공사관에 머물면서 대한제국을 준비하고 있었다. 『대한예전』을 준비한 것이 대표적인 예라고 할 수 있다. 10권 10책으로 구성된 『대한예전』은 조선이 대한제국으로 체제를 변화시킬 경우 제국에 맞는 예제를 갖추어야 하므로 이를 준비하는 차원에서 마련된 것이다. 이는 중국과 사대관계를 정리하면서 자연스럽게 이루어진 작업이라고 할 수 있다.

1896년 6월 20일 논설에 이어 1896년 7월 7일자 《독립신문》에는 독립공원과 독립문 건설과 관련된 기부금을 모집하자는 기사가 실려 있다.

독립 공원디와 독립문 건셜 ᄒᆞᄂᆞᆫ듸 독립 협회에 보조금을 이왕 오빅 십원 외에 새로 슈립 ᄒᆞᆫ거시 현은 십원 민샹호 이십원 오셰광 일원 김두승 십원 됴진틱 십원빅완혁 십원 김긔영 십원 유긔환 이십원 함우복 십원 도합 일빅 일원 이요 젼것까지 병ᄒᆞ여 륙빅 십일원이라 공심 잇ᄂᆞᆫ 사ᄅᆞᆷ들은 속히 대정동 은힝쇼에 계신 안경슈씨끠로 독립 협회 보조금

을 보내시요

독립문 건설 자금은 왕실에서 마련한 자금과 국민의 기부금으로 마련되었는데,《독립신문》이 보조금 모금에 적극 나섰다. 왕실에서는 태자의 이름으로 1천 원을 기부했는데, 태자의 기부는 독립문 건설에 소극적이던 관리들의 동참을 이끌어냈고, 하급 군인과 기생들까지 모금에 동참하는 등 국민 프로젝트로 진행되었다고 할 수 있다. 1896년 12월 말까지 총 4,716원이 모였다고 한다. 독립문의 건설을 독립협회의 초기 목적과 인적 구성 그리고 독립문 건설비용의 출처 등을 종합적으로 판단하면, 독립문 건설의 주체는 서재필이 아닌 고종이라고 보아야 한다. 독립문 공사가 시작된 것은 1896년 11월이다.

2) 환구단

'환구단(圜丘壇)'은 '구(丘)'라는 한자에서 알 수 있듯이 제단이 설치된 곳이 주변보다 도드라진 언덕이어서 사용된 한자다. 새롭게 출발하는 대한제국의 존재를 드러내기에 적합한 입지였던 셈이다. 환구단은 하늘에 제사를 지내는 '제단'과 신위를 모시는 '황궁우'를

〈그림 4-36〉 언덕 위에 지어진 환구단 전경. (출처: Journal des Voyages_ 21Aout1904)

비롯한 부속시설로 구성되었지만, 대한제국 출범 당시에는 제단만이 존재했다. 황궁우가 지어진 것은 그로부터 2년 뒤인 1899년이었다.

• 제단

조선 초에 하늘에 제사를 지내는 시설로 남단(南壇)이 있었지만, 구체적

인 모습에 대해서는 알려져 있지 않다. 현존하는 환구단은 하늘에 제사를 지내는 제단과 신위를 모시는 황궁우로 구성되었다. 제단은 3층으로 구성되었고 화강암으로 만들어졌으며 화강석 난간을 둘렀다. 중앙 상부는 금색으로 칠한 원추형(圓錐形) 지붕이 설치되었다.

예로부터 천원지방(天圓地方)이라 하여 하늘에 제사지내는 제단은 둥글게, 땅에 제사지내는 난은 사각형으로 만들었다. 사직단이 사각형으로 만들어진 이유다. 삼문을 경계로 남측에 제단이 설치되고 북측에 신위를 모시는 황궁우가 건축되었다. 환구단을 구성하는 건축은 재료와 구법에서 청나라 건축의 영향을 받았다. 이러한 원칙에 따라 환구단은 원형으로 만들어졌는데, 환구단의 모습에 대해서는 1897년 10월 12일자 《독립신문》에 다음과 같이 묘사되어 있다.

이전 남별궁 터뎐에 단을 모앗는디 일홈은 환구단(圜丘壇) 이라고도 ᄒ고 황단(皇壇) 이라고도 ᄒ는디 역군과 쟝식 쳔여명이 흔들이 못되야 이 단을 거진 다 건축을 ᄒ엿는디 단이 삼층이라 민 밋히 층은 쟝광이 영 척으로 일빅 스십 스쳑 가량인디 둥글게 돌노 ᄡ셔 셕ᄌᆞ 길어지 놉히를 ᄡ앗고 데 이층은 쟝 광이 칠십 이쳑인디 밋층과 굿치 돌노 셕ᄌᆞ놉 히를 ᄡ앗고 민 웃층은 쟝 광이 삼십 륙쳑인디 셕ᄌᆞ놉히를 돌노 둥글게 ᄡ셔 올넛고 바닥에는 모도 벽돌을 ᄭᆞᆯ고 민 밋층 가으로는 둥글게 셕츅을 모으고 돌과 벽돌노 담을 ᄡᆞ앗스며 동 셔 남 북으로 황살 문을 ᄒ여셋는디 남문은 문이 셋이라 이 단은 금월 십이일에 황뎨 폐하 씌셔 친힝 ᄒᆞ샤 게셔빅관을 거나리시고 황뎨 위에 나아가심을 하ᄂᆞ님 씌 고 ᄒᆞ시는 례식을 힝 ᄒᆞ실터이라 그 ᄌᆞ셔ᄒᆞᆫ 절ᄎᆞ와 례식은 후일에 긔 직ᄒᆞ려니와 대개 드르니 그늘 황뎨 폐하씌셔 황룡포를 입으시고 황룡 포에는 일 월 셩 신을 금으로 슈노앗스며 면류관을 쓰시고 경운궁에셔

〈그림 4-37〉 환구단의 조적조 삼문. (안창모 사진)

환구단으로 거동 ᄒ실터이요 빅관은 모도 금관 죠복을 ᄒ고 어가를 모
시고 즉위 단에 가셔 각각 층계에 셔셔 례식을 거힝 ᄒ올터이라더라

기사에 따르면 환구단은 3단으로 구성되었으며 제일 아래층의 직경이
144척이고, 2층은 72척, 3층은 36척이고, 각 단의 높이는 3척이며, 각 단
은 돌로 쌓았으며 바닥에는 벽돌을 깔았다고 한다. 공사에는 한 달이 채
걸리지 않았다고 한다.

• 황궁우(皇穹宇)

황궁우에는 하늘과 땅, 별과 천지만물에 깃든 신의 신위(神位)가 모셔졌
다.[19] 황궁우는 2년 뒤인 1899년에 만들어졌다. 황궁우(皇穹宇)는 화강암
기단 위에 세워진 2층의 팔각형 전각이지만 1층 지붕 아래 위치한 바깥
회랑 위로 덧지붕이 설치되어 3층 건물처럼 보인다. 중층으로 구성된 내
부는 하나의 공간(通層)으로 구성되었다. 황궁우 영역에는 황궁우의 전면
에 동무와 서무가 배치되고 제사를 준비하는 전사청이 위치했다.

〈그림 4-38〉 경복궁의 팔우정. (안창모 사진)

〈그림 4-39〉 탑골공원의 팔각정. (안창모 소장 엽서)

〈그림 4-40〉 황궁우. (안창모 소장 엽서)

황궁우는 원형의 제단과 함께 환구단을 구성하는 핵심 시설이다. 1899년 제단의 북쪽에 건립되었으며, 내부에 신위판(神位板)을 봉안하면서 태조를 추존하여 태조고황제(太祖高皇帝)로 삼고, 환구 황지기 위의 동남에 배천(配天)하였다.

화강석 기단 위에 8각형의 평면으로 지어졌다. 기단 위에는 돌난간이 둘러져 있다. 기둥도 8각형으로 디자인되었는데, 이는 8각형의 평면 구성에 맞춘 일관성 있는 디자인이지만 수직과 수평 그리고 경사부재가 정교하게 맞춰져야 하는 목구조의 결구를 안정적으로 유지하기 위한 디자인이기도 하다.

8각형의 전각은 조선시대에는 사용 예가 많지 않으나, 고종대에 이르러 8각형 전각이 적극 사용되었다. 경복궁의 집옥재와 함께 지어진 팔우정, 탑골공원의 팔각정이 고종 연간에 지어진 8각형 전각이다. 황궁우의 모습은 청나라의 심양소재 고궁의 대정전(大政殿)의 모습과 유사하다. 이는 조선 후기에 왕권을 강화하고, 나아가 대한제국을 출범시킨 고종이 청의 예를 참고했을 가능성이 높다.

· 삼문

제단과 황궁우 사이에는 삼문이 설치되었는데, 삼문이 벽돌로 건설된 것이 특징이다. 조적조 삼문은 박지원이 『열하일기』에서 주장한 바 있는 벽돌이 사용되었다. 삼문은 전통건축의 형식적 틀을 갖추고 있으나 목재가 아닌 줄눈이 없는 벽돌로 건축되었다. 삼문은 전통 목구조 건축을 벽돌로 재현한 건축으로 벽돌조건축의 개구부 구성 방법인 아치가 개구부에 사용되는 한편, 목조건축의 중요한 의장적 특징인 포의 구성이 벽돌로 단순하게 처리되어 목조건축의 구조적 특성이 조적조의 간략화된 의장적 요소로 변안되었다. 벽돌로 건축된 삼문이지만, 목조건축의 의장적 요소가 살아 있어 건축의 구성은 유지한 채 재료가 바뀔 때 형식에 어떠한 변화가 일어나는지를 보여준다.

3) 탑골공원, 근대도시의 상징적 장치

탑골공원은 대한제국의 외국인 고문이었던 맥리비 브라운(John Mcleavy Brown)의 건의를 받아들여 조성된 공원이다. 유교 국가의 수도로 만들어진 한양도성은 청계천을 품에 안고 내사산으로 둘러싸인 분지형 도시였기에 시가지 주변의 자연 환경이 양호했다. 한성은 산업혁명 이후 피폐된 도시 환경을 회복하기 위해 도심에 대규모 공원을 조성한 유럽의 대도시인 런던이나 파리 그리고 뉴욕과는 다른 환경을 가진 도시였던 것이다. 더욱이 대한제국은 산업혁명 없이 제도적 근대화에 의해 근대사회에 진입한 나라여서 도시 환경이 유럽의 대도시처럼 악화된 상황도 아니었고, 탑골공원의 규모는 런던의 하이드파크나 뉴욕의 센트럴파크와 비교할 수 없을 정도로 작다. 따라서 탑골공원은 도시 환경 개선이나 휴식 공간 확보를 위해 설치되는 일반적인 도시공원과는 조성 목적이 달랐다. 대한제국 정부는 산업혁명을 겪은 유럽의 근대도시가 위생적인 도시를 만들기 위해 공원을 조성했던 것과는 달리, 근대국가의 수도가 갖추어야 할 기본적인 도시적 장치로 인식했다. 탑골공원은 근대국가의 수도가 반드시 갖추어야 할 도시적 장치로 인식했으며, 조성 후 탑골공원에서는 군악대에 의해 애국가와 서양 음악이 공연되었다.

• 탑골공원 조성 과정

《매일신문》 1899년 3월 21일자 기사에서 탑골공원 조성 공사가 대한제국 출범 직후인 1899년에 시작되었음을 알 수 있다.

> 중서(中署) 탑동에 있는 탑을 위하여 장차 인가를 헐고 공원을 만든다는데 그 탑은 고려 때에 원나라 보탑 공주가 부처에게 시주한 탑이라더라.

이후 《황성신문》 1899년 4월 12일자에는

> 탑동공원에 설치를 위해 한성부에서 해당부지에 위치한 가옥 인지를 부여하고 주택가를 출급하였는데 기와집 상등에는 6백량이오, 중등에

5백5십량이오 하등에는 5백량 초가 상등에는 3백량이오 중등에는 2
백5십량이라더라.

라는 기사가 실려 있다.

그러나 탑골공원의 조성에 대한 반대도 있었다. 1899년 3월 24일자
《독립신문》에는 "옳은 의논"이라는 제목으로 탑골공원 조성이 적절치 않
다는 기사가 아래와 같이 실렸다.

> 대개 공원이라 하는 것은 그 나라가 개명이 되어 부강하다는 세력을
> 가진 연후에 인민들이 혹 유정이나 창서 하고 신체나 운동 하자는 처
> 소이지 특별히 이국 편민 하려는 데는 다른 의사가 없을 듯 하거늘 서
> 울 탑골 등지에 있는 인민의 집 몇 백(百) 호를 값을 주고 모두 헐어서
> 공원을 만들려 한다니 연즉 인민들은 다 어디로 가서 살는지 그 일이
> 대단 불가 한지라 정부에 그 불연지유를 앙포 하여 그 등지에 인민의
> 집을 헐지 말며 공원은 이 다음에 공한지지에 만드는 것이 합당 할 듯
> 하다고 중추원에서 말들 한다더라.

이 기사의 입장은 공원은 휴식의 장소로 인식하고 쓰인 기사임을 알
수 있고, 공원 조성은 빈 땅에 만드는 것이 합당하다는 의견이 중추원[20]
의 일부에서도 있었음을 알 수 있다. 그러나 탑동에 공원을 조성하는 것
은 빈터에 휴식으로 조성하는 공원과 달랐기에 공원 조성은 정부의 의
지대로 추진되었다. 중요한 것은 이후에 탑골공원이 어떤 대우를 받았는
가 하는 점이다. 공원이 조성된 이후에 1902년 고종 즉위 40주년 행사와
관련해 팔각정이 건축되었고, 대한제국 군악대청사가 이전되었으며, 을사
늑약 이후에는 민영환을 기리는 기념각을 짓자는 논의도 있었다.

• 군악대청사와 애국가 연주

탑골공원 조성의 역사적 의미는 군악대청사의 건축에서도 드러난다.《황성신문》1902년 12월 1일 기사에는

군악대 영문을 탑동공원지 서편(西邊)에 새로 지은 집으로 옮겨 설치
(移設)할 차(次)로 방금 동역(董役)하더라.

〈그림 4-41〉 경성도서관으로 사용된 대한제국기 군악
대청사(한옥). (출처:《동아일보》1921년 12월 6일자)

라는 소식이 실려 있다.

탑골공원이 사회적으로 대한제국의 근대국가 건설과 관련된 중요한 장소였음을 널리 알리는 데는 민영환에 의해 만들어진 군악대의 역할이 있었다. 대한제국의 군악대는 고종의 특사로 러시아의 니콜라이 대관식에 특사로 참석한 민영환에 의해 만들어졌다. 군악대의 지도 육성을 목적으로 고용된 외국인 교사 프란츠 에케르트(Franz Eckert, 1852-1916)는 대한제국의 국가를 작곡했으며, 군악대에 의해 애국가가 정기적으로 공연됨으로써 대한제국의 출범으로 서양식 근대국가를 지향하는 정부의 의지를 일반에게 널리 알리는 역할을 했다. 탑골공원은 군악대의 활동을 매개로 대한제국의 지향점을 민(民)과 공유하는 중요한 매체였던 셈이다. 군악대청사는 전통건축의 목구조로 건축되었는데, 외벽은 목조기둥 사이를 벽돌로 채웠다.

• 탑골공원의 공간구성

대한제국기에 조성된 탑골공원의 정확한 전체 모습에 대해서는 알려진 바가 없다. 원각사탑과 팔각정을 중심으로 단편적인 사진이 알려져 있을 뿐이다. 그러나 탑골공원의 전모에 대해서는 국가기록원 소장 도면이 남

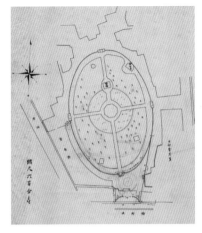

〈그림 4-42〉 탑골공원 배치도. (출처: 국가기록원)

〈그림 4-43〉 탑골공원 항공사진. 사각형 안이 공원 정문과 군악대청사. (출처: 『일본지리대계: 조선편』 [1931])

아 있고, 일제강점기에 촬영된 항공사진에서 탑골공원의 전체 모습을 파악할 수 있다. 그리고 이때 확인된 모습이 3·1운동 당시 탑골공원의 모습으로 추정된다. 항공사진과 도면으로 파악되는 탑골공원의 모습은 현재와 큰 차이가 없는 듯하지만, 공원의 정문이 지금과 크게 다르다는 것을 알 수 있다. 현 탑골공원의 경계는 조성 당시와 크게 달라지지 않았을 것으로 보이며, 탑골공원의 서측에 위치한 큰 땅은 군악대가 이설된 부지다. 또한 3·1운동 당시에 촬영된 사진에 따르면, 독립선언서가 낭독되던 당시의 탑골공원에는 항공사진에서 확인되는 문과 울타리가 설치되었음을 알 수 있다.[21]

탑골공원 안에는 원각사지10층석탑(국보)과 대원각사비(보물) 그리고 서울시 유형문화재인 팔각정이 있다. 탑골공원에서 가장 중요한 위치를 점하고 있는 것은 팔각정인데, 김규도의 연구에 따르면 이 팔각정은 군악대가 탑골공원으로 이전한 후에 건축되었다고 한다. 그런데 팔각정에서 주목할 것은 형태와 구법이 대한제국의 상징적 건축인 환구단과 매우 유

〈그림 4-44〉 탑골공원 전경. (안창모 소장 엽서)

〈그림 4-45〉 탑골공원 정문. 위: 탑골공원 정문 디자인. (국가기록원 소장)/ 아래: 서울사범대학부설 초등학교 정문. (안창모 사진)

사하다는 점이다. 특히 주목되는 것은 건축의 평면 형태가 팔각형일 뿐
아니라 기둥 역시 팔각형으로 건축되었다.

'八'이란 숫자가 갖는 상징성에 대해서는 추후 연구가 필요하겠지만, 황
제를 상징하는 숫자일 가능성이 있다. 우리의 전통건축에서 팔각정의 평
면을 갖는 건물은 거의 없는데, 고종 즉위 후에 중건된 경복궁의 집옥재
를 구성하고 있는 팔우정, 대한제국기에 건축된 상징적 건축인 환구단의
황궁우도 팔각형으로 지어졌다. 대한제국기에 조성된 탑골공원의 중심에
있는 건물이 팔각형 평면을 가진 팔각정이라는 사실은 탑골공원의 조성
이 대한제국에서 단순한 도심 공원이 아닌 근대국가를 지향하는 대한제
국의 상징적 존재였음을 의미한다고 할 수 있다.

대한제국의 개항장과 도시 재편

우리에게 근대도시는 서구와 도시와는 달리 '산업'보다는 '수탈'의 이미지와 긴밀하게 연결되어 있다. 이는 조선 이전부터 존재했던 역사 도시의 경우 대부분 내륙에 위치한 반면, 개항 이후에 형성된 신흥 도시는 거의가 바닷가에 위치해 있기 때문이다. 조선 정부가 만국공법체계에 따라 세계 각국과의 교역을 위해 문호를 개방하면서 해안가에 항구도시가 만들어지면서 전통적인 내륙도시의 재편이 시작되었다. 특히 조선 정부에서 개항한 부산, 원산, 인천 외에 대한제국 출범 후 목포와 군산을 비롯하여 진남포, 성진, 마산 등에도 개항장이 설치되었다. 이는 상업을 멀리했던 조선의 정책에서 탈피하고, 서양 여러 나라와 교역을 통해 서양 문물을 적극 받아들이고 국가의 부를 만들어나가겠다는 의지의 표현이었다. 그러나 대한제국은 짧은 개항기를 거친 후 1910년 일본에 강제 병합되면서 서구식 근대국가를 지향하며 만들었던 개항장은 일본의 수탈과 일본 상품의 공급 루트로 바뀌었다. 이로 인해 바닷가에 위치한 신흥 항구도시들은 산업의 중심이기보다는 물류의 거점이자 수탈의 중심이었다.

인천과 목포 그리고 군산이 대표적인 예라고 할 수 있다.

우리에게 서구적 의미의 근대도시는 개항장부터라고 할 수 있다. 1877년 1월 30일 부산항조계조약에 의해 부산이 개항된 이후 1908년 청진이 개항될 때까지 모두 10개의 항구가 개항되었으며, 이들 개항장에는 4곳의 일본전관조계(日本專管租界)와 3곳의 청국전관조계(淸國專管租界) 그리고 6곳의 각국 공동조계(各國專管租界)가 있었다. 일반적으로 유럽 여러 나라가 동남아시아와 아프리카 등에서 경영한 식민도시들은 수탈에 용이한 바닷가에 건설되고, 항구에서 수탈 자원이 위치한 곳까지 철도가 연결되는 구조를 갖고 있다. 이러한 식민도시의 특성으로 인해 강화도조약 이후 이 땅의 모든 개항장은 강제 개항의 증거이자 수탈의 상징으로만 인식되어왔다. 그러나 개항장은 상업을 멀리했던 조선에는 존재하지 않았던 새로운 유형의 도시 탄생을 가져온 정책이었다고 바꾸어 생각해보면 우리에게 풍부한 역사적 상상력을 제공해준다. 여기에 "목포의 해항성과 개항장 형성과정의 특징"을 통해 최성환이 밝힌 것처럼 목포가 이전의 개항장과 달리 한국 정부의 의지로 개항한 개항장이라는 사실은 개항장에 대한 우리의 편견을 접고, 개항장에 대한 정치적 판단 이전에 개항장의 실체에 관한 연구가 필요함을 보여준다.

1. 상업도시의 탄생

상업도시는 조선에는 없던 도시다. 사농공상(士農工商)의 계층에 대한 사회적 역할이 뚜렷했던 조선에서, 사농공상의 가장 끝에 위치했던 상업은 조선 사회에서 으뜸의 가치를 가질 수 없었다. 조선 사회의 중심인 선비와 선비 다음의 위치를 농부가 차지했던 나라, 조선! 그래서 조선에서는 농자천하지대본(農者天下之大本)이라 했다. 농사짓는 사람이 천하의 근본이라는 말은 농사가 세상의 으뜸이라는 것을 의미한다기보다는 농사를 통한 자급자족 사회를 구축함으로써 상업에 의존하지 않아도 되는 사회를 만들기 위한 방편이었다고 할 수 있다.

조선 사회가 지향했던 나라! 선비가 이끌고, 선비가 꿈꾸는 사회를 이루는 근간이 농업이었던 조선의 사회는 지금의 우리 사회와는 전혀 다른 사회였다. 극도의 절제와 금욕적인 생활을 통해 남의 부를 부러워하지 않고 현실에 만족하는 자급자족적인 사회! 무역으로 흥했던 고려와는 다른 나라를 만들고자 했던 조선에서 상업을 통해 이익을 극대화하겠다는 생각은 금기였다. 당연히 상업은 억제되었다. 교통의 요지에 번성한 도시는 몇몇 있었지만, 교역을 위한 도시는 없었다.

최소한의 국가 간 교역은 중국과는 외교 행사를 통해, 일본과는 왜관을 통해서 베푸는 교역 정도였고, 외교적으로 가장 중요했던 중국과의 교역도 바닷길이 아닌 육로를 통해 이루어졌으니 규모에 한계가 있을 수밖에 없었다. 당연히 백제에서 신라 그리고 고려시대로 이어졌던 해상왕국의 전통은 완벽하게 소멸되었다. 이는 조선이 고려와는 전혀 다른 가치를 지향했기 때문이다. 성리학의 나라 조선에서 상업이 발붙일 곳은 없었다. 그 결과 조선에서는 3면이 바다에 면한 나라임에도 불구하고 바닷가 항구도시가 없었다. 조선시대에 항구도시의 명맥을 잇게 한 것은 조운(漕運)을 통한 조세 운반이었다. 그런데 최소한의 항구도 해항(海港)이 아닌 강항(江港)이었다.

정조 때 수원에 신도시 화성을 건설하면서 상업에 대한 배려를 했지만, 신도시 화성이 상업도시로 번성하기를 기대했다기보다는 신도시가 도시로서의 기능을 빠르게 갖추기 위한 방편으로 상업의 효용성을 인정한 정도였다. 임진왜란을 거치며 조선 후기에는 사농공상의 나라였던 조선에서도 상업이 도시에서 갖는 역할과 영향력에 대해 충분히 인정하고 있었음을 의미한다. 상업이 도시의 형성에 중요한 역할을 할 수 있다는 가시적 성과를 보여준 것이 수원의 신도시인 화성(華城)이 갖는 또 다른 도시적 의미였다고 할 수 있다.

비록 제한적이지만 신도시 수원화성은 육로 중심의 교통망 속에서 상업도시의 성격이 가미되었으며, 수원화성의 상업은 교통의 요지가 갖는 강점에 기초한 것이었다. 신도시 화성 이후에도 여전히 물길을 중심으로 한 상업도시는 등장하지 않았다. 조선시대의 전통적인 조운(漕運)체계 속에서 포구는 존재했지만, 조운시스템[22]은 행정의 일부였기에 도시를 경영하는 체제로는 역부족이었다.

그럼에도 불구하고 조선 후기로 접어들면서 조선에서도 상업의 발달이 가시화되었고 이는 포구의 발달과 도시 주변의 변화로 이어졌다. 한강을 중심으로 한 경강상업의 발달은 한강변 포구의 시가지화를 의미했고, 한강에서 전국 각지로 연결되는 수로와 육로 교통망의 형성과 발달을 의미했기 때문이다. 그러나 한강변 포구가 독립적인 시가지를 형성하며 도성과의 관계를 새롭게 설정할 정도로 성장하지는 못했다. 민족의 젖줄로 불리는 한강은 내륙 물류와 삼남으로 연결되는 물류의 중심이었던 탓에 한강변의 많은 포구가 번잡해지기 시작했지만, 포구 자체에 시가지가 형성되기보다는 포구에서 가까운 도성으로 연결되는 도로망이 번잡해진 정도였다. 따라서 물길이 중요한 역할을 담당하는 상업도시의 출현은 개항을 기다려야 했다. 그런데 개항으로 새롭게 탄생하게 된 상업도시는 강이 아닌 바다를 끼고 있었다. 강을 끼고 성장했던 조선의 포구는 농산물을 중심으로 조선의 조운제도에 기대어 성장했지만, 바다를 끼고 성장한 개항 이후의 도시는 농산물이 아닌 2차 산업 생산품의 교역을 위한 상업도시였기 때문이다. 그리고 교역의 대상이 우리 내부에 있는 것이 아니라 외부에 있었다. 개항이 필요했던 이유다. 1876년 1876년 조일수호조규 그리고 1882년 조미수호통상조약 이후 개항된 인천항을 통해 우리와 국교를 맺은 나라들이 개항장을 통해 자신들의 정치적 욕망을, 경제적 이익의 확보를 위한 상품과 함께 가지고 들여왔기 때문이다.

2. 개항장의 입지와 성격

부산과 원산 그리고 인천에 이어 목포와 군산, 진남포 등이 차례로 개항되었다. 순차적으로 개항이 이루어졌지만, 이들 개항장에서 개항의 주체와 목적 등이 각기 달랐다는 점에 주목할 필요가 있다. 1876년의 조일수호조규를 계기로 개항한 부산과 원산이 있는 반면, 서양과의 교역을 위해 개항한 인천, 그리고 고종의 칙령에 의해 우리의 경제적 이익을 위해 적극 개항한 목포와 군산, 진남포, 청진 등이 있기 때문이다.

최성환은 "목포의 해항성(海港性)과 개항장 형성과정의 특징"에서 목포가 강과 바다가 만나는 길목에 위치한 해항으로 역사적으로 중요한 역할을 해왔고, 그 역할이 개항 직전까지 유지되었다고 한다. 목포는 고종의 칙령에 의해 개항된 항구로 무안감리서(務安監理署)와 목포해관이 설치[23]되었을 뿐 아니라 일본의 전관거류지에 대한 요구를 거부하고 각국 거류지를 설치했다는 사실도 중요하다.[24] 이러한 특성을 가진 목포는 앞서 개항된 항구와는 성격이 다를 수밖에 없었다.

목포는 앞서 개항된 부산, 원산, 인천과는 달리 강과 바다에 면한 곳에 설치된 개항장이다. 부산은 낙동강과 인접해 있지만 개항장은 조선시대 이래 왜관이 존재했던 곳을 중심으로 형성되었던 탓에 강보다는 바다를 중심으로 형성된 개항장이었고, 인천은 물길과는 전혀 관계없는 곳에 개

〈그림 4-46〉 목포대(구 만호진). (안창모 소장 엽서)

항장이 만들어졌다. 인천은 바다를 통해 서울로 접근할 수 있는 최단 코
스에 입지했다는 사실을 빼면 자체의 지리적 입지만으로 대도시로 성장
하기 어려운 조건을 가진 도시다. 원산의 경우 원산진이 설치되었으나, 원
산항 인근의 안변남대천은 도시의 형성에 기여할 정도의 규모를 가진 물
길을 끼고 형성된 곳은 아니었다.[25]

목포는 개항 이전부터 강과 바다를 이용한 조운시스템의 한 축을 담당
하고 있었고, 이와 같은 목포의 중요성과 전략적 가치는 군사적 측면에서
도 이미 인정받고 있었다. 1439년에 세종이 "목포가 왜적 침입의 요해처
이므로 만호(萬戶)[26]를 파견해 병선을 주둔"토록 재가했다고 한다.[27] 만호
의 역할은 하도(下道)[28]에서 목포를 통해 올라가는 조운선을 보호 관리하
는 것이었고, 만호가 설치된 만호진(萬戶鎭)은 이를 담당하는 관청이었다.
만호진은 오늘의 만호동(萬戶洞)에 위치했다.

목포라는 지명 역시 『신증동국여지승람』에 따르면 "이곳에서 바다로
들어가는 까닭에 목포라 한다."고 했다. 즉, 목포는 담양군에서 발원해 광

주와 나주를 거쳐 온 영산강이 목포에서 바다를 만나는 곳인 것이다. 이러한 지리적 강점으로 인해 목포는 고대로부터 대외교역로의 길목이었으나, 조선시대에 이르러 대외교역이 소멸되면서 조운체제에서 거점 포구로서의 기능과 군항으로서의 역할만을 담당했던 것이다. 따라서 목포의 개항은 조선시대 내내 묻혀 있던 목포의 옛 기능을 회복한 것이라고도 할수 있다.

무엇보다 중요한 사실은 목포의 개항이 외부의 압력이 아닌 조선의 필요에 의해 이루어졌다는 점이다. 목포는 고종의 칙령에 의해 개항[29]되었는데, 그 시점이 대한제국이 출범한 1897년이었다. 사실 목포의 개항에는 일본인들의 반대가 있었다. 특히 부산의 일본 거류민들이 목포의 개항을 반대했는데, 부산의 일본영사였던 가토 마쓰오(加藤增雄)는 "자신은 (목포)개항의 절대 반대론자가 아니라 개항 자체에는 찬성이다. 단지 개항의 전제로서 조선국 내의 운수 교통 등의 개량과 조선 상인의 생산 및 구매력의 증진을 도모하는 등, 실질적인 상황을 갖춘 다음에 적당한 지역을 개항하는 것이 순서일 것이다. 그렇지 않으면 부산이나 인천 등의 거류지 상황이 순조로이 진행되고 있는 번영 상태에 끼어드는 결과를 초래할 것이다."라며 목포 개항에 시기상조론을 주장하며 반대했다.[30] 이러한 부산 영사의 목포 개항에 대한 반대 입장은 목포의 개항으로 인해 부산에 거류하는 일본인들의 경제적 이익에 손해가 발생할 것을 우려한 일본 거류민의 반대가 있었기 때문이다. 이와 같은 일본 정부와 부산 거주 일본인들의 반대에도 불구하고 개항을 강행한 한국 정부의 의지는 목포의 개항이 한국의 국익에 중요하다는 판단이 있었기 때문이다.

한국 정부의 목포 개항이 결정된 뒤에는 일본은 목포를 일본만의 전관 거류지로 만들어 자신들의 독점적인 이익 추구를 시도했으나 한국 정부는 일본의 요구를 거부하고 각국 거류지를 설치했다. 이는 한국 정부가 목포는 일본만을 상대로 한 교역도시가 아니라 서구 열강과 교역하는 도시가 될 수 있는 입지적 강점이 있음을 알았기 때문이다. 그리고 이는 곧 교역을 통해 얻어지는 관세를 근대국가 건설을 위한 재원으로 사용하겠다는 의지의 발현이기도 하다. 그러나 1905년의 을사늑약으로 한국 정부가 실질적으로 일본의 지배하에 놓이면서 한국 정부의 뜻은 좌절되었다.

3. 상업도시 목포

개항장은 기본적으로 외국과의 교역을 목적으로 하는 도시이므로 상업도시의 성격이 강한 것은 자연스럽다고 할 수 있다. 처음 개항된 부산과 원산 역시 기본적으로 상업도시였으며 그 대상은 주로 일본이었다. 첫 개항장으로 알려진 부산은 개항 이전부터 일본에 교역을 허락하면서 설치된 왜관이 있었던 곳이었기에 여느 개항장과는 달리 역사적인 뿌리가 깊다. 따라서 부산을 개항장이라고 부르는 것은 적절하지 않다. 이에 반해 인천은 특정 나라를 위한 개항장이기보다는 조선과 통상을 원하는 서구 열강 모두와의 교역을 위한 개항장이었고, 이러한 개항장의 성격은 전관 조계지와 각국 조계지가 공존하는 개항장의 공간구성에 잘 반영되어 있다. 그러나 인천은 부산과 달리 역사적 뿌리가 전혀 없었다. 그럼에도 불구하고 인천이 개항장이 될 수 있었던 것은 서울과의 관계 때문이었다. 부산과 달리 일본의 기득권이 존재하지 않으면서, 서울과의 관계로 인해 서구의 많은 나라들의 관심이 집중된 도시가 인천이었다.

조일수호조규에 의해 개항된 부산항은 조선 정부의 입장에서는 전통적인 일본과의 교역에 기초해 이루어졌으며, 다만 부산에서의 일본의 활동 폭이 다소 커진 정도였다. 조일수호조규에 관세권 조항이 없어 불평등

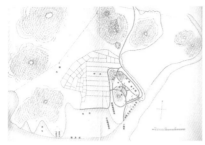

〈그림 4-47〉 목포 외국인 거류지 지도. (출처: 조선 총독부, 『조선토목사업지』 [1928])

〈그림 4-48〉 목포시가지. 〈그림 4-47〉과 동일 위치 지도. (출처: 조선총독부지형도 [1932])

조약의 요소를 가지게 된 것은 조선 정부가 만국공법에 기초한 교역 질서에 익숙하지 않았던 까닭도 있지만, 기본적으로 조선 정부가 전통적으로 일본에게 부산과 인접 포구를 지정해 한정적으로 교역을 허락했던 기존 체제의 연장선상에서 부산이 개항장으로 규정되었기 때문이다. 조일수호조규 이후에도 조선 정부는 일본이 서울에 공사관을 설치하는 것을 허락하지 않았다. 이는 조선 정부가 서구 여러 나라와 조약을 체결 시, 조약에 관세권을 포함시켰고, 조약 체결 직후 서울에 공사관을 설치토록 한 것과 비교된다. 인천 개항을 기점으로 개항은 더 이상 외국의 요구에 응하는 소극적인 대응이 아니라 우리의 이익을 극대화하는 방편으로 인식되었고, 목포는 대표적인 사례라고 할 수 있다.

1896년 10월 30일에 인천해관장이었던 오스본(W. Mc. Osborne)과 측량사 아무어(W. Amour)[31]는 정부의 지시에 따라 목포항의 개항을 준비했으며, 정부는 1897년 7월 3일 의정부 회의에서 목포와 진남포의 개항을 의결하고 같은 해 10월 1일에 목포를 개항했다.

『목포부사(木浦府史)』(1930)에 따르면, 1897년 개항 당시 개항장 지역에는 2,600명이 거주했다고 한다. 주변에 논과 경작지가 위치한 것으로 보아 바닷가에 위치했음에도 불구하고 많은 사람이 농사에 종사했을 것으로 추정된다. 개항장은 〈그림 4-47〉에서와 같이 동쪽으로 영산강이 흘러 바다와 만나는 곳에 입지해 있다. 동시에 시가지 예정 지역은 논과 뻘로 구성되었으며 주변에는 야트막한 구릉으로 둘러싸여 있음을 알 수 있다. 〈그림 4-47〉의 오른쪽 끝에는 작은 구릉이 있는데 이곳은 일본인들이 송도라고 부르는 곳으로 영산강에 면해 있다. 일제강점기에 송도 인근이 매립되어 시가지가 형성되었다.(그림 4-48)

〈그림 4-46〉의 확대된 만호진 그림의 내용을 살펴보면, 한인들은 수해로부터 안전을 확보할 수 있는 구릉지인 만호진 주변에 거주했음을 알 수 있다. 만호진의 가장 높은 곳에는 옛날에 쌓았을 것으로 추정되는 성벽이 표시되어 있고, 지방청으로 표현된 부분에 만호진이 설치되었다. 만호진의 서남측에는 세관 건설 부지가 확보되어 있고, 남동쪽에 세관용부지가 예정되어 있음을 알 수 있다.

〈그림 4-47〉의 지도에서 흥미로운 점은 만호진 서측으로 논(畓)이 있다는 사실이다. 보통의 경우 개항장이 구릉을 정지하거나 매립지 위에 건설된다는 점에 비춰보면, 경작지가 개항장의 시가지로 바뀌었다는 사실은 개항장 목포의 성격을 이해하는 데 중요한 단서를 제공해준다. 개항장에 포함된 논[32]과 경작지는 만호진 주변에 살았던 한인들에 의해 경작되었을 것이라는 점을 감안하면, 농토의 소멸은 곧 농부들의 삶이 바뀌는 계기가 되었을 것이라고 추정할 수 있다. 경작지인 논의 남측에는 남해안 특유의 진흙 뻘(泥地)이 광범위하게 펼쳐져 있었다. 논과 뻘을 메워 시가지를 조성한 것이다. 두 개의 언덕 사이에 격자형 시가지가 조성된 이유다. 한편 인천과 비교할 때 개항장을 구성하는 시설 중에서 눈에 띄는 차이는 인천 조계지에는 학교가 존재하지 않았지만 목포 개항장에는 목포공립보통학교와 목포고등심상소학교 등 교육시설과 기독교 등 각종 종교시설 등이 존재한다는 사실이다. 인천의 경우 조계지에는 업무시설과

〈그림 4-49〉 목포시가지와 삼학도 전경. (안창모 소장 엽서)

〈그림 4-50〉 삼학도에서 바라본 목포 시가 전경. (안창모 소장 엽서)

〈그림 4-51〉 목포 일본영사관. (안창모 소장 엽서)

〈그림 4-52〉 목포심상소학교. (안창모 소장 엽서)

상업시설이 배치되고, 학교를 비롯한 배후시설은 구릉을 넘어 개항장의 동북쪽에 위치한 동인천(배다리) 지역에 집중적으로 분포되어 있다. 이에 반해 목포는 학교 등의 배후시설이 조계지와 일체화되어 있다. 이는 목포 개항장이 기존의 원주민들을 개항장에 포함해 조성했기 때문이다. 인천과 원산의 경우 한인들이 거주지를 조계지 경계 밖으로 설정하였음에 비춰보면, 원주민을 개항장에 포함시킨 것은 개항의 주체와 목적이 한국 정부였으며, 목포가 한인들의 주도적인 역할을 기대한 개항장이었음을 보여준다고 할 수 있다.

개항장 목포는 인천이나 원산 그리고 부산과는 달리 우리의 역사적인 뿌리가 깊은 목포진을 중심으로 형성되었으며, 앞선 개항의 학습효과를 바탕으로 우리의 필요에 따라 건설되었다. 여기에는 삼국시대에서부터 고려에 이르기까지 목포가 갖고 있었던 해항으로서의 오랜 역사적 뿌리가 개항기에도 중국과 일본과의 교역에서 가장 유리한 입지임을 인정받고 있었다고 할 수 있다. 비록 조선시대가 바다와 상업을 멀리하는 나라였던 탓에 목포가 조선시대에 항구노시로 성장하지는 못했지만, 근대를 맞이해 목포가 우리 손으로 선택하고 만들어진 첫 개항장으로 선택될 수 있었던 것은 목포의 입지와 오랜 잠재력에 기초하며, 근대기 우리 손에 의해 형성된 첫 상업도시의 남다른 성격은 개항장 목포의 조성과 시가지 구성에서 잘 드러난다. 특히 대한제국이 출범을 준비하는 과정에서 목포 개항이 동시에 준비되었다는 사실은 근대국가 건설을 위해 필요한 막대한 자금을 1차 산물에 의존했던 조선과 달리 교역을 통해 얻어지는 관세 등을 통해 확보하려는 의지가 반영된 것이라고 할 수 있다. 이는 곧 새롭게 출범한 대한제국이 농업 중심 국가에서 탈피하는 첫 단계라고도 할 수 있다. 상업도시의 탄생이 갖는 의미다.

근대교통시설의 도입과 도시구조 재편

서구 사회에서 철도는 산업혁명의 상징적 아이콘이자 근대인의 삶이 지리적 경계를 넘어서게 만든 일등공신이었지만, 우리에게 철도는 침략과 수탈의 상징으로 깊이 각인되어 있다. 일본인들이 부산을 통해 한반도에 상륙하고 서울에 들어왔으며 신의주를 거쳐 만주로, 청나라로 침략의 루트를 확장했다. 그리고 일본의 한국과 만주 그리고 중국을 침략하는 루트의 근간에는 철도가 있다. 경부선과 경의선이 대표적인 예다. 그러나 모든 철도가 일본의 뜻대로 시작되고 움직였던 것은 아니었다. 철도 역사의 시작이라고 할 수 있는 경인철도가 그 예다. 경인철도는 대한제국의 의지로 건설이 결정되었다. 미국인에게 주어졌던 철도 부설권이 일본의 방해와 사업자의 자금 문제로 일본인에게 넘어갔지만, 1900년에 완공된 경인철도는 대한제국의 근대화 의지를 드러내는 대표적인 사업의 하나였다. 그러나 경의철도와 경부철도는 달랐다. 경의철도는 일본이 도발한 러일전쟁의 수행을 위해 일본군 주도로 건설되었고, 일본이 러일전쟁에서 승리하면서 한반도에 대한 지배권을 확보한 후에 건설한 철도가 경부철도이기 때문이다. 이렇게 건설된 경의철도와 경부철도가 한국을 식민지화하는 데 앞장섰고, 한국이 식민지로 전락한 이후 경부철도, 경의철도 등과 함께 경인철도 역시 식민지 수탈의 도구로 전락했다.

1. 경인철도

경인철도는 1900년에 대한제국에 의해 건설된 최초의 철도다. 미국 정부는 1883년 6월 23일 민영목을 통해 제물포와 한강의 수심 측량을 허락받았고, 1887년 2월 9일에는 '전등 및 철도 신설계획'을 조선 정부에 요청했다. 조선 정부는 1891년 3월 제임스 모스(James R. Morse)와 '철도창설조약'을 협상하고, 1896년 3월 아관파천 직후에 일본의 요구를 물리치고 모스에게 철도 부설권을 주었다. 1897년 3월 22일 제물포 우각현(현 도원역 부근)에서 기공식이 있었고, 1899년 9월 18일에 제물포에서 노량진까지 처음 기차가 운행되었다. 1900년에는 한강을 넘어 서대문까지 연결되어 1900년 11월 12일 경인철도가 개통되었다. 이 철도의 건설 주체는 대한제국이었지만, 주체의 존재는 사라지고 미국인 모스에게 주어졌던 철도 부설권이 재정적인 문제로 일본인에게 넘어갔다는 사실만 역사에 남았다.

경인철도는 대륙 침략과 식민지 수탈의 상징인 경의철도나 경부철도와 달리 대한제국의 근대국가 건설 의지가 담겨 있는 철도였다. 조선시대에 중요한 외교 상대였던 중국을 대신해 인천항을 통해 서구 열강과 국제적인 관계를 형성했기 때문에, 자연스럽게 개성에서 평양을 거쳐 의주를 통해 중국으로 연결되는 외교 루트가 효력을 상실하고, 경인철도를 통해 서구와의 외교와 통상 루트가 형성되었다. 결과적으로 경인철도 건설은 개항 이후 서울의 성장축과 공간구조 개편의 시발점이 되었다. 경인철도는 대한제국이 세계를 만나는 새로운 길이었다.

1) 경인철도 노선

경인철도 건설과 철도노선은 서울의 성장축에 큰 영향을 미쳤다. 경인철
도의 건설은 개항 이전에 조선의 주된 외교 상대였던 중국이 국제사회에
서 무력화되면서 육로를 통해 북경으로 이어졌던 외교 루트를 대신해서
서울에서 인천으로 이어지는 경인철도가 새로운 외교 루트이자 경제 루
트의 역할을 담당하게 되었다.

1900년 경인철도 개통 당시 노선은 경성역(서대문역)에서 출발하여 남
대문역, 용산역, 노량진역, (영등포역), 오류역, 소사역, 부평역, 우각역, 축현
역, 인천역으로 이어졌다. 그런데 여기서 주목할 것은 한강을 건너기 위
해 용산에서 노량진으로 건넜다는 사실이다. 경인철도는 궁극적으로 인
천으로 연결되는 철도인데, 용산에서 한강을 건너면 노량진에서 여의도를
남서쪽으로 우회하여 영등포를 거쳐 인천으로 연결된다. 이 경우 철도노
선은 마포에서 한강을 건너 영등포를 거쳐 인천으로 연결되는 것보다. 노
선이 약 $1km$ 정도 길어진다. 이는 곧 공사비와 공사기간 연장으로 이어질
것이 명확한데, 굳이 경인철도노선이 마포가 아닌 용산에서 한강을 건너
도록 계획된 이유가 무엇이었을까? 더욱이 용산과 마포 모두 한강의 포
구로는 가장 크고 중요한 포구였지만 용산보다 마포가 더 번화했다.

이유는 의외로 명확했다. 서대문에서 출발한 기차가 한강변까지 도달
하는 데 있어 마포노선은 아현(阿峴, 애오개)이라는 언덕을 넘어야 했지만
용산노선에는 구릉이 없고, 마포에서 한강을 건너기 위해서는 백사장을
포함한 폭 $3km$에 달하는 한강을 건너야 하지만 용산에서 건널 경우 $1km$
만 건너면 되었기 때문이다.

즉, 용산에서 한강을 건너는 것이 $1km$를 우회하여 노선이 길어지지만

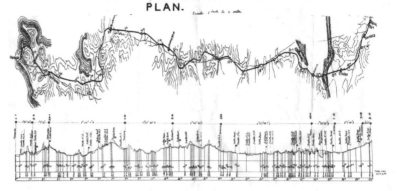

<그림 4-53> 기차역과 지형이 표시된 경인철도노선도. (출처: 『한국철도80년 약사』 [철도청, 1979])

언덕을 넘기 위해 터널을 뚫을 필요가 없고, 한강을 건너기 위한 교량의 길이를 대폭 줄일 수 있었기에 공사비를 절약하고, 공사기간을 절약하기 위해서는 마포보다는 용산노선이 더 합리적인 선택이다. 그런데 경인철도의 노선이 용산으로 정해짐에 따라 서울의 도시구조 변화에 큰 방향이 결정되었을 뿐 아니라, 여의도의 도시화 과정에 결정적 영향을 미쳤다.

용산에는 저습지를 매립하여 신시가지가 건설되었으며, 철도가 여의도를 가로지르지 않고 여의도를 우회함에 따라 여의도의 시가지화는 1970년까지 지연되었다.

2) 경인철도 건설

경인철도 부설 과정의 주요 사건을 연도별로 정리하면 다음과 같다.

1876.   조일수교

1877.   부산 개항/ 1880. 원산 개항/ 1883. 인천 개항

1882.	조미수교
1883.6.23.	미국 정부, '제물포와 한강의 수심 측량'을 허가받음
1887.2.9.	뉴욕 조선영사 에버레 프레이저(E. Frazar)를 통해 김윤식에게 '전등 및 철도 신설계획 요청' 공문 발송. 에디슨 전등회사에 전등 설비 발주
1886.12.	전기설비 인천항 도착
1887.3.	건청궁에 전등 가설
1891.3.	제임스 모스(James R. Morse)와 철도창설조약 협상
1894.	철도국을 철도사로 개편. 철도의 부설, 감독, 관리 담당
1896.2.	아관파천
1896.3.	미국인 모스에게 서울-인천 철도 부설권 부여
1896.7.	프랑스 피브릴르회사 서울-의주 철도 부설권 부여. 1896에 프랑스가 호남선 부설권 요청을 조선 정부가 거부
1904.6.	호남철도주식회사에 강경-군산철도 및 공주-목포철도 허가. 일본에 의해 호남선 부설권 취소.
1897.3.22.	경인철도 기공식
1897.5.12.	자금난으로 18개월 이내에 준공된 철도를 일본에 넘기는 매도계획 체결(200만 원)
1898.12.18.	일본 측에 매도(정산: 1899.1.30.)
1899.9.18.	일부 구간 개통, 제물포-노량진
1900.6.	한강철교 준공, 경인철도 개통
1901.	경부철도 기공식@영등포정거장
1903.	일본과 경원철도 차관계약
1904.	경원선 부설 시작
1906.4.3.	용산-신의주 개통

〈그림 4-54〉경인철도의 종착역인 경성역(서대문역) 전경. (출처: *The Burton Holmes Lectures*. Volume 10_ Seoul, Capital of Korea, Japan the Country, Japan the Cities. McClure, Phillips & Co. New York, MCMV [1905]).

〈그림 4-55〉서대문역에 있던 아스토호텔. (안창모 소장 엽서)

〈그림 4-56〉인천역. (안창모 소장 엽서)

1년의 시간 차이를 두고 건설된 전차(1899)와 기차(1900)는 서대문에서 만났다. 인천에 도착한 외국인이 기차를 타고 서대문역에 도착한 후 전차를 갈아타고 도성 안으로 들어올 수 있었으니 서대문역은 오늘로 치면 환승역이었던 셈이다. 환승역 주변에는 세계적인 호텔체인이었던 아스토호텔(Astor Hotel)도 있었다. 서대문역의 위치는 현재 이화외국어고등학교의 운동장이다. 이와 같은 경인철도의 역할은 조선시대 북경으로 통하는 외교 루트였던 의주로에 비견할 수 있다. 경인철도는 세계를 향해 문호를 개방한 조선이 대한제국으로 새롭게 출범하면서 서양의 문화를 받아들인 개화의 루트였고, 대한제국이 서양과 만나는 새로운 길이었던 것이다. 그러나 최초의 철도 시대가 열렸을 당시 서울에서 가장 중요한 역이었던 서대문역의 역할은 채 10년을 넘기지 못했다.

한국을 무력으로 장악한 일본이 러일전쟁을 위해 경의철도를 부설하고, 러일전쟁에서 승리한 일본이 경부철도를 건설하면서 철도의 중심이 서대문역에서 남대문역(현 서울역)으로 옮겨졌다. 그리고 1919년 서대문역은 문을 닫았다.

2. 경의철도와 경부철도

경의철도는 1896년과 1899년 프랑스 피브릴(Fives Lile)과 대한철도회사가 각각 부설권을 얻었으나 자금 조달 실패로 철도 부설이 무산되었다. 1898년 8월 19일 고종은 맥리비 브라운에게 철도 감독의 임무를 부여하고 21일에 농상공부 대신 이도재(李道宰)에게 그동안 조사한 철도 부설 후보지를 직접 답사해 철도 건설 방안을 세우도록 명했다. ①서울-목포 ②서울-원산-경흥 ③원산-평양-진남포 ④경흥-의주 등 네 개 후보 노선 가운데 북한 지역을 동서로 횡단하는 '원산-평양-진남포'와 '경흥-의주' 노선은 광산 개발을 염두에 둔 노선 검토로 추정된다.

1900년에는 왕실 재정을 담당하는 내장원 산하에 서부철도국을 두고 '서울-개성' 간 측량을 시작으로 철도 부설을 준비했다. 그러나 1904년에 러일전쟁을 도발한 일본은 전쟁 수행을 위해 '서울-신의주' 간 철도 부설을 서둘렀고, 이를 위해 임시군용철도감부를 설치했다. 1904년 3월 '용산-개성' 구간을 시작으로 1906년 청천강과 대동강철교가 완공되면서 전 노선이 개통되었고, 1911년에는 압록강철교가 완공되어 중국과 연결되었다. 1904년 러일전쟁에서 일본이 승리하면서 한반도의 지배권을 확보한 일본은 한일의정서를 앞세워 용산에 일본군 병영을 건설했다. 서울에서 최초로 용산에 병영과 철도의 신시가지가 조성되었다. 그렇게 형성된 신용산은 일제강점기에 구용산과 달리 일본인들의 도시였으며, 이때 개설된 한강로를 통해 한양도성까지 연결되었지만 사대문 안과는 구별되는 독립적인 시가시가 형성되었다.

경인철도, 경의철도와 달리 경부철도는 일본이 1898년 9월 처음부터 부설권을 확보했다. 1901년 6월에 설립된 경부철도주식회사는 민간 주도의 회사였지만, 설립자금의 4분의 1이 일본 정부 돈이었다. 경부철도주식회사 사장이었던 시부사와 에이이치(渋沢栄一)는 "경부선은 조선에서 일본의 유일 맥관이자 사활의 기관"이라며 경부철도가 일본에 얼마나 중요한 의미를 가지는지 강조하며 왕족에서 시골 농민에 이르기까지 경부철도에 투자할 것을 선동했다고 한다. 철도는 1904년 12월 27일에 개통되었다.

3. 전차

1899년 5월 3일 전차가 처음 시범 운행되었다. 전차가 부설된 이유는 홍릉에 위치한 명성황후의 릉을 참배하려는 백성들의 편의를 도모하고자 함이었다는 것이 속설처럼 전해진다. 그러나 《매일신보》를 통해 알려진 이와 같은 속설은 역사적 사실과 다르다. 이는 조선총독부가 전차 부설이 갖는 대한제국의 근대국가 건설 의지를 폄하하려는 시도로 보인다.

1898년 2월 19일 콜브란(C. H. Collbran)과 보스트윅(H. R. Bostwick)은 서울에서 전기사업 관련 경영권을 확보했는데, 전차는 관련 사업의 일환

<그림 4-57> 전차 개통식 날 동대문 전차고 풍경 (출처: Collers Weekly 1899년 7월 15일)

이었다. 한미합작으로 한미전기회사[33]를 세웠는데 고종이 절반의 자본을 출자했다. 1898년 3월 8일자 《독립신문》에 서대문에서 동대문 밖 홍릉까지 전차를 부설한다는 소식이 실렸다.

1898년 9월 흥화문 앞에서 전차 철도를 개설하는 예식이 거행되었다. 행사장에는 한성판윤(현 서울시장) 이채연, 미국공사 알렌, 해관총무 백탁안(맥리비 브라운), 상공국장 송헌무와 공사 관련 기수들이 참석했다. 기공식에서는 이채연 씨가 침목에 철정을 먼저 박았고, 참관한 관인과 관계자들이 차례로 철정을 박고 예식을 진행했다고 한다. 처음 개통된 구간은 서대문 밖 경교(京橋)[34]에서 청량리까지였다.

• **한성전기회사**

전차의 개통은 단순히 근대교통수단의 도입 이상의 변화를 가져왔다. 종로2가에는 한성전기회사 사옥이 건립되었고, 종로5가에는 전차 정거장이 있었는데, 정거장 안에는 화력발전소도 세워졌다. 2층으로 지어진 한성전기회사 사옥은 종로에 들어선 첫 번째 서양식 건축이다. 중앙의 현관을 중심으로 좌우 대칭으로 지어진 2층 건물로 르네상스 건축양식으로 지어졌다. 주출입구 상부에는 시계탑이 설치되었는데, 일정한 시간 간격으로 운행하는 전차를 운영하는 회사 측에서 공공에게 시간을 알려주

〈그림 4-58〉 한성전기회사 사옥. (명지-LG한국학 자료관 소장)

〈그림 4-59〉 1900년경 종로와 전차. (출처: *The Burton Holmes Lectuers*, Vol.x [1901])

는 것은 매우 중요했다.

　전차 부설은 1895년 내부령 9호에 의해 가가(假家)가 철거되고 한성 내 도로의 폭이 일정하게 관리되기 시작한 이후 일어난 가장 큰 변화다. 당시 서울을 방문했던 이사벨라 버드 비숍은 "동방에서 가장 더러운 거리가 이제 가장 깨끗하고 현대적인 거리로 바뀌었다."고 찬사를 아끼지 않았다.

　전차 개통으로 아시아의 수도로는 처음 대중교통이 운행되었다. 일본보다 20년 가까이 늦게 개항했으면서도 아시아 국가 중 수도에 대중을 위한 교통시설이 제일 먼저 부설[35]된 것은 고종의 근대화에 대한 적극적인 의지를 드러낸 것이라고 할 수 있다.

　〈그림 4-59〉는 한성전기회사 지붕 위에서 신문로 쪽을 바라보고 촬영한 종로 거리의 모습이다. 약 20미터 폭(4차선 도로)의 간선도로에는 전차 노선이 부설되었고, 시전행랑 이면에는 피맛길이 보인다. 사진 중앙의 큰 지붕 건축물이 육의전의 행랑건물인데, 2층으로 지어진 한옥 상가였다.

외래 종교와 신건축

1. 한옥 종교 건축

이 땅에 가장 먼저 전래된 서양 종교인 가톨릭교회의 성당 중 현존하는 서울과 대구 그리고 전주를 비롯해 많은 도시에 지어진 성당은 서양의 역사주의 건축양식인 고딕 건축을 벽돌로 번안해 건축된 경우가 대부분 이지만, 붉은 벽돌로 지어진 가톨릭이나 개신교의 뾰족지붕과 탑을 가진 교회 건축의 모습은 전래 초기의 교회 건축 풍경이 아니다. 큰 틀에서 도 시에는 붉은 벽돌 교회 건축이 지어지고, 비도시 지역에는 전통건축을 이용한 교회 건축이 지어졌지만, 외래 종교의 전래 초기에는 지역의 구분 없이 전통건축이 종교시설로 이용됐다. 이는 초기 교회 건축과 도시권을 벗어난 지역의 경우 경제적인 문제 외에도 보편화되지 않은 서양 건축술 의 지원을 받을 수 없는 상황에서 교회 건축이 지어졌기 때문이다. 따라 서 초기와 비도시권의 종교 건축은 대부분 전통건축을 개조해서 사용하 거나 전통건축을 서양의 다양한 교회 형식에 맞춰 번안해 사용했다. 이

〈그림 4-60〉 강화성당 전경. (안창모 사진)

〈그림 4-61〉 강화성당 내부 모습. (안창모 사진)

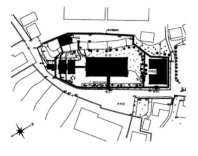

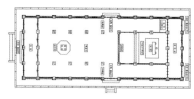

〈그림 4-62〉 성공회 강화성당 배치도. (출처: 문화재청)

〈그림 4-63〉 성공회 강화성당 평면도. (출처: 문화재청)

는 가톨릭과 개신교 그리고 성공회 등 교파에 관계없이 나타나는 공통적인 현상이었다.

한옥 교회는 크게 다섯 가지 평면으로 구별된다. 가장 대표적인 것이 성공회 강화성당으로 현존하는 성당에서 가장 많은 유형이다. 이러한 류의 성당은 2고주(高柱), 7량(梁) 구조를 갖는 한옥 성당으로 두 개의 고주 사이에 신도석이 위치하고 그 양편으로 복도가 있는 전형적인 바실리카식(Basilica) 교회의 공간구조를 가진 형식인 라틴크로스와 유사하다.

성당은 전망이 좋거나 주변 어디에서도 쉽게 인지되는 언덕 위에 지어졌고, 교회 건물은 축을 중심으로 정문과 종루 그리고 예배공간 순서로 배치가 이루어졌는데, 이는 전통적인 사찰 건축의 예와 유사하다. 일반적인 불교와 같이 전통적인 종교시설의 중심 건물들은 넓은 면이 마당에 면하고 넓은 면에 주출입구 설치되지만, 교회 건축은 장방형의 평면에서 폭이 좁은 쪽에 주출입구가 설치된다. 이는 초기 기독교 건축에서 로마시대 바실리카의 측면을 주출입구로 삼아 공회당을 종교시설로 전환시킨 것과 유사한 방법이라고 할 수 있다. 이렇게 구성된 예배공간은 중층의 지붕을 가지고 있는데, 이는 지붕의 높이 차이가 나는 곳에 고측창을 설치해 내부 채광을 원활하게 하기 위함이었다. 이러한 처리 역시 서양 교회 건축에서 회중석과 복도의 높이 차이에 의한 채광을 시도한 클리어스토리(Clearstory, 고측창)의 원리와 같다. 장변의 측면에는 돌출된 트란셉트는 없지만 양쪽에 출입문이 설치되어 트란셉트의 역할을 한다.

두 번째 유형으로 그릭크로스(Greek Cross)[36] 형식의 한옥 교회가 있다. 대구의 초기 계산성당이 그 예다. 1899년에 김보록 바오로 신부(Archille Pal Robert)에 의해 건축된 첫 계산성당은 전형적인 그릭크로스의 평면이었다. 평면 구성과 달리 매스는 전형적인 한옥의 모습이었다. 이전에 건축된 중림동성당(1892, 서울), 명동성당(1898, 성당), 답동성당(1896, 인천)이 모두 서양의 라틴크로스(Latin Cross)[37] 교회 건축을 모델로 건축되었다는 점에 비춰보면 대구의 첫 성당이 그릭크로스에 기초한 전통건축으로 지어진 것은 매우 이례적이었다고 할 수 있다. 계산성당은 가로세로 8칸의 길이를 갖고 있지만, 각 방향으로 각각 4칸의 전면이 2칸씩 돌출되어 있다. 십자형 평면의 한옥 계산성당은 우리에게는 존재하지 않았던 평면 형식이지만(다양한 형태의 정자 제외) 전통 목구조가 다양한 유형의 공간구조에 적응할 수 있음을 보여주었다.

그러나 준공된 지 40일 만인 1900년 2월 4일 화재로 십자형 성당이 소

〈그림 4-64〉 계산성당 초기 한옥 교회와 사제관. (출처: 일본 궁내청)

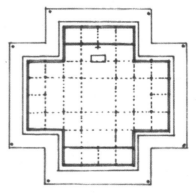

〈그림 4-66〉 화재로 소실된 이후 재건축된 계산성당. (안창모 소장 엽서)

〈그림 4-65〉 한옥 성당 평면. (김정신 그림)

실되었다. 당시 김보록 신부는 파리외방전교회에 보낸 서신에서 "한국 건축양식의 걸작으로 그토록 많은 노력과 정성을 들였던 아름다운 노트르담(성모 마리아)의 루르드성당이 하룻밤 사이에 잿더미화하였다."고 언급했다. 당시 화재는 지진으로 인한 것으로 알려져 있다. 이후 재건된 성당은 로마네스크 양식의 라틴크로스 형식을 갖추었다.

세 번째 유형으로는 익산의 나바위성당이 있다. 나바위성당은 장방형의 평면으로 외관상 여느 붉은 벽돌 교회 건축과 차이가 없지만, 현재의 교회 정면은 1916년에 증개축된 것이다. 최초의 성당은 1906년에 전통건축 형식으로 건축되었다.

익산 나바위성당은 장방형 평면이지만 공간구성의 내용이 독특하다.

〈그림 4-67〉 익산 나바위성당 전경. (안창모 사진)　　〈그림 4-68〉 익산 나바위성당 내부 모습. (안창모 사진)

장방형의 실내 공간은 중앙의 회중석과 양쪽에 복도가 위치하는 3랑식 구성이 아닌, 하나의 긴 홀을 중앙에 기둥을 설치해서 2개의 긴 공간으로 나뉘었다. 이는 남녀가 유별한 우리의 전통에서 남녀를 하나의 공간에 수용하는 방식인데, 'ㄱ'자형 평면을 꺾이는 부분을 중심으로 남과 여의 공간을 다르게 구성했던 두동교회의 구성과 비교된다. 건물의 외부에는 회랑이 둘러쳐져 있다. 이러한 회랑은 길게 내민 처마를 받치기 위해 조성된 것으로도 볼 수 있지만, 미사를 행하는 과정에서 영성체를 모시는 남녀의 동선이 섞이지 않도록 하는 공간구성이라고 할 수 있다.

　네 번째 유형으로 익산 두동교회의 'ㄱ'자형 평면이 있다. 두동교회는 1929년에 건축되었으며 'ㄱ'자형 평면의 모서리에 제단을 설치하고 양쪽 공간에 남자와 여자를 각각 앉도록 했다. 남북축 공간에 남자가 앉고 동서축 공간에 여자가 앉았다. 실내는 회중석과 복도의 구분이 없는 하나의 공간으로 구성되었다.

　다섯 번째 유형으로 강경의 북옥감리교회와 같이 회중석과 복도의 구분이 없을 뿐 아니라 남녀 공간에 대한 구분이 없는 하나의 공간으로 구성된 사례도 있다. 북옥감리교회는 1923년에 건축되었다. 전면 4칸과 측면 4칸으로 구성된 정방형에 가까운 공간으로 구성되었으며 팔작지붕 집

〈그림 4-69〉 두동교회 전경. (안창모 사진)

〈그림 4-70〉 제단에서 바라본 두동교회 내부. (안창모 사진)

〈그림 4-71〉 강경 북옥감리교회 전경. (출처: 문화재 청)

〈그림 4-72〉 강경 북옥감리교회 내부. (출처: 문화재청)

이다. 정면은 좌우에 각각 출입문이 설치되어 있다. 정면 4칸과 측면 4칸의 정방형 공간은 우리나라에는 흔치 않은 공간구성인데, 이는 근대기 대공간을 필요로 하는 예배공간의 특성이 반영된 것이다. 중앙의 고주에 남과 여의 공간을 구분하는 장막을 설치했다고 한다.

예배공간을 남과 여의 공간으로 구분하는 것은 나바위성당이나 두동교회와 개념적으로 같지만, 공간의 규모 등으로 인해 공간구조가 아닌 실내 장막에 의한 구분이 이루어졌다. 공간구조적인 측면에서는 하나의 큰 홀을 이루고 있어 홀 처치(Hall Church)에 해당한다고 할 수 있다.

이 밖에도 한옥 종교 건축으로 고산성당(1894, 함경남도), 평양성당(1895, 평양), 공세리성당(1897, 공주), 장호원성당(1893, 장호원), 수류성당(1907, 김제), 구포성당(1922, 안성) 등이 있다.

2. 벽돌조 종교 건축

1784년 겨울, 북경에서 영세를 받고 돌아온 최초의 세례자 이승훈이 도성 안 수표교 근처에 있던 이벽의 집에서 이벽과 정약용에게 세례를 줌으로써 최초의 천주교회가 세워졌다. 이후 신자들이 명례방의 김범우 집에서 집회를 열었다고 하니 1784년 처음 천주교회가 세워졌을 당시에는 공동체로서의 교회만 존재했고 오늘날의 교회 건축은 존재하지 않았음을 알 수 있다. 이벽의 집에서 천주교회가 시작되었으나 당시는 종교의 자유가 없었다. 제한적이나마 종교의 자유를 갖게 된 것은 1886년 조불수호통상조약 체결 이후다. 이 조약을 통해 프랑스 선교사는 조계지에서 생활이 가능했고, 여행증명서를 소지하면 전국을 돌아다닐 수 있었다. 그러나 합법적인 교회가 지어진 것은 1892년이다. 이 땅에서 천주교회가 성립한 이후 첫 교회가 지어지기까지 118여 년의 시간 속에는 신해박해(1791)와 신유박해(1801)가 있었고, 1831년에 조선교구가 만들어졌지만 기해(1839), 병오(1846), 병인(1866) 등 박해가 계속되었다. 1899년 대한제국 내부 지방국장 정준시와 천주교 조선교구 뮈텔(G. Mutel) 사이에 교민조약(敎民條約)이 체결되면서 마침내 선교의 자유가 확보되었고, 비로소 천주교는 자유롭게 교회 건축을 갖게 되었다.

1) 가톨릭교회 건축

• 중림동성당, 서울

중림동성당은 최초의 성당 건축이자 본격적으로 벽돌로 지은 건축물로

〈그림 4-73〉 중림동성당 전경. (안창모 사진) 〈그림 4-74〉 중림동성당 내부. (안창모 사진)

교회사는 물론 건축사에서도 의의가 큰 교회 건축이다. 중림동성당은 1891년 10월에 착공되어 착공 1년 만인 1892년 12월에 준공되었다. 중림동성당이 위치한 약현은 한국 천주교 역사에서 가장 많은 44위의 성인을 낳은 서소문 순교지를 품에 안고 있는 곳임과 동시에 최초의 천주교 영세자인 이승훈의 집이 있던 곳이기도 하다. 도성 안의 명동성당과 비교되는, 도성 밖을 대표하는 성당이다. 시가지에서 바라보이는 야트막한 언덕배기에 자리잡은 중림동성당은 작지만 도시에서 진입 공간의 체험이 가능한 성당이다. 경사 길을 따라 돌아서 오르면 서측에 위치한 주출입구에 다다르게 된다. 언덕 위에 있지만 위압적이지 않듯, 중앙에 종탑이 위치한 좌우 대칭적 구성이지만 적정 크기의 규모와 비례로 인해 고딕성당 특유의 높이가 주는 위압감이나 숭고함이 없이 정서적으로 친근감을 주는 교회다. 명동성당과 달리 고딕 건축양식이 약화된 모습으로 지어졌다. 외부 모습은 반원형 아치를 특징으로 하는 로마네스크 교회 건축의 양식적 특징을 갖고 있다.

성당 내부로 들어서면 성당은 신도석을 중심으로 양편에 통로가 위치한 전형적인 바실리카식 교회 건축의 내부 공간이 한눈에 들어온다. 단정하게 회벽으로 마감된 실내를 배경으로 신도석과 통로 사이에 놓인 두 줄의 돌기둥으로 연출되는 리듬과 풍부한 빛과 함께 뾰족한 천장을 지닌 성당에서 연출되는 공간감은 여느 성당에서도 찾을 수 없는 실내 공간의 백미라고 할 수 있다. 특히 동쪽에 위치한 제단 뒤의 스테인드글라스를 통해서 들어오는 빛은 성스러움을 더해준다.

• 명동성당, 서울

기록에 따르면 선교가 자유롭지 않던 시절에 김범우의 집에서 "이벽이 안사랑의 상좌에 벽을 등지고 좌정하고, 학자들은 이벽의 둘레에 무릎을 꿇고 손에 책을 들고 엄숙한 자세로 강론과 교리해설을 듣고 함께 기도했다."고 한다. 구체적으로 미사의 행위가 있었음을 알 수 있는데, 이는 교회 건축이 지어지지 않았을 때의 미사가 이루어지는 공간의 모습이었을 것이다. 그러나 김범우 집에서의 모임은 오래가지 않았다. 김범우가 첫 번째 순교자가 되었기 때문이다.

1899년 교민조약에 의해 신앙의 자유를 확보했지만 성당을 짓기 위한 움직임은 이전부터 시작되었다. 1883년 도성 내 외국인의 거주가 허락되어 미국공사관이 정동에 위치하면서 외국인의 토지 구입이 가능해지자 천주교 측에서는 종현성당의 주인으로 전교회장이었던 김가밀로 이름으로 종현 땅을 매입하기 시작했다. 북달재(鐘峴)로 불렸던 종현이 최초의 성당 부지로 선택된 것은 교회와 인연이 깊은 지역에 성당이나 기념물을 만드는 전통에 따른 것이다. 한국 천주교회가 창립되고 최초의 순교자인 김범우가 살았던 명례방은 성당이 지어질 명분 있는 장소였다고 할 수 있다. 특히 종현 언덕은 구릉 위에 교회를 세우는 교회 전통에 가장 잘 부합되는 곳이었다.

1890년에 교회보다 주교관이 먼저 지어졌다. 명동성당 건축을 위한 공사가 재개된 것은 1892년의 일이며, 명동성당은 착공한 지 6년 만인 1898년에 준공되었다. 그러나 최초의 교회 건축이라는 영예는 명동성당이 아닌 중림동성당에 돌아갔다. 종현에 성당을 짓기 위한 준비와 공사는 일찍 시작되었으나, 토지소유권 분쟁, 재정적 어려움과 수차례에 걸친 붕괴 사고, 청일전쟁 등으로 인해 공사기간이 길어졌기 때문이다. 공사 지연의 표면적 이유는 토지소유권 분쟁이었지만, 실질적인 이유는 조선 정부가 선왕의 어진을 모시는 영희전의 주맥에 명동성당이 자리하는 것과 서울 전체와 궁궐을 내려다보는 입지에 교회가 지어지는 것을 못마땅하게 여겼기 때문이다. 분쟁으로 착공이 늦어지는 사이에 중림동성당의 전신인 수렛골공소가 1891년에 명동성당에서 분리되면서 서울에서 두 번째 본당이 되었다. 1892년에 중림동성당이 지어진 이후에도 4년의 시간이 더 걸린 명동성당은 1898년 5월 29일 축성식을 거행할 수 있었다.

명동성당과 중림동성당은 규모에서는 큰 차이가 있다. 명동성당은 당초 주교좌성당으로 계획되었기 때문에 규모가 길이 69m, 폭 28m, 높이 23m, 종탑 46m에 달하며, 건축양식과 건축 구조가 전형적인 고딕교회 건축양식이다. 반면 길이 32m, 폭 12m, 종탑높이 22m인 중림동성당은 약식 고딕 건축양식의 교회 건축이다.

두 교회 건축을 이야기하면서 빼놓을 수 없는 분이 고의선(高宜善)이라는 한국 이름을 가진 코스트(Eugene Jean George Coste) 신부이다. 프랑스 몽타르노에서 출생한 고 신부는 1876년 조선교구에 배치되었으며, 1886년 프랑스와 수교 직전에 조선에 입국해 이후 가톨릭 관련 주요 건축물 건축의 주역으로 활동했다. 명동성당과 중림동성당 역시 고 신부의 작품이다. 건축에 조예가 깊었던 고 신부지만 벽돌을 사용하는 전통을 갖고

〈그림 4-75〉 일제강점기 명동성당 전경. (안창모 소장 엽서)

〈그림 4-76〉 명동성당 내부 전경 (안창모 사진)

〈그림 4-77〉 명동성당의 갤러리 안에 숨겨진 버트레스. (안창모 사진)

〈그림 4-78〉 명동성당 지하성당의 교차볼트. (안창모 사진)

있지 않은 조선 땅에서 벽돌로 성당을 짓는 일은 시공 이전에 재료의 문제에 봉착해 모든 문제를 스스로 해결해야 했다. 재료 문제가 해결된 것은 용산에 위치한 연와소의 흙이었다. 교우 김요왕이 가져다준 흙이 벽돌 굽기에 적합하다고 판단되었고, 이후 용산 연와소에서 구은 벽돌은 중림동성당과 명동성당을 비롯해 서울시내 교회 관련 건축에 모두 사용되었다. 시공은 중국인을 고용했으나 고급 기술인력이 아니어서 고신부가 설계는 물론 시공 과정 전반에 걸친 감독을 수행했다.

명동성당은 주출입구 정면에 종탑을 갖고 있으며, 붉은 벽돌과 검은 벽돌을 구조 요소와 입면 요소에 따라 구분해 사용했으며, 뾰족한 아치와 갤러리의 숨은 플라잉버트레스, 그리고 신도석과 통로의 교차형 볼트는 고딕 건축의 구조 미학에 기초한 아름다움을 갖고 있다. 특히 본당의 교차볼트가 경쾌한 구조미의 표현으로 고딕 건축이 어떻게 고층화될 수 있었는지에 대한 구조 미학을 표현하고 있다면, 지하성당 교차볼트의 육중함은 역학적 힘의 논리를 드러내어 거대한 구조물을 안정적으로 받치는 구조 미학을 유감없이 발휘하고 있다. 명동성당의 건축적 가치의 진면목은 지하성당에서 드러난다.

• 용산신학교

1884년, 용산에 개시장이 설치되면서 가장 빨리 자리잡은 시설이 가톨릭 신학교였다. 조선 후기 몇 차례의 박해를 받았고, 새남터와 당고개 등에서 많은 신도들이 처형당했던 까닭에 선교의 자유를 확보한 가톨릭은 일찍이 한강변에 교회 터를 잡고 신학교를 지었다.

서울용산신학교는 1892년에 건립되었다. 1885년 10월 28일 여주 부엉골(범골)에서 개교한 예수성심신학교가 뿌리다. 1886년 한불조약이 체결되면서 1887년 용산 함벽정(函碧亭, 현 용산구 원효로4가)으로 이전한 후, 1892년 현재의 용산신학교 건물이 지어졌다.

신학생의 증가에 따라 교사가 추가로 건축되었으며, 본 건물은 한때 주교관으로 잠시 사용되기도 했다. 1944년에 성모병원 분원이 이곳에 개설되었으며, 해방 후 신학교 건물과 성당, 부속시설 및 대지 등은 파리외방전교회로 소유권이 이전되었다가, 1956년 성심수녀회의 설립과 함께 파리외방전교회로부터 성심수녀회가 인수하여 수녀원과 학교법인 사무소로 사용되고 있다. 본래의 건물 일부에 증축이 이루어졌으나 최근 원래

〈그림 4-79〉 용산신학교. (안창모 사진)　　　　　　　〈그림 4-80〉 원효로 예수성심성당. (안창모 사진)

의 모습으로 복원하여 법인 사무공간과 성심기념관으로 사용되고 있다.[37]

　용산신학교는 프랑스인 코스트 신부의 설계로 지어졌다. 신학교는 전
후면이 1개 층의 높이 차이를 갖는 경사 대지를 이용하여 반지하 1층, 지
상 2층으로 구성된 벽돌조건물이다.

　주출입구가 위치한 남쪽 전면에 복도가 위치하고, 뒷면에 교실이 배치
되어 교실의 채광보다 정숙함이 확보되도록 설계되었다. 1층 평면의 중앙
에 지하층으로 통하는 외부 계단을 두고, 좌우 끝단에는 2층으로 오르는
계단을 두었다. 정면은 중앙 현관을 중심으로 좌우 3칸씩 벽기둥(pilaster)
을 쌓아 모두 7칸으로 구획하고, 각 칸에는 아치(segmental arch)의 창을
두었다. 붉은 벽돌이 주재료로 사용되었으며, 기둥과 처마 및 수평돌림띠,
창둘레 등에는 회색 벽돌이 사용되어 의장적 효과가 연출되었다.

　바닥은 목재마루이며, 동판 가락잇기의 경사지붕에는 환기용 도머창을
두었다.

• 서울 원효로 예수성심성당

대한제국기에 벽돌로 건축된 고딕풍의 건물로 서울특별시 용산구 원효로동에 위치한다. 1885년 여주 부엉골에서 개교한 예수성심신학교가 1887년 이곳으로 이전한 후 1892년에 서울 용산신학교(사적 제520호)가 건립되었고, 본 성당은 1899년 5월에 착공하여 1902년 4월 14일에 완공되었다. 현재 성심학원과 성심수녀회의 부속성당으로 사용되고 있다.

경사지에 지어져 남쪽 언덕 아래의 제단 부분은 3층이고 후면의 주출입구는 2층이다. 좌측면에 1층과 2층으로 진입할 수 있도록 각각의 출입구가 설치되었으며, 우측면에는 제단부로 진입하는 출입구가 있다. 주로 이용하는 출입구가 중앙이 아니라 한쪽으로 치우쳐 있어 비대칭의 모습을 이룬다. 내부의 신자석과 통로가 하나로 통합된 홀형 교회(Hall Church)형식을 갖추고 있다. 뾰족아치로 된 창문이나 지붕 위의 작은 뾰족탑(pinnacle) 등 전체적으로 약화된 고딕 건축의 의장적 특성을 갖추고 있다. 내부의 신자석 상부는 뾰족아치에 의한 배럴볼트로 구성되었으며, 리브는 제단 상부에만 설치되었다. 신자석 상부의 뾰족아치는 외벽의 버트레스에 의해 지지되고 있다. 출입구는 제대 쪽 양 측면에 나 있고 제의실이 제대 반대측 입구에 설치되어 있다. 후면의 앱스는 5각으로 꺾여 있다. 규모에 비해 다소 육중한 버트레스가 각 베이마다 설치되어 있고 버트레스 꼭대기에는 피나클로 장식하였다.

2) 개신교 교회 건축

• 정동제일교회

1883년 인천 개항으로 서양의 종교가 전래될 수 있는 여건이 마련되었지만, 본격적인 선교는 1885년 4월 5일 입국한 장로교의 언더우드 선교사와 미국 북감리교의 아펜젤러 목사에 의해 시작되었다. 1886년 5월 11일

<그림 4-81> 정동제일교회 (안창모 소장 엽서)

연세대학교와 경신고등학교의 전신이 되는 언더우드 고아원이 설립되면
서 선교를 위한 교육사업이 시작되었다.

1887년 9월 27일에는 정동에 위치한 언더우드(H. G. Underwood) 목사
의 사랑채에서 첫 예배를 시작으로 이 땅의 첫 개신교 조직교회가 출발
했다. 언더우드와 함께 입국한 아펜젤러(H. G. Appenzeller) 목사는 1885년
10월 11일 첫 예배 이후 1894년 교인 수가 200명을 넘어서면서 새로운
교회를 신축했는데, 이 교회가 1897년에 완공된 현 정동제일교회다.

정동제일교회는 최초의 감리교회 건축이며, 개신교 교회 건축 중 가장
오래된 교회 건축으로 사적 256호로 지정되었다.

정동제일교회는 로마네스크풍의 종탑을 가진 벽돌조 교회 건축으로 동
시대 미국의 교외 주거지에서 볼 수 있는 교회의 모습을 갖추고 있다.

교육시설

1. 관립학교

서구식 교육기관의 설립은 대한제국 출범 이전부터 시작되었다. 1886년 통상아문에서 해관과 전화국에 종사할 인력을 키울 동문학교(同文學校), 내부에서 서양 문물 도입 인력 양성을 위한 육영공원(育英公院) 등의 설립으로 나타났다. 이후 1894년 갑오개혁 정부는 교육 개혁의 임무를 띠고, 1895년 1월 7일 아문(衙門)은 고시를 통해 소학교와 사범학교를 설립하고 반상(班常)의 구별 없이 인재를 양성하겠다는 의지를 밝혔다. 정부가 밝힌 내정개혁방안강목(內政改革方案綱目) 중 제5조에 교육제도 전반에 대한 규정을 설정했다. 근대문물 수용을 위한 해외유학생의 파견과 주요 국가의 언어를 가르치는 학교도 설립되었다.

교육 개혁은 두 가지 방향으로 전개되었다. 하나는 대중을 위한 근대적 초등교육의 실시였다. 이를 위해 관립한성사범학교와 13개 관립소학교 그리고 전국에 109개의 공립소학교가 설치되었다. 서구 문물을 적극 수용하기 위해 영어, 러시아어, 일어, 독일어, 불어, 중국어 등 6개 외국어학교와 무관학교, 의학교, 상공학교, 광무학교, 법관양성소 및 잠업시험소도 설치되었다.[39] 학부에 의해 사범학교 관제(1895. 4. 16.)와 소학교령이 공포(1895. 7. 19.)되면서 최초로 생긴 관공립소학교의 교사들은 주로 기존의 민가나 관청 건물, 혹은 전통 교육

〈그림 4-82〉 남원 용성관 객사를 전용한 용성보통학교. (안창모 소장 엽서)

기관의 건물을 전용하거나 일부를 사용했다. 1895년에서 1898년까지 한성부에 설립된 9개의 관립소학교를 살펴보면 장동과 묘동 소학교는 민가를 사용하다가 장소의 협소함으로 각각 대루원(待漏院)[40]과 혜민서(惠民署)의 건물을 사용했다. 양사동소학교는 동학(東學)의 자리인 동부 창선방에, 주동소학교는 남학(南學)의 자리에 각각 설립되었다. 또한 양현동소학교는 양현동 성균관 학사의 일부를 사용하여 설립되기도 했다.

지방의 공립소학교들은 각도 관찰부 소재지를 중심으로 설립되면서 관찰부 청사 안에 설립되거나 지방 향교의 건물을 이용하여 개교했다. 예를 들어 대구공립소학교는 경북관찰부에, 춘천공립소학교는 강원관찰부에 설립되었으며, 단천군 공립소학교는 군관아 건물을 교사로 사용했으며, 수원과 남원 등에서도 객사를 학교시설로 전용했다.

1) 외국어교육시설

조선 정부는 1882년 미국과 수교를 시작으로 유럽 국가들에게 문호를 개방하면서 통역관 양성이 필요해졌다. 육영공원(育英公園, 1886)과 일어학교(日語學校, 1891)로 시작된 외국어교육은 1895년에 '외국어학교관제'를 공포하면서 본격화되었다. 법어학교(法語學校, 1895), 아어학교(俄語學校, 1896), 영어학교(英語學校), 한어학교(漢語學校, 1897), 덕어학교(德語學校, 1898), 한

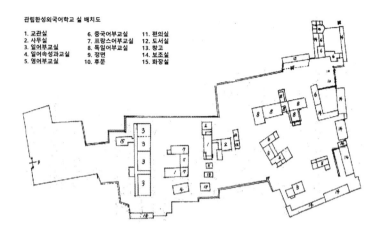

관립한성외국어학교 실 배치도

1. 교관실
2. 사무실
3. 일어부교실
4. 일어속성과교실
5. 영어부교실
6. 중국어부교실
7. 프랑스어부교실
8. 독일어부교실
9. 정면
10. 후문
11. 편의실
12. 도서실
13. 창고
14. 보조실
15. 화장실

〈그림 4-83〉 관립한성외국어학교 배치도. (출처: 『관립한성외국어학교 일람』 [1909])

성외국어학교(漢城外國語學校), 관립외국어학교(官立外國語學校) 등이 설치되었다. 1901년 1월 고종은 외국어학교 교사를 궁중으로 불러들여 궁내부를 통해 연회를 베풀어줄 정도로 외국어교육을 중히 여겼으나 1905년 11월 을사늑약 체결로 대한제국 정부의 외교권이 박탈되면서 외국어교육 정책도 변경되었다. 1906년 9월 1일에 칙령 제43호로 공포된 '외국어학교령'에 따라 각종 외국어학교가 한성외국어학교로 통합되었다. 교육 목적도 "외국어를 유창하게 구사하고 실무에 적합한 인재를 양성"하는 것으로 축소되었으며, 수업 연한도 본과 3년, 연구과 2년 이내로 단축되었다. 1908년에는 수업 연한 2년의 속성과가 설치되었으며, 1909년에는 15세 이상이던 연령을 12세로 낮추어 보통학교 졸업자가 바로 들어갈 수 있도록 했다. 1910년의 모집광고를 보면 일어부 100명, 영어부 80명, 한어부, 법어부, 덕어부를 약간 명씩 모집했으나, 같은 해 8월 29일 대한제국이 일본에 병합되면서 1911년 11월 1일 조선교육령에 따라 폐교되었다.

관립한성외국어학교의 경우 은언군의 저택을 매입, 수리해 학교시설로 사용했는데, 서양식 건축양식을 도입하기 전에 전통건축을 전용한 대표적인 사례라고 할 수 있다.

개항 이후 건축의 변화는 서구의 교육과 제도를 도입하는 과정에서 발생하는데 건축보다는 기능의 수용이 먼저 일어나고 이 과정에서 기존 건축의 공간 변용이 먼저 발생했다. 관립한성외국어학교가 대표적인 예다. 공간 변용 다음 단계는 서양 건축의 도입으로 이어지는데, 이때 도입된 건축은 누구로부터 도입했고 누가 운영한 제도였는가에 따라 건축의 형식이 결정되었다. 제중원과 의학교가 대표적인 사례다. 이에 반해 자신들의 경제적 이권 확보에 관심을 가진 유럽 국가들의 경우 자원 개발에 집중했고, 이는 광산 개발로 이어졌다. 광산 개발은 산업을 위한 필수 과정인데, 이 과정에서 최신 과학기술과 건축이 도입되지만 건축적으로 의미 있는 건축술의 도입보다는 실용적인 건축과 대공간 건축이 도입되는 특징을 가진다.

2) 전문교육시설

대한제국은 적극적으로 서구 문물을 받아들이면서 제도적 근대화를 실천하기 위한 인재 양성을 위해 고등교육기관을 설립하고, 농업의 근대화와 상업과 산업 발전을 위한 농상공 분야의 학교도 설립했다. 1895년에 평리원 부설 법관양성소가 설립되었으며, 교육을 담당할 교사 양성을 위해 한성사범학교도 설립되었다. 1899년에는 경성의학교가 설립되었고, 1900년에는 광무학교(礦務學校)가, 1904년에는 농상공학교가 설립되었다.

1882년 이후 수교한 미국과 유럽 국가들은 조선에서 경제적 이권에 관심이 많았는데 이들은 최혜국 조약을 내세워 광산 채굴권을 확보한 후 금광 개발에 주력했다. 당시 유럽 국가들이 운영했던 광산은 미국은 운

〈그림 4-84〉 미국인 경영의 운산금광. (한국학중앙연구원 소장 자료)

산금광, 독일은 당현금광·선천광산, 영국은 은산광산·수안광산, 영평 사금광·구성광산·초산광산, 일본은 직산금광·창원금광, 러시아는 경원광산·종성광산, 프랑스는 창성광산, 이탈리아는 후창광산 등이다. 이 중에서 대표적인 광산은 미국이 경영했던 운산금광이다. 당시 운산금광은 조선 정부와 미국 자본가가 공동으로 경영했지만, 조선 정부 지분은 25%에 불과했다. 이러한 불공정한 계약을 개선하고 문호 개방 이후 유럽 국가들의 광산 탐사와 채광에 대응하기 위해 조선 정부는 1887년 광무국을 설치하고 미국인 광산 전문가를 초빙해 광산업에 적극 대처했고, 1900년 광무학교 설립으로 이어졌다.

• 광무학교

1900년 9월 7일자《황성신문》에 칙령 제31호로 광무학교(鑛務學校)관제가 발표되었다.

● 勅令第三十一號 鑛務學校官制

○ 第一條 鑛務學校는 鑛業에 必要흔 實學을 敎育ᄒ는 處로 定흠이라

○ 第二條 鑛務學校에 修業年限은 三簡年으로 定흘 事

○ 第三條 鑛務學校에 學科及程度와 其他規則은 學部大臣이 定흘 事

○ 第四條 鑛務學校에 左開職員을 置흘 事, 學校長一人奏任, 監督一人, 敎官四人奏○ 任, 副敎官一人判任, 書記一人判任

○ 第五條 校長은 校務를 統轄ᄒ야 所屬職員을 董率흘 事 (未完)

광무학교의 수업 연한은 3년이었으며, 견학·견습을 위해 광산이 설치된 각 지역에 지교(支校)를 설치할 수 있도록 규정했으나 통감 정치가 시작되면서 1907년에 폐교되었다. 학교 교장에는 궁내부 번역과장이었던 현상건(玄尚健)이 맡았는데, 현상건은 1904년 한일의정서가 강제 체결되자 이를 반대하고 중국 상해로 탈출한 후 독립운동에 투신한 인물이다.

· 제중원과 의학교

1885년 4월 선교사 알렌의 건의로 조선 정부는 최초의 서양식 병원인 제중원을 설립하고, 알렌 등 선교부 의사들에게 병원 운영을 맡겼다. 1886년 11월에는 KEB하나은행 본점 자리로 이전, 1899년 미국 사업가인 세브란스(L. H. Severance)의 기부로 남대문 밖에 새 병원을 짓고 제중원이라는 이름 대신에 세브란스를 병원 이름으로 사용했다. 그러나 대한제국 정부는 계속해서 제중원이라는 이름을 사용했다. 하나의 병원에 제중원과 세브란스라는 두 개의 이름을 사용하게 된 것은 병원의 태생적 특징에 기인한다. 제중원은 국가에서 지었지만 운영을 선교사들이 맡았기 때문이다. 1899년 선교사들이 미국인 사업가의 기부로 새 건물을 지으면서 미국의 전통에 따라 기부자의 이름을 따서 병원 명을 세브란스로 고쳤지만, 대한제국의 정부에서는 기존 이름을 고수한 것이다. 형식적으로는 국립병원이고 내용적으로는 선교병원의 틀을 갖춘 병원이었다. 제중원은 1886년 구리개로 이전한 후 제중원의학당을 세워 의학교육을 실시했으나 1890년 조선 정부의 재정난과 알렌이 의사에서 외교관으로 전직한 후 의학교육이 중단되었다가 에비슨이 부임한 후 1897년에 의학교육이 재개되었다. 1904년 세브란스의 기부로 새 병원이 지어지고 제중원의학교가 정식으로 설립되면서 의학교육이 본격적으로 시작되었으며, 1908년 첫 졸업생이 배출되었다.

〈그림 4-85〉 서울역 앞 세브란스병원. (1904) (안창 모 소장 자료)

〈그림 4-86〉 1909년 설립된 의학교. (서울) (안창모 소장 엽서)

1899년 3월 29일자 《독립신문》에는 3년제 과정의 의학교관제가 실렸다. 이어서 1899년 5월 11일자에는 학교 교사 초빙에 관한 기사가 실렸다. 1899년 현재 대한제국에는 정부가 운영하는 의학교와 선교사에 의해 운영된 세브란스병원이 존재했다. 1899년 7월 5일에 공포된 학부령 제9호에는 '의학교 규칙'이 있다. 황상익에 따르면, 의학교 관제(1899년 3월 24일)는 제1조에서 의학교의 성격을 "국민에게 내외 각종 의술을 전문으로 교수하는 곳"으로 규정했는데, 여기에서 '내외 각종 의술'이란 내과와 외과를 포함한 여러 가지 의술을 뜻한다고 한다. 그리고 제12조의 "지방 정황에 의해 의학교를 지방에도 설치한다."는 규정과 한 달 뒤인 4월 24일에 공포된 칙령 제14호의 '병원관제' 제13조의 "지방 정황에 의해 병원을 각 지방에 설치한다."에서 나타나듯이 국공립병원의 전국 확대 계획과 의학교 설립이 일관성 있게 추진될 계획이었음을 알 수 있다. 그러나 이러한 대한제국 정부의 계획은 일제에 의해 좌절되었다.

· 무관학교

1895년 4월에 신식군대인 훈련대가 편성되면서 초급 무관 양성의 필요성에 따라 1896년 1월에 무관학교관제가 공포되고, 초급 무관을 양성하기

〈그림 4-87〉 훈련도감 전경. (서울역사박물관 소장 자료)

〈그림 4-88〉 무관학교 전경. (서울역사박물관 소장 자료)

위한 군사교육기관이 경희궁 정문 동측 신문로변에 설치되었다. 무관학교가 설치된 곳은 조선시대 훈련도감이 위치했던 곳이다.

무관학교는 3과로 나누어 제1·2과는 속성과로 군부대신이 정하는 기간 동안 교육이 행해졌으며, 제3과는 졸업과로 5년의 교육을 받도록 하였다. 관비로 충당되는 학비 외에 학도들에게 일정한 수당금이 지급되었다. 교과목은 무술학·군제학·병기학·축성학(築城學)·지형학·외국어학·군인 위생학 및 마학(馬學) 등이고, 훈육 과목으로 교련·마술·체조·검술·군용문장 및 제근무의 훈회(訓誨) 등이었다. 1899년 무관학교는 원수부(元帥府) 검사국 소관으로 옮겨졌다.[41]

콜로넬 브라운스(Colonel Browns)가 1901년에 제작한 서울 지도[42]에는 경희궁 동측에 무관학교가 Military College로 표기되어 있다. 서울시립대박물관에서 소장한 그림에 따르면 훈련도감 시절의 전통건축이 철거되고 붉은 벽돌로 교사가 지어졌음을 알 수 있다. 전면에 1층 규모의 2개 동과 후면에는 2층 규모의 붉은 벽돌 건축이 확인된다. 중앙에 위치한 주출입구는 아치로 구성되었다. 무관학교는 1907년 대한제국 군대가 해산된 후에도 남아 있었으나 1909년에 폐교되었다.

2. 사립학교

1) 기독교계 사립학교

개신교는 가톨릭에 비해 늦게 이 땅에서 선교를 시작했지만, 감리회와 장로회의 의료와 교육을 앞세운 선교 활동이 광범위하게 펼쳐지면서 다양한 선교용 건축이 도입되었다. 개신교 선교정책에서 '네비어스 선교정책'[43]이 도입되면서 한반도 전역에서 개신교 선교가 활발했는데, 각 지역을 맡은 개신교는 독립적인 교육과 의료선교를 펼쳤고 이는 지역마다 다른 특징을 갖는 건축을 만들어냈다.

선교사들에 의해 설립된 최초의 사립학교로 배재학당과 경신학교, 이화학당, 정신여학교 등이 있다. 이 땅에서 선교사의 활동은 1876년이 아닌 1882년 미국과 조미수호조규가 체결된 이후 시작되었다. 선교사는 종교 활동 외에 조선과 본국과의 관계를 증진시키는 역할을 담당했고, 이 과정에서 감리회의 경우 일본에서 활동하던 선교사 매클레이(R. S. Macley)는 1884년 김옥균의 도움으로 고종을 알현하고 교육과 의료 사업을 허락받았다. 같은 해 9월에는 알렌 부부와 1885년 언더우드, 아펜젤러, 스크랜튼 등의 선교사가 입국해 배재학당, 경신학교, 이화학당, 정신여학교 등을 설립했다.

• 배재학당

1885년 들어선 배재학당은 이 땅의 첫 선교계 학교였다. 기독교 사상의 전파가 목적인 학교였으나 서구를 모델로 한 근대국가 건설을 추구했던 대한제국에서 선교계 학교에 대해 우호적인 정책을 펼쳤다. 미션스쿨임에도 인재를 양성하는 '학당'이라는 학교 이름을 조선 정부에서 내려준 것이다.

선교계 학교는, 첫째, 기독교적 민주주의 교육과 기독교적 국가의 인재 양성, 둘째, 자주정신에 입각한 한국인의 양성, 셋째, 평등사상에 의한 교육 활동, 넷째, 교육과정에서 근대식 교육과정 구성, 다섯째, 학기와 시간 배정에 의한 근대 학제의 설립을 특징으로 한다.

<그림 4-89> 배재학당 동관. (안창모 사진)

대한제국은 인재 양성에 방점을 두고 있었지만, 기독교 측에서는 기독교적 이상에 맞는 인재 양성을 목표로 했다. 다만 대한제국이 지향하는 바에 부응해 선교 목적을 원활하게 달성할 수 있다고 생각했다.

첫 배재학당 교사를 비롯한 이화학당과 서양의 종교 건축은 모두 붉은 벽돌로 지어져, 붉은 벽돌 건축은 서양 문화의 상징적 재료로 인식되었다.

• 이화학당

이화학당은 1886년 미국 북감리교회 여선교사 메리 스크랜튼(M. Scranton)에 의해 정동에 설립되었다. 1883년에 미국의 공사관이 정동에 자리잡은 후 얼마 지나지 않은 시점에 조선에 들어온 선교사가 여성을 위한 학교를 세웠는데, 이때 지은 교사가 최초의 한옥 학교 건축이다.

1885년 7월 고종으로부터 학교와 병원 사업에 대한 허락을 받은 스크랜튼 여사는 1886년 2월에 공사를 시작해 1886년 11월에 한옥 교사를 완성했다고 한다. 이때 완성된 한옥 교사는 높은 축대 위에 7개의 방을 가진 큰 기와집으로 동향하며, 규모는 전면 88피트(약 27×24m) 규모에 건평 200평에 달했다고 한다. 중앙에 중정을 지닌 'ㅁ'자형 모습이다.[44]

근정전의 규모가 $630m^2$라는 점을 감안하면, 약 $660m^2$에 달하는 한옥 교사는 당시로서는 큰 규모였음을 알 수 있다. 그러나 이 한옥 교사는 증가하는 학생을 모두 수용하는 데 한계가 있어 1897년에 철거하고 붉은 벽돌로 지은 2층의 메인홀이 같은 자리에 건축되었다.

〈그림 4-90〉 한옥 교사 자리에 새로 지은 메인홀.
(안창모 소장 엽서)

〈그림 4-91〉 심슨홀. (출처: 문화재청)

이화학당이 한옥으로 건축된 것은 같은 시기에 지어진 배재학당 교사
(1886년 8월부터 12월)가 서양의 역사주의 건축양식으로 지어진 것과 비교
된다. 백낙준의 『한국개신교사(韓國改新教史) 1832~1910)』에 따르면 "1887
년에는 67명이 재적했고, 같은 해에 한국인을 위해 헌금된 돈으로 지은
르네상스식 교사를 짓고 감독 와렌(H. W. Warren)의 주례로 헌당식을 가
졌다."고 한다. 같은 시기에 같은 선교사 그룹에 의해 건축되었음에도 불
구하고 남자 학교였던 배재학당의 교사가 서양 건축양식으로 지어지고,
여학교인 이화학당의 교사가 전통 건축양식으로 지어진 이유에 대해서
는 알려진 바가 없지만, 적어도 기술적인 문제로 이화학당이 한옥 교사
를 선택한 것이 아님은 알 수 있다.

• **지역의 미션스쿨**

1910년 2월까지 설립된 개신교계 학교는 장로교가 501개교, 감리교가
158개교, 성공회가 4개교, 안식교가 2개교, 기타 85개교가 있었으며, 천주
교가 설립한 학교는 46개교로 총 796개교가 있었다. 주목할 것은 이 사
립학교들이 1904년 이후 집중 설립되었다는 점이다. 러일전쟁 직전까지
서울의 배재학당(1885), 이화학당(1886), 경신학교(1886), 정신여학교(1887),

공옥학교(1897), 신군학교(1897), 배화여학교(1898), 인천의 영화여학교(1892), 평양의 광성학교(1894), 숭덕학교(1894), 정의여학교(1894), 정진학교(1896), 숭실학교(1897), 맹아학교(1898), 장로회신학교(1901), 숭의여학교(1903), 전주의 신흥고(1900), 부산의 일신여학교(1895), 원산의 원산여학교(1903), 목포 정명여학교(1903)가 설립되었다. 나머지 700개가 넘는 미션스쿨이 전국 각지에 설립되었다.

전국에서 행해진 선교 활동의 결과로 지어진 건축의 분포는 1854년 이후 중국에서 활동한 미국 북장로회 소속 선교사 네비어스가 제시한 선교 전략의 영향이 크다. 지역인이 지역인에게 전도하도록 하는 '자진전도(自進傳道, self-propagation)', 지

<그림 4-92> 네비우스 선교정책에 따른 선교지역 분할 표시지도. (출처: https://mission-school.tistory.com/2407)

역 교인이 목회자의 생활비와 교회 운영을 책임지는 '자력운영(自力運營, self-supporting)', 지역 교회 문제는 지역 교인인 처리하는 '자주치리(自主治理, self-governing)'로 요약되는 네비어스 선교 전략은 선교사들 사이에 맺어진 선교지역분할협정(혹은 예양협정)에 결합되어 각 선교회 사이에 불필요한 경쟁을 피하게 하여 돈과 시간의 낭비를 크게 줄였다.

내용을 살펴보면 다음과 같다.[45]

- 5천 명 이상의 대도시는 여러 선교부가 공동으로 활동한다.
- 타 선교회는 점유되지 않은 곳에서 선교한다.
- 다른 교회의 규칙을 상호 존중한다.
- 원입교인이 교회를 바꿀 때는 담임목사의 추천장을 받아야 한다.

- 선교회의 준-선교기지(substation)가 설립되어 있으면 그곳은 점유지로 인정한다.
- 일꾼들은 책임자의 문서화된 요청 없이 타 선교부의 지원을 받을 수 없다.
- 문서는 판매해야 하며 가격의 통일성을 기한다.

서울은 공동지역으로 설정해 모든 선교회가 독자적인 활동을 벌였지만, 지역에서는 타 선교회와 경쟁 없이 선교 행위가 이뤄졌다. 개신교의 각 종파가 지역을 분할하는 네비어스 선교 방법은 중국에서 시작되었지만 한국의 높은 교육열, 선비를 중심으로 하는 지역 유지의 존재가 선교 전략과 결합되어 큰 성공을 거두었다. 지역 선비들 중심으로 설립된 사학과 경쟁하며 성립된 미션스쿨의 건축은 표준화된 지역의 공립학교의 건축과 달리 다양한 모습을 보여준다.

서울과 평양의 미션스쿨이 대부분 붉은 벽돌로 지어지면서 '붉은 벽돌=미션 계통 건축'이라는 등식이 만들어지기도 했다. 이 시기의 붉은 벽돌에 의한 교회와 학교 건축은 건축가를 앞세우기보다는 선교사 출신 지역의 일상적 건축이 이식되는 모습에 가까웠다. 기타 지역의 미션스쿨은 서울이나 평양에 비해 건축가 또는 건축에 능한 선교사의 도움을 받기가 상대적으로 어려웠고 재정적으로도 여유가 없어 지역에서 생산되는 석재를 사용한 학교 교사가 지역 장인들의 지원으로 건축되었다.

현재 등록문화재나 지방유형문화재로 등록되어 보존되고 있는 미션 계열의 학교 건축은 다음과 같다. 대구시 유형문화재 45호로 지정된 대구 계성학교 아담스관(1908), 전주 신흥고 강당(1937)과 구 본관, 순천 매산학교, 광주 수피아여학교, 인천 영화학교(현 영화초등학교), 수원의 삼일중학

〈그림 4-93〉 인천 영화초등학교 본관. (안창모 사진)

〈그림 4-94〉 수원 삼일중학교 아담스기념관. (안창모 사진)

〈그림 4-95〉 목포 정명여학교 선교사 사택. (안창모 사진)

〈그림 4-96〉 광주 수피아여고 윈스보로홀. (안창모 사진)

〈그림 4-97〉 대구 계성학교 아담스관. (출처: 문화재청)

〈그림 4-98〉 전주 신흥고등학교 본관 포치. (출처: 문화재청)

교 아담스관과 소화초등학교, 목포의 정명여학교, 대구 계성학교 등 지역에 건축되는 미션스쿨의 교사와 선교사 주택 등등이다. 이들은 두 가지 점에서 특징적인 모습을 가진다. 지방 대도시의 경우 서울과 마찬가지로 붉은 벽돌로 교사동이나 선교사 사택이 지어지기도 하지만, 붉은 벽돌의 수급이 용이하지 않은 경우 지역에서 생산되는 화강석을 사용하는 것이 일반적이다. 목포의 정명여학교가 대표적인 예다. 미션스쿨의 몸체는 서양식으로 짓지만 지붕의 경우 가장 난이도가 높으므로 지붕에는 전통건축의 수법이 사용되는 경우가 많은데, 아담스관의 지붕이 대표적인 사례다.

2) 사립학교

한인에 의한 사립학교는 통감부가 1908년에 사립학교령을 발포하기 전인 1883년 덕원읍 유지들이 설립한 원산학교에서 시작되었다. 1897년 대한제국의 출범과 함께 많은 사학이 출현했다. 이는 국가적 위기를 극복하는 데 지식인과 지역 유지들이 적극 동참했기 때문이다. 서울의 경우 1897년 대한제국이 출범하면서 경운궁이 황궁이 되자 경복궁의 중건으로 비워진 후 창덕궁 앞 돈화문로에 위치했던 직방과 조방[46]의 기능이 빠르게 변화하기 시작했다. 흥미로운 것은 직방과 조방 관련 많은 시설이 교육시설로 바뀌었다는 점이다. 당시 교육시설은 직방과 조방을 불하받기보다는 임대하는 형식으로 운영되었던 것으로 추정된다.

　1908년 사립학교령이 공포된 이후 양정, 보성, 휘문, 중동, 오산, 대성 등의 학교가 설립되었다.

• 원산학사

1880년 원산에 개항장이 설치되자, 원산의 주민과 원산상회소, 원산감리 정현석 등이 힘을 합해 문예반과 무예반으로 구성된 학교가 1883년에 설립되었다.

• 낙영학교—사헌부 조방

한성의숙은 1898년 2월 일본어와 근대적 교육 실시를 위해 설치되었으며, 교육 대상자는 15세에서 30세까지였다고 한다. 1899년 3월에 학과를 확장하면서 돈화문로 사헌부 조방으로 옮겼으며, 이때 학교 이름이 낙영학교(樂英學校)로 바뀌었다. 1900년에는 철도학과도 개설되었다. 일어과는 1902년에 폐지되었다고 하나 언제까지 지속되었는지는 확인되지 않는다. 1902년에도 학생모집광고가 있었다.

> 낙영학교(樂英學校)를 돈화문 앞(敦化門前) 사헌부직방(司憲府直房)에 이설(移設)홀 차(次)로 바금(方今) 수리(修理)ᄒᆞᄂᆞᆫᄃᆡ 경비(經費)가 부족(不足)ᄒᆞ니 각학교평의원(該學校評議員)들이 보조금(補助金)을 불일(不日) 수송(收送)ᄒᆞ면 수리(修理)의 준공(竣工)이 되깃 다고 ᄒᆞ더라
> _《황성신문》 1899년 4월 26일자

> 금번에 한성의숙의 이름을 바꾸어 낙영학교로 정하고 교사를 돈화문앞 사헌부조방으로 이설하고 학과를 첨부와 같이 광포함. 교장 김종한…
> _《황성신문》 1899년 5월 11일자

• 정선여학교—전상대(사헌부) 조방

정선여학교(貞善女學校)는 1897년 서울에 설립된 여자 교육기관이다. 평양 출신의 양현당 김씨가 설립한 교육기관으로 승동에 처음 세워졌으며,[47] 1902년 계동에 위치한 관공서로 위치를 옮겼으나, 1903년 5월에 다시 돈화

문 앞 전상대 조방으로 옮겼다. 설립자가 사망하면서 학교가 폐교되었다.

> 계동(桂洞) 정선여학교(貞善女學校) 가사(家舍)를 마주사(馬主事) 의율씨(義律氏)에게 견탈(見奪)한 후(後)에 각학도(該學徒)가 학부(學部)에 청원(請願)ᄒ더니 돈화문 앞(敦化門前) 앞(前) 상대조방(霜臺朝房)으로 이설(移設)ᄒ라고 학부(學部)에서 훈령(訓令)ᄒ얏더라
> _《황성신문》1903년 5월 25일자

• 국민교육회(국민야학교)—의정부 장방

일반 국민의 교육을 위해 설립된 국민교육회는 1904년 청년회관(현 YMCA)에 사무소가 설치되었다가 1905년 7월 22일 돈화문 앞 서편에 위치한 의정부 장방으로 옮겼다.[48]

> 오는 양7월 22일(陽七月 二十二日 來) 통상회(通常會)ᄂ 돈화문 앞(敦化門前) 서변(西邊) 의정부장방(議政府長房)으로 이설(移設)홈 국민교육회(國民敎育會) 고백(告白)
> _《황성신문》1905년 7월 18일자

• 휘문의숙—관상감 터

보통교육기관으로 시작한 광성의숙을 1906년 광무황제가 옛 관상감 터에 민영휘에게 중학과 고등소학과정을 갖춘 학교 설립을 허락하며 학교 이름으로 휘문의숙(徽文義塾)을 내려주었다. 1906년 8월에 삼일제가 준공되었다. 1977년 4월 강남구 삼성동 산30-1번지로 이사했으며, 기존 학교 터에는 현대건설 사옥이 건설되었다.

• 공수학교—충의청 직방

공학과 수학에 대한 전문교육 실시를 위해 노백린, 장지연, 정인호, 이상익, 정호면, 김대집 등의 발기로 설립된 학교다. 정호면 씨 집에서 학교를 시작하면서 학부에 '동구내 전종정부 직방(洞口內前宗正府 直房)'에 설치코자 신청했으나 돈화문 앞 충의청 직방에 개설을 허락받았다. 그러나 1906년 12월 16일자 《대한매일신보》에 따르면 공수학교(工數學校)는 돈화문 앞 반렬 직방으로 옮긴 것으로 보인다.[49]

> 공수학교를 현금 동구내 정호면씨가에 권설하얏스나 학도가 일위이오니 교사를 돈화문전 충의청직방으로 허차하라고 해교교감 정인호씨가 탁지부에 청원하얏더라
> _《황성신문》 1906년 11월 16일자

종정부는 1894년 1차 내정개혁의 일환으로 궁내부 종정부 종백부 관제안이 상정되어 돈녕부와 의빈부를 통합해 설치되었다. 그러나 1895년 2차 내정개혁 과정에서 종정부 종백부가 폐지되었고, 업무는 궁내부의 각 부서에 이관[50]시켰는데, 이때 용도가 사라진 종정부 직방을 공수학교가 사용한 것이다.

• 보광학교

보광학교는 1904년 서울의 운니동에 설립된 중등교육기관으로 1901년 서광세 등이 세운 낙연의숙(洛淵義塾)에 뿌리를 두고 있다. 1904년 9월 이준 등 4인의 유지가 교육과 문화 활동을 전개할 목적으로 조직한 국민교육회가 사립국민사범학교를 설립해 초등교원 양성 교육을 실시하고, 서울에 보광학교와 한남학교를 설립했다. 보광학교는 1906년 9월에 야간과정

을 폐지하고 대신 주간과정으로 고등보통과를 개설해 중등교육기관으로
개편되었다. 1906년 9월 11일자 《황성신문》에는 보광학교의 학생모집광고
가 실렸는데, 광고에는 학교가 '황성 중서 돈화문 밖'에 위치하고 있다고
알리고 있다. 공수학교 설립 과정에서 공수학교가 잠시 보광학교에 적을
둔 적이 있다는 기사도 있었다. 이준의 보광학교, 이종호의 보성학교, 이
동휘의 보창학교와 함께 근대교육의 삼보라고 일컬어진다고 한다.[51·52]

• 사립 돈명의숙

1906년 서울에 설립된 사립고등교육기관[53]으로 정치학을 가르치는 3년
제 고등교육기관이다. 돈명의숙은 정치학을 주로 한 경제학·법률학 등을
내용으로 하는 고등교육을 실시하였는데, 1학년의 과목은 치원론, 경제
원론, 헌법, 법학통론, 지지(중등만국), 산술, 어학(일·영), 2학년에서는 행정
학, 재정학, 형법총론, 민법총론, 어학(일·영), 산술·역사(중등만국), 3학년
교과목은 상법, 세계예산, 외문통의, 정치사, 국제공법, 국제사법, 어학(일
어, 영어) 등이다. 돈명의숙은 1907년 10월에 종전 야간교육과정을 주간교
육으로 전환했다. 돈명의숙은 1909년도에 경영난으로 폐교됨에 따라 재
학생은 보성전문학교로 편입되었다.[54·55]

> 본숙(本塾)에 야학(夜學)으로 정치과(政治科)를 설립(設立)ᄒᆞ고 학원(學
> 員)을 모집(募集)ᄒᆞ오니 원학(願學)ᄒᆞᆯ 제언(諸彦)은 양12월 1일(陽 十二月一
> 日) 음10월 17일 내(陰 十月十七日內)로 본교(本校)에 내의(來議)ᄒᆞ십. 돈
> 화문 앞(敦化門前) 사립돈명의숙(私立敦明義塾) 고백(告白)
> _《대한매일신보》1906년 11월 15일자

- **양원학교—국민교육회(전 의정부 장방) 내**

양원학교는 여학생을 위해 개설한 학교로 전 의정부 장방에 설치되었다.

본교(本校)에서 하기휴학(夏期休學)흔 동안의 여자학생(女子 學生)의 산술전문(筭術專門)으로 교수(敎授)흐기 위(爲)흐야 자(玆)에 광포(廣佈)흐오니 원학(願學)흐시는 학생(學生)은 일주내(一週內)로 본 사무소(本事務所)로 내열(來列)흐야 청원(請願)흠을 경요(敬要). 본교위치(本校位置)는 돈화문(敦化門) 우변(右邊) 흥사단(興士團) 소관(所管) 전국만교육회 내(前國民敎育會內) 양원학교(養源學校) 고백(告白)

_《황성신문》 1908년 7월 16일자

광무개혁과 산업시설

우리는 산업화 없이 근대기를 경험했고, 산업화 없는 근대화의 중심에는 생산시스템의 근본적인 변화를 수반하지 않는 제도적 근대화가 자리하고 있었다. 우리의 근대 초기 풍경에서 산업시설의 모습이 좀처럼 등장하지 않는 이유가 여기에 있다. 그렇다고 산업시설이 전혀 없었던 것은 아니다. 전환국이라는 화폐를 만드는 공장 건축이 지어졌고, 전기를 생산하는 발전소가 건설되어 거리를 밝히고 전차도 움직일 수 있었으며, 뚝섬에 건설된 물공장인 정수장은 위생적인 물을 서울 시민에게 공급했다. 전환국이 지어졌던 인천에는 제지공장과 유리공장 건설도 기획되었다.

이 모든 시설은 오늘의 기준에서 보면 분명 산업 건축이다. 그러나 전환국과 발전소 그리고 물공장 등은 정부 주도의 제도적 근대화 속에 지어진 산업시설로, 시장경제를 통해 유통되는 상품을 생산하기 위한 산업시설로 발전하지 못했다. 전환국은 근대적 화폐경제 구축을 위해 화폐를 만드는 공장이었고, 발전소와 물공장 역시 산업생산을 위한 것이었다기보다는 생활의 질적 수준을 높여주는 근대문명의 산물로서 사회적 인프

〈그림 4-99〉 1893년 개시장 위치도. (출처: 「서울
600년사」)

〈그림 4-100〉 1914년 용산-마포포구. (출처: 경성부명세
도 [1914])

라의 성격이 강했기 때문이다.

1876년 외국을 향해 공식적으로 문호를 개방한 조선은 서구 문물을 도입하기 위해 정부에 기계국, 전환국, 조지국, 직조국, 박문국, 광무국 등을 설치하고, 도성과 성저십리(城底十里) 그리고 인천 등에 앞에서 언급한 각 정부 부서에서 관할하는 직할 공장을 건설했다. 이는 개항 이후 정부가 서양의 근대 산업 문물을 도입하는 주체였다는 것을 의미한다. 이에 따라 삼청동에는 무기를 생산하는 번사창이 건설되었고, 용산에는 근대 화폐를 생산하는 전환국이 건설되었다.

광무개혁과 함께 본격화된 산업시설 도입의 무대는 용산이었다. 1884년 용산에 개시장이 설치된 이후 1898년에 전환국이 용산의 구 군자감 터에 설치되었고, 전환국 뒤에는 총기제조소(1903)도 설치되었다. 이어서 도량형제작소(1902), 유리창(1902)이 설치되었으며, 1903년에는 한성전기의 두 번째 발전소인 용산발전소도 건설되었다. 관 주도의 공업화가 집중된 용산은 자연스럽게 서울 최초의 공업지대로 성장하였다.

1901년 1월에는 남대문에서 원용산 사이에 전차가 부설되었으며, 연도는 확인되지 않으나 한강변에 한성전기회사의 발전소도 지어졌다. 1914년에 발행된 경성부명세신지도에는 한성전기회사의 발전소와 철도국발전소, 일한전기와사주식회사의 탱크, 현재의 노들섬 위치에 철도국 전용의 수원지 등이 위치했음이 확인된다.

조선시대 용산진과 마포는 삼남의 물류가 모이는 가장 번화한 포구였다. 용산과 마포가 가장 번화할 수 있었던 것은 큰 배가 들어올 수 있을 정도의 수심이 확보될 수 있는 곳 중 도성으로의 연결이 가장 좋은 곳이었기 때문이다. 이와 같은 입지는 자연스럽게 만초천과 한강이 만나는 곳에 개시장이 설치되고 용산 포구를 중심으로 산업시설이 들어서기 시작했다.

1. 최초의 산업 건축, 전환국

1883년(고종 20) 조선 정부는 화폐의 주조와 발행을 통해 조폐 수입을 증대하고 각종 화폐의 통일을 목적으로 전환국을 설립했다. 근대 화폐의 주조는 근대적 경제체제를 구축하는 근간이었기 때문에 전환국의 설치는 조선이 근대국가로 나아가는 첫걸음이었던 셈이다.

원서동에 처음 설치되었던 전환국은 묄렌도르프가 전환국 총판으로 임명되면서, 1885년 당시 선혜청 별창 자리(현 상공회의소 위치)에 신축 이전했으나 1892년 인천시 전동 1번지로 이전했다가, 대한제국 출범 이듬해인 1898년(광무 2)에 군자감 터(용산구 원효로3가 1번지)에 용산 전환국을 신축하면서 다시 서울로 돌아왔다. 그러나 1904년 러일전쟁에서 승리한 일본에 의해 재정고문으로 임명된 일본 대장성 주세국장이던 메가타(目賀田)가 1904년 11월 전환국을 폐지했다. 1905년 을사늑약으로 정치·외교주권이 박탈되기 전에 경제주권이 먼저 상실되었던 것이다. 굴곡진 한국 근대사의 흐름과 맥을 같이하는 정부 주도의 최초 산업 건축인 "전환국은 근대적 화폐경제의 도입"과 함께 "수공업적인 전근대적 조폐기술을 기계화한 근대적 조폐기술로 전환"한 최초의 산업 건축이라는 사실 외에 "새로운 사회에서 요구되는 기능을 수용하기 위한 신건축 탄생"이라는 의미도 지니고 있다.

인천에 전환국이 건설된 것은 1892년 원료 수급의 편이성이 이유였을 것으로 추정된다. 경인철도가 부설되지 않은 상황에서 인천 개항장의 세관을 거친 원료가 배를 바꿔 한강수로를 이용해 용산으로 옮겨지는 것보다 인천에 공장을 설치하는 것이 효율적이기 때문이다. 전환국은 1,500평 부지에 공장 3동과 부속건물 3동으로 지어졌다.

1898년 고종은 신화폐주조계획이 차질을 빚자 인천 전환국에 조폐 중지령을 내리고 용산 전환국의 신축을 명하였는데, 이는 경인철도 부설로 원료 수급의 문제가 해결된 데에도 이유가 있지만, 아관파천(1896) 이후 러시아를 이용한 일본의 견제 의도가 드러나는 부분이다. 용산 전환국에서 발행한 화폐 도안은 그 양상을 잘 보여준다. 용산 전환국의 화폐 도안은 종래 용의 모습에서 러시아 은화의 도식에 따라 독수리가 들어 있는 화폐 도안을 따르고 있다. 인천 전환국의 화폐 도안이 일본 것을 일부 변형했다는 사실을 감안하다면, 용산 전환국으로의 이전과 화폐 도안이 러시아 것을 따르고 있다는 사실은 아관파천을 계기로 뚜렷해진 국제 역학 관계의 변화가 전환국 이전과 화폐 도안에서도 드러나고 있는 것이다.

2. 군수산업 시설, 번사창

'번사창'은 현존하는 근대 산업문화유산 가운데 작지만 매우 의미 있는 역사유산이다. 조선 정부가 개항 이후 추진했던 부국강병을 위한 군수산업시설이기 때문이다. 삼청동에 소재한 번사창은 군수산업시설이라는 의의로 인해 시유형문화재 제56호로 지정되었다.(그림 2-40)

번사창은 무기를 제조하는 시설로 알려졌는데, 전체 시설 규모는 알 수 없지만 현재는 1개 동만 남아 있다. 조선 말 근대식 무기를 제작하던 기기창 건물로, 강화도조약이 이루어지고 8년 후인 1884년(고종 21)에 지어졌다. 당시는 무기의 근대화를 위해 새 제도를 마련하고 근대식 군사훈련과 무기 제조에 힘쓰던 때였다. 건물의 이름인 번사(飜沙)라는 말의 뜻은 흙으로 만든 틀에 금속 용액을 부어 만드는 것을 말한다. 즉, 주물에 의한 금속 무기를 만들기 위한 시설이었음을 알 수 있다. 검은색과 회색 벽돌로 벽체가 이루어졌으며, 붉은 벽돌로 띠를 두른 후 트러스구법을 적용한 경사지붕을 올렸다. 정문의 틀은 화강석으로 만들었다. 벽체의 구성은 물론 지붕의 목조구법에서도 전통건축의 구법을 따르지 않고 있는데, 중국인 기술자에 의해 건축된 것으로 판단된다.

3. 물공장 정수장

정수장의 건설은 근대기에 전 세계가 공유했던 위생적인 생활환경을 구축하는 사회 인프라 구축사업이었다. 이 점은 대한제국 정부도 예외가 아니어서 전국적으로 정수장 건설 사업이 진행되었다. 이 가운데 가장 오래된 것이 뚝섬에 남아 있는 정수장이다. 서울시 유형문화재 제72호로 지

〈그림 4-101〉 뚝도정수장 전경. (수도박물관 소장 자료) 〈그림 4-102〉 부산 성지곡 수원지. (안창모 소장 엽서)

정되어 있다. 미국인 콜브란(Colbran)과 보스트윅(H. R. Bostwick)이 대한민국 정부로부터 상수도 시설에 대한 특허를 받아 지은 정수장으로 1906년(광무 10) 공사를 시작해 1908년(융희 2)에 완공되었다. 한편, 용산 신시가지에는 신초리(현 노들섬)에 수원지가 설치되었으며, 일본군 병영에 물을 공급하기 위한 수원지도 남산의 남측 산록에 설치되었다.

일본인이 많이 살았던 부산의 경우 대한제국 정부와 일본인 거류민단이 '부산상수도 공동계약'을 체결하고 상수도 건설 공사가 시작되었는데, 서울보다 1년 늦은 1909년에 성지곡 수원지 댐 공사가 완공되어 급수가 시작되었다.

4. 벽돌공장

산업화 없이 근대세계로 진입한 조선은 서구와는 달리 제도적 근대화가 산업화에 우선했기에 서구 근대사회에서 일반적인 공장의 검은 굴뚝을 배경으로 하는 산업 풍경을 찾아볼 수 없었지만, 근대국가로 나아가기 위한 인프라 구축을 위한 근대 산업시설이 정부에 의해 구축되었다. 그런데 이러한 근대 산업시설은 조선의 전통적인 건축구법으로 지어지지 않았다는 데 주목할 필요가 있다. 전환국과 번사창 그리고 정수장 등은 하나같이 벽돌로 지어졌다. 전통적으로 건축에 벽돌을 사용하지 않았던 조선에서 벽돌의 사용은 새로운 산업시설을 필요로 했다. 벽돌공장이 그것이다.

벽돌의 수요가 많지 않던 시절에 관공서나 교회 건축의 벽돌은 조선의 전통적인 와서에서 만들었다. 현존하는 가장 오래된 벽돌건축물의 하나로 1892년에 착공해 1898년에 완공된 명동성당의 경우 벽돌은 조선시대에 기와를 굽던 용산의 와서(瓦署)에서 구웠으며, 시공은 중국인 기술자에 의해 이루어졌다. 그러나 점차 벽돌의 수요가 확장되면서 근대적 벽돌 생산시스템을 갖춘 벽돌공장이 지어지기 시작했다. 최초의 근대적 벽돌공장은 1897년 용산구 효창동에 지어진 것으로 알려졌다.[56]

조흥석의 연구에 따르면, 1910년 8월 현재 34개소에 달하는 벽돌공장이 존재했는데 대부분은 중국인과 일본인에 의해 운영되었다. 이 중에서 주목할 만한 벽돌공장은 건설회사가 건설한 벽돌공장과 경성형무소가 운영했던 벽돌공장이다. 건설회사가 설립한 벽돌공장으로 1901년 설립된 지기조(志岐組)연와공장을 비롯해 개성(開成)연와공장(1902), 도엽조(稻葉組)연와공장(1904), 중촌(中村)연와공장(1905), 대창조(大倉組)연와공장(1906) 등이 있다. 이들 벽돌공장은 경부선 철도를 비롯해서 경의선과 경원선 등 철도 부설을 맡은 건설회사가 철도 건설을 위한 벽돌을 조달하기 위해 설립한 것이다. 이는 벽돌에 대한 민간 수요가 많지 않아 민영 벽돌공장이 벽돌의 대량 수요처인 철도 현장의 수요를 따르지 못한 때문이다.

주목할 만한 것은 형무소가 운영했던 벽돌공장이 일제강점기에 전국적으로 분포했다는 사실이다. 1907년 경기도 고양군 용강면 도화리에 경성형무소가 운영하는 마포연와공장이 건설되었고, 이어서 시흥군에는 경성형무소 영등포공장이 건설되었다. 이후 설립된 형무소가 운영하는 벽돌공장은 광주형무소연와공장(1910. 1.), 춘천형무소연와공장(1917. 9.), 대구형무소연와공장(1919. 4.), 전주형무소연와공장(1920. 8.), 청주형무소연와공장(1921. 3.), 원산형무소연와공장(1922. 4.), 대전형무소연와공장(1931. 4.) 등이 있었다.

〈그림 4-103〉 마포 연와공장 전경. (출처: 조선형무소사진첩)

형무소의 기능은 범죄자를 사회로부터 격리하는 것이지만, 한편으로 격리 기간 중 재소자를 교화시켜 사회로 돌려보내는 기능도 갖는다. 이를 위해 실시하는 교화 기능의 하나가 기술교육과 노동이었는데, 연와공장 운영은 그 일환이었던 셈이다. 중요한 것은 왜 많은 기술교육과 노동 중에서 벽돌공장이었는가 하는 점이다. 벽돌공장은 당시 폭발적으로 증가하는 벽돌의 수요를 따르지 못하는 생산력으로 인해 일본이나 중국 등에서 수입하고 있었고, 생산하는 데 높은 기술력을 요하지 않았기 때문이다. 벽돌 수요의 가장 큰 부분을 차지하는 곳이 관청이었다는 점도 형무소가 벽돌공장을 직영한 주요 요인이었던 것으로 판단된다. 근대 이후 설립된 벽돌공장에서 생산한 벽돌은 산업시설은 물론 민간 건축에 광범위하게 사용되면서 '근대건축=벽돌건축'이라는 등식이 성립될 정도로 벽돌의 사용이 보편화되었고, 이러한 벽돌의 사용은 1960년대까지 지속되었다.

초기의 벽돌 생산은 전통적인 오름식 가마를 이용해서 생산되었으나, 탁지부 건축소에서 설립한 마포연와공장 이후 독일에서 개발된 24시간 벽돌 생산이 가능한 호프만식 가마를 채택한 벽돌공장이 보편적으로 지어졌다.

9절

박람회와 건축

1851년 런던에서 개최된 박람회를 시작으로, 산업혁명 이후 대량생산된 상품 판매를 위해 전 세계를 상품시장으로 하는 박람회가 새로운 교역의 중심이 되었다. 세계박람회를 처음 견문한 조선인은 1883년 보빙사로 미국에 파견된 민영익 일행이었다. 보빙사로 미국을 방문했던 민영익, 홍영식, 서광범 등은 1883년 9월 3일부터 보스턴에서 개최된 박람회를 견학했다. 당시 보스턴박람회에는 중국과 일본도 참여했다.

1. 시카고박람회, 1893

1893년 시카고에서 콜럼버스의 신대륙 발견 400주년을 기념해 박람회가 개최되었다. 모두 47개국이 참가했는데, 조선과 함께 중국, 일본도 참가했다. 1893년 1월 24일 고종은 참의내무부사(參議內務府事) 정경원(鄭敬源)을 미국박람회 출품사무대원(美國博覽會出品事務大員)으로 명하고 시카고박람회 전시관을 준비시켰다.

윤치호는 박람회 참관 소감을[57]

박람회에서 두 낮과 밤을 보냈다. 건물의 웅장함을 말로 표현할 길이 없다. 중국 전시관은 아주 형편이 없다. 상아조각 외에는 멋과 섬세함이 도저히 중국 기술이라고 볼 수 없다. 중국화에는 보잘것없는 무늬들뿐인데! 일본 전시관은 모두가 찬사를 보낸다. 일본 사람들이 자부심을 가질 것이다. 시암과 버마도 전시관을 내었다. 조선도 조선 기술, 세련되지 못하고 모자란 것들을 모아 작은 전시관을 내었다. 예술품이라고 내놓은 것이 빈약하기 짝이 없어 부끄러웠다. 반면 그곳에 있는 조선 국기가 나의 마음을 강렬하게 사로잡았다. '미드웨이 플레이상스(Midway Plaisance)' 전시관은 실패이다. 이방 회교도들의 연극은 보잘 것이 없다. 각국 미인이 모인 '콘그레스 뷰티(Congress Beauty)'관에는 여러 모양의 다양한 화장을 한 예쁜 여자들이 있었다. 이곳에서는 중국 광동 지방 여성이 창피스럽게도 가장 추한 여성이 되었다.

라고 자신의 일기에 기록했다.

우리 전시관이 다른 나라에 비해 매우 빈약했다는 것이다. 당시 조선관에서는 가마, 관복, 부채, 짚신, 화승포 등 21종의 16궤 물품을 전시했다. 당시 전시관을 준비했던 정경원은 귀국 후 보고에서 이 중에서 옷감, 문발, 자리, 자개장, 수를 놓아 만든 병풍 등 5품목은 우수성을 인정받았다고 한다. 시카고박람회에 대한 고종의 관심은 매우 컸다. 정경원의 귀국 후 보고 자리에서 고종은 꼼꼼하게 시카고박람회에 대해 문의했다.

『고종실록』30권 11월 9일자에 따르면

미국박람회에 출품하러 갔던 대원(大員) 정경원(鄭敬源)을 소견(召見)하였다. 복명(復命)하였기 때문이다. 하교하기를,

"미국의 물색(物色)은 얼마나 장관이던가?"

하니, 정경원이 아뢰기를,

"매우 번창하였습니다."

하였다. 하교하기를,

"모두 몇 개 나라가 모였던가?"

하니, 정경원이 아뢰기를,

"모인 것은 47개 나라였습니다. 일본(日本)에서는 대원이 와 있었으나 중국(中國)에서는 대원이 없이 그저 상민(商民)이 점포를 배정 받았습니다."

하였다. 하교하기를,

"우리나라에서도 집 한 채를 지었는가?"

하니, 정경원이 아뢰기를,

"박물총원(博物總院) 가운데에 우리 식으로 집을 짓고 구운 기와를 덮었습니다."

하였다. 하교하기를,

"몇 미터나 되던가?"

하니, 정경원이 아뢰기를,

"그것이 몇 미터나 되는지는 자세히 알 수 없으나 우리나라 칸수로 논하면 6, 7칸은 된다고 할 수 있습니다."

하니, 하교하기를,

"우리나라의 물품을 보고 어떻다고 하던가?"

하니, 정경원이 아뢰기를,

"각국 사람들이 우리나라 물품을 처음 보기 때문에 구경하는 사람이

번잡하게 모여들어서 관리하는 사람이 미처 응대할 겨를이 없었습니다. 그러므로 종이에 물품 이름과 용도를 적어서 물품 위에 붙여서 응대를 대신하였습니다."

하였다. 하교하기를,

"어떤 물건을 가장 좋아하던가?"

하니, 정경원이 아뢰기를,

"옷감, 문발, 자리, 자개장, 수를 놓아 만든 병풍 등의 물건은 각국 사람들이 좋아하며 칭찬한 것들로 상패까지 받았다고 하나 아직 문적(文蹟)이 채 완성되지 않았기 때문에 자세히는 알 수 없습니다. 돌아올 때에 박물원(博物院) 총무관(總務官)을 만나니 악공(樂工)에 대한 상패와 물품에 대한 상패가 완성되는 대로 추후에 미국공관(美國公館) 알렌(安連: Allen, Horace Newton)에게 부쳐 보내겠다고 하였습니다."

하였다. 하교하기를,

"출품한 물품 값이 미국 돈으로 얼마나 되는가?"

하니, 정경원이 아뢰기를,

"1,140여 원입니다."

하였다. 하교하기를,

"남은 물품은 박물원에 넘겨주는가?"

하니, 정경원이 아뢰기를,

"각처의 박물원과 각처의 학교에 나누어 보내고 사람들이 구경할 가치가 없는 것은 의정부(議政府)에 도로 바치려 합니다."

하였다.

고 전한다.

〈그림 4-104〉 시카고박람회 전경. (출처: 위키피디아)

〈그림 4-105〉 시카고박람회 조선관. (출처: 위키피디아)

단 한 장의 사진으로 전하는 한국관은 우리의 건축 모습을 재현하려고 노력한 것으로 보이지만, 우리 건축을 연상하기에는 많이 부족해 보이고 전시관의 규모도 작았다. 그러나 중요한 것은 조선이 처음으로 자신의 모습을 세계 여러 나라와 견주는 기회가 되었다는 점이다. 고종의 시카고박람회에 대한 관심은 매우 컸다. 평소 미국에 관심이 많고 근대화에 대한 의지가 강했던 고종인 만큼 시카고박람회의 경험은 고종의 근대화에 대한 의지를 강화하는 데 큰 힘이 되었을 것으로 보인다. 실제 7년 뒤에 개최된 1900년의 파리박람회에서 대한제국은 독립적인 전시관을 만들어 의욕적으로 참가했다.

2. 파리박람회, 1900

1900년 파리에서 개최된 박람회는 4월 14일부터 11월 12일까지 개최되었다. 산업혁명을 거치면서 유럽의 박람회는 최첨단이라고 해도 과언이 아닐 정도로 유럽 국가들은 최신 건축과 기술을 내세우는 행사였다. 그러나 동아시아에서 참가한 한국과 중국 그리고 일본은 자신들의 전통건축의 모습을 갖춘 전시관을 준비했다.

우리가 처음으로 참가한 해외 박람회는 1893년의 시카고박람회였지만, 한국관이 독립 건물로 지어진 것은 1900년의 파리박람회 때였다. 당시 한국관은 경복궁의 근정전을 모델로 지어졌으며, 그 모습은 〈그림 4-105〉와 같다. 20세기 전반은 박람회 시대라고 해도 과언이 아닐 정도로 수많은 박람회가 개최되었는데, 일본도 예외가 아니었다. 일제강점기 동안 각종 공진회와 박람회가 일본 내에서는 물론 만주와 대만 등에서 개최되었고, 조선도 참가했다. 전체 참여 박람회의 전모를 파악할 수는 없지만, 조선의 참가가 확인된 박람회에서 조선관은 예외 없이 조선의 전통건축양식으로 지어졌다. 전시장의 입지와 용도에 따라 다양한 양식의 변용이

<그림 4-106〉 1900년 파리박람회의 한국관. (출처: 『Le Petit Journal』)

이루어졌는데, 조선 전래의 건축에서는 잘 나타나지 않은 이질적인 매스의 결합과 다각형의 지붕 처리를 비롯해 현관부의 처리에서 양식적 변용이 두드러졌다.

당시 조선관은 전통건축의 모습을 갖고 있지만, 기본적으로 전통건축에는 존재하지 않던 전시 기능을 갖도록 지어졌기 때문에 전통건축의 공간구조와 새로운 공간구조가 반영되어 외관은 전통건축의 모습과는 달랐다. 파리박람회에서 한국관이 근정전을 모델로 한 것도 대공간을 필요로 하는 전시장의 성격을 감안한 것으로 판단된다. 일본에서 개최된 박람회의 한국관 역시 대공간으로 지어졌지만, 매스를 분절하고 부분적으로 중층 구조를 도입해 큰 전시장의 매스를 전통건축의 비례감을 갖는 작은 덩어리로 분절하도록 디자인되었다.

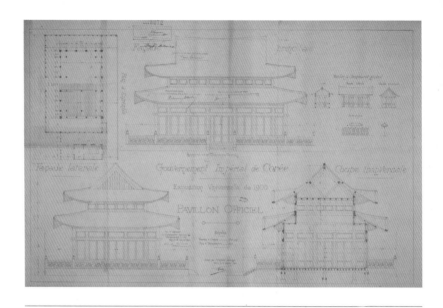

〈그림 4-107〉 파리박람회 한국관 도면. (출처: 『정동 1900』 [서울역사박물관, 2012])

초기 한국관의 디자인은 프랑스 측에서 준비했는데, 아시아적 감성을 담고 있지만 한국 건축과는 거리가 멀었다. 프랑스의 바론 들로 드 글레옹 남작(Baron Delort de Gleon)의 초안은 '고종황제의 여름궁전'과 '인천 제물포 조선인거리'를 주제로 구성되었는데 글레옹 남작의 갑작스런 죽음으로 무산되었다. 최종안은 미므렐 백작(Comte de Mimerel)의 제안이었다고 한다. 경복궁의 근정전을 모델로 한 주전시관을 만들고 외부에는 별채를 마련해서 옛 국왕들의 위패를 모신 사당을 꾸몄다. 한국관에 대해 "극동의 모습을 가장 잘 살린 우아하고 독창적인 건축물"이라는 평가를 받았다고 한다.

1900년 파리 만국박람회의 한국관을 바라보는 서양의 시선은 다양했다고 한다. 호기심 어린 시선으로 '조용한 아침의 나라'가 마침내 진보의 길로 들어섰다는 평가가 있었고, 주한 프랑스 외교관이었던 모리스 쿠랑

〈그림 4-108〉 파리박람회 한국관 전경. 한국관 초기 디자인. (출처: 『정동 1900』 [서울역사박물관, 2012])

〈그림 4-109〉 한국관 내부 모습. 한국관 도면. (출처: 『정동 1900』 [서울역사박물관, 2012])

(Maurice Courant)은 한국의 인쇄술에 놀라움을 표하며 진지한 탐구의 시선을 보냈다. 반면 화가 휴버트 보스(Hubert Vos, 1855-1935)가 그린 〈고종황제의 초상〉이 인종을 전시하는 카테고리에 출품되면서 서양이 동양을 바라보는 왜곡된 시선이 표출되기도 했다. 한국관의 책임자였던 민영찬은 우리 전시품에 대해 "심히 보잘것없어 찾는 사람이 없었다."고 한탄했다[57]고도 한다.

1900년 파리박람회는 대한제국에는 각별한 의미를 갖는 박람회였다. 1897년에 대한제국을 선포하고 자주국임을 선언한 후 국제사회에 대한제국을 선보이는 행사였기 때문이다. 1896년 1월 프랑스 정부의 초청을 받아들인 대한제국 정부는 을미사변으로 국모가 살해당하고 아관파천으로 인해 정치적으로 매우 어려웠던 시기였음에도 불구하고, 대한제국을 준비하던 고종의 입장에서 파리박람회는 자주국 대한제국을 국제사회에 소개할 수 있는 좋은 기회라고 생각한 것으로 보인다.

고종황제 즉위 40년과 정동의 재편

조선을 두고 이권 쟁탈을 벌이는 서구 열강과 중국 그리고 일본의 각축 속에서 조선이 주권을 유지하는 최선책이 '중립국화'라는 유길준의 주장 이후 중립국을 향한 대한제국의 행보는 지속적으로 이루어졌다. 1901년 중립국이었던 벨기에와의 수교를 계기로 박차를 가하면서, 고종황제는 즉위 40년 행사를 중립국화의 결실을 맺는 계기로 삼고자 했다. 고종이 즉위 40년 칭경예식을 서울에서 국제행사로 개최해 각국으로부터 중립국 승인을 받을 계획이었던 것이다. 이를 위해서는 초대한 각국의 특사들이 묵을 호텔과 행사장이 필요했기에 손탁호텔과 돈덕전 등 새로운 시설이 준비됐다. 칭경예식 행사에 대해 이태진은 "대한제국의 산업근대화와 중립국 승인 외교" 논문에서 다음과 같이 정리하고 있다.

1902년 7월 20일에 영의정 윤용선(尹容善)이 올린 예식 거행 「별단」에 따르면 첫째 사항이 수교국에 이를 통보하는 일이었다. 즉, 외부대신(外部大臣)은 6개월 전에 정부와 의논한 다음 수도에 주재하고 있는 각국

〈그림 4-110〉 칭경기념비전. (안창모 소장 엽서)   〈그림 4-111〉 석고전. (출처: 국사편찬위원회)

의 공사와 영사들에게 칭경하는 예식 날짜를 알려 본국 정부에 통보하게 하는 것으로 되어 있다. 「별단」은 또 예식원(禮式院)에서 행사 위원을 정해 추진하며 경축 행사로는 첫날 원구단(圓丘壇) 고유제(告由祭) 친행, 둘째날 황제 폐하의 중화전(中和殿) 친림 축하 행사, 관병식(觀兵式), 원유회(苑遊會), 황제 및 황태자 친임의 석연(夕宴) 각 1회, 군악대 연회 2회, 외부(外部) 주최 만찬 1회 등 각종 행사가 열리는 것

등을 규정하였다는 것이다.

8월 4일에는 이 예식 행사에 필요한 역사(役事) 외의 모든 공역(公役)을 정지하게 하는 명까지 내렸다. 그러나 불행하게도 8월 19일에 콜레라(乖沴之氣)가 크게 유행하여 각국의 사신들이 먼길을 오게 하는 것이 매우 불안하고, 우리 관계자들이 분주하게 일하는 것도 걱정이니 칭경예식을 명년을 기다려 새로 택일하여 거행하도록 하라는 조칙이 내려졌다. 9월 3일에 이듬해 행사 날이 4월 4일로 정해졌다. 그러나 연기된 행사도 같은 이유로 시행되지 못했다.

고종 즉위 40년을 기념하는 행사를 준비하면서 경운궁은 물론 서울 곳곳에 새로운 건축과 풍경이 만들어졌다. 경운궁 남측에 위치한 독일영사관 땅을 매입해 궁역을 확장했으며, 대한제국을 출범하면서 유보되었던 전통적 의미의 정전인 중화전을 지었다. 칭경예식을 위한 각종 행사를 위해 돈덕전도 지어졌다.

고종의 칭경예식에 참석하는 외국인을 위한 숙소로 손탁호텔이 지어졌다. 비록 콜레라로 칭경예식이 취소되었으나 손탁호텔은 정부에서 직접 운영하는 관영호텔로 외교타운으로 자리잡은 정동을 대표하는 호텔이 되었다. 경운궁 밖 사거리로 변모한 황토현 모서리에는 고종황제 즉위 40년을 기념하는 기념비가 세워졌으며, 종로의 탑골공원에는 팔각정이, 환구단 옆에는 석고전이 세워졌다. 동시에 경운궁의 궁역을 확장하고 경희궁 터의 활용을 위한 운교 건설 등이 이루어지면서, 신문로를 공중으로 가로질러 정동에서 경희궁이 연결되는 새로운 풍경이 만들어졌다.

5장

러일전쟁과
한국통감부기
도시와 건축

러일전쟁과 경의철도

러일전쟁은 1904년 2월 8일 일본이 제물포와 여순에서 러시아 함대를 급습해 발발한 전쟁으로 1905년 9월 5일 포츠머스 강화조약과 함께 종식됐다. 이 전쟁을 계기로 일본은 세계열강으로 도약할 수 있게 되었고, 미국 대통령 시어도어 루스벨트(Theodore Roosevelt)는 러일전쟁을 종식시킨 공으로 노벨평화상을 받았다. 러일전쟁에서 승리한 일본은 본격적으로 제국주의의 길을 걷기 시작했고, 대한제국은 을사늑약을 강요당하면서 주권에 심각한 위협을 받았다. 결국 대한제국은 1910년 강제로 일본에 병합되었다.

러일전쟁이 발발하기 직전인 1904년 1월 23일 러시아와 일본 사이에 전운이 짙어지자 대한제국은 국외중립을 선언하고 양국의 분쟁에 끼어들지 않으려 했다. 그러나 1904년 2월 8일 인천항에서 러시아 함대를 급습한 일본은 대한제국의 중립 선언을 무시하고 2월 9일 서울을 점령했다. 서울을 점령한 일본은 친러파였던 탁지부대신 겸 내장원경 이용익(李容翊, 1854-1907)을 일본으로 압송하고 한국 정부를 압박해 2월 23일에 공

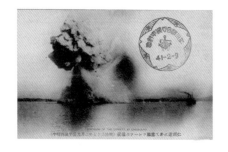

〈그림 5-1〉 러일전쟁 당시 인천항에서 폭침된 러시아의 코레츠함. (안창모 소장 엽서)

〈그림 5-2〉 러일전쟁 당시 평양으로 진군하는 일본군 루트. (출처: *The Sphere*, 1904년 3월 12일)

〈그림 5-3〉 평양으로 진군을 위해 대동강에 건설한 통로. (출처: *The Sphere*, 1904년 3월 12일)

수동맹을 앞세운 '한일의정서'를 강제했다. 6개 항목으로 구성된 의정서의 핵심 내용은 "일본이 한국의 독립과 영토 보존을 보증하며, 대한제국의 안녕과 영토 보전에 위험이 있을 경우 일본이 군사상 필요한 땅을 수용할 수 있다."는 것이다. 한일의정서는 일본이 전쟁 수행을 위해 한반도를 자신들의 의지로 사용할 수 있게 되었고, 경의철도 부설은 그 시작이었다.

러일전쟁에서 승리한 일본은 용산에 일본군 병영을 건설했다. 서울 최초의 신시가지인 용산에 병영을 중심으로 한 시가지가 조성된 것이다. 그렇게 형성된 신용산은 일제강점기에 구 용산과 달리 일본인들의 도시였으며, 비록 함께 개설된 한강로로 원 도심과 연결되었지만 사대문 안과는 구별되는 독립적인 신시가지가 형성되었다.

한국통감부와 탁지부 건축소

1. 한국통감부와 남산

을사늑약 체결 후 대한제국 한성에 한국통감부가 설치되었다. 초기에는 외교 관련 업무를 담당했으나 점차 업무 영역이 확장되었다. 대한제국 정부의 외교 업무를 중심으로 자문 또는 섭정의 형식이었으나, 실제는 1910년 식민지배로 가는 과도기적 행정시스템이었다.

통감부는 1905년 11월 22일에 '통감부 및 이사청 설치에 관한 칙령 240호'에 따라 설치되었다. 통감부청사는 일본공사관이 위치했던 남산에 지어졌다. 청사는 프랑스풍의 역사주의 양식의 목조건축으로 지어졌다. 일반적으로 식민지를 경영하는 유럽 국가의 경우 식민지배 최고 권부의 건축은 자국 양식으로 짓는 것이 일반적이라는 점에 비춰보면 일본이 자국 양식이 아닌 서양 건축양식으로 통감부를 지은 것은 매우 이례적이다. 한국을 지배하는 첫 상징적 건축인 통감부를 서양 건축양식으로 지은 것은 일본의 근대화 정책과 조선으로부터 문화를 전수받은 일본이 자

〈그림 5-4〉 한국통감부청사, 남산. (안창모 소장 엽서)　　〈그림 5-5〉 통감관저. (안창모 소장 엽서)

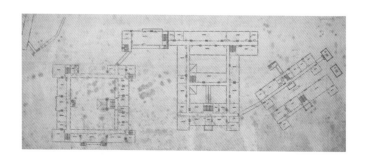

〈그림 5-6〉 원 통감부청사를 포함한 총독부 시절의 배치도. (출처: 국가기록원)

국 건축으로는 대한제국에 대한 힘의 우위를 보여줄 수 없다고 생각했기 때문이다. 한국과 일본 사이의 오랜 역사적 문화적 관계가 식민지건축의 양식에 반영된 셈이다. 미국에 의해 강제로 개항된 일본은 서양을 모델로 한 서구화를 정부 주도로 추진했고, 그 과정에서 장애가 되는 자신들의 모든 것을 버리고 서양 문물을 받아들였다. 일본의 근대화 정책의 핵심은 탈아입구(脫亞入歐)로 정리된다. 따라서 서양식 통감부청사는 일본의 탈아입구 정책을 잘 보여주는 건축이자 대한제국에게는 자신들이 서양과 동등한 힘을 가진 존재임을 과시하는 수단이기도 했다.

　남산의 일본공사관은 통감관저로 용도가 바뀌었으며, 주변에는 각종 관사가 건립되었다. 통감부청사 북측에는 일본 거류민단이 지은 경성신사가, 건너편 동측에는 동본원사가 설치되어 남산은 식민지배 초기 일본의 대한제국 지배의 심장부가 되었다.

2. 통감정치와 궁궐의 해체

통감부 시절의 경복궁은 국가 운영과 관련되어 특정한 기능을 갖고 있지 않았다. 힘을 잃었지만 고종황제는 1907년 강제로 양위하기까지 경운궁을 법궁으로 삼았고 1907년 황제에 오른 순종은 창덕궁을 법궁으로 삼았으므로, 양궐 체제의 전통을 갖고 있는 대한제국 정부에서 경복궁은 공식적으로 궁궐이 아니었다. 경복궁은 궁내부가 관리했는데, 당시 경복궁의 모습을 간접적으로 추론해볼 수 있는 기사를 《대한매일신보》에서 찾아볼 수 있다. 당시 경복궁과 관련된 기사 중 가장 빈번한 기사는 경복궁의 관람이었으며, 그다음으로 공원화와 식목에 관한 기사가 눈에 띈다.

1) 경복궁의 해체

《대한매일신보》가 전하는 소식 중에서 주목할 만한 것은 경복궁이 대한제국의 정궁 후보였다는 점과 1907년 요시히토 일본 왕세자 방문 때 숙소가 될 뻔했다는 점이다. 1907년 7월 헤이그 특사 사건이 있었고, 광무황제(고종)에게 이 사건의 책임을 추궁한 이토는 광무황제가 황위를 융희황제(순종)에게 양위토록 강제했다. 1907년 7월 20일 황제의 위에 오른 융희황제는 대한제국의 법궁이었던 경운궁에 거처하는 것이 마땅했으나, 광무황제가 경운궁에 계시는 관계로 새롭게 거처를 정해야 했다. 이때 경복궁이 융희황제 거처의 후보로 논의된 적이 있었음이 《대한매일신보》 1907년 7월 26일자 기사에 실려 있다.

당시 신문 기사에

> 경복궁으로 이어: 태상황제께옵서 경운궁에 계시게 하고 신황제께옵서
> 는 경복궁으로 이어 하옵신다는 말이 있더라.

라는 소식이 있어, 경복궁이 융희황제 재임기에 대한제국의 법궁 후보로
논의된 적이 있었음을 알 수 있다. 1907년 10월 16일 일본의 왕세자 요시
히토(嘉仁, 후에 메이지천황에 이어 다이쇼천황으로 즉위)가 대한제국을 방문
했다. 1907년 10월 10일 《대한매일신보》는 일본 왕세자가 경복궁에 머물
것이라는 소식을 다음과 같이 전하고 있다.

> 경복궁 림어: 일본 황태자께서 오실 때에 경복궁에 몇 날을 여관으로
> 정하였다가 귀국하신 후에는 태황제폐하께옵서 림어하신다더라.

이 신문 기사를 통해 경복궁이 일본 왕세자의 숙소로 검토되었다는
사실도 새롭지만, 앞선 신문 기사와 달리 경복궁에 임어할 분이 융희황제
가 아니라 태황제폐하인 광무황제로 바뀌었다는 점이다. 대한제국 정부
에서 어느 곳을 정궁으로 삼을 것인가에 대한 논의가 어떻게 이루어졌는
지는 알 수 없지만, 이 신문 기사가 작성되었을 당시에는 제2대 황제인 융
희황제가 광무황제에 이어 경운궁을 법궁으로 사용하기로 했었음을 알
수 있다.

그러나 신문 기사의 소식과는 달리 10월 20일 대한제국을 방문한 요
시히토 일본 왕세자는 경복궁에 머물지 않고 왜성대의 통감관저에 머물
렀다. 통감관저에 머물렀던 요시히토를 태황제와 왕세자가 로문(路門)[1]한
내용이 1907년 10월 20일 자 《대한매일신보》에 실려 있다.[2]

친림과 유람: 작일에 대황제폐하와 황태자께옵서 통감부에 친림하옵
셔, 일왕세자전하를 로문하옵신 후에 대황제 폐하께서는 먼저 환궁하
옵시고, 왕세자전하께옵서는 일왕세자전하와 마차를 같이 타옵시고,
창덕궁과 경복궁을 유람하옵신 후에 같이 환궁하셨다가 일왕세자전
하께서는 통감부로 환어하옵셨다더라.

일왕세자가 경복궁을 유람하기 하루 전에 법부대신이 경복궁을 미리
방문해 사전 점검을 행하기도 했다.

2) 궁궐의 관광지화, 경복궁과 창덕궁

경복궁과 관련된 신문 기사에서 가장 많이 보이는 기사는 경복궁이 사
람들이 관람하는 장소가 되었다는 기사다. 1907년 8월 10일자《대한매
일신보》에는 "구경하는 궁궐인가"라는 제목 아래 "어제 오전 12시에 일
본 수군 병정 4~5백 명이 경복궁에 들어가서 구경하였다더라."라는 기사
가 실렸으며, 같은 해 10월 10일에는 "대궐 구경"이라는 제목 아래 "학부
차관 표손일의 모친과 부인이 창덕궁과 경복궁을 구경하였는데 학부 서
기랑 이완용씨와 사무관 1인이 따라갔다더라."는 기사가 실렸다. 1908년
8월 12일자에는 유길준, 장박, 조희연 등도 경복궁을 구경했다는 소식을,
1909년 9월 24일자에는 독일영사관 총영사가 직원들과 함께 경복궁을
구경하기도 했다는 소식을 전했다. 1909년 9월 30일에는 경복궁이 일주
일 동안 관광이 금지되었는데, 당시에 괴질이 유행하여 예방 차원의 조치
였다는 기사를 내보내기도 했다.[3]
경복궁과 창덕궁은 일반에게도 개방되었다. 1909년 10월 29일자《대한
매일신보》에는 경복궁은 매일, 창덕궁의 비원은 일주일에 두 번씩 일반인
에게 개방했다는 기사가 나온다.

두 곳 구경: 경복궁에 들어가 구경하는 것을 ***로 일반인민에게 일주

일에 두 번씩을 하게 하였었는데 본월 27일 이후로는 월요일 외에는

매일 구경케하고 창덕궁 비원은 매주일에 수요일과 토요일에만 관람케

한다더라.

일제강점 후에는 경복궁 관람에 관람료를 받았다는 기사가 있다. 1910

년 11월 16일자 《매일신보》에는 "경복궁 관람료"라는 제목의 기사가 실

려 있다.

경복궁(景福宮) 관람료(觀覽料): 경복궁(景福宮) 관람료(觀覽料)는 자래

(自來)로 대인(大人)에 10전(十錢)이오. 소아(小兒)에 5전(五錢)이더니 금

일(今日)부터는 대인(大人)에 5전(錢), 소아(小兒)에 3전(錢)으로 저감(低

減)하였다더라

이 기사를 통해 경복궁을 돈을 받고 관람시키는 행위가 이전부터 있었

음을 알 수 있다.

3) 경복궁의 수리와 공원화 계획

경복궁이 융희황제의 거처가 되지 못함에 따라 경복궁은 국가 경영의 중

심에서 멀어져 있었지만 사람들이 살지 않는 곳은 아니었다. 1910년 3월

4일자 《대한매일신보》에 "경복궁 수리"라는 제목을 단 주목할 만한 기사

가 실렸다.

경복궁 수리: 경복궁의 퇴락한 곳을 수리하기로 하여 불원간 역사를

시작할 터인데 경복궁 안에 거접하던 여관 등은 안동별궁으로 이접한

다더라.

이 기사는 두 가지 점에서 주목된다. 하나는 경복궁이 완전히 빈 상태가 아니라 사람들이 살고 있었다는 점이다. 사실 경복궁에서 경운궁으로 법궁이 옮겨졌지만, 7천여 칸에 거처하던 많은 사람들이 전부 작은 경운궁으로 옮겨갈 수 없었다는 점을 감안하면 당연히 경복궁에도 많은 사람이 살았을 것이나 이 부분에 대해서는 우리는 거의 인지하고 있지 못했다. 또 다른 사실은 경복궁이 거처의 기능과 함께 왕이 떠난 정전과 편전 등 경복궁의 중심 공간이 관람의 대상이 되었기 때문에 지속적인 유지 관리를 하고 있었다는 점이다.

경복궁에 "거접(居接)⁴하던 여관(女官)⁵ 등이 안동별궁으로 이접(移接)"⁶ 한다는 말은 경복궁에 살던 궁녀들이 경복궁을 수리하는 동안에 안국동 공예박물관(옛 풍문여고 터)에 있던 안동별궁으로 거처를 옮겼다는 이야기다. 안동별궁 외에도 궁녀들은 경선궁과 황태자궁으로도 거처를 옮겼다. 그러나 경복궁을 수리하는 동안에 일시적으로 궁인들의 거처를 옮긴다고 했지만, 궁인들의 이접은 영구적인 일이 되었다.

1910년 3월 들어 경복궁에 관한 기사가 《대한매일신보》에 끊임없이 이어졌는데, 그중에서 경복궁에 나무를 심는다는 기사와 행각을 헐고 공원을 만들겠다는 계획에 관한 기사도 있다.⁷

1910년 3월 5일자와 3월 17일자 기사에는 궁 안의 식목에 대한 기사가 다음과 같이 실렸다.

식목하려고: 경복궁을 수리한 다음은 이미 게재하였거니와 그 궁 안에 행각을 헐고 장차 식목을 할 터이라더라.

대궐까지: 다 주나 내각에서 증미통감의 아들 증미우남의 청구를 의지하야, 경복궁 건춘문 안 기지 몇 천 평을 꾸어주었는데 우남은 그 기지에 식목하는 중이라더라.

그런데 1910년 3월 19일자에서는 "황궁측량"이라는 제목을 단 다른 기사도 보인다.

황궁측량: 궁내부에서는 덕수궁과 창덕궁과 경복궁 구역을 지금 측량하는 중인데 본월 삼일일 내로 그 사무를 마친다더라.

이 기사에서 언급한 측량의 목적이 무엇인지 알 수는 없지만, 현존하는 창덕궁과 경복궁 및 덕수궁의 도형일 가능성과 이어지는 소네(曾禰荒助) 통감 아들의 농업모범장 설립을 위한 사전 작업일 가능성이 있다.[8] 그 중에서 1910년 3월 19일자 《대한매일신보》 기사에는 소네 통감[9]의 아들이 지속적으로 요구했던 나무를 심는 작업의 목적이 나타나 있다.

해도 너무한다. 증미통감의 아들 증미우남이 경복궁 안에 종묘장을 설치한다함은 이미 개제하였거니와 다시 자세한 소문을 들은즉 그 사무를 확장할 뿐 아니라 전각 몇만 내어놓고 각 채를 다 헐고 농업모범장을 설립하기로 경영한다더라.

소네 통감의 아들인 소네 유오(曾彌尤男)가 실제 경복궁 안에 농업모범장을 지었는지에 대해서는 확인된 바가 없지만, 1910년 11월 8일에 서울에 온 농사시찰단원 222명이 경복궁을 관람했다는 소식도 있다. 1910년 3월 30일자 기사에서는 모다 팔아 경복궁과 창덕궁과 기타 궁내부 소속으로 쓸데없는 집들은 모두 판다는데 이 까닭으로 경복궁 안에 있는 여관 일백 수십 명은 덕수궁과 안동별궁으로 이사기로 하여 어제부터 안동별궁을 수리하는 중이라더라.

본격적으로 경복궁의 전각이 훼철되기 시작했음을 알 수 있다.

위와 같은 내용은 통감부가 실질적으로 대한제국의 내정을 깊숙하게 간섭했다는 것을 보여준다. 소네 통감은 1909년 7월 12일 기유각서를 체결해 순종황제의 실권을 모두 탈취했다. 기유각서(己酉覺書)는 '한국 사법 및 통감 사무 위탁에 관한 각서'로 대한제국의 사법권과 교도행정에 관한 업무를 일본에 넘겨준다는 내용인데, 이는 외교권 박탈에 이은 사법권의 박탈이라고 할 수 있다. 이에 따라 대한제국의 사법부는 기능이 폐지되고 통감부의 사법청이 맡았다. 기유각서는 내무총리대신인 이완용과 소네 통감 사이에 맺어졌다.

3월 30일자의 기사에 실렸던 경복궁 전각 매각은 5월 15일에 실행되었다. "경복궁 없어지네"라는 제목의 기사에는 경복궁의 전각이 경매를 통해 매각되었음을 보여준다.

전문을 살펴보면 다음과 같다.

경복궁 없어지네 전 국민의 힘을 다하여 건축하고 몇 십 년 래로 존엄지대로 중히 여기던 경복궁이 을미년 이후로 참혹이 됨은 모두 아는 바이어니와 궁내부에서는 그 궁전 4천 여 칸을 방매 훼철하고 큰 공원을 건축할 차로 본월 9일과 십일에 경매하였는데, 원매자가 한일인 중에 80 여명이 되었으나 그중 십 여 명에게 방매하기로 하락하고 값

은 매 칸에 15환으로부터 20환까지요. 구 중 삼분의 일은 일인 복정청
삼랑이가 사기로 계약하였는데, 복정청삼랑은 척식회사 총재 우좌천[10]
첩의 족속이라 혹시 우좌천이 그 자를 시켜 산 듯하다.

이 글을 살펴보면, 경복궁의 전각을 방매하는 주체가 궁내부였음을 알
수 있으며, 선사을 훼철한 후 경복궁에 공원을 조성할 계획이었음을 알
수 있다. 이는 당초의 경복궁 안의 전각이 총독부 신청사를 건설하기 전
에 이미 상당 부분 철거되었음을 알 수 있다.

매각된 경복궁의 전각은 관리도 구입했다. 당시 한성부 판윤(현 서울시
장)이었던 장헌식이 국권이 스러져가면서 훼철되는 궁궐의 재료를 사서
개인의 집을 짓는 행위에 대해 비판하는 기사가 《대한매일신보》 1910년 7
월 5일자에 실렸다.

> 기 막혀 한성부윤 장헌식씨는 경복궁 안 진전의 석재와 목재를 사서
> 한성구락원 들어가는 동구에 집을 건축하는데 현임 관리로 막중한
> 궁궐 재목을 사서 거처할 집을 건축함은 불경한 일이라고 물론이 있다
> 더라.

경복궁에 공원을 조성하겠다는 계획은 일제강점 이후에도 유지되었던
것으로 보인다. 경복궁의 공원화 계획은 《매일신보》 9월 28일자에 재차
실린다.

> 궁기공원(宮基公園) 경복궁 내에 원랑(院廊)을 방매 훼철함은 이미 공지
> 어니와 훼철의 공역(工役)이 준료(竣了)되는 동시에는 해(該)기지(基地)에
> 공원을 신축할 계획이라더라.

그러나 공원 조성 계획의 실천에 대해서는 알려진 바가 없다. 오히려 1915년 조선물산공진회를 앞두고 대대적인 전각의 훼철과 매각이 행해지고, 조선물산공진회가 끝난 다음에는 총독부 신청사 건설이 시작되었다. 공원 건설은 구두선(口頭禪)에 그친 것이다.

3. 탁지부 건축소

개항 이후 이 땅에는 전통건축과는 다른 종류의 건축이 다양한 경로를 통해 들어오기 시작했다. 개항장에는 상업을 위한 건축이 지어졌고, 개항장을 벗어난 전국 각지에 서양의 종교를 전파하기 위한 종교시설이 지어졌다. 수도인 서울에는 외교공관들이 지어졌다. 동시에 조선 정부와 대한제국 정부에서도 필요에 따라 서양의 건축양식으로 필요한 시설을 지었다. 다양한 경로를 통해 각기 자신들의 목적을 위해 새로운 건축이 들어왔지만 그들의 건축이 우리의 주권을 침해하지는 않았다. 그러나 1905년의 을사늑약 이후 상황이 달라졌다. 일본은 한국의 식민지배를 위한 기반을 구축하기 위해 한국의 내정에 적극 개입하며 새로운 건축물을 짓기 시작했다. 대부분의 설계는 일본인 건축가에 의해 이루어졌으며, 그 중심 기관이 탁지부 건축소였다. 탁지부는 조선시대 호조의 기능을 수행했던 정부기관으로, 1894년 11월에 성립된 김홍집, 박영효 내각에 있던 탁지아문이 이름을 바꾼 것으로 1910년 국권을 빼앗기면서 폐지되었다. 한국 정부에서 재무를 총괄해 회계, 출납, 조세, 구채, 화폐, 은행 등에 관한 업무를 담당했다. 1906년 9월 24일 칙령 제55호 '건축소 관제'에 따라 탁지부 건축소가 설치되었고 탁지부 건축소는 식민지배를 위한 인프라 건설을 담당했다.

1) 건축 vs. 영조

조선에서 '건축'이라는 용어가 사용된 것은 1894년이 처음이었다. 1894년 갑오개혁 당시 공무아문(工務衙門) 산하에 철도국, 역체국(驛遞局), 전신국, 광산국, 등장국((燈檣局) 외에 건축국을 설치했는데, 이는 근대적 산업 시설을 관장할 수 있는 전문 부처의 설립을 의미했다. 기존의 '영선(營繕)' 또는 '영조(營造)'라는 말을 대신해 최초로 정부 부처에 '건축'이라는 새로운 용어를 사용한 '건축국'이라는 부서가 만들어졌으나 구체적인 업무 범위와 성과에 대해서는 알려진 바가 없다. 다만 조선시대 이래의 건축 조직이 지속되었다는 점에서 '건축국'은 서구의 문물을 받아들이는 데 필요한 '건축' 행위를 담당할 정부 부처였을 것으로 추정된다. 따라서 탁지부 건축소는 '건축국' 이후 공식적으로 서양식 건축을 담당하는 첫 건축 기관인 셈이다. 국가기록원 소장 자료에 따르면, 탁지부 건축소는 1907년 3월부터 1909년 6월까지 8,000여 건의 기록을 남겼으며, 이 가운데 공사와 관련된 기록은 3,200여 건에 달한다고 한다. 탁지부 건축소의 사업은 의료와 세관시설 등 식민지배를 위한 인프라를 구축하는 사업에 집중되었다.

건축소에서는 각 청사 신축공사로 탁지부청사, 내부청사, 농상공부청사, 건축소청사가 있고, 대한의원, 광통관, 인쇄국, 삼정과(蔘政課), 재판소(대심원과 경성공소원 본 청사, 경성재판소 청사 등), 경찰서(평양, 대구경찰청사를 비롯하여 2등, 3등, 4등 경찰서 청사 신축공사), 해관공사, 재무청사 및 각 관청에 근무하는 직원을 위한 관사 등 신축공사를 수행했다.

2) 건축소 조직

건축소장은 탁지부 협판(協辦, 칙임관으로 현 차관에 해당)이 겸임토록 하고, 사무관 이 하는 탁지부 주임관(奏任官, 칙임관 아래 판임관 위 직급)과 판임관(判任官, 조선 후기의 하위 관리)이 겸임케 하는 등 설립 초기에는 한인에 의한 조직체계를 갖추었다. 그러나 1907년(융희 2) 12월 13일 칙령 제42호에 따른 관제 개정 이후 탁지부 차관이었던 일본인이 건축소 소장을 맡으면서 건축소는 일본인에 의해 운영되었다. 이는 1907년 7월 24일의 한일신협약(정미7조약)에 따라 각부에 설치된 고문관 제도 대신 일본인 차관이 임명된 것인데, 이에 따라 초기에는 탁지부 협판이었던 류정수(柳正秀)가 건축소 소장을 맡았으나 한일신협약 이후에는 고다 겐타로(荒正賢太郎)가 소장을 맡았다. 일본인 소장으로 체제가 바뀌면서 서무계장 사무관을 제외한 모든 직원이 일본인으로 교체되었고, 구니에다 히로시(國枝博)가 건축계장을 맡았다.

1908년 8월 13일에 칙령 제59호로 공포된 건축소 관제 개정에 따르면 칙령 제48호로 공포된 임시세관공사부 관제를 폐지하고 업무와 직원 모두를 건축소에서 흡수하겠다는 내용을 담고 있다. 관제의 주요 내용은 다음과 같다.

제1조 건축소는 탁자부 대신의 관리에 속하여 건축 공사 및 세관공사
    에 관한 사무를 관장함

〈그림 5-7〉 탁지부. (구 의정부청사) (안창모 소장 엽서)

〈그림 5-8〉 탁지부 건축소. (출처: 『탁지부 건축소 사업 개요 1차』)

제2조 건축소는 아래 직원을 둠

　　장관 1인 칙임

　　서기관 전임 1인 주임

　　사무관 전임 3인 주임

　　기사 전임 10인 주임

　　주사 전임 10인 판임

　　기수 전임 40인 판임

제9조 탁지부대신은 필요한 처소에 건축소 출장소를 둘 수 있음

제10조 탁지부대신은 필요시 공사예산범위 내에서 임시로 기사, 주사, 기수를 증치할 수 있음.

1909년에는 공사부장 및 건축과장을 사카이데 나루미(坂出鳴海, 1876-1928)가 맡고, 설계계장은 구니에다(國枝博), 감독계장 이와다(岩田五月滿), 영선계장은 가츠마다(勝又六郎)가 맡았다. 일본인 중심의 탁지부 건축소는 조선의 건축 조직과 달리 서양식 정부 건축물의 생산에 관여했다.

장관 아래 공사부를 두고 공사부 아래에 건축과와 토목과를 두었으며, 건축과에는 설계계, 감독계, 영선계, 토목과에는 설계계, 감독계, 기계계를 두었다. 공사부와는 별도로 경리과를 두었으며 경리과 산하에는 조리계와 서무계를 두었다. 이 밖에 각 출장소와 연와제조소를 산하에 두고 있다. 건축소에서 연와제조소를 직접 설치하여 운영한 것은 근대기 행정시설을 건축하는 데 필요한 벽돌을 자체적으로 확보하기 위함이었다. 이로써 건축소는 건축 재료 생산에서 설계에 이르는 운영체제를 갖춘 셈이다.

4. 탁지부 건축소의 건축

1) 의정부청사

대한제국 정부는 독일영사관 대지를 구입한 후 경운궁과 연결되는 다리를 건설하고, 의정부청사 신축 계획을 세웠다. 의정부청사가 신축되었다. 그러나 을사늑약 후 통감정치가 시작되면서 의정부청사는 준공 후에 탁지부청사로 사용되었다. 탁지부청사가 지어진 구 독일영사관 터는 1900년 한국 정부가 독일로부터 땅을 매입해 일부를 경운궁 궁역에 포함시켜 중화전을 짓는 터에 사용하고 나머지 영역에 의정부청사를 건축할 계획이었다. 그러나 1907년 고종황제가 강제로 퇴위당하고 2대 황제인 순종이 창덕궁을 황궁으로 삼음으로써 덕수궁에 의정부청사가 필요없어짐에 따라 의정부 역할 대신 탁지부청사로 사용된 것이다. 1902년에 건설된 경운궁과 구 독일영사관 터를 연결하는 구름다리는 기존의 경운궁과 새로 궁역에 포함된 땅을 기능적으로 연결하기 위함이었다. (그림 3-23 참조)

주목할 것은 의정부청사로 설계된 당시의 공간구성이다. 의정부청사는 편전 기능과 내각 회의실 기능을 갖추고 있었다. 중앙의 중정을 중심으로 'ㅁ'자형으로 구성되었으며, 북쪽에 주출입구가 있고 동쪽과 서쪽 양편에 2층으로 연결되는 계단실이 있다. 실내 동선은 중정을 감싸고 있는 복도에 의해 이루어졌다. 주출입구가 북쪽에 마련된 것은 청사가 현재의 정동길에 면해 있었기 때문이다. 황제의 업무 공간인 편전과 내각회의실은 남쪽에 있는데, 이는 조선의 전통적인 공간 배치에 따른 것이다. 조선의 전통에서 왕은 남쪽을 향해 자리를 잡는 것(南面)이 원칙이므로 청사의 지세와 주출입구는 북향하지만 편전은 남쪽에, 내각회의실에 있는 옥좌는 북쪽에 마련되었다. 이처럼 황제에 대한 배려가 공간구성에 그대로 반영되었다. 1층에 마련된 편전은 실의 양쪽에 출입구를 두었으며 남쪽으로 창이 배열되고 회의실 중앙에서 외부로 연결되는 출입구가 설치되었다. 1층의 편전 외부에는 베란다가 설치되었다. 2층에 위치한 내각회의실에는 황제가 앉는 옥좌가 북측에 높게 마련되었으며 1층과 마찬가지로 베란다가 내각회의실 외부를 감싸고 있다. 이러한 구성은 석조전과 중명전 등에서 사용된 건물 전체를 둘러싸고 있는 베란다보다는 못하지만, 황제가 사용하는 공간에 대한 배려라고 할 수 있다. 청사는 벽돌로 건축되었으나, 외부에 회반죽을 발라 석조 의장을 연출할 수 있도록 디자인되었고, 지붕은 기와로 마감되었다.

탁지부청사가 의정부청사로 설계되었다는 사실은 경운궁의 궁역이 현재 알려진 것보다 넓어질 가능성이 있음을 의미한다. 의정부는 최고 의결기관으로 궐 밖에 자리하는 것이 일반적이지만, 근대국가를 지향하면서 왕실행정과 국가행정을 구분하면서 궁내부가 독립함에 따라 명실상부 의정부는 국가행정을 전담하게 되었다. 의정부 내각회의실에 옥좌를 두었다는 사실, 중화전 건축을 위해 구 독일공사관 터를 매입했다는 점, 그리고 구 독일영사관 터와 경운궁을 연결하는 구름다리를 설치했다는 사실에 비춰볼 때, 구 독일영사관 터는 경운궁 궁역의 일부였다고 할 수 있다.

2) 내부청사

내부청사는 1909년 6월에 착공되어 1910년 8월에 준공된 벽돌조 2층 건물이었다. 내부청사 자리는 조선시대 의정부가 있던 곳이다. 경운궁 남쪽 구 독일공사관 터에 의정부청사 신축 계획이 세워지면서 옛 의정부 터에 내부청사의 신축을 계획한 것이다. 그러나 1910년에 대한제국이 일본에 강제병합된 후에는 내부청사는 경기도청사로 사용되었다. 경기도청이 서울 한복판에 자리잡은 것은 일제강점과 함께 서울이 일국의 수도에서 경

〈그림 5-9〉 내부청사 전경(경기도청 시절). (안창모 소장 엽서)

〈그림 5-10〉 내부청사 입면. (출처: 국가기록원/ 탁지부 건축소사업개요 1차)

〈그림 5-11〉 내부청사 1층 평면도. (출처: 탁지부 건축소 사업개요 1차)

기도의 일개 도시로 그 위상이 달라졌기 때문이다. 일제강점기에 서울은 경기도에서 가장 큰 도시였고, 경기도청은 서울의 한복판에 자리잡게 되었다.

내부청사는 르네상스풍의 신고전주의 건축양식으로 지어졌다. 중앙의 현관을 중심으로 좌우가 대칭으로 구성되어 있으며, 조적조 내력벽식 구조의 특징인 세로로 긴 창의 반복으로 입면이 구성되었다.

평면은 편복도로 구성되었으며 중앙에는 현관이 있으나 계단은 양쪽 끝에 배치되었다. 건물의 양끝 뒤쪽으로 사무 공간이 배치된 'ㄷ'자 형태이다. 정면은 육조거리를 향해 있고, 뒤쪽으로 마당을 감싸 안는 구성이다. 난방은 두 사무 공간의 경계에 있는 하나의 난방기구로 두 사무실을 난방했다. 건축에 소요된 벽돌은 마포연와제조서에서 공급받았고, 목재는 영림창(營林廠)에서 공급받은 관급 자재가 사용되었다. 내부청사가 준공된 뒤에도 고종 때 중건된 의정부청사의 주요 건물은 그대로 유지되었다.

3) 농상공부청사

벽돌로 지은 2층 건물로 건축양식과 구법은 내부청사와 유사하지만 중앙의 현관부 처리와 돌출된 양끝의 의장적 요소는 내부청사에 비해 의장 효과가 강조되었으며 완성도도 높다. 현관부의 차량 접근이 가능한 포치와 중앙부의 아치형 페디먼트 그리고 중앙의 탑과 양끝의 입면 구성과 변형된 삼각형 페디먼트 등 바로크 건축양식의 의장적 특징이 사용되었다.

외관에서 두드러지는 것은 흰색의 사용이다. 전체적으로 붉은 벽돌이 사용된 가운데 두드러지는 의장적 요소가 흰색으로 처리되었는데, 이 흰색은 마포연와제조서에서 만든 흰색 벽돌이다. 붉은 벽돌과 흰색 벽돌에

〈그림 5-12〉 농상공부청사 전경. (안창모 소장 엽서)

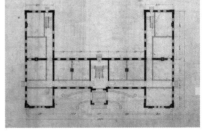

〈그림 5-13〉 농상공부청사 1층 평면도. (출처: 국가기록원)

의한 의장 효과가 빼어난 건축이다.

4) 건축소청사

2층 목구조 건축이다. 중앙의 중정을 중심으로 각
실이 배치된 'ㅁ'자형 구성이다. 중앙의 현관부를 중
심으로 양끝을 돌출시켜 정면성을 강조하는 고전주
의 건축의 규범을 따르고 있으나, 서양식 목구조에
기초한 실용적인 건축이다.(그림 5-8 참조) 내부 공간
은 주출입구를 중심으로 양측에 외래인을 위한 응
접 공간을 두어 입찰자와 일반인을 위한 접객 공간
으로 사용토록 함으로써 업무 공간과 구분했다. 외
장은 비늘판벽으로 구성되었으며, 지붕에는 영등포
연와제조소 분공장에서 제작한 기와를 사용했다.

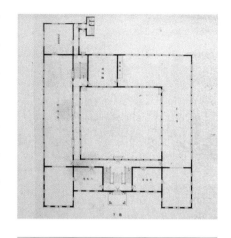

〈그림 5-14〉 탁지부청사 1층 평면도. (출처: 탁지부 건축소
사업개요 1차)

5) 광통관

광통관은 융희 원년 당시 정부 재정고문관의 계획에 의해 진행되었으며,
후에 천일은행 수형조합(手形組合, 어음조합)으로 사용되었다. 벽돌을 주로
사용했으며 부분적으로 석재가 사용되었다. 1층과 2층을 관통하는 자이
언트 오더(Giant Order)와 돌출된 양끝 위의 나지막한 돔의 구성이 이채롭
다. 그러나 1914년 2월에 화재로 소실되어 1915년에 복원되었으나 장식과
돔 부분이 변형되었다. 근대건축으로는 드물게 첫 용도가 지금까지 이어
지고 있는 건축이다. 지반이 연약해 말뚝지정을 하고 두 자 두께의 콘크
리트를 치고 지상부에는 벽돌과 석재를 함께 사용했다. 증기난방 장치가
설치되었다.

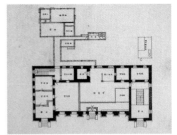

〈그림 5-15〉 광통관. (출처: 『탁지부 건축소 사업개
요 1차』)

〈그림 5-16〉 광통관 평면도. (출처: 『탁지부 건축소 사업
개요 1차』)

6) 대한의원

대한의원은 1906년 9월 연건동 마등산(또는 마두산) 언덕에 착공된 직후
에 1907년 3월에 대한의원이 설치되었으며, 1908년 10월 24일에 본관과
병동이 준공되었다. 1909년에는 대한의원에서 운영하는 의학교도 건축되
었다.

대한의원은 외래진료와 수술실이 위치한 본관과 배면의 병동으로 구성
된다. 본관은 벽돌로 건축된 2층 건물로 중앙의 시계탑을 중심으로 좌우
대칭으로 지어졌다. 본관 건설 후에는 원형의 수술실도 건설되었다. 병동
은 외래진료를 담당하는 본관동 뒤편에 목조로 지어졌다. 단층으로 지

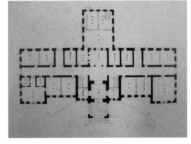

〈그림 5-17〉 대한의원의 총독부 의원 시절 전경. (안
창모 소장 엽서)

〈그림 5-18〉 대한의원 평면도. (출처: 『탁지부 건축소 사
업개요 1차』)

어진 병동은 중앙에 중정을 두고 남향으로 배치되었으며 복도로 연결되었다.

의학교는 창경궁로에 면한 주출입구 왼편에 지어졌다.

7) 축항과 세관 건축

1876년 조일수호조규로 부산에서의 일본 상인의 상권이 확장되면서 조선 정부는 부산의 두모진(豆毛鎭)에 해관(海關)을 설치했다. 그러나 조선 정부가 관세 징수를 위해 설치한 세관은 일본의 반발로 설치 3개월 만에 폐쇄되었다. 세관이 다시 설치된 것은 1882년에 미국과 통상조약을 체결하면서다. 이후 1883년 6월 16일 인천해관을 시작으로 10월 31일에는 원산해관, 11월 3일에는 부산해관이 설치되었다. 이때 지어진 해관청사 건축에 대해서는 알려진 바가 없다. 1897년 대한제국 출범 후 목포, 군산, 진남포가 추가로 개항되었고, 각 개항장에는 탁지부 건축소에서 벽돌로 세관청사를 건축했다. 조선과 대한제국기에 서양인 고문에 의해 관리되던 해관 업무는 1904년 대한제국 재정고문으로 메가타 다네타로(目賀田種大郎)가 부임하면서 축항과 세관에 관한 업무가 통감부에 의해 관할되었다.

세관시설은 등급에 따라 세관, 세관지서 그리고 세관출장소로 구분되며, 각 세관은 세관청사와 관사 그리고 창고 등 부속시설로 구성된다. 초기의 세관은 목조로 구성되었으나 주요 세관의 경우 붉은 벽돌로 건축되었다. 세관 가운데 온전한 모습을 유지하고 있는 곳은 군산세관청사와 창고다. 세관시설은 해항뿐 아니라 개시장이 설치된 용산에도 설치되었다.

• 인천항, 축항과 인천세관

1882년 미국과 수교한 대한제국은 1883년에 인천항을 개항했는데 이때 인천해관이 설치되었다. 수심이 낮은 서해바다에 면한 인천이 항구로서

〈그림 5-19〉 인천세관. (안창모 소장 엽서) 〈그림 5-20〉 인천세관과 잔교. (안창모 소장 엽서)

역할을 위해서는 축항공사가 필요했다. 1884년 9월에 1차 축항공사가 시작되었다. 인천해관 주도로 러시아 토목기사의 감독 하에 현 파라다이스 호텔 언덕 아래 해안에 석축을 쌓고 잔교(棧橋)를 설치했다. 그러나 조수 간만의 차이가 큰 인천항의 특성과 내륙으로 연결되는 교통망의 미비로 개항장 역할이 취약했다. 대신 한양도성에서 가까운 용산에 개시장이 마련되었고, 인천에서 마포와 용산까지 증기선이 운행되었다. 1893년에 두 번째 축항공사와 함께 등대가 설치되면서 인천항은 개항장으로서의 틀이 잡혔다. 1900년 경인철도의 개통으로 인천항의 수출입 물동량이 급증했고, 러일전쟁 이후에는 항만시설 증설이 요구될 만큼 무역량이 급증했다. 1906년부터 연차 사업으로 부두 확장과 세관시설이 정비되고, 준설공사가 진행되었다.

첫 세관은 목구조로 지어졌다. 두 개의 길에 면한 인천세관은 모서리에 주출입구가 설치되고 주출입구 상부에는 탑이 설치되었다. 이는 가로에서의 경관과 동선의 기능적 배분을 위한 구성이다. 전체적으로 고전주의 건축양식이 약화된 모습인데, 목재로 구현된 역사주의 건축양식의 건물이다.

• 부산세관

1883년 11월 3일에 인천과 원산에 이어 부산에 해관이 설치되었다. 1905
년 경부철도가 개통되고, 을사늑약이 체결되면서 부산항이 중요해졌고,
수출입 물동량도 인천항을 추월했다. 건축소에 의해 설계된 부산세관은
대한제국기에 설계되었으나 준공은 1911년 8월 4일에 이루어졌다.

부산세관청사는 철도정거장과 본관에 인접하고 주변에 목조 2층의 세
관감시부청사와 잔교 등이 입지한 번화한 거리의 중심에 위치해 있었다.
붉은 벽돌의 2층 건물이지만 모서리에 있는 탑으로 인해 오랫동안 주변
에서 랜드마크적인 이미지를 구축하고 있었다. 부산시 유형문화재 제22
호로 지정되었으나 1979년 도로 확장 공사로 철거됐다.

부산세관은 건축소에서 설계 시공한 건축물 가운데 유일한 비대칭 구
성을 갖고 있는 건축물이다. 고전주의 건축에서 건축물이 대칭으로 구성

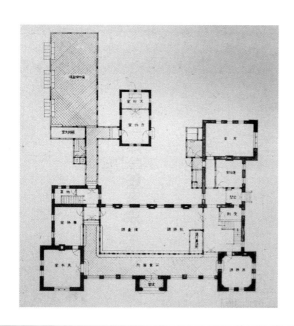

〈그림 5-21〉 부산세관 1층 평면도. (출처: 『탁지부 건축소 사업개요 1차』)

〈그림 5-22〉 부산세관과 잔교통. (안창모 소장 엽
서)

〈그림 5-23〉 부산세관. (안창모 소장 엽서)

되는 것은 미학적인 이유 이외에도 건물의 구조적 안정성을 배려했기 때
문이라는 점을 고려하면 바닷가 매립지에 세워지는 부산세관 건물이 위
치한 곳이 지반이 연약하다는 점에서 매우 이례적인 평면 구성과 매스
구성이라고 할 수 있다. 이와 같은 평면과 매스 구성으로 인한 건물의 부
동침하 문제를 해결하기 위해 부산세관에서는 다른 건물과 달리 하중이
집중되는 모서리의 탑이 위치한 곳의 하부를 철근콘크리트구조로 만들
었다.

• 목포세관

목포항은 1897년 진남포항과 함께 네 번째로 개항했다. 목포는 국도1호
선의 출발점이며, 목포항은 강항과 해항의 성격을 갖고 있어 육로와 수로
를 연결하는 지리적 강점을 갖고 있었다.

목포는 인천에서 부산을 연결하는 중간 기착지이자 후쿠오카나 나가
사키와 중국을 잇는 항로의 중간 기착지일 뿐 아니라 곡창지대인 호남평
야를 배후지로 갖고 있어 개항과 함께 빠르게 성장했다.

목포세관은 군산세관과 동일한 모습으로 지어졌는데, 이는 당시 세관
이 등급에 따라 표준 설계가 존재했음을 보여준다.

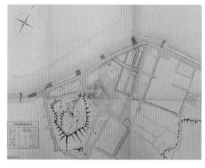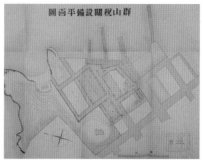

〈그림 5-24〉 목포세관 설비 평면도(좌)와 군산세관 설비 평면도(우).

· **군산세관**

군산항은 1899년 5월 1일 대한제국 정부가 개항한 항구다. 개항과 함께 조계조약이 체결되고, 군산에 옥구감리서가 설치되고, 일본은 목포영사관 군산분관을 설치했다. 1899년 인천세관의 관할 하에 군산세관이 설치되었는데, 현 군산세관 건물은 1908년에 준공되었다.

중앙의 현관을 중심으로 좌우 대칭으로 건축된 전형적인 조적조 공공건축이다. 사적 제545호다. 붉은 벽돌로 지어진 건축으로 1동의 창고 건물이 함께 남아 있다

〈그림 5-25〉 군산세관과 세관감시소. (안창모 소장 엽서)

〈그림 5-26〉 현 군산세관. (안창모 사진)

• 진남포세관

1897년 10월 1일 대한제국 출범 직전에 업무가 시작되었다. 대동강 하구에 위치한 진남포는 평양으로 들어가는 관문의 성격을 갖고 있다. 진남포항과 평양의 관계는 인천항과 서울의 관계에 비견할 만큼 개항장으로서 입지적 잠재력이 매우 큰 곳이었다.

1906년 2월 1일에는 진남포지서가 진남포해관으로 승격되었으며, 인천·부산·원산해관과 함께 4세관 체제를 이루었다. 관할 구역은 황해도 장산곶 이

〈그림 5-27〉 진남포세관. (안창모 소장 엽서)

북 지역과 평안도 일대로 지정되었다. 1907년 12월 16일 칙령 제45호로 세관관제(稅關官制)가 개정 공포되면서 진남포세관으로 개칭되었다. 이후 경의선 부설로 급증한 수출입 물량에 대응하기 위해 진남포항은 1909년부터 간척 사업을 통해 항구를 확대하는 사업을 진행했다.

8) 기상관측소

서양식 기상관측 업무는 1883년 인천 개항을 기점으로 조선해관에서 시작되었다. 1894년 조선의 기상관측 관청이었던 관상감이 관상국을 거쳐 관상소로 개칭되었다. 1904년에는 러일전쟁 시에 일본중앙기상대에서 설치한 임시관측소가 부산, 목포, 인천, 원산 그리고 용암포에 있었다. 1907년에는 통감부 관측소가 설치되었으며, 대한제국에서 서울과 평양 그리고 대구에 측후소가 설치되었다.

• 경성측후소

1907년 2월 농상공부에서 측후소 관제가 발표된 직후 대한의원이 위치한 마두산에 있는 경성측후지소가 관측을 시작했다. 1908년에는 경성측

〈그림 5-28〉 낙원동 초기 경성측후소.　　　〈그림 5-29〉 낙원동 경성측후소.

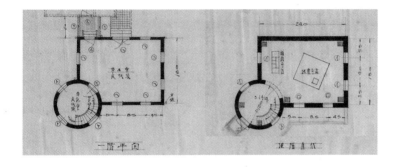

〈그림 5-30〉 낙원동 경성측후소 도면. (국가기록원 소장)

후지소가 경성측후소로 승격되었다. 측후소는 일제강점 이후 관측소로 승격되었으며, 1913년에는 낙원동에 위치한 대빈궁(大嬪宮)이 칠궁(七宮)으로 이전된 자리에 서울의 청사가 지어졌다. 대빈궁은 숙종의 후궁이자 경종의 생모인 희빈 장씨를 모시기 위해 건립된 제사궁이다. 희빈 장씨는 숙종 연간에 인현왕후 민씨가 정쟁으로 폐위되자 중궁의 자리까지 올랐다가 5년 만에 다시 희빈으로 강등되어 사약을 받았다. 그러나 1722년(경종 2)에 옥산부대빈(玉山府大嬪)으로 추존하고(『경종실록』 2년 10월 10일), 향교동에 대빈궁을 마련해 신위를 모셨다. 희빈 장씨의 신위가 모셔진 것은 1723년 6월 3일이었다. 대빈궁은 1908년 통감부에서 황실 재산을 조사

정리하면서 육상궁으로 옮겨졌고, 이때 시설이 철거되었다. 낙원동 측후소의 시설에 대해서는 1915년의 『경성측후소 요람』 기록과 1933년 경성측후소에서 발행한 『경성 기상25년보』에서 확인할 수 있다.

조선총독부 관측소에서 1915년에 발행한 『경성측후소 요람』에 따르면 부지는 1,103평이며, 기와집과 평지붕의 본관으로 구성되며, 본관은 25평 2합, 관사 37평 7합, 창고(物置) 3평 3합, 부속건물 15평 2합 등 총건평은 74평 2합이다.

본관은 사무실, 기기실, 숙직실, 응접실로 구성되고, 기기실은 현관 밖 사방으로 돌출되었으며, 수은청우계, 자기청우계가 설치되었다.

본관 왼편에는 풍력탑이 설치되었으며, 실외의 기상을 관측하기 위한 백엽상, 우량계, 증발계 등이 설치된 노장(露場)이 본관 앞에 55평 규모로 마련되었다.

〈그림 5-28〉의 초기 낙원동 측후소는 기상관측시설의 주 건축인 풍력탑이 목조 양식 건축으로 건축되었으나, 후에 조적조 내력벽식 구조와 철근콘크리트 구조의 혼합 구조로 개축되었음을 알 수 있다. 낙원동 측후소는 도시화가 진행되면서 기상관측의 어려움으로 인해 1932년 송월동으로 이전되었다.

〈그림 5-31〉 서울측후소, 송월동. (안창모 사진)

〈그림 5-32〉 송월동 경성측후소 평면도. (국가기록원 소장)

• 부산측후소

1884년 1월 1일 부산해관에서 기상관측이 시작되었다. 해관 업무상 필요에 의해 시작된 기상관측이었으나, 러일전쟁 중인 1905년 4월 28일 보수동에 임시관측소가 설치되었고, 1921년에는 지진계실이 설치되었다. 1935년에 복병산에 현재의 측후소가 지어졌다.

철근콘크리트조와 벽돌조의 혼합구조로 건축되었으며, 모서리를 곡면으로 처리하여 상징성을 갖췄다.

〈그림 5-33〉 부산측후소. (출처: 부산시)

5. 탁지부 건축소의 일인 건축기술자들

제1차 한일협약 이후 일본인 건축기술자들은 구 한국 정부의 위탁 관리로 근무했으며, 1907년의 한일신협약 이후에는 정식 관리의 자격으로 탁지부 건축소에 근무하며 건축 행정을 담당했다. 탁지부 건축 조직에서 중심적인 역할을 한 기술자는 공사부장이자 건축과장이었던 사카이데 나루미(坂出鳴海)가 맡고, 설계계장은 구니에다(國枝博), 감독계장은 이와다(岩田五月滿), 영선계장은 가츠마다(勝又六郞)였다. 조직에는 이름이 언급되지 않았지만 와타나베(渡邊節)도 건축설계에서 많은 역할을 한 것으로 알려져 있다. 이 가운데 사카이데는 동경제국대학을 졸업한 토목기술자로 대장성(大藏省) 기사로 출발해 탁지부 건축소를 거쳐 조선총독부 토목국 공무과장을 역임했다. 사카이데는 조직의 책임자이기는 했지만 토목기술자였기 때문에 건축 업무는 실질적으로 구니에다, 이와다, 가츠마다, 와타나베가 담당했을 것으로 판단된다.

이와다는 1905년 인천해관 등대국에서 기사로 근무한 이래 세관공사부를 거쳐 탁지부 건축소에서 근무했으며, 탁지부 건축소에서 감독계장을 맡았다. 설계실장을 맡았던 구니에다는 1905년 동경대를 졸업하고 1908년에 재정고문부에 채용되었으며, 건축소 관제가 반포되면서 건축소 기사가 되었다. 건축소에서 설계계장을 맡으면서 건축소의 설계업무를 총괄한 것으로 판단된다. 이와다는 1910년 강제병합 직전에 사망했는데, 이와다의 사망 기사가 실린 『건축잡지(建築雜誌)』에는 한국 13도에 총 691건의 설계 감독을 했다고 언급되었다고 한다. 그가 한반도에서 활동한 일본인 건축기술자의 선봉에 있었음을 알 수 있는 부분이다.[11]

구니에다는 한국이 병합된 후에도 조선총독부에 근무하며 총독부신청사 건축에 관여했고, 1918년 일본으로 돌아간 후 1919년 구니에다공무점(國枝工務店)을 개설했다. 영선계장을 맡았던 가츠마다는 김태중에 따르면 독학으로 양식 건축을 익혔다고 한다. 자세한 그의 활동에 대해서는 알려진 바가 거의 없다. 건축소에 가장 늦게 합류한 와타나베(渡邊節)는 1908년에 동경대 건축과를 졸업하고 1908년에 건축소 기사가 되었다. 와타나베는 건축소 조직에서 책임 있는 위치는 아니었지만 건축설계계에 근무하며 중요 건물의 설계를 담당했다. 김태중에 따르면 와타나베는 부산세관감시부청사, 인천세관청사, 부산세관청사 등을 자신의 작품집에 실었다고 한다. 와타나베도 다른 건축기술자와 함께 1910년 이후 총독부 기사가 되었지만, 1912년 사직하고 일본철도원서부철도관리국 기사로 취직해 교토역사 설계에 참여했다. 와타나베는 도쿄와 오사카에서 활동하였으며 그의 제자로 무라노 토고(村野藤吾)가 있다.

탁지부 건축소의 일본인 건축기술자들은 대한제국 말기의 정부 건축물 설계를 주도하고 대한제국이 식민지화된 후 총독부에 근무했지만, 모두 1910년대에 사망하거나 일본으로 돌아갔기 때문에 1919년 이후에 건축 실무에 등장하는 한인 건축기술자와의 만남은 이루어지지 않았다.

일군기지 건설과 용산 신시가지 건설

1. 개항기 마포와 용산

1883년 1월에 인천항이 개항되었으나 인천과 한양도성을 연결하는 교통편과 화물 운송을 위한 교통체계가 구축되지 않았던 까닭에, 인천항에 각국 조계지를 조성하는 것과 별도로 한강수로를 거쳐 도성으로 기선의 운항이 이루어졌다. 이때 마포에서 용산진에 이르는 구간이 도심과의 거리와 수심을 고려하여 최적의 장소로 선택되면서 개시장으로 선택되었다. 〈그림 5-34〉는 개시장이 개설된 원용산 지역의 지리와 각종 시설의 분포 현황을 보여준다.

조선시대 세곡 운송기지로 각종 관영창고가 설치되었던 용산은 마포와 함께 한강변 최대의 민간 상업 지역이었다. 여기에 1884년에 개시장이 설치되고 증기선과 외국인의 출입이 잦아지면서 상공업의 발달이 더해졌다.

외국 상인의 조선 내 상업 행위가 활발해진 것은 1876년에 체결된 강

〈그림 5-34〉 1880년대 초 마포 용산 일대 실측도. (출처: 「雜件」, 明治 17년 10월 10일 機密 제79호에 첨부된 도면; 박준형의 "용산지역 일본 인 사회의 형성과 변천(1882~1945)"에서 재인용) ① 용산, ② 군자감, ③ 용산파호장, ④ 별영, ⑤ 마포도장, ⑥ 토정, ⑦ 동막, ⑧ 아소정, ⑨ 용산미창, ⑩ 남대문로, ⑪노량

화도조약부터다. 세종 때부터 부산포를 비롯한 삼포에서 일인의 교역이 허락된 이후 큰 변화 없이 조선 후기까지 일본과의 교역이 지속되었으나, 강화도조약 이후 부산에서 일인들의 활동 범위가 확대되었고, 1882년 8월 30일에 조일수호조규속약 체결 이후 일인의 활동이 부산, 원산에 이어 인천까지 확대되었다.

1883년 1월에는 인천이 외인들에게 교역의 장소로 제공되었으나, 인천에서 서울로 연결되는 교통망과 도로가 확보되지 않아 개항장으로서 인천항의 역할은 제한적이었다. 이에 따라 서양 각국과 청 그리고 일본은 큰 배가 닿을 수 있는 서울과 가까운 한강변 포구를 교역의 장소로 요청했다.

1883년 9월 1일 양화진이 개시될 예정이었으나, 통리교섭통상사무아문 협판으로 해관 창설의 임무를 맡고 있던 묄렌도르프(P. G. von Mölendorf, 穆麟德)는 양화진을 마포로 변경할 것을 제안[12]했다. 묄렌도르프의 제안이 받아들여지면서 마포 일대가 개시장으로 조사되는 과정에서 용산이 개시장의 적지로 판명되어 1884년 10월 6일에 용산에 개시장이 설치되었다.

2. 서울 최초의 공업지대, 용산

1884년 용산에 개시장이 설치된 이후 1898년에 전환국이 용산의 구 군자감 터에 설치되었고, 전환국 뒤에는 총기제조소 (1903)도 설치되었다. 이어서 도량형제작소(1902년), 유리창(1902)이 설치되었으며, 1903년에는 한성전기의 두 번째 발전소인 용산발전소도 건설되었다. 관주도의 공업화가 집중된 용산은 자연스럽게 민간의 투자로 이어지면서 용산은 서울 최초의 공업지대로 성장하였다

〈그림 5-35〉 철도국 발전소와 일한전기주식회사 가스탱크. (출처: 경성부명세신지도 1914, 서울역사박물관 소장)

1901년 1월에는 남대문과 원용산 사이에 전차가 부설되었으며, 연도는 확인되지 않으나 한강변에 한성전기회사에 의한 발전소가 설치되었다. 1914년에 발행된 경성부명세신지도에는 한성전기회사의 발전소와 철도국발전소, 일한전기와사주식회사의 탱크, 현재의 노들섬 위치에 철도국 전용의 수원지 등이 위치했음이 확인된다.

조선시대 용산진과 마포는 삼남의 물류가 모이는 가장 번화한 포구였다. 용산과 마포가 가장 번화할 수 있었던 것은 큰 배가 들어올 수 있을 정도의 수심이 확보될 수 있는 곳 중 도성으로의 연결이 가장 좋은 곳이었기 때문이다. 이와 같은 입지 조건으로, 자연스럽게 만초천과 한강이 만나는 용산포구에 공장과 함께 신문물이 들어서게 되었다.

3. 신용산 시가지 건설

1883년에 인천이 개항되었지만, 인천에서 서울로 연결되는 교통망이 완비되지 않은 상황에서 인천이 개항장 역할을 수행하는 데 한계가 있었다. 이 문제를 해결하기 위해 설치된 것이 용산개시장이다. 18세기 말 용

〈그림 5-36〉 한성전기회사 발전소, 용산. (전기박물 관 소장 자료)

〈그림 5-37〉 와사제조소, 용산. (전기박물관 소장 자료)

산 지역에 해당하는 용산방·한강방·둔지방 가운데 용산방은 4647호에 14,915명, 한강방은 406호에 1,145명, 둔지방은 1,241호에 3,589명으로 한성부 인구의 약 20만 명의 1할에 해당하는 인구가 분포되었다. 특히 만초천이 한강과 만나는 용산방 일원이 가장 번화했는데 이곳에 개시장이 설치되었다. 개시장의 설치로 용산에는 외국인의 거주와 통상이 허용되면서 1888년 8월에는 인천과 용산을 연결하는 증기선이 운행을 시작했고, 1887년에는 선교의 자유도 인정되었다. 가톨릭의 용산신학교가 1892년에 건립된 것은 1886년 프랑스와 수호통상조약이 체결된 것이 직접적인 계기이지만, 프랑스와의 통상조약을 계기로 실질적인 선교의 자유가 보장되면서 신학교가 개시장인 용산에 설치된 것이다. 예수성심성당이 지어진 것은 1902년이다.

용산의 성장은 1900년 경인철도 개통과 함께 용산역이 건설되고, 서계동에서 청파동을 거쳐 현 원효로를 연결하는 전차가 개통되면서 가속화되었다.

최초의 용산역은 원용산을 정면으로 하여 건설되었을 것으로 추정되나, 최초 용산역에 관한 구체적인 자료는 존재하지 않는다. 용산 성장의 변곡점은 1904년 러일전쟁이었다. 러일전쟁에서 일본이 승리하면서 일본인들의 용산 거주가 급증했다. 1897년 35명에 불과했던 일본인이 1905년에는 1,700명에 달했고, 1910년 5월에는 10,638명에 이르렀다.[13] 당시 국내 일본인 이주민은 1902년 22,471명, 1904년 31,093명에서 1906년에는 83,315명으로 급증했다.

1904년 러시아와 일본 사이에 전쟁 기운이 높아지자 대한제국이 양국 간 분쟁에서 중립을 지키겠다며, 1904년 1월 23일 국외중립을 선언했다. 그러나 1904년 2월 9일 일본이 서울을 강점한 후 2월 23일 공수동맹을 전제로 한 한일의정서가 강압적으로 체결되었다. 일본은 이를 근거로 한국에 군대를 주둔시키고, 필요 시 필요한 땅을 사용할 수 있는 장치를 마련했다. 한반도를 일본의 전쟁 수행을 위한 기지로 삼은 일본이 러일전쟁에서 승리하면서 일본의 한반도 내 군사기지 건설이 가시화되었다. 시작이 용산이다.

용산 시가지 건설의 중심은 용산역이다. 용산은 포구 주변의 구릉지와 둔지산 일대의 구릉지를 제외한 많은 부분이 저습지를 이루어고 있어, 만초천과 한강변에 제방을 쌓으며 시가지의 경계가 형성되었다.

일본군이 작성한 〈군수용지 명세도〉에 따르면 1900년에 개통된 경인철도 동쪽에 한강로가 직선으로 개설되고 한강로 동쪽 구릉지를 중심으로 군용지가 설정되었음을 알 수 있다. 일본군기지로 수용된 곳은 한강로 동측으로 남산의 산세가 한강으로 완만하게 흐르는 구릉과 저습지로 구성되었다. 야트막한 구릉지를 정비해 병영과 연병장이 조성되었으며, 저습지의 일부는 매립되었다. 이 과정에서 수용지 내 물길이 정비되었으며, 후암동의 남묘에서 군 병영으로 연결되는 현재의 후암로가 개설되었다.

용산역 앞에 'V'자형 방사형 도로와 격자형 가로체계를 갖춘 도시 평면이 구성되고, 한강로의 용산우체국을 중심으로 'V'자형 방사형 도로망을 두어 방사형 도로의 우측은 주차군사령부로 연결되고, 좌측 도로는 사단 사령부로 연결되도록 설계되었다. 용산역 주변에는 철도국에서 관할하는 시설이 배치되었으며, 철도학교와 철도병원 및 철도관사가 시가지를 구성했다. 거류민단의 거주 밀도가 높은 곳에는 문화주택지가 조성되는 한편, 용산 거주 일인을 위한 선린상업학교(현 선린인터넷고등학교)와 용산중학교(현 용산고등학교)가 설립되었다..

1907년에는 용산에 일본인 거류민단이 조직될 정도로 일인 거주지의 성장세가 두드러졌는데, 이는 1906년부터 시작된 일본군기지 건설과 신시가지 건설에 반영되었다. 러일전쟁 후 용산에 신시가지가 건설되면서 용산의 중심이 바뀌었다. 용산역을 중심으로 방사형과 격자형 시가지가 조성되면서 철도를 중심으로 한 신시가지가 형성되었고, 남대문에서 남대문역을 거쳐 한강에 이르는 한강로가 개설되었다. 동시에 한강대로 동측에는 일본군기지가 만들어졌다.

용산 신시가지는 용산에 건설되는 일군기지를 지원하는 성격으로 건설되었으며, 용산역이 신용산의 중심이 되었다. 한편, 일본인 거류민단이 급성장하면서 용산 야포병부대의 일부에 일인 거류민단을 위한 상업 지역이 조성되었고, 공설시장도 설치되었다.

4. 일본군 병영 건설

1904년 2월 한일의정서 체결을 빌미로 일본군이 서울에 주둔하면서

〈그림 5-38〉 용산 신시가지와 일군기지. (출처: 경성부명세신지도 [1914])

〈그림 5-39〉 도성 안 주차군사령부 전경. (현 남산한옥마을) (안창모 소장 엽서)

1904년 3월에 한국주차군이 만들어졌다. 일본 참모본부와 육군성에서 '한국주차군사령관'에서 보낸 훈령에 따르면, 주차군은 사령부를 경성에 둘 것과 경성에는 2개 대대 이상의 군대를 주둔시킬 것을 지시했다. 이에 따라 러일전쟁 수행을 위해 한국에 주둔했던 한국주차군사령부는 현 남산한옥마을에 자리잡았으며, 주차군은 한곳에 주둔하지 않고 서울 시내 곳곳에 분산 배치되었다.

　동시에 한반도 전역에 순차적으로 일군기지가 조성되었다. 서울에 3백만 평, 평양에 3백9십3만 평, 의주에 2백8십2만 평 그리고 나남에 9십6만여 평 등이 군용지로 수용되었다. 〈표 5-1〉은 러일전쟁 이후 1910년 강제병합이 이루어지기 전에 전국적으로 진행된 군용지 수용 현황이다. 전국적으로 일본 육군에 의해 군부대 설치를 위해 토지가 수용되었다. 이 중에서 서울과, 평양, 의주 그리고 나남은 군 병영 조성과 함께 시가지 조성을 위해 방대한 토지 수용계획이 수립되었다. 이 중에서 19사단과 20사단 사령부가 설치되는 나남과 용산의 토지 수용이 빠르게 진행되었으며,

용산에는 주차군사령부가 건설됨에 따라 시가지 건설이 종합병영 건설과 함께 진행되었다.

〈표 5-1〉 1904-1910년 일본 육군에 의해 강제 수용된 도시별 토지 현황

위치	면적(평)	수용연월일	용도
용산	3,000,000	1904. 8. 15.	
평양	3,930,000	1905. 7. 26.	병영, 연병장, 사격장 등
의주	2,820,000		
마산	9,000	1907. 9. 3.	병영 부지
부산	91,376	1909. 3.30	수도용지
	1,660	1909. 2. 18.-20.	육군 운수부지부 부지
공주	400	1909. 2. 18.	헌병분대 부지
	655	1909. 6.19.-22	헌병분견대 부지
대구	734	1909.11.17	헌병분대 부지
강릉	875	1909.11	헌병분견대 부지
광주	540	1910. 2	헌병분견대 부지
전주	540	1910. 3	헌병분견대 부지
청진	149,930	1907. 3-5	
나남	958,748	1907. 3-5	종합병영 건설 부지
나남, 石塢	25,693	1907. 3-7	군용 경편철도 부지
나남, 水南	20,427	1907. 7.19	수남육양장 및 수남-나남 간 경편철도 부지
회령	211,858	1907. 3-5	종합병영 건설 부지
경흥	969	1907. 9	헌병분견대 부지
원산	15,324	1908. 3-1909.3	수비대병영 부지, 영흥만요새사령부 부지
인천	968	1908. 4. 4	육군 운수부지부 부지

김백영, "러일전쟁 직후 서울의 식민도시화 과정"

1907년에 제작된 〈최신경성전도〉에는 서울에 주둔한 일본군의 배치 현황이 표시되어 있다.

도성 안팎에 분산 배치되었던 일군을 한곳에 모으기 위한 군기지가 용산에 건설되었다. 1905년 7월 26일에 토지를 수용하기 시작했고, 1906년

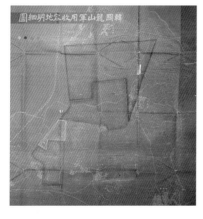

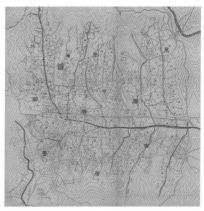

〈그림 5-40〉 한국 용산 군용 수용지 명세도. (출처: 일본 방위성 소장)

〈그림 5-41〉 용산 신시가지와 일본군기지. (출처: 최신경성전도, 1907, 서울역사박물관 소장)

4월부터 본격적으로 군기지 건설이 시작되었다. 용산의 경우 초기 수용 예정지 3백만 평 중 군 병영은 115만 평에 조성되었으며, 나머지는 신시가지 건설에 전용되었다. 한국주차군(韓國駐箚軍)은 1906년 5월 11일, 군사령부 경리부에 임시건축과를 설치해 보병막사와 용산병기지창, 위수병원과 위수감옥, 군악대를 비롯해 총독관저를 건설했다. 1908년 10월 1일 주차군사령부가 준공되어 필동의 한국주차군사령부가 용산으로 옮겨졌다.

용산병영은 78연대와 79연대의 보병막사가 위치한 보병영을 중심으로 북측에 야포병 병영이 조성되고, 보병영의 남측에는 주차군사령부와 사단 사령부를 비롯하여, 장교숙소 및 각종 지원시설이 배치되었다. 주차군사령부에 위치한 언덕 너머에는 총독관저가 위치하며, 전시체제하에서 주차군사령부와 총독관저 사이에는 지하 벙커가 건설되었다.

1910년 당시 용산 신시가지와 군기지의 모습은 경성시가전도와 같다.

'한국주차군'은 1910년 대한제국이 일본에 병합되면서 '조선주차군'으로 이름이 바뀌었다가 1918년 6월 1일 '조선군'으로 바뀌었다.

〈그림 5-42〉 한국주차군사령부 전경. (안창모 소장 엽서)

〈그림 5-43〉 78연대 보병영 전경. (안창모 소장 엽서)

〈그림 5-44〉 용산 보병영 전경. (안창모 소장 엽서)

〈그림 5-45〉 조선군사령부 전경. (미국 국립문서기록관리청 [NARA] 소장 자료)

京城、光化門前ヨリ總督府新廳舎ヲ望ム

6장

식민지배체제의
구축과
도시 재편

식민도시 경성의 탄생

1910년 대한제국의 식민지화는 서울은 물론 전국의 도시와 건축의 모습을 크게 변모시켰다. 그러나 나라가 일본에 의해 식민지로 전락되었음에도 어떤 과정을 거쳐 식민지의 모습이 구축되었는지 알려진 바가 거의 없다. 지금까지 일제강점기의 도시와 건축의 모습에 대해서는 대도시에 건설된 몇몇 이름을 얻은 건축물이 식민지기 건축과 도시의 모든 것인 양 이야기되어왔고, 우리는 아무런 비판의식 없이 받아들였다. 일제강점기는 물론 일제강점으로 우리의 도시와 건축이 어떻게 식민지배체제에 편입되었는지에 대한 연구 부족으로 식민지화 과정의 도시와 건축의 모습은 물론 식민지기의 도시와 건축의 모습을 온전하게 그려내기는 매우 어렵다. 최근 근대도시와 건축에 대한 관심이 급증하면서 조만간 우리의 도시와 건축이 일본에 의해 어떻게 변화되었으며, 해방 이후 우리는 어떻게 오늘의 모습을 만들어왔는지 전모를 밝혀낼 수 있으리라 기대한다.

당연한 이야기이지만 일제강점의 배경에는 군사력이 있다. 식민지배시스템을 구축하기 위해 일본인 지배 관료들의 한반도 이주도 동시에 이루어졌다. 만일 일본의 한반도 지배 목적이 유럽 국가의 동남아시아 식민지배처럼 경제적 이익을 위한 것이었다면 일본의 한반도 지배정책 역시 크게 다르지 않았을 것이다. 그러나 일본의 식민지배는 유럽의 그것과는 달랐다. 그들은 경제적 이익을 취하는 것을 넘어 사람과 땅 모두를 자기들에게 복속시키기를 원했다. 그래서 이루어진 것이 민간인의 한반도 이주였다. 말 그대로 '식민(植民)'이었다. 일본 정부에 의해 식민사업이 진행되기 전에 일본 민간인의 자발적인 이민도 있었다. 1876년 개항 이후 일본 상인들은 개항장에서 활동하며 자신들의 세거지를 만들었고, 1883년 외인의 도성 거주가 허락되었을 때 일본인은 남촌 일대에 집단으로 거주하며 자신들의 거류지를 형성했다. 이와 같은 일본 민간인들의 거점은 경제적으로 기반이 구축된 상태였기에 일본이 조선을 식민지배하는 데 전초기지 역할을 할 수 있었다. 일본인 거류민단의 경제 기반은 빈약한 재정의 조선총독부에게 도움이 되는 한편 조선총독부의 행정에 일정한 영향을 미치게 되었다.

1. 통감부와 총독부

1910년 10월 1일 한국통감부를 계승한 조선총독부가 출범하면서 '조선(朝鮮)'에 이어 대'한(韓)'제국의 수도였던 서울의 위상이 경기도의 일개 도시로 격하되었다. 그 결과 서울 한복판에는 경기도청(의정부 터)이 세워졌고, 통감부 시절의 경성이사청은 경성부청이 되었다. 지방의 각 이사청도 지역의 부청으로 바뀌었다. 경기도의 일개 도시로 전락한 서울에서 식민통치의 중심은 남산이었다. 이는 대한제국기에 한국 정부와 마주하는 남산의 북측 산록에 건축되었던 통감부를 조선총독부가 이어서 사용했기 때문이다. 남산의 총독부 주변에는 일본인이 일찍 자리잡으면서 거류지를 형성하고 있었던 탓에 주변에는 경성신사와 동본원사가 인접해 있었다. 식민지배를 위해 각종 관청은 대한제국기 행정기관이 그대로 사용되었다.

조선 16도의 관찰사는 도장관으로 명칭이 변경되었다가 1912년부터 도지사로 바뀌었다. 동시에 지방의 관찰부는 도청이 되었다. 지방의 행정 중심지에도 식민지배를 위한 행정관청들이 들어서면서 조선시대와 대한제국기에 지방 행정기구는 식민지배를 위한 기관으로 바뀌었다. 식민지배를 위한 관청은 대부분 대한제국기 행정기관을 사용하거나 행정기관이 있던 자리에 새로 지어졌다. 서울의 경우 식민지 경영에 필요한 중요 시설은 새로 건축되었지만, 서울과 달리 지방의 경우 대부분 옛 전통건축 형식의 관공서였던 관찰부나 객사 등 공공시설이 오랫동안 식민지 관청으로 전용되었다.

2. 서울의 식민 도시화: 한성에서 경성으로

1) 식민지배체제 구축과 도시 변화

식민지배의 공식적인 시작은 1910년 8월 29일 경술국치로부터지만 외교권을 상실한 1905년 11월 17일 을사늑약부터 식민지배의 틀이 만들어지기 시작했다고 할 수 있다. 을사늑약은 총검으로 무장한 일본군과 그 앞에서 찬반 여부를 묻는 이토 히로부미(伊藤博文)의 강압에 대신들이 서명을 한 조약으로 알려져 있다. 강압적인 조약 체결에 대한 황제의 항의 외교가 이어졌지만 결국 대한제국은 러일전쟁에서 승리한 일본의 지배를 받게 되었다.

을사늑약으로 나라의 운명이 바뀌었고, 바뀐 운명의 모습은 제일 먼저 남산에 고스란히 담겼다. 을사늑약 이후 대한제국에서는 통감정치가 시작되었다. 을사늑약에서는 "통감은 외교에 관한 사항만 관리한다."고 명시되었으나, 통감은 한국의 외교 대행자일 뿐만 아니라 "조약에 기초하여 한국에 있어서 일본 제국 관헌 및 공서(公署)가 시행하는 제반 정무를 감독하고 기타 종래 제국 관헌에 속하는 일체에 대해 감독 사무를 시행"했고, "한국 정부에 용빙(傭聘)된 일본제국 관리를 감독"했기 때문에 실질적으로 고문통치를 통해 한국 내정에 깊이 관여했다.

일본은 1905년 11월 22일 '통감부 및 이사청을 설치하는 건'을 칙령으로 공포한 후, 12월 20일 추밀원회의를 거쳐 통감부 관제를 칙령으로 공포했다. 통감부 관제에 따르면, 한국 서울에 통감부를 설치하고 통감을 두되, 통감은 일본 왕의 직할로 외교에 관해 외무대신을 경유하여 총리대신을 거치고, 기타 사무는 총리대신의 재가를 받도록 했다.

2) 장충단의 폐지와 박문사 건립

나라의 주인이 바뀌었음을 극명하게 보여주는 현장이 남산에 있다. 바로 '장충단(奬忠壇)'이다. 국모가 살해된 을미사변(1895) 때 순국한 충신과 열사들의 제사를 지내기 위해 1900년 9월에 설치한 어영청의 분소로 서울

〈그림 6-1〉 장충단. (안창모 소장 엽서)

〈그림 6-2〉 장충단비. (국사편찬위원회 소장)

의 남쪽을 지키는 남소영(南小營) 자리에 사당이 마련되면서 장충단이 탄생했다.

처음에는 훈련대 연대장 홍계훈, 영관 염도희, 영관 이경호를 모셨고, 이어서 김홍제, 이학승, 이종구 등 장병들을 배향했으며, 다음 해에는 궁내부 대신 이경직을 비롯해 임오군란, 갑신정변 때 죽은 문신들도 함께 모셔졌으니, 장충단은 대한제국의 현충시설이었다고 할 수 있다.

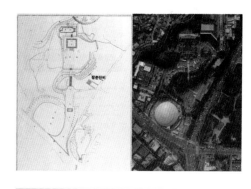

〈그림 6-3〉 박문사의 건설 당시 배치도(왼쪽)와 현재 모습.

그러나 을사늑약 이후 통감정치하에서 1908년 제사가 중단되었다. 1909년 10월 26일에는, 명성황후를 시해하고, 을사늑약 체결, 고종황제 폐위, 동양평화를 해친 죄를 물어 안중근 의사가 처형한 이토 히로부미를 위한 국민대추도회가 열리기도 했다. 서울에 거주했던 일본인을 중심으로 한 국민추도회 추진 세력은 장충단에 이토의 사당을 짓고 추모제가 행해졌다. 대한제국을 강점한 후에는 장충단 일대에 벚나무가 심어진 공원이 조성되었다. 한때 일본 씨름을 위한 '국기관(國技館)' 건립이 추진되기도 했다. 1932년에는 총독부가 이토 히로부미의 명복을 비는 절인 박문사(博文寺)가 세워졌다. 본당은 철근콘크리트로 건축되었다. 박문사는 일본의 1세대 건축가인 이토 츄타(伊東忠太)가 설계했다. 박문사를 지으면서 경희궁의 정문인 흥화문을 옮겨 세우고, 경복궁의 선원전과 부속건물 그리고 석고각 등 궁궐의 전각들이 박문사를 짓는 데 사용되었다. 박문사는 해방 후 철거되고 영빈관이 새로 지어졌으나, 박문사의 진입계단과 공간구조는 남아 있다. 더 나아가 총독부는 1937년에 장충단공원에 상하이사변 때 사망한 일본군 '육탄3용사'의 동상을 세워 대륙 침략을 위한 정신적 기지로 삼기도 했다.

3) 왜성대공원과 한양공원

해방 전 남산에는 시기를 달리하며 왜성대공원과 한양공원 그리고 장충
단공원이 존재했으며, 일부는 아직도 유지되고 있다. 왜성대공원은 일본
인이 자신들의 거주지에 임진왜란 때 조선을 침략한 선조들이 왜성을 쌓
았다고 주장하며 붙인 이름이다. 통감부 북측에는 청일전쟁에서 일본의
승리를 기념하고 전쟁에서 죽은 이를 기념하기 위한 갑오기념비가 설치
되어 있었지만 지금은 사라졌다. 현재 그 자리에는 숭의여자대학교가 있
다. 장충단은 앞에서 언급한 것처럼 대한제국기의 순국선열을 제사지내
는 현충시설을 총독부가 공원으로 만들면서 붙인 이름인데 오늘날까지
그 이름이 유지되고 있다.

한양공원은 연원과 과정이 앞의 두 공원과 다르다. 한양공원은 1908년
에 옛 남산식물원 터에서 남대문에 이르는 도성 안 남산자락 100만여 제
곱미터에 조성된 공원이다. 1910년 5월 29일 오후 1시에 정식으로 개장
되었다. 이때 고종은 칙사를 보내 축사를 대독하게 하고 '한양공원(漢陽
公園)'이라는 이름을 내렸다. '한양공원'이라는 이름은 비석과 함께 남산
공원에 남아 있다. 그러나 한양공원은 조선신궁 건설 계획에 따라 사라
졌다. 대한제국을 식민지화한 일본은 1912년부터 조선신궁 계획을 수립,

〈그림 6-4〉 일인을 위한 장충단공원으로 변경된 장
충단. (안창모 소장 엽서)

〈그림 6-5〉 왜성대공원. (안창모 소장 엽서)

1920년에 이토 츄타의 설계로 공사가 시작되어 1925년에 준공되었다.

4) 조선신궁

조선신궁의 건설은 일제강점 후 남산의 변화에 종지부를 찍음과 동시에 일제의 한반도 지배에 대한 기본 인프라 완성이라는 의미를 갖는다. 조선 시대 서울은 백악을 배경으로 경복궁이 국사를 모신 남산을 바로 보는 축이 형성되었으나, 일제강점기에 경복궁에 총독부 신청사가 지어지고 남산에 조선신궁이 건축되면서 백악에서 남산에 이르는 전통적인 도시의 상징축이 식민지 도시의 지배적 공간구조의 경관축으로 바뀌었다.

일제강점과 함께 이 땅에 본격적으로 세워지기 시작한 신사는 일본에서도 등장 시기가 그리 오래되지 않았다. 일본에서 신도(神道)는 일본인의 삶에서 수천 년간 전래되어온 전통종교였지만, 우리 삶을 간섭하게 된 신도는 메이지유신(明治維新, 1866-1889) 이후 당시 국가 주도로 이루어진 급속한 근대화 과정에서 발명된 국가종교다. 국가 신도를 통해 메이지유신으로 실권을 잡은 일왕이 신으로 재탄생되었고, 신사는 국가 제사 공간으로 재규정되었다. 신사가 일본의 한반도와 대륙 침략 과정에서 지배의 상징적 위상을 갖게 되었다. 경복궁에 지어진 총독부 신청사(1926)가

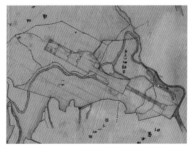

〈그림 6-6〉 조선신궁 전경. (출처: 『조선의 풍광』 [1933])   〈그림 6-7〉 조선신궁 배치도. (출처: 국가기록원)

한국 지배의 물리적 상징이라면, 조선신궁(1925)은 한인의 정신세계를 지배하는 상징적 위상을 갖게 되었다. 조선신궁을 설계한 이토 츄타(伊東忠太)[2]는 탈아입구를 정책 기조로 삼았던 일본 근대기에 일본 건축이 나아갈 길을 제시했던 건축사학자로 박문사도 설계했다.

3. 궁궐의 해체

조선왕조 시절에 법궁과 이궁 두 개의 궁궐을 운영하던 양궐 체제가 대한제국기에 고종이 강제로 순종에게 양위하면서 붕괴되었다. 1907년 광무황제(고종)가 태상왕의 자격으로 덕수궁에 계속 거주하면서, 융희황제(순종)가 창덕궁을 법궁으로 사용했다. 1910년 대한제국이 일본에 강제병합되면서 대한제국의 황실이 일본 왕실에 편입되었고, 광무황제와 융희황제가 거처하던 덕수궁과 창덕궁은 격하된 왕실의 재산으로 구분되었지만 나머지 궁궐은 조선총독부의 재산에 편입되었다. 조선과 대한제국기를 거치면서 새로 지어지거나 용도가 폐지된 궁궐이 대한제국이 식민지로 전락되면서 조선총독부에 의해 새로운 용도로 사용되었다. 경희궁 터에는 일본인을 위한 중학교가 설치되었으며, 창경궁에는 동물원과 식물원이 조성되었고, 경복궁의 전각은 해체되고 조선총독부 신청사를 위해 대부분의 전각이 해체 후 매각되었다.

1) 경희궁

광해군에 의해 1617년(광해군 9) 경덕궁으로 지어진 경희궁은 인조가 창덕궁을 법궁으로 삼아 이어한 후 이궁(離宮)이 되었으나 1865년 고종에 의해 경복궁이 중건되면서 경희궁은 이궁의 지위를 잃었다. 경희궁의 전각은 경복궁 중건에 사용되었다. 그러나 대한제국이 출범하면서 경희궁은 경운궁(현 덕수궁)과 구름다리로 연결되면서 경운궁의 보조 역할을 맡게 되었다. 경희궁의 전각 가운데 현존하는 전각은 정문이었던 흥화문, 정전이었던 숭정전 그리고 후원에 위치했던 황학정 세 채뿐이다. 정전인 숭정전은 일본 불교 종파인 조동종(曹洞宗)의 조계사 본전으로 사용되기 위해 1926년에 남산으로 옮겨졌다가 지금은 동국대학교 법당인 정각원으로 사용되고 있다. 침전이었던

〈그림 6-8〉 경희궁의 원 배치와 훼철 비교도. (출처: 2020 서울생활문화자료조사_신문로 2가 [서울역사박물관])

회상전은 경성중학교의 교원양성소로 사용되다가 일본계 사찰에 매각되었으며, 1930년에 소실되었다. 편전으로 사용되었던 흥정당은 1928년에 광운사로 이건되었으며, 관사대(觀射臺)는 현재 황학정으로 사용되고 있다. 경희궁의 정문이었던 흥화문은 1932년 이토 히로부미를 기리기 위해 지어진 박문사의 정문으로 사용되다가 오랫동안 신라호텔 정문 역할을 했으나 1988년 경희궁 시절 계양문 자리로 옮겨졌다.

경희궁 터의 중심 공간은 대한제국이 일본에 강제병합되기 전인 1909년 2월에 일본인을 위한 중학교(1910년 이후 총독부중학교로 재편)가 통감부 주도로 설립 논의[3]가 시작되어 1910년 7월 1일 경희궁 터에 통감부립 중학교 교사가 착공되었다. 이 학교가 1915년에 경성중학교로 개칭되었다. 경희궁의 외곽은 조선총독부 전매국의 관사 부지로 사용되었다. 2022년 현재 경성중학교 시설은 모두 철거되었으나, 조선총독부 전매국 관사 부지는 해방 후 일반에 불하되어 서울의 고급 주거지로 남아 있다.

2) 창경궁

창경궁의 변화는 1907년 순종이 대한제국의 2대 황제로 즉위한 후 창덕

궁을 법궁으로 삼으면서 시작되었다. 1907년에 창덕궁 수선 공사와 함께 창경궁의 유원지화 계획이 시작되었다. 김정은의 연구[4]에 따르면, 이왕직 차관이었던 고미야 미호마츠(小宮三保松, 1859-1935)[5]가 『이왕가박물관소장 품사진첩』 머리말에서 1907년 11월 내각총리 이완용의 뜻을 받들어 순종에게 동물원과 식물원 그리고 박물관 창설을 제의했다고 한다. 같은 책에는 창경원 조성 목적이 "이왕 전하는 한편으로 즐거움을 대중과 함께 나누시고, 다른 한편으로는 대중의 지식 개발을 위한 목적으로 동물원, 식물원, 박물관이 위치한 궁원의 일부인 창경원을 공개했다."고 적혀 있다.

1908년 1월 9일자《대한매일신보》에는 "궁내부 계획"이라는 제목을 달고

> 궁내부에서 본년도부터 제실박물관과 동물원과 식물원들을 설치할 계획으로 목하에 조사하는 중이라더라.

라는 기사가 실렸다.

1909년 9월에 창경궁을 개방하면서 어원종람의 규정(御苑縱覽의 規定)을 발표했다. 이 규정에 따르면 "매주 일요일과 목요일을 제외하고 매일 오전 8시부터 오후 5시까지" 일반에 개방하며 소정의 입장료를 규정해놓고 있다. 1910년 국권이 상실된 후에는 박물관, 동물원, 식물원이 설치된 창경궁이 창경원으로 개칭되었다. 명정전이 위치한 창경궁 중심 구역에는 박물관이 조성되었으며 남측에는 동물원이, 북측에는 식물원이 조성되었다. 박물관 권역에는 박물본관, 식물원 권역에는 온실이 지어졌다.

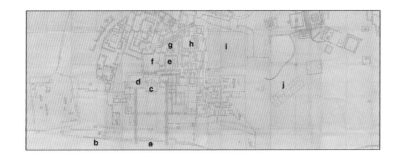

<그림 6-9> 창경궁 배치도, 1908, 동궐도형 일부. (출처: 규장각 소장; 김정은, "일제강점기 창경원의 이미지와 유원지 문화", 『한국조경학회지』 43권 6호 [2015년 12월]에서 재인용)

<그림 6-10> 창경궁 및 비원 평면도, 1908. (출처: 한국학중앙연구원 소장; 김정은, "일제강점기 창경원의 이미지와 유원지 문화", 『한국조경학회지』 43권 6호 [2015년 12월]에서 재인용) ⓐ 홍화문, ⓑ 선인문, ⓒ 명정전, ⓓ 문원각, ⓔ 황연전, ⓕ 함인정, ⓖ 경춘전, ⓗ 통명전, ⓘ 자경전 터(채원 계획), ⓙ 내농포(연못 신설 계획), ⓚ 온실

• 온실

1909년 주철구조의 온실이 배양실과 함께 지어졌다. 주철기둥을 주 구조로 목구조를 보조 구조로 사용한 온실은 유리로 덮인 건물이다. 온실 전면에는 서양식 정원이 설치되었고 정원 중앙에는 대리석 분수가 설치되었다.

창경궁의 식물원 온실은 창경궁 북단에 자리잡은, 우리나라에서는 최초로 목구조와 주철구조의 합성으로 건축된 유리 건축물이자 유일한 건축물이다. 설계는 후쿠바 하야토(福羽逸人), 시공은 프랑스 회사에서 담

〈그림 6-11〉 창경궁 온실과 정원의 일제강점기 모습. (안창모 소장 엽서)

〈그림 6-12〉 창경궁 온실 내부 상부구조. (안창모 사진)

당한 것으로 알려져 있다. 설계자로 알려진 후쿠바 하야토는 원예학자로 1900년 신수쿠식물원 책임자로 재직 중 파리박람회에 참가했으며, 당시 베르사유원예학교 교수였던 앙리 마르티네(Henri Martine)에게 식물원 개조 설계를 의뢰했다. 이는 설계자로서 후쿠바의 역할이 건축물의 양식이나 기술적인 측면에 영향을 미쳤을 가능성이 희박하다는 것을 의미한다. 온실 건축의 시안은 후쿠바의 것일 수 있으나, 온실의 양식이나 구법은 시공자인 프랑스 기술진에 의한 것으로 추정된다. 실제로 후쿠바가 파리 박람회에 참가했을 때 베르사유원예학교 교수인 앙리 마르티네에게 의뢰했던 식물원 개조 설계의 조감도에는 프랑스식 정원의 모습이 보인다는 사실에도 주목할 필요가 있다.

일반적으로 온실 자체에만 주목하지만 창경궁 온실의 가치는 온실 앞 정원과 함께 평가되어야 한다. 정원의 구성을 살펴보면 엄격한 질서와 구성 체계를 갖추었다는 점에서 자연 지형에 기초한 전통 조원술과는 다른 모습을 갖고 있는데, 이는 프랑스식 조원 기법에 따라 조성되었기 때문이다. 그리고 정원 한복판에 있는 대리석 분수는 비록 한국전쟁 당시 총상을 시멘트로 땜질한 상흔을 가지고 있지만, 설치 당시의 모습을 유지하고 있다. 이러한 정원 만들기는 1930년대 이왕가미술관을 지으면서 새롭게 조성된 석조전 앞 정원과 맥을 같이한다.

• 박물본관

1909년 창경궁에 박물관을 만들기 위해 명정전 일원에 전시실이 만들어졌는데, 이 전시실이 서구적 의미의 첫 박물관이라고 할 수 있다. 박물관 설립에 관한 기사가 1908년 2월 12일자《황성신문》에 다음과 같이 실렸다.

> 제실박물관을 설립한다 함은 이미 보도하였거니와 그 목적인즉 국내 고래의 각도, 고미술품과 현 세계에 문명적 기관 진품을 수취, 공람케 하여 국민의 지식을 계몽케 함이라더라.

라고 제실박물관 설립 목적을 전하고 있다.

비슷한 내용의 기사가 1908년 3월 4일자 『공립신보』에도 다음과 같이 실려 있다.

> 궁내부에서 제실 소속 박물관을 설치할 계획인데 한국 고래의 서적과 미술품을 많이 구입하고 또 인민의 지식을 계발하기 위하여 현 세계의 문명적 기구 물품을 많이 모아 관람케 한다더라.

두 기사에서 주목할 것은 박물관 설립 목적으로 국민의 지식 계몽을 적시하고 있다는 점이다. 한편 박물관에서 전시할 물품이 황실에서 소장하고 있는 물건뿐 아니라 목적에 맞는 물품을 구입해 전시할 계획임을 알 수 있다. 한국학중앙연구원이 소장하고 있는 도면의 이름이 '제실박물관'인 것은 대한제국기에 수립된 건축 계획이고, 도면이 1910년 6월 1일에

〈그림 6-13〉 창경원 박물관(구 제실박물관). (안창모
소장 엽서)

〈그림 6-14〉 제실박물관 신축계획 도면. (한국학중앙연
구원 소장)

제작되었기 때문이다. 외관은 서양식 건축과 일식 의장의 분위기가 표출
되어 있다. 그러나 단면도에 따르면 벽체는 조적조이며, 지붕은 서양식 왕
대공 트러스로 구성되었음을 알 수 있다.

3) 경복궁

고종의 즉위와 함께 중건됐던 경복궁은 1896년 2월의 아관파천을 거쳐
경운궁이 대한제국의 황궁이 되면서 법궁의 위상을 잃었다. 이로 인해
1910년 대한제국이 일본에 강제병합되었을 때 경복궁은 조선총독부의
재산으로 편입되었다. 경복궁의 변화는 통감부 시절에 이미 시작되었다.
비록 정전은 비었지만 경복궁의 당당함은 서울을 찾는 국내외 인사들에
게 중요한 관광코스로 개방되었고, 경복궁에 종묘장을 설치하기 위해 경
복궁 안에 거처하던 여관 일백수십 명을 덕수궁과 안동별궁으로 이주케
하고 전각을 철거하겠다는 논의도 있었다. 한때 일본인 중학교를 설치하
려는 논의도 있었다. 결과적으로 경복궁이 총독부 신청사 후보지로 결정
되면서 경복궁 터를 사용하려는 다양한 시도는 무산되고, 조선총독부 신
청사 건설을 위한 사업이 진행되었다.

같은 해 5월 15일자 《대한매일신보》에 실린 바와 같이 경복궁 내 전각

〈그림 6-15〉 조선물산공진회 조감도. (서울역사박물관 소장 자료)

〈그림 6-16〉 총독부박물관. (안창모 소장 엽서)

들은 경매를 통해 일반에 매각되었고, 전각이 철거된 궁터에는 공원을 신축할 계획이 수립되기도 했다.

경복궁 내 전각의 철거가 전면적으로 이루어진 것은 조선총독부 신청사 건립계획이 수립되고, 1915년에 조선물산공진회가 개최되면서다. 4천여 칸에 이르는 경복궁 내 상당수의 전각이 이때 철거된 후 조선물산공진회를 위한 전시관이 건설되었다. 공진회 후에 서양의 역사주의 건축양식으로 지어진 전시관은 총독부박물관으로 사용되었다. 행사용 전시관이 철거된 후 조선총독부 신청사가 건립되었다. 조선총독부 신청사가 건립된 곳은 흥례문이 위치한 곳이었다.

조선총독부 신청사가 건립된 후에는 광화문이 경복궁 동쪽에 있는 건춘문 북쪽으로 이축되었다. 조선총독부 신청사는 독일인 게오르크 데랄란데(Georg de Lalande)의 설계로 지어졌다. 중앙의 주출입구와 돔을 중심으로 좌우 대칭으로 설계된 역사주의 건축양식이다.

1929년에 조선박람회가 개최되면서 1915년 공진회와 총독부 신청사 건설 과정에서도 살아남았던 근정전 북측의 전각 대부분이 철거되었다. 이 중에서 경무대에 있던 융문당과 융무당이 일본계 사찰인 용광사에 매각되었으며, 1932년에는 선원전이 철거되어 이토 히로부미를 기리는 사찰인

〈그림 6-17〉 조선총독부 신청사. (안창모 소장 엽서)

〈그림 6-18〉 총독부 앞 광화문이 있는 풍경. (안창모 소장 엽서)

〈그림 6-19〉 경무대에서 바라본 경복궁 전경. (안창모 소장 엽서)

박문사를 짓는 데 사용되었다.

1939년에는 융문당과 융무당이 철거된 경무대 터에 총독관저가 지어졌다. 경무대는 조선 초의 경복궁에는 없었으나, 고종이 경복궁을 중건할 때 조성되었다. 경복궁과 도성은 물론 관악산까지 한눈에 조망할 수 있

〈그림 6-20〉 1960년대 옛 총독관저 모습. (출처: Pictorial Korea [1962])

〈그림 6-21〉 조선총독부 미술관 신관. (안창모 소장 엽서)

는 경무대는 국가 경영의 큰 그림을 구상하기에 적합한 입지를 가지고 있다. 이 장소에 융문당과 융무당을 지은 것은 문(文)과 무(武)가 견제와 균형을 통해 나라를 강건하게 세우겠다는 의지의 표현이라고 할 수 있다. 동시에 국가 경영에 젊은 인재가 필요했기에 경무대에서 인재 선발을 위한 과거시험을 고종이 직접 주관했다는 사실은 세도정치를 청산하고 국가적 위기를 극복하겠다는 의지와 방법을 과시한 것이라고 할 수 있다. 이 터에 총독관저가 지어짐으로써 서울 시가를 총독이 굽어보는 상황이 된 것이다. 남산의 총독관저는 시정기념관으로 용도가 변경되었다. 총독관저의 지붕에는 청기와가 사용되었는데, 이는 이승만 대통령이 4·19혁명으로 물러난 후 대통령이 된 윤보선이 이승만으로 인해 독재의 이미지를 갖게 된 '경무대'라는 이름의 대통령관저를 '청와대'로 바꾸는 배경이 되었다.

1939년에는 식민지배 25주년을 기념해 미술관이 건청궁 터에 지어졌다. 근대 건축물의 몸체에 동아시아 건축의 우진각 지붕을 가진 미술관은 1930년대 일본에서 유행한 제관양식의 건축이다. 제관양식은 서양 건축 따라하기에 매진하던 일본에서 1930년대 군국주의가 강화되면서 건축의 국수주의 성향을 보여주는 건축양식이다.

식민지배와 도시의 재편

1. 개항장의 수탈기지화

1) 교역항에서 수탈기지로 전환된 개항장

1876년 조일수호조규 이후 조선 정부는 부산(1876), 원산(1880), 인천(1883)을 개항했으며, 대한제국 정부는 진남포, 목포, 군산, 마산포, 성진, 용암포를 개항했다. 조선과 대한제국 정부가 개항한 항구와 개항 순서에는 정책적 의지가 강하게 개입되어 있다. 특히 대한제국기에 수출입으로 확보한 관세는 정부 예산에서 큰 비중을 차지했다. 따라서 개항장은 산업을 증진시키고 국가의 부를 창출하는 최전선이었다. 그러나 일제강점과 함께 개항장은 물론이고 새롭게 건설되는 항구는 목적하는 바가 달랐다. 그 시작은 러일전쟁이었다.

러일전쟁을 전후로 부설된 경의철도가 경부철도와 연결되면서 경부선의 종착역인 부산이 일본의 한반도 진출을 위한 관문이 되었고, 경의선의 종착역인 신의주는 중국 진출의 관문이 되었다. 동시에 한반도를 종단하는 경부철도와 경의철도는 두 관문도시를 연결하는 중추적인 통로의 역할로 바뀌었고, 한반도의 개항장은 철도로 연결되었다. 1910년 대한제국이 식민지로 전락한 후 개항장은 일본의 공산품이 한반도에 반입되는 창구이자 한반도의 쌀과 지하자원이 반출되는 창구로 역할이 바뀌었다. 이를 위해 개항장과 곡창지대에는 예외 없이 철도가 연결되었다. 인천항에 건설된 기업형 정미소와 인천에서 수원과 여주를 잇는 철도가 놓였고, 1908년에 군산항과 전주를 잇는 도로(전군가도)가 개설되고, 1912년에는 군산과 익산을 연결하는 군산선 철도가 부설되었다.

인천에는 리키다케(力武)정미소, 가토(加藤)정미소, 오쿠다(奧田)정미소, 사이토(齊藤)정미소, 아리마(有馬)정미소, 나오노(直野)정미소, 대륙(大陸)정미소 등 일본인이 경영하던 정미소 외에도 김신정미소, 백동정미소, 김태훈정미소, 이순일정미소 등 많은 정미소가 있었다. 특히 일본인이 운영하는 정미소는 예외 없이 항구 주변에 위치했다. 이는 경기도 일원에서 생산된 쌀을 도정해 일본으로 반출하기 위함이었다. 호남평야를 배경으로 쌀 수탈의 상징적인 항구인 군산보다 더 많은 기업형 정미소가 있었다는 사실은 인천도 일제강점기에 쌀 수탈의 주요 창구였음을 의미한다.

1930년 12월에 사철인 조선경동철도주식회사가 이천과 여주 지역에서 생산된 쌀을 반출하기 위해 수려선이 부설되고, 1937년에는 인천과 수원을 연결하는 수인선이 부설된 것도 인천을 거점으로 하는 식민지 수탈구조의 정점에 개항장이 위치함을 보여준다. 1904년 목포 고하도에서 육지면 재배에 성공한 이후 목포항은 쌀과 소금 그리고 면화가 모이는 중심이 되었는데, 이는 곧 목포가 수탈된 쌀과 소금 그리고 면화가 일본으로 반출되는 곳이었음을 의미한다. 호남평야를 배후에 둔 군산항은 쌀 수탈의 상징적인 항구가 되었으며, 살아 있는 동물로 수탈 대상이 된 소의 경우는 지리적으로 일본과 가까운 부산과 동해안의 성진항이 반출 항구가 되었다.

〈그림 6-22〉 군산항의 쌀 야적장 모습. (안창모 소장 엽서)

〈그림 6-23〉 목포항의 면 야적장 모습. (안창모 소장 엽서)

〈그림 6-24〉 우암동 소재 부산의 소 검역소와 소막사 전경. (안창모 소장 엽서)

〈그림 6-25〉 성진항의 소 검역소와 소 운반 모습. (안창모 소장 엽서)

일제강점기에 소는 중요한 대일 수출품의 하나였다. 일제강점기 동안 조선의 소가 약 150만두 수출되었다. 일본은 전통적으로 식육의 전통이 없었지만 개항 이후 근대화를 추진하며 육식장려정책이 추진되었다. '육식=문명'이라는 담론 아래 새로운 식문화가 형성된 것이다. 이로 인해 일본에는 소의 소비가 급증하면서 조선 소의 수입이 급증했다. 소의 수출을 위해서는 검역소가 필수 시설이었다. 1909년에 수출우검역법이 실시되면서 부산항에 검역소가 설치되었다. 부산항은 일본으로 수출되는 소의 70%를 차지했다.

각 개항장마다 배후지의 산물과 지역적 특성에 따라 수탈에 기초한 교역물품이 정해진 것이다.

2) 북선(北鮮)개발과 자원 개발 및 수탈의 현장 동해안의 항구

원산항이 1880년에 개항된 이래 동해안에는 교역이나 공업을 위한 도시의 성장이 두드러지지 않았으나, 일제의 중국 침략이 시작되면서 북선개발이 본격화되고, 한반도의 병참기지화가 빠르게 성장했다. 이에 따라 청진, 함흥 원산 등이 공업도시로 급성장했고, 공업도시의 성장을 뒷받침하는 데 필수적인 에너지원 개발이 활발해지면서 삼척 태백 일원에 대한 자원 개발과 함께, 개발된 석탄과 무연탄의 반출을 위한 항구도시의 성장이 두드러졌다.

묵호항은 동해안에서 천연의 양항이라는 평가가 있었으나, 이는 어항으로서의 역할에 한정된 내용이었다. 1920년대 후반까지 어항으로서의 가치로 묵호항이 주목받고 1931년에는 축항도 이루어졌으나, 1930년대 들어 묵호항의 가치가 산업적 측면에서 조명받기 시작하면서 제2 축항사업이 시작됐다. 이는 1931년의 만주사변과 1937년의 중일전쟁이 계기였다. 묵호항은 강원도 태백 산간지방의 탄광이 개발되면서 이 지역의 무연탄을 반출하기 위해 개발되었다. 1937년 4월 11일자《매일신보》에는 묵호항을 삼척 지역에서 생산된 무연탄을 반출하는 항구로 개발하겠다는 기사가 실렸다.

묵호항이 삼척 무연탄 반출항으로 결정되자, 일반은 그 발전에 매우 관심하고 있는 바, 관계 당국과 관계회사에서는 착착 준비공작을 급속히 하여 대개 완비하여 가는데 오는 5월 하순에는 본격적으로 공사를 착수하리라고 한다. 그러나 그 공사비는 실로 막대하여 국가적 견지로부터 전도양양한 대사업이어서 총독부 축항공사비 1백5십만원과 전력회사 철도공사비(삼척 도계 묵호간) 7백6십만원, 항만시설공사비 2백5십만원 합계 1천1백6십만원으로 3년간 계속사업으로 진행하는데 노동자는 매일 평균 2천명 이상이 수요되리라고 하여 묵호항은 황금비가 쏟아질 것이라하며, 불원간 부산 원산 사이 제일 큰 도시가 건설되리라고 한다.

기사에는 언급되어 있지 않지만, 묵호항의 주목적인 삼척 태백 지역에서 생산된 석탄의 반출을 위함임을 알 수 있는데 이는 병참기지화 속에 급속하게 성장하는 청진, 원산, 함흥 일대 공업 지역의 연료를 공급하기 위함이었다. 무연탄 반출항이 된 묵호항의 도시화가 급속하게 진행되면서 주택난이 심각해지고, 인구의 급증에 따라 보통학교가 건설되는 등, 부산과 원산 사이에 위치한 거점도시로 성장했다. 1941년 8월에는 묵호항이 지정항이 되었다. 전쟁이 심화되면서 묵호항에 제철소 건설 계획이 수립되는 등 성장세가 가팔라지면서 종합적인 시가지 계획이 검토되기도 했다.

묵호항과 인접한 삼척에는 시멘트공장이, 동해시에는 제철공장도 지어졌다. 오노다시멘트공장(1937-1942)은 삼척 태백 일원에 풍부한 석회석을 원재료로 하는 산업시설이었고, 1943년에 동해시에 건설된 삼화제철공장은 양양에서 생산되는 철광석을 태백의 석탄을 원료로 가공하여 선철을 생산했다. 시멘트공장과 제철공장이 삼척과 묵호항 인근에 건설된 것은 자원을 매개로 한 전세체제하 군수산업을 지원하는 개발이었다.

1899년 5월에 개항된 성진항은 원산과 블라디보스토크 간의 기항지로서 항로상 요지에 위치했다. 1910년까지 소와 소가죽 및 콩과 해산물이 주 수출품이었으나, 1931년 5월에는 목재가 풍부한 길주에서 혜산진을 연결하는 철도가 개통되면서 성진항이 목재 수출항으로 변모되었다. 1931년부터 본격화된 북선 개척 사업으로 삼수, 갑산 등 함경남북도의 8개 군[6]의 산림을 개발하면서 벌목 사업을 위한 척식철도, 산림철도, 궤도 등이 부설되어 길주에서 혜산진을 연결하는 혜산선, 백암과 무산을 연결하는 무산선이 개통되고 혜산진에서 성진을 연결하는 자동차도로가 개수되면서 압록강과 두만강을 통해 운반되던 목재가 철도와 도로를 이용하여 성진항을 통해 반출되었다. 북선개발에 필수적인 목재가 성진항 성장의 핵심 자원이었던 셈이다.

2. 군사도시의 탄생: 용산과 진해 그리고 나남

군사력을 내세운 한반도 지배는 근대도시와 건축에 병영도시의 모습도 추가했다. 러일전쟁과 함께 한반도에 상주한 일본군은 일본의 사단들이 교대로 조선에 주둔하는 형식이었고, 이를 '한국주차군'이라 불렀다. 1910년 이후에도 '주차군(駐箚軍)'이라는 이름을 사용했지만, 공식 명칭은 '조선주차군'으로 변경되었다. 주차군이라는 이름은 일본이 1915년 12월 26

〈그림 6-26〉 원주수비대. (안창모 소장 엽서)

〈그림 6-27〉 전주수비대. (안창모 소장 엽서)

〈그림 6-28〉 용산시가도. 《조선교통지도》 [1924]   〈그림 6-29〉 나남시가지. 《조선교통지도》 [1924]

일자로 소선에 19사단과 20사단을 증설한다고 발표하면서 조선군으로 변경되었다.

　서울에는 최초의 신시가지였던 용산이 병영 신시가지였으며, 38선 이남에는 진해, 38선 이북에는 나남이 군사도시로 새롭게 탄생되었다. 새로 건설된 군사도시의 경우 지형 조건의 영향을 받기는 했지만 기본적으로 격자형 가로체계에 방사형 도로망을 기본으로 구성되었다. 이 밖에 지방의 관청 곳곳에는 수비대라는 이름의 일본군이 주둔하면서 식민지배를 위한 체제를 강제했다. 수비대는 병영 건물을 짓기 전에 대한제국기의 관청 건물을 전용해 사용했다.

1) 철도와 병영의 신시가지 용산

1904년 2월 러일전쟁을 도발한 일본은 대외중립을 선언한 한국 정부를 무력으로 압박해 1904년 2월 23일 "대한제국 황실의 안녕 혹은 영토 보존의 위험이 있을 경우 일본이 신속하게 임기응변의 조치를 취할 수 있다."는 내용을 담은 '한일의정서'를 체결한다. 그리고 이후부터 한국에서 자유롭게 군사 활동을 전개했다. 그 시작이 일본군의 서울 파견이었다.

일본은 1904년 3월 10일에 한국주차군사령부와 예속부대를 편성하고 4월 3일 이들을 서울에 파견했다. 이때 파견된 일본군의 주요 역할의 하나가 러일전쟁을 지원하기 위한 군용철도로서 경의선 부설이었다. 1904년 8월 13일에는 '한국주차군 근무령' 개정안에 의해 주차군사령부[7]가 확대 편성되었으며, 이때 주차군의 역할을 "군사령관은 천황에 직예하고 한국에 주차하는 제 부대를 통독(統督, 모두 관할하여 감독함)하여 제국 공사관, 영사관 및 거류민의 보호에 임하며, 또 군대 주둔 지방의 안녕을 유지한다."고 규정하였다. 이후 하세가와 요시미치(長谷川好道)가 사령관으로 부임했다. 하세가와 요시미치는 1904년 9월에 주차군사령관으로 임명된 후 대한제국의 영빈관이었던 대관정을 점유하며 을사늑약 체결을 압박했다. 1916년에 제2대 총독으로 부임한 후에는 무단통치를 실시하고 3·1만세운동을 무력으로 진압했다. 하세가와는 한국의 식민지에 대한 공을 인정받아, 강제병합 후 서울 거리에 자신의 이름을 남겼다. 일제강점기에 현소공로가 하세가와초(長谷川町)로 불렸다.

1910년에 한국이 강제병합된 뒤에 조선총독은 육해군 현역 대장인 무관만을 임용한다는 규정이 적용되었는데, 이는 일본의 한반도 지배의 성격을 잘 보여준다. 서울에 주둔한 일본군 현황에 대해서는 1907년에 발행된 최신경성전도에 잘 나타나 있다. 지도에서는 일장기가 도심 곳곳에 표시되어 있고, 군부대로는 현 한옥마을에 한국주차군사령부(일본군 표현)가 위치했으며, 하세가와가 머물고 있던 대관정 맞은편에 보병 제16연대, 현 외환은행 자리에는 헌병대가, 종묘 동측에는 보병 제59연대 제1대대와 3대대 그리고 친위 제1대대가, 남대문시장에는 보병 제51연대가 주둔했었다. 이후 일본군은 러일전쟁 후 한국에 대한 지배권을 바탕으로 서울과 평양 및 의주를 비롯 진해만과 영흥만 일대의 땅을 병영 건설을 위해 수용했다. 서울의 용산 일대 300만 평의 토지가 수용되어 병영이 건설되었으며, 부산의 가덕도에도 진해만 요새 건설을 위한 군사시설이 건설되었다.

2) 군사도시, 진해

진해의 남쪽 바다는 동쪽으로 가덕도, 서쪽으로 구산반도와 고성반도에 의해 차단된 만으로 이루어져 있다. 만의 안쪽이 넓고 수심이 깊어 군항으로서 좋은 조건을 갖추고 있었다. 이곳은 본래 웅천군이었는데 일제가 군항을 만들어 '바다를 제압한다'는 의미를 담아 진해(鎭海)로 이름을 바꼈다. 1913년 11월 3일 웅중면과 웅서면을 합쳐 진해면이 되었고, 1933년에 진해읍으로 승격되었다.

일본 식민지배의 근간인 군사력은 육군과 해군에 기초하고 있다. 러일전쟁에서 승리의 주역이었던 해군은 창원, 마산, 거제 등을 강점하고 해군방비대 등 임시 군사기지를 설치하고 군항 건설을 시작했다. 일본 해군은 한반도에 군사기지 건설부지로 웅천군(경남 창원시 진해구), 거제도, 진해군(경남 창원시 마산합포구) 등 진해만 일대를 선정하고 1906년 8월 진해만 일대를 군항으로 예정고시했다. 공사는 1909년 6월 측량으로 시작되었다.

1910년 4월 임시해군건축부 지부가 설치되었고, 6월에는 시가지 조성을 위한 측량과 도시 인프라 건설공사(도로, 상하수도, 택지 조성)에 착수했

〈그림 6-30〉 진해시가지 전경. (안창모 소장 엽서)

〈그림 6-31〉 진해시가지도, 조선총독부지형도. (출처: 조선총독부지형도, 「진해」 만분의1지도, 1916년)

〈그림 6-32〉 진해 상반통(현 북원로타리에서 진해남부교회 구간). (안창모 소장 엽서)

〈그림 6-33〉 진해 방비대 사령부 별관. (안창모 사진)

〈그림 6-34〉 진해 요항부 사령부 현재 모습. (안창모 사진)

다. 1911년 1월에는 진해를 일본 해군 제5해군구로 설정하고, 진해진수부(鎭海鎭守府)로 명명했다. 1916년 3월 진해는 군항보다 한 단계 아래인 요항(要港)으로 지정하고 같은 해 4월에는 진해요항부가 되었다. 1922년 3월 요항부 공사가 완료되었다. 현재 해군에서 사용하고 있는 진해요항부에는 일제강점기에 건립된 구 진해요항부사령부(등록문화재 194호), 구 진해방비대사령부(등록문화재 195호), 구 진해방비대사령부 별관(등록문화재 196호) 그리고 구 진해요항부병원(1912, 등록문화재 197호) 건물과 병원이 남아 있다. 현존하는 건물은 모두 붉은 벽돌로 지어졌으며, 세로로 긴 창을 가진 내력벽식 구조체의 특징을 갖고 있다. 특히 요항부사령부의 흰색 띠를 가진 벽체 모서리와 아치의 처리는 양식 건축의 흔적을 보여준다. 진해에서 항구는 내륙 깊이 만이 형성되어 천혜의 요새 조건을 갖추었으며, 시가지는 구릉으로 둘러싸인 부지에 대지를 조성하여 세 개의 로터리를 중심으로 격자형 도로망과 방사형 도로망을 중심으로 조성되었다.

3) 군사도시, 나남

나남은 1914년에 읍으로 승격되었고, 1919년 4월 10일에 19사단 사단 사령부가 설치되면서 군사도시의 정체성을 갖게 되었다. 일제강점기인 1918년에 일본은 한반도에 조선군을 편성하고 산하에 19사단과 20사단을 주둔시켰다. 식민지 수부였던 경성에서는 조선군사령부와 20사단(평양, 서울, 대구 관할)사령부가 배치되었고, 19사단 사령부는 나남에 배치되었다. 1943년에는 77연대가 30사단으로 전출되었다. 나남의 19사단은 러시아군과 동

〈그림 6-35〉 나남 시가지 전경. 중앙의 군기지를 중심으로 시가지가 펼쳐진 모습. (안창모 소장 엽서)

〈그림 6-36〉 나남 시가지 항공사진, 대정13년.

〈그림 6-37〉 함경북도 청사. (안창모 소장 엽서)

만주 일원을 상대하기 위한 편성이었다. 19사단과 20사단은 기본적으로 한반도를 책임지는 상주군이었지만 아시아태평양전쟁에서 일본의 전세가 불리해지자 19사단은 1944년에 필리핀 전선에 파병되기도 했다.

1920년에 함경북도 도청사가 경성읍에서 나남면으로 옮겨지고, 1931년에 나남면이 나남읍으로 승격되었다. 1940년에 청진부에 편입되었다. 나남읍 시가지는 로터리를 중심으로 방사형 가로구조와 격자형 가로체계가 결합된 구조를 갖고 있는데, 이는 일제강점기에 새로 조성된 시가지에서 나타나는 일반적인 도시구조다.

3. 동양척식주식회사와 식민사업

일본은 1854년 미국에 의해 강제 개항된 이후 산업화가 추진되면서 도시화가 빠르게 진행되었고, 이로 인한 농촌 인구의 감소는 농업생산량의 감소로 이어져 쌀 부족이 심화되었다. 이는 자연스럽게 일본인의 해외 이민 장려로 이어졌고 이민정책을 담당한 곳이 척식회사였다. 일본은 명치유신 이후 자국민의 해외 이주를 적극 도모했다. 1876년 이후 많은 수의 일본

〈그림 6-38〉 동양척식회사, 을지로. (안창모 소장 엽서)

인이 상업 활동이나 나름의 목적을 가지고 한반도로 이주해 왔지만 1910년 이후에는 동양척식회사에 의해 조직적인 식민(植民)이 이루어졌다. 일본인의 한반도로의 이동은 크게 세 가지 경로로 이루어졌다. 가장 먼저 이루어진 이동은 개항 이후 상인들의 이동이었다.

처음에 개항장을 중심으로 활동하던 일본 상인들은 외국인의 도성 거주가 허락되면서 도성 안의 남촌 지역에 거주하기 시작했고, 이들은 거류

민단을 형성하며 세력화되었다. 1910년 이전에 이루어진 이와 같은 이동은 일본 정부의 식민사업과는 무관한 개별적인 행위의 결과였다. 그러나 1905년 을사늑약 이후 일본인의 이동은 정부 차원에서 이루어졌다. 관료의 이동과 농민 그리고 어민의 이동이었다. 이들의 이동은 식민사업의 일환이었다. 동양척식주식회사의 식민사업은 1920년대 들어 만주를 대상으로 사업 영역을 확대했다. 한반도에서의 쌀 수탈이 강화되면서 생활이 어려워진 한인들을 만주로 이주시키는 역할도 동척이 맡았기 때문이다.

　동양척식주식회사의 서울 본사가 일인 거주지의 중심 도로로 조성된 황금정통(현 을지로)의 중심에 건축된 것은 동양척식수식회사가 갖는 식민지 서울에서의 역할의 중요성이 반영된 결과라고 할 수 있다.

1) 동양척식주식회사의 식민사업

을사늑약 체결 후 통감부에 근무할 일본인을 받아들이면서 장기적인 식민지 관료의 서울 이주가 이루어지기 시작했고, 이러한 움직임은 1910년 이후 가속화되었다. 그리고 도시에는 이들을 수용하기 위한 주택이 지어지기 시작했다. 동시에 동양척식회사에 의한 식민사업이 행해졌다. 동양척식주식회사는 일본 내부의 식량 문제와 인구 문제 해결을 위해 제시된 '이주식민론(移住植民論)'과 '만한이주집중론(滿韓移住集中論)'을 실천하는 국책회사였다. 동양척식회사를 앞세운 조선총독부의 정책은 한반도의 경제 독점과 토지 자원의 수탈로 이어졌다. 영국의 동인도회사를 모델로 1908년 제정된 동양척식회사법에 의해 세워졌으며, 1909년 1월부터 한국에서 활동을 개시했다. 출범 당시에는 한국과 일본 양쪽 국적의 한일 합작회사로 서울에 본점을 두었으나, 1917년에 본점을 도쿄로 옮기면서 사업 지역을 제한하는 법을 개정하여 만주와 몽고 지역으로 사업지를 확대했다.

　동양척식회사의 사업은 크게 일본인의 한반도와 중국으로의 이민, 식민지 개척을 위한 척식자금 운영 그리고 1920년대 이후 광공업 분야 투자 사업으로 구분된다. 식민지 경영 초기에 한반도를 일본의 만성적인 쌀 부족 문제를 해결하기 위한 식량 공급 기지화에 맞춰 사업을 경영했으나, 일본의 대륙 침략이 본격화되는 시기에 광공업을 비롯한 북선개발(北鮮開發)로 사업 범위를 크게 확장했다. 농업 토지의 매매, 임차, 경영, 관리 및 건축물의 건설과 매매, 대차 그리고 일본 소작인들의 한국으로의 이민을 지원하는 동척농업이민계획을 펼쳤다. 동척은 이주 사업을 위해 1910년 이주규칙을 제정하고 1911년 제1회 이민을 시작으로 1927년까지 총 17차례의 이민 사업을 실시했다. 17년에 걸쳐 약 5,910호만이 정착에 성공했다고 한다. 그러나 일본 외무성의 '종전연락중앙사무국'이 파악한 패전 직후 한반도의 일본인이 총 977,972명에 달했으며 이 가운데 38선 이남 596,454명, 이북 지역 322,585명이 귀환했다고 한다. 이와 같은 숫자는 동척의 이민 사업의 성과인 5,910호와 큰 차이가 있다. 이는 동척에 의한 이주 사업보다 자발적인 한국으로의 이주나 다른 경로로의 이주가 훨씬 활발했음을 보여준다.

동양척식주식회사의 지원을 받은 일본 농민들은 이주농촌을 건설하고, 어민들은 이주어촌을 건설했다. 동양척식주식회사가 이주 사업만 벌인 것은 아니었다. 동양척식주식회사는 조선식산은행과 더불어 일제강점기 조선을 경제적으로 착취하는 대표적인 기관으로 1917년까지는 토지수탈을 목적으로 한 일본인 이주, 농업 경영, 토지 경영, 토지 개량, 임업 경영이 주력 사업으로 1930년대 이전까지는 금융 사업을 확장하면서 산미증식계획을 추진했지만, 1930년대 이후에는 광업 부분으로 사업 영역이 확장되었으며 전쟁 수행을 위한 군수공업을 지원했다.

동척의 1909년 221,000엔이었던 사업 예산이 1918년에는 39,389,000엔에 달했다. 1918년 사업비 가운데 한반도에 공급된 자금은 21,378,00엔이

〈그림 6-39〉 동양척식주식회사 통의동 사택, 1910. 왼쪽: 1920년 총독부지형도, 오른쪽: 동척 사택의 현 배치도

〈그림 6-40〉 동양척식주식회사 목포지점(현 목포 근대역사관). (안창모 소장 엽서)

〈그림 6-41〉 동양척식주식회사 원산지점. (안창모 소장 엽서)

었는데, 같은 시기 조선총독부의 1917년 예산이 군사비 10,536,782엔, 행정비 5,000,000엔으로 총 15,536,782엔이었다는 점을 감안하면 동양척식회사가 한반도 식민지 경영에서 어느 정도 기여했는지를 짐작할 수 있다.

식민지 경영의 전위 부대 성격을 갖고 있던 동양척식회사의 건축은 예외 없이 서양의 역사주의 건축양식으로 지어졌으며, 가장 먼저 지어진 서울의 동양척식주식회사는 목조로 지어진 역사주의 건축양식의 건물이었으나, 지역에 지어진 동양척식회사 지점은 시멘트물씻기 또는 타일로 마감된 역사주의 건축양식으로 지어졌다.

서울에는 1910년에 동양척식회사에 근무하는 일인을 위한 집합주택이 경복궁 서측 창의궁 터에 지어졌다. 통감정치가 시작되면서 지어지기 시작한 관료를 위한 관사(官舍)와 달리, 식민지배를 위한 전위부대 성격의 주식회사였던 동양척식에 근무하는 일인을 위한 주택이 사택의 형식으로 공급된 것이다.

2) 일본인의 이주농촌

동양척식주식회사는 1910년 이주규칙 제정 이후 1911년 첫 번째 이민을 시작으로 1927년까지 17차례의 이민 사업을 실시했다.[8] 황수환의 연구에 따르면 13개 도 가운데 함경북도와 평안남도를 제외한 218군, 전체 2,464개 읍면 가운데 349개 읍면에 이주민이 배치되었다고 한다.[9] 이민 사업에 응모한 총 21,842호 중 9,104호만 이민을 승인받고 한반도에 정착했다. 동척의 이민 사업은 1927년까지 지속되었으며 한반도의 곡창지대인 호남과 영남에 집단으로 배치되어 일본식 농법에 의한 농업이 행해졌다. 동척의 이민 사업은 총독부의 권업모범장 운영을 통해서 지원받았으며, 곡창지대를 중심으로 기업형 농장도 등장했다.

황수환의 연구에 따르면 김해의 강서 지역에는 46채의 주택이 남아 있

〈그림 6-42〉 부산시 강서구 대저동의 일인 이주농촌의 현재 모습. (출처: 구글 2021)

〈그림 6-43〉 경남 사천군의 일인 이주농촌. 야마구치현 부전단체 이주지, 1911. (안창모 소장 엽서)

〈그림 6-44〉 서울 근교였던 뚝섬에 조성되었던 일본인 이주농촌의 이주민 소학교 모습. (안창모 소장 엽서)

〈그림 6-45〉 동양척식주식회사 영산포 이주민학교. (안창모 소장 엽서)

다. 강서 지역의 농민들은 배 농사에 종사했다. 현존하는 이주농촌 가옥은 본채와 창고 그리고 저장고 등이 세트로 배치되었으며 본채에는 정원이 함께 조성되었다. 그러나 현존 주택은 전통적인 일본 주택이 아닌 근대기에 학습된 사생활 존중과 한반도의 기후에 적응하는 평면으로 구성되어 있다. 대부분의 주택에는 속복도가 존재하는데 이는 서양의 문화를 받아들이며 학습한 프라이버시 존중이 반영된 결과이며, 온돌의 존재는 한반도의 기후에 적응하는 방법이었다. 그러나 온돌이 처음부터 적용되었는지 아니면 거주 과정에 일어난 변화인지에 대해서는 정밀 조사가 필요하다.

3) 일본인의 이주어촌

일본인의 어업 이주는 1876년 조일수호조규 이후 1880년대 일본에 불어닥친 불경기와 자연재해를 배경으로 한다는 점에서 이주농촌과는 다소 차이가 있다. 전국적으로 광범위하게 분포되었던 일본인의 이주농촌이 빠르게 소멸된 데 반해, 이주어촌은 조성 당시의 모습이 비교적 양호한 형태로 남아 있는 곳이 많다. 1908년 한일어업협정 체결 후 후속 조치로 '한국통어법(韓國通漁法)'과 '어업법시행세칙'이 제정되었다. 이 조치는 일본인의 한반도 정착과 통어의 배경이 되었다. 박중신의 연구에 따르면, 이

〈그림 6-46〉 1910년대 이주어촌(왼편)과 1930년대 이주어촌(오른편) 현황. (출처: 박중신, "한국근대기 일본인이주어촌의 주거 공간구성과 변용에 관한 연구", 『대한건축학회논문집—계획계』 22권 9호 [2006])

주어촌에는 '보조이주어촌'과 '자유이주어촌'이 있다. '보조이주어촌'은 이주민 대부분이 어민으로 계획성을 가지고 어촌이 형성되었으며, '자유이주어촌'은 어민, 운반업자, 상인들이 자유롭게 한국 각지에 이주해서 정착한 어촌을 말한다.

박중신[10]은 일본인 이주어촌의 특징을 다음과 같이 정리하고 있다.

첫째, 자유이주어촌의 경우 민간이 주체가 되어 근대적 산업구조를 기반으로 어업의 생산, 유통, 상업의 거점을 조성하고 발달했다.
둘째, 근대화된 취락으로 주거지 및 일식 주택을 건설했으며, 마을의 지명도 일본식으로 명명했다.
셋째, 해방 후 일본인 이주어촌의 주거지 및 주거에 한국인이 정주하면서, 각 포구취락은 주요 어항 또는 항구도시로 성장 발전했다.

이주어촌의 공간구성은 바닷가에 면해서 조성되는 데 반해 전통적인 포구는 구릉지 위에 조성되는 특징을 갖고 있다. 입지에서도 전래 포구와

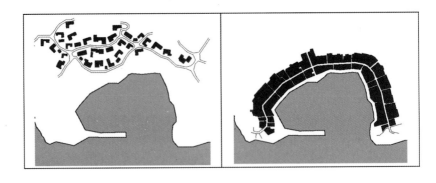

<그림 6-47> 전래 포구 취락과 일본인 이주어촌. (출처: 박중신·김태영·이훈, "한국근대기 일본인이주어촌의 포구 취락 구조와 주거형태에 관한 연구", 『대한건축학회논문집—계획계』 20권 11호 [2004])

일본인의 이주어촌 사이에는 큰 차이가 있다. 전래 포구의 경우 대부분 진(津)이나 성곽 등 방어기지가 있었던 곳이며, 이주어촌의 경우 무인도 와 영세한 한촌에 주로 형성되었다. 일본과 지리적으로 가까운 경상남북 도의 동남해안과 전라남도 남해안을 중심으로 이주어촌이 형성되었다.

1604년(선조 37)에 삼도수군통제영이 통영에 설치된 이후, 통영은 세병 관을 중심으로 군사도시로 성장하였는데 이는 통영이 해운의 중심지로 성장하는 계기가 되었다. 통영에는 1910년 이전부터 일본인이 진출해 수 산업에 종사했으며, 일인들은 1910년에는 성곽 밖의 해안을 매립하여 신 시가지를 형성하고 상업과 수산업에 종사했다. 『한국수산지』「수산편」에 따르면, 통영군 관내에 614호 2,917명의 일본인이 이주어촌을 형성하고 있었다고 한다.

1889년(고종 26년)에 체결된 한일통어장정(韓日通漁章程) 이후 일인들이 장승포에 이주하기 시작했고, 1904년 조선해수산조합이 장승포를 모범 이주어촌으로 지정하면서 이주어촌이 형성되었다. 1914년부터 1920년에 걸쳐 형성되었는데 통영항과 마찬가지로 해안선을 따라 장승포에 거주지

〈그림 6-48〉 통영의 옛 지도. (출처: 규장각)

〈그림 6-49〉 장승포항 1950년대 항공사진. (출처: 부경 근대사료연구소)

〈그림 6-50〉 구룡포 상가 지도. (구룡포근대역사관 소장 자료)

〈그림 6-51〉 구룡포 시장통 전경. (출처: 안창모 소장 구 룡포명승엽서집)

가 형성되었음을 알 수 있다.

구룡포의 이주어촌은 자유이주어촌으로 형성 발전해온 포구다. 구룡 포는 1800년대 말까지 배 댈 곳이 없던 한촌이었으나 1902년 일본 야마 구치현의 돔바리 어선 50여 척이 내항한 것이 구룡포 통어(通漁)의 시작 이었다. 1910년에 시작된 구룡포의 이주어촌은 1927년경부터 이주자가 120호를 넘어섰다. 근대기 어항으로 발전이 본격화된 것은 1923년에서 1926년까지다. 일제강점기 해안가를 따라 형성된 이주어촌의 모습이 현 재까지 비교적 잘 남아 있으며, 2010년 근대문화역사거리로 조성되었다.

〈그림 6-52〉 구룡포항 전경. (안창모 소장 엽서)

거문도는 한반도의 최남단에 위치하며, 거문도를 구성하는 동도, 서도, 고도 중 이주어촌은 고도(古島)에 건설되었다. 제주도와 연수를 연결하는 중간지점에 위치하고 연해의 수심이 깊어 천연의 항만 조건을 가진 해상 교통의 요충지로 영국의 거문도 점거사건의 무대이기도 하다.

고흥군 외나로도 이주어촌[11]은 호남 지역의 도서지방에 정착한 일본인 어촌이다. 일본인의 첫 입항은 1894년이지만 본격적인 일본인의 이주는 1906년 이후다. 마을은 바다와 하천이 접하는 하구에 형성되었는데, 굴곡된 해안가를 따라 가로가 형성되었다. 상업가로인 혼마치(本町)에 면한 필지는 전면 폭에 비해 깊이가 깊은데 이는 상업가로변 필지에서 나타나는 특징이다.

4. 병참기지화 속 공업화와 도시·건축의 변화

일본이 1931년 만주사변을 빌미로 괴뢰정부인 만주국을 세우고, 1937년에 중국 침략을 본격화하면서 한반도의 전략적 가치에 대한 평가가 달라졌고, 이는 한반도를 중국 침략의 중간 거점으로 삼는 계기가 되었다. 일본은 자신들의 만성적인 식량 부족을 메울 수 있도록 한반도를 쌀 생산기지로 만들었지만, 일제의 대륙 침략으로 한반도에 대한 식민지배정책이 병참기지화 속 공업화정책으로 바뀌면서 한반도 전역의 도시가 재편되었다. 이로 인해 지하자원이 풍부하고 전력 생산에 유리한 북한 지역의 도시가 공업도시로 성장하기 시작했다. 함흥, 흥남, 원산, 청진, 원산 등이 공업도시로 빠르게 성장했으며, 공업도시의 성장을 뒷받침하기 위

〈그림 6-53〉 경인시가지계획평면도. (출처: 《매일신보》 1939년 10월 3일자)

한 자원 개발을 위한 강원도 일대가 개발되고 자원 수탈을 위한 항구도시가 성장했다. 남한 지역은 여전히 농업생산이 중심이었지만, 중국 내륙으로 전선이 확대되면서 인천의 지정학적 입지가 중요해졌고, 이에 인천이 다시 일본 제국주의의 주목을 받기 시작했으며 부산과 울산 등은 배후도시로 자리매김했다.

그 결과가 영등포와 인천을 연결하는 경인공업지구의 성장이었다. 〈그림 6-53〉은 《매일신보》 1939년 10월 3일자 "경인일체의 대비약 경성근교의 도시화―인구 백만도 시간의 문제"라는 제목의 기사와 함께 게재된 지도다. 빠르게 성장하는 경인공업지역으로 인해 서울과 인천을 연결하는 중간지대의 도시화가 빠르게 진행되고 있어 머지않아 서울과 인천이 하나의 도시권역으로 묶일 것이 예상된다는 내용이다. 일본의 전쟁 수행이 한반도의 도시에 얼마나 큰 영향을 미쳤는지를 보여주는 기사라고 할 수 있다. 이렇게 일본이 벌인 대륙 침략전쟁은 전국적인 도시의 성장세와 도시의 모습을 바꿔놓았다. 산업혁명 없이 근대사회에 입문한 한국 입장에서 병참기지화 속의 산업화는 처음으로 유럽 국가들이 산업혁명을 거치며 겪었던 주택 문제와 공해 문제 등의 초보적인 형태를 경험하면서 공업이 도시의 운명을 좌우하는 경험을 갖게 되었다.

식민지 자본주의와 도시 그리고 건축

일제강점기 박람회는 성격에 따라서 크게 두 가지로 분류된다. 하나는 산업의 진작을 위한 목적성이 강한 공진회이고, 다른 하나는 생산된 공산품의 상거래를 활성화하기 위한 박람회다. 공진회와 박람회는 일반적으로 혼용해서 사용하는 경우가 많지만 20세기 초반까지만 해도 개최되는 성격에 따라 명칭이 정해진 것으로 보인다.

1. 식민지 산업화와 공진회

조선에서 개최된 최초의 박람회는 1907년에 개최된 경성박람회였지만, 경성박람회는 한일 양국의 생산품과 공예품을 진열해 한일 양국 국민들의 사교적 융화를 도모하고, 한국의 산업과 문화를 진작시킨다는 상징적 의미가 컸다. 본격적인 공진회는 1915년에 개최되었다. 조선물산공진회는 한반도 지배 5주년의 성과를 기념하고 일본 상공인의 조선 진출을 도모해 조선의 개발에 기여케 하는 데 목적이 있었다. 전시장은 동시기 일본의 서양 따라 하기를 반영하듯 르네상스풍의 신고전주의양식 또는 르네상스풍에 세제션풍이 가미된 절충주의로 건축되었는데, 이는 동시기 일본 내 공진회의 경향과 맥을 같이한다.[12] 공진회의 건축양식은 서양 건축양식을 따름으로써 근대화된 문명국 일본의 선진성을 드러내는 데 목적이 있었다고 판단된다.

이에 반해 시간적으로 후에 개최된 1929년 조선박람회의 전시장 건축은 오히려 시대를 역행하는 건축양식을 선보였다. 조선박람회 전시장은 크게 박람회 직영관, 조선의 각도 특설관, 일본 각 부현의 특설관, 식민지관 및 기업특설관으로 구분된다. 박람회 시설 중 직영전시관은 주최 측에 의해 일관성 있게 건축되었으나, 각 지방 및 기업의 특설관은 제각기 계획되어 다양한 모습으로 건축되었다. 주목할 것은 박람회 직영관이 조선 건축양식 일색으로 지어졌다는 사실이다. 이는 1915년 조선물산공진회의 전시관이 르네상스양식 또는 세제션풍으로 지어졌던 것과 구별되는 부분일 뿐 아니라 모더니즘풍으로 건축된 일본 각 부현 특설관과 확연하게 차이가 나는 부분이다.

1) 경성박람회

1907년 경성에서 첫 박람회(9월 1일부터 11월 15일)가 개최되었다. 경성박람회는 통감부 주도로 추진되었는데, 일본 자본의 한반도 진출을 지원하는 성격이 강했다.

경성박람회 개최 취지는 "산업의 발달과 무역의 증진을 도모하는 한편 인민으로 하여금 널리 구경하게 하여 지식을 발달케 하는 것이 목적"이라고 밝혔으나, 실질적으로는 경성의 시민을 비롯한 한국인들에게 일본 산업의 발달상을 과시함으로써 일제의 대한제국 강제병합을 정당화시키

고자 하는 목적이 있었다. 한국은 주로 직물이나 지류, 가내 제조품을 출품한 반면 일본은 공업제품이 출품되어 한국과 일본의 산업화 차이가 두드러졌다. 경성박람회에 앞서 1906년 5월에 한일상품박람회(韓日商品博覽會)와 1907년 4월 인천에서 연선기차박람회(聯線汽車博覽會)가 있었다. 당시 일본에서는 서양 문물을 적극 수용하면서 박람회를 개최하는 것이 유행이었다. 구리개를 중심으로 마련된 박람회장은 본관과 1~5호관까지 6개의 전시관을 두었으며, 연예원, 식물원, 사랑, 요리점 등은 따로 개설되었다.

2) 조선물산공진회

대한제국을 강점한 지 5년 만인 1915년에 개최된 행사다. 공진회는 상품교역을 촉진시키는 의미를 갖는 박람회와는 달리 산업을 진작시키려는 목적으로 개최되는 행사다. 1915년에 개최된 조선물산공진회는 조선총독부에서 식민지 경영의 성과를 과시함과 동시에 한반도의 산업을 증진시킨다는 명분을 가지고 준비되었다. 따라서 엄격한 의미에서 공진회는 박람회와 구별되지만 식민지 한반도에서 개최된 공진회는 박람회와 큰 차이가 없었다. 장소는 경복궁이었다.

일정 기간 동안 대규모로 개최되는 공진회 또는 박람회는 관람객의 접근이 용이하면서도 대규모 전시장 구성이 가능한 넓은 대지를 확보하는 것이 행사 성공의 관건이다. 따라서 공진회, 박람회가 도심 한복판보다는 외곽에서 개최되는 것이 일반적이지만, 조선물산공진회는 도심 한복판에 위치한 경복궁에서 개최되었다. 공진회가 경복궁에서 개최된 것은 공원 조성을 명분으로 일제강점 전에 이미 경복궁 내 4천여 칸의 전각에 대한

매각이 진행되었고, 일제강점기인 1914년 7월에
나머지 전각에 대한 입찰 불하가 이루어졌다. 일
제강점 후에 이루어진 경복궁의 훼철은 일제강
점 전에 이루어진 공원 조성 목적과 달리 총독
부 신청사의 건설이 목적이었다.

남산에 있는 한국통감부청사를 사용하던 조
선총독부는 총독부의 위상에 걸맞은 새로운 청
사를 위한 장소로 경복궁을 선택하고, 1912년

〈그림 6–55〉 조선물산공진회. 현 세종로를 메운 조선물산공진
회 관람객. (안창모 소장 엽서)

예산에 조사준비비 3만 엔을 책정한 후 조사 및 설계 작업을 진행하면서
동시에 경복궁 해체 작업을 본격화했다. 1912년 총독관방 산하에 토목국
이 신설되면서 회계국에 소속되었던 영선과가 토목국으로 옮겨졌으며, 같
은 해 1912년 4월 1일에 모치지 로쿠사부로(持地六三郎)[13]가 토목국장으로
부임했다. 그는 1917년 6월 총독부 통신국 장관으로 영전할 때까지 경복
궁 해체, 신청사의 건축에 관한 업무를 총괄했다.[14] 공원 조성과 총독부
청사 건립을 위해 확보된 터가 조선물산공진회 장소로 활용된 것이다.

조선총독부는 한국 강점이 한국의 진보와 발전을 위한 것이었음을 조
선물산공진회를 통해 한인들에게 보여주고자 했다. 계획 당시에는 25만
명의 관람객을 예상했으나 약 3개월에 걸친 공진회 기간에 무려 100만에
달하는 관람객이 관람을 함으로써 총독부는 공진회 개최 목적을 초과
달성했다고 할 수 있다. 물론 이러한 관람객 동원의 성공에는 지방에서의
집단 관람이 큰 역할을 했다. 1914년 5월 13일자 《매일신보》에 따르면, 공
진회 건축물 설계를 위한 건축사무소를 개설하고 총독부 영선과의 구니
에다 히로시(國枝博) 기사가 근정전을 중심으로 주위에 각종 전시관을 계
획하고 있으며, 미술관은 벽돌조에 시멘트물씻기로 마감하여 석조건축양
식의 외관으로 지어 공진회 이후에도 영구 사용토록 계획되었다. 전시장

의 건축은 서양의 역사주의 건축양식에 모던한 최신 흐름이 반영되어 지어졌는데, 이는 일본이 서구 국가와 동일한 선진화된 국가임을 과시하기 위함이었다.

- **조선물산공진회 배치 계획**

1914년 8월 22일자 《매일신보》에 발표된 배치안에 따르면, 광화문을 주 출입구로 삼고 동쪽의 건춘문과 서쪽의 영추문을 출구로 삼았다. 개막식 행사장으로 사용된 근정전과 근정문 앞에 제1호 전시관을 배치하며, 근정전 동쪽에 미술관(공진회가 끝나고 조선총독부박물관으로 사용됨)과 참고 관 및 제2호 전시관이 배치되었다. 근정전과 근정문의 남쪽 제1호 전시관 앞에는 분수대가 있으며, 분수대 양쪽에는 조선총독부 산하기관 가운데 가장 큰 사업부서인 철도국의 철도관과 식민지배의 전위기관인 동양척식 주식회사의 특설관이 배치되었다. 근정전 서쪽, 경회루 남쪽에 연예관이 배치되고 매점 등 휴식을 취할 수 있는 시설이 배치되었다.

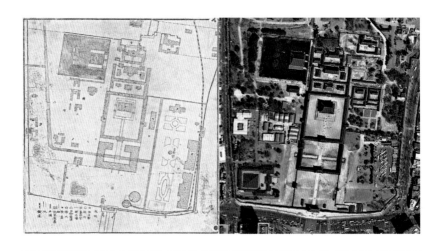

〈그림 6-56〉 왼쪽: 조선물산공진회 배치도. (출처: 《매일신보》 1915년 3월 7일). 오른쪽: 현재 복원된 경복궁 배치. (출처: 다음 위성사진)

1915년 3월 7일자《매일신보》에 발표된 배치도에서는 미술관 앞에 서양식 정원이 조성된 것을 볼 수 있다. 1914년과 1915년의 배치도(그림 6-56의 왼쪽)에 따르면 흥례문과 주변 행각의 철거를 전제로 배치계획이 수립되었음을 알 수 있다. 이들 철거 예정인 전각은 1914년 7월 10일 경매를 통해 매각이 이루어졌다.[15]

〈그림 6-56〉의 오른쪽 그림은 복원 사업을 진행하고 있는 경복궁의 모습이다. 근정전 남쪽에 흥례문과 행각이 복원되었는데, 흥례문과 행각의 위치가 제1호 전시관과 일치함을 알 수 있다. 근정전 동쪽에 있던 미술관(총독부박물관)이 철거되고, 그 자리에는 자선당과 비현각이 복원되었다

• **조선물산공진회 전시관**

공진회의 전시시설은 제1호관과 제2호관, 참고관, 심세관, 기계관으로 구성되었는데, 전시관은 서양의 역사주의 건축양식이 변용되어 지어졌으며, 모두 흰색으로 마감되었다. 제1호관과 제2호관에 사용된 아치와 탑으로 구성된 디자인은 소네 츄죠(曾禰中條)가 설계한 1914년의 대정박람회 건물과 유사하다. 이는 동시대 유럽에서 유행했던 세제션건축에서 사용된 디자인이기도 하다. 전시관이 흰색으로 마감된 것은 산업혁명을 거치면

〈그림 6-57〉 조선물산공진회 제1호 전시관. (출처: 《매일신보》 1915년 3월 3일)

서 피폐해진 도시 환경을 개선하여 위생적인 도시 만들기가 화두이던 시절에 흰색이 위생과 문명의 상징으로 인식되었기 때문이다.

전시관이 서양의 역사주의 건축양식에 모던한 최신 경향이 더해져 지어진 것은 일본이 서양과 같은 수준의 문명화된 나라임을 보여주어 식민지배가 정당했음을 과시하는 동시에 조선물산공진회를 통한 산업 진작의 지향점을 보여주기 위함이었다고 할 수 있다.

〈그림 6-59〉 총독부박물관과 서양식 정원. (안창모 소장 엽서)

• 총독부 미술관

조선물산공진회를 개최하면서 미술관으로 건축한 건물은 공진회 개최 후에 조선총독부박물관으로 사용했다. 건물 전면부의 중앙이 돌출되고 좌우가 대칭인 점에서는 전체적인 구성은 총독부청사와 같지만, 총독부청사와 달리 중앙 상부에 돔이 없고 양단부가 단정하게 처리된 르네상스풍의 고전주의 건축양식의 건물이다. 중앙에 쌍기둥이 있고, 쌍기둥이 2개 층에 걸쳐 있어 자이언트 오더를 사용한 바로크건축이라고 볼 수도 있으나, 전체적으로 건물의 구성미에 변화를 주기보다는 안정적인 조화와 균형을 이루고 있어 바로크적 구성으로 보기는 어렵다.

3) 조선박람회

이 땅에서 개최된 최초의 박람회는 대한제국기인 1907년에 개최된 경성

〈그림 6-60〉 조선박람회 조감도. (안창모 소장 자료)　　　　　　　　　　　　　　〈그림 6-61〉 조선박람회 포스터. (안창모 소장 엽서)

박람회로, 1907년 9월 1일부터 11월 15일까지 개최되었다. 이중화의 『경성기략(京城記略)』에 따르면 한일 양국의 생산품과 공예품을 진열해 한일 양국 국민의 사교적 융화를 도모하고, 한국의 산업과 문화를 진작시키고 한일 무역의 성운을 유지하는 데 있다고 밝혔으나, 실제 전시된 내용은 일본 제품 일색이었다고 한다. 전시관은 서양 건축의 모습을 갖추었다.

1907년의 경성박람회 이후, 1915년의 조선물산공진회와 1929년의 조선박람회를 비롯해 크고 작은 박람회와 공진회가 개최되었다. 이 중에서 1929년에 개최된 조선박람회는 규모나 내용 면에서도 식민지기에 개최된 박람회 중 으뜸이었지만, 주최 측에서 주전시장 건축양식으로 조선의 전통건축양식을 채택했다는 점에서도 주목할 만하다. 이는 1915년 조선물산공진회의 전시관이 르네상스양식 또는 세제션 양식으로 지어진 것과 구별되는 부분일 뿐 아니라 모더니즘풍으로 건축된 일본 각 부현 특설관과 확연하게 차이 나는 부분이다.

박람회 전시장은 건춘문 북쪽에 이축된 광화문을 정문으로 경회루에 이르는 주축선에 직영관이 배치되었는데, 산업남관, 산업북관, 사회경제관, 미술공예교육관, 심세관 등이 조선의 전통건축양식으로 지어졌다. 조선 건축양식에 대해서는 당시 조선총독부 건축과장이던 이와이 죠사부로(岩井長三郎)는 "조선인이 갖는 느낌이 좋을 것은 물론이거니와 내지(일본)에서 온 관람자도 조선의 박람회에 대해서는 무언가 조선의 맛을 기대하고 있을 것"이 틀림없기 때문에 선택했다고 이야기한다.[16] 이와이의 설명은 조선박람회의 건축양식 선정에 '관광'이라는 상업적 목적성이 개입되어 있음을 보여준다. 이는 조선박람회를 방문하는 일본인에게는 조선의 지방색을 경험케 하기 위한 관광 차원에서 조선 건축양식의 전시관이 마련되었다고 하겠다.

- **박람회 한옥 전시관과 한옥 건축의 변용**

전체적으로 조선 건축양식으로 지어진 전시관이라 하더라도 전통적인 공간구조와 모습으로 지어질 수는 없었다. 조선의 전통건축에서 대형전시장에 적합한 건축 유형이 없었기 때문이다. 따라서 전시관이라는 근대적 기능을 수용하기 위해 전통건축양식에서 구조적으로 또는 양식적으로 변용이 일어나는 것이 불가피했다. 구체적인 내용을 살펴보면 다음과 같다.

첫째, 전시장이라는 대공간을 구현하기 위해서 전체 외관은 2층의 구

〈그림 6-62〉 조선박람회 중문. 박길룡 설계. (안창모 소장 엽서)

〈그림 6-63〉 조선박람회 미술공업교육관. (안창모 소장 엽서)

조를 갖게 되었는데 이는 2층 부분에서 고측 창을 통해 대공간 전시장에 필요한 채광 문제를 해결하고, 동시에 과도한 지붕의 볼륨을 줄이는 효과를 가져왔다.

둘째, 의장적으로 전통건축의 회랑의 이미지가 채용되었으며, 부분적으로는 입구를 강조하기 위해 쌍기둥이 사용되기도 했다.

셋째, 주출입구를 중앙에 배치해 중심성을 확보하는 동시에 1칸을 돌출시켜 중심성과 볼륨감을 부여했다.

넷째, 각도 번세관의 경우 주출입구 기둥에 돌(또는 돌의 의장)을 사용했는데, 이는 경회루의 1층부 기둥을 참조한 것으로 보인다.

• 조선 각도의 특설관과 일본 도시전시관

조선 각도의 특설관은 각 지역의 산물이나 문화적 역사적 특징을 반영하는 전시관으로 다양하게 건축되었다. 지방색이 강하게 드러나기는 식민지였던 대만관이나 만몽관의 경우도 마찬가지였다. 함경남도 특설관처럼 지역적 특색을 드러내기보다 관람객의 시선을 끌기 위해 이집트신전의 모습으로 지어진 전시관도 있었다. 그러나 일본의 각 부현의 특설관과 기업특설관은 교토와 같이 일본의 역사와 문화를 상징하는 도시를 제외한

〈그림 6-64〉 조선박람회 도쿄관. 백색모더니즘 건축으로 지어진 도쿄관. (안창모 소장 엽서)

〈그림 6-65〉 조선박람회 각도 전시관. 함경북도특설관. (안창모 소장 엽서)

대부분의 지방관과 함께 백색 모더니즘 건축으로 지어졌다.

　도쿄관, 오사카관의 경우 문명화된 일본과 동양 굴지의 상공업도시를 상징하듯 백색 모더니즘 건축으로 지어졌는데, 이러한 전시관의 디자인은 조선뿐 아니라 만주와 대만 등에서 개최된 박람회의 전시관에서 일관된 것이었다. 일본 역시 박람회의 건축양식은 서구 국가들과 마찬가지로 자신들이 지향하는 미래에 대한 이미지를 담아냈음을 보여준다. 이에 반해 식민지 전시관에 식민지 건축양식을 사용한 것은 동시대 유럽 국가들의 박람회에서도 일반적으로 나타나는 현상으로 식민지배자의 식민지에 대한 입장이 반영된 결과다.

4) 일본과 식민지 박람회의 조선관

일제강점기 동아시아에서는 각종 공진회와 박람회가 일본은 물론 만주와 대만 등에서 활발하게 개최되었고, 많은 공진회와 박람회에 조선총독부도 참가했다. 전체 참여 박람회의 전모를 파악할 수는 없지만, 조선의 참가가 확인된 박람회에서 조선관은 예외 없이 조선 건축양식으로 지어졌다. 일본이 개최하는 박람회에서 각 지역 전시관의 디자인에는 일정한 원칙이 있었다. 조선과 대만 그리고 사할린(樺太) 등 일본이 경영하는 식

〈그림 6-66〉 일본 나고야범태평양평화박람회 조선관과 교육관. (안창모 소장 엽서)

〈그림 6-67〉 도쿄평화박람회 조선관 (안창모 소장 엽서)

민지의 전시관은 지역성이 강한 전통건축의 디자인으로 지어졌으며, 일본 본토의 전시관의 경우 역사도시를 제외한 지역은 모던한 감각의 디자인으로 전시관이 만들어졌다. 이는 일본은 선진, 식민지는 후진의 이미지를 고착화시키는 데 박람회 건축의 역할이 있었음을 의미한다.

일본의 식민지 전시관에 대한 입장은 식민지 전통건축이 현대적인 기능을 수용하기 위해 변화가 불가피한 상황으로 이어졌다. 목구조를 근간으로 하는 동아시아 건축의 경우 대공간이 필요하지 않았기에 박람회 전시장으로 사용되는 것은 적절치 않았다. 그럼에도 불구하고 전통건축양식으로 전시장을 수용하기 위해 전시장의 입지와 용도에 따라 다양한 양식의 변용이 시도되었다. 식민지 조선관의 경우 전통건축에서는 잘 나타나지 않는 이질적인 매스의 결합과 다각형의 지붕 처리를 비롯해 다층구조와 현관부의 처리 등에서 다양한 형태적 공간적 변화가 시도되었다.

2. 식민지 자본주의와 건축

1910년 대한제국이 주권을 빼앗기면서 경제정책의 주권도 자연스럽게 넘어갔다. 일본은 대한제국의 강점과 함께 '조선회사령'을 공포해 토지에 기초한 전통적인 한인 토지자본이 산업자본이나 상업자본으로 전환되는 것을 막았다. 이는 한인 건축가의 등장과 한인 건축가의 성장에 큰 장애가 되었다.

조선시대 한성부의 경제 중심은 종로와 남대문로가 교차하는 보신각 일대에 형성된 육의전에 이르는 남대문로와 종로였는데, 이 중에서 남대문에서 종로에 이르

〈그림 6-68〉 일제강점기 남대문로의 은행과 백화점 위치도. (경성정밀지도 위 김경혜·박태연 작성)

는 남대문로 일대가 일인의 상업자본에 빠르게 점유되면서 식민지 자본주의의 상징이라고 할 수 있는 은행과 백화점이 집중적으로 건축되었다.

1) 은행

• 한성은행

1897년 2월에 설립된 민간은행으로 1903년 2월에 (합자)공립한성은행으로 개편되었다가 1906년 주식회사 체제로 변경되었다. 일제 전시체제하에서 은행통합정책에 의해 1941년에 경상합동은행(慶尙合同銀行), 1943년에는 동일은행(東一銀行)을 합병하여 조흥은행이 되었다.[17] 남대문로와 청계천이 만나는 모서리에 지어져 남대문로의 랜드마크적 입지(현 신한은행)를 점하고 있었다. 붉은 벽돌로 건축되었으며 입면에 사용된 수평의 흰색줄은 서울역 등 동시대 벽돌조 양식 건축에서 많이 사용된 특징이다.

남대문로 1가에 위치한 동일은행은 보신각에 인접한 입지적 특성으로 인해 종로와 남대문로에서 가장 눈에 띄는 건물이었다. 서울의 두 간선도로에 면한 동일은행은 모서리에 주출입구를 설치하고 주출입구 상부에는 뾰족 돔을 설치하여 랜드마크적 모습을 갖췄다. 한편, 동일은행 남대문지점은 장식이 제거된 근대풍 건축으로 건축가 박길룡의 설계로 지어졌다.

〈그림 6-69〉 한성은행과 종로 방면 조망. (안창모 소장 엽서)

〈그림 6-70〉 동일은행과 남대문로 방면 조망. (안창모 소장 엽서)

• 조선은행(현 한국은행 화폐박물관)

1903년 대한제국 정부는 중앙은행 조례를 제정하였으나, 1905년에 을사늑약이 체결되면서 독립적인 중앙은행 설립이 좌절되었다. 1909년 7월에 통감부 주도로 '한국은행 조례'가 제정되어 1910년 11월 은행 업무가 시작되었으며, 1911년 3월 조선은행으로 이름이 바뀌었다.

조선은행은 1912년 다쓰노 긴고(辰野金吾)의 설계로 지하 1층, 지상 2층 건물로 지어졌다. 철근콘크리트조로 지어졌으며, 외관은 화강석으로 마감되었다. 정면의 중앙현관을 중심으로 좌우 대칭의 역사주의 건축양식으로 지어졌다. 정면 현관은 자동차 진입이 가능하도록 설계되었는데 이는 역사주의 건축양식의 근대기 변용 사례라고 할 수 있다. 건물 양끝에 위치한 동그란 원통형의 기둥과 돔은 프랑스성의 특징을 갖고 있어 성관풍 르네상스건축으로 불리기도 한다. 현관을 들어서면 중앙에 1층과 2층을 관통하는 대공간이 위치하며 홀 주변에 2층의 사무 공간이 배치되었다. 현재 화폐박물관으로 사용되고 있는 중앙의 대공간은 마치 이탈리아 르네상스건축을 대표하는 팔라쪼의 중정에 지붕을 덮은 모습과 유사한다. 이는 근대적 업무시설인 은행에 필요한 대공간을 만드는 데 역사주의 건축양식 중 르네상스 팔라초의 공간구조를 이용했기 때문이다. 1909년

〈그림 6-71〉 조선은행, 서울. (안창모 소장 엽서)

〈그림 6-72〉 조선은행 군산지점. (출처: 『조선과건축』 1922년 2월호)

개항장이었던 군산에 한국은행 지점이 건축되었으나, 1922년 조선은행 군산지점이 다시 지어졌다. 세제션풍의 근대건축으로 지어진 조선은행 군산지점의 규모와 양식은 일제강점기 번성했던 군산의 도시적 위상을 잘 보여준다.

• 조선식산은행

동양척식주식회사와 함께 조선총독부의 산업정책을 뒷받침한 핵심 기관이다. 1918년 대한제국기에 설립된 한성농공은행을 합병해서 설립되었다. 1930년대 말에 저축 기능을 조선저축은행으로 독립시켰다. 남대문로와 소공로가 교차하는 곳에 위치한 조선은행에 이어 남대문로와 을지로가 교차하는 곳에 식민지 경영을 뒷받침한 핵심적인 금융기관이 위치함으로써 남대문로가 금융기관의 메카로 자리잡는 계기가 되었다. 붉은 벽돌로 지어진 2층 건물이었으나, 후에 3층으로 증축되었다. 조선은행 건설 당시 감리를 맡았던 나카무라 요시헤이(中村與子平)의 설계로 지어졌다. 붉은 벽돌 외관에 이오니아식 열주가 사용된 신고전주의 양식의 은행 건축이다.

〈그림 6-73〉 조선식산은행, 서울 본점. (안창모 소장 엽서) 〈그림 6-74〉 식산은행 대전지점. (안창모 소장 엽서)

• 조선상업은행

1899년 설립된 대한천일은행이 1912년 2월 조선상업은
행으로 개칭[18]되었고, 1950년 이후 한국상업은행으로
바뀌었다. 본점은 남대문로와 소공로가 교차하는 곳
(남대문로 2가 111)에 위치했으며, 조선상업은행은 두 도
로가 예각으로 만나는 곳을 곡면으로 처리한 후 주출
입구를 설치했다. 조적조 외벽으로 지어진 까닭에 세
로로 긴 창에 의한 수직 창호가 주도적인 입면 구성
요소로 사용되었으며, 최상층에는 아치로 처리되어
고전적 디자인의 흔적이 남아 있는 근대기 은행 건축이다.

〈그림 6-75〉 대한천일은행. (안창모 소장 엽서)

• 조선신탁주식회사

1932년 12월 조선은행과 조선식산은행, 동일은행, 호남은행 외에 최창학,
방의석 등 한인과 조선에서 활동하는 일인 기업인이 서울에 설립한 신탁
회사다. 1934년에 조선토지경영주식회사, 공제신탁주식회사, 남조선신탁
주식회사, 군산미곡주식회사를 흡수 통합하였고, 군산, 부산, 목포, 평양,
대구, 함흥 등에 지점을 신설하여 전국적인 영업망을 구축했다.

〈그림 6-76〉 조선신탁주식회사,
서울 남대문로. (출처: 『조선과건
축』 1937년 1월호)

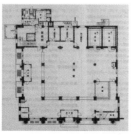

〈그림 6-77〉 조선신탁주식회
사 1층 평면. (출처: 『조선과건축』
1937년 1월호)

〈그림 6-78〉 조선토지경영주식회사,
1929, 소공로. (출처: 『대경성사진첩
[1937]』)

• 조선저축은행

1928년 12월 24일자 조선총독부령 제7호로 공포된 '조선저축은행' 관련 시행규칙에 의해 설립되었다. 조선식산은행의 업무 중 저축예금 업무를 인계받아 업무를 개시했으며, 1933년에 본정1정목(현 충무로 1가)에 2,014평 5층 규모로 지어졌다. 철근콘크리트조로 지어졌으며, 외장은 석재로 마감되었다.

르네상스풍의 역사주의 건축양식으로 지어졌으나, 내부는 철근콘크리트조의 구조적 속성이 반영되어 기중과 보의 구조로 구성된 공간 특성을 갖고 있다. 한국은행과 달리 영업장 위에 업무 공간이 배치되었으며, 2층 높이의 영업장은 전면 창호에 의해 채광된다. 5층 건물로 지어진 역사주의 건축양식의 입면에 4개 층을 관통하는 대형 기둥이 사용되어 바로크적 특성을 지닌 고전주의 건축이라고 할 수 있다.

조선저축은행 설계는 현상설계공모로 진행되어 타다공무점(多田工務店)의 히라바야시 긴코(平林金吾, 1894-1981)[19]의 안이 당선되었다. 설계공모는 평면은 주최 측에서 주어졌고, 응모자는 입면을 제안하는 공모였다. 1등 당선안은 조선은행광장 주변의 역사주의 건축이 지배적인 도시 경관과 어울리는 신고전주의 건축양식으로 설계되어 기존 시가지와의 경관 조화가 높은 평가를 받았다.

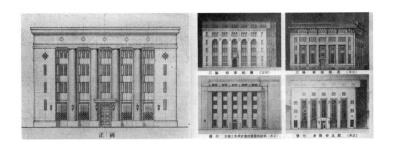

〈그림 6-79〉 조선저축은행, 설계공모 당선안. (출처: 『건축과사회』 제15집 제9호)

• **지역의 금융기관**

식민지하에서 각 지방에도 국책기관의 지방 금융기관을 비롯하여 지역 금융기관이 설립되었다. 금융기관이 국책금융기관인지 민간금융기관인지에 관계없이 초기에는 목구조로 서양 양식 건축의 금융기관을 건축하였으나, 1920년대 이후는 조적조 금융기관이 주를 이루었고, 1930년대 이후에는 타일을 외장재로 사용하는 민간금융기관이 건축되었다.

〈그림 6-80〉 호남은행, 광주. (안 창모 소장 엽서)

〈그림 6-81〉 호서은행(현 새마 을금고), 예산. (안창모 사진)

〈그림 6-82〉 금융조합연합압회. (안 창모 소장 엽서)

2) 백화점

백화점은 산업혁명 이후 구축된 대량생산, 대량소비시대에 맞춰진 유통시스템으로 자본주의의 소비를 대표하는 공간이자 도시의 대중문화를 읽을 수 있는 건축이다. 그러나 우리는 산업혁명 없이 근대사회에 진입했기에 이 땅의 백화점은 우리의 대량생산과 대량소비시스템에 기초한 유통시스템이 아니라 식민모국과 식민지의 관계에서 형성된 유통시스템이 일부다.

백화점의 영어 명칭인 'Department Store'는 전문화된 상품코너를 갖춘 각기 다른 상점의 집합체라는 의미를 가진 상점을 의미했다. 그러나 이 땅에 등장한 첫 백화점은 일본의 미츠코시백화점이다. 일본에서 백화점은 각종 의류 잡화와 옷감을 취급하던 오복점(五服店)에서 시작되었다.

• 화신백화점

화신백화점은 1890년대 말에 신태화에 의해 설립된 신행상회에서 시작되었다. 신태화가 귀금속 상점을 열었다가 1918년 자기 이름의 '화'와 신행상회의 '신'을 따서 상점 이름을 '화신상회'로 바꾸었다. 이후 주력인 귀금속 외에도 여러 잡화를 취급하며 사실상 준 백화점에 가까운 모습을 갖추었으나, 1931년 화신상회의 경영권은 박흥식에게 넘어갔다.

박흥식은 지물 사업을 기반으로 자신의 사업을 확장하면서 화신상회에도 투자했는데, 화신상회가 경영난을 극복하기 위해 주식회사로 전환되자 자신의 투자와 주식을 기반으로 화신상회의 경영권을 확보했다. 이후 박흥식은 원래 목조건물이었던 화신상회를 3층 콘크리트 건물로 새롭게 지으면서 본격적인 백화점업에 진출했다. 1932년 화신상회의 바로 옆에 동아백화점이 들어섰으나, 과감한 경품을 도입해 매출을 확장한 화신상회에 밀려 동아백화점이 문을 닫았다. 화신백화점은 동아백화점을 인수해 종로 상권을 장악했다. 화신상회 건물과 동아백화점 건물은 서로 연결되어 각각 서관, 동관 체제로 운영되었다.

1935년 1월 27일의 화재로 화신백화점 서관이 소실된 후 박길룡의 설계로 화신백화점은 1937년 11월에 지하 1층, 지상 6층에 옥탑층을 가진 현대식 백화점으로 다시 지어졌다. 당시 서울에서는 가장 높은 건물로 옥상정원이 설치되어 서울 시가를 조망하는 장소가 되었다. 엘리베이터와 함께 에스컬레이터가 설치된 백화점이었다.

백화점은 1937년에 지어졌지만, 건물은 모더니즘을 따르지 않았다. 오히려 고전적 건축 요소가 남아 있는 시카고파 건축과 유사한 입면 분할과 양식적 특징을 갖고 있었다. 1919년에 경성공업전문학교를 졸업한 박길룡은 서양식 건축교육을 받았지만, 서양의 모더니즘 건축운동의 영향을 받고 형성된 건축교육을 받은 건축가는 아니었다. 서양에서 모더니즘

〈그림 6-83〉 화신백화점 초기 모습.

〈그림 6-84〉 화신백화점과 종로거리, 1937년.

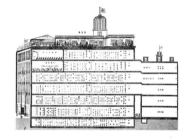

〈그림 6-85〉 화신백화점 매장 단면.

〈그림 6-86〉 화신백화점 평양지점.

건축교육의 전환점이 된 바우하우스 건축교육의 영향이 일본 건축교육에 반영된 것이 1920년대였다는 점을 감안하면, 1916년에 설립된 경성공업전문학교에서 모더니즘 건축교육이 실시될 수 없었다. 따라서 박길룡이 받은 건축교육은 서양 역사주의 건축양식에 기초한 건축교육이었고, 박길룡의 건축에서 고전주의 건축의 영향이 나타나는 것은 자연스러운 결과였다. 화신백화점이 대표적인 예다. 부유층과 보수적인 고객을 대상으로 하는 백화점의 성격이 모더니즘보다 역사주의 건축양식을 선호한 것이 화신백화점의 건축양식에 영향을 미쳤을 가능성도 있다. 박흥식이 1932년에 인수한 동아백화점의 디자인이 1935년 화재 후에 고전주의 양식으로 바뀐 것이 그 예다.

1931년에 현대적 마케팅을 앞세워 개점한 동아백화점은 수평으로 긴 띠창과 장식이 제거된 모던한 감각의 백화점으로 건축되었다. 경성고등공업학교를 졸업한 이천승이 설계한 것으로 알려진 건물이다. 그러나 1935년 화재로 소실된 후 박길룡에 의해 화신백화점과 동일한 건축양식으로 개축되었다. 이는 현대적 마케팅을 내세운 현대적 디자인의 동아백화점이 개점 1년 만에 화신백화점에 인수되면서 현대식 디자인이 마케팅에 효과적이지 못했을 것이라는 판단이 있었던 것으로 추정된다.

• **미츠코시백화점 경성지점**

1905년 일본에서 가장 먼저 서양식 백화점을 시작한 미츠코시(三越)백화점이 1906년 미츠코시백화점 경성출장원대기소를 세웠다. 이후 미츠코시는 1916년 경성출장소를 설치했으며, 1930년 구 경성부청 터의 일부를 매입해 미츠코시백화점 경성지점을 신축했다. 경성부청 터의 일부에 미츠코시백화점이 건축되면서, 경성부청이 옮겨진 후 조선은행 앞 광장 주변의 분위기가 바뀌었다. 경성부청과 경성우편국 그리고 조선은행이 있는 조선은행 앞 광장은 1920년대 초까지 서울에서 가장 번화한 관 중심의 거리였다. 그러나 경성부청이 이전하고 난 터에 백화점과 조선저축은

〈그림 6-87〉 미츠코시백화점 전경, 혼마치.

〈그림 6-88〉 미츠코시백화점 경성지점, 1930년. (안창모 소장 엽서)

행 그리고 전화국이 들어섰고, 조선은행 북쪽에 조선상업은행이 들어서면서 '조선은행 앞 광장'은 명실상부 식민지 자본주의의 심장이 되었다. 1930년대는 모더니즘 건축양식이 주도적인 분위기를 만들어가던 시기지만, 최고급 백화점의 이미지를 구축하고 있던 미츠코시백화점은 대중적으로 구축된 신뢰의 이미지를 유지하기 위해 도쿄의 본점과 같은 이미지의 역사주의 양식으로 짓고 외장은 타일로 마감했다.

• 조지야백화점

1867년 일본의 미에(三重)현 쯔(津)시에서 양복점을 운영하던 고바야시 겐로쿠(小林源六)가 1904년 4월 부산의 벤텐초우(辨天町)에서 조지야(丁子屋) 양복점을 처음 개설, 같은 해 10월에는 서울 남대문로에 양복점을 개설했다. 1904년 10월 3일자 《황성신문》에 고바야시 겐로쿠의 이름으로 다음과 같은 광고가 실렸다.

〈그림 6–89〉 조지야백화점, 남대문로.

今番弊廛에서 左記之處에 洋服廛을 開設호의 奇巧홈 裁縫機와 新鮮한 緞屬
과 熟練혼 職工으로 誠實迅速히 調製호오니 四方僉君子는 諒悉호시고 愛顧
請購호시믈 伏望
京城南大門通大龍洞 丁子屋支店
店主 小林源六 告白

위 광고는 남대문통 대룡동[20]에 양복점 정자옥지점을 개설한다는 내용이다.

1921년에 조지야(丁子屋)백화점으로 상호가 변경되었으며, 1929년에는 2,200평 규모로 확장되었고 1939년에는 지하 1층, 지상 5층 규모의 현대식 건물을 신축했다. 곡면의 격자형 입면을 가진 백화점으로 1930년대 모더니즘 건축 중 가장 완성도가 높은 건물이었다.

- **무영당백화점**

1937년 한국인 사업가 이근무가 대구에 건립한 백화점이다. 일제 강점기에 미나카이백화점(1934), 이비시야백화점(1932)과 함께 대구의 3대 백화점 중 하나다. 철근콘크리트 구조와 내력벽식 구조가 혼합된 건축이며 외벽은 타일로 마감되었다. 단순화된 외관에 격자형 창호로 구성되어 전체적으로 모던한 감각으로 디자인되었으나, 창호 상부와 건물 상부에 부분적으로 양식 건축의 흔적이 남아 있어 역사주의 건축양식에서 근대주의 건축양식으로 이행하는 과도기의 건축적 특징을 갖고 있다.

〈그림 6-90〉 대구 무영당백화점.

- **미나카이백화점**

미나카이(三中井)백화점은 서울에 이주한 나카에 가쓰지로(中江勝治郎)를 비롯한 일본인들에 의해 1905년 미나카이상점으로 창업되었다. 미나카이상점은 대구와 부산에서의 성공을 밑천으로 1919년에 매장을 만들었고,

〈그림 6-91〉 미나카이백화점 경성점.

〈그림 6-92〉 미나카이백화점 부산지점.

1933년에는 경성에 지상 6층, 지하 1층 규모의 본점을 지어서 일본인에 의한 식민지 조선의 3대 백화점 중 하나가 되었다.

경성 본점에 이어 각 지역에 지점을 개설했는데, 부산을 비롯한 대구, 대전 등에 12개 점포를 두고 만주의 신경, 하얼빈, 중국의 북경과 남경에도 진출하는 등 거대 백화점으로 성장했다. 미나카이백화점 부산지점은 1937년 9월 5층의 모던한 건축양식으로 지어졌다.

3) 극장

개항 이후에 이전과는 다른 형태의 연희 행위가 민간에서 광범위하게 이루어지면서 전통적 공연 행위의 변화가 연희장을 중심으로 일어나기 시작했다면, 정부 차원에서 연희의 새로운 행태는 국가행사와 관련해 이루어졌다. 그러한 첫 시도가 협률사의 탄생이다. 협률사는 1902년 고종황제 즉위 40주년 행사를 위한 행사장으로 설립되었다고 한다.[21] 동시에 1902년 8월 15일자《황성신문》기사에 따르면 칭경예식 행사를 위해, 봉상시 안에 희대(戱臺)[22]를 설치하고 도성 안에서 선가선무(善歌善舞, 노래를 잘하고 춤을 잘 추는 사람)하는 여령(女伶, 궁중에서 춤과 노래를 하던 여자)을 선발해 가르치기까지 했다는 기사가 나온다.

• 협률사(協律社)

조영규의 『바로잡는 협률사와 원각사』에 따르면 협률사의 설립 배경에는 고종황제 즉위 40주년 행사가 있다고 한다. 이는 앞에서 언급한 1902년 8월 15일자《황성신문》기사에서도 확인된다. 당시 고종황제 즉위 40주년 행사를 위해 대한제국의 근대화된 모습을 대외적으로 과시하기 위해 전통적인 방식의 진연과는 별개로 서구식 의전행사를 준비했는데, 이 행사를 위해 행사장에는 서구의 극장과 같은 전문 연희 공간인 '희대'가 설치되었다고 한다. 그러나 갑작스럽게 전염병이 창궐하면서 즉위 40주년 행사가 취소되자 행사를 위해 모아서 연습시켰던 예인들을 활용해 군악대의 경비를 보충한다는 명목 아래 일반인을 상대로 영업하는 관영 성격의 연희회사인 협률사가 설립되었다고 한다.[23] 희대라는 용어도 이때 처음 생겼다고 한다. 1902년에 설립된 협률사는 경제적인 이유로 고종황제의 칙령에 의해 1903년 7월에 잠시 영업을 중지했고, 이후 몇 차례 열고 닫기를 반복하다가 이토 히로부미(伊藤博文)에 의해 1904년 3월 중순경에 폐지되었다.[24]

협률사가 다시 문을 연 것은 1906년 3월 2일이었다. 새롭게 문을 연 협률사는 대한제국 정부와는 무관한 개인회사 성격의 연희회사였으며, 궁내부가 소유하고 있던 건물을 임대해 새로 문을 열었다. 1906년 4월 3일자 《황성신문》의 "근일에 협률사라는 것이 생긴 이후로"라는 기사에서 언급된 협률사는 1906년 3월 2일에 새롭게 문을 연 협률사를 지칭하는 것으로 정부에서 운영하던 협률사와는 무관한 사설회사로서의 협률사다. 1906년에 새로 개설된 협률사에 대해 조영규는 을사늑약 직후 국내 여론과 정치적 관심을 놀이문화로 돌리기 위한 정치적인 목적이 있었다고 판단하고 있다. 새로 문을 연 협률사는 풍기 문란과 관련된 많은 사회적 문제를 야기했고, 신문에는 풍기 문란을 걱정하는 기사가 종종 실리곤 했다.

• 원각사(圓覺社)

이 땅 최초의 연극극장으로 평가받는 원각사는 혁파령에 의해 폐지된 협률사를 이용해 개관되었다. 협률사가 1906년 4월 25일 혁파령에 의해 공연장 기능이 정지된 후 1907년 2월부터 관리들을 위한 클럽하우스인 관인구락부로 사용되었으나, 1908년 관인구락부가 이전한 후 김상천, 박정동이 이인직과 함께 협률사 건물을 임대해 공연장 용도로 경시청의 허가를 받아 같은 해 7월 26일에 원각사로 개관했다.[25] 당시 원각사는 구연극을 개량하고 신연극 중심의 극장 운영을 표방(《대한매일신보》 1909년 7월 3일자)했으나, 실제는 기존의 판소리와 창극이 중심으로 이루었다고 한다. 당시에 공연된 신연극 〈은세계〉는 새로운 창극 또는 창작창극을 의미했다고 한다.

원각사의 공간구성에 대해서는 1950년 국립극장이 개관되면서 공연되었던 〈원술랑〉 팸플릿에 게재된 윤백남의 "50년전 우리 국립극장"이라는 글에 잘 묘사되어 있다. 원각사 전경 사진과 윤백남이 그린 평면도를 살펴보면, 원각사는 2층 극장이었다. 사진에서 보이는 창호는 1층과 2층 객석의 창문임을 알 수 있다. 구조는 벽돌조에 목재트러스로 구성되었을 것으로 추정된다. 내부 공간은 전면에 무대가 있고, 객석은 계단식으로 구성된 것으로 보인다. 평면도에 따르면 정면에 위치한 주출입구와 실내 바닥의 높이가 같고, 좌석은 주출입구와 같은 레벨에서 계단식으로 올라가는 구조로 되어 있을 것으로 판단된다.

계단형 좌석으로 오르는 계단은 좌석 양편에 마련되어 있다. 화장실은 건물 밖 양쪽에 설치되어 있다. 원형으로 구성된 주건물에는 무대와 객석 외에 관객을 위한 부속시설은 설치되어 있으나 출연진을 위한 실은 설치되어 있지 않다. 평면도에 따르면 의상실과 분장실 그리고 소도구실은 별도의 외부 건물에 있으며, 무대 뒤편 배우 출입구를 통해 연결 복도로 원각사와 연결됨을 알 수 있다. 원각사는 원형 평면에 원추형 지붕을 가진 건물 모습을 뜻하는 '원각사'라는 용어가 건물 자체의 고유명사로 인식된 것으로 추정된다고 한다.[26]

협률사가 무기(舞妓), 가기(歌妓), 광대(廣大), 창부(倡夫) 등 다양한 예인을 확보하고 궁중무용과 민속무용은 물론이고 줄타기, 땅재주, 판소리

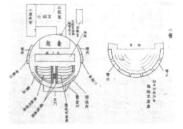

〈그림 6-93〉 원각사 전경. (서울역사박물관 소장)

〈그림 6-94〉 원각사 평면, 윤백남 그림. (출처: 조영규, 『바로잡는 협률사와 원각사』 [민속원, 2008])

등 전통연희를 주로 공연한 반면 원각사는 창부와 가기들이 주가 되는 창극이 주로 공연되었다고 한다. 이러한 차이는 협률사의 공간구조가 원각사의 공간구조와 달랐을 가능성이 크다는 것을 의미한다고 할 수 있다. 실제 협률사 당시에 내부 공간은 3면에서 관람이 가능한 구조였지만, 원각사는 윤백남의 그림에서 보는 바와 같이 전면에서 관람하는 구조로 지어졌다.

· 광무대(光武臺)

대한제국기에 존재했던 또 다른 공연시설로 광무대가 있다. 광무대의 시작은 1898년 서울에 놓인 전차를 위한 발전소가 있었던 동대문 전차차고였다. 이서구에 따르면(『세시기』 [동아일보, 1967], 60쪽) 광무대는 전차차고 건설기간 동안 건설노무자의 작업 능률을 위해 세운 극장이었다고 한다. 처음에는 줄타기 등의 연희가 이루어졌으나 소규모 공연이 성공을 거두면서 1903년부터 활동사진 기계를 갖추고 영화를 상영하기 시작했다. 이로 인해 동대문 전차차고에 설치된 광무대는 최초의 영화관이라는 별칭을 갖게 되었다. 1907년에는 이상필, 곽한승, 곽한영 등에 의해 영화뿐 아니라 판소리 등의 전통연희도 공연하면서, 영리 목적의 전문공연장의 위상을 갖게 되었다. 1908년 9월 흥행업자였던 박승필이 광무대를 임대하면서 광무대는 전통연희 전문극장의 성격을 갖게 되었으며, 위생환등회(1907), 조산부 양성을 위한 연주회(1912) 등 자선공연도 개최했다. 그러나 소유주였던 와사전기회사가 광무대가 사용하던 공간을 비워줄 것을 요구하면서 1913년 5월에 폐관되었다.

동대문 전차차고에서 나온 광무대는 황금정유원(현 을지로 4가, 구 황금좌 위치로 추정됨)에 있던 황금유원지 안의 일본인 소유 극장이었던 연기관을 임대해 광무대극장을 개관했다. 새 광무대극장은 2층으로 된 700석 규모의 극장이었다. 이 극장의 시설이 빈약해 1923년에 박승필은 광무대를 신축했다. 1921년 조선총독부가 제작한 〈조선총독부 지형도〉 황금정 4정목(현 을지로 4가)에 광무대가 표기되어 있다. 이 극장은 1930년 5월 2일 화재로 소실되었다. 화재 소식을 알린 1930년 5월 3일자 《중외일보》는 광무대극장을 조선구극의 발상지로 언급하고 있다.[27]

• 조선극장(朝鮮劇場)

1922년 11월 6일 인사동 130번지에 개관한 조선극장은 기생 가무와 서양 춤, 이동백의 독창, 윤백남 감독의 장발장 공연 그리고 영화 상영이 개관 행사에서 이루어졌다. 이는 조선극장이 다양한 공연이 가능한 극장으로 설계되었음을 보여준다.

> 시내 인사동에 새로 건축하는 조선극장은 황원균씨의 명의로 허가되어 많은 자본을 들여 금년 봄부터 공사를 진행하던바 요사이는 거의 준공이 되어가는 중인데 내부의 설비도 종래 경성에 있던 불완전한 극장의 제도를 개량하여 관람객의 편의와 화려한 장치를 하였으며, 특별히 3층에는 가족적 관람석을 설치하여 승강기도 오르내리게 한다

〈그림 6-95〉 조선극장. "조선극장 화재".
(출처: 《동아일보》 1936년 6월 12일자)

는데 이 극장은 조선사람의 관람객을 전문으로 하여 유수한 조선연극을 상연할 터이더라.

라는 기사가 《동아일보》 1922년 9월 18일자에 실려 있어 한인 상권의 중심에 세워진 조선극장이 최신 설비를 갖춘 극장이었음을 알 수 있다. 당시 극장은 모던한 감각의 전면부와 창고형 목조트러스로 구성되었다. 조선극장에서 독특한 것은 가족관람석이 마련되었다는 점이다. 그러나 조선극장은 1936년 6월 화재로 전소되었다. 조선극장은 화재 후에 곧바로 신축 계획이 세워졌고, 신축 건물은 4층으로 짓되 영화와 연극을 동시에 공연할 수 있는 극장으로 계획되었으나 지어지지는 못했다.

- 단성사(團成社)

단성사는 1907년 6월 7일자 《만세보》에 따르면 지명근, 주수영, 박태일 등이 공동 출자로 설립되었다.[28] 당시 건물은 목조 2층으로 남녀 관람석이 분리되었다고 한다. 그러나 당시 단성사는 공연장의 기능보다는 고위 인사 자제들의 유흥장으로서의 이미지가 강해 언론의 비판을 받았고, 폐관 압력까지 받았다고 한다.

1913년 7월 대규모 극장을 신축했다. 신축된 규모는 전체 규모가 168칸에 무대가 30칸으로 1,000명을 수용할 수 있었다고 한다. 외관은 서양의 역사주의 건축양식으로 설계되었으나, 내부는 일본식 극장 형식으로 구성되었다. 1, 2등석은 다다미를 깔았고, 하등석도 긴 의자 위에 앉을 수 있도록 설계되었다고 한다.[29]

1915년 단성사가 화재로 소실된 후 1917년 일본 흥행업자 다무라 요시지로(田村義次郞)에게 인수되어 1918년 영화관으로 개축되었다. 1919년 10

〈그림 6-96〉 화재로 소실된 단성사. (출처: 『매일신보』 1915년 2월 19일)

〈그림 6-97〉 단성사. (안창모 소장 자료)

월 27일 한인 감독 김도산의 권선징악을 주제로 한 〈의리적 구토(義理的仇討)〉가 상영되었는데, 1966년 이날이 '영화의 날'로 지정되었다. 근대건축의 모습으로 단성사가 다시 지어진 것은 1934년이다. 설계는 다마다 쿄지(玉田僑治)건축사무소가 담당했다. 다마다에 의해 설계된 단성사의 외관은 커튼월로 구성된 계단실과 원형 창으로 구성된 전형적인 모더니즘 건축의 외장을 갖고 있다. 철근콘크리트로 지어진 단성사의 전면 외장은 타일로 마감되었으며, 북면과 남면은 모르타르로 마감되었다. 단성사는 모던하게 디자인되었지만, 건물 전체가 모던하게 디자인된 것이 아니고 로비 부분만 모던하게 되었으며, 객석 부분은 창고형 대형 공간으로 구성되었다.

• 동양극장(東洋劇場)

1935년 무용가였던 배구자와 남편 홍순언은 회전무대와 다양한 조명시설 및 난방시설을 갖춘 최신 극장을 지었다. 동양극장은 서대문 밖의 문명관이라는 극장 자리에 지어졌는데, 개관과 함께 이름을 동양극장으로 바꾸었다. 개관과 함께 배구자의 고국 방문 공연이 기획되었다고 한다. 내부 공간은 객석

〈그림 6-98〉 동양극장. (안창모 소장 자료)

의 편의가 최대한 고려되었다. 의자는 기존 극장이 긴 의자로 객석 사이의 구분이 없었던 데 반해, 동양극장의 객석에는 1인용 의자가 설치되었으며, 건물 뒤편으로 분장실, 합숙실, 소도구실 등이 배치되었다. 돌출된 계단실의 3층까지 연속된 곡면의 창호와 배를 연상시키는 원형 창, 수평을 강조한 캐노피 아래 열지어 배치된 단순한 사각형의 창호 그리고 건물 모서리의 곡면 처리는 단성사와 함께 가장 모던한 감각의 극장 건축이었다.

• 우미관(優美館)

〈그림 6-99〉 우미관. (출처: 대경성도시대관, 조선신문사, 1937, 서울역사박물관 소장)

1910년 종로구 관철동 89번지에 '고등연예관'이라는 이름으로 개관했으나 화재로 소실된 이후 1924년에 재개관했다. 우리에게 익히 알려진 우미관이 지어진 것은 1924년이다. 1910년 2월 18일자《황성신문》에 따르면 고등연예관은 1910년 2월 18일에 준공되었으며, 2월 20일부터 연중무휴로 일반 고객에게 영화를 제공했다고 한다. "세계 제일 활동사진 개관"이라는 광고 기사에서 경성고등연예관의 시설에 대해 다음과 같이 자세히 전하고 있다. "고등연예관의 사진은 불국(프랑스)파데회사의 최신기기를 사용하고 매주 수입할 세계 각국의 최신 장관의 산수풍경, 인사의 현상은 물론 기술과 세계적으로 유명한 것을 상영"할 것임을 소개한 후, 고등연예관에서는 "일본미인의 꽃과 같은 공연과 한국기생의 무용을 더한 공연이 있을 것"임을 예고했다.

고등연예관의 시설에 대해서는 "건축은 내부의 완전하고 장식이 미려하며, 위생설비를 정연하게 갖추고 있다."고 적고 있다. 1924년 12월 10일자《동아일보》는 "지난 봄에 화재로 인하여 폐관하였던 활동사진관 우미관(優美館)은 그간 신축중이더니 이번에 낙성하였음으로 지난 밤부터 개관하였다는데 건축도 전보다 훌륭할뿐더러 사진도 선택하여 상연한다.”고 우미관의 개관 소식을 전했다. 우미관은 객석의 박공면이 전면에 노출되고 정면의 양쪽 끝에 계단실이 배치된 평범한 모습으로 지어졌다. 1937년에 우미관은 일인 시바타 미요지(柴田三代治)의 소유였다.

• 코카네자(黃金座, 구 국도극장)

코카네자(黃金座, 해방 후 국도극장)는 1936년에 건립된 철근콘크리트조 극장 건축으로 지하 1층, 지상 3층 규모로 지어졌다. 설계는 단성사를 설계했던 다마다건축사무소에서 담당했다. 코카네자의 전면부는 서양의 고전주의 건축양식으로 지어졌으나 지붕은 경사지붕으로 구성된 제관양식 건축이다. 제관양식이란 건물의 몸체는 서양 건축양식 또는 근대 건축양식으로 구성되지만 지붕에 기와를 사용한 경사지붕을 설치한 건축을 말한다. 1930년대 일본에서 군국주의가 정국을 주도하던 시기에 유행했던 건축양식이다. 1층 중앙에 주출입구가 있으며, 양쪽으로 계단실이 좌우대칭으로 구성되어 있다. 관객석 내부는 전형적인 프로시니엄 극장의 구성을 가진 장방형 평면의 형태를 갖고 있다. 중2층이 도입되었으며 중2층

〈그림 6-100〉 황금좌. (출처: 『조선과건축』 [1936])

〈그림 6-101〉 황금좌, 입구홀. (출처: 『조선과건축』 [1936])

의 복도는 외부 발코니와 연결되어 있다. 내부는 모자이크 타일로 마감되었으며, 벽과 천장은 플라스터로 마감되었고, 계단은 인조석 물갈기로 마감되었다. 객석은 곡선으로 구성된 무대가 있고 무대 양측에는 그리스 기둥양식의 주두가 장식되어 있으며, 그 상부에는 헛보를 사용한 몰딩으로 장식되어 화려한 모습을 갖고 있다. 내부 발코니는 화려한 장식을 가진 석고로 마감되어 내부 공간의 화려함을 더해주고 있다.

• 메이지자(明治座)

1936년에 건축된 메이지자(明治座, 현 명동예술극장)는 내부는 철근콘크리트조, 외벽체는 벽돌조 내력벽체의 혼합구조로 지어졌다. 지하 1층, 지상 4층의 건축물로 수용 인원은 1,178명(1층 664명, 2층 354명, 3층 160명)이었다. 명동의 동서방향 주도로와 남북방향 도로가 만나는 모서리에 자리하며, 두 방향에서의 접근성과 시각적 효과를 감안해 모서리를 둥글게 처리하고 모서리에 주출입구를 두어 시각적 효과와 함께 동선 배분의 효용성을 높였다.

외장은 서양의 역사주의 건축양식으로 지어졌으며, 모서리 현관 상부에는 바로크적 요소가 채택되었으나 전체적으로 절충주의적 건축양식

〈그림 6-102〉 메이지자. (출처: 『조선과건축』 [1936])　〈그림 6-103〉 메이지자 타원형 현관 홀.

으로 지어졌다. 모서리에 있는 주출입구를 들어서면 타원형의 작은 홀이 있고, 홀을 지나면 내부는 복도로 이어진다. 이 복도가 객석을 'ㄷ'자 형식으로 둘러싸고 있다.

객석은 곡선을 가진 형태로 구성되며, 2층 좌우 양측 끝에서 객석이 돌출되어 있다. 무대 앞쪽에는 오케스트라 피트가 설치되어 있어 메이지자가 단순한 극장이 아닌 다목적 용도로 기획되었음을 알 수 있다. 이와 같은 무대 설비와 1,000석이 넘는 객석 덕분에 시공관으로 이름을 바꾸어 해방 후 국립극장으로 사용하게 되었다. 객석은 2층으로 구성되었으며, 바닥은 타일, 벽과 천장은 플라스터로 마감되었다. 벽과 천장 그리고 2층 발코니의 난간은 플라스터로 마감되었으나, 몰딩은 석고 장식으로 처리한 화려한 고전주의 건축양식의 특징을 보인다.

• 와카쿠사자(若草座)

와카쿠사자(若草座, 해방 후 스카라극장)는 코카네자, 메이지자와 함께 일인들이 많이 거주하는 남촌의 대표적인 극장 건축이었다. 1935년 중구 초동에 건축되었다. 대지면적 300평에 연면적 658평에 달하며, 철근콘크리트 구조에 2개 층의 객석을 가진 전용 영화관으로 지어졌다.

〈그림 6-104〉 와카쿠사자. (출처: 『조선과건축』 [1936])

와카쿠사자는 여느 극장과 달리 정면의 주출입구가 반원형으로 돌출되어 강한 이미지를 형성하고 있으며, 돌출된 반원형 매스의 상부층은 각 층의 로비다. 전면의 반원형 매스와 함께 전면의 창호 디자인은 수평으로 긴 띠창을 특징으로 하는 근대 건축 디자인이 사용되었으며, 모서리까지 창호를 설치해 벽체가 하중의 부담으로부터 해방된 철근콘크리트 구조물의 구조적 속성을 외관 디자인에서 드러냈다. 극장의 객석은 모서리를 접어 다각형의 평면형으로 설계되었다. 극장 내부는 전반적으로 단순하게 처리되어 있으며, 객석 후면부의 출입구가 8곳이나 있어 많은 사람의 진출입이 원활하게 이루어지도록 했다.

• 부민관(府民館)

부민관은 1933년 6월 경성전기주식회사가 경성부에 공공사업시설 투자비로 기부한 100만 원으로 지어졌다. 100만 원 중 50만 원은 빈민 구제를 위한 경성부립부민병원 건립에 사용되었고, 나머지는 문화시설을 건설하기로 하고 건설된 것이 부민관이다. 부민관은 당시 서울을 경성부라 칭했기 때문에 부민을 위한 문화시설이라는 의미가 있다. 일종의 시민회관인 셈이다. 당시 경성부는 국제도시로서의 면모를 갖추는데 사교와 오락의 기능을 갖는 문화시설의 부족이 현안이었다. 부민관의 건설은 국제도시의 면모를 갖추기 위한 문화프로젝트의 일환이었던 셈이다.

경성부민관은 1935년 중구 태평로 1가에 세워졌다. 건설 부지는 이왕직 소유 부지 1천여 평과 일본기독교청년회의 소유지 6~700평을 매수해 건설되었다. 설계는 경성부 영선과의 하기와라 코이치(萩原孝一)와 츠치야 츠모루(土屋積)가 담당했고, 시공은 미키(三木)합자회사가 맡았다. 대지 1,780평에 건평 584평으로 총공사비 62만 원으로 지하 1층, 지상 3층의 철근콘크리트 구조, 1,800석 규모의 대강강과 400석 규모의 중강당 그리고 160석 규모의 소강당을 갖추었다. 모던한 건축양식의 철근콘크리트구조로 지어졌다. 1935년 12월 10일 준공되었다. 부민관은 전체적으로 단순한 매스에 타워가 결합된 형태로 구성되었다. 장식이 배제된 단순한 매스와 비대칭적 구성은 모더니즘 건축의 전형적인 특징이지만, 타워의 설치는 부민관의 상징성을 드러내는 고전적인 장치이기도 하다.

〈그림 6-105〉 부민관 전경. 신축 당시 부민관(왼쪽)과 현 서울시의회(오른쪽)

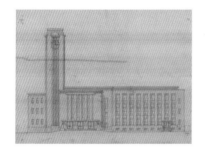

〈그림 6-106〉 부민관 입면도. (출처: 국가기록원)

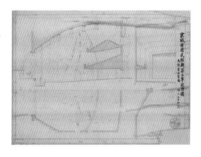

〈그림 6-107〉 부민관 강당 음향설계 단면도. (출처: 국가 기록원)

부민관은 'ㄴ'자형 평면으로, 1층 현관이 대로변에 면하고 있다. 현재 건물의 모서리에 설치된 주출입구는 태평로의 확장 과정에서 주출입구의 위치가 바뀌었다. 대강당은 공연이 가능한 구조로, 3개 층으로 설계되었다. 무대와 객석이 분리된 프로시니엄 구성을 갖는 대강당은 음향효과를 위해 천장을 곡면으로 처리하고, 천장과 벽은 타일로 마감해 반사효과를 고려했음을 알 수 있다.

1933년 10월 5일자《동아일보》기사에 의하면, 대강당은 지하실에서 2층과 통한 대강당으로 약 3,000여 명을 수용할 만한 300여 평 규모이다. 이는 경성의 유일한 대강당인 상공회의소 공회당의 140여 평의 배 이상으로, 경성부에서는 가장 큰 규모다. 음향장치는 물론 환기장치도 완비해 큰 집회나 연극, 음악은 물론 부민 전체의 대중 집회에도 대응할 수 있도록 설계되었다고 한다. 대식당은 약 1,200명을 수용할 만한 규모로 건평은 160여 평이다. 이 역시 장곡천정(현 소공동)의 공회당보다 오히려 20여 평이 넓은 식당으로 큰 연희를 치를 만한 것이라고 한다. 이 밖에 소규모 강연을 위한 소강연회장, 200명을 수용할 수 있는 소강당과 150명을 수용할 수 있는 회의실, 그리고 일반 대중을 위한 150명 규모의 공중식당과 100명 정도를 수용할 수 있는 중산층 이상을 위한 고급식당, 또한 고급식당의 부속으로 담화실이 있었다.

- **지역의 극장**

영화를 상영하는 극장은 근대기 도시민이 가장 선호하는 위락시설이었기에 지방 도시에도 예외 없이 지어졌다. 극장에는 일본의 전통연극을 상영하는 극장과 서양의 활동사진을 상영하는 극장이 있는데, 경성을 비롯한 평양과 부산 등 일인들이 많이 거주하는 도시에는 일본의 전통연극

〈그림 6-108〉 초기의 보래관(왼쪽 출처: 《부산일보》 1916. 1. 29)와 부산 신정통 보래관 (안창모 소장 엽서)

〈그림 6-109〉 평양 금천대좌. (안창모 소장 엽서)

〈그림 6-110〉 나진극장. (안창모 소장 엽서)

인 가부키(歌舞伎)를 상영하는 극장도 지어졌다. 흥미로운 것은 일본의 전통연극을 상영하는 공간구조로 지어지는 가부키자의 경우도 외관은 서양 건축양식으로 지어졌다는 점이다. 평양의 금천대극장(1926)은 가부키극장이었음에도 불구하고 서양의 역사주의 건축양식으로 지어졌다. 부산의 보래관과 나진의 나진극장 등 서양 영화 상영이 주 목적인 영화관은 근대건축의 전형적인 모습으로 지어졌다. 1914년 개관 당시의 보래관은 신극과 가부키를 공연하는 극장으로 전면에는 객석의 박공이 위치하고 양편에 계단실이 배치된 초기 극장의 모습이었는데, 1938년에 모서리가 둥글고 수평으로 긴 창호가 설치된 모던한 감각의 현대식 극장으로 다시 지어졌다. 한편, 나진의 경우 일본의 대륙 침략이 본격화되면서, 조선총독부의 북선(北鮮)개발이 본격화되었고, 1930년대 후반 나진시가 빠르게 성장하면서 도시 전체가 모던한 감각으로 통일된 경관을 갖추게 되었는데, 이 시기에 지어진 나진극장은 전시체제하에서 지어진 합리주의 성향의 모던한 건축 특징을 잘 보여준다.

海東第一州

GISHU.

（義）州

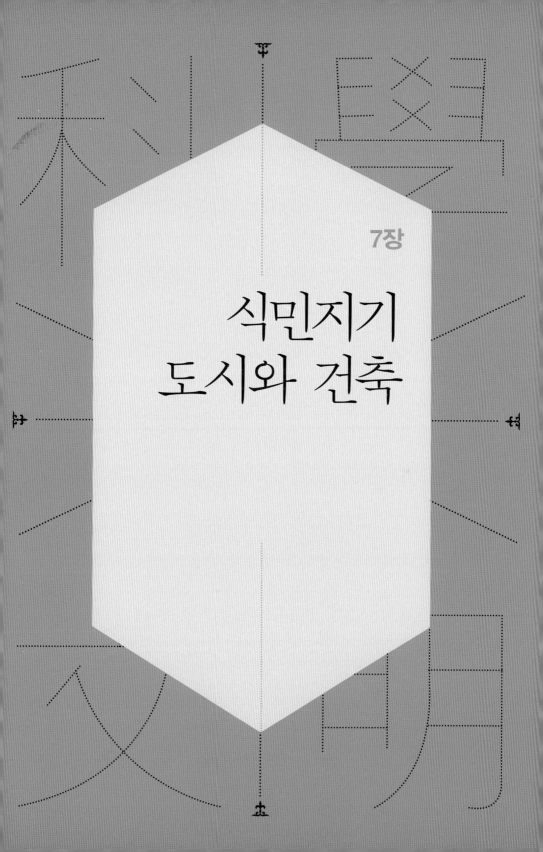

7장

식민지기
도시와 건축

건축교육과 건축가

1. 건축교육

조선 정부는 1883년에 인천항을 개항하면서 본격적으로 서양 문물을 받아들이고, 서양으로부터 산업시설을 도입하였다. 서울에는 서양식 외교공관 건축이 지어졌으며, 미션 계열의 교육과 종교시설이 서양식 건축으로 지어졌다. 그러나 대부분의 건축은 서양에서 설계도를 가져오거나 동아시아에서 활동하는 서양인 건축가들에 의해 설계되고 지어져, 유럽의 서양 건축양식에 식민지의 기후와 문화의 영향이 더해진 베란다 건축이 지어졌다. 대한제국이 출범하면서 상공업 육성을 위한 농상공학교가 세워졌지만 전문인 양성이 궤도에 오르기 전인 1910년에 대한제국은 주권을 상실했다. 대한제국을 강점한 일본은 식민지배체제를 구축하면서 식민지배를 위한 중간관리자를 양성하는 교육체제를 갖춘 건축교육을 실시했다. 1916년에 경성공업전문학교가 세워져 첫 서양식 고등건축교육이 실시되었다.

경성공업전문학교는 1922년에 경성고등공업학교(이하 경성고공)로 개편된 후 식민지 건축교육의 중심 기관이 되었다. 경성고공의 학교 성격과 건축교육[1]에 대해서는 다양한 연구를 통해 실체가 밝혀졌다. 이 땅에서 제도권 내에서 이루어진 서양식 건축교육은 1908년에 설립된 공업전습소(工業傳習所) 조가학과(造家學科, 현 건축학과)에서 처음 시작되었으나 공업전습소 조가학과는 건축가를 양성하는 고등교육기관이 아닌 중등과정의 기능인을 양성하는 교육과정이었다. 공업전습소 조가학과는 1916년에 설립된 경성공업학교의 건축과로 이어졌다.

일제강점기에 한반도 안에서 건축인을 배출할 수 있는 고등건축교육기관은 경성공업전문학교(1922년 이후 경성고등공업학교로 이름이 바뀜)가 유일했다. 조선총독부가 1910년에 한반도를 식민지배하면서 곧바로 고등건축교육기관을 설치하지 않은 것은 일본의 한반도 식민지배의 목적이 드러나는 부분이다. 근대화 시기에 건축과 토목은 산업의 인프라를 구축하는 기본 학문이자 기술이었다. 따라서 일본은 유럽을 모델로 한 근대화를 추진하면서 가장 먼저 설치한 대학이 고부다이가쿠(工部大學校)였다. 조가학과도 설치되었다. 근대화 과정에서 건축 역할의 중요성을 알았기 때문이다. 따라서 일본이 한반도를 식민지배하면서 고등교육기관을 뒤늦게 설립한 것은 한인들은 지배의 대상이었고 한반도는 그들의 경제개발을 위한 존재로 취급되었기 때문이다.

1916년에 고등교육기관을 설립할 수 있는 제도를 만들었지만 설립된 교육기관은 대학이 아닌 전문학교였다. 전문학교는 나라를 이끌고 나갈 인재가 아닌 고급 기술자를 양성하는 교육기관이다. 건축학과가 전문학교에 설치된 이유다.

1) 경성공업전문학교와 경성고등공업학교

1916년 4월 1일 조선총독부는 교육제도를 개편하여 '조선총독부 전문학

<그림 7-1> 경성고공 전경. (안창모 소장 엽서)

교 관제(朝鮮總督府 專門學校 官制)', '경성공업전문학교 규정(京城工業專門學校 規程)', '경성공업전문학교 학칙(京城工業專門學校 學則)' 등의 법령을 제정해 한반도에서 처음으로 공업전문학교의 제도적 틀을 마련했다. 이와 동시에 공업전습소를 경성공업전문학교(이하 경성공전)의 부속기관으로 재편했다. 경성공업전문학교는 건축학과(建築學科), 염직과(染織科), 응용화학과(應用化學科), 요업과(窯業科), 토목과(土木科), 광산과(鑛山科) 등 6개 학과가 설치된 3년제 과정이었으며, 부속 공업전습소에는 목공과(木工科), 금공과(金工科), 직물과(織物科), 화학제품과(化學製品科), 도기과(陶器科)가 설치되었다. 목공과는 다시 조가분과(造家分科), 지물분과(指物分科), 차량분과(車輛分科)로 나누어진 2년제 과정으로 개설되었다.

• 경성공업전문학교의 교육 목적과 교육 강령

전문학교 설립 당시 1916년 4월에 공포된 '경성공업전문학교 규정'[2]에서 밝히고 있는 학교 목표를 보면,

> 본교는 조선교육령에 기초하여 공업에 관한 전문교육을 하는 곳으로서 조선에 있어서 공업의 진보, 발전에 필요한 기술자[3] 또는 경영자를

양성함을 본지로 하고, 부속 공업전습소에서는 공업에 종사하는 도제를 양성한다.

고 규정하여 전문 교육기관임을 명시하면서 공업전습소와의 차이를 명확히 하고 있다. 또한,

기업은 단지 고원한 학리에 치중할 것이 아니라 간명을 본지로 하고, 실제에 유용한 지식을 교수함과 동시에 그 목표를 기능의 습득에 두고 실습을 숭상하고 실험을 중시하여 자유자재로 응용할 수 있어야 한다.

는 말을 통해서 전문학교 교육이 대학과 달리 실제적 활용을 목적으로 하고 있음을 밝히고 있다.

• 공업교육쇄신안과 경성고등공업학교로의 개편

1919년 3·1만세운동의 영향으로 식민정책이 무단통치에서 문화정치로 전환되면서 1922년의 제2차 조선교육령[4]에 의해 경성공전 체제에 중요한 변화가 생겼다. 이는 1918년 일본연합공업조사위원회(日本聯合工業調査委員會)에서 마련한 '공업교육쇄신안(工業敎育刷新案)'[5]에 근거하고 있다. 내용의 핵심은 교육 연한 및 내용을 일본 국내 수준과 동일하게 한다는 것이었다. 교육 내용을 일본 국내 수준과 동일하게 한다는 것은 조선에서의 교육도 공학 위주의 건축교육으로 전환된다는 의미를 갖는다. 이를 계기로 경성공전 체제는 경성고공 체제로 개편된다.[6] 이와 함께 1924년 5월 경성제국대학 예과가 설치되었다. 경성공업전문학교(이하 경성공전)는 1922년 부속 공업전습소를 분리하고 3년제 경성고등공업학교(이하 경성고공)로 개편되면서, 고등교육기관으로서의 위치를 확고히 했다.[7]

2) 경성고등공업학교의 학제와 운영

경성공전은 매년 3월에 관보와 신문에 학생 모집광고를 하고 4월 초순 입학 수속을 마친 응시자를 대상으로 입학시험을 치렀다. 입시과목은 국어(일본어) 및 한문, 수학(산술, 기하, 대수), 물리 및 화학, 도화(자재화, 용기화)였다. 부속 공업전습소의 입학시험과목은 국어, 산술, 도화(연필화)였다.[8] 입학 자격은 16세 이상으로 고등보통학교 졸업 이상의 학력을 가진 자(일본인은 17세 이상의 중학교 졸업자)로서 입학시험을 통해 선발되었으며, 부속 공업전습소의 경우는 14세 이상의 4년제 보통학교 졸업 이상의 학력을 가진 자(일본인은 14세 이상의 심상소학교 졸업자)로 제한되었다.

일제강점기 한반도에서 고등교육을 받을 수 있는 계층은 대부분 일본인 자녀로 한인의 교육 기회는 제한되어 있었다. '경성공업전문학교일람' 1917년판에 의하면, 일인 비율은 전체의 3분의 1로 규정하고 있으나 실제로 이러한 규정은 지켜지지 않았다.[9] 건축학과도 예외가 아니어서 학생과 교수는 일본인이 대다수였다. 수학 연수는 총 3년이고, 학사 일정은 한 학년을 3학기로 나누어 총 9학기로 편성[10]되었다. 4월 초에 입학시험을 치르고 성적은 학기 말과 학년 말에 치르는 시험으로 평가했으며, 학년 평균의 합격자에 한해 진급을 시켰다. 3학년은 마지막에 실기와 필기 시험을 치르고 졸업논문을 통과하면 공학사 학위를 수여했다.[11] 또한 선과생(選科生) 제도[12]와 특과생(特科生) 제도[13]를 두었는데, 경성공전에 입학했다가 3·1만세운동 참여로 퇴학당했던 건축가 박동진은 특과생 규정에 의해 재입학이 이루어진 것으로 보인다.

3) 일본 내 건축학과 설치 현황과 경성고공의 위상

〈표 7-1〉대학·전문학교 건축학과 창립 시기 및 입학자 수

창립 시 명칭	현재	창립	입학자 수	비고
工部大學校	東京大學	1877년(明治 10)	4명	
東京美術學校(圖案科)	東京藝大	1889년(明治 22)		1923년(다이쇼 12) 건축과 독립
名古屋高工	名古屋工業大學	1905년(明治 38)	20명	수업 개시
東京高工	東京工大	1907년(明治 40)		승격, 수업 개시
早稻田大學	早稻田大學	1910년(明治 43)	22명	승격, 수업 개시
京都帝大	京都大學	1920년(大正 9)	14명	
日大高等工學校	日本大學	1920년(大正 9)	60명	1928(쇼와 3) 공학부가 됨
東京高等工藝學校	千葉大學	1921년(大正 10)		
神戸高工	神戸大學	1922년(大正 11)	31명	졸업자 수, 수업 개시
福井高工	福井大學	1924년(大正 13)	35명	
横浜高工	横浜國立大學	1925년(大正 14)	37명	수업 개시
仙台高工	東北大學	1930년(昭和 5)	40명	
熊本高工	熊本大學	1942년(昭和 17)	40명	수업 개시

(출전: "대학·전문학교 건축학과 창립 시기와 입학자 수", 日本建築學會,
『近代日本建築學發達史』, 丸善 (1972), 1942쪽)
* 음영 부분은 경성공전 설립 이전에 일본에 건축과가 설치된 대학임

〈표 7-1〉에서 보는 것처럼 경성공전에 건축학과가 설치된 1916년 이전에 일본에 건축학과가 설치된 곳은 공부대학교(工部大學校, 도쿄대학의 전신)와 와세다대학(早稻田大學) 등 대학 2곳, 고등공업학교로는 나고야고공(名古屋高工)과 도쿄고공 2곳과 도쿄미술대학교(東京美術學校)의 도안과(圖案科)에서 건축 강의가 이루어진 정도였다. 그리고 경성공전이 제2차 교육령에 의해 고등공업학교의 편제로 바뀐 1922년에 일본 내 건축과가 설치된 곳은 대학과 고공을 포함해서 모두 9곳이었다. 이러한 일본 내 건축학과 설치 현황과 일찍이 식민통치가 시작된 대만의 대남고등공업학교(台南高等工業學校)에 건축과가 설치되지 않았다는 사실은 1916년 경성고공에

설치된 건축학과의 위상이 일본과 일본의 식민지 안에서 낮은 것이 아니었음을 의미한다. 학생 수에서도 1916년의 입학생 5명, 1917년의 입학생 11명은 당시 한반도의 상황으로 보아 적지 않은 숫자였음을 알 수 있다. 일본 고등공업학교 설립 목적은 근대과학을 학문적으로 수용하기 위한 대학교육과는 달리 산업기술자 양성을 위한 전문교육이다.

제1차 세계대전을 겪으면서 일본에서는 1920년대 고등공업학교에 선과와 강습부를 두어 일반 학습자를 늘리고 연구생 제도를 활성화해 시설과 연구비를 확충했다. 한반도에서도 1917년 경성공전의 초창기 전문학교 시절에는 선과생 제도가 시행되지 않았으나, 경성고공으로 체제가 재편되면서 1930년의 '경성고등공업학교일람'에 연구생과 선과생 제도[14] 실시에 대한 규정이 나타나고 있다. 일본 교육체제의 변화가 조선의 경성고공에도 적용된 것이다.

도쿄고공의 경우 설립 시 건축과가 없었으며,[15] 나고야고공에는 1906년에, 고베고공 및 구마모토고공에는 1917년에 건축과가 설립되었고, 일찍이 식민통치가 시작된 대만의 대만총독부 대남고공(1931년 설립)에도 건축과가 없었다는 사실은[16] 일제시기에 경성고공의 위치가 식민지배를 위한 하급 기술자를 양성하기 위해 의도적으로 기술교육을 실시한 교육기관으로 세워졌다기보다는 일본의 기술중심 교육의 틀이 식민지에도 적용된 결과였다고 할 수 있다.

2. 경성공업전문학교와 경성고등공업학교의 교수진

초창기 경성공전의 교수진은 도쿄고공 출신을 중심으로 한 5인으로 구성되었으며, 고공교육 강화와 함께 1921년을 전후해 교수진의 전면 교체가 이루어지면서 도쿄제국대학(이하 동경제대) 출신의 교수진으로 재편되었다. 경성공전 설립 당시 5명의 교수진[17]은 학생 수와 초기 설립임을 감안하면 상당히 충실한 교수진이었으며 관립학교 출신으로만 구성되었다. 경성고공 출신 가운데 모교에 교수로 재직한 졸업생은 이균상과 모리츠 테츠오(守津哲夫) 2명이었다. 주목할 부분은 1920년을 전후해 이루어진 교수진의 전면 개편이다. 이 시기의 교수진 교체는 중요한 의미를 갖는다.

일본은 '공업교육쇄신(工業敎育刷新)'을 행하면서 고등교육체제를 확립하고 이를 조선에도 적용했다. 이에 따라 앞에서 밝힌 것처럼 '제2차 조선교육령'에서 언급한 "일본과 동일한 학제와 교육 내용의 실시"를 공포하였다. 교수진 교체에서 주목할 만한 사실은 고공 출신인 도쿠코 요이치(德久與市)가 경성공전 교수에서 한 단계 낮은 경성공업학교의 선생으로 재직하게 된다는 사실과 제2차 조선교육령 개정 이후 전임교수로 부임한 후지시마 가이지로(藤島亥治郎), 노무라 타카후미(野村孝文), 가사이 시게오(葛西重男) 모두 도쿄제대 출신이었고 시간강사는 대부분 총독부에 근무하고 있던 도쿄제대 출신 기사라는 사실이다. 이는 경성고공의 건축교육이 공학 위주로 재편되면서 질과 양적으로 강화되었음을 보여준다.

박길룡과 함께 최초의 서양 건축교육을 받은 박동진의 경성고공 재학 당시 교수진을 살펴보면, 1917~1918년에는 도쿄고공 출신의 교수진으로부터 교육을 받았으며, 1924~1925년에는 도쿄제대 출신의 교수진으로부터 교육을 받았다.[18] 경성고공의 후반기 교육은 공학 위주의 교육이 강화되던 시기이나 여전히 다쓰노 긴고(辰野金吾)의 영향으로 예술로서의 건축교육을 받은 교수진에 의해 교육이 이루어졌다.

〈표 7-2〉 경성공전과 경성고공 교수진

구분	이름	출신학교	졸업연도	재임기간	담당과목	참고사항
전임교수	曾根田又雄	東京高工	明39	1917-1920	建築用材料, 家屋構造 및 實習	• 건축과장, 동경부 출신, 교수 7등 7급, 종7
	中村經太郎			1917-1920	圖畵, 圖案, 模型	• 중앙시험소 기수, 동경부 출신, 조교수, 3 • 직위가 기수인 것으로 미루어 대학 출신이 아닐 수 있음
	德久與市	東京高工	明35	1917-1922	家屋構造, 木工材料, 工具使用法 製圖, 造家, 實習	• 산구현 출신, 조교수, 5 • 1926년 경성공업 교유 1935년까지
	佐佐木章夫	東京高工	1911	1917-1921	建築史, 數學, 建築製圖 및 實習	• 광도현, 조교수, 6
	中島健吉			1917-1921	測量, 應用力學, 材料試驗, 設計製圖 및 實習	• 장기현, 조교수, 6
	小河弘道	東京高工	1907	1920-1931 1921	力學, 鐵筋, 構造, 工場建築, 家屋構造	• 소화 15년: 연희전문 교수/ 건축공학, 역학, 제도 • 소화 10-17년, 강사/공장 건축, 가옥구조
	山形靜智	京都高等工藝學校	1921	1921-1941 1922-1939	建築計劃, 建築史	• 총독부중앙시험소 기사 겸임, 경성공업학교 교유 • 소화 17년 명단에서 누락
	藤島亥治郎	東京帝大	1923	1923-1929	建築史	• 총독부 기사 겸임, 귀국 후 동경제대 교수
	野村孝文	東京帝大	1929	1929-1945 -1942	建築計劃, 應用力學 및 構造强弱 建築史, 建築裝飾法 製圖 및 實習	• 藤島亥治郎의 후임자로 건축사와 계획 방면에 관심 • 조선의 주택에 대하여(1932.9-33.3)·전등조명과 건축에 대하여(1933.1-4)·조선궁실의온돌에 대하여(1940.3) 등 • 해방 후 九大 교수
	李均相	京城高工	1925	1929-1945	建築材料, 建築附帶設備, 建築構造, 製圖 및 實習	• 공학사 표기 없음. 월 70/1928
	守津哲夫	京城高工	1925	1926-1929		• 경성공업학교 교사, 월 60/1926, 7/1928:조교수 • 1929년 이후는 경성공업학교 교유로 재직

전 임 교 수	葛西重男	東京帝大	1927	1930– 1933–1942	建築構造	• 부임 초에는 건축제도를 담당하였 다가 후에는 건축 재료, 일반구조, 건 축부대설비를 가르쳤다. • 해방 후 廣島大 교수
강 사 진	岩槻善之	東京帝大	1921		建築施工, 建築計 劃	• 조선총독부 기사
	土井軍治	東京美術		1923	設計	• 월 수당 158/1923,4년: 교원촉탁
	杉山信三	京都高工	1929		建築史	• 총독부 학무국 사회교육과
	吉川清一	東京帝大	1927		施工法	• 소화 17년, 소화 14년 기록 무 • 청수조 경성지점
	加納辰夫				自在畵	
	元吉勇太 郎	東京帝大	1935			• 총무국 방근과
	中島猛矢	東京帝大	1911	1930	建築計劃, 施工法, 家屋構造, 工場建築, 衛生工 學, 製圖및實習	• 총독부 건축과/ 1930년 경성고공 일람
	今津重藏	東京帝大	1931		建築法令	• 조선총독부 기사, 공학사, 소화 14/17년
	沖良武				助手	• 소화 8년–소화 17년, 실습보조
	鳥井捨藏	東京帝大	1928		建築法令	• 경무국 방위과 경찰/ 소화 14년
	萩原孝一	東京帝大	1921			• 총독부 기사?/ 경성부 건축 기사 소화 11년

(출전: 『京城高等工業學校一覽』; 『朝鮮總督府及び所屬官署職員錄』, 1926年刊–1938年刊; 윤인석, 『韓國
における近代建築の受容及び發展過程に關する研究: 日本との關係を中心として』([京大學博士學位論文,
1991], 100–101쪽, 표 7–1, 7–2 참조.)

3. 경성고등공업학교의 건축교과과정

한국 근대건축에 관한 연구가 축적되면서 우리의 건축교육시스템이 언제
어떻게 구축되었는가에 대해서는 어느 정도 밝혀졌지만 최초의 근대적
건축교육기관인 경성공업전문학교(후에 경성고등공업학교로 개편, 이하 경성
고공)의 건축교육 내용에 대해서는 원로 건축가의 구두 증언만 부분적으

로 있었을 뿐 실제적인 내용에 대해서는 밝혀진 바가 없었다. 원로 건축가 중 장기인(1916-2006)이 소장한 자료를 바탕으로, "일제하 경성고등공업학교와 건축교육"(1998) 연구를 통해 밝혀졌다.

장기인이 경성고공에서 수학했던 1935년 4월에서 1938년 3월 사이에 이루어졌던 설계교육 내용을 정리하면 다음 〈표 7-3〉과 같다.

〈표 7-3〉 경성고공 설계과제 일람, 1935.4~1938.3

학년	과제명	과제기간	비고
1학년	과제1: 레터링 과제2: 5주범 그리기 과제3: 도면그리기 — 경상남도 도지사 관사 과제5: 일본 고건축 목구조 상세 그리기 과제6: 중류 주택 그리기		일반 학사일정 4. 1.: 1학기 개강/ 봄방학 4. 11.: 1학기 수업 시작 7. 16.: 여름방학 8. 31.: 1학기 종강 9. 1.: 2학기 개강 9. 5.: 여름방학 종료 9. 6.: 2학기 수업 시작 10.: 공업전람회 개최 12. 25.: 2학기 수업 종료 12. 31.: 2학기 종료 1. 1.: 3학기 시작 1. 7.: 겨울방학 종료 1. 8.: 3학기 수업 시작 3. 31.: 3학기 종료
2학년	과제1: 상점건축1 과제2: 수영장 과제3: 상점건축2 과제4: 독신자 아파트먼트 하우스 과제5: ? 과제6: 은행설계 과제7: 사설병원 과제8: ? 과제9: ?	1936. 1936. 5.19~6.20 1936. 6.21~7. 6 1936. 9. 7~9.30 ? 1936.10.14.~11.14 1936.11.17.~12.15 ? ?	
3학년	과제1: 영화관 과제2: 전문학교 학생회관 과제3: 도서관 과제4: 시가지 호텔 과제5: ? 과제6: 중학교 과제7: 정거장 중간역 과제8: ?	1937. 4.14~5.10 ? 1937. 6. 8~7.6 1937. 9. 7~10.16 ? 1927.11. 8~? ? ?	

* '?'는 학사일정상 과제는 수행되었으나 그 내용을 알 수 없는 경우이다.

1학년 때 기본적인 글씨 쓰기와 도면 그리기 훈련으로 시작해서 2학년부터 각종 유형의 건축을 다양하게 경험할 수 있도록 진행되었다.

2학년의 수영장 설계과제의 경우 요구되는 성과품은 "각층 평면도 S: 1/100 또는 1/200, 입면도 2장 S: 1/100 또는 1/200, 단면도 2장 S: 1/100

또는 1/200, 상세도 1장 S: 1/100 또는 1/200"이며, 설계를 위한 대지 조건과 규모 이외에 설비에 대한 조건도 함께 제시되었다. 설계를 돕기 위한 각종 자료도 함께 제공되었는데, 외국의 사례를 '청사진'으로 제공한 점이 이채롭다.

설계교육 시간은 1학년의 경우 '도화(圖畵) 7시간과 건축제도 및 실습 7시간'이었고, 2학년은 '건축제도 및 실습'이 17시간, 그리고 3학년의 경우 24시간이 배정되어 매일 2시간 남짓의 건축설계 및 실습이 이루어졌다. 학년별 총 시수가 36~39시간이었던 점을 감안하면, 설계교육이 매우 비중 있게 진행되었음을 알 수 있다.

전 과제에 걸쳐 공히 '척도 1/20의 상세도'와 구조와 설비에 대한 요구가 있었는데, 이는 건축교육이 실무에서 요구되는 실질적인 건축 지식을 구비한 중견 기술자의 양성에 목표를 둔 전문학교 설립 취지에 충실했음을 보여주며, 건축 재료 등의 수업에서는 현업에서도 활용되는 목재와 석재에 관한 각종 실험 자료들도 함께 제공되었다.

일제강점기 경성고공의 건축교육, 특히 설계교육의 교과과정을 복원하면서 놀랐던 것은 당시 교육 내용이 필자가 건축교육을 받았던 1980년대와 비교하면 교육과정은 비슷했지만, 그 교육의 강도는 매우 높았음을 확인할 수 있었다. 설계교육의 진행과 수행된 과제는 필자가 받은 교육과 유사했지만, 학기당 평균 3개의 과제(과제 수행기간: 평균 3~4주)와 요구되는 성과품의 내용 그리고 설계교육에 할당된 시수를 보면 오늘의 건축교육에 비해 훨씬 강도 높게 진행되었음을 알 수 있다. 이러한 설계교육의 강도는 "경성고공을 졸업한 젊은 건축인의 놀랄 만한 성과[19]들이 어떻게 가능했을까?" 하는 의문을 풀어주는 단초가 된다.

건축에 입문한 학생들을 위한 첫 과제가 '레터링과 도면 그리기'인 것은 1980년대와 변함이 없었으나, '5주범 그리기' 과제가 수행된 점은 이

〈그림 7-2〉 장기인 설계수업 자료 _레터링 과제.

〈그림 7-3〉 장기인 설계수업 자료 _5주범 그리기 과제.

〈그림 7-4〉 장기인 수영장 설계과제 개요.

〈그림 7-5〉 수영장 설계과제용 배포 자료.

채롭다. 오늘날 우리나라에서 거의 실시하지 않는 고전양식 디테일 그리기 훈련은 1919년 바우하우스가 설립되고 모더니즘 분위기가 널리 확산되어 있던 1930년대에도 에콜 데 보자르식 건축교육의 영향이 교육 현장에서는 강하게 남아 있었음을 보여준다. 이러한 현상은 당시 교육을 담당했던 교수진의 건축교육이 1920년대 중반 이전에 이루어져 그들이 역사주의 양식 건축에 기초한 교육을 받았던 점에 기인한다고 할 수 있을 것이다.

당시의 건축설계교육 내용이 1990년대 설계교육과 매우 유사한 것은 해방 후 실무와 교육에 종사했던 선배 건축인들의 세대교체 주기를 살펴보면 그 의문이 풀린다. 일제강점기에 건축교육을 받고 해방 후 건축교육을 담당했던 대표적인 건축인으로 이균상 교수(경성고공과 서울대 교수 역임)는 70년대 중반까지, 김희춘 교수(서울대 교수 역임)는 1981년에 정년퇴임했으며, 해방 직전 한국과 일본에서 건축교육을 받았던 김정수(연세대), 윤장섭(서울대), 이광노(서울대), 박학재(한양대), 정인국(홍익대) 교수 등이 교직에서 퇴임하는 시점이 1980년대라는 사실을 감안한다면, 해방 후 그들이 단기간의 미국 연수 등을 다녀오기는 했지만 열악한 경제 현실에서 그들이 의존했던 건축교육의 하부구조가 일제강점기의 것을 상당 부분 답습할 수밖에 없는 현실이 존재했음을 알 수 있다. 그들로부터 교육을 받은 건축인들이 1980년대까지 한국 건축계를 이끌고 있었다. 해방 후 많은 세월이 흐른 것 같지만, 건축교육에서는 1980년대가 첫 세대교체를 끝낸 시점이어서 건축교육계의 세대교체가 건축실무계보다 더디게 진행되었으며 교육담당자들의 근본적 변화없이는 새로운 교육시스템이 정착하는데 많은 시간이 요구됨을 알 수 있다.

4. 한인 건축가

1910년 대한제국이 일본에 강제병합되고 식민지기 교육체계가 재편되었지만, 서양식 건축교육을 담당할 고등건축교육기관이 바로 설립되지 않았고, 대한제국기에 상공업 진흥책의 일환으로 공업전습소에서 건축교육이 실시되었지만, 당시 공업전습소 조가학과에서 실시된 건축교육은 건축가를 양성하는 학교가 아닌 건축 기능공을 양성하는 학교에 가까웠다. 따라서 경성고공에서 서양식 고등건축교육을 받은 첫 졸업생이 사회에 진출한 것은 1919년이었다.

〈그림 7-6〉 동일은행 남대문지점, 박길룡 설계. (안 창모 소장 슬라이드)

〈그림 7-7〉 김천고등학교 본관과 과학관, 1932년. (안창 모 사진)

1) 박길룡(1898–1943)

1916년에 공포된 전문학교령에 따라 3년제 경성공업전문학교가 설치된 이후 1919년 3월 말에 첫 졸업생이 배출되었다. 경성공업전문학교를 졸업한 박길룡은 조선총독부에서 기수로 근무하며, 신문 등에 주택 개량과 건축 계몽과 관련된 많은 글을 남겼다. 박길룡은 과학의 대중화와 계몽운동에 앞장선 '발명학회'의 중심인물이기도 했다. 1932년 총독부를 퇴사한 후 자신의 설계사무소를 개설하면서, 박길룡은 관훈동 197-8번지 자신의 사무실에 조선가옥건축연구회를 함께 설치[20]하고 조선 건축 개량을 위한 연구를 실천으로 옮겼다. 1933년에는 『재래식(在來式) 주가개선(住家改善)에 대(對)하여』 제1편을 발행했다. 1932년 6월 10일자 《동아일보》에 광고한 설계사무실 개소 광고에는 자신이 설계한 공사비 1만 원 이상의 공사 목록[21]을 실었다. 광고에서 박길룡은 경성제국대학 본관을 비롯한 경성제국대학 의학부 본관 등 대부분 건물의 설계에 관여했을 뿐 아니라 각종 관립전문학교 설계에도 참여했고, 1929년 조선박람회 산업남북관을 비롯한 각종 전시관과 교토박람회 조선관도 설계했다.

『조선과건축(朝鮮と建築)』 잡지를 발행한 조선건축회의 이사를 맡기도 했던 박길룡은 전시체제에서 조선의 전통가옥을 개량하는 방안에 대한

연구를 진행하며 그 성과를 잡지에 게재하기도 했고, 월간 건축 잡지인 『건축조선』을 창간하기도 했다.

　박길룡은 조선건축회의 이사, 경기건축대서사조합장, 조선기사협회 이사장을 역임했으며, 조선주택영단에도 참여했다. 박길룡은 전시체제에서 국민총력조선연맹 문화부위원을 지냈으며, 조선주택영단과 조선농지영단에도 참여했다. 조선주택영단 참여는 건축계의 고참이자 전시체제 주택문제 해결에서 한국인의 주거생활에 대한 연구가 있었기 때문이다. 박길룡의 대표작은 1937년에 준공된 화신백화점과 1939년에 준공된 보화각(현 간송미술관)이다.

- ● 화신백화점

화신백화점은 한인 자본가인 박흥식이 경영한 백화점으로 전국적인 지점망을 가진 근대 상업 건축이다. 1937년 박길룡의 설계로 지어졌다. 지하 1층, 지상 6층의 철근콘크리트조 건물로 저층부와 중간층 그리고 상층부로 구성된 외관에 시카고파 건축의 역사주의 양식 건축의 요소가 특징인 건축이다. 내부에는 최초로 에스컬레이터가 설치되었으며, 옥상에는 갤러리와 휴식시설이 마련되었다. 본 건물은 매장, 식당, 갤러리와 극장 등 다기능을 갖춘 복합시설로 북촌에 위치한 한인 상권의 상징적인 건축이었다. (그림 6-84 참조)

- ● 보화각

전형필이 세운 최초의 사립박물관이다. 장방형의 매스와 원통형 매스가 결합된 모더니즘 건축으로 1939년에 지어졌다. 외벽은 조적조 내력벽체이고 슬래브는 철근콘크리트가 결합된 복합 구조다. 외벽의 창호가 세로로 긴 창호로 구성된 것은 벽돌조 내력벽식구조를 보여주는 디자인이며, 돌

〈그림 7-8〉 보화각 준공 직후. (간송미술관 소장)

〈그림 7-9〉 공사 중인 보화각. (간송미술관 소장)

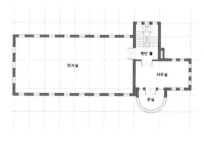

〈그림 7-10〉 보화각 2층 평면도. (출처: 간송미술관)

〈그림 7-11〉 보화각 정면. (안창모 사진)

출된 반원형 매스의 수평창호는 철근콘크리트조 캔틸레버의 구조적 속성이 디자인에 반영된 결과다. 외부로 돌출된 원통형 매스는 온실로 지어졌으며 현재는 응접실로 사용되고 있다.

• 경운동 민병옥 가옥

중복도를 가진 '공(工)'자형 평면의 한옥 2채가 같은 모습으로 나란히 지어졌다. 중복도를 이용한 전통건축의 기능성 향상과 부엌과 화장실의 실내 배치를 통해 전통주택 건축의 기능 개선에 대한 대안을 제시한 건축이다. 서양 건축교육을 받은 건축가에 의한 근대 한옥으로 전통적인 마당과 채로 구성된 특징을 유지하고 있는 북촌의 도시한옥과 공간구성과 마당의 구성에서 차이가 있다.

　박길룡은 식민지에서 서양식 건축교육을 받은 첫 한인 건축가였지만, 그가 받은 건축교육은 바우하우스로 상징되는 근대건축교육은 아니었다. 박길룡이 받은 건축교육은 역사주의 건축양식에 기초한 건축교육이다. 총독부에서 박길룡이 참여했던 조선총독부청사와 경성제국대학 본관 등 역시 역사주의 건축양식으로 지어진 건축이었다. 그의 건축에서 모더니즘보다는 역사주의 양식 건축의 모습이 많이 나타나는 이유다. 대표적인 건축이 화신백화점이다. 박길룡은 서양의 역사주의 건축양식의 건축교육을 받았지만, 그가 자신의 사무실을 개설하고 작품 활동을 하던 시절에는 모더니즘 건축이 꽃을 피우던 시기였다. 1930년대 한청빌딩과 이문당 그리고 보화각에서 나타나는 모더니즘적 경향은 졸업 후 실무 과정에서 터득한 솜씨였다고 할 수 있다.

　1919년에 경성공업고등학교를 졸업한 박길룡은 건축가로서의 활동 외에 발명학회의 이사로 활동하며 『과학조선』 발행에 참여했고, 《동아일보》와 《조선일보》에 주택 개량에 관한 많은 글을 기고했으며, 전통주택을 조사 연구하고 주택 개량에 대해 다양한 대안을 제시했다.

　그러나 박길룡이 자신의 글에서 밝힌 주택 개량은 서양의 근대 건축가들이 사회적 화두로 삼았던 산업혁명 이후 도시 환경과 노동자 삶의 개선을 위한 해법 제시와는 크게 달랐다. 박길룡의 해법은 서양의 건축가처럼 위생의 문제를 다루었지만 도시적 차원이 아닌 재래식 화장실의 문제에 국한되었고, 주택 부족의 문제보다는 전통주택의 기능을 개선하는 데 초점이 맞춰져 있었다. 이는 산업혁명 없이 근대사회로 진입한 한반도의 시대적 상황이 반영된 결과라고 할 수 있다.

2) 박동진(1899-1981)

1933년 《동아일보》에 "근대(近代)꼬틱식(式)의 석조(石造) 6층 건물(六階建)"이라는 제목을 달고 보성전문학교 교사 설계도가 실렸다. 건축가는 총독부에 근무하고 있던 박동진이었다. 보성전문학교 본관은 박동진이 건축가로서 세상에 이름을 드러낸 첫 프로젝트였다. 그는 석조건축의 대가로 알려졌지만, 그의 건축적 사고의 배경에는 모더니즘이 자리하고 있다.

박동진은 3·1만세운동으로 인해 두 번에 걸쳐 학교를 다녔다. 3·1운동 전에 다니던 경성공업전문학교는 역사주의 건축에 기초한 건축교육을 시켰지만, 1924년에 재입학한 경성고등공업학교는 1919년에 출범한 바우하우스의 영향을 받은 건축교육을 실시했다. 박동진은 비록 박길룡과 1년 차이였지만 3·1운동으로 인해 박길룡과는 달리 모더니즘 건축의 세례를 받았다.

박동진의 건축적 사고와 박길룡의 건축적 사고는 전통건축에 대한 입장에서 선명하게 갈렸다. 박길룡과 박동진은 모두 우리 전통건축의 문제점에 대해서는 인식을 함께했지만 제시한 해법은 전혀 달랐다. 박길룡은 부엌과 화장실을 중심으로 위생적인 측면에서 개량을 주장하며 주택 개량을 위한 현실적인 대안을 『재래식 주가 개선에 대하여』를 통해 주장하고, 방송과 강연을 통해서 계몽 활동을 펼쳤다. 그러나 박동진은 우리 주택의 문제를 전통적인 사회의 구조적인 문제로 파악하고 이의 해결을 위해 서양의 모더니즘 건축과 러시아 구성주의 건축을 예로 들며 매우 강한 개혁의 필요성을 제기했다. 박동진이 "재래주택 개혁론"에서 온돌을 폐지하자고 주장한 것이 대표적인 예라고 할 수 있다.

평북 정주 오산학교를 졸업하고 1917년 경성공업전문학교에 입학한 박동진은 1919년 3·1만세운동에 참여한 후 옥고를 치렀다. 학교를 그만둔 박동진은 만주와 시베리아를 전전하다가 경성고등공업학교에 재입학해

1926년 졸업했다. 졸업 후 총독부에 근무했으며, 총독부 근무 중에 보성전문학교 본관과 도서관을 설계했다. 1938년에 총독부를 그만두고 태평건물주식회사를 경영하면서 설계와 시공을 겸했다. 해방 후 김성수와의 인연이 이어지면서 1960년대까지 고려대학교 캠퍼스 내 대부분의 건물을 설계했다.

- **고려대학교 본관(1933)과 도서관(구 보성전문학교 본관과 도서관)**

김성수가 보성전문학교를 인수한 후 안암동으로 캠퍼스를 옮기면서 강의동 겸 강당으로 지은 석조건축 본관과 석조 도서관이다. 중앙의 주출입구를 중심으로 좌우 대칭으로 건축되었으며, 고딕건축양식으로 지어졌

〈그림 7-12〉 고려대학교 본관. (출처: 문화재청, 『고려대학교 중앙도서관 정밀실측조사보고서』 [2002])

〈그림 7-13〉 고려대학교 도서관. (출처: 문화재청, 『고려대학교 중앙도서관 정밀실측조사보고서』 [2002])

〈그림 7-14〉 이화여자대학교 음악관 애슐라쌓기. (안창모 사진)

〈그림 7-15〉 고려대학교 돌쌓기. (안창모 사진)

다. 동시대 고딕양식의 학교 건축과 구별되는 것은 보성전문의 석조건축 벽체는 서양 고딕건축의 애슐라쌓기와 달리 전통건축의 창호 문양을 응용한 완자창호 패턴을 가지고 있는 점이다. 조선총독부에 의해 건축된 학교 건축이 르네상스풍의 모더니즘 건축인 데 반해 보성전문학교 본관을 비롯한 동시대의 연희전문학교와 이화여자전문학교의 건물들이 고딕건축으로 지어진 것은 고딕건축에 기반한 서양의 대학교 건축의 영향이다.

• 조선일보 사옥

세종로변에 지하 1층, 지상 4층 규모로 들어선 조선일보 사옥은 기단부에 해당하는 저층부는 석재로 마감되고 상부는 타일로 마감된 모더니즘풍의 사무소 건축이다. 도로에 면해 사무소 건물이 배치되고, 배면에는 공장동이 배치되었다.

지하층에는 기계실과 직원식당이 있고, 1층과 2층에는 사무실이, 3층과 4층에는 1,300명을 수용할 수 있는 대강당이 있다. 대강당은 2개 층으로 구성되었으며, 강당 후면에는 300명을 수용할 수 있는 발코니가 설치되었다. 3층과 4층에 강당이 배치되었음에도 불구하고 강당의 존재가 외관 디자인에 반영되지 않은 것은 태평로라는 중심가로에 면한 경관을

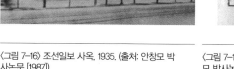

〈그림 7-16〉 조선일보 사옥, 1935. (출처: 안창모 박사논문 [1987])

〈그림 7-17〉 조선일보 사옥과 대강당 평면. (출처: 안창모 박사논문 [1987])

고려한 때문으로 판단된다.

박동진은 박길룡과 마찬가지로 '우리주택의 문제점'의 근본 원인과 해법을 제시하는 의견을 신문과 잡지를 통해 활발하게 제시했다.《동아일보》에 16차례 게재한 "우리주택에 대하여"에서 우리 건축의 문제로 '비기능성', '비경제성', '비내구성'을 꼽으며, 우리 건축의 문제를 해결하기 위해 이 땅에서 풍부하게 산출되는 화강석을 사용할 것을 제안하고 실천에 옮겼다.

3) 일제강점기 한인 건축가

1916년 박길룡을 비롯한 세 명의 한국인이 건축학과에 입학했고 다음 해에는 박동진이 입학했지만, 일제강점기 한인 건축가의 배출은 매우 더뎠다. 세 명의 입학생 가운데 박길룡만 건축가로서의 삶을 살았고, 다음 해 입학한 박동진은 3·1만세운동 참여로 1926년이 돼서야 비로소 졸업할 수 있었다. 한반도에서 유일한 고등건축교육기관이었던 경성고등공업학교에는 꾸준하게 한인 입학생과 졸업생이 있었지만, 한인 건축계를 형성하기에는 수가 매우 적었다. 1930년대 들어 건축계가 활기를 띠었다. 1931년 만주사변을 계기로 일본의 대륙 침략을 본격화하면서 일본의 식민지정책에 변화가 생겼고, 전통적으로 토지자본에 기반을 둔 한인 자본의 상업자본화와 산업자본화의 걸림돌이었던 조선회사령이 폐지되면서 한인 자본의 성장이 두드러졌고, 한인 자본의 성장은 한인 건축가의 활동에 큰 힘이 되었기 때문이다.

1930년대 들어 김해경[22]을 비롯해, 박인준 등이 활동을 시작했고, 일본에서 수학하고 윌리엄 보리스 설계사무실에서 실무 경력을 쌓은 강윤 등이 귀국하면서 1930년 후반 한인 건축계가 활기를 띠었다. 그러나 1937

년 중일전쟁 이후 전시체제가 심화되면서 건축과를 졸업한 한인의 수는 증가했지만, 건축 통제가 심해지면서 건축 현장에서의 활동은 멈추고 총력동원체제에서 젊은 건축인들은 군수산업체에 근무하거나 군수산업에 종사할 기술자를 양성하는 중등교육기관의 교원으로 근무하면서 징용을 피할 수 있었다. 일제강점 말에 요코하마고공에서 수학한 김중업의 경우 조선비행기주식회사에 근무하면서 징용을 피했다.

• 이훈우

나고야고등공업학교 건축과에서 1908년 4월에서 1911년 3월 사이에 수학했다. 졸업 후 조선총독부에 근무했으며 1920년 퇴직 후 이훈우건축공무소를 개설했다.[23] 이훈우는 1926년에 준공된 조선총독부청사 신축에도 참여했다. 1924년 동학의 창시자인 최제우 탄생 100주년을 기념하는 기념관이 이훈우의 설계로 지어졌다. 1924년 6월에 착공된 기념관이 같은 해 10월

〈그림 7–18〉 대신사 출세 백년기념관. (출처: 《동아일보》 1924년 10월 25일)

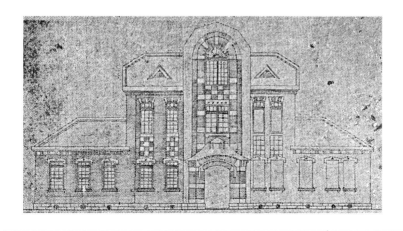

〈그림 7–19〉 서울민립병원, 이훈우 설계. (《매일신보》 1921년 10월 1일자에 실린 민립서울병원 입면도)

28일 완공되었는데 조적조건축이었다.[24] 이훈우가 설계한 민립서울병원 도면이 신문을 통해 알려졌다. 주목할 것은 서울병원의 중앙부다. 현관의 의장과 아치 디자인은 아르데코 또는 표현주의 건축의 의장적 특징을 갖고 있다. 1930년에는 조선일보의 평양지국을 설계했다. 철근콘크리트조와 벽돌조의 혼합구조로 된 2층 건물이며. 대륭조(大隆組)에 의해 시공된 사무소 건축이다.

• 박인준(1892–1974)

평양 숭실중학교와 연희전문학교 수물과(數物科) 졸업 후 중국에서 독립운동을 하다 미국으로 건너가 루이스공과대학에서 기계공학을 전공하고 미네소타대학에서 건축학과를 졸업했다. 미국에서 공학사를 받은 첫 한국인이다. 귀국 후 연희전문학교 교수가 되었으며, 1933년부터 박인준건축설계사무소를 운영했다. 가회동의 윤치왕 주택(1936), 김성준 주택(현 이준구 주택, 서울시 문화재자료 2호)(1938)과 북아현동의 조준호 주택을 설계했다. 김성준 주택은 가회동 북쪽, 북촌을 굽어보는 곳에 지어졌다. 튜더식 아치로 디자인된 현관과 베이윈도우를 갖춘 석조주택이다.

〈그림 7-20〉 이준구 주택과 도면. (출처: 문화재청)

〈그림 7-21〉 이준구 주택 사진. (안창모 사진)

• 강윤(1899–1975)

미션계 교육기관인 공주영명학교에서 수학한 후 일본의 간사이공학전수
학교(関西工学専修学校)에서 건축을 공부했다. 졸업 후 강윤은 일본에서 선
교사로 근무하다 건축가로 활동한 윌리엄 보리스(William M. Vories)[25] 설
계사무실에서 근무했다. 윌리엄 보리스는 한반도 내 기독교계 교육기관
과 많은 교회를 설계했는데, 강윤은 보리스건축사무소 경성출장소에서
활동했다. 윌리엄 보리스가 설계한 이화여자대학교의 파이퍼홀과 음악관
및 토마스홀 등의 설계와 감리를 담당했다. 강윤이 설계한 대표적인 건
축으로 태화기독교사회관이 있다. 태화기독교사회관은 외벽체는 서양 건
축양식으로 디자인되었으나 지붕이 전통건축양식으로 디자인된 한양절
충식 건축이다. 2층에 위치한 예배공간은 하프팀버구법의 목구조로 구성
되었는데, 이는 윌리엄 보리스 설계사무실에서의 경험에 기초한 디자인
이다.

〈그림 7–22〉 태화기독교 사회관 전경.

〈그림 7–23〉 태화기독교 사회관 강당.

- 이균상(1903-1985)

경성고등보통학교를 졸업한 후 경성고등공업학교 건축학과를 졸업하고, 조선총독부에 근무했다. 1927년 경성고등공업학교 교수가 되어, 경성고공 건축과 첫 한인 건축학 교수이자 유일한 교수였다. 담당과목은 건축구조와 재료 등이었다.

- 기타 한인 건축가

일제강점기에 작품을 통해 건축가로서 뚜렷한 족적을 남긴 건축가는 박길룡과 박동진이지만, 손형순, 만철의 이천승(1910-1992), 철도국의 김윤기(1904-1979), 전남도청의 김순하(1901-1966), 구조설계의 김세연(?-1975), 건설업의 장기인(1916-2006), 빼어난 예술적 재능과 문학적 소양으로 근대문화의 상징적 존재가 된 김해경(이상, 1910-1937) 등 1920~30년대에 건축교육을 받은 건축인들의 다양한 분야에서의 활동은 해방 후 몇 안 되는 건축인들이 대한민국의 건축계를 새롭게 만들어야 하는 과제를 수행하는 근간이 되었다.

식민지배시스템 구축과 건축

1. 한국통감부청사(후 남산 총독부)

통감(統監)[26]의 근무처인 한국통감부가 1906년 2월 1일 설치되었다. 첫 통감인 이토 히로부미가 1906년 3월 2일 초량에서 출발, 당일 오후 4시 10분 남대문에 도착해 입성했으니 이토가 취임하기 한 달 전에 통감부가 설치된 셈이다. 이토가 부임하기 전까지 하세가와 요시미치(長谷川好道) 대장이 통감을 대신했다. 첫 통감부는 육조거리에 설치되었다. 1907년에 발행된 최신경성전도에서 통감부가 육조거리(현 세종대로) 동쪽에 위치한 학부의 북쪽에 위치했다. 현재 대한민국 역사박물관이 위치한 곳이다. 육조거리에서 구체적으로 어떤 건물을 사용했는지에 대해서는 알려진 바가 없지만, 기존 건물을 사용했을 것으로 추정된다. 통감부가 남산에 새청사를 짓고 이전한 것은 1907년 1월 25일이었다. 통감부는 남산의 일본국공사관 인근에 지어졌다. 1892년 임오군란 당시 인사동에 있던 일본국공사관이 소실된 이후 일본국공사관은 한국 정부가 제공한 남산 부지로

이전했다. 남산에 신축된 통감부청사는 전형적인 서양의 역사주의 건축
양식으로 지어졌다. 다만 전통적인 서양의 역사주의 건축양식과 달리 건
축의 주재료가 벽돌이나 석재가 아닌 목재였다. 식민지배의 건축이 서양
의 역사주의 건축양식으로 지어진 것은 일본이 자신들이 서양과 동일한
힘을 가진 존재임을 한국인들에게 과시함으로써 자신들이 한국을 지배
할 능력이 있음을 보여주기 위함이다. 다만 역사주의 건축에서 일반적으
로 사용되는 주재료인 벽돌이나 돌이 아닌 목재가 사용된 것은 일본의
기술과 예산의 한계가 있었기 때문이다.

　서울에는 서양의 역사주의 건축양식을 나무로 구현한 건축으로 동숭
동의 중앙시험소(1912-1914)가 유일하지만, 일찍이 서양 건축을 받아들였
던 일본에는 나무로 구현된 서양 역사주의 양식의 건축물이 많이 남아
있다. 그리고 이들 건물은 서양 건축교육을 받은 자에 의해 설계되기도
했지만, 많은 경우 전통 장인에 의해 건축되었다. 나무로 번안된 서양 건
축은 일본이 서양 건축을 받아들이는 과정에서 경제적으로 여유가 있으
나 서양 건축술이 부족하던 시절에 자신들이 익숙하게 다룰 수 있는 건
축 재료인 나무를 이용해 디자인하고 지은 것이다. 따라서 남산의 통감

〈그림 7-24〉 남산 총독부 전경. (안창모 소장 엽서)

〈그림 7-25〉 남산 총독부청사 증축. (출처: 국가기록원)

부는 서양 건축 학습기에 있던 일본이 자신들의 건축 생산시스템으로 변안한 서양 건축양식으로 을사늑약 후에 이 땅에 건축한 것이라고 할 수 있다.

• 식민지배의 심장부, 남산

통감부가 위치한 곳(중구 예장동 8)에는 이미 경성신사와 동본원사가 자리잡고 있었다. 경성신사는 서울에 거주하던 일본 거류민단이 1898년 10월 2일 일본의 이세신궁(伊勢神宮)에서 신체(神體)의 일부를 가져와 남산대신궁(南山大神宮)으로 지었는데, 통감부 바로 위에 있었다. 1890년에 경성포교소를 설립했던 동본원사는 통감부 건너편에 위치했다. 메이지유신 이후 일본의 국교로 자리잡은 신도의 사원인 신사와 일본 불교의 본산인 동본원사, 그리고 대한제국 지배를 위한 최고 지배 기관인 조선총독부가 함께 어우러진 남산의 북쪽 산록은 식민지배의 심장이었다고 할 수 있다.

〈그림 7-26〉은 경성신사의 전경 모습이다. 왼편의 길 건너에 동본원사의 모습과 명동성당이 보이고 경성신사 북서쪽에 통감부의 모습이 보인다. 통감부 주변에는 통감숙소와 통감부 관리를 위한 관사가 건축되었다. 조선시대에 통감부와 주변은 북사면의 경사지였던 탓에 변변한 주거지가

〈그림 7-26〉 경성신사 전경. (안창모 소장 엽서)

〈그림 7-27〉 동본원사. (안창모 소장 엽서)

형성되지 않았던 지역이어서 통감부와 부속시설과 지원시설 그리고 일본인의 주거지가 쉽게 자리잡을 수 있었다. 북사면에 위치한 통감부는 도성의 남쪽까지 조망할 수 있어 도성 전체를 조망하는 효과도 동시에 갖게 되었다. 통감부가 설치된 지 5년이 채 되지 않은 시점에 통감관저에서는 한국의 국권을 찬탈하는 사건이 벌어졌다.

1910년 8월 22일 이완용이 남산 통감관저에서 테라우치 마사다케(寺內正毅)와 자신의 명의로 병합조약을 체결했다. 1910년 8월 22일 오후 5시였다. 그리고 이러한 사실은 일주일 후인 8월 29일에 공식 발표되었다. 대한제국이 이 땅에서 사라지는 순간이었다. 병합에 대한 전권이 있던 이완용에 의해 병합조약이 체결되었다고 발표했지만, 나라를 내준 조서에 순종황제의 서명이 없어 불법이었음에도 불구하고 대한제국 정부의 주장은 무시되었다. 이 부분에 대해서는 순종이 남긴 유언이 1926년 7월 8일 미국 샌프란시스코에서 도산 안창호가 발행한 《신한민보》에 소개되면서 다시 한번 확인되었다. 내용은 다음과 같다.

지난날의 병합 인준은 강린이 역신의 무리와 더불어 제멋대로 해서 제멋대로 선포한 것이오. 다 나의 한 바가 아니라… 17년간 유수에 갇히어… 이 조칙을 중외에 선포하여 내가 가장 사랑하고, 가장 존경하는 백성들로 하여금 병합이 내가 한 것이 아님을 알게 하면, 이전의 소위 병합 인준과 양국(讓國)의 조칙은 저절로 파기에 돌아가고 말 것이리라… 여러분들이여 노력하여 광복하라! 짐의 혼백이 명명(冥冥)한 가운데 여러분을 도우리라.

그러나 일본의 한국 지배는 현실이 되었고, 일본은 한국을 강제로 병합했다. 1910년 한국을 강제로 병합한 이후 통감부와 경성신사가 위치한 남산의 북쪽 산록은 1926년 경복궁에 총독부 신청사가 완공되어 이전할 때까지 식민지배의 중심지가 되었다.

조선총독부는 일본의 한국 강점에 공이 큰 이들에 대한 논공행상에서 소공동의 신작로 이름을 주차군사령관이었던 하세가와 요시미치(長谷川好道)27의 이름을 따서 하세가와초(長谷川町, 현 소공로), 주한공사로 한반도 침략의 길을 열고 갑신정변을 지원했던 다케조에 신이치로(竹添進一郎)의 이름을 도성 밖 첫 일본공사관이 위치했던 일대의 지명으로 삼아 다케조에초(竹添町, 현 충정로)로 이름 지었다. 주한공사로 을사늑약을 주도한 하야시 곤스케(林権助)의 동상이 1939년에 총독관저가 경복궁의 경무대에 새로 지은 관저로 이전되면서 통감관저에 세워졌다. 해방 후 동상을 철거하고 터에 남아 있던 방치된 동상의 받침대 등 흔적을 모아 '거꾸로 세운 동상'이라는 제목 아래 '남작 하야시 곤스케 군 상(男爵林権助君像)'이라는 받침대 판석에 새겨졌던 글자를 거꾸로 세우고 역사의 교훈으로 삼고 있다.

2. 조선총독부 신청사와 총독관저

총독부 신청사의 설계는 초대 총독이었던 데라우치 마사타케에 의해 발의되었으며, 일본의 1세대 근대 건축가인 이토 츄타(伊東忠太)28가 경복궁을 신청사의 부지로 선정했다고 한다.29 당초 총독부 신청사의 부지는 종로구 동숭동 '옛 경성제국대학(현 동숭동, 구 서울대 문리대)' 터와 '구 서울시청' 터가 물망에 올랐지만 데라우치에 의해 거부당하고, 이토 츄타의 제안으로 경복궁이 신청사 터로 선정된 것이다. 이토 츄타는 같은 시기에 남산에 건설되는 조선신궁(朝鮮神宮)의 설계자이기도 하다. 공교롭게도 식민지 경성의 도시구조에서 강한 축성을 구성하면 식민지기 서울의 경관을 지배하는 두 핵심 건축인 백악의 총독부 신청사와 남산의 조선신궁 건설에 이토 츄타의 역할이 결정적이었던 셈이다.

식민지로 전락하기는 했지만 일국의 상징적 중심이었던 궁궐의 심장부를 훼철하고 총독부를 짓는 행위에 대해서는 일본인 학자들 사이에서도 반론이 있다. 대표적인 인물이 곤 와지로(今和次郎)이다. 곤 와지로는 1923년 조선건축회 초청으로 서울에서 이뤄진 강연에서 "총독부 신청사는 지나치게 노골적"이라며 위치 선정에 잘못이 있다고 이야기했고, 일본의 민예학자인 야나기 무네요시(柳宗悦)는 경복궁 정문인 광화문 훼철을 반대하기도 했다.

1) 설계

총독부 신청사의 설계는 1912년에 시작되어 1914년에 완료되었다. 건축가는 게오르크 데랄란데(George de Lalande)였다. 그러나 설계가 완료되기 전에 건축가가 사망해 설계는 대만총독부청사 설계 경험이 있었던 노무라(野村一郎)에 의해 마무리되었다.

'일(日)'자형 평면으로 구성되어 의도적으로 일본을 상징하는 평면으로 구성되었다는 설이 널리 유포되었으나, 'ㅁ' 평면이나 '日' 평면은 '일(一)'자형 평면의 건물이 규모가 커지면 'ㄷ'자형 평면이 되고, 더 커지면 'ㅁ'자형 평면을 거쳐, '일(日)'자형 평면이 되는 일반 규칙에 따른 것이다. 따라서 독일 출신 건축가였던 게오르크 데랄란데의 조선총독부 청사의 '日' 설계는 공교롭게도 일본의 상징처럼 읽혀질 수 있는 모습을 갖고 있으나 기본적으로 유럽 건축의 기본 문법에 충실한 건축 평면이라고 할 수 있다. 조선총독부와 대만총독부청사의 평면을 보면, 기본적인 평면 구성은 매우 유사하지만 계단과 엘리베이터 및 화장실로 구성되는 코어 부분에

〈그림 7-28〉 총독부신청사 정면도.

〈그림 7-29〉 조선총독부 신청사 전경.

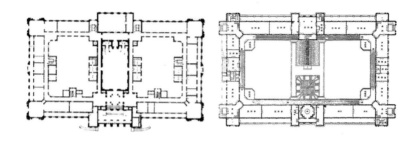

〈그림 7-30〉 조선총독부 신청사와 대만총독부청사 평면도 비교.

서 차이가 있다.

· 입면 구성

총독부 신청사는 지상에 노출된 지하층을 이용하여 기단부가 형성되었으며, 저층부는 두터운 줄눈을 갖는 화강석으로 마감되고, 상부가 중앙의 돌4된 열주와 상부 돔을 중심으로 엄격한 좌우 대칭으로 형성된 전형적인 고전주의 건축의 특징을 갖고 있다. 큰 틀에서 건축양식의 구성 측면에서는 고전주의 양식을 따르고 있지만, 정면을 구성하는 요소로서 정면의 여러 층을 관통하는 거대한 기둥과 좌우 양끝의 기둥 그리고 반원형 페디먼트의 디자인에는 바로크건축양식이 적극 사용되었다. 특히 전면과 양 측면에 베란다가 설치되어 있어, 동남아시아에서 형성된 베란다건축양식(Colonial Style)의 입면 특징을 갖고 있으며, 전면과 양 측면의 베란다가 짙은 음영을 가지면서 건물에 강한 인상을 부여한다. 총독부 신청사는 다양한 서양의 역사주의 건축양식이 혼합된 절충주의 건축양식으로 건축되었는데, 이는 일본 자신이 한반도를 식민지배할 능력을 과시하기에 적합한 건축양식을 선택한 결과다.

• 구조와 설비

총독부 신청사는 철근콘크리트조로 설계되었으며, 외벽에는 화강석이 습식으로 부착되었다. 중앙 홀에는 채광을 위한 천창이 설치되었으며, 천창은 스테인드글라스로 장식되었다.

5개 층을 서비스하기 위해 14개의 승강기가 설치되었으며, 중앙난방방식이 채택되었다.

1923년 5월 17일에 상량식이 거행되었으나 건물의 준공은 지연되었다. 이는 높은 물가로 인해 건축비가 상승하면서 충분한 예산을 확보하기가 어려워졌기 때문이다. 공사가 늦어지면서 오갈 데 없는 일부 부서가 1925년 3월부터 이미 완성된 건물의 서측 부분에서 업무를 시작했으며, 전체 완공은 1926년 1월에 이루어졌다.

• 중앙 홀의 구성과 벽화

중앙 홀의 진입부 상부에는 스테인드글라스로 구성된 천창이 있고, 장방형의 중앙 홀 상부는 배럴볼트로 덮였으며, 중앙 홀의 북쪽 끝에는 대칭으로 구성된 곡면의 계단이 배치되었다. 중앙 홀의 남측과 북측 벽체의 상부에는 와다 산죠(和田三造)[30]의 대형 벽화인 〈하고로모(羽衣)〉가 그려져 있다. 이 벽화는 조선과 일본의 유사한 선녀설화와 풍속을 주제로 '내선

〈그림 7–31〉 총독부 중앙 홀 벽화 도안. 와다 산조.
(출처: 《매일신보》 1925년 12월 28일자)

〈그림 7–32〉 중앙 홀 계단실과 벽화.

일체(內鮮一體)'를 표상하고 있다. 벽화는 조선총독부 철거 당시 떼어낸 후 현재 국립중앙박물관에서 소장하고 있다.

2) 조선총독부 신청사 건설과 도시적 의미

총독부 신청사 신축공사는 1916년 6월 25일 오전 9시에 지진제(地鎭祭)[31]로 시작되었다. 지진제는 땅의 신에게 지내는 제사로 공사의 안전과 건물의 번영을 기원하며, 근정문 밖에서 진행되었다. 조선총독부 신청사가 준공된 1926년은 일본의 한국 지배는 물론 건축에서도 변곡점을 이루는 시기다. 당시는 건축의 경향도 역사주의 건축양식이 쇠퇴하고 모더니즘 건축이 본격적으로 등장하는 시기였다. 같은 시기에 건축된 경성부청은 이러한 시대적 변화를 잘 보여준다. 경성부청보다 1년 늦게 준공된 조선 총독부 신청사가 오히려 역사주의 건축양식에 충실한 것은 경성부청보다 8년 먼저 설계되어 경성부청보다 먼저 준공되었어야 했지만, 예산 부족으로 공기가 늦어진 때문이다. 1905년 이후 통감 정치의 중심이었던 남

〈그림 7–33〉 총독부청사 준공 전후 육조대로. (안창모 소장 엽서)

〈그림 7–34〉 경성부청에서 바라본 총독부 방면 시가 전경. (안창모 소장 엽서)

〈그림 7–35〉 백악에서 바라본 총독부 신청사 너머 시가 전경. (안창모 소장 엽서)

산 통감부가 1910년 강점 후에도 사용되었지만, 총독부청사로 전용된 통감부청사는 경복궁의 신청사를 완성하기까지 임시로 사용된 청사였다고 할 수 있다. 그런데 조선총독부 신청사가 준공된 시점에 남산의 조선신궁이 완성되면서 식민지 도시구조의 상징적인 축이 형성되었고, 도시의 주요한 결절점에 경성부청과 경성역사가 완공되면서 식민지 경성의 도시구조는 새롭게 재편되었다. 그리고 이러한 도시구조와 경관의 변화는 사회적으로도 이슈가 되었다.

총독부의 준공이 다가오면서 비슷한 시기에 경성부청도 옮겨감에 따라 신문에는 이현(泥峴)을 중심으로 한 남촌 경제의 쇠퇴에 대한 우려가 제기되었으며, 낙후된 도시구조의 문제를 해결하기 위해 시구 개정사업의 필요성이 제기되기도 했다. 그러나 시구 개정사업을 할 경우 기존에 형성된 남촌 상권에 대한 물리적인 재편이 불가피하기 때문에 변화를 두려워한 혼마치(本町, 현 충무로)를 중심으로 하는 남촌 상권의 반발로 시구 개정은 이루어지지 않았다. 경성부청의 이전으로 생긴 공백은 미츠코시백화점 경성지점과 조선저축은행 그리고 중앙전화국으로 채워졌다. 이로써 조선은행 앞 광장 주변은 행정 중심에서 식민지 자본주의의 중심 공간으로 재편되었다. 미츠코시백화점에서 경성부청으로 이어지는 하세가와초(長谷川町, 현 소공로)는 오피스타운으로, 경성부청에서 조선총독부 신청사로 이어지는 '태평로-광화문로(현 세종대로)'는 관청과 언론사가 밀집된 식민지 경성의 새로운 업무지구가 되었다.

3. 식민지 지배체제 구축과 행정청사
   : 도청사와 부청사 그리고 지방관청사

1910년 9월 30일 조선총독부는 조선총독부지방관 관제를 공포해 대한제국의 지방관 관제와 한성부 관제를 무효화했다. 조선총독부지방관 관제에 따라 한반도에 13개의 도를 두고 그 산하에 12부(府)와 317군(郡) 그리고 4,356면(面)을 설치했다. 한성부가 경성부로 바뀌면서 수도의 지위를 상실했으며, 대구군은 대구부, 평양군은 평양부, 동래부는 부산부, 옥구부가 군산부로 바뀌는 등 행정구역의 지위와 명칭이 변경되었다. 전국의 행정구역은 1914년 3월 1일 다시 조정되어 도의 위치와 관할구역 및 부와

군의 명칭과 위치 그리고 관할구역이 조정되었다.

13개 도는 경기, 강원, 황해, 경남, 경북, 전남, 전북, 충남, 충북, 평남, 평북, 함남, 함북이었고, 1910년에 경성, 인천, 부산, 마산, 대구, 목포, 군산, 평양, 진남포, 의주, 원산, 청진이 부로 지정되었으며, 1914년에는 의주부가 폐지되고 신의주부가 신설되었다. 1930년에는 개성과 함흥, 1935년에는 광주와 전주 및 대전이 부로 승격되었으며, 1936년 나진, 1938년 해주, 1939년 진주, 1941년 성진, 그리고 1944년에는 흥남이 부로 승격되어 일제강점기에 총 22개의 부가 존재했다. 1914년 이후 '부(府)'로 승격된 도시는 식민지배가 한반도의 도시를 어떻게 재편했는가를 보여준다. 신의주부의 신설은 일제의 대륙 진출을 위해 필요했고, 1936년 이후에 '부'로 승격된 도시는 전시체제하에서 병참기지화 속 공업화가 실시된 결과다. 행정체계가 도, 부, 군, 읍, 면 체제로 재편되면서 각 행정구역에는 새 행정청사가 필요했다. 13개 도에는 행정을 책임지는 도청이 제1의 도시에 건축되었으며, 각 부에는 부청사가 건축되었다. 대한제국을 강제병합한 일본은 식민지배시스템을 구축하는 과정에서 이전 시대에 존재하지 않았지만, 식민지배에 새롭게 필요한 기능을 담당할 건물은 탁지부 건축소 시절부터 새로 건축했다. 그러나 이전 시기의 건물 중 기능적 연속성이 있는 건물은 새로운 건물을 짓기까지 개보수를 거쳐 계속 사용되었다.

대한제국 시절의 감영과 통감부 시절에 각 도시에 설치되었던 이사청이 대표적인 예다. 대한제국 시절의 감영은 도청으로 사용되었고, 개항장을 중심으로 설치되었던 일본영사관이 1905년 이후에 이사청이 되었다가 1910년 이후에는 각 도시의 부청사로 전용되었다.

1) 도청사

경기도를 제외한 조선시대 도(道)의 명칭은 각 도의 두 중심 도시의 첫

자를 따서 만들어졌다. 강원도는 강릉과 원주, 전라도는 전주와 나주, 경
상도는 경주와 상주, 황해도는 황주와 해주, 평안도는 평양과 안주, 함경
도는 함흥과 경성(鏡城)에서 알 수 있듯이 각 도에는 중심 도시에 감영
이 있었다. 8개의 도가 일제강점과 함께 13개 도로 재편될 때 전라도, 경
상도, 충청도, 평안도, 함경도가 각각 남북도로 나뉘었는데, 이때 각 도의
중심 도시가 남도와 북도의 행정 중심이 되었다. 따라서 기존에 감영이
있던 도시의 경우 기존 감영을 일정 기간 계속 사용했으나 감영이 없던
도시는 새로운 도청사가 필요했다.

- **도청사: 기존 건물의 재활용**

대한제국기에 설치된 도의 관공서가 도청으로 전용된 사례는 도관찰부
가 도청사로 전용된 경우와 대한제국 정부의 소멸로 용도가 사라진 정부
청사가 도청사로 사용된 경우로 구분할 수 있다. 13도 체제가 구축되면
서 감영이 없었던 5개 도에는 도청사로 전용할 감영이 없었으므로 도청
사가 새로 신축되어야 했지만, 1910년대 도청이 신축되었다는 기록이 없
어 감영이 아닌 새로 도청 소재지가 된 도시의 시설이 전용되었을 것으
로 추정된다.[32] 그러나 이에 대한 자세한 기록은 없다. 후자의 사례로는

<그림 7-36> 기존 관찰부를 도청사로 사용한 공주
의 충청남도청사. (안창모 소장 엽서)

<그림 7-37> 기존 관찰부를 도청사로 사용한 함흥의 함
경남도청사. (안창모 소장 엽서)

대한제국의 내부청사로 지어졌으나, 경기도청으로 사용된 경우다. 조선시대의 관찰부를 도청으로 사용한 사례로는 전주의 전북도청, 대구의 경북도청, 공주의 충남도청이 있다. 기존 관찰부의 계속 사용은 경제적인 이유가 컸다. 1910년 당시 도장관 13명 중 6명은 대한제국 정부의 관찰사를 유임시켰는데, 이는 식민지 행정 초기의 급격한 변화보다는 식민지배에 따른 반발을 최소화하기 위함이었다.

• 도청사 신축

도시화가 진전되어 업무가 늘어나면서 건축 청사가 비좁고 집무가 불편해지자 신청사의 필요성이 대두되기 시작했다. 가장 먼저 신청사가 지어진 곳은 신의주 평안북도청사와 나남의 함경북도청사 그리고 경남도청사였다. 조선시대에 감영이 존재하지 않았지만 국경도시로서 전략적 중요성이 컸던 곳이었던 의주는 일제강점과 함께 새로 조성된 신의주로 중심이 옮겨졌고, 신의주의 저습지가 시가지로 조성되면서 도청사가 건축되었다. 함경북도청사는 도청 소재지가 기존의 경성(鏡城)에서 나남으로 옮겨지면서 1925년에 새로 지어졌다. 평안북도청사와 함경북도청사는 모두 양식건축으로 지어졌으나 중앙의 현관부가 강조되고 좌우 대칭으로 지어져 역사주의 건축양식의 구성적 특징을 갖고 있다. 2층으로 건축된 도청사는 외벽은 벽돌을 사용한 내력벽식 구조가 사용되었고, 슬래브는 철근콘크리트조를 사용한 혼합구조로 지어졌다.

신의주와 나남에 가장 먼저 두 청사가 지어진 것은 신의주와 나남이 식민지 경영에서 전략적으로 중요한 곳이었기 때문이다. 신의주는 한반도를 강점한 일본이 중국으로 진출하는 관문이었다. 1904년에 부설된 경의철도가 신시가지인 신의주를 거쳐 중국의 안동(安東, 현 단둥)으로 이어지면서 의주를 대신해 신의주가 중국의 관문도시가 되었다. 나남은 일본의

〈그림 7-38〉 평안북도청사, 의주. (안창모 소장 엽
서)

〈그림 7-39〉 평안북도 신청사, 신의주. (안창모 소장 엽
서)

〈그림 7-40〉 기존의 경성(鏡城)에서 나남으로 도청
소재지가 옮겨짐에 따라 새로 지은 나남의 함경북
도청사. (안창모 소장 엽서)

〈그림 7-41〉 기존 감영을 훼철하고 새로 청사를 지은 해
주의 황해도청사. (안창모 소장 엽서)

〈그림 7-42〉 기존 감영을 훼철하고 새로 청사를 지
은 대전의 충청남도청사. (안창모 소장 엽서)

〈그림 7-43〉 기존 감영을 훼철하고 새로 청사를 지은
함흥의 함경남도청사. (안창모 소장 엽서)

한반도 강점을 유지하는 무력의 핵심인 일본군 19사단 사령부가 위치한 곳으로 만주 진출을 뒷받침하는 군사기지가 있던 곳이다. 나남은 현재 청진시에 편입되었다.

경상남도 도청사의 경우 평안북도청이나 함경북도청과는 달리 진주에 있던 진주감영 대신 부산으로 도청을 옮기면서 새로 지었다. 부산이 도청 소재지로 선택된 이유 역시 신의주와 나남이 새로운 도청 소재지가 된 이유와 같다. 조선시대에는 내륙도시인 진주가 지역의 중심 도시였지만, 일제강점기에는 부산이 한반도로 진출하는 관문도시였기에 도청 소재지가 옮겨진 것이다. 1920년대 도청사와 달리 1930년대에는 기존 감영을 훼철하고 새로운 청사가 지어졌다. 해주의 황해도청사(1927), 대전의 충청남도청사(1932), 함흥의 함경남도청사(1935), 청주의 충청북도청사(1937), 평양의 평남도청사(1939)가 지어졌다. 1930년대에 신축된 도청사와 달리 1927년에 신축된 황해도청사는 양식 건축의 흔적이 두드러진다. 이에 반해 1930년대 지어진 도청사는 모던한 감각으로 지어졌으며, 붉은 벽돌의 내력 외벽체는 대부분 타일로 마감되었다.

도청사는 각 지역의 전략적 중요성과 건축기술의 발전이 복합적으로 작용하는 대표적인 건축 유형으로, 건축 시기와 디자인을 통해 일제강점기의 시대적 양상을 파악할 수 있다.

2) 부청사

대한제국기에 이사청이 설치되었던 도시의 경우, 강제병합 후 이사청이 부청사로 전용되었다. 이사청은 1905년 12월에 통감부에서 개항장의 외국인 영사 업무와 지방행정의 관리를 위해 설치한 관청이다. 이사청은 서울을 비롯한 주요 도시와 개항장에 세워졌다. 일본영사관이 설치되었던 도시에서는 영사관이 1905년 이후 이사청이 되었다가 1910년 이후에 해

〈그림 7-44〉 경성부청사, 남대문로, 경성이사청의 용도 전환. (안창모 소장 엽서)

〈그림 7-45〉 경성부청사(현 서울도서관), 1925년 신축. (안창모 소장 엽서)

〈그림 7-46〉 평양부청사, 대한제국기 재무감독국 청사의 전용. (안창모 소장 엽서)

〈그림 7-47〉 평양부청사 신청사. (안창모 소장 엽서)

〈그림 7-48〉 군산부청사, 군산이사청을 부청으로 사용. (안창모 소장 엽서)

〈그림 7-49〉 군산부청 신청사. (안창모 소장 엽서)

〈그림 7-50〉 인천부청사(옛 이사청). (안창모 소장 엽서)

〈그림 7-51〉 인천부청사 신청사. (안창모 소장 엽서)

〈그림 7-52〉 마산부청사, 마산이사청의 용도 전환. (안창모 소장 엽서)

〈그림 7-53〉 마산부청사 신청사. (안창모 소장 엽서)

〈그림 7-54〉 부산부청사, 부산이사청의 용도 전환. (안창모 소장 엽서)

〈그림 7-55〉 부산부청사 신청사. (안창모 소장 엽서)

당 도시의 부청사로 사용되었다. 경성부청사를 비롯하여 부산이사청, 마산이사청, 대구이사청, 목포이사청, 군산이사청, 진남포이사청, 신의주이사청청사가 부청사로 사용되었으며, 평양부의 경우 대한제국기의 재무감독국 청사가 부청사로 전용되었다.

이사청을 부청사로 전용한 건물의 경우, 대부분 목조건축 청사로 서양의 역사주의 양식으로 지어졌으나 시간이 지나면서 비좁고 노후화가 심각해지면서, 1925년의 경성부청을 시작으로 1930년대까지 대부분 조적조 청사로 다시 지어졌다. 1935년에 대전, 전주, 광주, 1936년 나진, 1938년 해주, 1939년 진주, 1941년 성진, 1944년에 흥남이 부로 지정되었다. 1930년대 후반에 부로 승격된 지역의 부청사는 예외 없이 철근콘크리트로 지어졌다. 이는 철근콘크리트가 보편적인 재료가 된 시대적 배경도 있지만, 전시체제하에서 지방행정의 중추적인 시설의 안전성을 고려한 점도 있을 것으로 판단된다. 한편, 경성부와 부산부청사 등 대도시의 부청사는 철근콘크리트조 또는 철근콘크리트조와 조적조의 혼합구조로 지어졌다. 식민지 행정의 중추를 담당하는 도청의 청사와 대민업무의 중심인 부의 청사는 일본의 전통건축이 아닌 서양 건축양식으로 지어졌다. 이는 서구화를 위해 매진하던 일본의 '탈아입구(脫亞入歐)'정책이 식민지인 한반도에도 그대로 적용되었기 때문이다. 특히 한반도에 지어진 서양 건축양식의 관청은 일본이 유럽 국가와 동등한 힘을 가진 나라임을 보여주는 수단이기도 했다.

• 경성부청사

일제강점 전 일본영사관이 을사늑약 후 이사청으로 바뀌고, 강제병합 후에 경성부청으로 사용된 건물은 서양의 신고전주의 건축양식으로 지어졌으며, 위치는 현 신세계백화점과 구 제일은행 남대문지점 자리였다.

식민지배가 안정화된 1920년대 들어 일본은 통감부 시절에 건축된 노후된 목조 관공서 건물들을 다시 짓기 시작했다. 이때 경성역사(현 서울역), 조선총독부청사(해방 후 중앙청과 국립박물관으로 사용되었으며, 1995년 철거됨)와 함께 경성부청사도 건축되었다. 1925년 덕수궁의 대한문 앞에 경성부청사가 완공됨으로써 서울에는 조선총독부에서 경성부청과 남대문을 거쳐 경성역으로 이어지는 새로운 도시축이 완성되었다. 특히 덕수궁의 동측 궁장을 잘라내며 형성된 경성부청 앞 광장(현 서울광장)은 태평로·을지로·소공로 및 무교로가 만나는 교통의 요지였다.

경성부청사의 설계는 조선총독부의 건축과장인 이와이 죠사부로(岩井長三郞)가 총괄하고, 사사 게이이치(笹慶一)와 이와츠키 요시유키(岩槻善之)의 담당 하에 이루어졌다.[33] 설계 실무를 주도했던 사사 게이이치[34]는 조선에 근무하는 동안 상공장려관을 비롯하여 식민지 모더니즘 건축을 대표하는 많은 건축물을 남겼다.

사사 게이이치가 『조선과건축(朝鮮と建築)』에 게재한 "경성부청 건축의 대요와 그 특징"에 따르면 현재의 경성부청은 "대지 조건을 배치에 적극적으로 수용한 안"이라고 한다. 이는 현 서울도서관의 양끝이 곡선으로 처리된 이유에 대한 설명이다. 대지의 조건에 따라 형성된 외관은 세종로의 끝에 위치한 조선총독부청사가 중심 가로의 시각적 조망점(Terminal Vista)을 형성하는 도시 경관적 조건을 수용한 결과다.

• 시빅센터의 구성
설계 책임자였던 총독부 건축과장인 이와이 죠사부로는 『조선과건축』[35]에 게재한 "경성의 시빅센터"라는 글에서

우리가 여기서 생각하지 않으면 안 될 일은 가로 계통의 중추가 되고

교통의 요소가 되며, 또 시가 번영의 중심이 되고, 도시 미관의 초점이될, 즉 도시의 중심인 시빅센터를 어디로 보아야 하는가의 문제다. 조선은행 앞으로 볼 것인가? 종로 또는 황금정통(현 을지로) 교차점 부근으로 볼 것인가? 이를 비교해보면 가장 시빅센터로서의 요소를 갖추고, 그 조건에 적합한 곳은 말할 나위도 얼이 신부청사의 지점이라고생각되는 것이다. 이 자리에 높이 솟은 대건축이 이루어지고 있고, 더욱이 그것이 부민과 직접 관계가 있는 부 행정이 집행되는 건축물이라는 것은 도시계획상으로 보나 부 행정청의 위치로 보나 매우 적당한,더할 나위가 없는 것으로 생각되는 것이다."

라고 언급한 부분에 주목할 필요가 있다.

이러한 이와이의 말은 조선총독부에서 경복궁에 총독부 신청사를 지을 때, 경성의 도시구조에 대한 근본적인 변화를 염두에 두고 있었으며, 경성부청 신청사의 입지 선정을 두고 갑론을박하는 과정을 거치면서 최종적으로 경성일보사 터가 신청사 대지로 최종 결정되는 데는 신축된 총독부 신청사를 고려한 경성부의 새로운 중심에 대한 도시계획적 검토가있었음을 보여준다.

총독부 신청사가 경복궁 터에 건설되고 대한문 앞에 경성부청이 완공되면, 광화문로와 태평로(현 세종대로)는 '총독부-경성부청-남대문-경성역'을 연결하는 중심가로의 위상을 확보할 뿐 아니라 경성부에서 갖는 입지적 상징성을 가질 수 있었다. 이와이 조사부로는 대한문 앞에 서면 경복궁을 가리고 육조거리에서 터미널 비스터(Terminal Vista, 시각적 정점)를 형성하고 있는 조선총독부 신청사가 보인다는 사실을 충분히 인식하고 있었던 것으로 보인다. 그 결과가 대지 형상에 따라 완만한 곡면의 정면을 가진 경성부청사가 지어졌다. 경성부청사가 완만한 곡면을 정면으로 갖게 된 것은 "총독부와는 대비되는 부드러운 외관"을 갖도록 하겠다는 설계자의 의지와, 터미널 비스터를 형성하는 총독부청사로 시선을 유도하려는 계획 의지의 소산으로 판단된다.

한편 경성부청사 앞에 위지한 넓은 교통광장은 경성부청이 비록 간선도로 옆에 위치하고 있음에도 불구하고 정면성을 가질 수 있는 역할을 하고 있다.

경성부청의 입지와 관련해서 이와이가 사용한 '시빅센터'라는 용어에도 주목할 필요가 있다. 시빅센터(Civic Center)계획이란 일반적으로 도심의 관공서 주변을 정비하는 계획으로 서구에서는 바로크풍의 도시계획 하에 광장과 대로·공원·여가시설 등을 조성하고, 신고전주의풍의 건축물을 짓는 근대적인 도시계획을 지칭한다. 이러한 원칙에서 본다면, 경성부청의 입지는 시빅센터의 개념을 구현하기에 최적의 입지임을 알 수 있다. 경성부청은 입지상 경성부의 중심에 위치해 있을 뿐 아니라, 경성 제일의 대로인 태평로에 면해 있고 전면에는 광장이 조성되어 있다. 한편, 1919년 고종황제 서거 후 덕수궁을 관리하던 이왕직에서 덕수궁의 공원화 계획을 추진했다는 점을 감안하면, 경성부청의 입지는 서구의 시빅센터 개념에 매우 잘 맞는 지역이라고 할 수 있다. 경성부는 1930년대 덕수궁의 중앙공원화 계획을 수립했는데, 덕수궁의 공원화 계획은 시빅센터 조성 계획의 연장선에서 이해될 수 있다.

• **경성부청사 디자인**

경성부청은 출입구와 탑을 중심으로 좌우 대칭으로 구성되었으나 역사주의 양식의 사용이 절제됨으로써 역사주의 건축에서 모더니즘 건축으로 전이되던 시기의 과도기적 특징을 갖는 외관을 갖고 있다.

1층은 남측으로 땅에 면한 주출입구 처리가 특징적이다. 일반적으로 서양의 고전주의 건축에서는 주된 층에 접근하기 위한 계단을 외부에 노출시키는 데 반해, 신청사에서는 1층으로 진입하는 계단을 건물 내부로 끌어들인 점이 특이하다. 일제강점기에 건축된 대부분의 관공서에서는 고위 공직자나 고위 인사들의 편의를 위해 자동차가 현관 앞까지 접근할 수 있도록 차로를 계획하고 그 위로 비를 피할 수 있는 캐노피를 설치하는 것이 일반적이다. 그런데 경성부청에서는 이러한 고위 인사를 위한 현관부 계획이 없다. 이로 인해 신청사는 외부에서는 일반적인 고전주의 건축이 갖고 있는 위압감보다는 시민[36] 누구나가 쉽게 접근할 수 있도록 접근성이 높아졌고, 건물의 전체적인 이미지와 같이 매우 단순한 의장적 특징을 갖게 되었다. 그러나 주출입문을 들어서면 대리석으로 마감된 매우 화려한 계단 홀을 만나게 된다. 이 계단 홀은 편복도식 평면을 갖고 있는 건물의 공간구조적 특성으로 인해 깊이가 깊지 않아 올라가야 하는 1개 층이 높지 않음에도 불구하고, 계단실이 드라마틱하게 상부층으로 연결되는 공간적 특성을 갖고 있다. 편복도 공간구성이 갖는 특징은 상부층으로 연결되는 주계단의 설계에도 영향을 미쳤다. 일반적인 관공서는 중앙의 주출입구에서 마주보는 진행 방향으로 주계단이 형성

〈그림 7-56〉 경성부청 홀(왼쪽)과 오토바그너의 우편저축은행 홀. (안창모 사진)

되어 중심 형성에 의한 상징성이 강하지만, 경성부청에서는 2개의 계단이 양옆에 배치되었는데 이는 건물의 깊이가 깊지 않은 경성부청의 공간적 구조에서 비롯된 것이다. 경성부청의 현관홀 구성은 오토 바그너(Otto Wagner, 1841-1918)의 비엔나 우편저축은행(Postal Savings Bank)의 홀 구성과 유사하다.

경성부청사에서 시도한 시빅센터 개념과 디자인은 권위주의적인 메이지 왕이 죽은 후 일본 사회 각계에 번졌던 민주주의, 자유주의적 풍조를 배경으로 했기에 가능했던 도시적 건축적 개념이라고 할 수 있다.

4. 관문도시의 등장

일제강점과 함께 한반도의 도시가 구조적으로 재편되었다. 전통적으로 조선시대의 교통은 강을 낀 내륙도시 중심으로 거점이 형성되었고, 도시 간 네트워크가 중요했다. 그러나 대한제국이 일본에 강점되면서 한반도의 도시는 일본의 전략적 필요에 따라 흥망을 달리했다.

가장 두드러진 성장세를 보인 도시는 부산이었다. 지리적 근접성으로 인해 조선시대부터 일본과의 교역 거점이었던 부산포는 1905년 러일전쟁 이후 경부철도가 부설되면서 빠르게 성장했다. 대한제국이 식민지화된 이후 부산은 일본이 한반도로 진입하는 관문이 되면서, 부산의 중심도 동래에서 개항장으로 이동되었으며, 부산역을 중심으로 새롭게 신시가지가 형성되었다. 러일전쟁으로 새롭게 주목받은 또 다른 도시는 의주였다. 중국과 국경을 맞대고 있는 의주는 러일전쟁 이후 중국의 관문도시 역할을 맡게 되었는데, 러일전쟁을 위해 급히 건설되었던 경의철도가 압록강을 건너 중국의 안동현으로 연결되면서, 안동현 건너편의 신의주가 신도시로 건설되었다.

신의주의 건설과 함께 압록강 건너 중국의 안동현에도 신시가지가 조성되면서 신의주시와 안동시는 압록강을 두고 중국과 한반도의 관문도시가 되었다.

1) 의주에서 신의주로

조선시대의 의주는 압록강을 사이에 두고 명(明)에 이어 청(淸)과 접하고 있었다. 압록강 건너에는 청의 안동현이 위치했다. 개항 이전에 조선의 외교사절은 의주에서 압록강을 건너 주롄청(九連城)을 통해 중국 땅을 밟았다. 거꾸로 청의 외교사절은 주롄청을 통해 압록강을 건너 조선 땅을 밟았다. 그래서 의주성의 남문 이름이 '해동제일관(海東第一關)'이었다.

러일전쟁 때까지 의주는 전략적으로 중요한 도시였지만, 러일전쟁이 끝나고 신시가지가 의주 남측 압록강변에 조성되면서 의주는 빠르게 쇠락했다. 1911년에 건설된 압록강철교는 지역 중심이 의주에서 신의주로 넘어가는 결정적 계기가 되었다. 러일전쟁 후 일본은 대한제국을 무력으로 지배하면서 러시아로부터 할양받은 만주에 대한 독점적인 권리를 극대화하기 위해 중국으로 들어가는 신도시 '신의주'를 건설하였고, 1905년에

〈그림 7-57〉 신의주시와 안동현 지도.

〈그림 7-58〉 의주 남문(해동제일관).

<그림 7-59> 신의주역과 호텔. (안창모 소장 엽서)　　　<그림 7-60> 압록강철교. (안창모 소장 엽서)

급조된 경의철도를 만주로 연결하기 위해 압록강철교를 건설하는 동시에 압록강을 사이에 두고 신의주와 마주한 안동현에도 신시가지를 조성하였다.

　1910년에 건설된 신의주정거장은 의주성의 해동제일관문을 대체하는 새로운 관문도시의 상징이 되었다. 1914년 신의주가 신의주부가 되었다. 한반도에 일제강점기 식민지배시스템을 구축하고, 만주 지배를 강화하는 과정에서 압록강변의 울창한 산림자원이 건설 자재로 사용되면서 신의주는 '나무의 도시'라고 불릴 정도로 전성기를 구가했다. 특히 1931년 만주국이 건설된 이후 건설 특수는 신의주의 성장에 큰 영향을 미쳤다. 신의주는 1937년 중일전쟁 이후 '나무 도시'에서 '공업도시'로 전환되었는데, 1942년에 건설된 수풍댐의 풍부한 전기가 군수산업체 운영의 핵심 자원이었다.

2) 동래부에서 부산부로

동래는 고려 때 설치된 읍치로 1397년에 동래진이 설치되었고, 왜의 노략질을 막기 위해 회유책으로 삼포를 열어 왜의 무역을 허가했으나 1510년 삼포왜란 이후 왜관이 부산포로 한정되었다. 동래진은 1547년에 도호

〈그림 7-61〉 초량왜관 옛 지도. (출처: 부산역사문화 대전)

〈그림 7-62〉 부산항 지도, 1903. (안창모 소장 자료)

〈그림 7-63〉 부산역. (안창모 소장 엽서)

〈그림 7-64〉 부산 전경. (안창모 소장 엽서)

부로 승격되었다. 임진왜란 이후 조성된 초량왜관은 1675년에 착공되어 1678년 4월에 완공되었으며, 10만 평에 달하는 규모로 일본 나가사키의 네덜란드 상관보다 규모가 컸다.

1876년 조일수호조규로 일본인의 부산에서의 상업 활동 폭이 확대되었다. 초량왜관이 있던 곳에는 일인의 거류지가 마련되었다. 일제강점기인 1914년에 '부'제가 실시되면서 부산부와 동래부가 분리되었다가 1942년에 동래부가 부산부에 편입되었다. 일제강점으로 조선의 중심인 동래 대신 왜관을 중심으로 신시가지가 조성되었고, 이곳이 한반도의 관문인 부산항이 되었다.

종교시설

1. 천도교와 교당

1860년 '서학(천주교)'에 대항해 민족주의 신앙을 앞세워 창립한 동학이 1905년 3대 교주인 손병희에 의해 개편되었다. 일제강점 초기에 3·1운동을 주도하는 등 교세가 활발했고, 교당의 건립도 활발했다. 1921년에 준공된 천도교 중앙대교당은 활발했던 천도교의 교세와 천도교가 민족종교임을 내세웠지만, 서양 문물의 수입에도 개방적 태도를 취했음을 보여준다. 나카무라 요시헤이(中村與子平)의 설계로 지어진 중앙대교당은 다양한 건축양식이 혼합된 절충주의 건축양식으로 지어졌으며, 내부에는 기둥이 없는 '홀(Hall)'형 종교시설이다. 대교당과 함께 지어진 봉황각은 사무동이자 교육시설로 지어졌는데, 현재 수유리로 옮겨졌다. 민족종교시설이었음에도 일본인에 의해 설계된 것은 1919년까지 서양식 건축교육을 받고 대규모 건축을 설계할 능력을 갖춘 한인 건축가가 없었고, 나카무라 요시헤이는 한국은행 설계와 감리에 참여한 건축가로 이 땅에서 최초

〈그림 7-65〉 천도교 중앙대교당. (안창모 사진)

〈그림 7-66〉 이축 후 봉황각. (안창모 사진)

〈그림 7-67〉 천도교 임실교당. (안창모 사진)

〈그림 7-68〉 천도교 장흥교당. (출처: 문화재청)

의 민간 설계사무소를 운영하며 대형 건축물 설계의 경험이 많았기 때문
이다. 대규모 건축에 관한 경험이 있는 건축가들은 대부분 총독부 소속
으로 식민지 지배시스템 구축을 위한 설계에 종사하고 있었다. 1924년에
천도교는 교주 탄생 100주년 기념 기념관은 한인 건축가 이훈우의 설계
로 지어졌다.

이와 같은 현실로 인해 중앙교당 이외의 지역 교당은 서양식으로 지어
질 수 없었다. 지역에서는 지역 장인에 의해 전통건축구법으로 지어졌지
만, 집회용 시설이었던 까닭에 공간구조에 새로운 변화가 있었다. 임실교
당의 경우 'ㄱ'자 평면이지만, 좌우 대칭으로 구성되어 집회와 업무를 수
용할 수 있도록 건축되었다.

장흥 천도교당은 천도교 교당이자 독립운동 관련 사적지이기도 한다. 을사늑약 직후인 1906년 4월에 설립된 장흥교당의 건축 과정은 교당 내부에 걸려 있는 "교구실기(敎區室記)"(1920)를 통해 건립 과정을 파악할 수 있다. 당시 개축에는 전남의사원(全南議事員) 신명희, 장흥교구장 김재계, 수령 강봉수, 윤세현 등이 주도했으며, 1917년(布德五十六年丁巳) 11월부터 한 달여에 걸쳐 2,300원(圓)을 모금해 1918년 2월 15일에 건축을 시작, 6개월 만인 8월 26일 준공되었는데, 1,600원의 건축비가 소요되었다.

천도교의 지방 교장 건축은 전통건축구법으로 근대적 기능을 수용하는 공간구조를 만들어냈다는 점에서 가톨릭과 성공회 그리고 개신교의 한옥 교회와 함께 한옥이 어떻게 근대를 맞이해 새로운 시대적 역할을 소화해냈는가를 보여주는 사례라고 할 수 있다.

2. 신사

일본의 신사는 1868년 4월 21일 메이지정부가 발표한 신불분리(神佛分離) 정책에 의해 신사와 사찰이 분리되면서, 기존의 토착신앙이 국왕을 정점으로 하는 국가신앙화 되어 국가주의 정책의 핵심이 되었다. 이 과정에서 신도를 위한 시설의 전형이 만들어졌다.[37] 신사의 주위에는 '고장을 지키는 신의 숲'이 항상 함께한다. 신사 입구에는 세속과 경계를 이루는 지점에 도리가 위치한다. 신전은 본전과 배전으로 구성되며 일반인의 참배는 배전에서 진행되고, 신체가 안치되는 본전은 배전의 안쪽에 있다.

1) 경성신사
1896년 아관파천을 계기로 조선 정부가 러시아와 가까워졌고, 대한제국

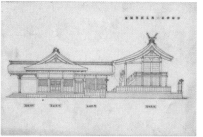

〈그림 7-69〉 경성신사 본사. (안창모 소장 엽서)　　〈그림 7-70〉 경성신사 측면도. (안창모 소장 엽서)

이 출범하면서 일본의 영향력이 급격하게 약화될 즈음에 남산의 북측 산록에 일본인 거류지가 빠르게 형성되었고, 일본 거류민은 남산에 거주를 시작한 이래 숙원 사업이던 공원 조성사업을 한성부로부터 허락받고 신사를 만들었다.[38] 1898년 10월 3일 일본 이세신궁에서 신체(神體)의 일부를 가져와 창건된 남산대신궁(南山大神宮)은 1916년 5월 22일에 경성신사로 개칭되었다. 1936년 8월 1일에 조선총독부가 관리비 일체를 부담하는 국폐소사(國弊小社)가 되었다.

2) 조선신궁과 지방의 신사

개항장을 중심으로 일본인 거류민에 의해 설치되던 신사가 1910년 이후 총독부에 의해 주요 도시를 중심으로 지어졌다. 국가 신토(神道)를 위한 신사는 사격(社格)에 따라 관폐대사, 국폐대사, 관폐중사, 관폐소사, 국폐소사, 별격관폐사로 구분되며, 여기에 속하지 않은 것은 제사(諸社)로 구분되었다. 조선총독부는 1915년 총독부령 제82호 '신사사원규칙(神社寺院規則)'을 공포하고 본격적으로 신사를 건립하기 시작했으며, 1936년에는 '1면 1신사' 정책에 따라 신사를 세우고 신사참배를 강제했다. 1945년 아시아태평양전쟁에서 일본이 패할 당시 관폐대사 2개, 국폐소사 8개, 호국신사 2개, 기타 신사 70개를 비롯해 모두 1,052개의 신사가 건립되었다. 문혜진[39]에 따르면, 한반도에서 국가신도체제의 이식은 1915년 '신사사원규칙'을 통해 시작되었으며, 조선총독부는 1925년 관폐대사 조선신궁을 필두로 1936년 '1도 열격사의 설치방침'을 포고해 8개의 관폐소사 신사를 국폐소사로 승격시켰다. 관폐대사로는 조선신궁과 부여신궁, 관폐소사로 경성신사, 원산신사, 대구신사, 광주신사, 평양신사, 함흥신사, 전주신사 그리고 용두산신사 등 8곳이 있었다. 이 가운데 관폐대사인 부여신궁과 호국신사는 아시아태평양전쟁이 한창이던 시절에 건축이 시작되었다. 부여신궁은 내선일체의 상징이자 일본이 도발한 중일전쟁 승리에 대비해 고대 일본의 역사와 밀접한 관계가 있는 백제의 마지막 수도였던 부여에 계획한 신사였으나 1945년 일본의 패망으로 완공되지 못했다. 호국신사는 전쟁에서 죽은 군인을 제사지내는 신사로 아시아태평양전쟁이 한창이던 1943년에 19사단 사령부가 위치한 나남과 20사단 사령부가 위치한 경성에 각각 건축되었다.

• 조선신궁

서울의 조선신궁은 이토 츄타의 설계와 입지 선정으로 1926년 남산에

〈그림 7-71〉 조선신궁 전경. (안창모 소장 엽서)

〈그림 7-72〉 조선신궁 전경. 항공사진.

〈그림 7-73〉 조선신궁 참도 계단. (안창모 소장 엽
서)

〈그림 7-74〉 조선신궁 배전. (안창모 소장 엽서)

세워졌다. 남산의 북서쪽 능선 위에 신궁을 앉히기 위해 성벽을 훼철하고 경사지를 성토해 축대를 쌓고 대지를 조성했다. 이 과정에서 성곽이 해체되었으며, 신궁으로 오르는 거대한 직선 계단이 만들어졌다. 남대문 동쪽에서 남산 중턱의 조선신궁에 이르는 참배 도로는 일본 군국주의의 정신적 토대인 신토에 의한 식민지 조선의 정신세계 지배 경관을 상징하는데, 남대문에서 경성부청을 거쳐 조선총독부에 이르는 식민지배기구의 건축이 물적 지배를 상징하는 것과 비교된다.

• 평양신사

1913년에 용수산 남쪽 산록에 건축되었고, 1916년에 법률에 의해 정식 신사가 되었다가 1937년에 국폐소사[40]로 승격되었다. 평양신사의 입지는 평양성을 조망할 수 있는 곳으로 남산의 조선신궁과 같은 상징적 장소이다.

〈그림 7-75〉 평양신사. (안창모 소장 엽서)

• 부산신사(용두산신사)

1678년에 초량왜관이 설치되었을 당시에도 일본인들의 거류지에는 신사

〈그림 7-76〉 부산 용두산신사. (안창모 소장 엽서)

가 건립되었다. 한반도에서 가장 오래된 신사였다. 특히 용미산(현 롯데백화점 터)에 설치된 고토히라신사(金刀比羅神社)는 항해의 신에게 제사지내는 신사로, 조선과 일본을 오가는 배의 안전을 기원하기 위해 지어졌다. 1899년에 용두산에 신사를 다시 지으면서 용두산신사라 불렸다. 1916년에 용두산공원이 조성되면서 정상으로 옮겨졌다.

3. 일본 사찰

일본계 사찰의 조선에서의 포교는 1877년 오타니파의 동본원사(東本願寺)가 부산에 별원을 열면서 시작되었다. 1880년 원산, 1884년 인천에도 별원이 설치되었는데, 동본원사가 한반도에 별원을 설치하는 순서는 조선의 개항 순서와 일치했다. 『경성발달사』에는 1890년 주자동에 별원을 설치했다고 나오는데, 도성 내 거주가 1893년 이후에 가능했다는 점을 감안하면 연도에 오류가 있을 것으로 보인다. 동본원사에 이어 1897년에 일련종(日蓮宗) 그리고 1898년에 정토종(淨土宗)이 들어왔다.

1877년 부산에 첫 별원을 설치했던 동본원사는 남산과 용산에 각각

〈그림 7-77〉 부산 서본원사 별원.

별원을 설치해 가장 활발한 포교 활동을 벌였다.

현존하는 일제강점기 일본계 사찰의 흔적으로는 군산의 동국사와 목포의 동본원사 별원이 있다. 군산의 동국사[41]는 일본계 목조건축의 구조적, 의장적 특징을 갖고 있다. 이에 반해 목포의 동본원사 별원의 본채와 지붕 등은 일본 건축의 의장적 특징을 갖고 있으나, 재료는 목재가 아닌 석재가 사용되었다. 20세기 초 일본은 서양 건축을

〈그림 7-78〉 군산 동국사, 1913. (안창모 사진)

〈그림 7-79〉 목포 동본원사 별원, 1930년대. (안창모 사진)

적극 수용하면서 모더니즘 건축의 바탕인 철과 콘크리트를 전통사찰 건축에서 적극 사용했다. 대표적인 예가 도쿄의 츠키지 혼간지(築地本願寺)다. 이토 츄타의 설계로 지어진 츠키지 혼간지의 경우 일본 전통건축의 뿌리를 조선과 중국이 아닌 서양에서 찾고자 하는 노력의 결과였다. 디자인은 헬레니즘 문화와 연결고리를 갖고 있는 인도의 간다라 문화의 영향을, 건축 구조는 서양의 철근콘크리트조를 적극 수용했다. 한반도에서 일본이 건립한 사찰 가운데 목재를 사용하지 않은 건축으로 박문사가 있다. 박문사 역시 이토 츄타의 설계로 지어진 건축이다.

박문사 본당은 철근콘크리트조로 지어졌는데, 20세기 초 일본에서 철근콘크리트는 전통적인 목조건축의 단점인 내구성의 문제를 해결하면서 대공간을 만들 수 있는 구조재로서의 성능을 갖춘 것으로 받아들였기 때문이다. 당시 근대건축의 총아였던 철근콘크리트조를 사용하여 츠키지 혼간지와 같은 일본의 전통종교 건축을 재현하는 것은 일본이 갖고 있던 근대의 지향점과 함께 군국주의의 길을 걸은 일본의 모습을 표상하기에 충분했다.

1932년 10월 26일, 1900년 대한제국 정부에 의해 설치된 장충단에 이토 히로부미를 추모하는 사찰이 지어졌다. 이 사찰은 조선총독부 정무총

〈그림 7-80〉 츠키지 혼간지, 이토 츄타 설계. (안창 모 소장 엽서)

〈그림 7-81〉 박문사 본당, 철근콘크리트조. (안창모 소장 엽서)

감 고다마 히데오(兒玉秀雄)의 발기로 세워졌다. 장충단 언덕은 이토의 호를 따서 춘무산(春畝山)이라 짓고, 사찰은 이토 히로부미(伊藤博文)의 이름을 딴 박문사(博文寺)라 지었다. 고다마는 "조선 초대총감 이토 히로부미의 훈업을 영구히 후세에 전"하고 "일본 불교 진흥 및 일본인과 조선인의 굳은 정신적 결합"을 도모하기 위해 지었다고 한다. 박문사 건축에는 경희궁의 정문, 경복궁 선원전과 부속 건물, 석고각 등이 사용되었다. 조선과 대한제국의 기념비적 시설이 고르게 사용된 것은 총독부 입장에서 대한제국 식민지화의 일등공신 이토에 대한 최대한의 예우였다고 할 수 있다. 낙성식에는 조선총독 우가키 가즈시게가 참석하고 히로히토(裕仁) 일왕과 귀족들의 하사품도 전해졌으며, 이토를 척살한 안중근의 후손을 참석시켰다. 안중근 의사의 후손을 참석시킨 것 역시 내선일체를 향한 전략이었다고 할 수 있다.

1883년 남산대신궁 건설로 시작된 경성신사에서 1925년의 조선신궁, 1932년의 박문사, 1943년의 호국신사로 이어지는 남산의 종교시설은 식민지 조선에 거주하는 일본인과 일본 거주 일본인 사이의 연대감을 유지하는 통로였지만, 일제가 한인들에게 행했던 동화정책의 핵심적 장소였다.

4. 기독교와 교회 건축

1784년 이승훈이 북경에서 가톨릭의 영세를 받고 돌아와 이벽, 정약전 등과 신앙공동체를 구성하면서 그리스도교의 전래가 시작되었다. 개신교는 1885년 언더우드와 아펜젤러 선교사의 입국으로 시작되었으며, 1890년에는 잉글랜드 성공회의 찰스 존 코프(Charles John Corfe, 한국명 고요한) 주교와 5명의 사제가 입국했고, 1908년에는 구세군이 전래되었다. 기독교는 각기 다른 시기에 다른 시대적 배경으로 전래가 시작되어 교회 건축의 역사와 모습도 각기 다르다.

1) 가톨릭 교회 건축

1784년 이승훈이 영세를 받으며 천주교가 전래되었지만, 1786년에 김범우가 최초로 순교한 이후 신해박해(1791), 신유박해(1801), 기해박해(1839), 병오박해(1846), 병인박해(1866)를 거치며 100여 년에 걸쳐 1만여 명이 순교했다. 1831년에 조선교구가 설정되었으며, 1844년 최초의 한인 신부(김대건)가 탄생했으나 1845년 귀국 후 순교(1846)했다. 1886년 한불수호통상조약으로 종교의 자유를 획득하기 전까지는 교회 건축이 존재하지 않았다. 프랑스와 수교 후 교회는 두 가지 방향으로 건축되었다. 하나는 약현성당과 고딕건축양식의 명동성당처럼 프랑스인 신부에 의해 지어진 벽돌 교회 건축이고, 다른 하나는 지역의 전통건축 장인에 의해 지어진 한옥 성당 건축이다. 일제강점기 들어 벽돌조 성당이 지역에서 광범위하게 지어졌다. 그러나 기술적 난이도가 높은 고딕건축풍의 성당보다는 반원형 아치를 사용하는 로마네스크풍의 교회 건축이 폭넓게 지어졌다. 전주의 전동성당과 인천의 답동성당 그리고 공주의 공세리성당 등이 대표적인 예다.

• 계산성당, 대구

〈그림 7-82〉 계산성당. (안창모 사진)

1899년에 한옥으로 지어졌던 그릭크로스(Greek Cross) 평면의 성당이 40일 만에 화재로 소실된 후 1903년에 쌍탑을 가진 고딕건축양식의 성당이 지어졌다. 라틴크로스(Latin Cross)의 평면으로 설계되었으며, 중앙의 신도석과 양편에 통로가 배치되었다. 구조와 세부상세는 로마네스크건축양식에 가깝다. 신도석과 양편의 통로 사이에는 반원형 아치의 아케이드가 설치되었다.

화강석 기초와 장대석 위에 붉은 벽돌과 회색 벽돌로 건축되었으며, 버트레스(Buttress)와 정면 주출입구, 창 그리고 내부 열주와 천정 리브에는 이형 벽돌이 사용되었다. 정면 중앙의 주출입구는 반원형 아치로 구성되었으며 상부에는 장미창이 설치되었다. 1918년에 길이 방향으로 증축되었다.

• 성유스티노신학교, 대구

〈그림 7-83〉 성유스티노신학교 전경.

1911년 조선대목구(현 서울대교구)에서 대구대목구(현 대구대교구)가 분리된 후 초대 교구장인 안세화 드망즈 주교가 사제양성을 위해 1914년에 설립한 대구의 첫 신학교다. 대구 성유스티노신학교는 1913년 9월에 공사를 시작하여 1914년 8월 12일에 완공되었다.

안세화 주교는 서울 명동성당 건축에 참여했던 프와넬 신부를 초청하여 건립 계획을 세웠고 공사는 중국인 기술자가, 책임목수는 프랑스 영사관을 건축할 때 참여한 기술자가 맡았다고 한다. 학교는 'ㄷ'자형 평면으로 중앙에 있는 성당을 중심으로 좌우 대칭이며 1층 전면에는 로마네스크건축의 특징인 반원형 아치가 연속되는 아케이드가 설치되었다. 현재는 전면으로 돌출되었던 양 날개부는 철거되고 중앙 부분만 남아 있다.

- **전동성당, 전주**

명동성당 공사에 참여했던 프와넬(Victor Louis Poisnel, 1855-1925)[42] 신부의 설계로 지어졌다. 1908년에 시작된 공사는 1914년에 외관이 완성되었고, 전체 공사는 1931년에 마무리되었다. 외관에 붉은 벽돌과 회색 벽돌에 의한 반원형 아치가 연속적으로 사용되었으며, 내부의 신도석도 반원형 볼트로 구성된 로마네스크 건축양식으로 지어졌다. 중앙의 탑과 작은 돔을 지지하는 연속된 아치 창호가 특징적인 건축이다. 1907년에 철거된 전주 성곽의 석재를 사용해 초석과 장대석으로 사용한 것으로 알려졌다.

〈7-84〉 전동성당 전경. (안창모 사진)

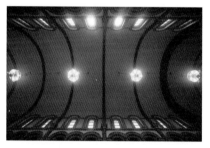

〈7-85〉 전동성당 궁륭천정. (안창모 사진)

- **답동성당, 인천**

1889년 7월 1일에 제물포성당이 창설되었으며, 1889년에 임시 성당이 지어졌다가 1895년에 본당 공사가 시작되어 1915년에 완공되었다. 1895년에 코스트 신부의 설계로 지어졌으며 1937년에 시잘레(P. Chizallet, 池士元) 신부의 설계로 증축되었다.

반원형 아치에 의한 주출입구와 창호로 구성된 정면은 로마네스크건축의 특징을 갖고 있으며, 중앙의 주 종탑과 양단에 2개

〈그림 7-86〉 답동성당. (안창모 사진)

의 작은 종탑이 설치되었다. 종탑 위에는 8각형의 평면 위에 뾰족한 형상의 돔이 설치되어 성당 건축으로는 이국적인 모습을 갖추고 있다.

• 공세리성당, 아산

1922년에 붉은 벽돌과 회색 벽돌로 지어진 교회 건축이다. 중앙의 종탑을 중심으로 좌우 대칭으로 건축되었다. 벽돌조건축으로 부축벽을 갖춘 외관과 반원형의 천장으로 구성된 회중석과 양편에 통로를 갖춘 3랑식 내부 공간구성은 전형적인 서양의 양식 교회 건축의 틀을 따르고 있다. 외관에서 반원형 창호가 반복적으로 사용되고 있고, 신도석 천장은 반원형으로 구성되어 로마네크스풍의 교회 건축이라고 할 수 있다. 외관에서 회색 벽돌이 창호와 부축벽 등의 강조 요소로 사용된 점은 1910년대 이전에 보편적이었던 벽돌건축의 의장적 특징이 계승되었다.

〈그림 7-87〉 공세리성당 정면. (안창모 사진)

〈그림 7-88〉 공세리성당 내부. (안창모 사진)

2) 성공회 교회 건축

1890년 12월 21일 영국에서 파송된 찰스 존 코프 주교가 선교를 시작한 이후 1892년 11월 17일에 한옥 성당을 지었다. 1922년 영국의 아서 딕슨 (Arthur H. Dixon, 1856-1929)의 설계로 성당 일부가 지어져 사용되었으며, 1992년 원 설계 도면이 발견되어 1995년 원 설계대로 완성되었다.

〈그림 7-89〉 서울성공회성당과 수녀원 전경. (안창모 사진)

〈그림 7-90〉 한옥 사제관. (안창모 사진)

〈그림 7-91〉 서울성공회성당 내부. (안창모 사진)

〈그림 7-92〉 서울성공회성당 지하성당. (안창모 사진)

〈그림 7-93〉 서울성공회성당 성소. (안창모 사진)

1922년에는 트란셉트가 지어지지 않은 채로 사용되었으며, 회중석 역시 전체의 반만 지어진 상태였다. 외부는 반원형 창호와 막힌 아케이드 조합으로 구성되었으며, 내부는 신도석 좌우로 통로가 배치된 바실리카식 3랑 구성을 갖추고 있다. 신도석은 로마네스크풍 주두를 가진 기둥 위로 반원형 아치가 반복되는 아케이드가 좌우로 펼쳐지고, 아케이드 위 천장은 목조트러스가 노출되었다. 제단 후면에는 조지 잭(George Jack, 1855-1932)의 디자인에 따라 제작된 모자이크 벽화가 설치되었다. 예수가 들고 있는 책에는 "나는 세상의 빛이다(Ego Sum Lux Mund)"라는 문구가 적혀 있고, 중앙의 예수 아래에는 성모마리아를 중심으로 왼편으로 성 사도요한과 성 스테파노, 오른편으로 성 이사야 선지자와 성 니콜라스가 묘사되어 있는 황금빛 모자이크 벽화는 소박한 로마네스크 성당에서 화려하고 아우라가 가득 찬 분위기를 연출하고 있다.

성당 주출입구 쪽에 한옥으로 지어진 사제관이 위치해 있다. 다각형 평면으로 구성된 한옥 사제관은 1930년대 건축되었으며, 업무 공간을 겸하도록 지어졌다. 사무 공간에는 벽난로가 설치되었는데, 근대 한옥에 벽난로가 설치된 유일한 건물이다. 다각형의 구성과 침실 앞에 베란다가 설치되는 등, 한옥의 건축적 특성을 유지한 채 서양인의 삶을 담은 근대 한옥이다.

3) 개신교와 선교 건축

1885년 언더우드와 아펜젤러 선교사의 입국 후 미국에 호의적이었던 조선 정부의 후원으로 전래가 시작되었다. 선교기지의 중심은 서울의 정동이었다. 언더우드는 첫 예배를 정동에서 시작하고 광혜원을 설립했다. 아펜젤러 목사는 배재학당을, 윌리엄 스크랜튼은 시병원을 세웠다. 1886년에는 메리 스크랜튼 선교사가 이화학당을 설립하고, 1887년에 보구여관을 설립했다. 1897년에 세워진 정동제일감리교회는 현존하는 가장 오래된 개신 교회다. (그림 3-31 참조)

• 광주 양림동과 선교사 주택

전라남도 광주 지역은 남장로교의 선교기지로 1904년 북미선교사의 선교가 시작되었다. 목포를 통해 나주를 거쳐 광주에 들어온 선교사가 광주읍성 밖의 광주천 건너에 위치한 양림산 언덕에 정착했다. 미국 남장로교 선교사 유진벨(Eugene Bell, 1868-1925, 배유지)과 클레멘트 오웬 (Clement C. Owen, 1867-1909) 등이 구빈, 교육, 의료활동을 통해 선교하면서 서양인촌이 형성되었다. 우리의 전통마

〈그림 7-94〉 오웬기념각 (출처: 문화재청)

을과 달리 서양인촌은 언덕 위에 형성되었으며, 1908년에 설립된 수피아여학교에는 윈스브로우홀(Winsborough Hall)과 커티스 메모리얼 홀(Curtis Memorial Hall), 수피아홀(Speer Hall, 1911)이 지어졌다. 기독간호대학에는 선교사 오웬을 기념하는 오웬기념각(1914)이 남아 있다. 선교 계통의 교육시설과 주택 그리고 교회는 붉은 벽돌로 지어지는 것이 일반적이나 양림동의 선교사 주택 중 오웬기념각과 커티스 메모리얼홀은 회색 벽돌로 지어진 것이 특징이다.

• 여수 애양원

1911년 광주에 세워진 광주 나병원에 한센병 환자가 몰리자 윌슨(Robert M. Wilson, 1880-1963, 우일선) 선교사가 여수 신풍리에 세운 한센병 환자를 위한 공동체다. 광주 나병원에서 목공과 석공 일을 익힌 나환자들이 병원과 집을 짓고 교회를 지었다. 현 애양원에는 한센병 환자의 주택과 1928년에 건축한 석조 교회가 남아 있다.

〈그림 7-95〉 여수 애양원 옛 병원(현 박물관).　　〈그림 7-96〉 여수 애양원 한센병 가족 주택.

• 대구 동산병원과 선교사 주택

대구의 동산병원 구관은 서양식 의료기관인 제중원을 모태로 선교사 플
레처(Archibald G. Fletcher, 1882-1970)가 세운 붉은 벽돌조 3층 병원이다.
병원 안에는 1906년부터 1910년 사이에 지어진 선교사 스위츠(Martha
Switzer, 1880-1929) 주택, 챔니스(Vaughan Chamness) 주택, 블레어(William N.
Blair, 1876-1970) 주택이 남아 있다. 붉은 벽돌로 지어진 선교사 주택은 급
경사의 경사지붕, 다락방의 도마창과 원 모습을 유지하고 있는 실내 그리
고 베란다 등 선교사 주택의 초기 모습을 잘 보여준다. 현재 선교박물관
으로 사용되고 있다. 인근에 계성학교 맥퍼슨관(1913)과 핸더슨관(1931)이
있다.

〈그림 7-97〉 대구 동산병원 구관.　　　　　〈그림 7-98〉 대구 동산병원 스위츠 선교사 주택.

주택 건축

조선 정부는 1876년 이후 부산항을 통해 일본과의 교류를 확대하고, 1882년 미국과 수교한 후 1883년 인천을 개항했으며, 순차적으로 서양 여러 나라에 문호를 개방하고 서구 문물을 적극 받아들이기 시작했다. 이 과정에서 서양의 주택이 개항장과 외교타운이 된 정동에 나타나기 시작했지만, 서양 주택이 전통주택에 영향을 미치지 않았다. 산업혁명 없이 제도적 근대화의 길에 들어선 조선과 대한제국기에 주택 수급의 문제는 발생하지 않았다. 따라서 1910년까지 이 땅에는 새로운 주택에 대한 수요가 등장하지 않았다. 그러나 일본이 1905년에 대한제국의 외교권을 강탈하는 통감정치를 실시하고, 1910년에 대한제국을 강점하면서 이전에는 존재하지 않았던 주택에 대한 수요가 생겼다. 이른바 관사(官舍)의 등장이다.

1. 통감부와 총독부 관사

1905년 통감정치가 시작되면서 통감부에 근무하는 일본인을 위한 많은 주
택이 일시에 필요해졌다. 초기의 관사는 한국통감부가 있는 남산 일대에
지어졌으나, 1910년 강제병합 이후에는 주인을 잃은 궁궐터에 관사가 지어
지기 시작했고 1920년대 들어서면서 관사는 4대문 안 북촌 지역까지 광
범위하게 지어졌다. 김명숙[43]에 따르면, 통감부 시기와 1910~20년대 그리
고 1930년대에는 도성 안의 북촌 지역까지 관사가 광범위하게 지어졌다.

〈그림 7-94〉는 일제의 식민지배 과정과 도성 내 관사의 분포의 관계를
잘 보여준다. 식민지배 직전인 통감정치 시기에는 통감부가 위치했던 남
산의 북측면 산록에 통감부 관사가 집중되었으나, 1910년 이후 식민지배

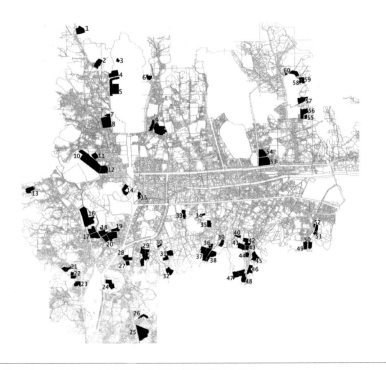

〈그림 7-99〉 도성 안 총독부 관사와 동척 사택 위치도.(출처: 김명숙 [2004]).

가 안정화되면서 총독부 관사가 점차 종로 북측에도 지어지기 시작했음을 보여준다. 특히 1920년대에 경희궁 터와 경복궁 터에 지어지는 총독부 고위 관리용 단독 관사는 주권을 잃어버린 나라의 궁궐이 처한 상황을 보여준다. 경희궁 터는 일본인 학교 터와 관사로, 경복궁 터는 신총독부 청사 부지와 총독부 관사로 사용되었다. 1930년대 관사의 분포에서 주목할 것은 동숭동에 지어지는 관사다. 동숭동 관사는 1916년에 설립된 전문학교와 1924년에 설립된 경성제국대학에 종사하는 관립학교 교직원용 관사다. 통감부 시기부터 일제강점기 말까지 40년 동안 관사는 남산의 북쪽 산록에서 북촌 그리고 도성의 동쪽으로 확산되었음을 알 수 있다. 일제강점기의 관사는 조선총독부가 대한제국 정부의 소유 재산을 인수한 시설 가운데 국권을 상실했기에 더 이상 효용가치가 없어진 부지에 건축되었다. 경희궁 터와 경복궁 터의 일부가 관사 부지로 사용된 것이 대표적인 예다. 관사는 등급별로 각기 다른 규모로 건축되었으며, 표준 설계에 의해 공급되었다. 관사 중 고급 단독 관사의 경우 서양식 응접실이 주출입구 옆에 설치되었으며, 1920년대 이후에는 한반도의 추운 겨울에 적응하기 위해 온돌이 적극 사용되기 시작했다.

· **통감부 관사**

도판은 통감부가 설치된 이후 통감관저(구 일본공사관)와 통감부 사이에 통감부 직원용 관사가 건축되었음을 보여준다. 통감정치기에는 소수의 고급 관리가 조선에 파견되었기에 단독 관사와 소수의 연립 관사가 지어졌다. 왜성대정에 지어진 연립 관사(그림 7-96)는 겹집의 공간구조를 가진 3호 연립 관사로 지어졌다. 북측에 주출입구가 마련된 것은 지형적인 이유로 판단되며 남측에는 화장실 등 부속시설이 배치되었다.

〈그림 7-100〉 통감부 왜성대 관사 배치도. (출처: 김명숙, "일제시기 경성부 소재 총독부 관사에 관한 연구" [서울대학교 석사학위논문, 2004])

〈그림 7-101〉 왜성대정 6번지 연립 관사. (출처: 김명숙, "일제시기 경성부 소재 총독부 관사에 관한 연구" [서울대학교 석사학위논문, 2004])

• 경복궁 터의 총독부 관사

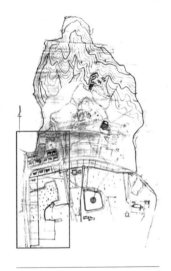

〈그림 7-102〉 경복궁 터에 건설된 총독부 관사. (출처: 김명숙 석사논문)

조선총독부가 경복궁 터에 지어지면서 경복궁의 북서쪽 일부에 총독부 관사가 지어졌다. 경복궁의 신무문 밖에 건축된 관사는 주임용 단독 관사다. 현관은 도로에 면한 쪽에 위치하며 현관 옆에는 손님을 맞이할 수 있는 응접실을 두어 가족 공간과 손님 공간을 구분하고 있다. 가족 공간은 속복도를 중심으로 주요 거실 공간이 남쪽에 배치되었고, 북쪽에는 부엌, 화장실 등 부속시설이 배치되어 있다. 이러한 공간구성은 전통적인 일본의 주거 형식이 아닌 서구화된 주택의 모습이라고 할 수 있다. 일본의 전통주택은 칸의 분화를 특징으로 하며 거주 공간이 복도로 나눠지지 않고 거주 공간의 외곽에서 각 실을 연결하는 복도가 설치된 것이 특징이다. 난방 방식에서도 전통적인 일본 방식만을 고집하지 않았음을 알 수 있다. 전체적으로 일본의 전통적인 다다미를 근간으로 하나 1개의 방에는 온돌을 설치해 한반도의 추운 기후에 적응하기 위한 노력이 관사에도 적용되었음을 알 수 있다.

• 식민지배의 유산, 관사

관사는 전형적인 식민지배를 위해 사용된 건축 유형이다. 관사는 해당 지역 출신이 아닌 타지인을 위한 주택이기 때문이다. 식민지 경영을 위해 총독부는 한반도에 파견된 일본인을 위한 주택을 공급해야 했다. 총독부 관리를 위해 공급된 주택은 짧은 시간에 다수의 주거를 공급해야 하는 정책상 표준 설계에 의존했으며, 사용할 관리의 직급에 따라 공급될 주택 규모가 결정되었다. 이러한 조건에서 형성된 초기 관사는 자연스럽게 집합주택의 형식을 갖게 되었다. 집합주택은 산업혁명을 겪은 유럽에서는 생산직 노동자를 위한 주거 유형으로 개발되고 공급되었으나, 산업혁명 없이 식민지 상태에서 근대를 맞이한 한반도에서는 전혀 다른 모습의 집합주택을 갖게 되었다.

유럽에서 집합주택은 노동생산성 확보를 위해 자본가가 노동자에게 안정된 주거를 공급했으며, 최소한의 생활 조건을 갖춘 주택 유형이었다. 자연스럽게 집합주택은 최소 투자로 최대 효과를 얻기 위한 주택 형식으로 개발되었기에 최적의 주거가 아닌 최소 주거가 일반적이었고, 개인이 소유하는 주택이 아니었다. 그러나 20세기 초에 한반도에 등장한 집합주택은 조선총독부가 식민지배시스템을 구축하기 위해 파견된 일본인 관료를 위한 주택 형식이었다. 공급 주체도 자본가가 아닌 총독부였고, 생산직 노동자가 아닌 사무직 근로자를 위한 주택이었으며, 저소득층이 아닌 (고급)관리를 위한 주거였다. 입지는 공장 주변이 아닌 지배기구가 집중된 도심이었다. 관사의 공간구성과 건축구법은 서양의 근대 주거 형식을 닮았지만, 공급 목적과 대상 및 입지는 전형적인 식민지건축의 특징을 갖고 있다고 할 수 있다.

• 경희궁 터의 총독부 전매국 관사

〈그림 7-103〉 경희궁 터 총독부 전매국 관사 평면도. (출처: 김명숙, "일제시기 경성부 소재 총독부 관사에 관한 연구" [서울대학교 석사학위논문, 2004])

통감정치 시기에는 남산의 통감부 주위에 관사가 집중되었으나, 1910년 대한제국을 강제병합한 일본은 조선시내 궁궐이었던 경희궁 터와 경복궁 터의 일부에 총독부 관리를 위한 관사를 지었다. 경복궁이 중건되면서 훼철된 경희궁 터의 동쪽 일부에 총독부 전매국 관사가 지어졌다. 전매국 관사의 평면은 전형적으로 서구화된 관사의 공간구성을 보여준다. 속복도를 중심으로 남쪽에 주된 공간이 배치되

었으며, 주출입구 옆에는 손님을 맞이하기 위한 응접실이 배치되었다. 주목할 것은 온돌의 설치다. 총독부는 한반도의 추운 겨울에 대응하기 위해 온돌을 설치한 것이다. 온돌은 습한 기후에 비위생적이고 추운 겨울을 이겨내기에 적합하지 않은 일본 전통주거 형식인 다다미의 문제를 해결하기 위함이었다.

2. 도시 주택

일본의 한반도에 대한 식민지정책은 유럽 국가의 식민지 경영처럼 경제적 이익만을 취하는 데 있는 것이 아니라 사람들을 자국민화하고, 땅의 영구 지배가 목표였다. 일본의 입장에서 대한제국은 역사적으로 오랜 관계를 유지해온 탓에 문화적 동질성을 상당 부분 공유하면서 지역적으로 가까워 일본은 홋카이도나 오키나와처럼 대한제국을 완전하게 일본에 흡수하고자 했다. 동시에 자연재해가 적고 대륙 진출의 교두보 역할을 할 수 있는 한반도의 지리적 장점과 일본 본토가 필요로 하는 식량과 자원

의 공급기지로 삼고자 했다.

이러한 식민지정책으로 인해 한반도의 농업생산력 확장을 위한 정책이 초기 식민지정책의 중심이었다. 따라서 도시는 식민지배를 위한 거점이기는 했지만, 유럽 국가들이 산업혁명을 통해 공업화, 자본화를 거치면서 경험한 도시화는 한반도의 도시에서는 일어나지 않았다. 그럼에도 불구하고 경성을 비롯한 평양과 부산 등에서 주택 문제가 발생했다.

식민지배 초기에는 식민지배시스템 구축 과정에서 나타난 일본인 식민지 관료의 주거 문제였지만, 1920년부터 나타난 주택 문제는 식민지배 과정에서 출현한 빈민의 주택 문제와 사무직 노동자로 성장한 식민지 중산층의 주택 문제였다. 식민지배 과정에서 출현한 도시빈민인 토막민(土幕民)들이 도시 빈민촌(土幕村)을 형성하자, 조선총독부는 주택 공급을 확장하기보다 토막촌 철거로 대응했고, 일인과 중산층 한인 사무직 종사자를 위한 주택 문제는 문화주택 보급으로 해결하고자 했다.

1) 부영주택과 토막촌

1910년부터 1910년대 말까지 경성의 인구는 25만 명 정도를 유지했다. 1919년 3·1만세운동으로 무단통치가 문화통치로 바뀌고, 조선회사령이 폐지되면서 한반도에서 가장 큰 소비시장을 형성하고 있던 경성에는 각종 회사와 공장이 설립되기 시작했다. 양승우의 연구[44]에 따르면, 1920년에 200여 개이던 회사의 수가 1930년에는 900여 개에 이르렀다. 이 과정에서 토지를 빼앗긴 농민층이 도시로 이동했고 새로 생긴 공장은 농촌을 떠난 농민들을 값싼 노동력으로 활용할 수 있었다. 그렇지만 도시로 몰려든 모든 사람이 일자리를 구할 수 있는 것도 아니었을 뿐 아니라 일자리 역시 양질의 일자리였다고 할 수 없었다. 이는 곧 도시빈민의 형성으로 이어졌다. 경성의 인구는 1930년에 35만5천여 명으로 급증하는 과정에서 도시빈민의 수 역시 급증했다.

• 부영주택 2제

1921년 9월 10일자《동아일보》[45]는 경성에 거주하는 가구는 5만4천 호지만 주택은 3만9천 호로 주택 부족이 심각한 현실을 보도했다. 이와 같은 현실은 경성부의 부영주택 정책에 반영되었다. 1921년 5월 6일자《동아일보》는 경성부에서 행랑식 부영주택을 공급한다는 기사를 실었다.

경성부에서는 금년도에 조선사람 가옥 100채와 일본사람 가옥 40채를 건축하여 경성시민에게 빌려줄 터이라 함은 이미 보도하였거니와 이에 대한 공사는 예산이 인가되는 대로 곧 착수하여 일을 시작할 터이므로 수일 내로 공사를 입찰케 하여, 오는 7월에는 완성케 할 터이오. 처소는 봉래정(蓬萊町)이나 또는 방산정(芳山町)의 두 곳 중에 한 군데를 정할 터이며, 부청에는 지금부터 집을 빌려 들겠다는 지원자가 답지하여 집을 짓기도 전에 매우 성황이라는데 가옥의 건축은 조선 사람이 들 집은 한 채의 면적이 약 2평6작5홉(2평6홉5작의 오기로 보임. 약 8.86제곱미터)으로 정하여 일본식과 조선식을 절충하여 기와집으로 지을 터이며 한 채의 칸수는 두 칸으로 나누어 그중 한 칸에 반 칸은 문칸으로 또 반 칸은 부엌으로 사용케 하고 그 다음에 한 칸은 온돌방으로 하여 거처하게 할 터이라는데 집은 한 채마다 따로 띄어짓는 것이 아니라 담장같이 길게 지어놓고 그중에서 칸칸이 전기와 같은 방법으로 다만 한 겹의 벽으로써 칸을 막을 터인즉 결국은 큰대가의 행랑채 모양으로 길게 지을 터이며 일본사람에게 빌려줄 주택은 방 넷에 나누어 응접실과 온돌의 설비를 하여 중등생활을 하는 사람은 상당히 거처될만하게 건축할 터이라. 조선 사람의 가옥은 비교적 노동계급의 사람이 많이 사용하게 될 터이오. 일본식주택은 중등회의 사람들이 많이 사용하게 될 것이라 하며 조선식주택은 한 채의 월세가 약 2원가량이오. 일본식은 약 15원가량으로 정하리라더라.

이 기사는 경성의 주택 문제에 대응하는 경성부 당국의 입장을 잘 보여준다. 당국에서 경성부에 거주하는 일본인과 한인에게 그들의 문화에 따라 각기 다른 주거 유형을 공급했다는 사실과 한인용 임대주택은 도시빈민을 대상으로 하는 2칸 반 정도의 주택이나, 일인용 임대주택은 응접실을 갖춘 중산층용 주택으로 주택 공급에서 차별이 컸음을 알 수 있다.

주목할 것은 한인에게 공급하는 주택 형식이 전통가옥을 구성하는 행랑과 유사한 모습을 갖춘 '행랑식(行廊式)'이었다는 점이다. 이는 방 1칸과 반 칸의 부엌과 문간으로 구성된 2칸의 단위 주호가 반복적으로 연속되는 주거 유형이었음을 알 수 있는데, 가장 오래된 연립한옥이었다고 할 수 있다. 다음 날인 5월 7일자 신문에는 한인을 위한 부영주택은 남대문 밖 봉래정과 동대문 근처에 공동주택으로 짓되, 한 채에 50가구가 거처할 수 있도록 짓고, 일본인을 위한 주택은 한강통에 건축하겠다는 기사가 실렸다. 경성부에서 시행하는 부영주택에 대한 비판도 있었다.

1921년 7월 30일자 《동아일보》는 "간판 뿐의 모방"이라는 제목의 기사에서

하나도 투털이하는 것이 없이 남이 한다면 흉내만 열심히 내이는 경성부에서는 근일에 유행하는 소위 '사회사업'을 한다고 떠들어대여서 제일착의 사업으로 시작한 공설시장은 유감없이 훌륭한 실패를 하여가지고 지금은 송장에 가까운 그 형해만 시민의 앞에 드러내여놓았는데 오히려 뉘우침이 없이 이번에는 주택이 부족하여 곤란하다니까 또 주

택을 경영한다고 8만6천원을 들여서 용산 연병정(練兵町)에 지어놓은 집이 사진에 보이는 것이다. 그 내용은 일본사람이 거주할 중류주택이 40호요. 조선인이 거주할 곳은 줄행랑만 1백5호인데, 어찌하여 이렇게 차별로 지었는지 그것도 괴상하다. 줄행랑에 들어갈 조선인 노동자는 교통이 편한 곳에 한 달에 4원의 세금을 내이지 않고도 용이히 얻어들만한 행랑이 있는 까닭에 사실은 주택이 그다지 곤란치 않고 제일 곤경에 빠져 있는 사람은 자기집 없는 중류계급인데 중류조선인의 주택은 하나도 짓지 아니하였다. 과연 100호를 지여놓고 아무리 세들 사람을 사방으로 구하여도 이때까지 희망자가 반수에도 차지 못하였다 한다. 이다지 사회사정을 모르는 자가 사회사업이 무슨 똥을 쌀 사회사업인가. 또 일본인의 주택에도 경성부 사람 열 명에게 집을 빌려주고 나머지만 추첨을 하였다. 리원(吏員, 하급 공무원)도 시민이니까 불가함은 아니나 경성부의 사택이 아닌 이상에는 먼저 가서 드는 것이 무슨 경위인가 이제는 다시 되지도 아니할 원숭이 구실만하지 말고 가만히 나 있는 것이 오히려 낫지 아니할는지.

라며, 한인과 일본인에게 공급하는 주택의 규모 차이와 함께 경성부 공무원에게 주택 공급에 특혜를 주는 문제와, 한인 주거 사정의 실체를 모르는 경성부의 주택 공급정책을 비판하고 있다.

1921년 12월 1일자 《동아일보》에는 '주택구제회'[46]에서 교북동 4번지에 기와집 102칸을 건축하고 상량식을 거행했다는 기사가 실렸다. 행사에서 박영효는 "경성 내에 주택이 없어서 헤매고 방황하는 여러 가련한 사람을 위하여 다소 칸이라도 구제하여볼까 하는 뜻에서 설립하였다."며 주택구제회에서는 "여러분의 따뜻한 동정으로 그동안 수입금이 1만3천여 원에 달하여 보시는 바와 같이 지금 백여 칸의 주택을 짓게 되었다."고 보고했다. 경성부 빈민의 주택 문제 해결에 경성부만이 아니라 한인 지식인들이 적극 나섰음을 의미한다.

• 토막민 대책과 아파트

경성부가 노동자를 위해 부영주택을 공급하겠다고 나선 시점에 경성부에는 광범위하게 도시빈민 주거지가 형성되었다. 이른바 토막과 토막촌이었다. 1920년대 들어 광희문 밖에 2천여 빈민이 거주하는 것을 비롯하여 창신동과 송월동 등에 토막민이 집단으로 거주하는 토막촌이 형성되면서 토막민의 삶과 토막촌의 화재가 사회 이슈로 신문에 오르내리기 시작했다.

〈그림 7-104〉 토막.

1928년 10월 25일자 《조선신문(朝鮮新聞)》에 따르면, 경성 내에 토막민이 10배나 급격하게 증가하여 토막민 정리가 심각한 사회적 문제로 등장했다고 한다. 특히 1929년에 조선박람회가 개최되면서 토막민 정리가 사회적 현안이 되었고, 1932년에 송월동으로 기상관측소 이전이 확정되면서 서대문 밖 송월동 일원에 형성된 토막촌이 기상관측소 부지는 물론 성벽 안에 위치한 경성중학교 부지를 침범하자 몇 차례의 경고 끝에 토막민을 강제로 쫓아내기도 했다. 쫓겨난 토막민은 아현고개 너머 토막촌으로 옮겨갔다. 아현 토막촌에는 학교가 세워질 정도의 규모가 형성되었음을 알 수 있다.

1935년에는 경성부에서 시내 토막민에 대한 실태조사를 발표하면서 토막을 정리하기 위해 빈민을 위한 신도시계획을 발표했다. 경성부 사회과 조사에 따르면, 종로서 관내 16호 53호, 동대문서 관내 2천8백4호 1만2천660명, 용산서 관내 2백44호 1천45명, 서대문서 관내 1백10호 5백50명, 본정서 관내 6호 25명 등 5천호 2만 명에 달하며, 매년 3백호에 1천여 명씩 토막민이 늘어났다.[47] 이들 토막민의 정리를 위해 1935년부터 1937년까지 3개년 계획으로 숭인동 정릉리와 은평면 홍제외리 국유림에 대지를 마련해 이왕직과 임업시험장으로부터 각각 6백 호와 5백 호를 지을 수 있는 건축 재료를 기부 받고 일정한 모습의 주택 기준을 만들어, 집은 토막민이 자력으로 짓는 계획을 수립했다. 도시빈민의 문제는 1937년 중일전쟁 이후 더욱 심각해졌고, 경성부는 중랑천에 인접한 휘경동과 전농동 일원에 3만 평 규모의 택지를 조성하여 영세민을 집단으로 수용하겠다는 계획을 발표했다. 영세민에게 공급될 주택의 규모는 1호당 15평 규모였다. 1938년에는 경성부 내 토막민을 일소시키기 위해 경성부 밖에 집단 거주지를 만들어 해결하려고 했던 '부외 집결주의'가 완전히 실패했다고 판단하고, '현지 중심주의'로 전환하기로 하고 공동주택으로 토막민 문제를 해결하겠다는 계획[48]을 발표했다. 그러나 이 계획은 일본의 패전으로 실현되지 못했다.

중일전쟁 발발 직후인 1930년대 후반에 경성을 비롯한 주요 도시의 주택 문제가 심각해졌다. 토막민의 경우 경성 외에 군산과 부산 등 지방 도시까지 광범위하게 확산되었다. 서울의 경우 토지구획정리사업을 통해 택

〈그림 7-105〉 "토막민 이주 개시". (출처: 《동아일보》 1936. 4. 19.)

〈그림 7-106〉 "세민지구 설정 계획". (출처: 《동아일보》 1938. 10. 5.)

지를 조성하여 주택영단에서 주택 공급에 나섰으나, 예정대로 사업이 진행된 곳은 상도지구, 번대방지구, 도림지구 정도였고, 신촌지구, 금호지구 등은 사업이 부진했으며, 서울의 동북부 지역은 토지구획정리사업계획이 발표되었으나 해방 전에 주택 공급이 이루어질 수 없었다. 세민지구가 위치한 휘경지구의 경우 사업 진행 속도가 매우 늦었고, 결과적으로 해방 전에 마무리되지 못했다.

2) 문화주택

문화주택은 서양식 생활양식과 주택 형식이 전통주택 건축의 비기능성, 비경제성, 비위생성의 문제를 해결할 수 있는 방법이라고 생각하며, 서양 주택의 공간구조와 외관을 모델로 지어진 주택이다. 개항 이후 전통주택의 문제를 개선해야 한다는 주장이 많은 지식인을 통해 제기되었다. 문명 개화를 통해 부국강병을 달성해 근대국가로 나아가기 위해서는 위생적인 주거 공간과 도시 공간의 실천이 절대적이며, 위생에 대한 관념은 '비위생=미개, 위생=문명'이라는 주거 의식이 지식인 사이에 공유되고 있었다. 그러나 19세기 말 20세기 초의 이러한 문제의식은 계몽 담론 차원에서 논의되었을 뿐 주택에 대한 새로운 제안과 실천으로 이어지지는 못했다. 위생 관념이 주택에 명시적으로 반영된 것은 박람회를 통해서였다. 1922년 도쿄에서 개최된 박람회에 출품되었던 서구식 외관과 공간구조를 갖춘 가족 본위의 서양식 생활양식이 가능한 14개동 주택이 식민지 한반도에도 소개되었으며, 이후 서울에서도 '문화주택도안전람회(文化住宅圖案展覽會)'와 강연회가 개최되었다. 1929년 서울에서 개최된 '조선박람회'에서는 가족 중심의 공간구성, 부엌과 화장실이 개량된 3동의 주택이 출품되기도 했다. 일제강점기에 도시한옥은 서울의 경우 시 전역에 광범위하게 지어졌다.

    전통주택 건축의 문제 해결을 위한 실천적인 대안이 마련되기 시작한 것은 최초의 한인 건축가인 박길룡, 김윤기, 박동진에 의해서다. 이들은 정도의 차이는 있지만 위생적인 주택지와 부엌과 화장실의 개선을 중심으로 한 기능성의 확보와 위생적이고 경제적인 주택을 우리 주택의 나아갈 방향으로 인식했으며, 주택 개량의 모델은 서양 주택이었다. 개량한옥을 공급하는 건설청부업을 운영했던 건양사의 정세권은 "정원이 있고, 햇볕이 잘 들고 바람이 잘 통하면 문화주택"이라며 자신이 공급하는 한옥은 이러한 장점을 모두 갖추고 있는 문화주택이라고 주장하기도 했지만, 오늘날 문화주택은 서양식주택을 일컫는다. 건축가와 건설업자 사이에 주택 형식에는 차이가 있었지만 문화주택을 판단하는 가장 중요한 기준이 '위생'이었음을 알 수 있다.

    일제강점기에는 1920년대 한인 지식인과 일본인 주거지를 통해 간헐적으로 공급되던 문화주택이 1936년 인구 급증으로 인한 주택 문제에 대응하기 위해 서울의 시역을 확장하면서 토지구획정리사업에 의해 주거지가 대대적으로 개발되었고, 이때 상업화된 문화주택이 본격적으로 공급되기 시작했다. 1920년대에 건축된 서대문 밖 홍난파 주택과 후암동의 조선은행 사택 그리고 장충동과 신당동의 무학(舞鶴) 주택지와 서대문 밖 충정로에 위치한 금화장 문화주택지가 대표적인 예라고 할 수 있다. 이 시기에 건축된 문화주택의 경우 건축양식은 서구식 주택임에도 불구하고 일본인들이 주로 거주했던 탓에 문화주택보다는 일식 주택으로 알려지기도 했다.

• **후암동 문화주택지**

1883년 도성 안에 미국공사관의 설치가 허락되면서 함께 도성에 자리잡은 외국인의 대다수는 일본인이었다. 당시 도성 안에 자리잡은 일본인의 대다수는 상업에 종사했으며, 남산의 북쪽 산록에 모여 살며 거류지를 형성했다. 남산의 북쪽 산록은 그늘지고 습해 거주에 적합한 장소는 아니었지만, 일본인의 세가 크지 않던 시절에 땅값이 저렴하고 밀도가 높지 않았던 남촌은 일본인들에게는 최선의 선택이었다. 일본인이 도성 밖에서 새로운 주거지를 찾아 나선 것은 1910년 한반도를 식민지화한 이후다. 가장 먼저 선택된 곳이 후암동이다. 후암동은 남산의 남쪽 산록에 위치하고 있을 뿐 아니라 서울역이 가깝고 일본인들이 대규모 신시가지를 조성한 신용산과 가까워서 최적의 입지였다. 구릉지인 후암동은 농사에 적합한 땅은 아니어서 조선시대에는 목축을 담당하는 전생서(典牲署)가 있었다. 남서쪽으로 야트막하게 구릉진 후암동은 향과 교통 면에서 일본인들에게는 최적의 입지였다. 일본인들이 동네 이름도 일본식인 삼판통(三坂通)이라 이름 지은 것도 구릉지에 주거지를 만드는 일본의 전통과 맞는 지역이었기 때문이다. 가장 먼저 자리잡은 것은 '조선은행 사택'이었고, 이어서 조선토지경영주식회사에 의해 3대 문화주택지[49]로 꼽히는 학강(鶴岡) 문화주택지가 개발되었으며, 미요시(三好) 주택지와 신정대(神井臺) 주택지가 개발되어 후암동은 경성 최고의 문화주택지가 되었다. 경성의 문화주택지 개발은 후암동에 이어 청파동과 장충동 일원 그리고 한강 너

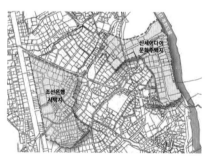

〈그림 7-107〉 후암동 조선은행 사택과 신정대 택지.
(출처: 1912년 지적지도)

〈그림 7-108〉 조선은행 사택. (안창모 사진)

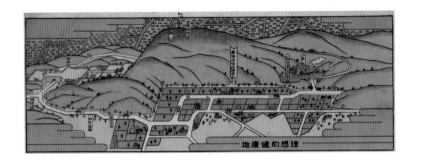

〈그림 7–109〉 후암동 신정대 주택지 계획도. (서울역사박물관 소장)

머 명수대까지 확장되었다.

    고급 주택지가 도성 안은 물론 도성 밖 교외 지역까지 광범위하게 확산되면서 문화주택은 빠르게 시대를 대표하는 주거 유형이 되었다. 1927년 12월 8일 조선을 방문했던 이토 츄타는 "문화주택은 그 나라와 시대에 따라 동일하지 않은 것이므로 일정한 전형이 있을 리가 없다."고 하며, 일본에 만연해 있는 구미 각국의 양식을 모방하는 세태를 지각없는 짓이며 우스운 노릇이라고 비판하기도 했다. 문화주택에 대한 선풍적인 인기는 1930년 《조선일보》에 실렸던 만평에서도 잘 나타난다. "여성선전시대가 오면"이라는 제목의 만평에서 결혼 적령기의 여성이 "나는 문화주택만 지어주는 이면 일흔 살도 괜찮아요"라고 말하는 안석주의 만평과 은행으로부터 무리하게 빚을 얻어 지은 '文化住宅'을 여름철 모기로 인한 화근에 비유한 '蚊禍住宅'이라 부른 것은 당시에 선풍적인 인기를 끌며 선망의 대상이 되었던 문화주택 관련 세태를 잘 보여준다고 할 수 있다.

    뾰족지붕을 특징으로 하는 문화주택은 오랫동안 일식 주택으로 인식되어왔다. 이는 우리에게는 없던 새로운 주택 건축이 일제강점기에 이 땅에 등장했기 때문이다. 일제강점기에 등장한 주택이니 당연히 일식 건축

〈그림 7-110〉 왼쪽: 석영, "여성선전시대가 오면" (《조선일보》 1930년 1월 12일자). 오른쪽: 석영, "文化住宅? 蚊禍住宅?" (《조선일보》 1930년 4월 14일자)

일 것이라고 생각했던 것이다. 그러나 뾰족지붕을 가진 붉은 벽돌이나 서양식 목구조 또는 모르타르로 마감된 벽체를 지닌 2층집은 일식 주택이 아니라 서양식 생활을 누릴 수 있는 선진적인 삶과 문화인들이 지향해야 할 삶을 담을 수 있는 서양식 문화주택이었다. 서양식 문화주택의 특징은 대청 대신 거실이 있고, 부엌이 입식이며, 화장실이 실내에 있었다. 거실에 벽난로가 있는 경우도

〈그림 7-111〉 홍남파주택, 행촌동. (안창모 사진)

있지만, 벽난로가 필수조건은 아니다. 침대 생활도 필수적인 요건은 아니었다. 침실의 경우 반드시 침대 생활을 하지는 않았다. 잠자는 공간은 한인의 문화주택은 온돌로 만들어졌고, 일인의 문화주택은 다다미를 사용해서 만들어졌다.

홍파동에 있는 음악인 홍난파 주택이 대표적인 예다. 홍난파 가옥은 홍난파가 짓고 살았던 집이다. 붉은 벽돌로 지어진 뾰족지붕을 갖고 있는 집이다. 현관을 들어서면 거실이 있고, 거실 바로 옆에 온돌을 사용한 안방이 있다.

3) 도시한옥

도시한옥은 전통주택이 토지 부족과 대량 공급을 필요로 하는 근대도시

의 조건과 사회적 요구에 적응하면서 진화된 주택이다. 1930년대에 서울을 중심으로 대형 필지를 분할하거나 토지구획정리사업을 하면서 새로 조성된 주거지에 집단적으로 건설되었다.[50]

도시한옥 가운데 공급자가 알려진 주거지로 익선동 도시한옥이 있다. 1929년 10월 27일자 《조선일보》에는 정세권이 운영하던 건양사에서 주택 매각을 위한 광고가 실렸는데, 이 광고에 익선동, 봉익동 등 자신이 도성 안팎에 지어서 팔려는 주택지가 실려 있다.

정세권은 단순한 건설업체를 운영하며 주택을 공급하는 이상의 활동을 하던 사업가였다. 1920년에 건설회사인 건양사를 설립한 정세권은 북촌의 대형 필지를 매입해 중산층이 구입 가능한 규모의 한옥을 짓는 사업을 시작했다. 이 과정에서 'ㄱ'자형 안채와 'ㅡ'자형 행랑채를 근간으로 하는 도시한옥의 기본틀이 개발되었다. 정세권은 《조선일보》 광고에서 확인되듯 가회동 31번지를 비롯해 체부동 163번지, 계동 99·101번지, 재동 54번지, 봉익동 11번지 등에서 한옥을 지어 공급했다. 정세권이 공급한 익선동 한옥군은 지금도 잘 남아 있는데, 이는 주택의 필지가 당대의 평균적인 도시한옥보다 작고, 골목길이 좁아 개별적인 개발이 쉽지 않았고, 익선동이 종묘와 창덕궁 등 세계유산에 인접하여 개발이 쉽지 않았기 때문이다.

정세권은 사회활동에도 적극 참여해 신간회와 조선물산장려운동, 조선어학회 등에 참여했다. 정세권은 자신이 공급하는 도시한옥의 지향점과 의미에 대해서도 명확하게 인식했다.

1929년에 발생된 『경성편람』에서 정세권은

문화주택이 별것입니까? 정원이 있고, 빛 잘 들고 바람이 잘 통하면 문화주택이지요. 자신은 십 년 넘게 주택을 공급해왔는데, 처음 사업을

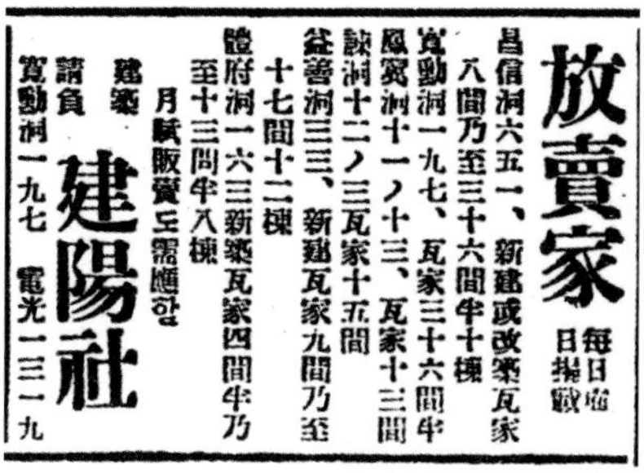

放賣家 每日臨 日撮觀

昌信洞六五一、新建或改築瓦家
八間乃至三十六間半十棟
寬勳洞一九七、瓦家三十六間半
鳳翼洞十一ノ十三、瓦家十三間
諫洞十二ノ三瓦家十五間
益善洞三三、新築瓦家九間乃至
十七間十二棟
體府洞一六三新築瓦家四間半乃
至十三間半八棟
月賦販賣도需應함

建築 請負 建陽社
寬勳洞一九七 電光一三一九

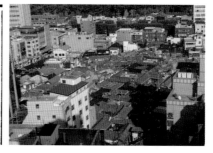

〈그림 7-112〉 주택 매각 광고. (《조선일보》 1929년 10월 27일자)

〈그림 7-113〉 정세권의 건양사가 공급한 익선동 한옥 전경. (안창모 사진)

시작할 당시보다 물가는 몇 배가 올랐지만 내가 공급하는 주택의 가격은 오히려 내렸다.

며 자신이 경성의 주택 공급에 기여한 바를 적고 있다.

정세권의 글은 두 가지 점에서 의미가 있다. 하나는 당시 문화주택에 대한 사회적 인식이 보편적이었으며, 문화주택은 우리의 전통주택의 문제를 해결하는 대안으로 인식되고 있었다는 점이다. 정세권이 "문화주택이 별것입니까?"라고 하며 지적한 '정원', '빛', 그리고 '환기'는 전통주택이 이 세 가지 점에서 미흡해 문명화된 삶을 위해서는 서양식 문화주택을 널리 보급해야한다는 지식인들의 주장이 있는데, 자신이 공급하는 한옥은 이러한 세 가지 문제를 모두 해결하고 있다는 것이다. 즉, 자신이 공급하는 전통주택은 정원도 있고, 빛과 바람이 잘 들고 환기가 이루어지는 문화주택이라는 것이다. 정형화된 주택을 대량으로 공급하면서 공정을 단순화하고 부재를 간략화함으로써 주택 공급가격을 낮춘 것은, 주문생산 형식의 전통주택 공급방식을 생산 후 공급방식으로 바꾸었기 때문에 가능했다고 할 수 있다. 도시한옥은 주문생산이던 재래의 주택시장에 상품화된 주택 시대를 연 새로운 주택이었다고 할 수 있다.

〈그림 7-114〉 가회동 도시한옥 개발과 분포도. (출처: 송인호)

〈그림 7-115〉 가회동 11번지 도시한옥 필지와 골목길 변화. (출처: 송인호)

〈그림 7-116〉 가회동 11번지 도시한옥 엑소노메트릭. (출처: 송인호)

송인호의 도시한옥 연구에 따르면 동궐과 북궐 사이에 위치한 양지바른 북촌은 조선시대 내내 사대부의 주거지로 큰 집들이 많이 위치한 곳이었지만, 일제강점기에 큰 집의 필지가 분할되어 작은 도시한옥이 지어지면서 오늘의 북촌 풍경이 만들어졌다. 북촌의 분할된 필지에는 'ㄱ'형 안채와 'ㅡ'형 행랑채가 향과 도로의 조건에 따라 달리 조합되면서, 필지의 조건을 맞추며 도시한옥이 지어졌다. 북촌의 큰 도로는 조선시대의 도로지만 작은 골목길은 대부분 1920~30년대에 형성된 골목길이다. 가회동 11번지와 가회동 31번지를 비롯하여 가회동 33번지, 삼청동 62번지 등이 이 시기에 형성된 동네다. 〈그림 7-115〉의 1962년 항공사진과 지붕 평면도는 가회동의 도시한옥이 밀집한 풍경과 골목길 구성을 보여준다.

문화주택으로서 도시한옥의 특징은 장면 가옥에서도 잘 나타난다. 장면 가옥은 건축가는 아니었지만 지식인으로 건축 작업에 깊이 관여한 경험을 갖고 있던 김정희가 설계했다. 장면 가옥은 안채와 사랑채로 구성되었으며, 대문을 들어서면 동쪽에 사랑채가 안채와 독립적으로 배치되어 있다. 사랑채는 서양식 응접실로 구성되었으며 안채의 툇마루를 통해 연결되지만 물리적으로는 별동으로 구성되었다. 이와 같은 구성은 대외 활동이 활발했던 장면이 서양식 응접실을 받아들였지만, 생활양식은 기존의 방식을 유지하고 있었음을 보여준다.

주목할 것은 안채의 평면 구성이다. 대청을 중심으로 안채와 건넌방이 위치한 것은 기존 한옥과 같지만, 안방 바로 아래에 위치하던 주방이 안방 뒤편에 배치되었으며 안방 남측으로 툇마루가 설치되었다. 화장실과 목욕탕이 북서쪽에 위치하며 실내에서 직접 연결이 가능하도록 배치되었다. 안채의 평면은 'U'자형 평면이 되었고, 뒷마당에는 수도도 설치되었다. 이러한 부엌의 위치 변화를 통해 전통주택의 문제점으로 지적되었던 채의 분화에 따른 비기능성 문제를 해결하고 대청과 안방 그리고 건넌방을 모두 남측에 배치할 수 있어 채광과 비위생 그리고 환기의 문제를 해결할 수 있었다. 장면 주택의 평면 구성은 박길룡이 제안했던 전통건축 개량을 위한 대안(그림 7-117)과도 같은 해법이다. 흥미로운 점은 서양식 건축교육을 받지 않은 김정희가 박길룡의 해법을 실천하고 있다는 점이다. 기능성과 위생은 서양식 근대 건축교육을 받은 건축인들이 제시할

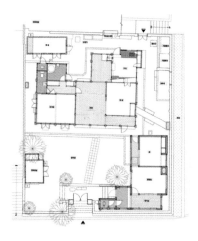

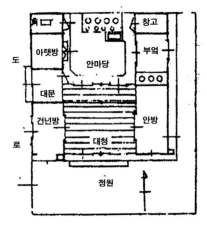

〈그림 7-117〉 장면 가옥 배치도. (장명학 작성)

〈그림 7-118〉 박길룡의 개량주택. (출처:『조선과건축』제 20집 제4호 [1941년 4월])

수 있는 해법이라는 점에서, 이러한 제안은 지식인 사이에 광범위한 공감대를 형성하고 있었을 것으로 추정된다. 그러나 주택시장에서는 박길룡의 이상적인 제안보다 'ㄱ'형 안채와 'ㅡ'자형 행랑채의 조합을 통해 어떤 조건의 필지에도 맞춰 지을 수 있는 도시한옥 유형이 채택되어 널리 보급되었다.

· 연립한옥

도시한옥은 고밀도화된 근대도시에 전통주택이 적응하는 과정에서 형성된 근대 주거로 구릉지인 가회동과 계동 일원에서 주로 보급되었는데, 인사동을 비롯한 도성 안팎의 평지에는 보다 진화된 도시한옥이 등장했다. 연립한옥이다.

초기의 도시한옥은 'ㄱ'자형 안채'와 'ㅡ'자형 행랑채의 결합으로 구성되었는데, 제한된 도심 내 토지 이용 효율을 높이기 위해 안채와 행랑채가 결합되어 'ㄷ'자형 평면의 도시 한옥이 등장했고, 나아가 'ㄷ'자형 한옥

〈그림 7-119〉 인사동 'ㄷ'자형 연립한옥. (안창모 사진)

〈그림 7-120〉 보문동 'ㄱ'자형 연립한옥. (출처: 서울시 항공사진서비스)

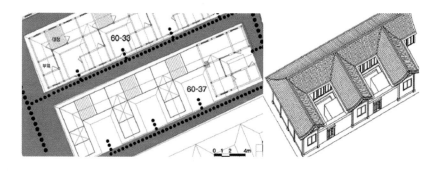

〈그림 7-121〉 보문동 연립한옥. 'ㄱ'자형 한옥과 'ㄷ'자형 연립한옥. (장명학 작성)

이 앞뒤로 이어지면서 용마루와 벽체를 공유하는 연립한옥이 등장했다. 초기에 'ㄷ'자형 주택이 연속되는 연립한옥이 토지구획정리사업지구에 지어졌으나, 해방 이후에는 더욱 작은 필지에 도시한옥이 공급되면서 보문동 일대에는 행랑채가 사라진 채 'ㄱ'자 안채만 연속되는 연립한옥도 등장했다.

5절

교육시설

식민지배를 공고히 하는 데 교육과 교육제도는 중요한 역할을 담당했고, 교육시설은 식민지 교육체제의 인프라였다. 1904년 8월 러시아와의 평양 전투를 승리로 끝낸 일본은 한국 정부에 일본인 고문관 초빙을 강요했고, 관립중학교 교관인 시데하라 타이라(幣原坦)[51]가 학부 고문관으로 부임했다. 시데하라는 1905년부터 1906년까지 짧게 근무했지만 식민지 교육행정의 근간을 구축했다.[52] 1911년 공포된 교육정책이 1922년, 1938년 그리고 1943년에 개정되면서 교육 내용뿐 아니라 교육시설에도 영향을 미쳤다.

일제강점기 교육시설은 설립 주체에 따라 관학, 민간사학, 선교사학으로 구분할 수 있는데, 식민지배와 함께 공포된 조선교육령에 따라 한인을 위한 교육체제와 일인을 위한 국공립 교육체제가 각기 다르게 편성되었다. 한인을 위한 교육은 '보통학교-고등보통학교' 체제로, 일인을 위한 교육은 '소학교-중학교' 체제로 이루어졌으며, 1916년에 전문학교제도가 도입되었고, 1924년에는 경성에 제국대학이 설치되었다. 동시에 사립학교도 운영되었는데, 사립학교는 일인보다는 주로 한인을 위한 교육시설이었다.

1. 초등교육시설

총독부 정책에 의해 설립되는 관립과 공립교육시설의 경우 건축 시기에 따라 일정한 경향성을 갖고 있다. 1906년에 공포된 보통학교령에 따라 설립된 학교의 경우 목조건축 교사가 대부분이었는데, 이는 전국적으로 공통된 현상이었다. 목조건축 교사가 붉은 벽돌에 의한 조적조 교사로 바뀌기 시작한 것은 1920년대에 나타난 현상이며, 1930년대에는 철근콘크리트 교사가 보급되기 시작했다.

공립보통학교는 각 부와 군별로 설립 운영되었기에 건물의 규모나 구조 그리고 의장은 지역별로 차이가 있다. 1920년대까지는 도시 지역을 중심으로 다양한 형태의 교사 건축이 지어졌으나, 1920년대 이후 학교 건축에는 표준 도면이 적용되기 시작했다.

서울의 경우 1923년에 지어진 청운보통학교와 1912년에 경성여자공립보통학교(1934년에 덕수공립보통학교로 개칭)는 목조 교사로 지어졌다. 1920

〈그림 7-122〉 조적조 학교인 수송보통학교. (안창모 소장 엽서)

〈그림 7-123〉 수송보통학교 전경. (출처: 『조선과건축』 20권)

〈그림 7-124〉 광주 서석보통학교 전경. (안창모 사진)　　〈그림 7-125〉 대구소학교. (안창모 소장 엽서)

년대에 학교 건축의 내구성과 화재로부터의 안전 문제가 부각되고, 벽돌공장의 생산능력 확대로 벽돌조 보통학교 교사가 지어지기 시작했다. 1921년에 지어진 교동보통학교와 1922년에 지어진 수송보통학교가 대표적인 예다. 철근콘크리트조 보통학교는 1923년의 미동보통학교가 지어진 이후 1926년의 마포보통학교, 1928년의 교동보통학교, 1929년의 죽첨보통학교 등이 지속적으로 지어졌다.

이와 같이 건축구법의 변화는 학교 건축의 디자인에도 큰 변화를 가져왔다. 벽돌조 건축이 재료의 구조적 속성상 좁고 긴 창호에 수직으로 오르내리는 창을 갖는 디자인의 교사 건축으로 귀결되는 데 반해, 철근콘크리트조 교사는 수평으로 넓은 개구부를 가진 창호가 가능해져 디자인이 조적조건축에 비해 모던한 감각으로 지어졌으며, 화재로부터도 안전해졌다.

지역의 경우 부산공립보통학교(1923), 인천공립보통학교(1924), 평양종로공립보통학교(1924) 등이 벽돌조로 지어졌으며, 군산공립소학교(1928), 목포공립고등소학교(1929), 광주소학교(1933), 강릉국민학교(1939)가 철근콘크리트조로 지어졌다.

광주중앙초등학교는(옛 광주소학교) 모서리에 있는 본관 1층에 사무실과 상부에 강당이 위치하며 본관 양쪽에 교사동이 배치되었다. 본관동 상부에 강당이 배치된 것은 기둥 없이 대공간을 만들기 위한 계획적인 배려다.

2. 중등교육시설

중등교육시설도 초등교육시설과 마찬가지로 관립과 공립교육시설의 경우는 목조건축 교사에서 조적조건축 교사 그리고 철근콘크리트조 교사로 점차 바뀌었으나 민간사학과 선교사학의 경우에는 다른 양상이 나타났다. 1919년 기준으로 7개의 주요 도시(경성, 부산, 평양, 대구, 대전, 전주, 함흥)에 중학교가 설립되었으나 3·1만세운동 이후 공립중등학교가 확대되었고, 여학교도 12개가 설립되었다. 1910년대에 건축된 중등교육시설은 대부분 목조 교사였으나 1920년대 이후에 건축된 교사는 벽돌로 지어졌다. 1926년에 지어진 경기도립상업학교는 붉은 벽돌로 지어진 대표적인 공립학교다. 철근콘크리트조는 신축 교사나 화재로 소실된 교사 재건축 시 채택되었기에, 처음부터 화재에 강한 붉은 벽돌로 지어진 중등교육시설의 경우 초등교육시설에 비해 철근콘크리트조 교사가 상대적으로 적다.

1910년대 건축된 민간사학과 선교사학의 교사도 대부분 붉은 벽돌로 건축되었으나 선교사나 민간 건축가에 의해 설계되면서 다양한 모습의 붉은 벽돌로 지은 학교 건축이 나타났다. 민간사학 가운데 양정중학교(1913)와 숙명여학교, 중앙고등학교, 선교사학 중 이화학당과 배재학당이 대표적인 예다. 숙명여학교와 중앙고등보통학교는 나카무라 요시헤이가 설계했다.

공립학교인 경기공립중학교(1938)의 경우 철근콘크리트로 교사가 지어지기도 했으나 민간사학과 선교사학의 경우 철근콘크리트조로 지어지는 경우가 흔치 않았다. 1932년에 박길룡의 설계로 건축된 김천중학교의 경우 외벽은 붉은 벽돌에 의한 내력벽이지만 슬래브는 철근콘크리트가 사용된 혼합구조로 지어지기도 했다.

사학의 경우 설립자의 의지에 따라 일반적인 교사의 모습과 달리 지어지는 경우도 있었다. 중앙고등보통학교 본관이 대표적인 예다. 보성전문학교와 재단이 같았던 중앙고등보통학교의 경우 보성전문학교 본관이 석조 고딕양식으로 지어진 후 좋은 평가를 얻자 화재로 소실된 본관을 보성전문학교 본관을 설계했던 박동진에 의해 석조 고딕양식으로 다시 지어졌다. 지방의 선교사학이나 민간사학의 경우는 붉은 벽돌보다 지역에서 쉽

〈그림 7-126〉 오산학교 신본관, 박동진 설계. (안창모 박사논문 [1987])

〈그림 7-127〉 중앙고등보통학교 본관, 나카무라 요시헤이 설계. (안창모 소장 자료)

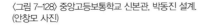

〈그림 7-128〉 중앙고등보통학교 신본관, 박동진 설계. (안창모 사진)

〈그림 7-129〉 경기도립상업학교 (1928, 현 서울경기상업고등학교) (안창모 사진)

게 구할 수 있는 석재를 사용하는 경우가 많았다.

실업계 중등교육시설로 농업학교, 상업학교, 공업학교가 도시가 입지한 지역의 성격에 따라 설치되었으나, 실습실의 차이 외에 교육시설의 건축적 차이는 두드러지지 않았다.

3. 고등교육시설

각종 전문학교는 1915년에 제정된 전문학교 규칙에 의해 설립되었다. 고등교육기관 가운데 전문학교는 전문 인력 양성이 목적이었으며, 대학은 교육과 연구를 담당하는 인력을 양성하는 교육기관이다. 일제강점기의 첫 관립전문학교로 경성법학전문학교(1916), 경성의학전문학교(1916), 경성공업전문학교(1916), 수원농림전문학교(1918)가 있다. 사립전문학교로 세브란스의학전문학교(1917)와 연희전문학교(1917)가 있다. 1918년에 설립된 사립동양협회전문학교는 1920년 사립경성고등상업학교를 거쳐 1922년에 관립경성고등상업학교가 되었다. 1922년에 설립된 경성치과의학교는 1928년에 소공동 관유지를 무상으로 임대받아 이전한 후 1929년에 경성치과의학전문학교가 되었다.

1905년에 설립된 보성전문학교는 총독부 사립학교 규칙을 따르지 않아 보성법률상업학교로 격하되었다가 1921년에 보성전문학교가 되었다. 1924년에는 경성제국대학이 설립되었다.

1937년 7월 7일 중일전쟁을 통해 대륙 침략을 본격화한 일본은 1938년 3월 31일에 국가의 전쟁 수행 능력을 극대화하는 데 필요한 인적, 물적 자원을 통제할 수 있도록 '국가총동원법'을 제정했다. 이 법에 따라 조선총독부는 이과계 전문 인력의 양성을 적극 추진하면서 식민지 조선의 전문학교 체제를 전시 전문학교 체제로 개편했다. 중일전쟁 직후 경성광산전문학교와 부산고등수산학교가 신설되었으며, 일본의 진주만 습격 이후에는 평양고등공업학교와 대구농업전문학교가 신설되었다. 연희전문학교와 보성전문학교는 각각 경성공업경영전문학교와 경성척식경제전문학교로 전환되었으며, 경성법학전문학교와 경성고등상업학교는 경성경제전문학교로 통합되고, 이화여자전문학교와 숙명여자전문학교는 조선여자청년연성소 지도원양성기관으로 전환되었다. 혜화전문학교와 명륜전문학교는 폐교되었다.[53]

1) 관립전문학교

총독부에서 설립한 관립전문학교 중 의학전문학교와 공업전문학교는 동숭동에 설치되었으며 현 세종로에 설립되었던 경성법학전문학교는 1944년에 경성고등상업학교와 통합되어 경성경제전문학교가 되었다가 해방 후 서울대학교 법학대학에 흡수되었다.

• 경성법학전문학교

1895년 법관양성소로 설립되었으며, 1903년 호조의 건물로 이전했다. 1909년에 한성법학교로 개편되었다가 1911년 경성전수학교로 이름이 바뀌었으며 1916년에 공포된 전문학교 규칙에 따라 1922년에 경성법학전문학교로 승격되었다.

〈그림 7-130〉 경성법학전문학교.

• 의학전문학교

의학전문학교에는 관학으로 경성의학전문학교, 대구의학전문학교 그리고 평양의학전문학교가 있다.

〈그림 7-131〉 동숭동 경성의학전문학교 전경.

〈그림 7-132〉 경성의학전문학교 부속병원.

〈그림 7-133〉 경성치과의학전문학교.

〈그림 7-134〉 대구의학전문학교.

〈그림 7-135〉 평양의학전문학교.

경성의학전문학교는 1899년에 설립된 관립의학교에 뿌리를 두고 있으며, 관립의학교가 1908년 1월 1일 대한의원 의육부로 바뀌고 1909년 2월 4일 대한의원 부속의학교로 바뀌었다가 1916년에 공포된 '경성의학전문학교 관제'에 의해 1916년에 경성의학전문학교로 개칭되었다. 의학교는 동숭동에 건축되었으며, 1928년에 조선의 마지막 개혁의 심장부였던 중학천 변 종친부 터에는 경성의학전문학교 부속병원이 붉은 벽돌로 지어졌다. 현재 국립현대미술관 서울관으로 사용되고 있다.

대구의학전문학교는 1923년에 대구의 자혜의원에서 대구의학강습소로 출발하여, 1929년 도립의학강습소를 거쳐 1933년에 대구의학전문학교로 승격되었다. 대구의학전문학교 본관은 중앙의 돌출된 곡면의 중앙부에 4층의 4각형 탑이 위치하며 좌우 대칭으로 구성되었다. 붉은 벽돌로 연출된 다양한 입면이 표현주의적 특징을 갖고 있다.

평양의학전문학교는 1929년 수업연한 4년제 전문의학교로 설립되었다. 평양의학전문학교 교사는 대구의전 본관과 달리 수평으로 긴 띠창이 강조되는 모더니즘 건축의 영향을 받은 건축이다.

• 경성공업전문학교와 경성광산전문학교

〈그림 7-136〉 경성광산전문학교 전경. (출처: 서울대학교 공과대학 졸업앨범)

1915년 전문학교 규칙에 의해 경성공업전문학교가 설립되었다. 공업전문학교 건축학과 등이 3년제로 운영되었으며, 1922년 공업교육 강화 정책에 따라 경성고등공업학교로 개칭되었다. 1939년 전시체제에서 광산학과의 전략적 중요성이 부각되면서 광산학과가 분리되어 경성광산전문학교가 설립되었다. 1041년 3월에는 전시체제하에서 군수산업에 종사할 기능인력 양성을 위한 이과양성소도 부설기관으로 설립되었다. 공릉동에 경성제국 이과대학과 함께 교사가 건축되었다.

• 경성고등상업학교, 서울

1899년에 설립된 상공학교가 전문학교 규칙에 따라 농상공학교의 상과

가 척식대학(拓植大學) 일본동양협회식민전문학교 경성분
교로 개편되었다. 1918년에 동양협회식민전문학교와 분리
되어 동양협회경성전문학교로 독립하였다가 1920년 5월
에 사립경성상업학교로 바뀌었다. 1922년에 설립된 관립
상업전문학교다. 1939년에 종암동으로 이전했으며, 종전
직전인 1944년 4월 6일에는 경성경제전문학교로 개칭되
었다.

〈그림 7-137〉 경성고등상업학교. (안창모 소장 엽
서)

2) 사립전문학교

• 연희전문학교

1915년에 개교한 연희전문학교는 1917년에 동양척식주식
회사로부터 19만 평에 달하는 연희면 창천리 일대의 부
지를 구입하고 마스터플랜을 만들었다. 미국 건축가 헨
리 머피(Henry Killian Murphy)가 작성한 마스터플랜에 따
라 1920년 8월에 준공된 스팀슨관을 시작으로 언더우드
관, 아펜젤러관이 건축되었다. 세 건물은 언더우드관을 중
심으로 스팀슨관과 아펜젤러관이 대칭으로 배치되고, 중

〈그림 7-138〉 연희전문학교 마스트플랜, 헨리 머
티 설계. (출처: 연세대학교)

〈그림 7-139〉 언더우드관 본관. (안창모 사진)

〈그림 7-140〉 언더우드관에서 바라본 정원과 학교 전경.
(안창모 사진)

앙 마당에는 서양식 정원이 꾸며졌으며, 정면에는 언더우드 동상이 설치되었다.

현재도 1920년대에 조성된 조경과 세 건물의 모습이 설립 당시의 모습을 온전하게 유지하고 있으나, 마스터플랜 당시의 조경 설계와는 다르게 조성되었다.

세 건물 모두 사각형의 창호와 베이윈도우 및 납작한 첨두형 아치가 특징인 튜더식 고딕건축양식으로 지어졌으며, 외벽체는 막돌쌓기 형식을 갖고 있다.

• 사립의학전문학교

사립의학교에는 세브란스의학전문학교와 경성여자의학전문학교 그리고 경성치과의학전문학교가 있다.

1885년 광혜원으로 시작된 세브란스병원이 1904년 서울역 앞 도동에 캐나다 건축가 고든(H. B. Gordon)의 설계로 새 병원을 짓고, 1917년에는 이 병원에 세브란스연합의과전문학교가 들어섰다. 중앙에 박공이 있는 주출입구를 중심으로 좌우에 8각형의 튜렛을 가진 좌우 대칭형 건축이다. 선교병원으로 지어진 세브란스병원은 붉은 벽돌로 지어졌으나 병

〈그림 7-141〉 세브란스병원. 1904. (안창모 소장 엽서)

원 건축답게 최대한 개구부를 확보해 지음으로써 총독부에서 건축한 관립학교의 조적조건축이 폭이 좁고 세로로 긴 창호를 가진 건축과는 다른 모던한 분위기를 갖고 있다. 주 정면의 양측에 위치한 8각형의 튜렛도 일반 관립학교와는 다른 이국적인 모습을 연출하는 데 일조하고 있다.

경성여자의학전문학교는 미국인 여의사 R. S. 홀(R. S. Hall)이 설립한 조선여자의학강습소가 경성여자의학강습소를 거쳐 1938년에 경성의학전문학교로 승격되었다. 최초의 여의사 양성을 위한 교육기관으로 해방 후 1948년에 서울여자의과대학을 거쳐 1957년에 수도의과대학으로 개편되었다. 경성치과의학전문학교는1922년에 경성치과의학교로 개교했다. 해방 후 국립서울대학 설치안에 따라 사립학교였음에도 불구하고 서울대학교에 흡수되어 치과대학으로 승격되었다.

- **보성전문학교**

1905년 이용익이 설립한 학교다. 1910년 경영난으로 인해 천도교에게 경영권이 넘겨졌으나 1915년에 공포된 사립학교 규칙과 전문학교 규칙에 의해 전문학교로 인정받지 못해 보성법률상업학교로 격하되었다. 1922년에 다시 보성전문학교 지위를 회복했으나 재정난으로 1932년 김성수에게 학교 운영권이 넘어갔다. 김성수는 1934년에 안암동

〈그림 7-142〉 해방 직후 고려대학교 본관과 도서관 전경. (출처: 미국 국립문서기록관 [NARA] 소장 자료)

에 건축가 박동진의 설계로 고딕건축양식의 본관과 도서관을 지었다.

- **이화여자전문학교**

1886년 5월 31일 스크랜튼 선교사에 의해 정동에서 이화학당을 설치하

여 서양식 교육이 시작되었으며, 1925년 이화여자전문학교로 개편되었다. 1935년 대현동으로 이전하면서 본관과 음악관, 체육관 등을 갖추었다. 학교시설은 일본에서 활동하던 미국인 선교사이자 건축가인 윌리엄 보리스 설계로 연희전문, 보성전문과 함께 고딕건축양식으로 지어졌다. 일제강점기에 서울에 지어진 고딕건축양식

〈그림 7-143〉 이화여자전문학교 전경, 1960년대. (출처: 『이화 80년사』)

중 애슐라쌓기와 창호 디자인 등에서 완성도가 가장 높다.

3) 관립대학, 경성제국대학

1924년 경성제국대학령에 따라 설립되었다. 1923년 조선민립대학기성회(대표 이상재)가 민립대학 설치를 추진하자 조선총독부가 이를 저지하기 위해 설립한 일제강점기 최초의 대학이다. 1924년에 경성제국대학 예과가 설립되었으며, 1926년에 3년제 법문학부와 4년제 의학부가 설립되었다. 경성제국대학 예과는 1926년에 청량리에 건축되었고, 의학부는 1927년, 법문학부는 1928년에 동숭동에 지어졌다. 이공학부는 전시체제에서

〈그림 7-144〉 경성제국대학 전경, 동숭동. (안창모 소장 엽서)

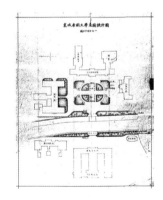

〈그림 7-145〉 경성제국대학 배치도. (국가기록원)

군수산업을 위한 고급 기술인력의 필요에 따라 1938년에 설치가 결정되었고, 1943년에 개설되었다.

• 법문학부와 의학부, 동숭동

동숭동에 건립된 경성제국대학의 법문학부와 의학부는 도로를 가운데 두고 동서 대칭으로 배치되었다. 경성제국대학 본관과 의학부 본관은 조적조 내력벽체 구조와 철근콘크리트조 슬래브가 혼합된 구조로 건축되었으며, 외관은 갈색 스크래치 타일로 마감되었다. 타일은 1920년대 후반부터 본격적으로 사용되기 시작하였는데, 고가의 재료였던 까닭에 관공서 등에 제한적으로 사용되었다. 이 시기의 타일은 벽면을 평활하게 시공하는 어려움 때문에

〈그림 7–146〉 경성제국대학 의과학대 본관과 함춘원 전경. (서울대병원 의학역사문화원 소장 자료)

타일의 표면을 거칠게 제작한 스크래치 타일로 만들었고, 'ㄱ'자 형태의 모서리 타일을 사용했음에도 불구하고 마치 벽돌처럼 보이게 만들었다.

• 이공학부, 공릉동

1930년대 들어 전시체제가 지속되면서 이공학도의 사회적 수요가 증가하자 1943년 경성제국대학에 군수산업체에 종사할 고등기술인력 양성을

〈그림 7–147〉 구 경성제국대학 이공학부 전경. (출처: 서울공대 졸업앨범)

위해 이공학부를 설립했다. 입지는 일본군 훈련소와 군 시설이 위치한 태릉에 건립되었다. 이공학부 교사는 장식이 제거된 모던한 감각의 'ㅁ'자형 평면으로 지어졌으나 중앙의 탑과 돌출된 현관 그리고 좌우 대칭의 구성 등 고전주의 건축의 구성적 특징을 갖고 있다.

식민지 산업과 건축

대한제국이 일본의 식민지로 전락하면서 한반도의 경제는 일본 경제에 철저히 종속되었다. 식민지의 산업구조는 식민지배국의 산업구조와 밀접한 관계를 맺으며 형성된다. 조선총독부는 1910년 12월 '회사령'을 공포했다. 이는 전통적인 한인의 토지자본이 산업자본이나 상업자본으로 전환되는 것을 막고 일본인 자본의 한반도 진출을 용이하게 하여 한반도 경제를 장악하기 위함이었다. 식민지로 전락한 한반도의 산업은 일본의 산업 진흥을 지원하는 보조적인 역할이 주어졌고, 이는 일본의 만성적인 쌀 부족을 해결하기 위한 농업과 1차 산업 중심의 식민지 경영이 전개되었다. 동시에 한반도는 일본에서 생산된 공산품의 소비시장이 되었다. 이와 같은 식민지 경제구조로 인해 전통적인 토지자본이 상업자본이나 산업자본으로 전환될 수 있는 길이 막혔고, 이는 산업화와 상업화에 의해 창출되는 건축 수요를 막아 한인 건축가의 성장이 지체되는 결과로 이어졌다.

1. 식민지 산업 건축

일제의 강점은 1차 산업인 농업생산물과 지하자원의 직접 수탈 외에 식민지의 값싼 노동력을 활용한 방직산업 등의 진출을 촉진시켰다.

1) 일본인 농장과 건축

총독부는 한반도 농업구조의 식민지적 재편을 통해 일본 자본주의의 식민지에 대한 요구를 충족시킴과 동시에 조선 농촌에 대한 지배체제를 재편하여 식민지경제의 근간을 장악했다.

총독부는 농촌사회를 장악하기 위해 지주회 등 농업단체를 조직하는 한편, 일본인 농업자본가의 진출을 지원했다. 일인의 농업자본이 집중된 곳은 평야가 발달한 전북, 전남, 경기, 경남, 충남 순이었다. 대표적인 농업자본은 동경에 본점을 두고 서울에 지점을 둔 한국흥업주식회사로 1904년 9월에 창립되었다. 전라북도에서는 구마모토농장(熊本農場)이 1903년 10월 옥구군 박면 내사리와 태인군 화호리에 개설되었으며, 1905년 가을에는 평남 진남포와 황해도 금산포에서 토미타농장(富田農場)이, 1906년 6월에 전북농장을 개설했던 후지이 간타로(藤井寛太郞)는 1914년에 불이흥업주식회사(不二興業株式會社)를 설립했다. 일인 농업자본의 농장 경영으로 한반도의 농촌 모습은 크게 달라졌다.

• 구마모토농장(熊本農場)

구마모토농장의 지주 구마모토 리헤이(熊本利平,1879-1968)는 1903년부터 1945년까지 군산의 개정동에 설치한 농장을 중심으로 군산과 김제, 정읍 등에서 26개 면을 관장하며 1,200만 평에 달하는 대지를 소유하고 3,000여 가구의 소작농을 부릴 정도의 농장을 경영했다. 구마모토농장은 농장

〈그림 7-148〉 이영춘 가옥(구 구마모토농장 주택). (안창
모 소장 엽서)

〈그림 7-149〉 구마모토농장의 신태인 구 도정공장창고.
정읍. (안창모 사진)

농민을 대상으로 자혜진료소를 운영했으며, 진료소는 세브란스의학전문
학교를 졸업한 이영춘 박사가 운영했다 구마모토농장은 개정본장의 본장
장(本場長)과 지장장(支場長), 분장장(分場長) 별로 관리자를 두고, 그 아래
직급별로 일인 직원과 조선인 직원, 사음, 소작인 순서로 피라미드 체계
로 관리했다.

　군산 개정동에는 구마모토가 별장으로 지은 주택이 남아 있으며 전라
북도 유형문화재 200호로 관리되고 있다. 정읍 신태인읍 화호리 지역에는
구마모토농장의 흔적이 남아 있다.

• 불이흥업주식회사(不二興業株式會社)

1914년 후지이 간타로(藤井寬太郞)가 설립한 농업회사로 수리조합사업을
중심으로 성장했다. 후지이 간타로는 러일전쟁 발발 후인 1904년 3월에
내한해 후지모토합자회사(藤本合資會社) 조선지점을 설치하고 약 1,500정
보의 농지를 구입해 후에 불이전북농장이 된 구마모토농장을 경영했다.
농장을 경영하며 천수답의 문제를 해결하기 위해 1906년 수리조합조례
가 실시되자 임익수리조합(臨益水利組合)을 설립하고, 1911년에 수리시설
을 준공했다. 1911년에는 평안북도 압록강에서 대규모 간척 사업을 시작

〈그림 7-150〉 동진수리조합 사업지 부근 지도. (안창모
소장 엽서)

〈그림 7-151〉 불이농장 전경. (안창모 소장 엽서)

했는데 이것은 이후 불이서선농장(不二西鮮農場)이 되었다. 1913년에는 대
정수리조합(大正水利組合)을 설립했다. 1930년대 경영 악화로 경영권이 조
선식산은행으로 넘어갔으나 전시체제에서 사세가 더욱 확장되어 조선농
기구제조(주)를 설립하는 등 일제 말에는 동양척식주식회사에 버금하는
거대 농업회사가 되었다.

2) 수리조합

〈그림 7-152〉 익옥수리조합 대아저수지. 군산. (안
창모 소장 엽서)

1906년에 제정된 수리조합 조례에 따라 관개배수시설의
신설 및 보수와 관리를 목적으로 설치된 조합이다. 1908
년에 옥구서부, 1909년에 임익, 마구평, 임익남부수리조합
이 설립되었고 이어서 전국적으로 확산되었다. 수리조합
의 궁극적인 목적은 토지개량사업이었으며, 수리조합을
통해 농경지에 대한 관개배수를 함으로써 토지생산성을
높이고자 했다. 그러나 관개배수를 장악하는 수리조합은
일본의 농업자본이 과도한 공사비와 수세(水稅)를 통해 조선 농민을 지배
하고 수탈하는 근간으로 작동된 까닭에 수리조합은 식민지 지주제를 확
립하고, 식량 증산에 기초한 식민수탈체제의 핵심적 역할을 수행했으며,

농민들의 수리조합반대운동 진원지이기도 했다.

3) 정미업과 공장

일본의 쌀 수탈은 수리조합을 통한 토지 개량과 농업생산성 향상, 그리고 수리조합사업을 통한 조선 농민에 대한 지배력 강화, 농업자본가의 대규모 농장 경영으로 귀결되었으며, 이렇게 생산된 쌀은 항구에서 도정되어 일본으로 반출되었다. 따라서 일본인 농업자본가에 의한 쌀 수탈의 궁극적인 완성은 항구도시에 위치한 정미소라고 할 수 있다. 대표적인 예가 인천과 군산의 정미산업이다.

남지현의 연구[54]에 따르면, 인천의 첫 산업은 정미업이었다. 1896년 미두취인소 설립을 시작으로 1899년 간척 사업을 통해 조계지와 함께 해안가에 창고시설 및 정미소가 지어졌다. 인천에서는 한인 상인의 자본을 바탕으로 한 근업소(勤業所, 1907)가 객주와 협력해 쌀의 유통을 주도했으나 1908년 일본인 중심의 조선곡물협회가 만들어지고 1912년의 도량형법 개정을 통해 전국적으로 통일적인 곡물 유통이 시작되면서 한인 정미업과 일본인 정미업 사이에 강한 대립 관계가 형성되었다. 그러나 조선총독부의 곡물검사제(1935)가 실시되면서 조선 정미업이 급격하게 몰락하게

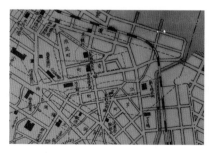 

〈그림 7-153〉 군산역 주변의 정미소 위치도. (출처: 국립 박물관 소장. 지도 위에 필자 작성)　〈그림 7-154〉 미곡시장, 군산. (안창모 소장 엽서)

되었다.

『인천상공회의소 90년사』에 따르면 1910년에 6개소이던 정미소가 1932년에는 32개소가 될 정도로 정미업이 급성장했으며, 정미업의 성장과 함께 양조업도 성장했다고 한다. 인천에서 정미업은 개항 초기부터 활발했다. 만성적인 쌀 부족 국가였던 일본이 경기 일원에서 생산된 쌀을 인천을 통해 수입해 갔기 때문이다. 인천에는 공장군과 정미 유통 지원시설군 그리고 노동지원 시설군 등이 해안과 철도시설의 인프라를 배경으로 구축되었으며 이러한 흔적은 오늘날까지 남아 있다. 인천 해안동과 송학동에 형성된 정미소와 관련 산업시설군은 정미업 관련 산업군이 어떻게 존재했는지를 보여준다.

인천의 경우 정미업 외에 일제강점 말에 군수산업이 성장하면서 정미업의 비중이 현저히 낮아져 쌀 수탈의 이미지가 적지만, 인천항의 기업형 정미소의 존재는 인천이 군산 못지않은 쌀 수탈항이었음을 보여준다. 군산은 미곡 수탈의 대표적인 도시였다. 군산의 경우 군산역을 중심으로 정미소가 위치했다. 전시체제하에서는 식량 통제를 위한 '조선식량영단'이 설립되었는데, 군산에는 식량영단 군산출장소가 남아 있다.

- **가토(加藤)정미소**

가토정미소는 미곡 무역과 쌀을 가공하여 일본으로 반출하는 사업체였다. 1922년 5월 2일자 《매일신보》에 실린 전 조선 정미제분 업체에 관한 기사에서 가토정미소는 진남포에 본사를 두고 있었는데 불입자본금이 300만 원으로 조선에서는 가장 큰 회사였다. 가토정미소 인천지점은 6,500평의 부지에 300마력의 원동기를 갖추고 있으며 정선기(精選機) 20대, 인접기(籾摺機) 16대, 입선대(粒撰臺) 24대, 마찰기(摩擦機) 26대를 보유하고 있으며, 남자 350명, 여자 150명의 인력을 갖추고 있었다. 1924년에는 가토정미소에서 두 차례나 파업이 있을 정도로 근무 환경이 열악했다.

• 리키다케(力武)정미소

1905년 2월 27일자《황성신문》에 리키다케정미소의 리키다케 헤이하치(力武平八)가 기계정미소를 설립한다는 광고가 실렸다.

本人이 今般 機械精米所를 仁川港井洞近地에 新設ᄒ여ᄉ온ᄃᆡ 一晝夜에 米租間 一千叺式 精出ᄒ옵고 一二等白米도 放賣ᄒ오니 內外國人은 照亮ᄒ신 後 米租精米與貿米ᄒ실 意가 有ᄒ시옵기든 多少間不究ᄒ옵고 來臨ᄒ시와 相議ᄒ십을 伏望ᄒᆞᆷ 精米則飛速委托ᄒ시ᄂᆞᆫᄃᆡ 精納ᄒ옵ᄂᆡ이다. 仁川港井洞 力武精米所 力武平八 告白

기사에 따르면 기계 설비를 이용한 리키다케정미소는 인천 정동(井洞)에 설립되었다. 1927년에 신흥동으로 이전한 것으로 판단된다. 원료는 경기, 황해, 충청, 평안도산이었고 제품은 1등급과 2등급으로 생산되었으며, 수출용 쌀은 1등품을 3개 등급으로 나누어 일본에 수출했다. 인천항에 정미소가 밀집된 것은 배편을 이용해 황해, 충청 및 평안도로부터 가공

〈그림 7-155〉 인천 곡물협회. (안창모 소장 엽서)

〈그림 7-156〉 리키다케정미소. (출처: 『경성과 인천』)

용 쌀을 확보하기 용이하고, 가공된 쌀을 팔 수 있는 가장 큰 시장인 서울이 가깝고, 일본으로 수출하기에도 교통이 편리했기 때문이었다. 리키다케정미소는 1931년 6월 5일 선미공(選米工)을 중심으로 인천 지역 정미소의 대규모 연대파업이 발생한 곳이기도 하다.

4) 방직공장과 방적공장

방직공장은 노동집약적 산업으로 식민지 노동력을 저임금으로 착취할 수 있는 여건을 효과적으로 활용할 수 있으면서 생산된 물품을 시장에 판매할 수 있는 산업으로 식민지에서 가장 먼저 투자가 이루어진 분야다. 일본 자본의 한반도 진출이 활발해진 것은 일본 내에서 1929년에 사회주의 운동의 여파로 공장법이 제정되어 하루 8시간 이상 노동이 금지되는 노동자 권익 보호조치가 취해진 것과 무관하지 않다. 특히 노동집약적인 산업인 방직산업은 공장법의 영향이 컸고 자연스럽게 공장법이 적용되지 않는 한반도로의 진출이 활발해졌다. 여기에 1930년대 일본 자본이 만주사변 이후 급성장한 만주의 군수의류 수요에 부응하며 경제공황을 극복하기 위해 한반도를 방직공장의 입지로 선정한 것도 한반도의 방직산업이 1930년대 들어 전국적으로 흥했던 이유다. 한반도 내 주요 도시에는 일본의 대규모 방직산업의 투자가 이루어져 방직 또는 방적공장이 예외 없이 세워졌으며, 조치원과 강화도 등 군소도시나 지역에서 제사공장과 방적공장이 세워졌다. 식민지의 노동력을 가장 효과적으로 활용하는 사업이었다고 할 수 있다. 조선방직의 부산공장에 이어, 카네가우치(鐘淵)방적의 광주공장(1935)과 경성공장(1936), 동양방적의 인천공장(1933)과 경성공장(1936)은 대표적인 일본 자본의 진출 사례다. 방직공장과 방적공장은 대표적인 산업시설이지만, 한반도에서의 방직 방적공장은 식민지의 산업 발전을 도모하는 산업시설이 아니라 식민지의 저임금을 이용한 식민지배국의 산업화를 위한 시설이었다고 할 수 있다.

- **조선방직**

조선방직은 면화의 재배 및 매매, 면사와 면포의 방직 및 판매를 위해 세워진 회사로 일본 자본에 의해 설립된 최초의 면 방적회사다. 1917년 11월 10일 부산 동구 범일동에서 설립되었으며 1922년에 조업을 시작했다. 1926년에는 조면공장을 건설했으며, 1934년에는 만주에서 영구방직(營口紡織)을 경영했다. 1935년에는 염색공장까지 건설해 방적에서 염색, 나염, 피

〈그림 7-157〉 조선방직 전경, 부산.

복에 이르는 일관된 생산체제를 구축했다. 대규모 노동력을 필요로 하는 방직공장은 대공간과 채광이 필요한 건축적 특성으로 인해 톱날형 지붕 구조를 갖는 공장 건축의 특징을 갖는다.

〈그림 7-157〉의 조선방직 전경은 톱날형 지붕의 모습을 갖춘 공장동 이외에 공동주택 형식의 기숙사를 갖추고 있음을 보여준다. 이는 노동환경과 노동시간이 가혹한 방직공장에서 여성 노동력의 안정적 확보가 사업 성패의 관건인 방직산업의 특성상 노동력의 확보를 위한 방편이었으며, 해방 후 여성노동력의 안정적 확보를 위해 공장 내 야간학교를 운영하는 등의 노력도 기울여졌다.

- **카네가후치(鐘淵)방적**

카네가후치방적의 첫 조선 진출은 1925년 동대문제사공장 설립에서 시작되었으며, 카네가후치방적이 1935년 9월에 광주에 공장을 건설하면서 식민지에 대한 투자를 본격화했다. 카네가후치방적의 조선 투자는 중일전쟁 이후 아시아태평양전쟁기에 급격히 증가했고, 방적으로 시작한 투

〈그림 7-158〉 카네가우치방적 기숙사 전경. (안창모 소
장 엽서)

〈그림 7-159〉 카네후치방적 평양공장과 구락부. (안창모
소장 엽서)

자는 광산, 기계, 제철, 화학 등 시국 관련 사업으로 확장되었다. 일본의
대륙 침략과 함께 급성장한 카네가후치방적은 1944년 9월 종업원 총수
가 8만여 명에 이를 정도로 전쟁 특수를 누렸다. 전시체제에서 총독부의
정책적 지원을 받은 카네가후치방적은 평양제철공장도 건설했는데, 평양
제철소는 일본 육군의 전면적인 지원으로 이루어졌으며 제철 생산량의
70%가 육군 군수용이었다고 한다. 일본 자본의 식민지 조선 진출이 초
기에는 낮은 임금에 기초했지만, 중일전쟁 이후에는 군국주의의 팽창을
지원하기 위한 정책과 맥을 같이하고 있음을 보여준다. 카네가후치방적
은 해방 후 일신방직의 모태가 되었다. 많은 여성 인력을 필요로 하는 방
적공업의 특성상 여성 노동자를 안정적으로 확보하기 위해 모든 방적회
사는 기숙사를 기본적으로 갖추고 있었다. 카네가후치방적의 경우 원형
기숙사 정문 상부에 일식 지붕이 얹힌 제관양식의 건축이었다.

• 토요(東洋)방적

오사카에 본사를 두고 있는 토요방적은 1932년에 인천에 공장 부지를 마
련하고, 1933년 11월 공장을 가동했다. 노동집약적인 방적공장이 인천에
들어서면서 이전까지 인천에서 일자리 창출을 주도했던 정미업이 쇠퇴되

〈그림 7-160〉 토요방적 인천공장 전경. (출처: 『약진조선대관』, 1938)

었다고 한다. 동양방적 역시 여성 노동자를 위한 기숙사를 마련하여 노동력을 안정적으로 확보하고자 했다.

• 경성방직

1919년 김성수를 중심으로 한인 자산가들이 설립한 면방직회사다. 1919년 10월 5일 설립되었으며, 1920년 3월 영등포에 5,000평의 부지에 공장이 건설되었다. 경성방직은 식민지배기 한인 자산가들이 세운 기업으로 면방직계에서는 유일한 한인 자본 기업이었다. 민족 정서를 이용한 마케팅으로 후발주자임에도 일본인 면방직 업체와의 경쟁에서 성장을 거듭했다. 해방 전에 영등포공장 외에 남천, 은율, 평양에 조면공장을, 의정부에 제사 및 견직공장, 양평동의 고무공장, 쌍림동의 봉제공장, 시흥의 염색가공공장을 운영했으며 만주에서는 남만방적을 거느릴 정도로 대기업으로 성장했다.경성방직 경영으로 부를 축적한 김성수와 김연수는 각종 사업체뿐 아니라 학교를 경영하며 한인 건축가의 후원자가 되었다.

〈그림 7-161〉 경성방직 사무동. (안창모 사진)   〈그림 7-162〉 경성방직과 종연방직 공장, 해방 후 모습. (서울
시 항공 사진 1988년)

- **조치원 구 산일제사공장과 강화도 조양방직공장**

대도시뿐 아니라 읍면 단위인 조치원과 강화도에도 제사 및 방직산업이
진출한 것은 산업화가 이루어지지 않았던 지역에서 지역에 유휴 노동력
을 가장 효과적으로 활용할 수 있는 산업이 제사와 방직산업이었기 때문
이다. 제사공장은 누에고치를 키우는 지역의 농촌산업의 한 분야로 전국
적으로 장려되었으며, 제사로 만들어진 실을 이용한 방직과 방적산업 역
시 대규모 여성 노동력을 활용할 수 있는 산업이었다. 조치원의 구 산일
제사공장과 강화도의 조양방직공장은 내부 채광을 위해 톱날형 지붕을

〈그림 7-163〉 조치원 구 산일제사공장. (안창모 사진)   〈그림 7-164〉 카페로 사용되고 있는 조양방직 공장동
내부. (안창모 사진)

갖춘 전형적인 제사 및 방직공장의 모습을 갖추고 있다.

2. 식민지 관광정책과 콜로니얼 투어리즘(Colonial Tourism)

1) 식민지 재정 자립과 관광정책

1930년대는 철도역사 신축과 개축이 활발했는데, 이는 철도의 확충 이외에도 초창기 지어진 목구조 철도역사의 노후화와 시설 확장에 따른 신축이 필요했기 때문이었다. 《매일신보》 1935년 8월 8일자 "노후역 신축(老朽驛 新築)" 기사에 따르면, 철도국은 건축 연한이 30년이 지난 철도역사를 신축할 때 '지방색이 풍부한 건물로' 짓겠다고 발표했다. 지방색의 구체적인 내용은 알 수 없지만, 이 기사는 1920년대 말과 1930년대에 걸쳐 집중적으로 등장하는 새로운 유형의 철도역사를 이해하는 데 중요한 단서를 제공한다. 이 시기에 신축된 철도역사 가운데 눈길을 끄는 것은 '한옥형 역사건축'이다.[55] 일본이 식민지기에 걸쳐 조선의 문화를 평가 절하했을 뿐만 아니라 조선의 식민지화가 우리 전통의 정체(停滯)와 후진성에 기초하고 있다는 것을 강조하고, 사회문화 각 부문에 걸쳐 조선의 전통을 무시했다는 사실은 익히 알려져 있다. 따라서 일본은 사회 전반에 걸쳐 철저하게 한국의 전통과 문화를 배제하고 있었다. 그럼에도 불구하고 특정 시기에 전통건축 형식의 철도역사를 조선총독부가 주도했다는 것은 아이러니가 아닐 수 없다. 이와 동시에 비슷한 시기에 자연경관이 수려한 북부 지방을 중심으로 북유럽형 철도역사가 등장했으며, 표준형 철도역사가 전국적으로 폭넓게 건축되었다.

《매일신보》 1926년 5월 26일자에 따르면, 철도국에서 전 조선에 걸쳐 명승고적과 고사찰 등 관광명소 42개소를 선정했다고 한다. 이러한 철도국의 조치는 관광지를 개발 및 홍보하고, 당시 유일하게 전국적인 교통망을 갖추고 있던 철도의 이용을 높여 수익을 증대시키려는 철도국 정책의 결과라고 할 수 있다. 철도국의 정책 변화는 조선철도의 총독부 직영체제 확립과 관련이 있다. 1917년에 만주철도주식회사에 위탁했던 철도 운영권을 1925년에 회수했다는 것은 운영의 독자성을 확보한다는 것을 의미하지만, 다른 한편으로는 만철로부터 경제적인 지원을 받지 못한다는 의미이기도 하다. 따라서 경제적인 자립 구조를 구축하는 것이 현실적인 과제가 되었다. 그러나 경기 침체로 인해 여객 수입보다 화물 수입에 의존하던 조선의 철도 경영은 매우 어려운 상황에 처해 있었다. 따라서 철도국은 경비 절감 이외에도 수익을 높이기 위해 보다 적극적인 영업 전략을 세웠는데, 그중 하나가 여객 수입의 증대에 있었다. 이러한 정책 변화가 효과를 거두었는지 1933년 6월 20일자 《매일신보》에는 "철도국의 깃붐, 격증된 수입"이라는 제목의 기사가 실렸다. 기사에서 밝히고 있는 영업수익의 구조를 보면 당해 연도 상반기 여객 수입이 468,755원으로 화물 수입 515,895원에 육박하고 있음을 알 수 있다.

이러한 수익 구조의 변화는 1930년대에 적극적으로 추진된 관광 증진을 위한 노력이 성과를 이루었음을 보여준다. 당시 1930년대 조선의 일간지에서는 관광을 증진시키고자 하는 각종 노력이 이루어지고 있었음을 확인할 수 있다. 시도 단위로 관광협회를 결성하는 외에도 경성관광협회 주관으로 '전람회'를 미츠코시백화점에서 개최[56]했으며, "양조천년(兩朝千年)의 고적지(古蹟地) 관광경기(觀光京畿)"[57]를 부르짖으며, 사화, 전설, 사진, 시가를 담은 소책자를 발간했으며, 삼방 지역에는 스키열차를 운행하는 등 관광을 진작시키려는 노력이 다각적으로 진행되었다. 이러한 관광 증진을 위한 노력은 당시 유일하게 전국적인 교통망을 구축하고 있던 철도의 수입을 증대시키는 데 중요한 역할을 했고, 그 중심에 한옥형 철도역사와 북유럽형 철도역사가 있었다.

2) 한옥형 철도역사

한옥형 철도역사에 관해 김윤기는 건축학회 "특집: 30년 회고담"[58]에서 "역사건축은 여객의 흥미를 돋구기 위해서 수원이나 전주, 남원, 경주역 등 역사의 배경이 있는 곳에 한국양식의 역사를 세울 만하지 않겠는가, 또 한국 기풍을 가미한 역사는 철도 여행하는 여객을 늘릴 수 있을 것이다."라는 자신의 의견이 받아들여져 한옥형 철도역사가 지어졌고, 평도 좋았다고 적고 있다. 김홍식은 "주로 관광지에 세워진 한옥형 역사는 3·1운동, 광주학생독립운동[59] 이후 민족감정을 달래기 위해 문화정치를 표방한 정책의 일환이며, 관광 측면도 고려되었을 것이다."라고 하며, 이를 "외국인의 골동품적 이색 취미"라고 평하고 있다. 윤인석 역시 비슷한 의견을 개진하고 있다.[60] 김종헌은 1925년 조선총독부 철도국장으로 취임한 오무라(大村卓一)의 말[61]을 빌려 1919년 3·1운동 이후 일제가 표방한 문화정책의 일환으로 한인을 회유하기 위한 정치적 의도를 가지고 있었다고 주장한다. 더 나아가 조선총독부 철도국에 한국인 건축가가 활동하게 된 것도 여기에 연유한다고 평하고 있다. 그러나 이러한 평가들은 한옥형 철도역사를 건축하게 된 배경에 대한 분석일 뿐, 동시기에 지어진 다른 유형의 철도역사와의 상관성을 설명해주지는 못한다는 점에서 한계를 지니고 있다.

1925년 4월 1일 만주에의 위탁경영 해제와 동시에 총독부 철도국장으로 취임한 오무라는 "한국철도의 지방역사는 일률적으로 (서)양식 건축[62]이며 지방의 특색이 표현되지 않은 것이 유감"이라 하고 "한국의 고유한 건축양식과 색조를 채택하여 민중들에게 친근미를 갖게 하는 뜻에서도 앞으로는 역사 신개축에 있어서는 되도록 한식을 채용할 것"을 주장했다고 한다.

오무라는 1925년 5월 26일 조선총독부 철도국 국장으로 부임해 1932년 9월 만주 관동군 책임자로 전근하기 전까지 7년 6개월 간 '조선철도 12개년 계획'을 기획해 조선철도를 군사적 성격에서 식민지 수탈을 위한 철도로 바꾸고, 철도망을 완성시킨 인물이다. 따라서 "철도역사가 조선의 전통적 형태를 표현하는 것이 바람직하다."는 말은 철도역사 건립의 방향에 정책적 변화가 있었음을 짐작케 한다. 김종헌과 김홍식은 바로 이 점 때문에 한국 고유의 건축양식을 갖는 역사는 한인들에게 친근미를 갖게 하기 위한 '포장된 문화정책'으로 판단하고 있는 것이다.

《매일신보》 1926년 5월 26일자는 "철도국(鐵道局)이 선정(選定)한 전선(全鮮)의 명승적(名勝蹟)"이라는 기사에서 명승고적과 고사찰 등 42개소에 달하는 관광지를 소개하고 있는데, 이는 오무라 국장의 지시에 따른 것으로 노후된 역사를 신축할 시에는 지방색이 풍부한 건물로 짓겠다는 발표와 일맥상통한다. 그러나 "조선양식은 공사비가 많이 들고 증축이 불가능하다."는 이유로 중단되었다.[63] 그래서 앞에서 오무라가 언급한 한인에게 한옥의 친근함을 주기 위해서 경제적으로 어려운 시기에 돈이 많이 드는 한옥형 철도역사를 짓는다는 것은 납득하기 어려운 부분이다.

한옥형 기차역 건설과 관련된 김윤기의 또 다른 증언이 있다. 김윤기는 와세다대학을 1928년에 졸업하고 조선총독부 철도국에 취직했기 때문에 시기적으로 한옥형 철도역사 건축이 자신의 건의에 따른 것이라는 증언은 전적으로 신뢰하기는 어렵지만, 당시의 정황을 파악할 수 있는 말을 남기고 있다. "여객의 흥미를 돋우기 위한 방편으로 한옥형 역사 건축이 고려"되었다는 사실과 "한국풍을 가미한 역사가 여객의 수를 늘릴 수 있을 것을 기대"했다는 점이다. 이는 식민지 경영이 공고히 되면서 일본에서 조선으로의 여행객이 증가하지만, 전국 어디를 가도 일본과 유사한 분위기로 인해 여행의 정취를 느낄 수 없다는 불만의 소리가 일본 각지에서 나오기 시작했다는 사실과 무관하지 않다. 김윤기의 말은 '수원역사'에 대한 세간의 평에서도 확인된다. 선교회(鮮交會)가 발행한 『조선교통사』에서 "수원은 옛날부터 유서가 깊은 곳으로 조선 후기 정조의 유적이 많이 남아 있는 고도로서 서울의 남부 근교의 유일한 도시라는 점에서 수원역사가 맨 처음 한식으로 채택"되었다고 전하고 있으며, 『조선과건축』 1928년 5월호는 당시 "조선인들이 한식에 대해 친근감을 가지고 있었기에 한식을 택했다."고 전하고 있다.

수원이 최초로 한식을 채택한 역사로 기록되어 있지만 1928년 『조선과건축』에 따르면 이미 북청역사와 경주역사가 1927년경에 한옥으로 지어진 바 있다. 오무라의 정책이 곧 실천에 옮겨진 것이다. 어떤 건물이 최초의 한식 철도역사보다 중요한 것은 한국 건축양식의 철도역사가 독립적인 가치를 가지고 일본인에 의해 정책적으로 지어지기 시작했다는 점이다. 그리고 이들이 집중적으로 지어지는 시기가 1920년대 말에서 1930년대 초라는 사실에도 주목할 필요가 있다. 이미 3·1운동이 일어난 지 10여 년이 지난 시점이다. 과연 이 시기에 한인을 달래기 위한 이러한 정책적인 배려가 필요했을까? 더구나 한식 철도역사가 등장하기 시작한 1920년대 말은 일본과 조선의 경제 사정이 좋지 않은 시절이었다. 경제적으로 여유도 없으면서 비싼 한식 역사를 짓기 시작한 이유는 무엇인가? 이러한 상황을 정리한다면 다소 돈이 많이 들더라도 한옥으로 신축할 경우 조선의 문화에 호의적이라는 일본의 이미지 개선을 기대할 수 있고, 여객의 수요가 증가할 경우 수입이 증가되므로 과잉 투자된 비용을 회수할수도 있다는 이점을 예상할 수 있다. 이를 위해서는 문화유적이 많은 유서 깊은 도시에 한옥형 역사를 짓는 것을 비롯해 관광 수요 창출이 가능한 곳에 그 효과를 높일 수 있는 역사를 건축하게 된 것이다.

• 한옥형 철도역사의 건축 특성과 분포

한식 철도역사는 비록 전통적인 재료와 구법에만 의존하는 것은 아니지만 전체적인 비례나 전통 건축양식의 채택으로 외견상 한옥의 모습을 충분히 연출하고 있다. 한옥형 철도역사에서 전통적인 한옥을 얼마만큼 충실히 따르고 있는가 하는 것은 그다지 중요한 것이 아니다. 오히려 전래의 한옥이 기차역이라는 근대적인 기능을 근대적 재료와 구법에 의해 수용할 때 '어떠한 건축적 변화가 공간과 양식에서 나타나는가'가 중요하다. 수원역사(1928)의 평면 구성은 당시 역사의 표준에서 크게 벗어나 있지 않으나, 외관은 한식의 팔작지붕으로 외부에 콘크리트 원주를 세우고 벽체는 목재를 대신해 벽돌을 쌓고 몰탈로 마감했다.[64] 기존의 표준형 역사의 평면 구성에 외장만 한식을 채택한 것이다. 주목할 만한 것은 한식의 외관을 갖추기 위한 외장 계획이다. 전체적으로 하나의 평면으로 구성되어 있음에도, 전체 외관을 고려해 주지붕과 부지붕을 조형적으로 분리하고 한편에는 부출입구를 두었다. 이러한 구성은 한국 건축이 지니고 있는 비례감을 살리기 위한 조형적 분절로서 그 구성미가 빼어나다. 비록 부출입구를 박공면으로 처리한 것이 전형적인 한옥에서의 출입 방법과 다르지만, 한옥이 서양 건축을 받아들이는 과정에서 일어나는 구성상의

〈그림 7-165〉 수원역, 1928. (안창모 소장 엽서)

〈그림 7-166〉 남원역, 1931. (안창모 소장 엽서)

〈그림 7-167〉 전주역, 1929. (안창모 소장 엽서)

〈그림 7-168〉 경주역, 1929. (안창모 소장 엽서)

〈그림 7-169〉 서평양역. (안창모 소장 엽서)

〈그림 7-170〉 내금강역, 1929. (안창모 소장 엽서)

변화 중 가장 일반적인 것이다. 이 밖에 북청역사(1927), 내금강역사(1929), 경주역사(1929), 전주역사(1929), 서평양역사(1929), 남원역사(1931), 남양역사(1933) 등이 차례로 건축되었다. 이들이 건축된 지역은 남과 북에 걸쳐 역사 유적지가 비교적 많은 곳이라는 공통점을 가지고 있다.

3) 북유럽형 철도역사

비슷한 시기에 북유럽형 철도역사가 북부 지방[65]을 중심으로 지어진 사실에도 주목할 필요가 있다. 『조선철도40년약사』에서는 "1927년부터 '조선국유철도12개년계획'에 따라 한·난 지대별 표준을 정했다."는 기록이 있는데, 철도역사 건축에서 북부 지방의 역사건축이 중남부 지방의 역사

〈그림 7–171〉 상삼봉역, 1931. (안창모 소장 엽 서)　　〈그림 7–172〉 삼방역, 1934. (안창모 소장 엽서)　　〈그림 7–173〉 외금강역, 1932. (안창모 소장 엽 서)

건축과는 기후적 요인으로 지역에 따라 다른 설계가 적용되는 기준이 마련된 것이다.

　주목할 것은 급경사의 물매를 지니고 있는 박공지붕과 노출된 하프팀버구조법 등 북유럽 건축에서 자주 보이는 건축 형식이 등장했다는 점이다. 이러한 건축 형식은 유럽에서 소규모 도시나 교외 지역의 철도역사 형식으로 종종 사용되기도 하였다. 일제강점기 한반도에서 이러한 북유럽형 철도역사가 지어진 곳은 경원선의 삼방역사, 함흥선의 함흥역사, 혜산선의 혜산진역과 함경선의 다사도역사와 상삼봉역사를 들 수 있다. 이들은 모두 외형적으로 급경사의 박공지붕을 주된 디자인 요소로 삼고 있으며, 벽체는 하프팀버구법을 구사하고 있다는 공통점이 있다. 입지는 대부분 경관이 수려하고, 기후적으로 한냉하여 폭설이 많은 북부 지방에 위치하고 있다. 비슷한 시기에 지어진 한반도 중남부의 역사들은 경사지붕과 박공지붕을 갖고 있더라도 지붕의 경사가 비교적 완만하다. 이는 박공지붕의 경사도가 기후 영향을 받기 때문이다. 따라서 기후 차이에 의한 경사도의 차이를 제외한다면 박공을 주된 디자인 요소로 갖고 있는 북유럽형 철도역사는 표준형 철도역사와 매스는 유사한 경우도 있으나, 하프팀버구법을 사용해 알프스 산장 분위기를 내고자 하는 의도가 두드러지는 외관상의 특징을 가지고 있다.

주목할 만한 것은 삼방역사와 외금강역사다. 삼방은 강원도에 위치하고 있으며, 삼방협은 폭포와 절벽, 약용광천으로 이름 높은 지역일 뿐 아니라 겨울이면 '이상적인 스키장'[66]이 개장되고, 그곳에서 '전선스키대회'가 개최[67]되었으며, 겨울철에는 스키전용열차가 운행[68]될 정도로 빼어난 관광지다. 동해 북부선에 위치한 외금강역사는 빼어난 경치를 사시사철 자랑하는 금강산 여행의 길목으로 관광에서의 중요성은 새삼 강조할 필요가 없을 정도로 중요한 위치를 점하고 있다. 외금강역사(1932)는 로마네스크풍의 독특한 외관을 갖추고 있는데, 이는 당시 고위층에서는 스위스 산악지방의 건축이나 영국 전원주택의 건물을 희망[69]했기 때문으로 알려져 있다.

4) 표준형 철도역사와 모더니즘 철도역사

식민지기에 도시화가 진행되어 상대적으로 지역성이 약한 지역의 철도역사에는 표준 도면에 기초한 철도역사가 지어졌다. 대표적인 예로 순천역(1930), 영등포역(1935), 성동역(1939), 춘천역(1940)이 있다. 이러한 표준형 역사의 주출입구는 박공면으로 형성되며, 역사적 건축의 의장적 요소가 없는 단순한 외관을 갖추고 있다. 이는 철도 건설을 서두르던 시기에 건설 속도를 높이고 예산을 절약하기 위한 방편이었다. 일본은 이 땅에 철도를 건설하던 초기는 물론이고, 식민지 경영이 본격화된 시점에서도 표준 설계를 적용하고 있었지만, 갑·을·병·정의 표준 역사를 적용하는 기준이 무엇이었는지에 대해서는 알려져 있지 않다. 통상적으로 갑·을·병·정에 의한 구분은 규모에 따르는 것이 일반적인 것임을 감안할 때, 초기의 표준형 역사는 역의 규모와 중요도에 따라 준비된 설계를 기계적으로 적용했을 가능성이 많을 것으로 추정할 수 있다. 이에 반해, 1930년대에 마련된 표준 설계는 기후에 따른 지역별 표준화가 마련되었다는 점에서

〈그림 7-174〉 순천역, 철근콘크리트조, 1930. (안창모 소장 엽서)

〈그림 7-175〉 영등포역, 철근콘크리트조, 1932. (출처: 『조선과건축』 1938년 1월)

이전 시기의 표준화와는 구별되며, 콘크리트구조가 사용되고 있다는 점에서도 다른 점을 지니고 있다.

1925년에서 1933년 사이에 철도역사의 수가 2배로 증가했다는 사실이 표준화 설계의 위력을 보여준다고 하겠다. 산술적으로 매년 30여 개의 크고 작은 역이 세워진 셈이다. 이에 비해 표준화의 범주를 벗어나는 한옥형, 북유럽형, 역사주의 양식 등의 역사 숫자는 수적으로는 매우 적으므로 그 양식의 선택에는 특별한 기준이 적용되었다고 볼 수 있을 것이다.

1930년대에 건축된 표준형 역사가 이전 시기와 구분되는 것은 철근콘크리트 구조를 기본적으로 채택하고 있다는 점이다. 이러한 현상은 1930년대 들어 철근콘크리트 구조가 보편화되었다는 점과 전시체제에서 전략적으로 중요한 철도역사를 화재로부터 보호해야 할 전략적 중요성에 기초한 것으로 판단된다.

이들은 경사지붕을 갖추고 있어 인천항역사나 이리역사에 비해 모더니즘 경향성은 두드러지지 않지만, 지붕을 제외한 건물 본체의 입면 구성은 합리주의 계열의 디자인을 따르고 있다.

이 시기의 철도역사 가운데 모더니즘의 경향성을 드러내는 역사로 인천항역사와 이리역사가 있다. 1937년에 완공된 두 역사는 1929년에 완공

〈그림 7-176〉 이리역. (출처: 『조선과건축』, 1938년 1월) 〈그림 7-177〉 이리역 내부. (출처: 『조선과건축』, 1938년 1월)

된 총독부 상공장려관이나 일본적십자사와 함께 식민지 조선에서도 모더니즘 건축을 완벽하게 소화해낸 건축이라고 할 수 있다.

1930년대는 이미 조선에서 근대적 건축디자인이 일반화된 시기라는 점, 그리고 광범위하게 새로운 표준형 역사가 노후된 기존 역사를 대신해 보급되던 시기라는 점을 감안하면 북유럽형 역사와 한옥형 역사가 갖는 목적성이 뚜렷함을 알 수 있다. 그 목적성은 1920년대 중반 이후 등장하는 다양한 철도역사가 해당 유형별로 갖고 있는 뚜렷한 분포상의 특징과 철도국이 취한 각종 사업에서 찾을 수 있다. 표준형보다 공사비가 비쌀 수밖에 없는 한옥형 철도역사와 북유럽형 철도역사가 문화유적이 풍부한 남북한의 주요 도시인 전주, 경주, 수원, 평양 등과 풍광이 수려한 곳에 집중적으로 건축되었다는 사실은 당시 철도국이 추진한 관광 진흥을 통해 철도 수입의 극대화를 꾀한 결과로 판단된다.

'한옥형 철도역사'가 오무라의 말처럼 한국인에게 친근함을 주기 때문에 부수적으로 대일 정서를 무마하는 효과가 있었을 수는 있지만 실질적으로는 관광산업 증진을 통한 철도 수익의 극대화는 만철로부터 독립한 조선철도의 당면과제였던 자립 구조 구축과도 부합되는 것이다. 따라서 조선철도의 이익 극대화를 위해 관광을 진작하고 적합한 형식의 철도역사를 관광지의 성격에 맞추어 건설한 것은 식민지 철도정책에 '관광'이 접목된 결과라고 할 수 있고, 이들 철도역사는 식민지관광주의 건축 (Colonial Tourism Architecture)이라고 할 수 있다.

식민관광주의[70]라는 개념은 두 가지 측면에서 의미가 있다. 하나는 일본이 식민지배를 실시하는 동안 기본적으로 지켰던 조선의 전통 격하 내지는 말살 정책을 시행하였음에도 불구하고 총독부가 한국적 정서를 가장 잘 대변할 수 있는 전통건축을 전국적으로 건설했다는 아이러니를 설명할 수 있다는 점이고, 다른 하나는 동시기에 다양한 유형의 역사건축이 나타나는 현상을 하나의 틀로 해석할 수 있다는 점이다. 이 밖에도 한옥 철도역사는 전통건축이 근대적 기능을 수용하는 과정에서 현안으로 등장하게 되는 근대에 개발된 신 재료의 전통건축 재현 가능성, 한옥이 근대적인 기능의 수용 과정에서 발생하는 공간 및 형태의 확대와 변형, 전통건축이 새로운 기능을 어떻게 수용하는가에 대한 일본인과 우리의 해석에 대한 비교 등을 고찰할 수 있는 건축이다.

동일한 양식이 때로는 다양한 이데올로기의 표현을 위해 사용된다는 것을 우리는 알고 있다. 서양의 고전주의 건축이 그랬고, 각국의 전통건축이 그렇게 사용되었다. 인본주의 르네상스의 양식인 고전주의 건축이, 근대기에는 제국주의 국가들이 가장 선호하는 건축양식이었고, 스탈린시대 사회주의 소련의 건축양식이었으며, 서구화를 지향하던 일본이 처음 학습하던 것이었지만, 우리에게는 제국주의 침략의 상징으로 각인되었다. 반면에 제3세계 국가에서 전통 또는 토속적 건축 표현은 독립 후 '자신의 정체성' 찾기 차원에서 즉물적인 형태의 부활로 나타나기도 한다. 그러나 식민지기의 양식 건축과 모더니즘 건축에서 일제가 추구했던 식민정책 이념에 반영되었다고 단정 짓기에는 논리적 근거가 박약할 수도 있다. 이는 일본이 군사적·봉건적 제국주의 단계에 있었지만, 자신들 역시 근대화의 이행 과정 중에 있으면서 서구 건축을 추종하는 단계였기 때문이다.

이에 비해 철도역사 건축에 나타난 북유럽형 역사와 한옥형 역사는 식민지에서 발생할 수 있는 전통과 근대 혹은 전통과 외세의 대립구조의 또 다른 형태의 아이러니를 해석할 수 있는 단서를 제공함으로써 식민지기 건축의 실체를 파악하는 또 다른 틀이 될 수 있을 것으로 판단된다.

7절

식민지 문화시설

대한제국기에 창경궁 안에 이왕직박물관이 개설된 이래 강제병합 후 조선총독부가 주도한 박물관 설립은 1915년에 개최된 조선물산공진회를 계기로 설립된 미술관에서 비롯되었다. 1915년 10월 31일 공진회가 끝나고 한 달 후인 12월 1일 총독부는 미술관을 박물관으로 바꿔 개관했다.

일본박물관협회가 1932년에 펴낸 『전국박물관안내』에 따르면 조선의 박물관은 조선총독부박물관, 조선총독부박물관 경주분관, 개성부립박물관, 평양부립박물관, 창경원박물관(이왕가박물관)과 함께 조선총독부 상공장려관과 은사과학기념관 등 7곳이었다. 엄밀한 의미에서 조선총독부 상공장려관은 박물관이 아니고, 은사과학기념관의 경우는 이전에 통감부와 총독부로 사용되었으나 경복궁에 총독부 신청사가 완공됨에 따라 과학관으로 용도가 바뀐 건물이다. 공주분관과 부여분관은 이후에 건립되어 안내서에는 언급되지 않았다. 박물관 설립은 1920년대 후반에 본격화되었는데, 경성과 평양의 박물관을 제외한 나머지 지방의 박물관 모두 한옥이라는 점이 주목할 부분이다. 지방 박물관 중 경주박물관, 부여박물관, 공주박물관은 기존의 객사 등 관아 건물을 활용했지만, 개성박물관은 콘크리트를 이용해 전통 건축양식으로 새롭게 지었다.

1. 박물관

1) 총독부박물관

1915년 경복궁에서 개최된 시정 5주년 기념 조선물산공진회에서 미술관으로 지은 건물이 공진회가 끝난 뒤 총독부박물관으로 사용되었다. 일본은 대한제국을 식민지화하기 이전에 일인 관학자인 세키노 타다시(關野貞)가 조선의 건축과 유적에 대한 조사를 실시한 바 있으며, 일제강점기에는 총독부박물관이 조선고적조사의 중심 기관 역할을 맡았다. 수집된 유물은 조선총독부박물관에 전시되었다. 1921년 경주에서 이루어진 천마총 발굴과 1926년의 서봉총 발굴은 조선총독부박물관의 주도하에 이루어졌다. 평양의 고구려고분 및 낙랑고분은 조선총독부 박물관 촉탁이었던 세키노 타다시 등이 중심이 되어 이루어졌다. 총독부박물관의 조사와

〈그림 7-178〉 총독부박물관 정면.

〈그림 7-179〉 총독부박물관 해방 후 내부 전시 모습.

연구는 고건축과 유물 유적 중심으로 이루어졌으며, 이는 조선의 역사를 일제의 식민사관으로 재편하는 데에 이용되었다. 1938년에는 '내선일체'의 기획전시를 개최하여 식민통치를 정당화하는 데에도 쓰였다.

총독부박물관의 전면에 사용된 쌍기둥은 서양 건축에서 바로크건축으로 판단하는 기준이 되곤 하지만, 총독부박물관의 경우 건물의 규모와 입면의 비례 등을 고려할 때 쌍기둥의 사용에도 불구하고 신고전주의 건축양식이라고 할 수 있다. 1층의 중앙 홀은 2층까지 개방된 구성을 갖고 있다.

2) 개성박물관

〈그림 7-180〉 개성박물관 본관과 이건된 유수영(오른쪽). (안창모 소장 엽서)

해방 후 국립박물관 개성분관장(1947-1952)을 지낸 진홍섭의 개성박물관 회고[71]에 따르면, 개성부립박물관은 1930년 10월 개성군 송도면이 '개성부'로 승격한 것을 기념하여 초대 부윤으로 부임한 김병태의 주선과 개성 시민의 협조로 자남산 남쪽에 터를 닦고 1931년 5월에 기공하여 6개월에 걸친 공사 끝에 1931년 11월 1일 개관하였다고 한다. 초대 부윤과 개성 시민의 협조로 지어졌다고 하지만 기본적으로 조선총독부의 정책이 강하게 개입되었을 것으로 판단된다.

박물관은 건평 87평에 전면 9칸, 측면 4칸의 단층으로 건축되었다. 구조는 철근콘크리트조이지만, 팔작지붕에 한식 기와를 얹힌 조선의 전통 건축양식으로 지어졌다. 마감재는 분홍색 인조석이었다고 하는데, 인조석 물갈기 마감이었던 것으로 추정된다.

중앙의 3칸을 주출입구로 삼았고, 기둥은 높고 위에서만 채광이 되었다고 한다. 이는 박물관에 전시된 유물을 자외선으로부터 보호하고 관람

자의 눈이 햇빛으로 방해받지 않기 위함이다. 주출입구를 반 칸 돌출시
킨 팔작지붕으로 처리한 것은 서양 고전주의 건축에서 중앙부를 처리하
는 방식을 적용한 것이다. 1935년에는 도립의원에서 병동으로 사용하던
개성 유수영(1767)이 본관 동측으로 이건되었다.

3) 경주박물관

1910년 출범한 경주신라회가 1913년 경주고적보존회
를 발족시켰고, 경주시 동부동에 있던 옛 객사 건물
을 이용해 신라시대의 출토 유물을 전시하는 지역 박
물관을 설립했다. 경주는 신라 천년의 수도였던 만큼
역사적 건축유산이 풍부하고, 조각과 토기 등 많은
역사유물을 가지고 있었다. 그러나 회화류가 상대적
으로 적었던 까닭에 개성박물관과 같은 새로운 박물

〈그림 7-181〉 경주박물관. (안창모 소장 엽서)

관이 지어지지 않았다. 전통건축은 공간의 규모와 형식면에서 박물관으
로 사용하기에 적합하지 않을 뿐 아니라 유물을 안전하게 보존하는 데도
적합하지 않다. 그럼에도 경주에 박물관이 새로 지어지지 않은 것은 석
물과 토기를 위주로 하는 유물의 물리적 성격 때문이다. 〈그림 7-181〉과
같이 석물은 외부 전시가 가능하고 도난의 위험도 적었다. 작은 토기의
경우 실내에서 전시할 수 있으며, 채광과 환기 여건이 유물에 미치는 영
향이 적었다. 따라서 일반적인 유물의 특성에서 보면 전통건축은 박물관
으로 부적합하나 회화류가 거의 남아 있지 않은 신라의 역사유물 전시
에 어려움이 없었다. 경주박물관은 1926년 총독부박물관 분관으로 편입
되었다.

4) 부여박물관

〈그림 7-182〉 부여박물관. (안창모 소장 엽서)

1929년 9월 27일 설립된 부여고적보존회를 중심으로 부소산 남쪽에 자리한 조선시대의 객사에 백제관을 마련했는데 1939년 4월 1일자로 '조선총독부박물관 부여분관'이 되었다. 1942년 전시체제가 한창이던 시절 일본 내 국제문화진흥회의 오카베(岡部長景)는 내선일체의 성지로 부여신궁을 짓고 있던 부여에 박물관과 미술관을 짓겠다는 계획을 발표했으나 실현되지 않았다.[72]

5) 공주박물관

〈그림 7-183〉 공주박물관. (안창모 소장 엽서)

1935년 설립된 공주고적보존회가 모태가 되었다. 1927년 가루베 지온(輕部慈恩)에 의해 공주의 송산리 고분이 발굴되면서 1933년 공주사적현창회가 발족되어 박물관 건립을 요구했다. 이후 1932년 충남도청이 대전으로 이전된 후 총독부의 지원과 민간에서 모금한 기부금을 토대로 선화당(宣化堂)을 복원해 박물관을 설립했다.

6) 평양부립박물관

〈그림 7-184〉 평양부립박물관. (안창모 소장 엽서)

역사 속에서 조선 강점의 논리를 구하던 일본은 평양 지역에서 낙랑문화의 유물이 출토되자 1925년부터 독립적인 박물관 건설의 필요성을 제기하고, 1928년 8월에 부립도서관 3층에 유물 전시를 위한 공간을 마련했다.

1931년 박물관 건립 문제가 본격화되면서 도와 부

에서 각각 5천 원, 보존회와 평양에서 2만 원, 나머지 3만 원을 기부금으로 하여 1933년 9월 8일 아사히초(旭町)에 박물관이 건립되었다.[73] 평양박물관은 이전에 지어진 지방 박물관과는 달리 전통건축양식에서 탈피한 서양의 모더니즘 건축양식의 건축에 동양 건축의 지붕이 얹힌 제관양식으로 지어졌다.

2. 미술관

1) 시정25주년기념미술관

1939년 조선총독부가 식민지배 25년을 기념해 경복궁 향원정 북측에 지은 미술관이다. 최초에는 종합박물관으로 구상되었으나, 예산 부족으로 미술관만 지어졌다. 모더니즘풍의 본체에 경사지붕을 가진 제관양식(帝冠樣式)의 미술관이다. 미술관이 제관양식으로 지어진 것은 1931년 만주사변 이후 일본의 괴뢰국인 만주국이 설립된 이후 등장한 일본의 군국주의와 식민지 동화

〈그림 7-185〉 시정25주년기념미술관 당선안.

정책의 경향성이 반영된 결과다. 조선총독부가 식민지배 25주년 사업을 시작하며 '조선문화연구소' 설립을 제시한 바 있는데, 이 계획이 박물관, 미술관, 과학관 등으로 전환되었다. 이는 한반도에 대한 지배가 안정화되

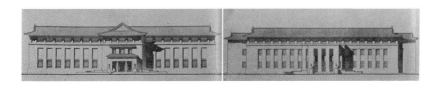

〈그림 7-186〉 시정25주년기념미술관 미술관(왼쪽)과 과학관(오른쪽) 정면. (출처: 『조선과건축』 [1939])

고 중국 침략을 본격화하면서 변화된 식민지배정책이 반영된 것이다. 미술관은 박물관 현상설계공모로 진행되어 야노카나메(矢野要)의 제관양식안이 당선되었으며, 계획안이 축소되이 미술관만 지어졌다. 2개의 열린 중정을 가진 2층 건물로 설계되었으나, 예산 부족으로 산(山) 모습의 평면의 1층 건물로 지어졌다.

2) 덕수궁미술관

1919년 고종이 서거한 후 석조전이 대한제국 황실 소유의 일본 미술품을 전시하는 미술관으로 용도가 변경되었으며, 대한제국 황실에서 소유한 전통적인 미술품을 전시할 미술관이 새로 지어졌다. 미술관은 한국은행 감리를 맡은 후 한반도에서 처음 민간 설계사무소를 개설했던 나카무라 요시헤이의 설계로 지어졌다.

덕수궁미술관을 건축하면서 석조전 앞 정원이 새로 정비되었다. 석조전 정면에는 중앙에 분수가 설치된 정원이 위치하며, 미술관은 석조전의 서측에 석조전과 직각 방향으로 배치되었다. 한편 석조전 앞에 정원이 새로 계획되면서 정원의 동남측이 중화전의 회랑과 겹치면서 중화전의 회랑이 철거되었다.

〈그림 7-187〉 석조전과 이왕가미술관 전경.

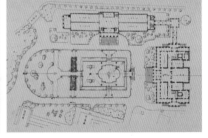

〈그림 7-188〉 석조전과 미술관 배치도.

〈그림 7-189〉 덕수궁 미술관. 청사진도면 정면도(위), 준공 직후 덕수궁미술관(중간), 현 덕수궁미술관(아래). (출처: 덕수궁미술관 설계도 [국립문화재연구소 2014])

미술관은 석조전과 같이 신고전주의 건축양식으로 지어졌으나 중앙 현관 상부에 박공이 설치되지 않았고, 현관 양측에 열주가 배치되지 않 았다. 지하 1층에 지상 2층으로 건축되었으며, 외부에서 1층으로 직접 연 결하는 계단이 설치되었다. 미술관 현관 열주를 지나 미술관 안으로 들 어서면 중앙 홀 양측으로 전시실이 위치하며, 중앙 홀 상부가 2층까지 개 방되어 천창에서 채광이 가능하도록 설계되었다. 2층은 창이 없는 전시 실로 구성되고 채광은 천창을 통해 이루어지도록 설계되었다. 덕수궁미 술관은 연결 복도에 의해 석조전으로 연결되었다.

정면의 주출입구 상부에 박공이 없고, 2층에 창이 없는 입면 구성은 주현관의 열주가 콤포지트 양식으로 화려함에도 불구하고 간략화된 역

〈그림 7-190〉 미술관 중앙 홀과 주출입구. (출처: 『조선 과건축』 1938년 1월)

〈그림 7-191〉 옥상 연결 원형계단. (출처: 『조선과건축』 1938년 1월)

사주의 양식으로 인해 근대적 감각을 갖는 디자인이 되었다. 덕수궁미술관의 외장 재료는 석조전과 달리 의석조(疑石造)로 마감되었다. 의석조는 흰색 시멘트에 화강석 돌조각을 섞어 바른 후 완전히 굳기 전에 표면을 닦아내어 화강암 석재 마감과 유사한 질감을 내도록 개발된 마감 기법이다.

3) 보화각

1938년 박길룡의 설계로 지어진 모더니즘 건축양식의 사립미술관이다. 전체적으로 장방형의 평면으로 구성되었으며, 주출입구를 중심으로 우

〈그림 7-192〉 보화각 전경. (안창모 사진)

〈그림 7-193〉 보화각 내부. (안창모 사진)

측에 관리 및 사무 공간이 배치되고 좌측에 전시 및 수장고가 배치되었다.

주출입구 상부에 반원형 온실이 돌출되어 장방형의 매스와 세로로 긴 창호의 반복으로 미니멀한 디자인에 변화를 주었다. 주출입구 입구는 화강석으로, 계단은 옥상에 이르기까지 대리석으로 마감되었으며, 사무실과 전시실 내부는 파켓 마루로 마감되었다. 외벽은 내력 벽식구조, 층간 슬래브와 지붕슬래브는 일방향 보(One Way Joist Slab)를 가진 콘크리트 슬래브로 지어졌다.

3. 도서관

도서관은 사회의 대표적인 공공시설이지만 일제강점기에 공공도서관이 설립된 것은 미술관 등 공공시설에 비해 상당히 늦었다. 각종 전문학교와 대학에는 각각의 필요에 따라 도서관이 설치되었지만, 공익적 목적으로 도서관이 설치된 것은 1920년 전후다. 1919년 부산부립도서관이 설립되었고, 1922년에는 경성과 대구에 부립도서관이, 1923년에 조선총독부 도서관이 설립되면서 전국 주요 도시에 공공도서관이 설립되었다.

1) 총독부도서관[74]

일본은 식민지배를 위한 사상 선도를 위해 조선신교육령을 발령하고, 조선총독부도서관을 소공동 석고전 자리에 지었다. 1923년 12월에 지상 2층, 반지하 1층 규모로 지어졌으며, 서고는 지상 5층 높이로 지어졌다. 지하층은 석조로 건축되었다. 지하층의 습기에 강한 내구성 있는 재료로 사용된 석재로 인해 기단부의 이미지를 갖도록 설계되었다.

〈그림 7-194〉 총독부도서관. (안창모 소장 엽서)

건축 공사비는 당시 금액으로 27만 원이었는데 조선 상업은행이 부담하고, 대가로 조선총독부 소유였던 광통관의 소유권을 넘겨받았다.

내력벽체는 타일로 마감되었으며, 층간 슬래브는 철근콘크리트가 사용되고 지붕은 목조트러스 경사지붕으로 구성되었으며, 도머창이 설치되었다.

2) 경성도서관

1908년에 야마구치 세이(山口精)가 일본인 상업회의소 안에 세운 경성문고가 1911년부터 경성도서관으로 개칭되었으며 1919년에 폐관되었다. 이때 폐관된 도서관의 책을 구입하여 윤익선 등이 1920년에 가회동 취운정에 경성도서관을 세웠다. 야마구치가 세운 경성문고는 상업회의소 안에 설치했으므로 독립적인 건물을 짓지 않은 것으로 보인다. 그러나 야마구치의 경성도서관 소장 도서를 구입하여 개관한 윤익선의 경성도서관이 독립적인 건물로 설립되었는지에 대해서는 확인이 불가능하다.

1921년 이범승이 대한제국의 탑골공원에 위치한 대한제국의 구 군악대청사에 경성도서관을 설치하고, 취운정의 도서관을 지부로 편입했다. 이 건물은 전통 목구조 건축으로 지어졌지만, 건물의 외벽 하부는 조적조를 쌓았다. 도서관에 대한 사회적 수요가 증가하면서 1922년에 석조 3층 규모로 새로 지어졌다.

3) 경성부립도서관

경성부립도서관은 서울시교육청 남산도서관의 전신으로 일제강점기에 식민지 문화정책의 일환으로 설립된 최초의 공립도서관이다. 1922년 7월 1일 성성부 고시 제19호로 '경성부립도서관' 규정이 제정되었고, 동년 10

월 5일에 명동 2가 25번지의 한성병원을 개수하여 개관되었다.

• 명동의 경성부립도서관_ 설립 당시 시설 내역

벽돌조 2층 건물로 설립 당시 1층 아동실(22평), 휴게실(3평), 사무실(3평)과 2층 일반열람실(32평), 열람석(60석), 서고(5평)로 이루어져 있었다.[75] 경성부립도서관 내에는 도서관 사무실, 일반열람실, 아동열람실 외에도 인사상담소가 설치되었다. 경성부립도서관에서 주목할 것은 도서관 고유의 기능인 도서 대출과 열람 기능 외에 인사상담소가 있다는 점이다. 인사상담소에 대해서는 1922년 7월 7일자 《동아일보》 기사에서도 확인된다.

'도서관과 상담소'라는 제목의 기사에서

> 경성부에서는 문화사업으로 명치정에 도서관을 설치한다 함은 이미 보도한 바이거니와 요사이 한편으로 도서관의 설비 공사에 분망한 중이며 서적도 동경으로 주문하였으므로 오래지 아니하여 도착할 터인데 부청에서는 아무쪼록 모든 것을 속히 하여 팔월 그믐까지 전부를 완비하여 구월일일부터 개관할 예정이며 도서관은 일반 열람실과 아동열람실을 따로 설비하여 아동실은 이층에 두고 매일 공개시간은 오전 열시부터 오후 열시까지로 정할 터이라 하며 인사상담소가 팔월 중에 완성할 터인데 평의원은 일본인편의 경성 수양단 지부장 하시모도 시게오(橋本茂雄), 경성통신사장 오오가끼 다케오(大垣丈夫)씨의 부인 기타 삼씨와 오경선, 유전씨 등 오륙인이라더라

기사에 따르면 부립도서관에는 인사상담소가 설치되었다. 이는 도서관이 갖는 사회적 기능의 하나로, 사회적 경륜을 갖춘 사람들이 상담을 필요로 하는 이들에게 개인의 프라이버시를 보호하며 개인적으로 상담해

〈그림 7-195〉 경성부립도서관(명동 시절).

주는 기능을 도서관이 가지고 있었음을 알 수 있다. 일제강점기의 도서관은 인생 상담 등 사회적 기능도 수행한 것이다. 첫 부립도서관은 벽돌조 건축이었는데, 병원을 개조했기에 도서관 고유의 기능에 맞도록 건축되었다고 볼 수 없다. 동시에 붉은 벽돌건축의 일반적인 모습을 갖고 있는 도서관이다.

• 소공동 부립도서관

부립도서관 개관 이후 매년 격증하는 열람자의 수요를 감당하기 어려워지자, 1927년 5월 소공동 115번지에 위치한 대관정 건물과 대지를 매수하고, 시설을 증축하여 이전했다. 1926년 2월 23일자 《동아일보》에는 경성도서관 매입에 관한 자세한 내용이 실려 있다.

인사동(仁寺洞)에 있는 경성도서관(京城圖書館)은 개보한바와 같이 약 사만원의 가액으로 경성부가 사서 경영하게 되었는데 그 경비로는 지금 명치정(明治町)에 있는 부립도서관과 인사상담소를 방매하여 그 일부를 쓸터이며 나머지로는 개보한바와 같이 부립도서관을 장곡천정(長谷川町) 대관정(大觀亭)으로 이사하는 경비의 일부로 쓸 터이라는데 대관정은 그간 육군 소관이던 것을 삼정합명회사(三井合名會社)가 대정 12년에 12만6천원으로 매수하였으나 지금 현가로는 23만원 어치나 되므로 경성부윤은 삼정경성지점장과 루차 교섭한 결과 삼정 측에서 경성부의 사회사업에 찬동하는 뜻으로 원가대로 팔기로 보여 지난 이십일에 완전히 교섭이 다 되었는데 그 면적은 약 삼천평으로 길가에 있는 삼백오십평은 부민에게 팔고 그 나머지는 도서관을 건축하리라 더라.

〈그림 7-196〉 소공동 부립도서관.

〈그림 7-197〉 증축된 부립도서관 평면도.

〈그림 7-198〉 증축된 부립도서관 입면도.

소공동 대관정 부지로 이전한 경성부립도서관은 기존의 대관정을 수리하여 사용하고, 추가로 열람실과 서고를 증축했다. 서고의 경우 서고의 운영이 폐가식이던 당시의 도서 대출시스템과 설계 하중의 기준이 열람실보다 높은 서고의 속성을 감안하여 독립된 구조체로 설계되었다.

도서관 증축은 일인 실업가 후루시로 바이케이(古星梅溪)로부터 3만 엔, 타카키 도쿠미우(高木德彌)로부터 1만 엔을 기부 받았다. 경성부에서는 기부 받은 돈에 3만 엔을 추가하여 총 7만 엔으로 사회활동을 위한 사회관을 신축하였다. 이에 따라 대관정 터로 이전한 부립도서관은 구관인 대관정 건물과 신관인 사회관 건물로 구성되었다.[76] 열람실이 위치한 사회관은 3층으로, 서고는 5층으로 지어졌으며, 구조는 조적조 외벽체에 슬래브는 철근콘크리트조다.

4) 종로도서관

1920년 11월 5일 윤익선이 설립한 사립도서관으로 설립 당시에는 경성도서관이라는 이름이었다. 1921년 9월 10일 파고다공원 옆의 옛 대한제국 군악대청사를 불하받아 본관으로 사용되었다. 군악대청사는 전통건축이었으나, 1923년 7월 28일에 지어진 2층 건물은 석조건축이었다. 당시 도

서관은 도서 대출 외에 부녀자와 아동을 대상으로 교육과 전시회를 개최하는 등 사회교육 기능을 갖고 있었다. 경영난으로 1926년 3월 25일에 경성부에 양노되었으며, 같은 해 4월 1일에 경성부립도서관 종로분관으로 다시 개관되었다. 해방 후 서울시립종로도서관으로 개칭되었으며, 1967년 탑골공원이 정비되면서 철거되었다.

〈그림 7-199〉 종로도서관 전경. (서울역사박물관 소장 자료)

5) 지역 도서관

1919년에 부산부립도서관이 설립된 이후 경성, 인천, 대구, 군산, 강경 등 전국의 주요 도시에 도서관이 지어졌으나, 초기에는 도서관 용도로 지어진 건물이 아닌 기존 건물을 전용해서 도서관이 설치되었다.

초기의 도서관 중 인천부립도서관은 서양인 주택을 도서관으로 사용한 것이며, 대구의 경우 물산진열관인 뇌경관(賴慶館)의 일부를 빌려 도서관이 개관되었다. 부산의 경우 부청사에 도서관이 설치되었다. 따라서 건축적인 의미를 갖는 첫 도서관은 1923년의 총독부도서관과 1926년에 소공동에 지어진 경성부립도서관이라고 할 수 있다.

〈그림 7-200〉 인천부립도서관. (안창모 소장 엽서)

〈그림 7-201〉 대구부립도서관. (안창모 소장 엽서)

4. 과학관

남산 총독부가 경복궁에 신청사를 지어 이전하면서 남산의 총독부청사는 과학관으로 사용되었다. 공식 명칭은 '은사기념과학관'인데 이는 일왕이 은혜를 내려 설립된 과학관이라는 의미를 담은 이름이다.

1927년 5월에 개관된 구 총독부 건물을 이용한 과학관이 노후화되고, 1939년에 종합박물관 사업이 추진되면서 과학관 건립이 추진되었다. 이는 1937년 이후 전시체제하에서 한반도가 일제의 병참기지화되면서 식민지 공업화와 자원 개발과 함께 전쟁 승리를 위한 기술인력의 양성 등에 필요한 과학지식 보급이 필요했기 때문이다. 일본의 한반도 지배 25년을 기념하여 미술관과 과학관을 짓는 설계공모를 통해 당선안을 선정했으나, 전시체제하에서 경제가 어려워지면서 규모를 축소했고, 결국 과학관 건립 계획은 취소되었다.

〈그림 7-202〉 총독부청사에서 과학관으로 전용된 은사과학관 전경과 잠수부 사진. (안창모 소장 엽서)

〈그림 7-203〉 남산은사과학관 지리실. (안창모 소장 엽서)

공공건축과 모더니즘

개항 초기에 정부 주도로 지은 산업시설은 벽돌건축 중심의 실용적인 건축이 대다수를 차지했고, 정부 주도의 관공서와 서양인의 공관 건축은 역사주의 양식으로 지어졌다. 이러한 경향성은 일제강점하에서도 그대로 이어졌다.

식민지배체제 구축을 위한 관공서 건축은 서양의 역사주의 건축양식으로 지어졌고, 식민지배를 위해 필요한 사회 기반시설 역시 벽돌건축이 주를 이루었다. 벽돌을 주재료로 사용하며, 역사주의 건축양식으로 지어지던 관공서 건축에 변화가 생긴 것은 철근콘크리트 사용이 보편화되면서다. 1920년대 중반 이후 바우하우스에 의해 보편화된 장식이 제거된 단순한 매스와 평지붕을 가진 건물이 철근콘크리트조로 지어졌고, 이러한 모더니즘 디자인의 건축은 관공서와 자본가에 의해 주도되었다.

조선총독부에서 독자적인 설계 조직을 갖춘 철도국, 체신국, 전매국 등은 식민지배시스템을 구축하는 데 필요한 도시와 건축 설계에서 중요한 역할을 담당했다. 일본은 국가 주도의 근대화를 추진한 나라였던 까닭에

〈그림 7-204〉 상공장려관. (안창모 소장 엽서)

〈그림 7-205〉 용산소방서. (안창모 소장 슬라이드)

〈그림 7-206〉 경성소방서. (안창모 소장 슬라이드)

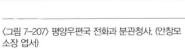

〈그림 7-207〉 평양우편국 전화과 분관청사. (안창모 소장 엽서)

〈그림 7-208〉 평양전화국 전화과 분관청사. (안창모 소장 엽서)

〈그림 7-209〉 부산전화국. (안창모 소장 엽서)　〈그림 7-210〉 조선적십자사. (안창모 소장 엽서)　〈그림 7-211〉 경성호텔 비전옥. (안창모 소장 엽서)

관공서의 기술인력이 민간 조직에 비해 상대적으로 우수했는데, 특히 식민지건축 관료 조직은 민간 건축인력에 비해 기술력이 우수해, 식민지 도시계획과 건축을 주도했다. 이러한 현상은 1930년대에 식민지 자본주의가 성장하며 민간 발주 건축이 활발해지면서 다소 약화되었으나, 철근콘크리트조의 도입과 최신 모더니즘 건축의 도입 등에서는 여전히 관 조직이 디자인을 선도했다. 디자인과 기술을 선도한 대표적인 식민지 관청 건축 조직이 철도국과 우편국 그리고 전매국이었고, 이들은 전국적인 사업망을 갖고 있어 자신들의 표준화된 설계를 전국적으로 보급할 수 있었다. 식민지 초기의 우편국과 식민지 후기의 전화국이 대표적인 사례다. 1930년대에 건축된 경성전화국이 디자인의 기준이 되어 평양과 부산 등 지방 주요 도시에 건축되는 전화국의 지침이 되었다.

防空と建築

創刊號

防空建築規則の解説 ………………………… 島井

○○○に就て ……………………………… 元

5.

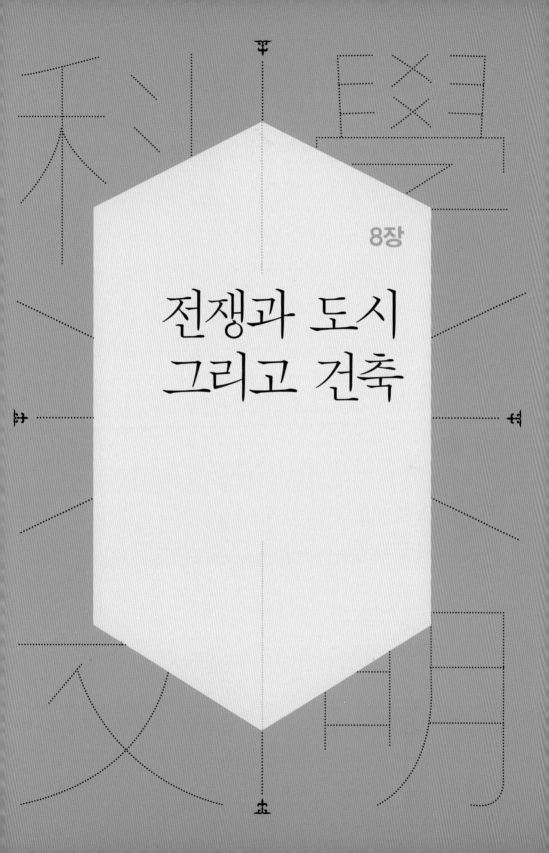

8장

전쟁과 도시
그리고 건축

일본이 1931년 만주사변을 빌미로 괴뢰정부인 만주국을 세우고, 1937년에 중국 침략을 본격화하면서 한반도의 전략적 가치가 높아졌다. 한반도는 중국 침략의 물리적인 중간거점을 너머 군수물자를 생산하여 공급기지가 되었다. 한반도를 쌀과 자원 공급기지로 삼았던 식민지정책이 전쟁 수행을 위한 병참기지로 역할이 전환되면서 달라졌지만, 한반도 전체가 달라지지는 않았다. 북선(北朝鮮) 지역의 경우 전선으로의 접근성이 양호할 뿐 아니라 풍부한 수력에 기초한 수력발전과 풍부한 지하자원의 활용이 가능해 빠르게 공업화가 이루어졌지만, 38선 이남 지역의 경우 여전히 산미증산정책에 기초한 농업 중심 정책이 지속되었다.

소비도시가 아닌 생산도시는 일본의 군국주의 팽창과 함께 등장했다. 1930년대 일본이 중국 침략을 본격화하면서 북한 지역에 등장한 함흥과 흥남, 청진, 원산 등이 대표적인 병참기지화 속에 등장한 생산도시라고 할 수 있다. 일제의 중국 침략에 따른 병참기지화 속 공업화는 한반도의 도시를 재편시켰다. 이로 인해 지하자원이 풍부하고, 전력 생산에 유리한 수력이 풍부한 북한 지역의 도시가 공업도시로 성장하기 시작했고, 함흥, 흥남, 원산, 청진, 원산 등이 공업도시로 빠르게 성장했다. 남한 지역은 여전히 농업생산이 중심이었지만, 중국 내륙으로 전선이 확대되면서 인천의 지정학적 입지가 중요해졌고, 인천이 다시 일본 제국주의의 주목을 받기 시작했다. 그 결과 영등포와 인천을 연결하는 경인공업지구가 빠르게 성장했다. 《매일신보》 1939년 10월 3일자 "경인일체의 대비약 경성 근교의 도시화―인구 백만도 시간의 문제"라는 제목의 기사와 함께 등장하는 지도는 빠르게 성장하는 경인공업지역으로 인해 서울과 인천을 연결하는 중간지대의 도시화가 빠르게 진행되고 있어 머지않아 서울과 인천이 하나의 도시권역으로 묶일 것을 예상한 그림이다. 일본의 전쟁 수행이 한반도의 도시에 얼마나 큰 영향을 미쳤는지를 보여주는 기사이자 전쟁이 한반도의 도시를 재편하는 동인이 되었음을 보여준다. 중일전쟁이 중국 내부로 깊숙이 전개되면서 서해안 일대에 공업도시가 성장하기 시작했고, 서해안 곳곳에 항공기지가 건설되었다. 이는 중국전선의 병참을 지원함과 함께 비행기가 전략병기가 된 아시아태평양전쟁의 특성이 한반도의 도시 재편에 미친 영향을 보여준다. 이렇게 일본이 벌인 침략전쟁은 한반도의 도시를 다시 재편시켰고, 도시의 구조와 모습도 크게 바꾸는 계기가 되었다. 산업혁명 없이 근대사회에 입문했던 한국의 입장에서 병참기지화 속의 산업화는 처음으로 유럽 국가들이 산업혁명으로 겪었던 주택 문제와 공해 문제 등의 초보적인 형태를 경험하면서 공업이 도시의 운명을 좌우하는 경험을 갖게 되었다.

만주사변과 중일전쟁 그리고 방공법

전쟁 초기에 일본은 중국과 동남아시아 각처에서 승승장구했기 때문에 전쟁 전에 제정된 방공법은 일본은 물론 한반도에서도 작동되지 않았다. 전쟁 초기에는 일본 본토는 물론이고 한반도가 전쟁터가 될 가능성이 많지 않기 때문이었다. 오히려 한반도에서는 전쟁 지원을 위한 병참기지화가 빠르게 진행되고 있었다. 그러나 일본의 진주만 습격 이후 미국의 반격이 본격화되면서 전세가 역전되어 일본의 주요 도시가 폭격받기 시작했다. 1944년에는 제주도와 부산 근처에서 미군기가 출현하자 다급해진 조선총독부는 1945년 3월 '한반도 내의 도시 소개대망'을 발표하고, 이어서 경성의 5개 소개 대상지를 고시하는 등 바쁘게 움직이기 시작했다. '소개대망'의 핵심은 공습으로부터 도시를 보호하는 계획이었는데, 서울의 경우 동서로 발달되어 있는 주요 간선도로를 일정한 간격으로 남북으로 갈라놓는 것이었다. 이는 서울의 지형구조 특성으로 인해 동서로 발달한 도로망이 폭격으로 인한 화재에 매우 취약했기 때문이다.

1940년 5월에는 『도시와건축(都市と建築)』이 창간되었다. 발행 주체는 조

〈그림 8–1〉 『도시와건축』, 창간호, 1940년 5월호 표지.

〈그림 8–2〉 "조선방공법을 10월부터 실시". 《매일신보》 1937년 8월 20일자)

〈그림 8–3〉 "방공법과 동시에 도시 방호령을 제정".《매일신보》 1936년 7월 30일자)

선총독부 경무국이었다. 주목할 것은 잡지의 표지 그림이다. 창간호 표지에 전폭기를 내세웠는데, 전폭기가 잡지의 성격을 잘 보여준다. 이 잡지는 1922년에 창간된 조선건축회의 기관지인 『조선과건축』과는 발행 목적이 달랐다. 『조선과건축』은 신축 건물을 소개하고 건축계의 이슈를 다루는 것이 주 내용이었지만, 『도시와건축』은 '폭격으로부터 도시를 어떻게 보호할 것인가?'에 대한 해법을 제시하는 잡지였다. 폭격으로부터 살아남기 위해 방공호를 어떻게 만드는가? 폭격으로 인한 화재로부터 도시의 피해를 최소화하기 위한 건축 재료 광고(불연재, 불연페인트 등) 등이 잡지의 대부분을 차지했다. 공습으로부터 도시와 건축을 보호하기 위해 건축가는 어떻게 관리되어야 하며, "건축가는 어떤 지식을 갖추어야 하는가?"를 다루는 잡지였다.

전시체제하 병참기지화와 도시

1. 경인공업지구와 경인시가지일체화계획: 서울, 인천

전쟁이 중국 대륙 깊숙이 전개되면서 북선(北鮮) 지역에 집중되던 군수산업이 인천 지역으로 빠르게 이동했다. 서해바다를 건너면 중국전선에 보급이 가능한 지리적 이점 때문이었다. 일제강점 초기에 영등포 일대에는 한강의 수운을 이용할 수 있고 경인철도가 위치한 교통의 이점을 이용한 자연발생적 공업지대가 형성되었었다. 인천은 경기평야를 배후로 하는 수탈 산업인 정미업이 발달했고, 경성을 배후로 하는 소비재 생산 공업이 형성되었지만, 서울과 인천 사이의 광활한 지역은 이렇다 할 산업이 없었다.

부평 등은 산업보다는 조선군사령부가 위치한 용산과 지리적으로 가까운 이점을 이용한 육군연습장으로 사용되었다. 1923년에 부평 지역에 육군연습장이 설치된 이후 1939년까지 부평 일원은 군사훈련에 사용되었다. 그러나 1939년부터 부평의 전략적 가치가 크게 달라졌다. 만주와

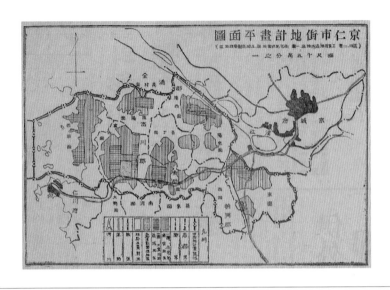

〈그림 8-4〉 경인시가지계획평면도. (출처: 《매일신보》 1939년 10월 3일자)

중국으로 군수물자와 병기를 신속하게 공급할 수 있는 지리적 장점으로 인해 부평에 일본 육군이 직접 운영하는 공창(工廠)과 제조소 등이 들어서기 시작한 것이다.

육군조병창은 1939년 부평 일원 100만 평에 공창본부와 탄약제조소를 비롯한 각종 무기 제조소를 건설하는 계획을 수립하고 실천에 옮겼다. 일제강점기에 육군조병창은 육군대신 직속으로 조병창 본부와 공창, 화공창, 제조소로 구성되었다. 공창은 처음에는 도쿄, 오사카, 나고야에 있었으나 이후 고쿠라, 남만주의 봉천에 추가로 설치했다. 화약과 탄약의 제조를 맡은 화공창 본부는 도쿄에 있었고, 본부 직할 제조소로는 평양병기제조소가 있었다.

1940년 4월 1일 육군조병창이 육군병기창에 통합되면서 공창이 조병창으로 바뀌었는데 이때 조선공창이 인천육군조병창으로 바뀌었다. 이후 부평을 중심으로 영등포와 인천 사이가 빠르게 공장지대화되었으며, 이로 인해 서울과 인천을 하나의 도시권으로 묶으려는 경인시가지일체화계획이 논의되기 시작했다.

1939년 10월 3일자 《매일신보》에는 〈경인시가지계획평면도〉가 실렸다. 같은 시기에 《동아일보》에는 '경인시가지일체화계획'을 제목으로 하는 신문 기사도 있었다. 이는 중일전쟁이 발발하고 일본이 빠른 침략 속도로 중국 대륙 깊이 진출하면서, 지리적으로 유리한 인천의 전략적 가치를 인식한 일본 군부가 인천과 경성 사이의 공업화를 빠르게 추진했기 때문이다. 많은 군벌이 직접 투자했지만 주목할 것은 부평 지역에서는 일본 육군이 직접 조병창을 운영했다는 점이다.

1939년 10월 2일자 《동아일보》에는 "대 확장되는 경성부역"이라는 제목으로 경인공업지의 대부분이 경성에 편입될 것이라는 기사가 실렸다. 경성과 인천을 하나의 도시권으로 묶기 위한 경인시가지계획안이 내무국에서 결정되어 미나미 지로(南次郞, 1874-1955) 총독의 결재를 받을 예정이라는 것이다.

경인시가지계획에 따르면 인구는 85만 명에 이르게 되어 조만간 100만 명 시대가 도래할 것을 예상하고 있는데, 이는 1959년의 목표 인구를 100만 명으로 정했던 대경성계획이 전면 수정됨을 의미한다. 1937년의 중일전쟁이 도시의 미래를 완전히 바꾼 것이다.

계획의 구체적인 내용을 보면,

> 시흥군 동면, 서면의 일부, 부천군 소사면 부내면, 오정면, 계양면의 전부 또는 서관면, 문학면의 일부, 금포군 양동면 양서면외 전부와 고촌면 등 약 1억6백5만3천평을 시가지계획구역으로 결정하고 이것을 경인시가지계획구역이라고 칭하게 되었으며, 이것을 다시 공업용지 조성지구와 주택지 경영지구 토지구획정리지구 등

세 개 지구로 구분한다고 한다.

• 조병창(造兵廠)

〈그림 8-5〉 일본육군 조병창 전경. (사진: Norb Faye, 1948. 10. 9.)

조병창은 일제의 육해군에서 무기·탄약·차량·선박 등의 구입·설계·제조·수리 등을 담당했던 군 직속의 공장 및 기관이다. 육군에서는 육군조병창이라 하고, 해군은 해군공창이라고 했다. 일본 육군조병창은 1923년 3월 29일에 만들어졌는데 육군성의 직속 기관이며, 육군성 장관의 관할로 운영되었다. 만주사변(1931)과 일제의 괴뢰정부 만주국 건국(1932), 그리고 중일전쟁(1937)으로 이어지는 대륙 침략의 효율적인 추진을 위해 한반도의 병참기지 역할이 중요해졌다. 부평에 설치된 조병창은 도쿄조병창과 고쿠라조병창과 이어지는 제국 경영과 전쟁 수행의 구조 속에 설치되고 운영되었다. 1940년 4월 1일 효율화를 기하기 위해 조병창과 병기창[1]이 육군병기창(陸軍兵器廠)으로 통합되고, 1942년 10월 15일에는 육군병기행정본부로 개편되었다. 2차 세계대전 때 일본 육군에서는 본토에 6개의 조병창과 한반도와 난만(南滿)에 각각 1개소의 조병창을 운영했다.

일본 본토에는 도쿄 제1육군조병창(大宮제조소·仙台제조소 등), 도쿄 제2육군조병창(多摩제조소·板橋제조소 등), 사가미(相模) 육군조병창(제1제조소·제2제조소), 나고야(名古屋) 육군조병창(熱田제조소·鳥居松제조소 등), 오사카(大阪) 육군조병창(白浜제조소·播磨제조소 등), 고쿠라(小倉) 육군조병창(春日제조소·糸口山제조소 등), 한반도에는 인천(仁川) 육군조병창(제1제조소·평양제조소), 만주에는 난만(南滿) 육군조병창(제1제조소·제2제조소 등)이 있었다.

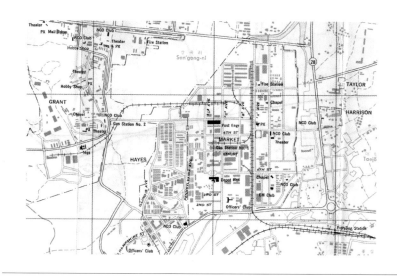

〈그림 8-6〉 일본 육군조병창 배치도, 미군 ASCOM CITY시절 지도(1962). (출처: 부평역사박물관)

　부평 육군조병창의 조성을 위해 간토구미(關東組), 다다구미(多田組), 다마모구미(玉操組), 시미즈구미(淸水組), 하자마구미(間組) 등 토목건설회사가 투입되었다. 인천육군조병창의 감독 아래 군수물자를 생산·협력하는 군수회사가 1939년에 집중적으로 건립되어 군수산업의 중추적인 역할을 담당했다. 미쓰비시제강, 니폰(日本)고주파중공업이 대표적인 군수산업체였다. 부평의 육군조병창은 조병창 본부와 제1제조소, 평양제조소로 구성된다. 본부는 조병창의 행정을 주로 담당하였는데, 서무과, 회계과, 의무과로 구성되었다. 제1제조소는 조병창 내에 위치했으며, 평양제조소는 인천육군조병창보다 먼저 설치되었으나 인천육군조병창 산하에 편입되었다. 제1제조소의 경우 제조소 사무소, 판금공장, 연마공장, 총상공장, 조립공장 등으로 구성되었다. 조병창 인근에는 생산된 병기를 보급하기 위해 평양보급창의 부평분창이 설치되었으며, 공원들을 교육시키기 위한 기능자양성소와 군수산업체에 근무하는 노동자를 위한 숙소가 지어졌다.

2. 북선개발과 공업도시: 청진, 함흥, 흥남, 나진, 원산, 울산

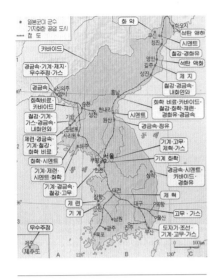

〈그림 8-7〉 한반도 공업화와 공업도시 분포. (출처: https://blog.daum.net/allspices/5993 화운의 역사와 인문학도서관)

일제강점 초에 일제는 한반도의 함경도 일대를 북선(北鮮), 평안도 일대를 서선(西鮮), 영남과 호남을 합쳐서 남선(南鮮)이라 불렀다. 한반도 식민정책의 근간은 일본의 쌀 공급지였지만, 농사를 짓기에 적합하지 않은 기후와 지형을 갖고 있던 함경도 일대는 어업과 축산 그리고 지하자원의 개발과 수탈의 대상이었다.

북선을 전략적 가치로 보는 시각은 군사적 측면이었다. 한반도 북부와 만주 그리고 시베리아를 지원하는 19사단이 북선의 중심인 나남에 설치된 것이다. 그리고 이러한 북선의 전략적 가치는 일본이 만주와 중국 침략을 본격화하면서 더욱 커졌다. 북선의 두 번째 전략적 가치는 일본 본토에서 중국 동북 지역을 연결하는 경로적 가치다. 이 가치는 일본이 중국 침략을 가시화한 시점에 두드러졌다. 중국 침략의 루트에 존재하는 북선에 풍부한 자원의 존재는 북선을 어업과 축산의 고장에서 병참기지화의 핵심지로 성장케 했다.

중일전쟁 이후 일제의 한반도에 대한 정책이 크게 바뀌었다. 농업 중심의 1차 산업지로 한반도를 경영하던 일본은 효과적인 전쟁 수행을 위해 시베리아와 만주로 연결되는 한반도 동해안의 도시에 대한 개발을 본격화한 것이다. 일본 대륙 침략의 전선이 중국 대륙 안으로 깊이 이동하면서 한반도의 병참기지화 정책이 가속화되었고, 입지에 따른 각기 다른 공업도시계획이 수립되었다.

일본의 서해안 도시와 배로 연결되면서 동시에 만주로 진출이 용이한 한반도의 나진과 청진, 함흥 그리고 원산 등 도시 성장세가 두드러졌다.

〈그림 8-8〉 흥남의 조선질소비료공장 전경. (안창모 소장 엽서)

교통이 편리하고 자원이 풍부하며 수력자원 확보가 가능한 한반도 북부 지역의 청진과 함흥 및 원산 등에는 군수산업을 위한 공업도시가 계획되었는데, 러시아 및 중국과 인접한 나진의 개발이 매우 활발했다. 1931년에서 1940년 사이의 인구증가율 1위는 4,500명에서 3만5천 명으로 증가한 나진이었고, 두 번째는 3만5천 명에서 19만 명으로 증가한 청진, 그리고 세 번째는 2만3천5백 명에서 13만 명으로 증가한 흥남이었다. 흥남은 흥남질소비료공장으로 상징되는 북선 공업화의 시작점이었다.

　동시에 울산 등은 후방도시로서의 공업화가 시도되었는데, 사업은 민간 주도로 진행되었다. 전시체제는 한반도 내 도시의 재편을 가져왔다. 자원과 쌀의 수탈 중심 식민지정책에서는 인천과 목포 그리고 군산 등 농경지를 배후로 하는 도시가 성장했지만, 병참기지화 속에 공업화가 진행되면서 동해안의 도시 성장이 매우 빠르게 진행되었다.

순위	1920		1925		1930		1935		1940		1944	
1	서울	24.77	서울	34.2	서울	39.4	서울	44.4	서울	93.5	서울	98.8
2	부산	7.3	부산	10.6	부산	14.6	부산	18.2	평양	28.5	평양	34.1
3	평양	5.8	평양	8.9	평양	14.0	평양	18.2	부산	24.9	부산	32.9
4	대구	4.4	대구	7.6	대구	9.3	대구	10.7	청진	19.7	인천	21.3
5	인천	3.5	인천	5.6	인천	6.8	인천	8.2	대구	17.8	대구	20.6
6	원산	2.7	원산	3.6	개성	4.9	목포	6.0	인천	17.1	청진	18.4
7	진남포	2.1	진남포	2.7	신의주	4.8	원산	6.0	원산	7.9	신의주	11.8
8	목포	1.6	목포	2.6	원산	4.2	신의주	5.8	함흥	7.5	원산	11.2
9	마산	1.6	신의주	2.3	진남포	3.8	함흥	5.6	개성	7.2	함흥	11.2
10	신의주	1.3	마산	2.2	청진	3.5	개성	5.5	진남포	6.8	광주	8.2
11	군산	1.3	군산	2.1	목포	3.4	청진	5.5	광주	6.4	해주	8.2
12	청진	1.0	청진	2.0	마산	2.7	광주	5.4	목포	6.4	진남포	8.2
13					군산	2.6	진남포	5.0	해주	6.2	대전	7.6
14							전주	4.2	신의주	6.1	개성	7.6
15							군산	4.1	전주	4.7	목포	6.9
16							대전	3.9	대전	4.5	성진	6.8
17							마산	3.1	진주	4.3	전주	6.7
18									군산	4.0	군산	5.7
19									나진	3.8	마산	5.4
20									마산	3.6	진주	5.8
21											나진	3.4

• 북선의 전기화학콤비나트 구축과 수풍댐

북선을 공업도시로 개발하는 데 관건은 공장을 움직일 수 있는 에너지원이다. 석탄과 철광석 등의 연료와 원자재 이상으로 중요한 것이 전기였다. 일본에서 질소비료주식회사를 경영하던 노구치 시타가우(野口遵)는 많은 전력을 필요로 하는 비료공업의 특성상 일본 내에서 사업을 확장하기 어려워지자, 한반도에서 대규모 수력발전을 통해 전력을 확보하기 위해 1925년 함경도 부전강의 수력개발사업을 시작으로 각종 수력개발사업에 적극 참여했다. 1927년 흥남에 조선질소비료공장이 지어졌다. 풍부한 전력자원을 배경으로 조선질소는 황산암모늄비료를 비롯해 인산비료, 석회비료, 복합비료를 생산하고, 동해안의 정어리를 원료로 한 유지공업에도 진출하면서 한반도 북부에 전기화학콤비나트를 구축했다. 이렇게 구축된 전기화학콤비나트는 화약과 금속 제련 등 군수공업 분야로 확대되어 일제의 대륙 침략을 뒷받침했다.

• 수풍댐

압록강 상류에 위치한 댐으로 평안북도 삭주군과 중국 단둥시 콴덴 만족 자치현 사이에 건설되었다. 1937년 조선질소비료를 경영하던 노구치 재벌이 압록강수력발전주식회사를 설립하여 1944년까지 건설했다. 1937년 7월 7일 일본이 중국대륙 침략을 시작한 지 1달여 만에 시작된 수풍댐 건설은 전쟁 수행을 위해 집적된 한반도 북부 지역의 군수산업에 제공할 전기를 확보하기 위함이었다. 동시에 만주국의 전력 수요에 대한 요구와 부응한 측면도 있었다. 건설된 수풍댐에서 생산된 전기는 만주국과 반분되었다. 당시 70만kW의 발전 규모는 미국의 후버댐과 윌슨댐에 이어 세계에서 세 번째로 큰 규모였다. 수풍댐의 건설로 만주 일원을 장악한 일제는 전쟁 수행을 위한 공업생산력의 극대화를 꾀했으나, 일제의 진주만 공습 이후 미국이 본격적으로 참전하여 전세가 급속히 미국 쪽으로 기울어지면서 수풍댐은 제 역할을 하지 못한 채 아시아태평양전쟁이 마무리되었다.

• 나진 도시 개발

나진은 1930년대 초까지 함경북도 경흥군에 속한 거주 인구가 백여 가구에 불과한 작은 어촌이었으나, 1931년에 만주국이 건설되면서 일본의 서

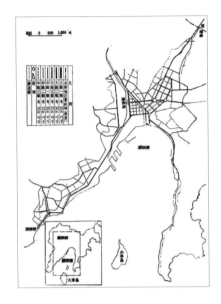

〈그림 8-9〉 왼쪽: 나진시가지계획 가로망도(1934), 오른쪽: 나진시가지계획도

〈그림 8-10〉 나진 한반도 주변 항로. (안창모 소장 엽서)　　〈그림 8-11〉 나진 말광정2정목 시가 모습.

해안에서 만주를 연결하는 조선의 핵심 거점으로서의 중심 역할이 부각
되었다. 나진은 1934년에 제정된 조선시가지계획령에 따라 30만 명을 수
용할 수 있는 시가지계획이 수립되었다. 시가지계획의 시작은 나진항 축
항공사였다. 나진항 축항공사는 총 3기로 나뉘는데 1기 공사는 나진만의
서북 해안을 매립하여 3개의 부두를 축조했고, 배후에는 매립으로 확보

한 60만 평의 땅에 대조차장, 창고, 야적장, 공장 등을 건설하여 약 300만 평을 처리할 수 있는 규모의 3개 부두를 축조했다.

시가지계획은 106.3*k㎡*에 30만 명을 수용할 수 있는 규모로 계획되었으며, 120m 안팎의 블록 크기로 시가지가 구획되었다. 나진 시가지 조성사업에는 조선총독부 토목과 외에, 남만주철도주식회사도 참여했는데, 바다에 면하지 않은 만주국의 입장에서 나진은 일본과 물류를 연결시킬 수 있는 유일한 경로였기 때문이다. 1930년대에 급성장하며 조성된 나진의 시가지는 동시대 여느 도시와 다르게 균일한 모습의 모던한 감각의 풍경으로 형성되었다. 나진은 공업도시로 성장한 함흥, 청진 원산 등과 달리 물류의 거점으로 개발된 도시였다.

1931년 9월, 일본의 만주 침략으로 본격화된 북선개발로 함경도의 동해안측 도시의 공업화가 빠르게 진행되었다. 당시 조선총독이었던 우가키 가즈시게(宇垣一成)는 대공황의 경제 위기를 타개하기 위해 '동해(일본해) 중심론'을 주장했다. 북선개발로 동해에 면해 일본과의 항로 연결이 편리한 함경도 연안에 위치한 항구도시는 빠르게 공업도시로 성장했다. 나진, 웅기, 청진 중 나진이 만주 진출의 관문도시로 결정되면서 나진은 북선개발의 중심이 되었다. 나진은 1930년대 식민지 한반도에서 일어난 부동산 투기의 대표적인 도시가 되었다. 한편, 청진, 함흥, 흥남, 원산 및 성진이 대표적인 공업도시로 성장했다. 이들 도시는 일본이 동해를 거쳐 만주로 진출하기 위해서는 반드시 거쳐야 하는 관문도시여서, 일본과 만주를 최단거리로 연결하는 '북선루트'의 역할이 부여되었기에 빠르게 성장할 수 있었다. 특히, 1930년대 일본의 군비 확장 과정에서 경금속과 내화 재료에 대한 수요가 급증하자, 북선 지역 매장 자원의 중요성이 더욱 높아졌다. 1932년에 발견된 마그네사이트광이 이 시기에 발견된 대표적인 자원이다. 마그네사이트는 내화벽돌 제조 외에 비료 첨가제나 화학시

〈그림 8-12〉 수풍댐 건설사업소. (출처: 『수풍발 　〈그림 8-13〉 수풍댐 공사 모습. (출처: 『수풍발 　〈그림 8-14〉 수풍댐 전경. (안창모 사진)
전소 준공기념사진첩』 [1942])　　　　　　　 전소 준공기념사진첩』 [1942])

료 등 전시체제에서 반드시 필요한 지하자원이었다.

이 과정에서 미쓰비시는 청진항 수축과 남회선철도 부설, 무산철광에
대한 투자에 적극 나섰다.

3절

전쟁과 도시

강을 끼고 성장한 내륙도시의 네트워크를 갖고 있던 조선의 도시는 개항 이후 서구 문물을 받아들였고, 대한제국을 출범시킨 고종은 군산 목포 등 개항장을 확대했는데, 이 과정에서 해항을 중심으로 하는 새로운 도시가 성장하기 시작했다. 그러나 서양 문물을 받아들여 근대화의 창구로 시작된 해항도시는 일제강점과 함께 수탈도시로 바뀌었고, 이 과정에서 항구와 내륙도시가 철도로 연결되는 수탈에 기초한 식민지하 도시 재편이 이루어졌다. 1930년대 말 전시체제는 이러한 한반도 내 도시 간 네트워크를 다시 변화시켰다. 전쟁 수행을 극대화할 수 있는 루트에 있는 도시가 성장하게 되고, 후방도시는 전시체제에서 지원의 역할을 해야 했다. 그리고 전쟁이 막바지에 이르면서 한반도의 거점도시는 공습으로부터 피해를 최소화하기 위해 제정했던 '방공법'이 시행되면서 새롭게 재편되었다.

1. 소개도로와 도시구조의 변화

1940년 10월, 일제는 고도국방국가건설의 기치 아래 국민총력조선연맹을 출범시키고, 국방력을 최고도로 발휘할 수 있도록 조직되고 통제되는 국가체제를 구축했다. 총력동원 전시체제하에서 도시구조를 근본적으로 변화시킨 것은 소개도로였다. 1944년 5월 11일에 시작된 1차 소개 작업은 '싸우는 도시, 완성의 진군보'라는 구호 아래 6월 말 완공되었으며, 이어서 8월 중에 2차 건물 소개 작업이 계획되었다. 소개도로의 확보와 함께 서울 시민의 도시 밖 소개도 본격적으로 진행되었다. 폭 50미터, 길이 1,000미터에 이르는 지역에 거주하던 거주자의 강제 퇴거가 이루어졌고, 지방으로 소개된 서울 시민을 위한 임시주거 공급도 계획되었다. 그러나 미국이 히로시마와 나가사키에 원자폭탄을 투하해 전쟁이 예상과 달리 빠르게 종결되면서 서울시내에 개설된 소개도로들이 미처 정비되지 못한 채 해방을 맞이하게 되었다. 이로 인해 파고다공원 북측과 종묘 앞 소개도로는 슬럼의 최적지가 되었다. 특히 종묘 앞 소개도로의 슬럼화는 6·25전쟁 이후에 극심해졌는데, 그 결과 종묘 앞은 '종삼'이라는 사창가가 되었다. 일본이 도발한 아시아 태평양전쟁은 도심 한복판을 동서와 남북으로 갈라놓았고, 갈라진 도시 조직은 해방과 6·25전쟁을 거치며 슬럼화되었다.

소개공지대 조성은 미군의 폭격이 일본 본토를 넘어 한반도에 이를 것이 예상되면서 계획되었다. 공습 시 폭격 그 자체보다 도시에 더욱 심각한 피해를 유발하는 것은 화재에 의한 2차 피해여서,

〈그림 8-15〉 "중요도시 소개 준비", 《매일신보》 1944년 3월 3일자)

화재의 전이를 막기 위해서는 소개공지대가 반드시 필요했다. 그런데 이로 인해 강제병합과 이후 식민지 근대도시로의 전이 과정에서도 버텨왔던 600년의 도시 조직이 조각나기 시작했다. 공교롭게도 (전쟁으로부터) 도시를 보존하기 위해 마련한 소개공지대가 직접적으로는 역사도시의 조직을 파괴하고 도시구조를 재편시키는 시작점이 된 것이다.

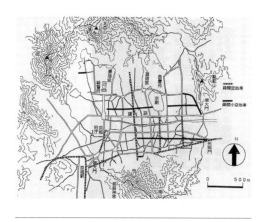

〈그림 8-16〉 소개도로와 소개공지대, 소개소공지대. (출처: 靑井哲人, 『植民地神社と帝國日本』[吉川弘文館, 2005])

2. 전시체제와 조선주택영단

1) 조선주택영단 설립 배경

일제강점기에 조선총독부의 공공주택 공급 정책은 매우 제한적이었다. 1910년 일본이 대한제국을 식민지화한 이후 일인 관료와 국책회사 직원을 위한 관사와 사택은 적극 공급했지만, 한인을 위한 공공주택 공급은 전무하다시피 했다. 1919년 이후 도시화가 진행되면서 주택 부족 문제가 심각해졌을 때, 경성, 부산, 대구, 목포, 신의주, 청진, 해주, 춘천, 흥남, 나진 등 10개 도시에 1941년까지 7백 호의 주택을 공급했지만, 공급 대상자는 대부분 식민지 관료나 국책회사 직원이었다. 화광교원(和光敎園)[2] 등 빈민구호단체를 통해 토막민 등을 위한 간이주택이 소량 공급되는 정도였다.

그러나 전선이 확대되고 심화되면서 조선총독부의 주택정책이 달라졌다. 1937년 중일전쟁으로 모든 물가가 오르기 시작하면서 주택 가격과 집세가 물가 인상을 주도하기 시작했고, 이는 곧 경제 전반을 매우 어렵게 만들기 시작했다. 이는 전시체제하에서 병참기지화 속 공업화가 진행되면서 도시화가 진행되던 한반도의 주요 도시와 신흥 공업도시에서 심각한 주택 문제로 이어졌다.

총독부에서는 1939년에 주택대책위원회를 설치하고 주택건설계획과 물량계획을 세워 자재 배급 대책을 수립했다. 시멘트, 목재, 아연철판, 철관, 전선 등을 확보하고 각 도에 필요한 자재를 공급했다. 1939년 10월에는 총동원법과 관련된 가격등통제령(價格等統制令), 지대가임통제령(地代家賃統制令), 임금임시조치령(賃金臨時措置令), 회사직원급여임시조치령(會社職員給與臨時措置令) 등 4개 법령이 실시되었다. 이 중에서 지대가임통제령은 조선, 대만, 화태, 남양군도에서 1941년 7월 1일부터 실시되었다. 위반자에 대해서는 10년 미만의 징역에 처할 수 있는 징벌적 법령이었다. 그러나 이때 실시된 주택 가격과 임대 가격 통제령이 오히려 새로운 주택 신축을 막는 결과를 가져와 총독부의 의지대로 주택 문제가 해결되지 못했다. 이와 동시에 대가조합(貸家組合), 가주간담회(家主懇談會), 차가상담소(借家相談所)를 상설하여 집주인과 세입자 사이의 협력 체계를 구축하고자 했다. 대가조합은 1941년 안에 경성을 비롯하여 전 조선의 부청 소재지에 설치할 예정이어서 전국적으로 18개소가 신설되는 것이 결정되었다. 가주간담회의 경우 각 경찰서 소재지에 상설화하고, 차가상담소도 부청 소재지에 설치하겠다고 발표했다.[3]

2) 조선주택영단 설립

1937년 중일전쟁이 일본의 진주만 습격으로 태평양으로 확전되면서 전쟁은 총력전 체제로 전환되었다. 1938년 4월 국가총동원법이 제정되어 한반도와 타이완 등 일본제국과 식민지 안에서 노동력과 물자를 전쟁을 위해 동원할 수 있는 체제가 구축되었다. 이 과정에서 전쟁 수행을 위한 각종 영단[4]이 만들어졌다. 식량 문제를 전담하는 식량영단을 비롯해, 농지 개발을 위한 농지개발영단, 주택 공급을 위한 주택영단이 대표적인 기관 이다. 식민지 조선의 병참기지화가 가속화되면서 한반도에서는 이전과는 다른 주택 문제가 발생했다. 군수산업체에 근무하는 생산직 노동자의 주 택 부족 문제다. 대한제국은 산업혁명 없이 식민지화된 상태로 근대사회 로 진입했기에 생산직 노동자를 위한 주거 문제가 없었고, 자연히 노동 자의 주거 문제 해결을 위한 정책도 없었다. 그러나 한반도의 병참기지화 속에 빠르게 진행된 군수공업의 발전으로 인해 생산직 노동자를 위한 주 택 문제와 급성장하는 도시의 구조적인 문제가 발생했다.

1941년 5월 7일자《매일신보》에는 "산업전사로 생산력 확충에 힘쓰고 있는 노무자들의 생활 안정과 또는 그들의 능률 향상을 위하여 편안한 주택을 제공하고자 설립된 주택영단은 내지(일본)와 발맞추어 조선에서도 실시하기로 되어…"라고 조선주택영단의 설립 목적이 일본주택영단과 맥 을 같이하고 있음을 밝히고 있다. 1941년 6월 14일에는 조선주택영단령 (朝鮮住宅營團令)이 공포되고 7월 1일에 조선주택영단(朝鮮住宅營團)이 설립 되었다. 주택영단과 대가조합은 주택 문제 해결의 양대 축이었다. 만일 주 택영단 설립이 늦어지더라도, 대가조합을 상설화시켜 주택 문제를 해결 하고자 했다.

주택영단 설립에 조선총독부가 400만 원을 출자하였으며, 3년 임기의 이사장과 이사는 총독이 임명하였다. 본사는 경성에 설치되었다. 첫 사 무실은 광화문통 84번지(조선총독부 전매국 4층)에 위치했으며, 종로 2가 YMCA에 주택영단의 건설부 사무소가 설치되었다. 1941년 9월 27일에는 경성부 장곡천정 45번지(현 소공동 45번지)에 신축 건물을 매입하여 이전 했다.

1941년 6월 21일에 만든 정관에는

1. 영단은 서민주택 건설 공급을 목적으로 한다.

2. 정부출자금 8백만 원을 4개년 분할 출자한다.

3. 자금의 10배 한도 내로 주택채권을 발행할 수 있다.

4. 임원은 이사장 1인, 이사 2인, 감사 1인으로 하되 이시장, 이사 임기
는 3년, 감사는 2년으로 한다.

5. 평의원을 두어 자문을 받는다.

6. 실무 수행에는 영업세, 등록세, 인지세, 부동산소득세의 면제를 받
는다.

7. 필요할 때는 토지를 수용할 권리가 있다.

등이다.

영단령 제14조에는

1. 주택의 건설 및 경영

2. 주택의 건설 및 경영의 수탁

3. 1단지의 주택 건설 또는 경영의 경우에 수도·승합자동차·시장·식당
·욕장·보육소·수산소·집회소 기타 시설의 건설 및 경영

4. 주택 건설을 위한 자금의 대부

5. 주택의 매매 및 대차의 중개

6. 전 각호 업무의 부대사업

을 담당업무로 규정했다.

영단주택은 서민 계급의 주택 문제를 해결하기 위해 일본에서 시작된
주택 유형이었지만, 식민지였던 한반도에서는 전시체제하에서 군수산업

체에 근무하는 노동자의 주거 안정을 위해 1941년 6월 14일 총독부령 제23호로 조선주택영단령이 제정 공포된 후 조선주택영단에 의해 공급된 주택이다.

3) 조선주택영단 사업

조선주택영단은 출범과 함께 4년에 걸쳐 8,800만 엔의 예산으로 2만 호를 공급하겠다는 계획을 세웠다. 전국 19개 도시(경성, 부산, 대구, 인천, 대전, 수원, 군산, 진해, 평양, 청진, 함흥, 원산, 성진, 진남포, 신의주, 나진, 평강, 사리원, 겸이포)에 5개년에 걸쳐 20,000호를 건설하겠다는 계획에서 영단주택 건설이 경성과 인천, 그리고 함경남북도의 공업도시에 집중된 것은 영단주택이 군수산업체 근무자를 위한 것이었음을 보여준다.

최초의 계획은 2만 호 중 1만 호는 노무자를 위한 주택으로 짓고, 당시 노무자뿐 아니라 일반 주택도 대단히 부족하므로 1만 호는 임대와 분양용으로 짓겠다[5]는 계획을 수립했었다. 총독부에서는 주택영단 설립을 추진하면서 20년 만기 연부상환제도(年賦償還制)를 도입[6]하여 장기적으로 노무자가 자기 집을 갖게 하겠다는 청사진을 제시하기도 했으나, 사업 시작부터 이 제도는 실시되지 못했다.

설립 당시에는 20평형, 15평형, 10평형 등 3가지 유형 중 노무자용으로는 15평형과 10평형을 공급하고, 20평형은 일반 주택으로 공급할 계획을 세웠다. 사업은 개인도 상대하지만 가급적이면 단체 또는 회사 단위의 공급 방식이 많을 것으로 예상하며, 주택의 형태는 수요자의 편리에 따라 선택[7]할 수 있도록 하겠다고 발표했다.

조선주택영단에 의해 공급될 영단주택은 1941년도에 '갑형(20평)', '을형(15평)', '병형(10평)', '정형(8평)', '무형(6평)'의 5종류의 표준주택에 기초해 건설되었다. 그러나 직접 공급하지 않고 기존 사업을 인수한 경우는 표준

〈그림 8-17〉 영등포토지구획정리사업 계획도. (출처: 《매일신보》 1937년 11월 26일)

〈그림 8-18〉 문래동 영단주택 전경. (출처: 나라아카이브)

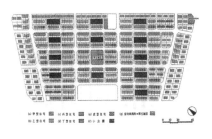

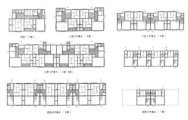

〈그림 8-19〉 문래동 영단주택 배치도. (출처: 가와바타 미츠루, "조선주택영단의 주택지 및 주택에 관한 연구", 『대한건축학회 춘계학술발표대회논문집』 [1990년 4월])

〈그림 8-20〉 문래동 영단주택 평면 유형. (출처: 가와바타 미츠루, "조선주택영단의 주택지 및 주택에 관한 연구", 『대한건축학회 춘계학술발표대회논문집』 [1990년 4월])

주택에 사업이 얽매이지 않았다. 1944년도에 들어 중요산업 관계의 노무자 주택 건설로 사업방침을 전환하게 되어 건설 주택은 원칙적으로 '노무자 주택'만으로 하였고, 영단인수의 주문처 및 호수는 총독부의 지정을 받아야만 했다. 한편 1944년도의 기업 정비에 의해 유휴 건물의 활용을 사업에 추가하는 안이 검토되었다. 1941년 11월 7일자 《부산일보》에는 "주택영단채권 2천만원 발행"이라는 제목의 기사에서 영단주택 사업을 위한 자금 조달계획을 전하고 있다.

조선주택영단 16년(1941)도 중(17년 3월)에 주택 건축자금은 2천만 원으로 결정되었다. 이 중에서 1천만 원은 대장성 예금부에서 융자받고 1백5십만 원은 5일 개최되는 조선간이보험 사업자문위원회에서 빌리겠다고 한다. 나머지 8백5십만 원은 대체시장공모(大體市場公募)를 통해 마련할 예정이라고 한다.

1941년 11월 7일 기사에는 주택영단이 채권 2천만 원을 발행했는데, 이는 1940년대 주택 1채의 공사비가 약 5,000원이었다는 점을 감안하면 4,000채를 건설할 수 있는 예산이었다.

• **주택영단의 사업 방식**

주택 건설의 사업계획은 서민층을 대상으로 하였던 일반 주택으로부터 시작하였지만, 바로 군수 관계의 노무자 계층을 우선으로 하게 되어 전황의 변화에 따라 건설 호수의 변경과 감소를 반복하면서 주택 규모를 줄여 전체 목표 공급량을 맞추고자 했다. 주택영단의 사업은 분양과 임대의 두 개로 나뉘어 있었는데, 주택은 대지와 함께 분양하는 것을 원칙으로 했다.

주택영단 사업은 경성에 집중되어 4,472호로 전체의 37%에 달했다. 인천에 공급된 1,302호를 포함하면, 해방 전 공급량의 48%를 점하고 있어 영단 사업의 약 절반은 한반도의 가장 중요 군수지역이었던 경인지대에 실시된 것이었다.

주택영단이 공급한 물량은 경성에 이어 청진, 인천, 평양, 부산 순이었는데, 이들 도시에는 모두 1천 호 주택이 공급되었다. 이 밖에 나진, 성진, 함흥, 원산, 평강, 신의주, 진남포, 겸이포, 사리원, 수원, 대전, 군산, 대구 등 한반도 전역의 18개 도시에 폭넓게 주택영단의 건설 사업이 전개되었다.

이는 중일전쟁이 중국 내륙으로 확산됨에 따라 급성장한 도시에는 예외 없이 주택영단의 주택공급 계획이 이루어졌다. 주택영단의 첫 사업은 경성의 번대방정(番大方町, 현 대방동), 상도정(上道町), 도림정(道林町, 현 문래정) 3곳, 평양은 율리(栗里), 당산정(堂山町), 청진은 반죽정(班竹町), 동수남정(東水南町)이었다.

• 영단주택 평형

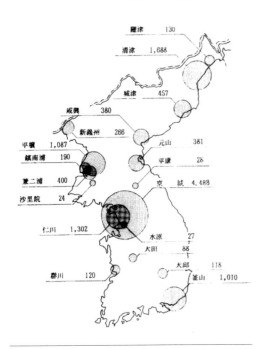

주택영단의 출범이 본격화되기 전에는 10평, 15평, 20평의 3가지 평형을 설정하고, 20평형은 중류 가정 주택, 15평형과 10평형은 노무자 주택으로 공급하겠다고 발표했으나, 사업이 구체화되면서 공급 유형이 20평형, 18평형, 15평, 12평, 10평, 8평의 6가지로 정리되었다.[8]

이 중에서 20평형에 대한 구체적인 내용이 《매일신보》의 기사를 통해 파악된다. 20평형의 경우 건평은 대지면적의 1/3 정도를 유지하므로 대지는 60평이 적정 규모가 될 것으로 예상된다. 따라서 20평형의 경우 건물 주위에 40평의 공지를 갖게 되며, 방공적(防空的) 측면에서도 규모 있게 사용할 수 있다. 당시는 전시체제로 집에 한 평 농원을 두어 식량 문제 해결과 보건의 문제를 해결하자는 시대적 분위기가 있었는데, 넓은 공지의 확보로 한 평 농원에 적극 대응할 수 있도록 설계될 예정이라고 한다. 여기에 2평

규모의 창고가 마당에 설치될 예정이다.

최종적으로는 5종의 설계도가 발표되었다. 1941년 6월 17일자《매일신보》기사에 따르면, 주택영단설립위원회는 20평, 15평, 10평, 9평, 7평의 5가지로 주택 유형을 확정하였다. 이 중에서 9평과 7평은 노무자를 위한 주택으로 설계되었다. 20평과 15평, 10평은 개인 분양도 가능한 주거 유형으로 개발했다.

20평형은 다다미 3조, 8조, 4조 반의 방과 6조의 온돌방으로 구성되고, 15평은 6조, 4조 반의 방과 6조의 온돌방, 10평은 6조 방과 4조 반의 온돌방으로 구성된다.

세 가지 주택 모두 현관이 설치되었으며, 목욕실과 세면소 부엌이 독립적으로 설치되었다. 모든 실들은 남향으로 배치될 예정인데, 중류 가정을 위한 주택에 온돌을 설치한 것은 일인들이 한반도의 기후에 적응하면서 나타난 현상이다.

① 주택영단 1차년도 사업, 1941

1941년 4월 9일자《매일신보》에 "하품하는 건축자재"라는 제목의 기사에서 경기도에서 8천 호분의 건축자재를 준비해놓았는데 신청은 5백 호에 불과하다며, 주택난이 심각한 상황에서 이해할 수 없는 상황이 벌어지고 있다는 기사가 실렸다.

기사 내용은 다음과 같다.

경성을 중심으로 이즈음 한층 심하게 된 각 도시의 주택난을 완화하기 위하여 각 관계 당국에서는 작년 이래 구하기 어려운 물자를 힘써 주선하여놓고 집을 지으라고 권하는 중인데도 민간은 물론 각 회사 공장에서는 애써 집을 지으려하지 않는다. 심각한 주택난에 구하기 힘든 물자를 주선하여주면 각 회사 공장 등에서는 너도 나도 하고 사원 주택을 지을 줄 알았던 것이 웬일인지 신청해오는 사람도 적어 힘들여 구해놓은 자재는 창고에서 하품을 하고 있는 기현상이다. 이것은 전 조선에 걸친 현상이지만 특히 경기도 관내는 한층 심한 바 있다. 즉 금년 가을까지에 준공할 예정인 일반 주택은 경성이 3천3백35호, 인천이 6백40호, 경인지구의 공장지대가 1천7백76호 등으로 전부 5천8백82호나 되고, 또 경인지구에 지을 노무자주택도 1천7백호나 된다. 그리고 금년부터 실시되는 주택영단에 따라 금년에 도내 각지에서 지을 집만도 1천호나 된다. 이렇게 계산하여 보면 금년 안으로 준공해야할 주택은 8천호 가량이나 된다. 그래서 이에 필요한 자재는 전부 도 당국에서 준비하여 놓고 기다리는 중인데도 아직까지 신입한 것은 겨우 5백호밖에 안되고 집을 지은 것은 인천의 1백41호 등 겨우 1백80호 정도밖에 안 되는 형편이다. 그래서 도 당국에서는 봄이 되어 공사하기도 좋은 시절이 돌아왔으니 빨리 신입하여가지고 집을 지으라고 각 관계 방면을 독려하는 중이다.

신문 기사에서 언급한 바와 같이 주택난이 심각하고, 자재도 충분히 확보되었는데, 주택 건축이 활발하게 이루어지지 않은 데에는 1941년에 지대가임통제령에 의해 조선총독부가 임대료와 주택 가격을 강하게 통제했기 때문으로 판단된다. 결국 이익 확보가 어려운 상황에서 신축을 꺼리는 상황이 발생했고, 이는 주택영단의 2차년도 사업 방향 전환에 큰 영향을 미쳤다.

1941년 7월 23일 주택영단 평의원회에서, 서울에 갑형 540호, 을형 810호, 병형 540호, 정형 405호, 무형 405호 등 2,700호, 평양에 갑형 300호, 을형 450호, 병형 300호, 정형 225호, 무형 225호 등 1,500호, 청진에 갑형 160호, 을형 240호, 병형 160호, 정형 120호, 무형 120호, 미정 200호 등 1,000호, 총 5,200호를 1942년 6월까지 건설하겠다고 결정했다.

총독부의 지시에 따른 서울, 평양, 청진의 사업은 각 도시에서 행한 구획정리사업용지를 주택영단이 매입하여 주택을 건설하는 형식으로 진행되었다. 1941년 12월 4일자《매일신보》에는 청진에 1천2백 호, 성진 5백 호, 나진 1백5십 호, 함흥 5백 호, 원산 2백 호, 흥남 3백 호 등 2,800호를 건설하겠다고 하였으나 목재 수급난으로 인해 건설에 어려움을 겪고 있다는 소식이 실리기도 했다.

〈표 8-2〉 1차년도 사업계획

주택 유형	경성	평양	청진	소계
갑(甲)형	540	300	160	1,000
을(乙)형	540	450	240	1,500
병(兵)형	540	300	160	1,000
정(丁)형	405	221	120	750
무(戊)형	405	225	120	750
합계	2,700	1,500	800	5,000

중일전쟁으로 본격화된 병참기지화로 인해 발생한 주거 문제의 핵심은 군수산업체에 근무하는 노동자 주택 문제였다. 노동자 주택 문제의 심각성은 중일전쟁 직후 일본에서 심화되어 1939년 8월 〈노무자주택 공급 3개년계획〉이 수립되고 노무자 주택 건설 1기 계획이 1940년 1월에 발표되었다.[9] 노동자 주택의 부족 문제는 식민지 조선에서도 심각하게 논의되었다. 1939년 7월 2일자《매일신보》에 따르면 군수산업에 근무하는 노동자를 위한 주택 논의가 시작되었으며, 같은 해 7월 12일에는 주택대책위원회가 설치되어 노무자 주택 공급을 위해 건축자재의 제공과 건설자금 제공 문제를 다루었다. 군수산업 노동자를 위한 '노무자 주택' 공급 지원

대상은 군수산업 및 광산, 금속제련, 제강, 중공업, 전기화학 및 운수산업 관련 업체였다. 조선총독부는 1940년 8월 17일에 '노무자 주택' 3,500호를 건설하겠다고 발표하기도 했다.

조선에서 노동자를 위한 주택 공급은 주택영단의 사업과 별도로 시작되었으나, 주택 부족 문제에 총독부가 적극 개입하기 위해 조선주택영단이 만들어졌고, 전쟁이 심화되면서 '노무자 주택' 공급은 조선주택영단 사업의 중심이 되었다.

총독부 사회과에서는 주택 공급을 적극 추진할 주택영단을 7월 1일 출범시킨 후, 주택 공급을 원활하게 하기 위한 택지 확보를 위해 전국적으로 주택지에 대한 조사를 실시해서 7십9만8천여 평에 달하는 이미 조성된 부지가 활용되고 있지 않음을 확인했다. 조사에 따르면 경성부에만 8개소 7십2만2백44평에 달했다. 인천부는 2개소에 1만4천96평, 전주부는 1개소에 3천9백16평, 광주부는 1개소 3천79평, 대구부는 1개소 3만9천68평, 해주부는 2개소 1만8천7백74평, 진남포부는 1개소 3천54평, 신의주부는 2개소 4천9백66평, 성진읍은 1개소 2천2백19평에 달했다.

경성부 내의 미활용 주택지는 돈암정에 민간 소유 1십만 평, 영등포정은 민간 소유 8만 평, 대현정은 민간소유 3만 평, 번대정은 민간 소유 1십만8천 평에 달했고, 한남정은 부 소유와 민간 소유를 합해 3만 평, 신촌정은 부 소유 7만5백30평, 금호동은 부 소유 1십3만9천8백65평, 상도동은 부 소유 1십4만1천8백49평에 달했다.[10] 이렇게 확보된 미건축 주택지 물량은 다음 연도 주택 공급을 위한 기초 자료로 사용되었다.

② 2차년도 사업, 1942

1941년에 지대가임통제령을 개정 강화했던 조선총독부의 정책이 효과가 없자, 1942년 3월 25일에 조선대가조합령을 공포하고 직접 임대사업을 시작했다. 지대나 임대료의 통제 때문에 신규 주택은 물론 이미 지어놓은 주택의 판매가 임대 등도 기피하고 있던 지주나 집주인들을 모두 조합에 강제로 가입시켜 주택시장을 통제하고자 했다.

전세제도의 경우 일반적으로 주택 가격의 2/3까지 보증금 명목으로 받아 보증금에 대한 이자로 경제적 이익을 확보하는 것인데, 조선대가조합령에서는 전세를 단속하여 전세금을 집값의 1/5까지 낮췄고, 이로 인해 임대를 위한 집이나 방이 오히려 줄어들기도 했다. 그런데 1931년에 35만5천 명이었던 서울 인구가 1941년에 97만5천 명으로 급속히 증가하였기 때문에 이로 인한 서울의 주택 부족 문제가 매우 심각했다. 주택 문제 해결을 위한 주택 가격 억제와 자재, 그리고 자금 부족으로 민간 부문의 주택 건설이 매우 저조해지자 총독부에서는 일반 주택, 회사와 공장의 사택 등의 건설도 영단에서 관할하도록 했다. 이는 자재와 자금의 운영을 일원화하기 위함이었다.

1943년 1월 29일자 《매일신보》에는 조선에 풍부한 무연탄을 적극 활용하고, 유연탄의 절약을 위해 조선주택영단에서 건축 중인 도림정(현 문래동), 상도정, 번대방정의 주택은 소유주의 희망에 따라 무연장치로 개조하며 개조비를 영단에서 지원[11]하겠다는 기사가 실렸다. 이는 유연탄의 발열량이 5,000~7,000kcal/kg로 무연탄 4,500kcal/kg에 비해 높아 화력발전소 등 높은 화력을 필요로 하는 산업시설에 사용되기 때문이었다. 제철과 제련 및 화력발전소 등 전시체제하에서 중요한 산업에 사용되는 유연탄을 확보하기 위해 무연탄 사용을 적극 지원한 것으로 판단된다.

1차년도에 전체 주택 공급량의 반 이상을 맡았던 주택영단은 2차년도부터는 모든 공영주택과 민간 부문 주택까지 전담하게 되었다. 1차년도 계획분 5천 호 중에서 준공이 지연된 주택을 2차년도에 포함시키는 한편, 5천 호의 주택을 추가로 건설하는 계획을 수립했다. 소요자금은 대장성이 인수하는 주택채권을 통해 1천만 원, 총독부 체신국이 인수하는 5백80만 원과 총독부 출자금 2백만 원을 합친 1천7백80만 원이었다. 주택영단의 조직도 개편되었다. 1943년 6월 1일에는 건설부에 차장제를 신설하고, 기술과를 1과와 2과로 확대했다. 충분한 자금과 인력을 확보한 주택영단은 1차년도 사업 대상지였던 서울, 평양, 청진, 신의주, 원산, 성진 외에 부산, 인천, 진남포, 수원, 대전, 대구, 평강, 함흥 나진 등으로 사업 대상지를 확대했다.

2차년도 사업은 착공 기준으로 경성 2천1백50호, 인천 5백 호, 대전 1백 호, 대구 1백 호, 부산 7백 호, 해주 1백 호, 평양 3백76호, 진남포 1백 호, 함흥 5백24호, 청진 8백95호, 나진 2백 호, 성진 4백 호, 신의주 50호, 원산 4호 등 총 6천2백99호였다.[12] 1942년 7월에는 급성장하는 경인공업지역의 중심인 소사 지역에 주택영단이 사업을 시작했다.[13]

③ 3차년도 사업, 1943년 7월 1일~1944년 6월 30일

중일전쟁이 아시아태평양전쟁으로 확대되면서 주택 공급과 건축자재 통제 정책도 강화되었다. 1943년 9월 28일 주택의 건평을 30평 이내로 제한하고, 공장 노동자 주택, 학교 의료시설 이외의 건축물에 대한 신축이 금지되었으며, 철을 사용하는 공작물의 건축도 전면 금지되었다. 동시에 공습에 대비한 도시에서의 소개가 논의되기 시작했다. 2차년도의 1만80호 건설 계획 중 3천3백50호만 건설되면서, 2차년도에 달성하지 못한 주택 공급 물량이 3차년도로 이월되었다. 이월된 사업과 별도로 1만5천 호에 대한 건립 계획이 새로 수립되었다. 한편, 1942년 7월 1일에 141명이었던 직원 수는 1943년 7월 1일에는 223명으로 증원되었는데, 증원된 직원의 대부분은 한인이었다. 이 시기에 공업학교와 고등공업학교를 졸업한 사람들이 주택영단과 같이 전쟁 수행에 역할이 있는 회사에 취직할 경우

징집을 면제받을 수 있었다. 결과적으로 주택영단은 3차년도에 최대의 자금과 인원을 확보하여 가장 많은 사업 성과를 거뒀다.

3차년도에도 서울을 비롯한 대구와 대전 등 지방에서 사업용지를 매입했다. 서울에서는 대현구획정리사업지구 내 토지를 매입하였다. 신촌에 2만7천 평, 창천동에 8천3백 평, 북아현동에 6천6백 평을 매입했고, 정릉지구에서는 2만2천 평을 매입했다. 대구에서는 동운 1, 2구(현 동운동)와 남산1구의 1만3천 평을 매입하였으며, 대전에서는 선화정(현 선화동)에서 2천3백여 평을 매입했고, 평양에서는 문수정(紋繡町, 현 동평양 문수지구)에서 3만6천 평을 매입했다. 청진에서도 부에서 조성한 서송향정 소재 택지 2만1천여 평, 동수남정 소재 부유지 1만9천2백90평을 매입했다.

이 시기에 매입한 토지는 1차년도와 2차년도의 사업 실적에 비추어볼 때 비교할 수 없을 정도로 넓었는데, 이는 주택영단 미수행 목표의 누적과 중국과의 전쟁이 미국과 동남아시아로 확대되면서 급성장하는 군수산업으로 더욱 심각해진 노동자의 주택 부족 문제에 대응하기 위한 사업의 확대에 대비한 것이었다고 할 수 있다. 이와 같은 전시상황의 변화는 주택영단이 공급하는 주택 유형에 변화를 가져왔다.

2차년도까지는 주택영단이 조성한 단지에서 중산층을 위한 단독형 주택인 갑(甲)과 을(乙)형, 그리고 서민층을 위한 연립형 주택인 병(丙) 주택을 주로 건설했으나, 3차년도에서는 공급 주택 유형이 소형 다세대 연립주택인 병(丙), 정(丁), 무(戊)형으로 바뀌었다. 이러한 소규모 연립형 주택은 군수공장지대와 광산지역에서 전시형 노무자 주택의 성격을 갖고 있었다고 할 수 있다.

소형 주택이 중심이 된 3차년도에는 전시체제의 특성상 골조공사가 완료된 후 자재 부족으로 인해 마감이 지연되어 완공되지 않은 주택에 입주될 정도로 주택 문제가 심각했다. 1943년 11월 말에 총 계약호

수 13,651호 중 7,100호가 준공되었으며, 미준공된 6,551호에는 공정이 80~95%였다고 한다. 이 시기부터는 주택 건설에 관한 정확한 숫자가 파악되지 않는데, 이는 주택영단의 사업이 군수공장지대를 중심으로 진행되면서 주택사업이 군사 기밀로 간주되었기 때문으로 판단된다.

④ 4차년도 사업, 1944년 7월 1일~1945년 8월 15일

1938년 4월 1일 일본에서 국가총동원법이 공포되었고 식민지 조선에는 5월 5일 실시되었으나, 한인을 상대로 한 강제징용이 행해진 것은 1944년 9월부터였다.

1944년 11월 24일에 동경 폭격을 시작으로 일본 전역이 폭격을 당하고 1945년 5월 11일에는 독일이 항복하면서, 조선총독부의 전쟁 정책에도 변화가 생겼다. 서울과 부산 그리고 평양에서 소개정책이 시작되었고, 나중에는 인천도 추가되었다.

1945년 4월 11일에 서울, 부산, 평양, 인천의 주택밀집지구를 소개대상지구로 지정했으며, 5월부터는 중학생들로 구성된 작업대에 의해 화재에 취약한 건물과 소개공지대 확보를 위한 작업이 진행되었다.

총독부는 비상 대책으로 방공법 시행규칙을 고쳐 도지사에게 건물주나 관리자에 대한 대부명령권을 주어 공공건물이나 사찰은 물론 일반 주택에도 소개자를 강제로 수용토록 했다. 소개가 시작되면서 주택 문제는 더욱 심각해졌고, 주택영단의 사업도 소개주택 건설에 나섰다.

건축자재가 부족했던 전시 상황에서 주택영단은 서울 교외에 500호에 이르는 소개주택을 건설하면서 소개로 철거된 건물의 자재를 활용해 소형 주택을 건설하기도 했다.

4) 지역별 주택영단 사업

(1) 서울의 영단주택

1941년 10월 12일 《매일신보》에 따르면, 경성에서는 영등포 도림정(현 문래동)에 6백 호, 여의도 비행장에 가까운 노량진 상도정(현 상도동)에 3백호, 번대방정(현 대방동)에 3백 호 등 1,200호에 대한 입찰을 준비 중에 있었다. 1941년 12월 22일자에서 번대방정에는 3천4백 평에 195호, 상도동에는 4,600평에 292호를 1942년 5월까지 완성하겠다는 후속 기사가 실렸다. 준공된 성과가 아니라 공사가 착공된 지 2개월여 만에 공사의 진척 상황을 보도하는 후속 보도가 나온 것은 주택영단의 사업 성과가 정책적으로 어느 정도 중요했는지를 잘 보여준다. 주택영단의 첫 사업은 분양이 아닌 임대용이었다. 첫 사업을 위한 총 소요금액 2천만 원 확보를 위해 채권을 발행했는데, 이 중에서 1천만 원은 일본 대장성 예금부에서 매입하고, 나머지는 간이보험에서 매입하기로 했다고 한다.

① 토지구획정리사업

1936년 2월 14일 조선총독부는 부령 제8호로 경성부의 행정구역 확장을 발표하고 4월 1일부터 시행하였는데, 이때 고양군, 시흥군, 김포군이 경성부에 편입되었다. 이로써 경성부는 186개의 동, 정, 통, 정목에서 259개의 정으로 통일되었으며, 경성부의 면적은 4배가 되었다.

경성부에 편입된 지역을 대상으로 총 10지구에 대한 토지구획정리사업이 진행되었다. 이 중 영등포지구, 대현지구, 한남지구, 사근지구, 돈암지구, 번대지구, 용두지구는 1937년에, 청량리지구, 신당지구, 공덕지구는 1940년부터 44년 사이에 추가로 지정되었다.

	지구명	사업 기간	지구 면적 (평)	주거지역 면적비	공사 진척도	비고
1	돈암지구	1937-41	683,000	98%	96%	39년부터 토지분양 개시
2	영등포지구	1937-41	1,591,000	15%	90%	40년부터 토지분양 개시
3	대현지구	1939-42	477,368	98%	40%	-
4	한남지구	1939-42	123,890	100%	26%	41년부터 토지분양 개시
5	용두지구	1939-43	594,198	-	0%	주거지역 미지정
6	사근지구	1939-42	531,715	-	0%	주거지역 미지정
7	번대지구	1939-42	371,335	90%	0%	40년부터 토지분양 개시
8	청량리지구	1939-44	322,805	99%	0%	
9	신당지구	1939-44	459,588	95%	0%	
10	공덕지구	1939-44	453,260	95%	0%	

계획구역이 확정된 후 1936년 12월 26일 총독부고시 제722호로 모두 220개 노선에 달하는 계획가로가 발표되었으며, 이때에 고시된 가로 및 광장계획은 그 후 1938년 5월 13일과 1939년 9월 18일의 2차에 걸쳐 다소 변경은 되었으나 광복 이후 오늘날에 이르기까지 시내 계획간선도로망의 근간이 되었다.

주택영단의 사업은 첫 토지구획정리사업지구였던 영등포에서 시작되었다. 1936년에 서울의 시역이 대폭 확장되면서 확장된 시역에는 토지구획정리사업을 통해 택지가 조성되었다. 주택영단은 1939년에 시행된 토지구획정리사업 지역 중 제2차 토지구획정리사업인 한남정, 번대방정, 상도정에 조성된 택지를 구입하여 사업을 시작했다.

주택영단이 사업을 서두르면서 상도동, 대방동, 문래동에서 시작된 사업지가 신촌, 금호 등으로 확대되었다. 그러나 새로 조성된 주거지에는 도심으로 연결될 수 있는 교통수단이 마련되지 않아 분양에 큰 차질이 생겼다. 교통 문제는 한남동, 대현동뿐 아니라 제일 먼저 개발되고 공업화가 가장 먼저 진행된, 경인철도와 경부철도가 인근을 지나가는 번대방동(현 대방동)에서도 마찬가지였다.

새로 조성된 한남, 대현, 번대방, 세 곳의 구획정리 공사도 원활한 분양을 위해서는 교통 문제 해결이 중요해졌다. 경성부에서 시역 확장으로 새로 확보한 주택지의 규모는 신촌주택지의 경우 49만3천3백30에 공비 1천

〈그림 8-22〉 경성부 전차노선 (안창모 소장 엽서)

3백42만6천7백12원, 한남, 번대방, 대현 등 세 구획정리의 면적 1백46만 6천3백37평에 공비 2백6만5천여 원으로 총공비는 실로 1천3백42만6천 원이라 방대한 경비를 던져 새로운 주택지를 건설할 계획이었다. 그러나 교통이 불편하다고 해서 이 방면으로 주택지를 택하는 사람이 없고, 따라서 경성의 주택난 완화의 목적을 달성하지 못할 처지가 되자 신 주택지구의 교통 문제는 급속히 해결치 않으면 안 될 문제로 대두되었다.

② 토지구획정리사업과 주택영단사업

상도정과 번대방정 그리고 도림정의 영단주택 공사는 1941년 10월 29일 동시에 시작되었다. 주택 공사 공정의 삼분의 일 정도가 완성된 1941년 12월 25일에 합동 상량식이 진행되었으며, 1942년 9월 19일에 세 지역이 주택 1,000여 호가 준공되었다. 상도정은 263호, 번대방정 191호, 도림정 553호였다. 도로를 중심으로 구릉이 위치한 곳에 토지구획정리사업이 이루어졌고, 영단주택의 사업지는 양편에 위치해 있다.

• 상도동 영단주택

상도동 영단주택을 소개하는 자료에 따르면 노량진 전차 종점으로부터

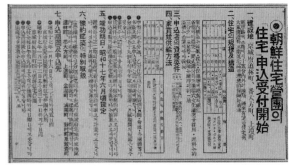

〈그림 8-23〉상도동 영단주택 전경. (출처: 『대한주택공사 20년사』)

〈그림 8-24〉조선주택영단 주택신청광고 (출처: 《매일신보》 1942년 1월 14일)

도보로 약 15분 거리에 위치하고, 도심으로부터 약3~40분 거리에 위치했다고 한다. 상도동 인근에는 1920년대 후반에 개발된 명수대 문화주택지구가 위치해 있다. 1942년에 완공되어 분양된 상도동에는 단독주택인 갑(甲)형 주택이 500여 채 지어졌으나, 주택 신청은 1천 호에 달했다.

• 문래동(구 도림동) 영단주택

도림정의 영단주택 공사는 1941년 10월 29일에 시작해 1942년 9월 19일에 553호가 준공되었다. 입주자 모집은 1942년 1월에 시작되었는데, 분양과 임대 2가지 방법이 병행되었으며, 한인과 일인이 입주했다.

가와바타 미즈루(川端貢)의 "조선주택영단의 주택지 및 주택에 관한 연구"[14]에 따르면, 도림정 주택지는 장변이 약 500m, 단변이 약 400m, 높이가 약 230m인 사다리꼴 형상으로 전체 면적은 2만3천4백60평이었다. 대지의 북측과 서측에 25m, 남측과 동측에 15m의 도로가 위치하며, 토지구획정리사업에 의해 단지 안에는 폭 8m와 6m의 도로가 설치되었다. 단지는 21개의 작은 구획으로 구성되었는데, 1개 구획의 규모는 장변 150m, 단변 35m에 달하지만 사다리꼴 형상의 단지 특성상 위치에 따

〈그림 8-25〉 문래동 영단주택 전경. (안창모 사진)

라 구획의 크기는 달랐다. 각각의 구획에는 중심에 작은 공용 공간이 설치되었다. 후생시설 용지가 2군데(370평 규모와 84평 규모) 마련되었다. 후생시설 용지에는 공동목욕탕과 이발관, 식료잡화점, 생선과 정육 및 정과점, 석탄과 연탄점, 의원 등 생활편의시설이 계획 배치되었다. 단지에는 주택영단이 개발한 5개 유형의 표준형 주택(갑, 을, 병, 정, 무형)이 모두 사용되었다. 사다리꼴 형상의 단지 양편에는 단독주택인 갑형과 2호 연립인 을형이 배치되었으며, 4호 연립의 을형도 사용되었다. 병형은 6호 연립으로 배치되었고, 8호 연립의 정, 무형이 배치되었다.

(2) 인천

중일전쟁 이후 조선총독부는 한반도에 대한 병참기지화를 적극 추진하였다. 이로 인해 영등포에서 인천을 연결하는 경인공업지구의 공업화가 빠르게 진행되었고, 경인공업지구는 전시체제의 성격이 강하게 투영되었다. 1939년 《매일신보》에 게재된 "경인시가지일체화" 관련 기사에 따르면, 서울과 인천 사이에 공업지구가 빠르게 형성되면서 공업용수 부족과 주택 부족 문제가 현안으로 등장했다.

병참기지화가 진행되면서 인천의 인구가 20만 명으로 급증했다. 인천부는 노동자 주택 문제가 심각해지면서 인천부 자체의 부영주택으로는 주택 문제를 해결할 수 없어 조선주택영단 사업을 유치했다. 첫 사업으로 100호를 지었는데, 주목할 것은 서울과 달리 '조선식'과 '절충식' 주택으로 지었다는 점[15]이다. 이는 급성장하는 인천공업지역의 주택 문제의 당사자 대부분이 한인 노동자였다는 점이 감안된 것이다. 이때 조성된 공업지구에서 주택영단은 일본 육군의 조병창이 위치한 부평 산곡동 일원과 부천군 소사읍, 고척리(현 영등포구 고척동) 등에 집중적으로 주택을 건설했다. 특히 조병창[16]이 위치한 산곡동 일원에는 일본 육군조병창의 사택과 합숙소가 건설되었다. 경인기업주식회사가 노동자를 위한 주거지 개발을 시작했으나, 조선주택영단 설립 이후 관리권이 영단으로 이관되었다.

경성과 인천을 하나의 시가지로 개발하고자 하는 '경인일체화' 구상은 '대인천 건설' 안에서 시작되었다. 경기도지사는 전임 경기도지사나 경성부윤을 지낸 바 있는 전관 및 연고자들로부터 경인일체화를 위한 의견을 수렴하면서, 인천부에서 인구 20만 명 규모의 대인천 건설을 위한 기초사업에 착수했다. 인천부의 제1기 사업은 시가지 확장지 내부의 시가지 정리를 비롯하여 해면 매립과 항만 수축을 비롯하여 인천-수원 간 철도를 완성하고, 경인철도를 복선화하여 무역항으로서 인천항의 면모를 갖추는 것이었다. 이어서 경인운하를 건설하여, 한강으로부터 공업용수를 확보하여 인천을 동양 제1의 공업도시로 만드는 계획을 구상했다.[17] 이를 위해 인천부에서는 일본차량주식회사[18]를 인천부 송현리 해안 매립지에 유치하고, 만주국에 공급할 기관차 제조공장을 건설하는 중공업 유치에 적극 나섰다. 이로 인해 인천부에 새로 편입되는 지역의 땅값은 천정부지로 치솟았다.

1937년 9월 19일자 《매일신보》에는 경기도산업조사위원회가 "경성 인

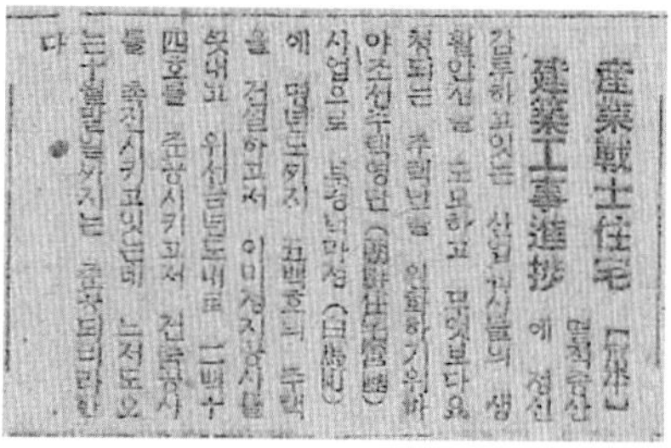

産業戰士住宅
建築工事進捗
【仁川】

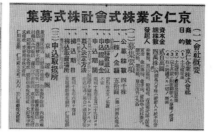

〈그림 8-26〉 산업전사주택. (《매일신보》 1944년 8월 25일)

京仁企業株式會社募集

(一)會社概要
商號 京仁企業株式會社
目的
資本金 貳百萬圓
總株數 四萬株
發起人

(二)募集要項
一、公募株數 四千株
一、一株ノ金額 五拾圓
一、申込株數單位
一、申込證據金
一、申込期間
一、募入決定方法
一、拂込期日 昭和十五年六月十四日
一、拂込取扱場所

(三)申込取扱所
京城證券團

〈그림 8-27〉 광고: 경인기업. (《매일신보》 1940년 5월28일)

천 간의 개발은 중부 조선으로서 가장 필요하며, 북지무역(北支貿易)[19]의 중심은 인천항이고, 한편 중공업지대로서도 인천이 유망하다. 목하 산수 방면의 도로문제가 논의되고 있는바 금후는 중공업진흥을 위하여 해안 일대의 개발이 필요하다. 차제에 관민이 협력하여 경인일체의 실현을 도모"[20]해야 한다는 의견을 내놓았다.

경인일체화를 목표로 한 공업화가 급진전되면서 노동자 주택 문제가 심각해지자, 경인연선공장에 근무하는 한인 노동자에게 나가야(長屋)식 임대주택을 공급하기 위한 경인기업[21]이 설립되었다. 경인기업은 제1기로 1천5백 호를 건설하고, 연속해서 1943년까지 4천5백여 호의 주택을 건축할 계획이었다. 그러나 주택영단이 설립되고, 전시체제하에서 주택 사업에 대한 통제가 강화되면서 경인기업은 조선주택영단에 인수되었다.

1936년 10월 1일 인천시의 시역이 4배로 확장되었으며, 확장된 구역에 대한 구획정리사업이 1938년에 시작되었다. 대화정(大和町, 현 숭의동), 일출정(日出町, 현 용현동), 화정(花町) 일부 36만여 평에 대한 구획정리사업을 4개년 계속 사업이 수립되었으며, 첫 사업비로 9만 원이 책정되었다. 1936년 부역 확장 당시 9만이던 부민의 수는 1940년 4월에는 15만으로 급증했다.

《매일신보》1938년 12월 9일자에 따르면, 구획정리사업 면적은 38만 평이며, 크고 작은 도로 78개선이 부설되고, 3개소에 공원지대와 시장지구를 설치하는 설계가 완료되었다. 준공 후에는 인천에서 가장 번화한 시가가 될 것이 예상될 정도로 인천에서 주택영단 사업은 활발하게 전개되었다.

① 산곡동 영단주택

산곡동에는 조선주택영단이 설립되기 전 대인천계획에 따른 경인공업지구 건설 계획에 부응하여 박흥식, 한상룡, 김연수, 최창학 등이 참여한 경인기업주식회사가 경인공업지대에 근무하는 한인 노동자를 수용하기 위한 임대주택을 건설했다. 경인기업(주)는 1940년 7월 18일에 자본금 200만 원으로 설립되었다. 본점은 경성부 견지정 110번지에 있었으며, 설립목적은 토목건축업, 토지 건물의 매매 및 임대업이었다. 산곡동 주택은 조선주택영단에 수탁하여 건설된 것으로 추정되며, 설계와 감리는 한인 기술자에 의해 이루어졌다고 한다. 1943년에 조선주택영단이 인수하여 부평 조병창에 근무하는 노동자용 임대주택으로 사용되었다.

1944년 8월 25일자 《매일신보》에는 아시아태평양전쟁 막바지에 조선주택영단의 역할이 무엇이었는지를 잘 보여주는 기사가 실렸다. 기사 제목에 사용된 '산업전사'라는 단어에 주목할 필요가 있다.

"산업전사주택 건축 공사 진척"
멸적(滅敵)증산에 정신 감투하고 있는 산업전사들의 생활안정을 도모하고 무엇보다 요청되는 주택난을 완화하기 위하여 조선주택영단 사업으로 부평백마정(白馬町)에 명년도까지 5백호의 주택을 건설하고저 이미 정지공사를 끝내고 우선 금년도 내로 2백10호를 준공시키고저 건축 공사를 촉진시키고 있는데 늦어도 오는 10월 말일까지는 준공되리라 한다.

구 백마정 주택지 규모는 18,344.3평으로 평탄한 대지를 장방형 격자로 분할하여, 12개의 가곽을 구성하고 있다. 총 1,096호에 달하는 소형 연립주택으로 구성되어 있으며, 군수공장의 한인 노무자를 위한 사택으로 지어졌다. 산곡동 노동자 주택지는 조선주택영단의 3차년도(1943. 7. 1.~1944. 6. 30.)에서 4차년도(1944. 7. 1.~1945. 8. 15.)까지의 주택 사업에 속하며 조병창 노무자 사택으로 지어졌고, 이곳에는 한인만 거주했다.

산곡동의 '신사택'은 8가구(街區) 13,013.8평의 부지에 한식 목조 기와지붕의 주택으로 48동 704호가 배치되었으며, 각 가구는 6동 88호로 구성되었다. 각 호는 6.25평으로 영단표준규격주택의 무형(茂型)에 해당한다. 여기에 한 택지당 부지면적은 13.8평, 건폐율은 4할 5푼(45%)으로 영단 직영주택의 택지로 목표한 "부지는 건축 면적의 3배 이상을 확보한다."는 원칙에 비해 매우 높은 밀도를 갖고 있다.[22]

'구사택'은 8가곽(주택)과 1가곽(학교·합숙소·후생복지시설) 등 9개 가곽, '신사택'은 3가곽 등으로 이루어져 있다. 구사택은 총 8가곽에 48개동 704호로 배치되어 있고, 신사택은 총 3가곽에 36개동 216호로 배치되어 있다.[23]

경인기업(주)가 건설한 산곡동의 노동자 주택 중 구사택은 건축 후 조선주택영단에 이관되었으며, 신사택은 조선주택영단에 의해 건설되었다.

영단주택의 표준 설계도 작성 지침은 다음과 같다.

1. 아무리 양의 공급이 급하더라도 절대로 질을 희생시키지 않는다.
2. 넓은 마당을 마련한다.

3. 어떠한 집이라도 하루 4시간 이상 광선이 들어오도록 한다.

4. 원칙적으로 온돌방을 하나 이상 넣도록 하되, 경성 이남 지역에는 온돌방이 있는 집과 없는 집을 반반으로 한다.

5. 갑, 을, 병형에는 목욕탕을 설치하고, 목욕탕이 없는 집들은 50호 단위로 공동 목욕탕을 설치한다.

• 신사택과 구사택의 평면 구성

구사택은 'ㄱ'평면으로 구성되었으며, 평면은 꺾임부에 부엌이 위치하고 2개의 온돌방이 부엌에 잇닿아 있는 2호 연립이 7켜로 연속으로 배치되었다. 마당을 낀 'ㄱ'자형 안채의 구성은 중부 지방의 전통가옥을 따르고 있으나, 모서리 꺾음부에 부엌이 배치되어 취사와 난방의 효율성을 높였다. 신사택은 1칸의 방과 1칸의 부엌으로 구성된 단위 주호가 연석된 구성을 갖고 있다. 각 호에는 화장실이 없으며, 공동화장실을 이용하도록 설계되

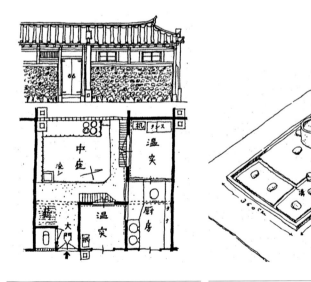

〈그림 8-28〉 구사택 평면과 입면. (출처: 곤 와지로)　　〈그림 8-29〉 구사택의 우물과 빨래터 풍경. (출처: 곤 와지로)

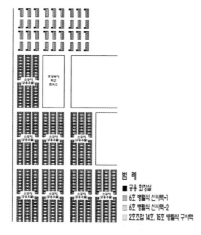

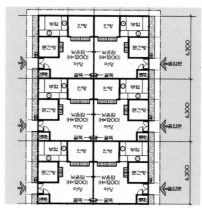

〈그림 8-30〉 산곡동 배치도.　　　　　　〈그림 8-31〉 구사택 14호 조합 평면도.

었다. 구사택지의 공간구성과 각 주호의 평면에 대해서는 일인 곤 와지로의 조사 자료[24]가 남아 있다.

　단지는 단층의 장옥(長屋)형 주택으로 지어졌으며, 공동우물과 후생시설을 갖추고 있다.

② 부평 미쓰비시 사택(히로나카상공 사택)

1912년 부산에서 설립된 히로나카상회(弘中商會)는 1924년 본점을 경성으로 이전하고, 기계 판매와 수리를 겸하는 공장을 경성에 세웠다. 1936년에 회사의 목적을 금·은 기타 일반 광업 경영의 매매, 중개, 위탁 경영 및 이에 따른 부대사업과 기계, 전기, 건축과 토목공사의 청부 및 설계, 감독, 제작, 수리 등으로 확대했다. 1937년 6월에는 자본금 120만 원으로 히로나카상공(弘中商工)을 설립한 후, 같은 해 9월에 두 회사를 합병했다. 히로나카는 성장 과정이 보여주듯 대한제국을 강점한 일본의 자본이 한반도에 진출한 후 일제의 제국주의와 함께 성장하는 모습을 보여주는 회

〈그림 8-32〉 히로나카상공 사택(미쓰비시 사택군) 전경. (부평역사박물관 소장 엽서)

사다. 1937년에는 제2공장을 부평에 건설했다. 4만7천 평의 대지에 8천 2백 평에 달하는 대규모 주강(鑄鋼)공장으로 제관, 단조, 기계, 부품, 조립에 이르는 일관생산체제를 구축했다. 히로나카상공 사택은 이때 지어졌다.

　1939년 말 히로나카상공의 직원은 사원 38명, 공원 1천1백80명에 달했는데, 이 중 부평공장에 1천88명이 근무했다. 그러나 1942년 6월 경영 파탄으로 미쓰비시에 인수되어 미쓰비시제강의 인천공장으로 재편되었다. 현존하는 미쓰비시 사택은 초기에는 히로나카상공에 의해 지어졌으며, 미쓰비시에 인수된 후에는 조선주택영단의 지원으로 지어졌다.

③ 숭의지구

〈그림 8-33〉 대화정 부영주택배치도. (출처: 인천시립박물관 관영주택과 사택 [2014])

숭의지구는 대화토지구획정리사업으로 1942년에 조성되었다. 숭의지구는 용현동과 숭의동으로 구성되며, 용현동에 98호, 숭의동에 181호 등 279호가 공급되었다. 이 중에서 단독주택인 갑형과 을형 주택은 일반 회사의 사택으로 공급되었으며, 연립주택은 삼천리자전거, 경성화학주식회사, 동양전선의 사택과 철도관사로 공급되었다.[25]

〈표 8-4〉 숭의지구와 산곡동에 공급된 주택

유형	형태	호당건평	공급대상	공급방법	숭의지구				산곡동	합계
					세무서	남구청	보건소	용현동		
갑	단독	20	중류상층	분양원칙	4	8	-	-	-	12
을	단독	15	중류중층	희망분양	52	17	-	-	-	69
병	2호연립	10	중류하층	임대	-	46	18	50	-	114
정	4호연립	8	하류서민노무자		-	24	12	-	112	148
	6호연립	8			-	-	-	48	-	48
무	6호연립	6			-	-	-	-	216	216
한옥	2호연립	6			-	-	-	-	768	768
합계	56	95	30	98	1,096	1,375				

(3) 기타 남한의 영단주택

전시체제가 심화될수록 북선과 황해에 면한 도시의 공업화가 가속화되면서 주택 문제가 심각해졌고, 자연스럽게 주택영단의 사업은 북선(北鮮)과 서해(西海)에 면한 공업지구에 집중되었다. 이는 식민지배 초기에 일본과의 관계 속에서 급성장했던 도시의 성장세는 상대적으로 주춤해졌다는 것을 의미한다. 한편, 전시체제가 심화되면서 후방의 도시는 다른 역할이 부여됐다. 대표적인 예가 울산이다. 1937년에 총독부에 제출된 울산공업도시계획을 위한 개펄 매립허가가 1941년 1월 16일 이루어지면서 울산의 공업도시화가 본격화되었고, 1940년에는 인구 50만을 위한 공업도시계획이 수립되었다. 계획을 주도했던 이케다 사다오(池田佐忠)는 "울산이 대동아 건설상 가장 중요한 대륙병참기지로서의 사명을 띠고 있다."고 말하며, 울산 개발을 통해 대륙수송로로의 기지[26]를 만들고 내선 연락기지를 확보하는 것이 목적이라고 밝힌 바 있다.

이는 전시체제하에서 후방도시는 상대적으로 주택영단의 주 대상이 아니었을 뿐 아니라, 대구 칠성정(현 칠성정)의 조선운수 노무자를 위한 6

평형 사택 100호 등 제한된 범위 내에서 영단주택이 건설되었다. 일본 해군의 요항부가 위치했던 진해의 경우 17,226평의 국유지를 임대하여 대규모의 단지를 조성하고 각종 주택 242호 건설에 착공하였으나 해방으로 중단되고, 해방 후 군용지에 수용되었다. 내륙의 교통 요지에 위치한 대전의 경우도 주택 부족 문제는 심각해서 1941년 12월에 대전을 방문한 주택영단의 아베(阿部明治太郎)가 1942년에 100호의 영단주택을 짓겠다고 밝혔다. 이때 지은 주택이 해방 후 주택영단이 관리한 대전시 문화동 422번지에 위치한 공무원아파트 단지에 지어졌던 것으로 추정된다.

(4) 평양의 영단주택

대평양 건설을 위한 평양부의 시역 확장이 1941년 10월 1일 단행되었다. 면적은 종래의 100평방킬로미터에서 200평방킬로미터로 2배 확장되었다. 30만 명이던 인구는 50만이 되고, 장래에는 200만 명을 수용하는 도시의 출현을 예견했다. 이는 중일전쟁 이후 평양 일원의 공업화가 매우 빠르게 진행되었음을 의미하며, 이는 곧 주택 문제를 심화시켜 주택영단의 사업으로 이어졌다. 확장된 시역에 대한 구획정리사업이 실시되고 구역정리 사업지에 주택영단 사업이 실시되었다. 평양에서는 구획정리 지역에 관계 지주들을 망라한 구획정리조합을 조직한 후 부의 시가지계획지도계의 지도 아래 예정도로망에 준거하여 지적 정리를 행하고 방침을 수립하여 1955년까지 사업을 완료할 계획을 수립했다. 구획정리사업은 보통강 유역과 신 편입지를 대상으로 한다. 1차 토지구획정리사업이 38만 원의 3개년 사업으로 선교리, 신리, 동대원리, 율리 등을 포함한 50만 평에 실시되었다. 이 중에서 평양의 당상리와 율리(栗里)에서 첫 사업이 시행되었다.

〈그림 8–34〉 평양시가지계획 평면도.

1941년 10월 12일 《매일신보》에는

조선주택영단에서 금년도 평양에 세울 주택에 대한 설계서가 지난 9
일 평양부에 도착되어 드디어 불일간 기초공사에 착수하게 되었다. 이
설계서에 의하면 금년에 세울 주택은 모두 460호인데 그중 당상리에
는 부지 1만 평에 4호 병형(丙形)과 6호 병형을 합쳐 2백32호를 건축
하되 이곳에 4백 평의 적은 공원(소공원)을 만들기로 되었고, 동평양
율리에는 부지 5천3백 평에 갑호와 을호를 합쳐 120호를, 문수리에는
부지 5천 평에 갑호와 을호를 합쳐 121호를 세우게 되었는데, 율리와
문수리의 주택지에도 모두 공원을 만들어 주민의 보건위생을 꾀할 계
획을 세웠다. 그리고 80가족을 수용할 아파트는 당초에 3동을 세울 것
을 계획하였으나, 물자관계로 우선 한 곳만 명년 초에 착수하게 되었
고 그 장소는 문수리 종합운동장 서쪽으로 결정하였고 부지 6백 평에
3층 철근콘크리트로 건축하게 되었다.

평양의 주택영단 사업에서는 아파트가 지어진 점이 타 지역의 사업과
다른 부분이다. 주택영단이 공급한 아파트에 대한 구체적인 자료는 없으
나, 밀집도가 높은 아파트는 빠른 시간 안에 주택 공급 효과를 높일 수
있는 주택 유형으로 선택된 것으로 보인다. 영단의 첫 사업지인 문수리
는 동평양에 위치한 지역으로, 일찍이 공장지대가 형성된 지역이며 해군
에서 운영하는 사동탄광이 위치하는 등 노동자 주택 수요가 많은 지역이
다. 당상리는 보통강 서편에 위치한 지역으로 새로 공업지역으로 조성한
지역이었다.

《매일신보》 1941년 11월 14일에 다음 기사가 실렸다.

심각한 주택난 해소에 큰 역할을 하려고 하는 평양의 주택영단 제1기 건설 사업은 이미 사무에 관한 계약을 완료하여 기공을 하기로 되었으므로 금월 15일 오후 0시 평양부 율리(栗里) 주택 건축장에서 관민 유력자 다수를 초청하여 지진제를 집행하기로 되었다. 동 제전에는 경성으로부터 주택영단 이사장 야마다 츄지(山田忠次)씨와 동 총무부장 아베(阿部明治太郎)씨를 비롯하여 동 영단 간부 다수가 래양 출석할 예정인데, 이에 따라 동리에 2백80호 당상리에 2백50호의 주택 건축에 착수하여 명춘 초두에는 이를 준공하려는 예정이오. 또 그 외 80여 가족을 수용하는 대『아파-트』의 기지도 이미 결정되였으므로 이것도 불원간 착공하여 명년도에 가서 또 건축하기로 된 1천여 호의 주택과 병행하여 주택난 완화에 큰 공헌을 하기로 되었다. 그리하여 평양부에서는 지진제보다 앞서 전기 야마다 이사장 아베 총무부장을 맞이하여 영단사업의 취지 철저와 밋이에 관한 인식의 강화를 도모하는 동시에 지원민과 영단관계자들 사이에 충분한 의견을 교환하고자 14일 오후 1시부터 공회당 소『홀』에서 좌담회를 개최하기로 되었는데, 여기에 출석할 사람들은 각 관공서의 간부들을 비롯하여 주요 회사 또는 직공 다수를 사용하는 각 공장주 등 약 50여 명으로 이로써 주택영단에 대한 일반의 이해가 충분하여질 것으로 추측된다.

(5) 청진의 영단주택

청진시는 수성천(輸城川) 치수공사의 완료를 통해 확보한 5백여만 평을 신시가지 공장지대로 설정하고, 이 지역을 청진부에 편입시켰다. 청진시는 1930년대에 들어서면서 배후지의 무산철산(茂山鐵山)의 개발과 더불어 3대 제철공장을 비롯하여 방직·기계·유지·통조림 등의 각종 공장이 건설되면서 중공업도시로 성장했다. 동시에 항만시설도 본 항 이외에 어

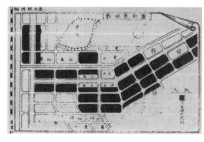

〈그림 8-35〉 청진 반죽동 영단주택 계획도. (출처: 『대한
주택공사 20년사』)

〈그림 8-36〉 청진 반죽동 영단주택 계획 지역의 현 모
습. (출처: 구글 위성사진)

항 부두와 일본제철의 전용부두가 만들어졌다.[27] 1943년에 부령군 청암
면 일부와 경성군 나남읍과 용성면을 편입시킴에 따라 이곳은 함경북도
의 중심 도시가 되었으며 전국 4대 도시의 하나로 비약하였다.

나남과 수성평야가 청진시에 편입되면서, 기존의 청진시는 상공지대로,
나남시는 주택지 그리고 수성평야에는 공장지대가 조성되었다. 청진의 경
우 1939년에는 나남을 청진시에 포함시키는 청진부 확장을 위한 대도시
계획을 발표하였다. 인구 1백만 명의 도시 건설을 위한 행보였다.

주택영단의 청진시 첫 사업은 1941년에 이루어졌다. 1941년 12월 4일
《매일신보》에는 청진에 총 1,200호에 달하는 영단주택을 짓겠다는 기사
가 실렸다. 이는 북선개발에서 청진시를 상공지대로 설정하고, 청진시의
수성평야지대를 공장지대로 조성하는 계획의 일환이었다고 할 수 있다.

첫 사업지였던 반죽정은 일제강점기의 도시 조직이 현재까지 그대로
유지되고 있으며, 구글에서 확인한 바에 따르면, 초기 영단주택의 일부가
남아 있을 가능성이 있을 것으로 보인다. 반죽정의 영단주택은 완만한
구릉을 배경으로 남측의 청진 시가를 조망할 수 있는 곳에 지어졌다. 주
택지를 소개한 내용에 따르면 시내에서 대중교통인 버스가 연결되는 교
통이 편리한 이상적인 주택지였다고 한다.

(6) 함흥의 영단주택

함흥평야가 위치한 곳으로 조선시대 이래로 많은 쌀이 생산되는 지역이었다.

1941년 12월 4일 《매일신보》에는

> 조선주택영단에서는 마침내 북선에 진출키로 되어 명년 11월까지 청진에 1,200호, 성진에 5백 호, 라진 150호 함경남도에서 함흥에 5백호, 원산에 2백 호, 흥남에 3백 호 등 총 2,800호를 신축하겠다.

는 소식이 실렸다.

1942년 2월 17일자 《매일신보》에는 함흥에 영단주택 5백 호를 지으면서 신청을 받았으나 신청이 2백 건에 머물렀고, 신청기간을 10일간 연장했음에도 불구하고 신청자가 모두 280건에 머물러 주택난 해결을 위해 주택영단에서 주택을 공급한 취지가 무색하게 되는 상황이 발생하기도 했다.

1934년에 함흥 일원은 전력이 풍부하고 대지가 광활하여 공업도시 건설의 적지라며 공업도시 건설이 제안된 이후, 1936년에는 북한 지역에서 제1의 도시, 한반도 전체에서 경성에 이은 2위의 도시로 만들기 위해 공업도시 계획이 추진되었다. 이는 곧 노동자의 주택 문제가 심각해질 것이 예상되었고, 이 문제를 해결하기 위해 주택영단에서 500호에 달하는 영단주택을 건축하였으나, 실제 수요는 많지 않았던 것이다.

(7) 기타 북한의 영단주택

성진에는 일본고주파중공업이 공장을 건설했다. 일본고주파중공업은 특수강을 생산하는 군사산업체로 1937년 성진에 공장을 지었다. 건설 목적이 대륙 침략을 위한 목적이 선명한 대표적인 회사였다. 고주파성진공장 운영을 위해 200명에 달하는 기술직공양성생 모집[28]에 1만 명이 조선과 일본에서 응모하여 50대 1의 경쟁률을 보이는 초유의 상황이 벌어지기도 했다고 한다.

전쟁 막바지에는 겸이포, 신의주, 성진, 청진, 진남포 등에서도 노무자용 소규모 연립주택이 대량으로 건설되었는데, 특히 겸이포에서는 전천후의 철야 작업이 강행되었다. 겸이포 공사는 병(丙)형 연립주택 160호, 정(丁)형 연립주택 24호가 지어졌다. 이 밖에 겸이포에 600호, 신의주 서마전(西麻田)의 공원주택(42호) 등이 지어졌고, 영단의 북선 내 첫 사업지였던 청진시 서송향정(西松鄕頂, 현 서송향동)에 무(茂)형의 노무자주택 87동(870호)이 건설되었고, 성진시(현 김책시)에는 관리자를 위한 갑(甲)형과 을(乙)형 사택 외에 노무자를 위한 정(丁)형과 무(茂)형의 소형 연립주택 1천호가 건설되었다.

〈표 8-5〉 주택영단 사업 실적

남한			북한			계
도시	주택 수	매입 용지	도시	주택 수	매입 용지	
경성(서울)	4,488	334,830	평양	1,087	63,943	
부산	1,010	28,062	청진	1,688	61,084	
인천	1,302	49,937	원산	381	24,542	
대구	118	13,011	함흥	380	13,783	
대전	88	2,371	나진	130	–	
수원	27	–	진남포	190	–	
군산	120	–	겸이포	400	–	
진해		17,226	신의주	266	4,830	
			사리원	24	–	
			성진	457	–	
			평강	28	–	

주택 소계	7,153		주택 소계	5,031		12,184
용지 소계		445,437	용지 소계		168,183	613,620

(출처: 『대한주택공사20년사』)

5) 한반도의 기타 영단

한반도에는 1941년 7월 조선주택영단 설립을 시작으로 1943년 1월 조선 농지개발영단, 1943년 9월 조선식량영단, 1943년 12월 조선중요물자영단 이 차례로 설립되었다. 주택, 농지, 식량 그리고 물자를 통제하고 관리하 기 위한 영단의 설립은 일본이 도발한 중일전쟁과 아시아태평양전쟁의 전개 양상과 밀접한 관계가 있다.

전쟁 초기 일본이 승리를 이어가던 시기에는 병참기지화 속에 군수산 업의 성장으로 공업도시와 공업지구를 중심으로 주택 문제가 심각해졌 고, 생산직 노동자의 안정적 거주 환경을 구축하기 위해 주택영단을 만 들었으나, 일본의 미국 진주만 습격 이후 전세가 역전된 상황에서 식량 증산을 위한 농지 확보에 이어 식량의 직접적인 증산과 통제 그리고 전 쟁 수행에 총력을 투입하기 위해 중요 물자를 관리하기 위한 영단 설립으 로 이어졌다.

• 조선농지개발영단(朝鮮農地開發營團), 1943년 1월

1942년 12월 8일 제령 제34호로 '조선농지개발영단령'이 공포되었고, 이 에 근거하여 1943년 1월에 토지개량사업의 시행을 담당할 국가 대행 기 관인 조선농지개발영단이 설립되었다. 조선농지개발영단의 설립은 전시 체제하에서 부족한 식량을 확보하기 위한 정책이었다.

조선농지개발영단은 이사장과 부이사장 그리고 이사 3명 이상 및 감 사 2명을 두는데 이들은 모두 조선총독이 임명하며 임기는 이사장과 부이사장 5년, 이사 4년, 감사 2년이었다. 초대 이사장에는 전 농림국장 와타나베 시노부(渡辺忍)가 임명되었다.

조선농지개발영단의 출자자는 정부, 공공단체, 조선인 또는 조선 법인의 사원, 주주 등으로 구성될 수 있도록 규정하였으나, 실제로는 총독부가 3백만 엔, 조선식산은행과 동양척식주식회사가 각각 350만 엔을 출자했다.[29]

조선농지개발영단의 사업은 주요 농산물의 증산에 필요한 농지 개발에 집중되었는데, 구체적으로

① 농지의 조성 및 개량에 관한 사업,
② 농지의 조성 및 개량에 관한 사업에 부수되는 사업,
③ 기타 영단의 목적 조성에 필요한 사업

으로 규정되었다.

조선농지개발영단의 사업에서 주목할 것은 기존 수리조합의 경우 조합의 설립과 시행에 조합원의 동의가 필요하였으나, 농지개발영단은 조선농지개발영단령 제38조[30]에 의해 토지 소유자의 의사와 관계없이 총독부가 농업 개발을 위해 필요하다고 인정할 경우 강제로 사업을 시행할 수 있었다는 점이다. 해방 후 조선농지개발영단은 대한농지개발영단으로 개칭되었다가 1950년에 해산되고 업무는 대한수리조합연합회에 인계되었다.

• 조선식량영단(朝鮮食糧營團), 1943년 9월

일제는 일본에서 1942년 전시통제경제체제에 대응하여 강력하고 종합적인 식량 관리 체제 확립을 위한 식량 관리법을 제정했다. 식민지 조선에

서도 이에 따라 1943년 9월 〈조선식량관리령(朝鮮食糧管理令)〉이 제정·공
포되었고, 그 실행 기관으로 조선식량영단(朝鮮食糧營團)이 1943년 10월 6
일 설립되었다. 조선미곡시장주식회사(朝鮮米穀市場株式會社)와 13개의 도
양곡주식회사(道糧穀株式會社)가 식량영단으로 통합되었다.

1943년 10월 6일자 《매일신보》에 따르면 이사장에 나리타 츠토무(成田
努)가 임명되었고 13도에 지부가 설치되었다. 선미협회가 1943년 10월 31
일자로 해산되고 1943년 11월 1일자로 식량영단에 통합되었다. 조선식량
영단의 주요 사업은

① 주요 식량의 매입
② 주요 식량의 매도
③ 정부가 지정하는 식량의 저장
④ 정부가 지정하는 주요 식량의 가공, 제조 및 보관 업무

〈그림 8-37〉 군산식량영단. (안창모 사진)

로 식량의 유통, 보관, 가공, 배급의 전 과정을 담당했다.[31]
사업은 총독부가 식량영단으로부터 매입한 식량의 전
량을 다시 식량영단에 불하하고 영단은 총독부의 배급
계획에 따라 소비자에게 배급하는 구조를 갖고 있었다.
식량영단은 한반도 내 소비 양곡의 배급은 물론 수출, 군
납, 기타 비상용 응급식량에 이르기까지 총독부 계획에
따라 움직였다.

1944년 1월 28일에는 정미업을 식량영단에서 직영키로 결정하고, 각
정미공장의 기계 설비를 매수하겠다는 계획을 발표했다. 이때 부동산은
임차하고 기계 설비만을 매수하여 운영하는 계획을 수립했다. 군산식량
영단 사옥은 외벽의 벽돌조 내력벽제와 철근콘크리트조가 혼합된 2층

건물이다. 2개의 도로에 면한 모서리가 곡면으로 처리되었으며, 내력벽체의 특성상 세로로 긴 창호가 입면을 구성하고 있으나 창호 위의 수평 띠가 모던한 감각의 외관을 연출해준다. 해방후 조선주택영단은 조선생활필수품회사로 명칭이 변경되었다.

- **조선중요물자영단(朝鮮重要物資營團), 1943년 12월**

조선중요물자영단은 전시에 즈음하여 산업설비(이에 충당하는 기계 및 기구를 포함)의 활용을 도모하고 기업 정비에 관하여 전업 또는 폐업을 하는 상공업자 등의 자산 및 부채의 정리를 도모하며 전시 생활의 필수물자 및 기타 중요물자를 확보하고, 확보된 중요물자의 이용을 유효·적절하게 하고 금속류의 회수를 도모하여 중요물자의 가격을 조정하는 것을 목적으로 설립되었다. 1943년 12월 14일에 제정되고, 같은 해 12월 15일에 시행되었다.

중요물자영단에서는

① 미완성 또는 유휴 상태에 있는 산업설비의 매수 매도 및 보유와 활용
② 기업 정비에 관하여 전업 또는 폐업을 하는 상공업자 등의 자산의 매수 매도 및 보유와 활용과 자금의 융통
③ 조선총독이 지정하는 중요물자의 매수·매도 및 보유
④ 금속류의 회수 및 회수한 금속류의 매도

등의 업무를 수행했다. 일제강점 말에 행해진 무기 제조를 위한 금속류 공출은 일반에 널리 알려진 대표적인 중요물자영단의 사업이었다.

6) 소개(疏開)와 간이주택

1945년 4월 1일에 경성과 부산 및 평양 등 중요 도시에 대한 소개(疏開)가 결정되었다. 공습에 의한 화재 피해를 최소화하기 위해 밀집지대의 건축물을 제거하여 방공도로와 공지를 조성하였다. 이 과정에서 많은 주택이 사라지면서 주택 문제는 더욱 심각해졌다. 한편 공습으로부터 인명 피해를 최소화하기 위해 도시민을 도시 외곽으로 소개시키면서 새로운 주택 수요가 발생했다. 이에 따라 1945년 5월 7일자 《매일신보》에는 소개민을 위한 간편주택 5천 호를 짓겠다는 계획이 발표되었는데, 이 사업 역시 주택영단이 맡았다.

《매일신보》 1945년 5월 7일자 기사에 따르면, "중요 도시의 소개에 따라 집이 헐리는 사람과 지방으로 자진 소개하는 사람들을 수용하기 위하여 총독부에서는 여러 가지로 주택시책을 세워 실시해나가는 중인데, 이번 집이 헐리는 사람 가운데서 도시 방위의 요원으로 남았어야 할 사람과 또 지방으로 소개해가는 사람들을 시급히 수용하기 위하여 주택영단으로 하여금 각 처에 5천여 호의 집을 새로 짓게 할 예정"이라고 한다.

소개에 의해 집이 철거되는 사람들에게는 3개월간 임시로 사용할 수 있게 하며, 이들에게 적절한 주택을 소개하거나 지방으로 이전을 원하는 사람들에게 지방의 빈집을 소개하거나 6평 내지 7평 규모의 간이주택을 제공했다.

그러나 전쟁이 막바지에 이르면서 자재 문제가 심각해져, 간이주택을 짓는 데 도시에서 철거된 건물의 자재를 사용하기도 했다.

소개민을 위한 간이주택 건설에 대해 총독부의 에하라(江原) 원호과장은 다음과 같이 말했다.

"소개로 인하여 집이 헐리는 사람과 또 지방에 자진 소개하는 사람들

〈그림 8-38〉 "간편한 주택 5천 호, 소개 위하야 각지에 신축", 《매일신보》 1945. 5. 7.)

〈그림 8-39〉 "소개는 도피 아니다", 《매일신보》 1945. 5. 7.)

을 수용하기 위한 주택 대책에 대하여는 당국에서 각 관계 방면과 협력하여 힘쓰는 중인데, 이번 각 처에 이들을 수용할 간이주택을 짓기로 되었다. 경성 부산 평양 등 소개도시에서 집이 헐리지만 생산방위 등 각 직장의 요원으로 도시에 그대로 남아 있어야 할 사람을 위하여 1천 호의 주택을 각 관계 도시에 짓기로 되었다. 그리고 지방에 소개하는 사람은 연구 관계와 또 빈집 등을 이용하여 수용되겠지만 그래도 주택이 부족하겠음으로 이번 제1차로 경기도 강원도 충청북도 황해도 등… 각 관내에 이들을 수용할 주택 4천 호를 짓기로 된 것이다. 이것은 6, 7평 정도의 간이주택인데 하여간 집을 짓는 데는 여러 가지 자재가 필요하므로 각 관계 방면과 충분히 연락 협력해 나갈 터이다. 이 자재 문제가 해결되면 제2차 제3차로 간이주택을 지을 방침인데 이와 병행하여 생산 확충에 필요한 노무자 주택도 5천 호를 지을 터이다. 그런데 이 같은 주택 건설은 주택영단에서 맡아 하게 될 것이다."

이와 같은 총독부 원호과장의 말은 전쟁이 급박하게 전개되면서 주택영단의 역할도 전시 상황에 대응하며 달라지고 있음을 보여준다. 이는 주택영단이 설립 초기에 병참기지화 속에 급격하게 악화된 공업도시와 공업지구에서 발생한 주택 문제 담당에서 전쟁 악화로 야기된 새로운 주거문제 해결까지 맡게 되었다는 것을 의미한다.

같은 날 신문에 세도(瀨戶) 경기도지사는 "소개(疎開)는 도피(逃避) 아닙니다."며 "도시소개자(疎開者)는 전우애(戰友愛)로" 살피자는 담화를 발표하고, 불편은 상호 협력을 통해 승리를 위해 참아야 한다는 방송을 하기도 했다. 주택영단이 전쟁 승리를 위해 담당해야 할 역할을 분명히 한 것이다.

황국신민화정책과 건축

1. 부여신궁과 호국신사

1) 부여신궁

일제강점기 말 일제는 내선일체를 앞세우며 고대 일본과 관련이 깊은 백제의 수도였던 부여에 신도 건설 계획을 세우고, 부여신궁 건설을 시작했다. 1939년 6월에 관폐대사로 정식 인가를 받았다.

부여신궁에 주 제신으로 봉안될 신은 오진 천황, 진구 황후, 고교쿠 천황, 덴지 천황으로 결정되었다. 이들은 모두 고대 한일 관계와 관련이 깊은 천황이다. 본래 1943년에 완공될 예정이었으나 공사가 늦어졌고, 태평양전쟁이 1945년 8월 15일에 일본제국의 항복으로 종전되면서 완공되지 못했다. 부여신궁은 완공되지 못했음에도 영화 〈너와 나〉(1944)에는 충청도 출신의 지원병이자 조선인 최초의 중일전쟁 전사자인 이인석이 출정 전에 부여신궁에 참배하는 내용이 나오는 등, 부여신궁은 일제강점기 말기의 내선일체 선전과 홍보에 널리 이용되었다.[32] 특히 조선총독부는

1940년부터 봉사대라는 이름으로 조선인을 동원해 무료 봉사하도록 했다. 봉사대에는 지식인들이 대거 동원되어, 조선영화인협회 소속의 영화인이나 조선문인협회 소속 문인, 개신교 목사도 신사 조영 작업에 참여해 육체노동을 했다.

《매일신보》 1944년 12월 31일자에 따르면, 부여신궁 공사는 10월 상순에 상량식이 순조롭게 진행되었고 향후 공사가 본격적으로 진행될 계획이라고 했다. 1차로 1946년(소화 21) 가을까지 준공하기 위해 노무와 자재 공급에 원활을 기하고, 잠시 중단되어 있는 시가지 계획도 다시 계속하겠다고 전하고 있다. 1946년 가을이 준공 예정인 셈인데, 일본이 1945년 8월 15일에 연합국에 무조건 항복함에 따라 부여신궁 공사도 마무리되지 못했다.

2) 호국신사

1937년 일본이 도발한 중일전쟁이 교착 상태에 이르면서 일본군의 사망자가 급속하게 늘자 전쟁 중 사망한 군인에 대한 위령제가 시행되었는데, 사망자가 급증하면서 야스쿠니신사에서만 행해지던 쇼콘샤(招魂社)를 수행할 수 있는 신사의 확대가 필요해졌다. 이에 따라 1938년 11월 25일 내무성 신사국에서 신사제도조사특별위원회를 구성해 일본 내 130개에 달하는 쇼콘샤를 호국신사로 개칭할 것을 결정했다. 1939년 3월 14일에는 후속조치로 관계법령이 반포되어, 호국신사를 설치할 수 있는 법적 근거도 마련되었다.

식민지 조선에는 1939년 7월 1일자 《매일신보》에 경성과 나남에 호국신사를 창립한다는 기사가 실렸다. 호국신사가 경성과 나남에 설치된 것은 경성과 나남에 조선군 20사단과 19사단 사령부가 위치했기 때문이다. 경성에는 용산중학 뒤, 나남에는 천명산 중턱에 세우기로 결정되었으며 경성 호국신사 건설을 위한 정지공사는 경기도 내 중등학교 3학년 이상 남학생의 근로봉사로 시작하겠다고 발표했다. 신사 건립을 위한 구체적인 예산 계획과 노동 동원안이 만들어졌다.

경성 호국신사 부지로 용산구 용산정 한강통 산2-1번지의 21,971평이 확보되었고, 총 110만 원의 예산 중 국비는 신사당 각 15만 원씩, 공동단체 및 기타 기부금으로 각 40만 원씩을 투입하기로 했다.

〈그림 8-40〉 8월 중순에 경성호국신사 진좌제 집행 기사가 실린 《매일신보》 1943년 11월 29일자.

경성호국신사는 서울 유지의 헌금과 한인들의 노동력으로 1940년 10월 26일에 착공, 1943년 11월 26일에 준공되었다. 호국신사가 준공된 후 신사에서는 지속적으로 전몰군인에 대한 추모와 일본군의 안녕과 승리를 기원하는 행사가 이어졌다. 이로써 경성호국신사는 명실상부 추모와 전쟁을 기념하는 공간이 되었다. 해방 후에 서울의 호국신사 터에 전재민들이 자리잡으면서 해방촌이 형성되었고, 해방촌은 해방 후 형성된 도심 속 슬럼의 대명사가 되었다. 현재 호국신사 터에는 해방 직후에 건설된 주택이 남아 있으며, 호국신사에 이르는 계단도 남아 있다.

2. 황국신민서사탑

식민지 한국에서 신사는 황국신민화 사업과 호국신사 건설로 절정에 달했다. 황국신민서사의 내용을 담은 황국신민서사탑이 전국에 세워졌다. 이 탑은 한반도 내 초등학생과 중고등학생 150만 명이 모은 10만 원의 성금으로 탑을 만들고, 경기도 가평군에서 만든 전통 한지에 작성한 150만 매의 황국신문서사를 80척 높이의 탑에 넣을 계획이 세워졌다. 황국신민

〈그림 8-41〉 조선신궁 진입부에 세워진 황국신민서사
탑. (안창모 소장 엽서)

〈그림 8-42〉 남산 성곽 복원공사 때 발굴된 황국신민서
사탑 유구. (출처: 서울역사박물관)

서사탑은 1947년에 탑신이 파괴되었으나 콘크리트로 만들었던 기저부가
땅속에 묻혀 있었고 그 서사탑의 잔해가 남산 제모습찾기의 일환으로 시
작된 성곽 복원사업 과정에서 발굴되었다.

　서울에는 황국신민서사탑이 조선신궁 진입 광장 오른편에 세워졌다.
황국신민서사탑의 조각은 일본인 아사쿠라 후미오(朝倉文夫)에 의해 이루
어졌으며, 이왕직 아악대가 연주하는 모습이 조각되었다. 조선왕실의 아
악대 연주 모습을 서사탑의 부조에 담은 것은 대한제국이 일본에 종속되
었음을 다시 한번 확인시킴과 동시에 일본에 충성하는 조선왕실의 모습
을 한인들에게 각인시키기 위함이었다고 할 수 있다. 탑의 건립은 1939년
여름방학 조선학생근로보국대에 의해 이루어졌다. 황국신민서사(1937)는
성인용과 아동용이 있는데 각각의 내용은 다음과 같다. 모든 내용은 암
기가 강요되었다.

성인용 황국신민서사

1. 우리는 황국신민이다. 충성으로 군국(君國)에 보답하련다.

2. 우리 황국신민은 신애협력(信愛協力)하여 단결을 굳게 하련다.

3. 우리 황국신민은 인고단련(忍苦鍛鍊)하여 힘을 길러 황도를 선양하련다.

아동용 황국신민서사

1. 우리들은 대일본 제국의 신민입니다.

2. 우리들은 마음을 다하여 천황폐하에게 충의를 다합니다.

3. 우리들은 인고단련(忍苦鍛鍊)하고 훌륭하고 강한 국민이 되겠습니다.

황국신민서사는 모든 초중등학교 봉안소에 안치되었고, 1941년에는 초등학교를 지칭하는 '소학교'를 '황국신민의 학교'라는 의미로 '초등학교'로 변경되었으며, 황국신민서사는 조회 때마다 반복되어 읽혀졌다.

사회사로서의 건축사, 기술사로서의 건축사를 내세우며 시작한 글쓰기였고, 개별적 건물의 가치보다는 집합적 가치 측면에서 우리의 도시와 건축을 다루고자 했지만, 글을 마무리지어야 하는 시점에서 필자 역량의 한계를 뼈저리게 느끼고 있다.

산업화 없이 맞이한 근대를 식민지배와 함께 지내야 했던 우리는, 1945년에 물리적으로 일본의 지배에서 벗어났음에도 불구하고 우리의 근대사를 되찾지 못했다. 나라를 다시 찾으면 역사는 자연스럽게 찾아질 것으로 착각했던 것이다. 필자가 학창 시절에 배웠던 근대사는 매우 적었고, 적은 양의 근대사도 우리의 근대사가 아닌 일본의 근대사였음을 깨달은 것은 불과 10년 남짓이다. 2009년에 『덕수궁, 시대의 운명을 안고 제국의 중심에 서다』를 저술하면서, 대한제국과 대한제국의 도시 그리고 건축이 철저하게 지워졌다는 사실을 깨달았다. 일본은 지웠고, 우리는 지워진 줄 몰랐다. 대한제국의 도시와 건축의 실체를 하나씩 찾아갈수록 필자가 배웠던 근대사의 모순이 하나둘씩 드러났다. 그리고 서양의 근대건축의 모습을 좇았던 건축보다 우리가 겪었던 근대의 모습을 제대로 담고 있는 도시와 건축에 집중하고자 했다. 이로 인해 많은 사람이 알고 있는 1920~30년대의 건축이 다루어지지 못했다. 우리 근대사의 왜곡되고 묻힌 모습을 온전히 드러내는 작업과 함께 미처 다루지 못한 많은 부분에 대한 추가 작업이 필요한 이유다.

본 저술은 선배들의 연구 성과와 동료 그리고 후학들의 연구 성과에 의지하고 있다. 많은 부분이 그들의 연구에 의지하는 한편 비판적으로 접근하면서 본 저술이 만들어졌다. 글쓰기를 시작할 때 해방과 전쟁 그리고 분단을 거치며 오늘에 이른 우리의 도시와 건축 역사를 다루고자 했지만, 역량의 한계로 1945년에서 글을 급하게 마무리 지을 수밖에 없었다. 큰 숙제를 남겨놓고 있는 셈이다. 1945년 이후 각자의 길을 걷고 있는 남과 북의 도시와 건축을 다루는 문제는 왜곡된 근대사의 실체를 밝히고, 묻힌 역사에 빛이 들게 하는 작업과는 다른 차원의 문제다.

　이제 시작이다.

제1장 고종의 즉위와 한성의 도시건축 변화

1. 신정왕후(神貞王后)는 익종의 왕비이자 제24대 헌종(憲宗)의 어머니다. 조대비(趙大妃)로 더 많이 알려져 있으며, 철종의 사후에 차기 왕위 계승권자를 지정할 수 있는 왕실의 가장 큰 어른이었다.

2. 조선시대 왕실의 족보와 초상화를 보관하고 국왕의 친인척을 관리하던 관청.

3. 조선시대에 종친부(宗親府), 충훈부(忠勳府), 비변사(備邊司), 기로소(耆老所) 등에서 사무의 책임을 맡은 관리.

4. 대원군은 왕의 아버지에게 주어지는 직책이다. 조선의 역사에서 4명이 대원군에 올랐는데, 이 중에서 살아서 대원군이 된 인물은 이하응이 유일하다. 살아 있는 대원군의 정치 참여로 권력구도가 재편되었다.

5. '상갓집 개와 파락호'의 이미지.

6. 『태조실록』 13권, 태조 7년(1398), 4월 26일 임인 2번째 기사.

7. 『경복궁 변천사』 상권 (문화재청, 2007).

8. 일본 와세다대학 도서관이 소장하고 있는 『경복궁영건일기』가 2019년 서울역사편찬원에 의해 번역되었다.

9. 서울시역사판찬원, 『경복궁영건일기(景福宮營建日記)』 (2019).

10. 이경미, 『경복궁영건일기로 본 경복궁 중건』 (문화재청, 2021).

11. 임금이 앉는 곳.

12. 전통건축의 정면에서 가운데 칸으로 옆 칸보다 약간 넓다. '영건일기'에서는 문맥상 근정전의 가운데 중심 칸을 지칭한다.

13. 정전의 중앙 천장에 설치한 용 장식.

14. 이경미, 『경복궁영건일기로 본 경복궁 중건』.

15. 김동욱, 『한국건축의 역사』 (기문당, 1998).

16. 고종은 1864년 의정부와 비변사의 업무 한계를 규정하여 외교·국방·치안 관계를 제외한 모든 사무를 의정부에 이관하였고, 1865년에는 비변사의 기능과 체계를 의정부에 편입시키고 비변사를 폐지했다.

17. 현재의 종친부 터에는 중심 건물인 경근당과 옥첩당만 남아 있다. 주변에는 현대미술관이 건축되었다.

18. 1886년 일본 도쿄의 추오도(中央堂)에서 출판.

19. 1874년(고종 11)경부터 김옥균(金玉均)·박영교(朴泳敎)·박영효(朴泳孝)·서광범(徐光範) 등이 중심이 되어 개화 정책을 추구한 정치 집단. (출처: 한국민족문화대백과사전)

제2장 개항, 도시와 산업의 재편

1. 김종학, "조일수호조교는 포함외교의 산물이었는가?", 『역사비평』 2016년 봄호, 통권 114호 (역사비평사), 25-56쪽; 강진아, "동아시아의 개항: 난징조약에서 강화도조약까지", 『현대사광장』 통권7호, 2016년 7월 (대한민국역사박물관), 56-82쪽; 안창모, "대한제국으로 가는 길목의 도시와 건축", 『대한제국 선포 120주년 기념 국제학술심포지엄』 (2017년 10월 10일, 국립고궁박물관).

2. 정소연·우신구, "부산개항장의 주요시설 형성과 변천에 관한 연구―1876년 개항에서 1910년 합방까지", 『대한건축학회지회연합회 학술발표대회논문집』 (2007년 12월), 336-339쪽.

3. 부산감리서는 부산 중구 영주동 봉래초등학교 부근에 있었다.

4. 부산시 유형문화재 제22호로 지정되었으나 1979년 도로확장 공사로 철거됐다.

5. 양상호, "원산거류지의 도시공간의 형성과정에 관한 고찰", 『건축 역사연구』 제3권 2호 (1994년 12월), 92쪽; 『한일조약자료집(1876-1910)』 (동북아역사재단).

6. 객주(客主)는 '객상지주인(客商之主人)'의 축약어로 객상인 선상(船商)과 행상(行商)의 위탁을 받아 매매를 주선하고 보수를 받는 상인을 말한다.

7. 1883년부터 1884년까지 조선 정부가 인천의 개항장 내에 조계를 설정하기 위해 체약

국 대표들과 조인한 조약이다. (출처: 한국민족문화대백과사전)

8. 지하 암반층에서 바닷물과 비슷한 지하수를 끌어올려 목욕물로 사용한 시설.

9. 『만국공법』은 미국의 법학자 휘튼(Henry Wheaton, 1785-1848)의 국제법 저서 『국제
   법 원리, 국제법학사 개요 첨부Elements of international law with a Sketch of the History of
   the Science』를 중국에서 활동하던 미국인 선교사 윌리엄 마틴(William A. P. Martin,
   1827-1916)이 1864년 청국 동문관(同文館)에서 한역(漢譯)하여 출판한 책이다.
   1868년 일본어로 번역되었고, 1880년 조선에 소개되었으며, 1886년 9월에 개설된 최
   초의 근대식 공립교육기관인 육영공원의 교과서로 사용되었다. '만국공법'은 근대적
   국제법을 지칭하며, 조선에게는 부국강병과 문명개화 그리고 자주적 근대화의 근거
   로 사용되었다.

10. 『고종실록 』21권, 고종 21년(1884) 8월 15일 병술 2번째 기사, 조선 개국(開國) 493
    년.

11. 인천화교학교 행정 부이사장인 주희풍에 따르면, 청국영사관의 회의청으로 알려진
    건물은 1885년 11월 4일(음력 9월 28일) 개통된 한성전보총국 인천분국 건물이었다
    고 한다. 1885년 음력 6월 조선과 중국은 '중조전선조약'을 체결해 인천을 기점으로
    서울을 거쳐 평양을 연결하는 전선을 설치하기로 했다. 『고종실록』 등에 있는 조약
    내용을 보면 전선 설치 비용은 조선이 기한을 두고 갚는 조건으로 중국으로부터 빌
    렸고, 같은 해 음력 9월 28일 인천~서울 간 전신이 처음으로 개통했다. (출처:《경인
    일보》2021년 9월 24일자)

12. 12명의 공위 관리와 64명의 시찰단으루 구성됨.

13. 번사창은 서울시 유형문화재 제51호로 지정되어 있다. 번사(飜沙)란 흙으로 만
    든 거푸집에 금속 용액을 부어 주조한 용기에 화약을 넣은 것으로, 폭발시킬 때 천
    하가 진동하는 소리가 나고 빛은 대낮처럼 밝다는 뜻을 가지고 있다. (두산백과
    [dpppedia] 참조)

14. 청국의 외교관 출신으로 인천해관에서 통역관으로 근무했다.

15. 영어에 능했던 일본인으로. 로웰의 비서 역할로 보빙사의 일원이 되었다.

16. 미국의 수학자이자 명왕성을 발견한 천문학자이기도 하다. 조선과 일본을 미국에
    소개했다. 일본 여행 중 주일미국공사의 요청으로 조선의 보빙사를 미국으로 안내
    하는 역할을 맡았다. 『고요한 아침의 나라Choson, the Land of the Morning Calm』(1885)

를 출간했다.

17. "보빙사", 『한국민족문화백화사전』.

18. 동도서기론에서 도(道)와 기(器)는 성리학의 이(理)와 기(氣)에 해당하는 것으로, 이(理)인 도(道)가 우위에 있어 기존 체제를 유지하고자 하는 성격이 더욱 강했다는 평가가 있다.

19. 중국 산동성에 위치한 도시로 산동성 최대 어업와 경제의 중심지다.

20. 강선아 외, "번사창의 조적 특성에 관한 연구", 『대한건축학회학술대회 논문집』 (2011년 10월), 479-486쪽.

21. 현재의 우정총국 모습은 서양 문물을 받아들이기 위해 벽돌을 적극 사용한 당시의 모습과 달라 원모습으로 회복이 필요하다.

22. 김기수가 수신사로 일본을 다녀온 후에 작성한 견문록.

23. 특명전권대신 겸 수신사로 일본을 다녀온 박영효가 작성한 견문록으로 국기(國旗)인 태극기의 제작과정이 밝혀져 있고, 개항기에 일본과의 관계를 살펴볼 수 있는 사료다.

24. 외교통상사무 업무를 만든 중앙관청으로 1880년 12월에 설치된 통리기무아문을 1882년 12월 4일에 확대 개편했다.

25. 지저분하고 더러운 물건. (네이버국어사전)

26.하동과 하내는 맹자의 고사에 나오는 중국의 지명이다. 하내가 흉년이 들면 하동의 곡식을 운반해 구제한다는 고사가 있다.

제3장 외교타운 정동의 탄생과 선교기지 정동

1. 조선국주차변리공사(朝鮮國駐箚辨理公使) 자격으로 하나부사 요시모토(花房義質, 1880년 4월 17일-1882년 11월 6일까지)가 파견되었다.

2. 한철호, "개화기(1880-1906) 역대 주한 일본공사의 경력과 한국 인식", 『한국사상사학』 제25집 (2005), 269-312쪽.

3. 공사를 위해 동원된 70여 명의 일본인이 도성 안에 들어온 최초의 일본국 민간인이다. 이를 계기로 일인들의 도성안 거주가 허락되었다.

4. 철종 때 영의정을 지낸 박영원이 지은 정자.

5. 남산의 일본공사관은 1906년 이후 통감관사로 사용되었으며, 1910년 이후 총독관저로 사용되었다.

6. 탈아입구(脫亞入歐)는 "아시아에서 벗어나 유럽으로 들어간다."는 의미를 갖고 있다. 일본 개화기의 계몽사상가로 부국강병론과 국가 중심의 평등론을 주장한 후쿠자와 유기치(福澤諭吉)가 내세웠다.

7. 『태종실록』 17권, 태종 9년(1409) 4월 13일 을유 4번째 기사.

8. 향화(香火)는 향을 피운다는 뜻으로 '제사'를 이르는 말.

9. 고려 말에서 조선 초에 환관을 지낸 김사행(金師幸, ?-1398)이 왕에게 잘 보이기 위해 사치스럽게 화려하게 지었다고 알려졌다. 그렇게 사찰을 지은 것은 고려시대의 관성이 남아 있었던 탓도 있을 것이다.

10. 1485년(성종 16)에 홍문관 전한 정성근(鄭誠謹, 1446-1504)이 가뭄 때 부처의 힘을 빌려 원각사와 홍천사에서 기우제가 행해지는 것을 반대했으며, 1491년(성종 22) 6월 16일에는 사간원 헌납 정탁(鄭鐸, 1526-1605)이 홍천사 수리의 중지를 건의하기도 했다.

11. 성종의 셋째 아들.

12. 『대학』의 깊은 뜻과 그 이치를 해설한 책.

13. 미국의 주한공사관 설치에 대응하여, 조선의 주미공사관도 설치되었다. 1889년 2월에 워싱턴에 공사관이 처음 개설되었다.

14. 조선이 청과 맺은 통상조약은 임오군란 이후 청이 조선에 내정 간섭하는 상황에서 이뤄진 불평등조약이며, 대한제국 출범 후 한국 정부는 1899년 청과 동등한 입장에서 '한청통상조약'을 맺어 불평등 관계를 해소했다.

15. 2010년 종로구의 세종로와 중구의 태평로를 합쳐 세종대로라는 새로운 이름이 붙었다.

16. 1905년 7월 일본 수상 가쓰라 타로(桂太郎)와 미 육군장관 태프트(William Howard Taft, 1909-1913, 미국의 27번째 대통령)가 대한제국과 필리핀에 대한 이해를 놓고 구두로 양해한 합의다. 러일전쟁에서 승리한 일본이 한국에 대한 지배권을 미국으로부터 인정받고자 했고, 이에 대한 반대급부로 미국의 필리핀 지배권을 인정한다는 내용이 핵심이었다.

17. 흥미로운 점은 한국의 전략적 가치를 낮게 보아 새 공사관을 짓지 않고 그대로 두었던 미국의 옛 공사관이 미국의 재산임에도 불구하고 지금은 한미의 근대사를 증거하는 역사적 가치를 인정받아 서울시 유형문화재 제132호로 지정되었다는 점이다.

18. 『독일인 겐테가 본 신선한 나라 조선독일인 겐테가 본 신선한 나라 조선』(책과함께, 2007).

19. 협정에 따르면, 러시아인가옥 제1호 정동 1의39(720평), 현재 미국영사관 서편 공지 정동 1의9(1,414평), 현재 미국영사관 남편 공지, 서울구락부에 이르기까지 현재 미국영사관 겉으로 통한 도로의 일부(53,540평), 정동의 1, 8의3, 8의4, 8의5, 의6, 8의7, 8의8, 8의9, 8의10 및 8의17, 미군가족주택 제10호 급 러시아인가옥 제1호 정동편에 있는 삼각지형 대지 및 기타 지상에 있는 창고 1동, 가옥 3동 및 기타건물(1,675평), 정동 1의 39. ("구한말외국인 공간 정동"에서 재인용)

20. 1976년 5월에는 조자룡의 설계로 전통건축양식의 대사관저가 신축되었다. 하비브 하우스(Habib House)라고 불린다.

21. 신석희는 훈련대장과 병조판서를 지낸 신헌(1810-1884)의 아들로 대한제국기에 내부협판의 신분으로 내부대신 서리를 여러 차례 지냈으며, 1898년에는 경부사의 지위에까지 오른 인물이다. 신헌은 강화도조약과 조미수호통상조약을 체결한 당사자이기도 하다.

22. 에밀 마르텔(Emile Martel, 馬太乙, 1874-1949), 알퐁즈 마르텔(Alphonse Martel)과 일본인 어머니 곤도(近藤) 사이에서 태어나 일본과 청에서 성장했다. 대한제국의 프랑스어학교에서 16년간 교사를 지냈다.

23. 이 터에 프랑스공사관이 세워진 것은 1896년으로 현재도 당시의 정초석이 창덕여중 구내에 남아 있다. RF1896이라고 적혀 있는 정초석의 RF는 Republique Francaise의 약어다.

24. 프랑스공사관은 1910년 대한제국이 일본에 의해 강제로 병합된 이후 서대문 밖 합동 30번지에 있던 충정동 민영환의 터를 구입하여 옮겨갔으며, 정동에 남겨진 프랑스공사관은 조선총독부 소유가 되어 조선교육회, 구매조합, 수양단조선지부, 동민화 등이 사용하다 1935년에 서대문소학교가 세워지면서 철거되었다.

25. 카를 이바노비치 베베르(러시아어: Карл Ива́нович Ве́бер, 독일어: Carl Friedrich Theodor von Waeber, 한국 이름 '위패(韋貝)' 1841년 6월 17일-1910년 1월 8일)는 러

시아 제국의 외교관으로 1885년부터 1897년까지 주조선 러시아공사로 근무했다.

26. 러시아공사관은 1969년 9월 19일 서울시 향토문화재 제2호로 지정된 이후 1977년 11월 22일 사적 네253호로 승격되었다.

27. "매수덕관(買收德館)",《황성신문》1900년 3월 9일.

28. 회현동의 벨기에영사관 건물은 도심재개발사업으로 우리은행 본사 신축을 위해 1982년에 관악구 남현동의 현 위치로 옮겨졌다.

29. 김윤미의 연구 "정동20년(1885~1905) 근대 서울의 문턱 '공사관구역', 서양 외교 관들의 입지관"에 따르면, 1884년 가을 의료선교사로 온 알렌(H, N. Allen)을 비롯해 언더우드(H. G. Underwood), 아펜젤러(H. G. Appenzeller), 스크랜튼(W. B. Scranton) 등 많은 미국 선교사들이 공사관 주변을 감싸며 선교 거점을 마련했다. 당시 조선 정부는 이들의 서울 진출을 허가하면서 조건을 달았다. 병원과 학교에 한해 사업을 허가한다는 것이었다. 그로 인해 예배는 선교사들의 사저에서 조용히 행해졌고, 선교를 위해 의료와 교육 사업을 적극적으로 진행할 수 있었다고 한다.

30. 현 경신중고등학교의 전신이다.『새문안교회 100년사』(새문안교회역사편찬위원회, 1995).

31. 황상익,『근대 의료의 풍경』(푸른역사, 2013).

32. 김정동, "캐나다인 건축가 고오든과 그의 조선에서의 건축활동에 관한 연구",『한국 건축 역사학회 학술발표대회』(1994년 6월 18일).

제4장 대한제국의 도시와 건축

1.『국역 경성발달사』서울사료총서11 (서울역사편찬원, 2016).

2.『고종실록』34권, 고종 33년(1896) 2월 16일 양력 1번째 기사, 대한 건양(建陽) 1년.

3. 서재필은 갑신정변이 실패한 이후 일본을 거쳐 미국에 정착하여 의사가 된 인물이다. 1895년 3월 1일 법무대신 서광범의 건의로 신분이 회복되고 5월 10일 미국 체류 중에 외부협판에 임명되었으며, 8월에는 학부대신 서리에 임명되었다. 귀국 요청에 응하지 않던 서재필이 1895년 가을 박영효를 만난 후 귀국했다. 서재필의 귀국에는 정부의 의지가 적극 개입되어 있었던 셈이다.

4. 『서재필 자서전』에는 20일으로 기록되어 있음.

5. 1897년 신·구법의 절충과 그에 관한 법전을 편찬하기 위하여 중추원 내에 설치된 기관. (출처: 한국민족문화대백과사전)

6. 한영우, 『명성황후 제국을 일으키다』 (효형출판, 2006).

7. 『고종실록』 33권, 고종 32년(1895) 윤5월 20일 경신 3번째 기사, 대한 개국(開國) 504년.

8. 『승정원일기』, 고종 34년 정유(1897) 9월 8일(갑오, 양력 10월 3일).

9. 조서에 쓰는 황제의 자칭(自稱). 천명에 따라 황제의 운을 계승하였다는 의미.

10. 고전주의 건축은 서양 문화의 뿌리인 그리스(BC 850-AD300)와 로마시대(BC27-AD395)의 건축양식을 지칭한다. 이 중에서 그리스풍의 고전주의 건축양식은 파르테논신전으로 대표되는 기단 위에 기둥이 열지어 서 있고, 열주 위에 삼각형의 지붕이 있는 건축 형식이며, 로마풍의 고전주의 건축양식은 아치를 사용한 개선문이 대표적인 예다. BC850에서 AD4세기에 이르는 그리스 로마시대의 건축이 14세기에 르네상스건축으로 부활하고, 18세기에 다시 한번 부활하는데, 18세기 이후에 부활된 고전주의 건축을 신고전주의건축이라고 한다. 석조전은 그리스풍의 신고전주의건축 양식으로 지어진 덕수궁의 정전이다.

11. 러스티케이션(rustication)은 매끄럽게 다듬어진 표면과는 달리 거친 표면을 가진 조적조 구법의 벽체 쌓기를 지칭하는 말이다. 르네상시시대 도시 귀족의 저택이 저층부를 거칠게 돌로 쌓고, 층이 높아지면서 점점 매끄럽게 다듬는 경우가 많았는데, 이때 거칠게 쌓인 저층부의 돌 쌓기를 러스티케이션이라 불렀다.

12. "…영국기사 Lovell에게 내부 공사의 설계명령이 내려진 것은 1907년이며, 연관부설, 난로, 전등장치는 런던의 Critall & Co에서 내부장치 및 조도품은 런던의 Messrs Maple & Co에서 청부하였다.…" 『德壽宮史』(1938. 5)

13. 《황성신문》 1904년 8월 31일.

14. 1901년 11월 16일 화재로 文華閣 貞彝齋 등이 소실된 후 현재 모습으로 다시 지어졌다.

15. 《황성신문》, 1900년 3월 9일, "(買收德舘)我廷에셔 貞洞德國領事舘을 買收ᄒ얏ᄂᆫᄃᆡ 價額은 五萬五千元이오 且尙洞所在官有地를 加給ᄒ얏다더라."

16. 《황성신문》, 1902년 7월 26일. (필자 번역)

17. 1898년 협성회회보가 이름을 바꾼 신문으로 최초의 일간 신문이다. (한국민족문화
    대백과사전)

18. 사대교린은 큰 나라를 받들고, 이웃 나라와는 화평하게 지내는 정책이다. 사대는 명
    나라에 대한 외교책이며, 교린은 여진과 일본에 대한 외교책이다. 사대교린은 조선
    의 공식적인 외교정책으로 그 뿌리는 오래되었다. 고구려도 한, 북위, 수 등 중국에
    서 강성한 왕조가 들어서면 조공책봉 관계를 맺고 외교적 이익을 취했으며, 고려도
    송나라나 금나라가 강성할 때는 이러한 외교관계로써 국제적 안정을 노보하는 한
    편, 주변 약소국에게는 회유와 토벌 정책을 실시했다.

19. 1912년 조선총독부는 제단을 헐고 철도국 철도호텔을 지었으며, 황궁우는 철도호
    텔의 정원 내 구성물로 활용했다.

20. 1894년(고종 31) 국왕의 자문 기관으로 설립되었다. 1896년 국민 대표자를 정치에
    참여시켜달라는 독립협회와 만민공동회의 참정 요구를 받아들여 황제가 추천하는
    칙선 의관 25명과 백성이 명망가를 선거로 선발하는 민선 의관 75명으로 구성되었
    다. 1907년에 해산되었다. (한국민족문화대백과사전, 위키백과 참조)

21. 현재의 삼일문에는 1967년 공원을 새롭게 단장 설치할 때 박정희 대통령이 쓴 '삼일
    문(三一門)'이라는 현판이 설치되었다. 한편 3·1운동 당시에 설치되었던 서양식 정
    문은 서울대학교 법과대학 정문으로 사용되다가 1975년에 서울대학교 법과대학이
    관악캠퍼스로 이전되면서 현 서울사범대학교 부설 초등학교의 정문으로 사용되고
    있다.

22. 현물로 받아들인 각 지방의 조세를 서울까지 배로 운반하던 일, 또는 그런 제도.

23. 1897년 9월 칙령 제33호로 개칭 반포된 '각개항장감리관제'에 따라 설치되었다.

24. 최성환, "목포의 해항성과 개항장 형성과정의 특징", 『한국민족문화』 39 (2011년 3
    월).

25. 안창모, "개항과 전쟁, 도시의 운명을 바꾸다", 『건축사』 524호(2012년 12월호) 참조.

26. 조선왕조의 무관 관직으로 지방 군영의 장수다. 육군은 병마만호(兵馬萬戶), 수군은
    수군만호(水軍萬戶)인데 목포의 만호는 수군만호였다.

27. 『세종실록』 85권, 세종 21년(1439) 4월 15일, 최성환 논문에서 재인용.

28. 중앙에서 멀리 떨어져 있는 도(道)를 지칭하며, 통상적으로 충청도, 경상도, 전라도
    를 지칭한다. 여기서는 전라도와 경상도를 의미한다.

29. 최성환, "목포의 해항성과 개항장 형성과정의 특징", 『한국민족문화』 39(2011년 3월).

30. 양상호, "목포각국 공동거류지의 도시공간의 형성과정에 관한 고찰", 『건축 역사연구』 제4권 1호(1995년 6월).

31. 측량사 아무어는 목포해관의 초대 해관장을 지냈다.

32. 미전(米田)은 논의 일본식 한자로, 일본에서는 전(田)이 논을 의미한다. 우리는 논의 의미로 논 '답(畓)'을 사용하며, 중국에서는 수전(水田)이라는 용어를 사용한다.

33. 1909년 일한가스회사가 인수한 후 1915년에 경성전기주식회사로 바뀌었다.

34. 서대문 사거리에서 서대문으로 가기 위해 건너야 했던 만초천 위에 설치된 다리.

35. 아시아에서 최초의 전차는 1895년 교토에 부설되었으며, 일본의 수도인 도쿄에는 1903년에 부설되었다.

36. 좌우, 상하의 길이가 같은 십자가.

37. 좌우보다 상하의 길이가 긴 십자가.

38. 한국민족문화대백과사전, "서울 용산신학교(龍山神學校)" 참조.

39. 전봉희·안창모·우동선, 『한국근대학교건축발달사: 전편, 1885~1945』 (한국교육시설학회, 2004), 18-19쪽.

40. 조선시대 관원들이 입조하기 전에 궐문이 열리기를 기다리며 잠시 머무르던 장소.

41. 한국민족문화대백과사전.

42. 김정동, 『고종황제가 사랑한 정동과 덕수궁』 (발언, 2004).

43. 선교사 네비어스(John L. Nevius)가 중국에서 선교 활동을 위해 만든 선교 방법론이다. 네비어스가 제시한 선교 정책은 다섯 가지로 요약할 수 있다. ① 교회 지도자들은 자기 동네에서 직업을 갖고 자립생활을 하면서 동역자와 이웃에게 복음전도 사역을 해야 한다. ② 선교사는 토착 교회에 필요하고 또한 운영해나갈 수 있는 사역과 기관들을 개발해주어야 한다. ③ 토착 교회가 스스로 목회자를 세우고 생활비를 부담해야 한다. ④ 예배당은 토착 교회 교인들의 헌금과 노력으로 마련하되 토착 양식으로 지어야 한다. ⑤ 매년 토착 교회 지도자들에게 집중 과정으로 성경과 교리를 가르쳐야 한다. (한국민족문화대백과사전 참조)

44. 강선혜 외, "정동 이화학당 한옥 교사의 복원에 관한 연구", 『대한건축학회 논문집』 21권 10호 (2005년 10월), 21-29쪽.

45. https://blog.naver.com/jbjoon63/30097037016. 한국교회사, 제5장 선교의 자유와 초기 선교 활동-선교지역 분할.

46. 조선시대 조정의 신하들이 조회 시간을 기다리며 쉬던 방. (네이버 국어사전 참조)

47.《황성신문》1902년 4월 14일

48.《대한매일신보》1904년 9월 9일;《황성신문》1904년 11월 12일;《대한매일신보》1906년 6월 15일.

49.《대한매일신보》1906년 8월 14일자;《대한매일신보》1906년 12월 16일.

50. 한국민족문화대백과사전.

51. 한국민족문화대백과사전.

52.《황성신문》1906년 9월 11일.

53. 이기용 설립.

54. 한국민족문화대백과사전.

55.《대한매일신보》1906년 11월

56. 15일.조홍석, "한국 근대적 벽돌 건축에 관한 연구"(2006).

57.『윤치호일기』1893년 9월 24일자.

58. 서울역사박물관,『정동 1900』(2012).

제5장 러일전쟁과 한국통감부기 도시와 건축

1. 노문하다(路文--): 신하를 위문하다.

2.《대한매일신보》1907년 10월 10일자,《대한매일신보》1907년 10월 20일자.

3.《대한매일신보》1907년 8월 10일자에 게재된 일본 군인의 경복궁 구경에 관한 기사;《대한매일신보》1907년 8월 12일자에 게재된 유길준, 장박, 조희연 등이 경복궁을 구경했다는 기사;《대한매일신보》1907년 9월 24일자에 게재된 독일 총영사와 직원이 경복궁을 구경했다는 기사;《대한매일신보》1909년 9월 30일자에 게재된 괴질 예방 차원에서 일주일 동안 경복궁 관람을 금지한다는 기사.

4. 잠시 몸을 의탁해 거주함.

5. 궁궐 안에서 왕과 왕비를 가까이 모시는 내명부를 통틀어 이르던 말.

6. 거처를 잠시 옮기어 자리를 잡음.

7. 《대한매일신보》 1910년 3월 4일자.

8. 《대한매일신보》 1910년 3월 19일자.

9. 소네 아라스케(曾禰荒助)는 이토히로부미 후임 통감으로 1910년 5월 30일까지 재직
   했다.

10. 우사가와 카즈마사(宇佐川一正), 동양척식주식회사 초대 총재.

11. 김태중, "구한국시대 정부공사기구의 직원에 관한 연구", 『건축 역사연구』 (1993).

12. 박준형, "용산지역 일본인 사회의 형성과 변천(1882~1945)".

13. 『경성발달사』 (서울역사편찬원), 380쪽.

제6장 식민지배체제의 구축과 도시 재편

1. 1932년 1월 28일 상해에 거주하는 일본 거류민 보호를 위해 진주한 일본군이 중국
   군과 대치한 상황에서 3인의 병사가 목숨을 걸고 돌파한 끝에 승리할 수 있었다며,
   전투에서 목숨을 바친 3인의 병사를 적극 추모하고 영웅화했다. 그러나 3인의 전사
   가 조작되었음이 밝혀지면서 2007년 6월 13일 《아사히신문》이 오보를 시인했다.

2. 이토 츄타는 1893년 "호류지건축론(法隆寺建築論)"을 발표하여, 일본 건축의 원류는
   조선이 아닌 대륙에 있다고 주장하였으며, 그리스와 호류지 건축의 유사상을 찾아
   내어 일본과 그리스가 고대부터 문화적으로 연계되었음을 주장하였다. 일본의 군국
   주의가 절정으로 향하던 1943년에 건축계에서 처음으로 문화훈장을 받았다.

3. 《황성신문》 1909년 2월 26일자.

4. 김정은, "일제강점기 창경궁의 이미지와 유원지 문화", 『한국조경학회지』 43권 6호
   (2015년 12월), 1-15쪽.

5. 궁내부 차관으로 제실 소유 및 국유재산조사국 임시위원, 재실재산국정리장관을 지
   냈다. 『조선왕조실록』 고유명사 용어집 참조.

6. 삼수, 갑산, 풍산, 장진, 강계, 자성, 후창, 무산. 출처: 서일수, "1930년대 '북선개척사
   업'과 성진의 도시 공간 변동", 『도시연구: 역사·사회·문화』 제22호 (2019).

7. 주차군이라는 명칭은 일본이 강압이 아니라 '한일의정서'에 의해 합법적인 외교적 행

위로 한국에 주둔하였음을 보여주기 위해 붙여진 이름이다. '주차(駐箚)'란 외교 사절로 외국에 머물러 있는 행위를 의미하기 때문이다. 주차군이라는 명칭의 사용은 러일전쟁기에 강압으로 체결된 '한일의정서'에 기초한 것이다.

8. 황수환·김기수, "근대기 일본인 이주농촌의 형성과 이주농촌가옥", 『서당논총』 51권 51호 (2011), 161-190쪽.

9. 社團法人 友邦協會, 『資料選集 東洋拓植會社』(社團法人 友邦協會, 1976), 208쪽, 340-344쪽.

10. 박중신·김태영·이훈, "한국근대기 일본인이주어촌의 포구취락 구조와 주거형태에 관한 연구", 『대한건축학회논문집—계획계』 20권 11호(2004년 11월), 131-138쪽.

11. 강경남·박중신·김성중·김태영, "한국근대기 일본인 이주어촌내 가옥의 변용양상에 관한 연구", 『대한건축학회논문집—계획계』 21권 2호(2005년 2월), 129-136쪽.

12. 강상훈, "일제강점기 박람회 건축과 근대의 표상", 『한국 건축 역사학회 2004년 춘계학술발표대회 자료집』(2004년 5월), 48-67쪽.

13. 1893년생. 동경제국대학 법과 졸업. 대만의 대남지사와 대만총독부 통신국장을 거쳐 1912년 4월 1일 조선총독부 관방토목국장으로 부임했으며, 총독부 통신국장관을 거쳐 1919년 8월 20일에 퇴임했다. 손정목, "조선총독부청사 및 경성부 청사 건립에 관한 연구"(1989)에서 재인용.

14. 손정목, "조선총독부청사 및 경성부 청사 건립에 대한 연구", 『향토서울』 제48호 (1989), 63쪽.

15. 《매일신보》 1914년 7월 10일.

16. "박람회의 건축시설을 어떠한 풍으로 하면 좋을 것인가라는 문제도 상당히 중대한 문제입니다.… 박람회로서는 활기차고 충분히 새로운 맛이 있어 관람자를 끌어들일 수 있는 무언가 강한 힘을 지닌 형태나 분위기를 갖추어야 한다는 것은 즉각적으로 생각되어지는 점입니다. 내지의 박람회를 보아도 가능한 한 새롭고 신선한 양식을 채용하고 색채도 풍부하여 강렬한 분위기를 갖춰 보는 이의 즐거움을 돋우려는 감을 지니고 있으나, 조선에 있어서는 이외에도 또 한 가지 생각하지 않으면 안 되는 것이 여기에 조선의 맛을 나타내고 싶다는 것입니다. 즉 이것이 조선의 박람회 건물이라는 것을 직감적으로 간취시킬 필요가 있다고 생각한 것입니다.… 그리하면 조선인이 갖는 느낌이 좋을 것은 물론이거니와, 내지에서 온 관람자도 조선의 박람회에

대해서는 무언가 조선의 맛을 기대하고 있을 것이 틀림없으므로 거기에 딱 맞는 건축시설을 하지 않으면 진정한 조선박람회의 의의를 달성할 수 없을 것이라는 점에 고심한 것입니다." "회장의 선정과 건축시설", 『조선과건축』 8집 9호(1929).

17. 한국민족문화대백과사전.

18. 1950년에 한국상업은행으로 변경되었다가 외환은행 직후인 1991년에 한빛은행을 거쳐 2002년 다시 우리은행으로 바뀌었다.

19. 동경고등공업학교 건축과를 졸업했다. 내무성에 근무한 바 있으며, 오사카부청사 설계공모에서 1등 당선한 바 있다.

20. 대룡동은 남대문로 2가에 위치한 동으로 조서에서는 확인되나 도면에서는 확인되지 않는 동명이다. "경성시가지 정동 명칭 구역에 관한 건(경기도)", 대전국가기록정보센터 소장, 관리번호: CJA0002565.

21. 한국 근현대 연극 100년사 편찬위원회, 『한국 근현대 연극 100년사』 (집문당, 2009).

22. 일반적으로 희대는 연극무대를 가리키지만 여기서는 연희를 위한 무대를 말한다.

23. 조영규, 『바로잡는 협률사와 원각사』 (민속원, 2008), 7쪽.

24. 조영규, 『바로잡는 협률사와 원각사』 (민속원, 2008), 8쪽.

25. 1908년 관인구락부가 이전했다는 부분에 대해서 조영규는 1908년 1월 하순에 관인구락부가 남대문 쪽으로 이전했다는 학계의 중론과는 달리 관인구락부는 이전하지 않았으며, 남대문 쪽에 개설된 것은 탁지부 관인들의 교제를 위한 탁부 관인구락부로 별도의 관인구락부였다고 밝혔다. 조영규는 『바로잡는 협률사와 원각사』에서 원각사의 설립자로 알려진 이인직은 실제로는 원각사의 운영에 거의 관여하지 않았으며, 원각사의 실질적인 운영자는 친일 관료였던 송병준이었다고 주장한다.

26. 조영규, 『바로잡는 협률사와 원각사』 (민속원, 2008), 10쪽.

27. "종로5정목 현재 권상상 자리에 있다가 지금으로부터 18년전에 현재 불탄 자리로 옮겨와서 지금까지 순전한 조선구극으로만 흥행하여 경성의 명물중의 하나인 바 처음은 조선 흥행계의 원로 박승필씨가 경영하다가 작년(1929) 7월부터 시내 봉익동 11번지 임봉규씨가 맡아서 경영해오던 중 현재 전속된 배우가 근 20명가량으로 여자명창이 7, 8명이나 있었다고 한다."

28. 한국 근현대 연극 100년사 편찬위원회, 『한국 근현대 연극 100년사』 (집문당, 2009).

29. 《매일신보》 1914년 1월 17일.

1. 김정동, "한국근대건축의 생성과정에 관한 연구"(홍익대학교 석사학위논문, 1982); 김
   욱성, "1945년부터 1955년까지 한국 건축계 형성기 성격에 관한 연구"(명지대학교 석
   사학위논문, 1991); 류전희, "근대 건축교육 학제의 형성과 특성에 관한 연구"(서울대
   학교 박사학위논문, 1993); 양상호, "韓國近代の都市史硏究"(동경대학 박사학위논문,
   1994); 안창모, "일제하 경성고등공업학교와 건축교육"(1998) 등을 통해서 식민지 시
   기의 건축교육에 대한 연구가 이루어졌다. 정인경은 서울대학교 과학사 및 과학철학
   협동과정의 석사논문, "일제하 경성고등공업학교의 설립과 운영"(1993)에서 건축학
   과를 포함한 경성고공 교육의 총체적 실체를 규명하고 있다.
2. 『朝鮮總督府 官報』題1116號, 1916년 4월 16일 〈朝鮮總督府 府令〉 28號. 이 규정에
   의해서 경성공업전문학교(방직과, 금공과, 직물과, 화학제품과, 도기과)로 개편되었
   다.
3. 이 시기 기술자는 고급 인력으로서의 기술자를 의미하며, 공업 발전을 통해 부국강병
   을 꾀하던 일본에서는 기술자가 오늘날보다 중요한 의미를 지니고 있었다.
4. 조선총독부, 『조선, 교육제도 개정 기념호』(다이쇼 11년[1923] 3월호 부록).
5. 聯合工業調査委員會에서 "국가 영원의 복리와 국민생활의 안정과 공업 교육이 굉장
   히 중요하다는 것은 전란이래 가장 적절한 교훈의 하나로서, 이에 구미 열강은 전란
   초창기보다 각 공업교육의 쇄신을 기하여, 전후 더해진 시설을 완비하여 영원한 계
   획을 세우고 있는 것이다. 이에 반하여 우리가 공업교육의 현상을 보면, 공업적 지
   식의 보급과 실기의 교양에 관한 시설이 크게 발달되지 못하고, 연구 및 학문기관
   은 형식에 흘러 내용에서 준비되지 못하고 역으로 시세의 진행에 반하고 있다는 것
   을 깊이 깨달아 조속히 제반의 시설을 진흥하여 곧 열국경쟁에 대응하는 기반을 설
   립해야 하는 것"이라는 취지하에 工業敎育刷新案을 마련하였다. 日本科學史學會 編,
   『日本科學技術史大系: 敎育』제9권 (第一法規出版, 1965), 447쪽.
6. 『조선총독부 관보』1922년 4월 1일.
7. 정인경, "일제하 경성고등공업학교의 설립과 운영" (서울대학교 석사학위논문, 1993).
8. 『京城工業專門學校一覽』제2조 2항 (1917).
9. 경성고공 입학생의 조선인과 일본인 비율은 다음 표와 같다. 표의 수치가 기존의 연

구와 다른 것은 기존 연구에서 인용한 수치는 졸업생을 근거로 한 것이나 이 표에서
는 경성고공 학적부의 자료를 기본으로 입학생을 산출했기 때문이다. 입학생을 기준
으로 하는 것이 타당하다고 판단된다.

〈표〉 경성고공 입학생의 조선인과 일본인의 비율

	19	20	21	22	23	24	25	26	27	28	29	30	31	32	33	34	35	36	37	38	39	40	41	42	43	44	45	합계
조선인	2	1	–	–	2	2	1	3	1	–	1	1	2	1	–	1	1	3	3	4	7							36
일본인	3	5	2	4	3	4	8	8	1	10	11	12	8	14	9	11	12	7	9	4	6							153
합계	5	6	2	4	5	6	9	11	2	10	12	13	10	15	9	12	13	10	12	8	13							189

『京城高等工業學校一覽』(1939), 90쪽 참조

10. 3학기는 다음처럼 구성된다. 1학기는 4월 1일부터 8월 31일까지, 2학기는 9월 1일부
터 12월 31일까지, 3학기는 1월 1일부터 3월 31일까지이며, 7월 21일부터 8월 10일까
지는 여름방학, 12월 29일부터 1월 25일이 겨울방학, 학년 말 휴업 3월 26일부터 3월
31일로 구성되었다.

11. 『京城高等工業學校一覽』(1917), 38-40쪽.

12. 선과생 제도는 입학 성적이 미달되는 학생을 선발해 3년 동안 규정된 전공과목을
이수하면 수료증서를 수여하였다. 『京城高等工業學校一覽』(1917), 31쪽; 『京城高等
工業學校一覽』(1930), 제6장 제34조에서 38조, 제7장 제39조에서 41조.

13. 1933년판 『경성고등공업일람』의 졸업생 명단에 박동진은 특과(特科)로 명기되어 선
과(選科)와 구분됨을 알 수 있다. 박동진 이외에도 5회 졸업생인 김동수가 특과로
기록되어 있으며 건축과 이외에도 특과 졸업생이 있는 것으로 보아 당시에 광범위하
게 적용되는 규정인 것으로 판단되나 특과에 대한 별도의 규정은 찾을 수 없었다.

14. 1920년대 『경성고공일람』을 찾을 수 없어 구체적 실시 시기는 확인할 수 없으나
1933년판 일람의 기록으로 보아 그 이전에 실시된 것이 확실하며, 일본의 실시와 그
맥을 같이할 것으로 판단된다.

15. 東京工業大學은 1881년 설립된 東京職工學校가 1890년 東京工業學校로 개편되었
다가 1901년 東京高等工業學校로 승격되고 이후 工業大學으로 승격되었다. 이는 청
일전쟁 이후 일본 공업의 발전과 함께 보다 전문적 지식과 기능을 갖춘 기술자의 요
구가 높아짐에 따라 교육계에서 공업학교를 고등공업학교로 승격시켜 높은 수준의
기술을 익힌 전문기술자 배출을 주력한 데서 기인한다.

16. 臺灣總督府 『臺南高等工業學校一覽』. 정인경, "일제하 경성고등공업학교의 설립과

운영" (서울대학교 석사학위논문, 1993), 50쪽에서 재인용.

17. 5명 가운데 출신 학교가 확인된 德久與市와 曾根田又雄, 佐佐木章夫는 모두 도쿄고
공을 졸업했고, 나머지 2명의 출신은 도쿄제대, 와세다대, 도쿄미술대 출신이 아닌
것만 확인된 상태. 총독부의 체제상 관립학교 출신일 가능성이 높다.

18. 윤인석이 박사학위논문에서 밝힌 藤島亥治郎의 선생에 대한 평에 의하면, "교관으
로 주임 교관인 小河弘道씨, 조교수 山形靜智씨, 강사로 土井軍治씨가 있었다. 小河
씨는 소박한 중년 신사로 건축 구조학을 담당하고 있었다. 山形씨는 부드러운 말투
의 사람이었다. 여성같은 부드러움으로 의장, 계획을 가르치고 있었다. 이전에는 만
주철도주식회사 사원으로, 열차식당의 아르누보로 디자인한 스테인드 글래스 그의
작품이었다. 그리고 土井軍治씨는 동경미술대학(현 동경예술대학)을 졸업한 건축가
로, 山形씨와는 전혀 반대로 예술가다운 호탕한 성격으로 생각한 바는 거침없이 말
해 버리는 사람이었다."고 한다. 윤인석, 『韓國における近代建築の受容及び發展過程
に關する硏究: 日本との關係を中心として』(東京大學 博士學位論文, 1991).

19. 박동진의 경우 "30대 초반의 나이에 국내에 선례가 없는 고딕양식의 석조건축(보성
전문 본관과 도서관)을 어떻게 설계할 수 있었을까?"라는 의문에 실마리를 제공해
준다.

20. "조선 가옥(朝鮮家屋)의 건축연구회(建築硏究會)",《동아일보》1932년 6월 2일자.

21. 김연수 주택(1929), 조선생명보험(1930), 김명진 주택(1931), 종로백화점 동아(1931),
동일은행 남대문지점(1931), 한청빌딩(1935), 화신백화점(1937), 구영숙소아과(1936),
경성여자상업학교(1937), 전용순 주택(1939), 평양대동공전(1940), 북단장(보화각),
1940), 이문당(1943), 혜화전문학교(1943) 등.

22. 시인 이상.

23. 김현경·유대혁·황두진, "건축가 이훈우에 대한 연구", 『건축 역사연구』 제29권 3호
(통권130호, 2020년 6월).

24. 이동초 편저, 『UY 천도교 인명사전 (제1판)』, (모시는사람들, 1994), 1287쪽; "이동초
설교, 중앙대교당의 역사인식(2011-02-06)", 이동초블로그, 2020년 2월 13일. 열람,
https://m.blog.naver.com/simahm/5010497390

25. 미국 출신으로 선교사이자 건축가다. 선교사로 일본에서 삶을 시작했으나 1908년
설계사무소를 시작하면서 일본 내 많은 서양 건축을 설계했다. 한국에서 미션 계열

의 학교와 교회를 다수 설계했다. 대표적인 한국 내 건축으로 이화여대학교의 파이퍼홀(현 본관)과 음악관 그리고 토마스홀(현 체육관)이 있고, 대천의 선교사 수양관도 설계했다.

26. 통감은 통감부의 우두머리다. 한국통감부는 일본제국이 을사늑약을 통해 대한제국의 외교권을 시작으로 국가 행정을 점진적으로 장악하며 1910년에 대한제국을 식민지화할 때까지 설치되었던 기관이다. 이토 히로부미가 첫 통감이었으며, 이토 히로부미가 1909년 안중근 의사에게 저격당한 후 2대 통감으로 부임한 데라우치 마사다케(寺內正毅)가 대한제국의 식민지화를 완성했다.

27. 러일전쟁 후 한국주차군사령관으로 임명되었으며, 하야시 곤스케와 함께 을사늑약을 주도했다. 테라우치 마사다케 후임으로 조선총독을 맡으면서 1919년 3·1만세운동을 무력 진압했으나 사이토 마코토(齋藤實)로 교체되었다.

28. 일본의 건축 역사학자로 남산조선신궁(1925)과 박문사(1932)를 설계했다.

29. 윤홍기, "경복궁과 구조선총독부 건물 경관을 둘러싼 상징물 전쟁",『공간과 사회』 15호(2001), 295쪽(재인용).

30. 와다는 일본의 서양화가이자 판화가다. 1923년부터 본격적으로 일본화를 그리기 시작했는데, 1924년에 조선총독부의 대형 벽화를 의뢰받아 〈하고로모(羽衣)〉를 완성했다.

31. 토목, 건축 공사 등에 앞서 땅의 신(地神)에게 지내는 고사를 말한다.

32. 김명선·박정대, "일제강점기 도청사 부청사 건립의 배경과 성격",『대한건축학회논문집』 제24권 제2호(2008년 2월).

33. 岩井長三郎(이와이 죠사부로)는 1905년 동경제국대학 건축과를 졸업하였으며, 笹慶一(사사 게이이치)와 岩槻善之(이와쓰키요시유키) 역시 동경제국대학을 1913년과 1921년에 각각 졸업했다.

34. 1887년생. 1913년 7월 동경제대 공과대학 건축과 졸업. 1914년 12월 육군기수로 취임하여 조선주차군경리부부(朝鮮駐箚軍經理部附)를 명받아 조선에 왔다. 1915년 8월 육군기사로 승진했고, 1920년 4월 제3사단경리부부, 1921년 8월 근위사단경리부부를 역임했으나, 1922년 6월 퇴직했다. 동년 11월 총독부 기사가 되어 재차 조선으로 와서 토목부 건축과 근무를 명받았다. 1925년 5월부터 구미 각국을 시찰하고 조선으로 돌아왔다. 1929년 11월 총독관방회계과 근무 및 영선(營膳)에 관한 사무촉

탁, 경성제대 영선(營膳)에 관한 사무촉탁 등을 역임하여 1935년까지 총독부에 근무했다.

35. 岩井長三郎, "應てのシビツクタ",『朝鮮と建築』(1926년 10월).

36. 여기서의 시민은 일본인을 의미한다.

37.『국역 경성발달사』(서울특별시사편찬위원회, 2010), 122쪽.

38. 아시아태평양전쟁에서 승리한 미국은 일본 왕을 구심점으로 하는 국가신토가 군국주의적이고 과격한 국가주의 이데올로기의 중심에 있다고 보고, 정치와 종교를 분리하는 정책을 펼쳤다.

39. 문혜진, "식민지 조선의 국폐소사(國幣小社)에 관한 일고찰: 국폐소사의 운영 및 제의 양상을 중심으로",『로컬리티 인문학』제15호(2016년 4월), 159-193쪽.

40. 국폐소사는 메이지유신 이후 재편된 관국폐사, 부현사, 향촌사 중 관폐사 다음으로 지위가 높은 신사이다. 문혜진, "식민지 조선의 국폐소사(國幣小社)에 관한 일고찰: 국폐소사의 운영 및 제의 양상을 중심으로",『로컬리티 인문학』제15호(2016년 4월).

41. 조동종(曹洞宗)계 일본 사찰이다. 1909년 우치다 붓칸(內田佛觀)에 의해 금강선사(錦江禪寺)라는 포교소가 설치되었고, 1913년에 현재의 대웅전과 요사채가 건축되었다.

42. 파리 외방전교회원으로 한국 이름은 박도행이다. 코스트 신부가 돌아가신 후 명동성당 건축 공사를 맡아 마무리지었으며, 전동성당을 지었다.

43. 김명숙, "일제시기 경성부 소재 총독부 관사에 관한 연구" (서울대학교 석사학위논문, 2004).

44. 양승우, "일제시대 서울 도심부 회사 입지 및 가로망 변화의 특성에 관한 연구",『도시설계: 한국도시설계학회지』제5권 제1호(2001), 5-18쪽.

45. "住宅難의 活証據: 경성시내 가옥은 삼만구천호, 거주하는 가구는 오만사천여호, 不足이 實로 一萬五千戶",《동아일보》1921년 9월 10일자.

46. 주택구제회는 고양군 부호인 김용주, 고윤묵과 경성의 명망가 100여 명이 1921년 5월 9일 관수동 국일관에 모여 만들었다. 심각한 한인의 주택 문제 해결을 위해 시내의 빈 국유지를 값싸게 불하받고 기부금을 모아 3~4칸 규모의 집을 지어 집 없는 부민들에게 공급하는 사업을 시행했다.

47. "경성에 산재한 토막민 오천호에 이만명",《동아일보》1935년 10월 20일자.

48. "부내 토막이 삼천호 공동주택제계획", 《동아일보》 1938년 3월 4일자.

49. 1927년에 개발된 소화원(昭和園), 1928-1934년 사이에 개발된 금화장(金華莊) 그리고 학강(鶴岡).

50. 송인호, "도시 한옥", 『한국 건축개념사전』 (동녘, 2013), 297쪽.

51. 도쿄대학 국사과를 졸업한 역사학자이자 교육 관료다. 식민지 교육행정체계를 구축했다.

52. 정재걸, "개화기 공립소학교 연구", 『교대논문집』 제30집(1995), 345-380쪽.

53. 김자중, "전시체제기(1937-1945) 조선총독부의 전문학교정책의 성격 규명", 『교육문제연구』 제32권 제3호(2019), 1-30쪽.

54. 남지현·장회숙, "인천 정미업을 중심으로 한 산업유산군의 형성에 관한 연구", 『건축 역사연구』 23권 2호(2014), 7-24쪽.

55. 역사주의 양식 건축에서 모더니즘 건축으로 이행되는 과정에서 나타난 개량한옥이나 한옥2층 상가와는 외견상 비슷함에도 불구하고 그 생산구조의 차이로 인해 구분된다.

56. "관광과 여행취미의 전람회를 개최", 《매일신보》 1934년 4월 12일자.

57. "兩朝千年의 古蹟地 觀光京畿의 宣揚", 《매일신보》 1937년 5월 23일자.

58. 대한건축학회, "특집: 30년 회고담─김윤기: 남기고 싶은 이야기", 『건축』 65호(v.19/1975년 7월호, 17-18쪽.

59. 광주학생운동이 발생한 시점은 1929년 11월 2일이므로 한옥형 역사 건축이 지어지기 시작한 시점이 1927년이라는 점을 감안하면 광주학생운동이 한옥형 철도역사를 짓고자 하는 철도국의 정책에 영향을 미쳤다고 보기에는 무리가 있다.

60. 북청역(1927), 수원역(1928), 전주역(1929), 경주역(1927), 남원역(1931), 서평양역, 내금강역(1931), 남양역(1933), 금곡역(1940) 준공. 반면에 1937년의 경주역은 제관 양식이며, 이리역과 인천항역은 근대 합리주의 건축으로 지어졌다.

61. 1925년 4월 1일 만철에의 위탁경영 해제와 동시에 총독부 철도국장으로 취임한 大村卓一가 "한국철도의 지방역사는 일률적으로 양식 건축이며 지방의 특색이 표현되지 않은 것이 유감"이라 하고 "한국의 고유한 건축양식과 색조를 채택하여 민중들에게 친근미를 갖게 하는 뜻에서도 앞으로는 역사 신개축에 있어서는 되도록 한식을 채용할 것"이라고 주장하였다고 한다. 철도청, 『한국철도사』 제2권 (1977), 380쪽.

62. 양식 건축이란 서양 건축을 이야기한다. 우리가 이야기하는 일본을 통해서 한국에 들어온 간이 목구조 형식의 건축물을 일본에서는 양식 건축으로 구분하고 있으나, 우리나라에서는 이러한 건물이 일제시기 동안에 일본인을 통해 전파되었기 때문에 일식 목구조 건축의 전형으로 오해하고 있는 부분이 있다.

63. "驛舍建築に三樣式",『朝鮮と建築』(1935년 9월).

64. 『朝鮮と建築』제7집 9호(1928년 9월), 57쪽.

65. 상삼봉역(1931), 함흥역(1931), 금강산외금강역(1932), 천안역(1934), 삼방역(1934). 윤인석 박사학위논문 참조.

66. 《매일신보》1930년 11월 21일자.

67. 《매일신보》1931년 2월 9일자.

68. 《매일신보》1938년 5월 7일자.

69. 김종헌, 『한국교통건축의 변천과 발달에 관한 연구』(고려대 박사학위논문, 1997).

70. 건축에서 Colonial Tourism이란 우리말로 식민지 관광주의로 번역할 수 있는데, 이는 식민정책 중 관광과 관련될 수 있는 부분이 해당 식민지의 식민지건축과 결합되었을 때 사용하기 위해 필자가 사용한 단어다.

71. 진홍섭, 『개성 박물관의 회고』(개성, 1970).

72. 《매일신보》1942년 9월 22일.

73. 정준모, "한국 근현대미술관사 연구", 『현대미술관연구』제14집 (2004); 목수현, "일제하 박물관의 형성과 그 의미"(서울대 석사학위논문, 2000).

74. 총독부도서관은 해방 후 국립도서관으로 사용되었으며, 1973년 10월 소공동에 이 부지가 호텔롯데에 매각되어 1974년 7월 롯데 측에 건물이 인도된 후 철거되었다.

75. 『서울특별시립공공도서관변천사』(서울특별시교육청, 2012).

76. 『조선과건축』6집 8호.

제8장 전쟁과 도시 그리고 건축

1. 조병창은 각종 병기·탄약류, 병기창은 그 외 자동차와 연료, 발동기, 통신기기 등 각종 기기 제조.

2. 일본 불교단체인 정토사가 경영한 사회복지시설로 1920년 12월에 설립되었다.

3. 《매일신보》1941년 2월 27일.

4. 경영재단(経営財団)의 약칭으로 2004년 3월 31일까지 공법인도 사법인도 아닌 중간
   형태의 특수법인으로 1940년 일본 후생성이 제정한 주택 공급 목적의 특수법인인
   '주택영단법안요강(住宅営団法案要綱)'에서 비롯되었다.

5. 《매일신보》1941년 5월 7일.

6. 《매일신보》1941년 2월 15일.

7. 《매일신보》1941년 5월 7일.

8. 《매일신보》1941년 6월 3일.

9. 이연경, "부평의 노무자주택을 통해 본 전시체제기 주택의 특징과 산업유산으로서의
   가치", 『건축 역사연구』제30권 3호 통권 136호 (2021년 6월).

10. 《매일신보》1941년 8월 15일.

11. 《매일신보》1943년 1월 30일.

12. 《매일신보》1942년 6월 26일.

13. 《매일신보》1942년 7월 26일.

14. "대한건축학회학술발표논문" 1990년 4월 28일.

15. 《매일신보》1942년 3월 18일.

16. 무기 제조창.

17. 《매일신보》1937년 1월 19일.

18. 1937년 7월 일본차량주식회사가 설립되었으며, 해방 후 조선차량주식회사로 바뀌었
    고, 1961년 10월에 철도청 인천공작창이 되었다.

19. 북지는 북경을 중심으로 하는 중국 북부 지역을 지칭하며, 1937년 7월에 발발한 중
    일전쟁으로 인천의 전략적 중요성은 더욱 커졌다.

20. 《매일신보》1937년 9월 19일.

21. 1940년 2월 5일 설립준비회에서 선정된 발기인은 조병상, 한상룡, 최창학, 민규식, 카
    다 나오지(賀田直治), 김연수, 박흥식, 하춘석, 요시다 히데지로(吉田秀次郎) 등이었
    다.

22. 冨井正憲外, 『山谷洞旧営団受託[住宅地・住宅]の計画とその変容について—韓国に
    おける旧営団住宅および住宅地に関する 研究・その5』(日本建築学会大会学術講演梗

概熱, 1990年10月), 15–16쪽.

23. "부평역사박물관 2014년 학술총서" 부평 산곡동.

24. 일본의 주거학자인 곤 와지로(今和次郎)의 기록이 있다. 구사택의 배치와 공간구성이 현존하는 사택과 동일함을 알 수 있다. 산곡동의 영단주택이 다른 영단주택과 확연하게 구별되는 것은 구사택은 주택영단의 사업으로 지어진 것이 아닌, 민간회사인 경인기업(주)에 의해 지어졌다는 점, 그리고 이 주택들은 한인을 특정해서 지어졌기 때문이었다. 이로 인해 단위 주호의 공간구성은 불본 우물과 빨래터를 중심으로 한 후생시설을 설치했다.

25. 인천시립박물관, 『관영주택과 사택』 제26집 (2014).

26. 이민주, "울산 공업단지 개발에 관한 연구" (울산대학교 공학석사학위논문, 2008), 18쪽.

27. 한국민족문화대백과사전, 청진시(淸津市).

28. 《매일신보》 1939년 3월 19일.

29. 배민식, 『농지개발영단』.

30. 제38조 ① 토지의 농업상 이용을 증진할 목적으로 조선농지개발영단이 조선총독이 정하는 구역 및 계획에 의한 다음 각 호의 1에 해당하는 사업(이하 농지개발사업이라 한다)은 제39조 내지 제52조가 정하는 바에 의한다.
  1. 타인 소유의 농지 또는 농경에 적합한 토지의 개량을 목적으로 하는 농업수리시설의 신설·폐지 또는 변경
  2. 전호에 해당하는 사항을 제외하고 조선토지개량령에 정하는 토지개량으로서 할 수 있는 사업
  ② 타인이 농업상의 이용을 목적으로 공유수면매립의 면허를 받은 공유수면은 전항 제1호 규정의 적용에 대하여는 타인 소유의 농지 또는 농경에 적합한 토지로 본다.

31. 이송순, "조선식량영단" (한국민족문화대백과사전).

32. 부여신궁. 위키피디아 참조.

관세 행정기관 '인천해관'",《인천일보》2017년 9월 28일)

Museum of Fine Arts, Boston Photograph Library 소장)

<그림 4-13> 화재 전 중화전. (안창모 소장 엽서)

<그림 4-14> 화재 후 중건된 중화전. (안창모 소장 엽서)

<그림 4-15> 대한문 옆 원수부와 궁내부청사 배치도. (양근창 작성)

<그림 4-16> 대한문과 원수부 공사 중 전경. (출처: 코레아코레아니)

<그림 4-17> 석조전 정면도와 배면도. (출처: 덕수궁미술관설계도 [국립문화재연구소, 2014]/ 원출처: 하딩[J. R. Harding] 설계, 일본 하마마츠시립중앙도서관 소장)

<그림 4-18> 석조전 앞 정원. (안창모 소장 엽서)

<그림 4-19> 석조전과 미술관 배치도. (출처: 『이왕가미술관요람』 [이왕직, 1938])

<그림 4-20> 정관헌. (안창모 사진)

<그림 4-21> 정관헌 기둥과 난간의 장식. (안창모 사진)

<그림 4-22> 수옥헌 일원 배치도. (출처: 학습원대학)

<그림 4-23> 중명전. (안창모 사진)

<그림 4-24> 원수부. (안창모 소장 자료)

<그림 4-25> 돈덕전 전경. (안창모 소장 엽서)

<그림 4-26> 돈덕전 평면도. (출처: 『법규유편』 [내각기록과, 1908])

<그림 4-27> 구성헌 원경. (출처: 우에다 사진)

<그림 4-28> 망대. (학습원대학 소장 자료)

<그림 4-28> 대관정 전경. (안창모 소장 엽서)

<그림 4-29> 대관정과 경성부립도서관 지하층 발굴 유구. (안창모 사진)

<그림 4-30> 정동길과 덕수궁과 탁지부를 연결하는 구름다리(운교) 원경. (안창모 소장 엽서)

<그림 4-31> 신문로 구름다리(운교). (우에다 사진)

<그림 4-32> 의정부청사. (출처: 『탁지부건축소 사업소개요 1차』)

<그림 4-33> 의정부청사 평면도. (출처: 『탁지부건축소 사업소개요 1차』)

<그림 4-34> 조선시대 도시의 중심과 대한제국기 도시의 중심. (최신경성전도 위 안창모 작성)

<그림 4-35> 개설 공사 중인 소공로. (엔리케 브라즈 촬영, 서울역사박물관 소장)

<그림 4-36> 언덕 위에 지어진 환구단 전경. (출처: Journal des Voyages_21Aout1904)

<그림 4-37> 환구단의 조적조 삼문. (안창모 사진)

<그림 4-38> 경복궁의 팔우정. (안창모 사진)

<그림 4-39> 탑골공원의 팔각정. (안창모 소장 엽서)

〈그림 6-65〉 조선박람회 각도 전시관, 함경북도특설관. (안창모 소장 엽서)

〈그림 6-66〉 일본 나고야범태평양평화박람회 조선관과 교육관. (안창모 소장 엽서)

〈그림 6-67〉 도쿄평화박람회 조선관. (안창모 소장 엽서)

〈그림 6-68〉 일제강점기 남대문로의 은행과 백화점 위치도. (경성정밀지도 위 김경혜·
박태연 작성)

〈그림 6-69〉 한성은행과 종로 방면 조망. (안창모 소장 엽서)

〈그림 6-70〉 동일은행과 남대문로 방면 조망. (안창모 소장 엽서)

〈그림 6-71〉 조선은행, 서울. (안창모 소장 엽서)

〈그림 6-72〉 조선은행 군산지점. (출처: 『조선과건축』 1922년 2월호)

〈그림 6-73〉 조선식산은행, 서울 본점. (안창모 소장 엽서)

〈그림 6-74〉 식산은행 대전지점. (안창모 소장 엽서)

〈그림 6-75〉 대한천일은행. (안창모 소장 엽서)

〈그림 6-76〉 조선신탁주식회사, 서울 남대문로. (출처: 『조선과건축』 1937년 1월호)

〈그림 6-77〉 조선신탁주식회사 1층 평면. (출처: 『조선과건축』 1937년 1월호)

〈그림 6-78〉 조선토지경영주식회사, 1929, 소공로. (출처: 『대경성사진첩』 [1937])

〈그림 6-79〉 조선저축은행, 설계공모 당선안. (출처: 『건축과사회』 제15집 제9호)

〈그림 6-80〉 호남은행, 광주. (안창모 소장 엽서)

〈그림 6-81〉 호서은행(현 새마을금고), 예산. (안창모 사진)

〈그림 6-82〉 금융조합연합회.. (안창모 소장 엽서)

〈그림 6-83〉 화신백화점 초기 모습. (안창모 소장 엽서)

〈그림 6-84〉 화신백화점과 종로거리, 1937년. (안창모 소장 엽서)

〈그림 6-85〉 화신백화점 매장 단면. (서울역사박물관 소장 자료)

〈그림 6-86〉 화신백화점 평양지점. (안창모 소장 엽서)

〈그림 6-87〉 미츠코시백화점 전경, 혼마치. (안창모 소장 엽서)

〈그림 6-88〉 미츠코시백화점 경성지점, 1930년. (안창모 소장 엽서)

〈그림 6-89〉 조지야백화점, 남대문로. (안창모 소장 엽서)

〈그림 6-90〉 대구 무영당백화점. (안창모 사진)

〈그림 6-91〉 미나카이백화점 경성점. (안창모 소장 엽서)

〈그림 6-92〉 미나카이백화점 부산지점. (안창모 소장 엽서)

〈그림 6-93〉 원각사 전경. (서울역사박물관 소장)

〈그림 6-94〉 원각사 평면, 윤백남 그림. (출처: 조영규, 『바로잡는 협률사와 원각사』 [민

속원, 2008])

〈그림 7-124〉 광주 서석보통학교 전경. (안창모 사진)

〈그림 7-125〉 대구소학교. (안창모 소장 엽서)

〈그림 7-126〉 오산학교 신본관, 박동진 설계. (출처: 안창모 박사논문[1987])

〈그림 7-127〉 중앙고등보통학교 본관, 나카무라 요시헤이 설계. (안창모 소장 자료)

〈그림 7-128〉 중앙고등보통학교 신본관, 박동진 설계. (안창모 사진)

〈그림 7-129〉 경기도립상업학교(1928, 현 서울경기상업고등학교) (안창모 사진)

〈그림 7-130〉 경성법학전문학교. (출처: 위키백과, 경성법학전문학교)

〈그림 7-131〉 동숭동 경성의학전문학교 전경. (안창모 소장 엽서)

〈그림 7-132〉 경성의학전문학교 부속병원. (안창모 소장 엽서)

〈그림 7-133〉 경성치과의학전문학교. (안창모 소장 엽서)

〈그림 7-134〉 대구의학전문학교. (안창모 소장 엽서)

〈그림 7-135〉 평양의학전문학교. (안창모 소장 엽서)

〈그림 7-136〉 경성광산전문학교 전경. (출처: 서울대학교 공과대학 졸업앨범)

〈그림 7-137〉 경성고등상업학교. (안창모 소장 엽서)

〈그림 7-138〉 연희전문학교 마스트플랜, 헨리 머티 설계. (출처: 연세대학교)

〈그림 7-139〉 언더우드관 본관. (안창모 사진)

〈그림 7-140〉 언더우드관에서 바라본 정원과 학교 전경. (안창모 사진)

〈그림 7-141〉 세브란스병원, 1904. (안창모 소장 엽서)

〈그림 7-142〉 해방 직후 고려대학교 본관과 도서관 전경. (출처: 미국 국립문서기록관
[NARA] 소장 자료)

〈그림 7-143〉 이화여자전문학교 전경, 1960년대. (출처:『이화 80년사』)

〈그림 7-144〉 경성제국대학 전경, 동숭동. (안창모 소장 엽서)

〈그림 7-145〉 경성제국대학 배치도. (국가기록원)

〈그림 7-146〉 경성제국대학 의과학대 본관과 함춘원 전경. (서울대병원 의학역사문화
원 소장 자료)

〈그림 7-147〉 구 경성제국대학 이공학부 전경. (출처: 서울공대 졸업앨범)

〈그림 7-148〉 이영춘 가옥(구 구마모토농장 주택). (안창모 소장 엽서)

〈그림 7-149〉 구마모토농장의 신태인 구 도정공장창고, 정읍. (안창모 사진)

〈그림 7-150〉 동진수리조합 사업지 부근 지도. (안창모 소장 엽서)

〈그림 7-151〉 불이농장 전경. (안창모 소장 엽서)

〈그림 7-152〉 익옥수리조합 대아저수지, 군산. (안창모 소장 엽서)

<그림 7-184> 평양부립박물관. (안창모 소장 엽서)

<그림 7-185> 시정25주년기념미술관 당선안. (출처:『조선과 건축』[1939])

<그림 7-186> 시정25주년기념미술관 미술관과 과학관 정면. (출처:『조선과 건축』[1939])

<그림 7-187> 석조전과 이왕가미술관 전경. (출처:『이왕가미술관안내』[1941])

<그림 7-188> 석조전과 미술관 배치도. (출처:『이왕가미술관안내』[1941])

<그림 7-189> 덕수궁 미술관. 청사진도면 정면도, 준공 직후 덕수궁미술관, 현 덕수궁미술관. (출처: 덕수궁미술관 설계도 [국립문화재연구소 2014])

<그림 7-190> 미술관 중앙 홀과 주출입구. (출처:『조선과건축』1938년 1월)

<그림 7-191> 옥상 연결 원형계단. (출처:『조선과건축』1938년 1월)

<그림 7-192> 보화각 전경. (안창모 사진)

<그림 7-193> 보화각 내부. (안창모 사진)

<그림 7-194> 총독부도서관. (안창모 소장 엽서)

<그림 7-195> 경성부립도서관(명동 시절). (출처:『조선과 건축』1935년 1월호)

<그림 7-196> 소공동 부립도서관. (출처:『남산도서관 80년사』[2002])

<그림 7-197> 증축된 부립도서관 평면도. (출처:『조선과 건축』1927년 3월호)

<그림 7-198> 증축된 부립도서관 입면도. (출처:『조선과 건축』1927년 3월호)

<그림 7-199> 종로도서관 전경. (출처: 서울역사박물관)

<그림 7-200> 인천부립도서관. (안창모 소장 엽서)

<그림 7-201> 대구부립도서관. (안창모 소장 엽서)

<그림 7-202> 총독부청사에서 과학관으로 전용된 은사과학관 전경과 잠수부 사진. (안창모 소장 엽서)

<그림 7-203> 남산은사과학관 지리실. (안창모 소장 엽서)

<그림 7-204> 상공장려관. (안창모 소장 엽서)

<그림 7-205> 용산소방서. (안창모 소장 슬라이드)

<그림 7-206> 경성소방서. (안창모 소장 슬라이드)

<그림 7-207> 평양우편국 전화과 분관청사. (안창모 소장 엽서)

<그림 7-208> 평양전화국 전화과 분관청사. (안창모 소장 엽서)

<그림 7-209> 부산전화국. (안창모 소장 엽서)

<그림 7-210> 조선적십자사. (안창모 소장 엽서)

<그림 7-211> 경성호텔 비전옥. (안창모 소장 엽서)

〈참고문헌〉

〈고문헌〉

『태조실록』 13권, 태조 7년 4월 26일 임인 2번째 기사 1398년.

『태종실록』 17권, 태종 9년 4월 13일 을유 4번째 기사 1409년.

『세종실록』 85권, 세종 21년, 1439년 4월 15일, 최성환 논문에서 재인용.

『고종실록』 21권, 고종 21년 8월 15일 병술 2번째 기사 1884년 조선 개국(開國) 493년.

『승정원일기』 고종 34년 정유(1897) 9월 8일(갑오, 양력 10월 3일).

〈논문〉

강경남·박중신·김성중·김태영, "한국근대기 일본인 이주어촌내 가옥의 변용양상에 관한 연구", 『대한건축학회논문집 계획계』 21권 2호 (2005년 2월).

강상훈, "일제강점기 박람회 건축과 근대의 표상", 『한국건축역사학회 2004년 춘계학술발표대회 자료집』 (2004년 5월).

강선아 외, "번사창의 조적 특성에 관한 연구", 『대한건축학회학술대회 논문집』 (2011년 10월).

강선혜 외, "정동 이화학당 한옥교사의 복원에 관한 연구", 『대한건축학회 논문집』 21권 10호 (2005년 10월).

강진아, "동아시아의 개항: 난징조약에서 강화도조약까지", 『현대사광장』 통권7호 (대한역사박물관, 2016년 7월).

김명선·박진대, "일제강점기 도청사 부청사 건립의 배경과 성격", 『대한건축학회논문집』 제24권 제2호 (2008년 2월).

김명숙, "일제시기 경성부 소재 총독부 관사에 관한 연구" (서울대학교 대학원 석사학위 논문, 2004).

김욱성, "1945년부터 1955년까지 한국 건축계 형성기 성격에 관한 연구" (명지대학교 석
　　사학위논문, 1991).

김자중, "전시체제기(1937-1945) 조선총독부의 전문학교정책의 성격 규명",『교육문제연
　　구』제32권 제3호 (2019).

김정동, "캐나다인 건축가 고오든과 그의 조선에서의 건축활동에 관한 연구",『한국건축
　　역시학회 힉술발표내회』(1994년 6월 18일).

김정동, "한국근대건축의 생성과정에 관한 연구" (홍익대학교 석사학위논문, 1982).

김정신, "구한말 서울 정동의 러시아공사관에 대한 복원적 연구",『건축역사연구』2010
　　년 10월.

김정은, "일제강점기 창경궁의 이미지와 유원지 문화",『한국조경학회지』43권 6호
　　(2015년 12월).

김종학, "조일수호조교는 포함외교의 산물이었는가?",『역사비평』2016년 봄호, 통권
　　114호 (역사비평사).

김종헌, "한국교통건축의 변천과 발달에 관한 연구" (고려대학교 박사학위논문, 1997).

김태중, "구한국시대 정부공사기구의 직원에 관한 연구",『건축역사연구』제2권 제1호
　　(1993).

김현경·유대혁·황두진, "건축가 이훈우에 대한 연구",『건축역사연구』제29권 3호, 통
　　권130호 (2020년 6월)

남지현·장회숙, "인천 정미업을 중심으로 한 산업유산군의 형성에 관한 연구",『건축역
　　사연구』23권 2호 (2014).

류전희, "근대 건축교육 학제의 형성과 특성에 관한 연구" (서울대학교 박사학위논문,
　　1993).

목수현, "일제하 박물관의 형성과 그 의미" (서울대학교 석사학위논문, 2000).

문혜진, "식민지 조선의 국폐소사(國幣小社)에 관한 일고찰: 국폐소사의 운영 및 제의
　　양상을 중심으로",『로컬리티 인문학』제15호 (2016년 4월).

박준형, "용산지역 일본인 사회의 형성과 변천(1882~1945)",『서울과역사』98호 (서울역
　　사편찬원, 2018),

박중신·김태영·이훈, "한국근대기 일본인이주어촌의 포구취락 구조와 주거형태에 관한
　　연구",『대한건축학회논문집 계획계』20권 11호 (2004년 11월).

冨井正憲 外, "山谷洞旧営団受託[住宅地・住宅]の計画とその変容について―韓国における旧営団住宅および住宅地に関する研究・その5", 日本建築学会大会学術講演梗概塾 (1990年10月).

서일수, "1930년대 '북선개척사업'과 성진의 도시 공간 변동", 『도시연구: 역사·사회·문화』 제22호 (2019).

손정목, "조선총독부청사 및 경성부 청사 건립에 대한 연구", 『향토서울』 제48호 (1989).

안창모, "대한제국으로 가는 길목의 도시와 건축", 『대한제국 선포 120주년 기념 국제학술심포지엄』 (국립고궁박물관, 2017년 10월 10일).

안창모, "일제하 경성고등공업학교와 건축교육", 『대한건축학회논문집 계회계』 14권 6호 (1998년 6월).

양상호, "원산거류지의 도시공간의 형성과정에 관한 고찰", 『건축역사연구』 제3권 2호 (1994년 12월).

양상호, "韓國近代の都市史硏究" (東京大學교 博士學位論文, 1994).

양승우·최상근, "일제시대 서울 도심부 회사 입지 및 가로망 변화의 특성에 관한 연구", 『도시설계: 한국도시설계학회지』 제5권 제1호 (2001).

윤인석, "韓國における近代建築の受容及び發展過程に關する硏究: 日本との關係を中心として" (東京大學교 博士學位論文, 1991).

윤홍기, "경복궁과 구조선총독부 건물 경관을 둘러싼 상징물 전쟁", 『공간과 사회』 15호 (2001).

이민주, "울산 공업단지 개발에 관한 연구" (울산대학교 공학석사학위논문, 2008).

이연경, "부평의 노무자주택을 통해 본 전시체제기 주택의 특징과 산업유산으로서의 가치", 『건축역사연구』 제30권 3호, 통권 136호 (2021년 6월).

정소연·우신구, "부산개항장의 주요시설 형성과 변천에 관한 연구—1876년 개항에서 1910년 합방까지", 『대한건축학회지회연합회 학술발표대회논문집』 (2007년 12월).

정인경, "일제하 경성고등공업학교의 설립과 운영" (서울대학교 대학원 과학사 및 과학철학 협동과정 석사학위논문, 1993).

정재걸, "개화기 공립소학교 연구", 『교대논문집』 제30집 (1995).

정준모, "한국 근현대미술관사 연구", 『현대미술관연구』 제14집 (2004).

조홍석, "한국 근대 적벽돌 건축에 관한 연구" (목원대학교 박사학위논문, 2006).

진홍섭, "개성 박물관의 회고", 『개성』 (1970).

최성환, "목포의 해항성과 개항장 형성과정의 특징", 『한국민족문화』 39 (2011년 3월).

한철호, "개화기(1880-1906) 역대 주한 일본공사의 경력과 한국 인식", 『한국사상사학』

제25집 (2005).

황수환·김기수, "근대기 일본인 이주농촌의 형성과 이주농촌가옥", 『석당논총』 51권 51
　　호 (2011).

〈잡지〉

안창모, "1876년 이후의 한국건축", 『건축문화』 2001.1~2002.5.

안창모, "근대건축사1~14", 『건축사』 통권521호-541호 (2012.10-2014.05)

岩井長三郎, "應てのシビツクタ", 『朝鮮と建築』 (1926년 10월)

『朝鮮と建築』 제6집 8호 (1927년 8월).

『朝鮮と建築』 제7집 9호 (1928년 9월).

『朝鮮と建築』 제13집 9호 (1935년 9월).

조선총독부, 『조선, 교육제도 개정 기념호』, 다이쇼 11년(1923) 3월호.

김윤기, "특집: 30년 회고담—김윤기: 남기고 싶은 이야기", 『건축』 65호(v.19) (1975년 7
　　월호).

〈단행본〉

김도태, 『서재필박사자서전』 (을유문화사, 1972).

김동욱, 『한국건축의 역사』 (기문당, 1998).

김상태 편역, 『윤치호일기』 (역사비평사, 2001

김정동, 『고종황제가 사랑한 정동과 덕수궁』 (발언, 2004).

부평역사박물관 학술총서, 『부평 산곡동』 (2014).

社團法人 友邦協會, 『資料選集 東洋拓植會社』 (社團法人 友邦協會, 1976).

새문안교회역사편찬위원회, 『새문안교회 100년사』 (1995).

서울역사박물관, 『정동1900』 (2012).

서울역사판찬원, 『경복궁영건일기(景福宮營建日記)』 (2019).

서울역사편찬원, 『서울사료총서11, 국역 경성발달사』 (서울역사편찬원, 2016).

서울특별시교육청, 『서울특별시립공공도서관변천사』 (서울특별시교육청, 2012).

小田省吾, 『德壽宮史』 (1938).

안창모, 『덕수궁, 시대의 운명을 안고 제국의 중심에 서다』 (동녘, 2009).

이경미·김동욱·이연노·구본능, 『(경복궁영건일기로 본) 경복궁 중건』 (문화재청 궁릉
　　유적본부, 2021).

이동초 편저, 『ÙY 천도교 인명사전 (제1판)』 (모시는사람들, 1994).

인천시립박물관, 『관영주택과 사택』 (2014).

日本科學史學會 編, 『日本科學技術史大系: 教育』 제9권 (第一法規出版, 1965).

전봉희·안창모·우동선, 『한국근대학교건축발달사(전편,1885~1945)』 (한국교육시설학
　　회, 2004).

조영규, 『바로잡는 협률사와 원각사』 (민속원, 2008).

철도청, 『한국철도사』 제2권 (1977).

한국 근현대 연극 100년사 편찬위원회, 『한국 근현대 연극 100년사』 (집문당, 2009).

한국건축개념사전 기획위원회, 『한국건축개념사전』 (동녘, 2013).

한영우, 『명성황후 제국을 일으키다』 (효형출판, 2006).

황상익, 『근대 의료의 풍경』 (푸른역사, 2013).

『京城工業專門學校一覽』 (1917)
『京城高等工業學校一覽』 (1939).

동북아역사재단 편, 『한일조약자료집(1876~1910)』 (동북아역사재단, 2021).

〈신문〉

《황성신문》, 1900년 3월 9일.
《황성신문》, 1902년 7월 26일.
《황성신문》, 1902년 4월 14일.
《황성신문》, 1904년 8월 31일.
《황성신문》, 1904년 11월 12일.

《황성신문》, 1906년 9월 11일.

《황성신문》, 1909년 2월 26일.

《대한매일신보》, 1904년 9월 9일.

《대한매일신보》, 1906년 6월 15일.

《대한매일신보》, 1906년 8월 14일.

《대한매일신보》, 1906년 11월 15일.

《대한매일신보》, 1906년 12월 16일.

《대한매일신보》, 1907년 8월 10일.

《대한매일신보》, 1907년 8월 12일.

《대한매일신보》, 1907년 9월 24일.

《대한매일신보》, 1907년 10월 10일.

《대한매일신보》, 1907년 10월 20일.

《대한매일신보》, 1910년 3월 4일.

《대한매일신보》, 1910년 3월 19일.

《매일신보》, 1914년 1월 17일.

《매일신보》, 1914년 7월 10일.

《매일신보》, 1926년 2월 20일.

《매일신보》, 1930년 11월 21일.

《매일신보》, 1931년 2월 9일.

《매일신보》, 1934년 4월 12일.

《매일신보》, 1937년 1월 19일.

《매일신보》, 1937년 5월 23일.

《매일신보》, 1937년 9월 19일.

《매일신보》, 1938년 5월 7일.

《매일신보》, 1939년 3월 19일.

《매일신보》, 1941년 2월 15일.

《매일신보》, 1941년 2월 27일.

《매일신보》, 1941년 5월 7일.

《매일신보》, 1941년 6월 3일.

《매일신보》, 1941년 8월 15일.

《매일신보》, 1942년 3월 18일.

《매일신보》, 1942년 6월 26일.

《매일신보》, 1942년 7월 26일.

《매일신보》, 1943년 1월 30일.

《동아일보》, 1921년 9월 10일.

《동아일보》, 1932년 6월 2일.

《동아일보》, 1935년 10월 20일.

《동아일보》, 1938년 3월 4일.

안창모, "연재_지켜야할 근대건축", 《한국일보》 2016.4.10.~ 2016.10.10.

안창모, "연재_지식카페 안창모의 도시건축으로 보는 서울 1~13", 《문화일보》 2017.4.19.~2018.2.24.

김윤미, "정동20년(1885~1905) 근대 서울의 문턱 '공사관구역'", 『레디앙』 2017년 12월 25일.

〈국가기록원〉

경성시가지 정동 명칭 구역에 관한 건(경기도), 대전국가기록정보센터 소장, 관리번호: CJA0002565

〈관보〉

『朝鮮總督府 官報』 題1116號, 1916년 4월 16일 〈朝鮮總督府 府令〉 28號.

『朝鮮總督府 官報』 號外, 1922년 4월 1일.

〈인터넷〉

한국민족문화대백화사전_개화당(開化黨)

한국민족문화대백화사전, 교전소(校典所)

한국민족문화대백화사전, 매일신문

한국민족문화대백화사전, 중추원

한국민족문화대백화사전, 서울용산신학교

한국민족문화대백화사전, 무관학교

한국민족문화대백화사전, 네비어스 선교정책

한국민족문화대백화사전, 공수학교

한국민족문화대백화사전, 보광학교

한국민족문화대백화사전, 돈명의숙

한국민족문화대백화사전, 한성은행

한국민족문화대백화사전, 동일은행

한국민족문화대백과사전, 청진시(淸津市)

한국민족문화대백과사전, 농지개발영단

한국민족문화대백과사전, 조선식량영단,

위키피디아, 부여신궁

두산백과(dpppedi, a), 번사창

한국교회사, 제5장 선교의자유와 초기 선교활동—선교지역분할, https://blog.naver.com/
   jbjoon63/30097037016

이동초설교, 중앙대교당의 역사인식(2011-02-06)", 이동초블로그, 2020년2월13일 열람,
   https://m.blog.naver.com/simahm/5010497390

Contents in English

A History of Architecture and Urbanism, 1863–1945 in Korea

by Ahn, Changmo

Professor

Department of Architecture,

Kyonggi University